D1750843

WISSEN
KOMPAKT

WISSEN KOMPAKT

© Naumann & Göbel Verlagsgesellschaft mbH in der
VEMAG Verlags- und Medien Aktiengesellschaft, Köln
Herausgegeben von Friedemann Bedürftig, Hamburg,
unter Mitarbeit von Heinz Egleder, Lübeck;
Dipl. Kaufmann Rainer Malitz, Hamburg;
Tobias Opitz, Hamburg; Carsten Vogt, Hamburg
Layout: Barbara Repnow, Hamburg
Register: Jürgen Geitner, Berlin
Umschlaggestaltung: André Assenmacher Design, Köln
Gesamtherstellung: Naumann & Göbel Verlagsgesellschaft mbH, Köln
Alle Rechte vorbehalten
ISBN 3-625-10439-3

WISSEN
KOMPAKT

NAUMANN & GÖBEL

VORWORT

GESELLSCHAFT 1–23

Die Menschenrechte	2–3
Verfassungen	3
Das Grundgesetz	3–4
Staatsaufbau der Bundesrepublik	4–5
Demokratie	5
Rechtsstaatlichkeit	5
Sozialstaat	5–6

BUNDESORGANE 6–10
Bundestag • Bundesrat • Bundespräsident • Bundesregierung • Bundesverfassungsgericht • Parteien • Wahlen und Wahlrecht

RECHT 11–14
Die Gerichte • Glossar zum Rechtswesen

BILDUNG 15–17
Schule und Beruf • Glossar zum Bildungswesen

GLEICHBERECHTIGUNG 17–19

MILITÄR 20–23
Bundeswehr • Die Nato • Warschauer Pakt • Abrüstung und Rüstungskontrolle

MEDIEN UND KOMMUNIKATION 24–38

Kleine Presse-Chronologie	24–25
Die Vierte Gewalt	25–26
Deutsche Zeitungen	26–27
Präger der Presselandschaft	27
Ausland	27–28
Magazine, Illustrierte, Zeitschriften	28–29
Große Journalisten	30
Auszeichnungen	30–31
Zeitungsherstellung	31
Wege zum Leser	31

AUDIOVISUELLE MEDIEN 32–38
Rundfunkanstalten • 12 Sender unter einem Dach – die ARD • Eins Plus • Zweites Deutsches Fernsehen • 3 Sat • Wer sieht wann was ... • Satelliten und Kabel • Werbung

WIRTSCHAFT 39–57

Industrialisierung	40

BETRIEBSWIRTSCHAFT – VOLKSWIRTSCHAFT 41–48
Struktur der Wirtschaft • Marktwirtschaft • Zentralverwaltungswirtschaft • Der Wirtschaftskreislauf • Steuern • Das Geld • Die Banken • Die Börse • Der Handel

DER BETRIEB 48–52
Betriebswirtschaftliche Begriffe • Die Beschaffung • Fertigung • Der Absatz • Finanzierung • Die Aktie

KONJUNKTUR 52–55
Konjunkturpolitik • Antizyklische Finanzpolitik • Die Geldpolitik

DIE AUSSENWIRTSCHAFT 56–57
Der Wechselkurs • EWS und ECU

LÄNDER DER WELT 58–121

WELTGESCHICHTE 122–154

VORGESCHICHTE 123–124

ALTERTUM 124–134
Ägypten • Naher Osten • Indien • China • Griechenland • Rom

MITTELALTER 134–143
Frühmittelalter • Hochmittelalter • Spätmittelalter

INHALT

NEUZEIT 143–153
Weltbild und Glauben im Umbruch • Glaubenskämpfe • Absolutismus • Das bürgerliche Zeitalter

ZEITGESCHICHTE 153–154

RELIGION 155–167

Jugendreligionen, Sekten, Freikirchen 155–156

CHRISTENTUM 156–157

CHRISTLICHES A B C 157–159

Katholiken 159–160

Protestanten 161

Reformation 161–162

Orthodoxe Christen 162

ISLAM 163

HINDUISMUS 163–164

BUDDHISMUS 164

KONFUZIANISMUS 165

SCHINTOISMUS 165

TAOISMUS 165

JUDENTUM 166–167

PHILOSOPHIE 168–177

Ethik 168–169

Metaphysik 169–171

Erkenntnistheorie 171

KLEINES A B C DER ISMEN 172–173

EPOCHEN DER PHILOSOPHIE 173–177
Vorsokratiker • Griechische Klassik • Hellenismus • Mittelalter • Renaissance und Übergang zur Moderne • 18. Jahrhundert • 19. Jahrhundert • 20. Jahrhundert

LITERATUR 178–190

Literaturwissenschaft 178–179

Gattungen 179–181

DEUTSCHSPRACHIGE LITERATUR 182–188
Alt- und mittelhochdeutsche Literatur • 14. bis 16. Jahrhundert • Vom Barock zur Aufklärung • Klassik und Romantik • Das bürgerliche Zeitalter • 20. Jahrhundert

NICHTDEUTSCHSPRACHIGE WELTLITERATUR 188–190
Antike • Mittelalter • 16. bis 18. Jahrhundert • 19. Jahrhundert • 20. Jahrhundert

BILDENDE KUNST 191–200

Architektur 193–194

Bildnerei 194–195

Malerei 195–196

KUNSTGESCHICHTE IN EPOCHEN 197–200
Vorgeschichte • Altorientalische Kunst • Griechisch-römische Antike • Mittelalter • Renaissance • Barock und Rokoko • 19. Jahrhundert • 20. Jahrhundert

MUSIK 201–208

MUSIK-EPOCHEN 202–206
Vorzeit und Antike • Mittelalter • Barock • Klassik • Romantik • Moderne

MUSIKINSTRUMENTE 207–208
Idiophone • Membranophone • Chordophone • Aerophone • Elektrophone

REGISTER

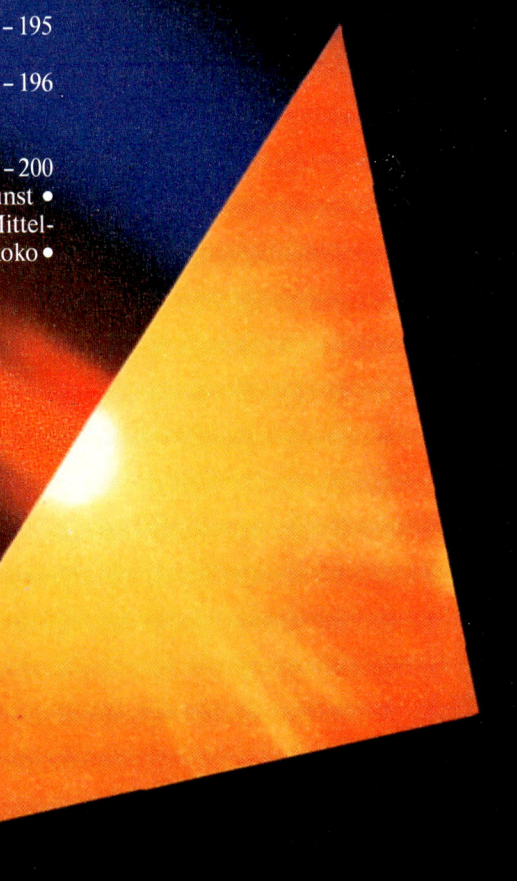

Vorwort

»Unser Werk hat einen doppelten Zweck: Als Enzyklopädie soll es, soweit möglich, die Ordnung und Verkettung der menschlichen Kenntnisse erklären; und als methodisches Sachwörterbuch der Wissenschaften und Künste soll es von jeder Wissenschaft und Kunst... die allgemeinen Grundsätze enthalten, auf denen sie beruhen, und die wesentlichen Besonderheiten, die ihren Umfang und Inhalt bedingen.«

Es scheint vermessen, einem vergleichsweise winzigen Werk die Absichtserklärung der berühmten »Encyclopédie« von Diderot und d'Alembert voranzustellen, die 1751–77 in 22 Bänden erschien. Sie hat Maßstäbe gesetzt, die auch von Großlexika nicht wieder erreicht wurden. Das hat natürlich mit dem geistigen Rang der Verfasser zu tun, aber auch mit den Vorzügen einer Methode, die von der folgenden Vorliebe für alphabetische Gliederung lange verdrängt worden ist, mit der systematischen, eben enzyklopädischen Darstellung des Stoffes.
Die Enzyklopädisten stehen am Übergang von der glaubensorientierten Welt des Mittelalters und der beginnenden Neuzeit zur Ära des Wissens. Schon während der Epoche der von ihnen mitgeprägten Aufklärung beweist ihr Projekt, daß die Zeit vorbei ist, da einzelne das ganze Spektrum des Wissens zu überschauen vermögen. Letzte universale Geister wie Goethe bestätigen nur diese Entwicklung. Es wird jedoch ein bedenklicher Schluß daraus gezogen: Statt voranzuschreiten in enger Zusammenarbeit mit den Forschern der Nachbardisziplinen, setzt man je länger, desto mehr auf den Spezialisten und handelt sich Scheuklappen ein.
Die Nachschlagewerke der Folgezeit atmen zwar noch den Hauch ausgebreiteter Bildung, geben aber den systematischen Zusammenhang zugunsten des leichter handhabbaren Alphabets auf. Der Prozeß der Atomisierung von Information und der Aufbereitung in immer kleineren Häppchen beschleunigt sich rapide über wahre Stichwortrekorde bis hin zu unseren Datenbanken. Man will schnell finden, Wissen verdrängt das Verstehen. Das Kreuzworträtsel ist ein unterhaltsamer Auswuchs dieses Trends. Und während die Wissenschaft längst zu interdisziplinären Fragestellungen zurückgefunden hat, schwillt die »Lexikonjunktur« im Quiz-Stil weiter an.
So sehr diese raschen Ratgeber ihren Sinn und Wert haben, ist verlassen, wer sich allein auf sie verläßt. Wie karg in der Kürze der Lexika die Auskünfte oft sein müssen, erfährt man, wenn man Begriffe des eigenen Fachgebiets nachschlägt. Als Fachfrau/mann aber ordnet man leicht das Gefundene in den größeren Zusammenhang ein und begrüßt die prompte Hilfe. Nur: Die Fachgebiete werden immer enger, man kennt sich nur noch in begrenzten Regionen gut aus, worunter das Verstehen der knappen Daten aus anderen Gebieten leidet.
Wer hat schon in der Schule so gut aufgepaßt, daß seine Fundamente für frühe deutsche Dichtung wie Absolutismus, für Wahlrecht wie Maltechniken reichen, von schulfremden Disziplinen wie Wirtschaft oder Rundfunkwesen gar nicht zu reden? Ehe man also mit Nutzen an die alphabeti-

schen Wissensspeicher gehen kann, bedarf es der Auffrischung von Gelerntem ebenso wie der Bereitschaft, Neues zu lernen. Beides aber geht nur im Zusammenhang, wie man ja auch erst dann aus dem Fenster schauen kann, wenn mindestens der Rohbau steht. Gerade die Sozial- und Geisteswissenschaften sind vielfach vernetzt und fordern zum Verständnis Kenntnisse aus den angrenzenden Fächern.

Bei den ausufernden Wissensströmen geht man – um im Bild zu bleiben – leicht baden, wenn man auf eigene Faust loslernt. In vertretbarer Zeit läßt sich nur ein begrenzter Fundus erwerben, und welcher das sein sollte, kann nur der Fachmann sagen, und auch nur einer, der selbst über den Tellerrand des eigenen Gebiets zu schauen vermag. Er freilich weiß, wo die Brücken zu den anderen Fächern führen, kann das Wesentliche von der Spreu der wichtigen, aber für den Grundkurs nur belastenden Details sondern und die richtige, faßbare Portion bereiten.

Das vorliegende Werk will ein solcher Grundkurs in den Kulturwissenschaften sein. Pädagogen, Fachjournalisten, Wissenschaftler und Praktiker haben ihn geschrieben und mitgestaltet. Er untersucht die Strukturen des modernen demokratischen Rechtsstaats mit seinen Institutionen und Regeln des Zusammenlebens (GESELLSCHAFT), das wesentlich auf intensivem Austausch von Informationen im weitesten Sinne (MEDIEN & KOMMUNIKATION) und Gütern basiert (WIRTSCHAFT). Die Ökonomie ist der Motor ständiger Modernisierung, die einem Land wie dem unseren einen vorderen Platz im Konzert der Staatengemeinschaft sichert.

Ihr gilt das größte Kapitel (LÄNDER), in dem alle Staaten der Erde geo- und demografisch, politisch und ökonomisch mit den wichtigsten Rahmendaten vorgestellt werden. Wie es zu der Vielfalt der politischen Systeme und wirtschaftlichen Ordnung gekommen ist, beantwortet ein bei allem Umfang knapper historischer Abriß von den Anfängen der Menschheit bis zur Wiedervereinigung Deutschlands (WELTGESCHICHTE). Triebkräfte dieser Entwicklung waren und sind keineswegs in erster Linie die technischen, sondern die kulturellen Errungenschaften. Homo faber – »Macher« – nämlich konnte der Mensch nur werden als Homo sapiens – »Denker« –, als Sinnsetzer (RELIGION) für sein Dasein und moralisches Wesen, das den Auftrag der Selbsterkenntnis ernst nimmt (PHILOSOPHIE) und selbst Welten schafft in Worten (LITERATUR), Formen und Farben (BILDENDE KUNST) und Klängen (MUSIK).

Der Mensch ist ein Augenwesen, heutzutage mehr als je zuvor. Dem trägt »WISSEN KOMPAKT« Rechnung durch aufwendige, zumeist farbige Bebilderung, die im Wortsinn anschaulich macht, was der optischen Unterstützung bedarf. Dem dienen auch Diagramme, Grafiken und Tabellen, Übersichten, Tafeln und Kästen, die in loser Folge eingestreut sind, wo Wissen auf den Punkt gebracht ist, wo Schwerpunkte gebildet und Beispiele zur Unterstützung herangezogen werden. Es ist damit ein Kaleidoskop des modernen Wissens entstanden, das bewußt auch unterhalten will, denn Lernen und Freude, ja Spaß dürfen keine Gegensätze sein – und müssen es auch nicht, wie Autoren, Grafiker und Redakteure von »WISSEN KOMPAKT« unter Beweis gestellt haben.

Bewiesen haben sie zudem, daß die systematische Aufbereitung des komplexen Stoffs auch in der kleinen Form ihre Vorzüge entfaltet, ja gerade für sie die angemessene ist. (Der alphabetische Zugang bleibt per Register unbenommen.) Bei einer Wissensexplosion ohnegleichen und einer unausweichlich wachsenden Arbeitsteiligkeit geht wenig ohne den Experten, aber nichts ohne übergreifende Bildung. »WISSEN KOMPAKT« möchte nicht nur Wissen vermitteln, sondern auch zwischen den Wissensgebieten Brücken schlagen. In diesem Sinne weiß es sich als kleine Enzyklopädie dem Motto der großen verpflichtet.

Friedemann Bedürftig

GESELLSCHAFT

Gesellschaft

Wir sprechen von Gesellschaft, ob wir die Menschheit, ein Volk oder ein Kaffeekränzchen, eine Gelehrtenvereinigung, ein Wirtschaftsunternehmen oder eine Bevölkerungsschicht meinen. Der vieldeutige Begriff interessiert hier im Sinne einer in bestimmtem Lebenszusammenhang stehenden Gruppe, Produkt einer Gesamtheit von Normen und Regeln, Traditionen und Organisationen, die aus der Einwohnerschaft eines Gebietes ein (Staats-)Volk machen. Es sollen die politische Organisation wie das Rechtswesen, die Staatsorgane wie das Militär und das Bildungssystem in Deutschland vorgestellt werden.

NOCH HEUTE VORBILD für freiheitliche Verfassungen ist die Erklärung der Menschen- und Bürgerrechte der französischen Nationalversammlung vom 26. August 1789. Ihre Verfasser begründeten die Proklamation damit, »daß die Unkenntnis, das Vergessen oder Verachten der Menschenrechte die alleinigen Ursachen des öffentlichen Unglücks und der Korruptheit der Regierungen sind«. Kernpunkte waren und sind u.a.:

- Artikel I: Die Menschen sind und bleiben von Geburt an frei und gleich an Rechten.
- II: ...Diese Rechte sind Freiheit, Sicherheit und Widerstand gegen Unterdrückung.
- IV: Die Freiheit besteht darin, alles tun zu können, was dem anderen nicht schadet.
- VII: Kein Mensch kann anders als in den gesetzlich verfügten Fällen und den vorgeschriebenen Formen angeklagt, verhaftet und gefangengenommen werden.
- X.: Niemand darf wegen seiner Meinung, selbst religiöser Art, belangt werden...
- XVII.: Eigentum ist ein unverletzliches und heiliges Recht...

GESELLSCHAFT

amnesty international

!nein!
ZUR TODESSTRAFE

NACH DEN BITTEREN ERFAHRUNGEN in der deutschen Vergangenheit bestimmt das Grundgesetz in Artikel 102: »Die Todesstrafe ist abgeschafft.« Die meisten Staaten aber verzichten auch heute nicht auf diese unkorrigierbare Ahndung von Verbrechen. Die Gefangenenhilfsorganisation Amnesty International engagiert sich im Kampf gegen die oft politisch mißbrauchte Höchststrafe.

Verbindliche, zweifelsfrei logisch aus einer unumstößlichen Wahrheit ableitbare moralische Normen kann es nicht geben. Selbst das Tötungsverbot erleidet, etwa im Krieg, Ausnahmen. Letztlich bleibt nur der Rückgriff auf Tradition oder Glauben, will man einen einigermaßen haltbaren Konsens über gut und böse, Recht und Unrecht in einem Volk oder gar – weitaus schwieriger – in der gesamten Menschheit herstellen. In den Jahrtausenden menschlicher Geschichte haben sich, zunächst religiös fundiert, einige ethische Grundpfeiler gebildet.

Die Menschenrechte

Die dem Menschen innewohnenden, unveräußerlichen und unantastbaren Rechte und Freiheiten des Individuums gegenüber dem Staat nennen wir Menschenrechte. Ihre staats- und rechtsphilosophische Wurzel ist die Lehre des Naturrechts. Danach sind die Menschen eine Gemeinschaft rationaler Wesen, denen bestimmte höchste Rechtsnormen gemeinsam sind. Sie sind im Wesen des Menschen begründet, von Zeit und Ort und von menschlicher Rechtsetzung unabhängig.

Den entscheidenden Schritt von der Naturrechtslehre zur Menschenrechtslehre vollzog die Philosophie der Aufklärung. Sie versuchte, bestimmte Rechte, z.B. Freiheit, Eigentum, Recht auf Erziehung, als vernunftnotwendig abzuleiten. Vorläufer dieser Rechte waren die mittelalterlichen Freiheitsgarantien des englischen Rechts (Magna Charta Libertatum von 1215).

Die erste staatliche Menschenrechtsdeklaration, die Verfassungsrang erhielt, war die amerikanische »Virginia Bill of Rights« vom 12. Juni 1776. Sie beeinflußte auch die »Erklärung der Menschen- und Bürgerrechte« der französischen Nationalversammlung, die am 26. August 1789 verkündet wurde. Heute zählt man zu den Menschenrechten nicht nur die individuellen Freiheitsrechte, sondern auch die demokratischen und sozialen Rechte.

»Die Achtung vor den Menschenrechten und Grundfreiheiten für alle ohne Unterschied der Rasse, des Geschlechts, der Sprache oder Religion zu fördern und zu festigen«, ist eines der Ziele der Vereinten Nationen (United Nations, UN), die am 10. Dezember 1948 feierlich die »Allgemeine Erklärung der Menschenrechte« proklamierten.

Der durch die Vereinten Nationen garantierte völkerrechtliche Schutz der Menschenrechte wird überwacht durch ein System von Gremien und Prüfungsverfahren, das zu Förderung und Weiterentwicklung der Menschenrechte beitragen soll. Neben der Vollversammlung sind die wichtigsten Institutionen:

- die Menschenrechtskommission (MRK) als das für die Menschenrechte zuständige Fachorgan des Wirtschafts- und Sozialrates,
- der mit unabhängigen internationalen Experten besetzte Menschenrechtsausschuß,
- der Ausschuß für die Beseitigung der Rassendiskriminierung,
- der Ausschuß zur Beseitigung der Diskriminierung der Frau,
- der Anti-Folter-Ausschuß,
- der Ausschuß für Konventionen und Empfehlungen der Weltorganisation für Erziehung, Wissenschaft und Kultur (UNESCO),
- der Sachverständigenausschuß der Internationalen Arbeitsorganisation (IAO).

GESELLSCHAFT

Besondere Verdienste um den Schutz der Menschenrechte hat sich eine private Vereinigung, die 1961 gegründete Gefangenenhilfsorganisation Amnesty International (ai) erworben. Sie setzt sich ohne Rücksicht auf politische Erwägungen für die Freilassung und Unterstützung von Menschen ein, die »unter Mißachtung der Menschenrechtsdeklaration der Vereinten Nationen verhaftet, gefangen, auf andere Weise physischem Zwang ausgesetzt oder Freiheitsbeschränkungen unterworfen sind«.

Der völkerrechtliche Schutz der Menschenrechte wird in Europa ergänzt und verstärkt durch die Europäische Konvention zum Schutze der Menschenrechte und Grundfreiheiten vom 7. August 1952. In der Bundesrepublik werden die Menschenrechte im Rahmen der freiheitlich-demokratischen Grundordnung geschützt, die durch das Grundgesetz festgelegt und insbesondere durch die Rechtsprechung des Bundesverfassungsgerichts fortentwickelt wurde. Artikel 1 Abs. 2 Grundgesetz (GG) besagt, daß sich das deutsche Volk »zu unverletzlichen und unveräußerlichen Menschenrechten als Grundlage jeder menschlichen Gemeinschaft, des Friedens und der Gerechtigkeit in der Welt« bekennt.

Verfassungen

Wenn Menschen auf längere Zeit zusammenwirken, kommen sie nicht ohne eine grundlegende, allgemein verbindliche Regelung ihres Zusammenlebens aus. Diese Grundregeln stellen einen Rahmen dar, in dem die Details des Miteinanders von der Gesellschaft ausgestaltet werden. Die Grundregeln beschränken sich auf das Wesentliche und dürfen nicht verletzt werden. Alle Staatsgebilde benötigen, wollen sie Bestand haben, solche Grundordnungen. Sie werden als Verfassungen bezeichnet.

Die Verfassung eines Staates ist das oberste Gesetz, von dem alle Rechtsvorschriften abgeleitet sind. Sie regelt das Gesetzgebungsverfahren und bestimmt die Zuständigkeit der Staatsorgane. Die Verfassung legt den Aufbau des Staates sowie den Umfang und die Grenzen der Staatsgewalt fest. Politische Grundordnungen gibt es in vielen Ausformungen. Diametral gegenüber stehen sich die freiheitlich-demokratische und die totalitäre Grundordnung.

Die freiheitlich-demokratische Grundordnung ist gekennzeichnet durch:
- Machtstreuung;
- Freiheit zur Teilnahme an der politischen Willensbildung;
- Verantwortlichkeit der politischen Führung gegenüber dem Volk;
- Rechtsstaatlichkeit;
- Beschränkung des politischen Ordnungsanspruchs.

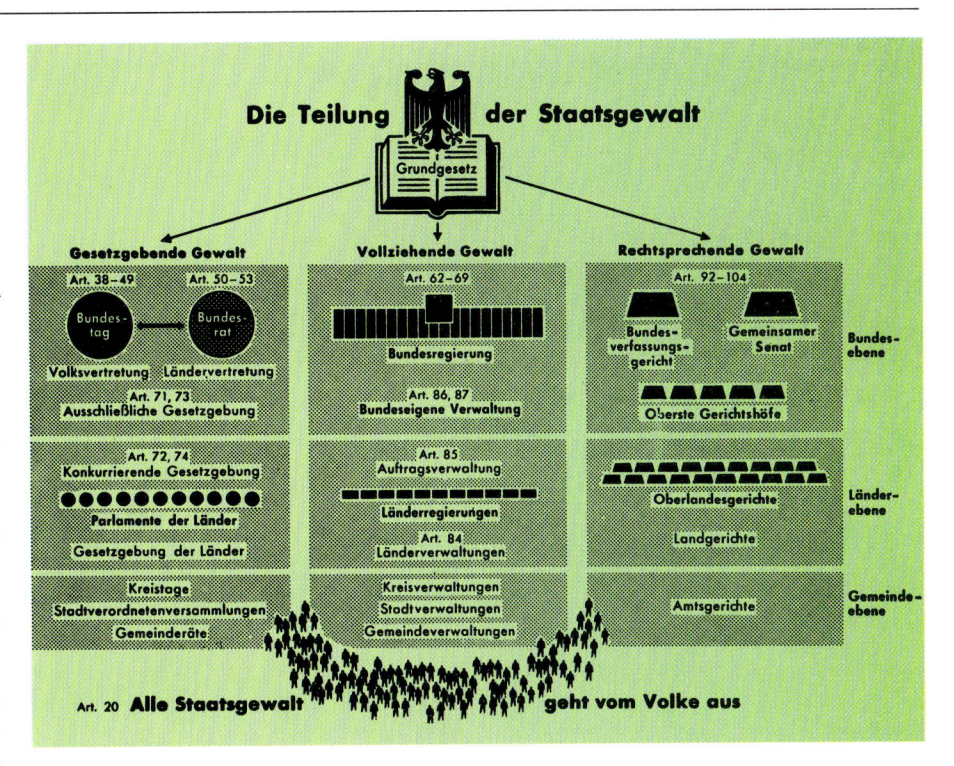

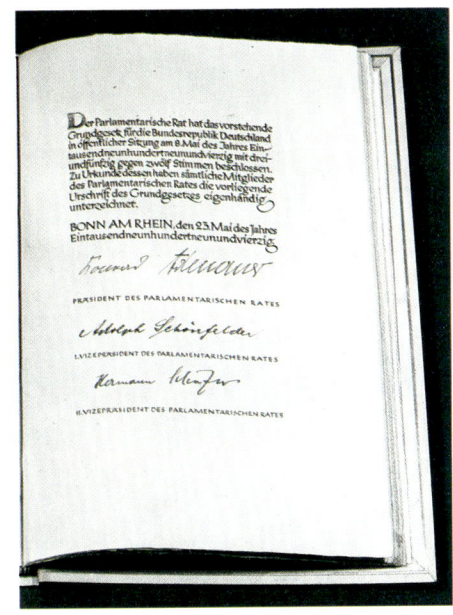

GEWALTENTEILUNG *ist eine der Säulen jeder Demokratie (Schema oben). Die »Väter« des Grundgesetzes (Foto: Schlußseite) im Parlamentarischen Rat, dem der spätere Bundeskanzler Adenauer präsidierte, zogen 1948/49 durch Übernahme dieses Prinzips und anderer Sicherungen vor Machtmißbrauch die Konsequenzen aus der Entartung politischer Kultur in der Zeit des nationalsozialistischen Unrechtsstaates.*

Kennzeichen der totalitären Grundordnung sind:
- Machtkonzentration;
- monokratische politische Willensbildung;
- Unkontrollierbarkeit der politischen Führung;
- Willkürherrschaft;
- unumschränkter politischer Ordnungsanspruch.

Das Grundgesetz

Die Verfassung der Bundesrepublik Deutschland ist im Grundgesetz niedergelegt. Es ist die rechtliche Grundlage, nach der sich das Zusammenleben der Menschen und das Zusammenwirken der staatlichen Organe der Bundesrepublik regeln. Es wurde von dem aus elf Landtagen delegierten Parlamentarischen Rat unter Einfluß der Westmächte in über achtmonatiger Beratung erarbeitet. Am 8. Mai 1949 nahm der Parlamentarische Rat das Grundgesetz mit 53 zu 12 Stimmen an, am 23. Mai 1949 wurde es im Bundesgesetzblatt verkündet.

Mit dem Terminus Grundgesetz – und nicht Verfassung – wollten »die Väter des Grundgesetzes« zum Ausdruck bringen, daß kein separater westdeutscher Staat gegründet, sondern ein zeitlich und räumlich begrenztes Provisorium bis zur Einrichtung eines gesamtdeutschen Staates geschaffen werden sollte – nach damaliger Auffassung in den Grenzen der vier Besatzungszonen.

Seinen inhaltlichen Niederschlag fand dieser Vorbehalt in der Präambel zum Grundgesetz und den Artikeln 23 und 146 GG, die die Wiedererlangung der staatlichen Einheit vorschrieben bzw. ermöglichten. Mit dem Beitritt der fünf neuen

GESELLSCHAFT

GRUNDRECHTE IN DER DISKUSSION

Das Grundgesetz ist mit dem Einigungsvertrag zum 36. Mal geändert worden. Trotzdem hat es sich in seiner mehr als 40jährigen Geschichte bewährt. Doch gerade in jüngster Zeit sind verschiedene Staatszielbestimmungen und Grundrechte in die öffentliche Diskussion geraten. So wird mit zunehmender Arbeitslosigkeit ein Grundrecht auf Arbeit gefordert, und knapper Wohnraum läßt einen Ruf nach Recht auf Wohnung laut werden.

Die rapide steigende Belastung der Umwelt führte in der vergangenen Legislaturperiode zu einem Gesetzentwurf, der eine Ergänzung des Grundgesetzes vorsah und über den sich Opposition und Koalition grundsätzlich einig waren. Es sollte ein Artikel 20a eingefügt werden, der die »natürlichen Lebensgrundlagen des Menschen« unter den »Schutz des Staates« stellt. Die Verfassungsänderung scheiterte an der ablehnenden Haltung der Sozialdemokraten, die einem von der CDU geforderten Gesetzesvorbehalt nicht zustimmen wollten. Nach Auffassung der SPD darf das Staatsziel Umweltschutz nicht von vornherein eingeschränkt und damit ausgehöhlt werden.

Ein seit längerem umstrittenes Thema in der Öffentlichkeit ist die Änderung des Asylrechts (oben: Asylbewerber aus Sri Lanka, rechts: Plakat von Amnesty International). Anlaß dieser Diskussion sind der zunehmende Mißbrauch des Asylrechts durch Einzelpersonen und Schlepperorganisationen sowie die daraus resultierende Folge, daß der Asyl suchende Personenkreis stetig wächst und bei weitem die Zahl der Asylberechtigten überschreitet. Durch Artikel 16 Abs. 2 GG wird politisch verfolgten Ausländern ein gerichtlich durchsetzbarer Anspruch auf Asyl gewährt. Danach darf niemand, der in der Bundesrepublik vor politischer Verfolgung Schutz sucht, zurückgewiesen oder abgeschoben werden. Die Befürworter einer Grundgesetzänderung plädieren für einen Gesetzesvorbehalt zum Artikel 16 GG, wonach die Voraussetzungen der Asylgewährung durch ein Gesetz geregelt werden sollen.

Strittig ist die Verknüpfung der Asylantenfrage mit dem Problem der deutschstämmigen Aussiedler aus den osteuropäischen Staaten, die einen rechtlichen Anspruch auf Einbürgerung besitzen. Die SPD fordert, die Sonderstellung von Personen aufgrund der problematischen Zuordnung zum deutschen Volkstum aufzuheben. CDU/CSU lehnen die Gleichsetzung von Aussiedlern und Asylbewerbern ab.

Länder nach Artikel 23 GG, am 3. Oktober 1990, büßten beide Artikel ihr ursprüngliches Anwendungsfeld ein. Der Beitrittsartikel 23 GG fiel ersatzlos fort. Artikel 146 GG, der im Zuge der Vereinigung eine Abstimmung über eine neue Verfassung und damit quasi eine Neukonstituierung der Bundesrepublik vorsah, hält auch nach der Vereinigung und seiner Umformulierung die Möglichkeit einer Volksabstimmung über eine neue Verfassung für die Bundesrepublik offen.

Als sogenannter »Verfassungskern« des Grundgesetzes gelten die Bestimmungen über die Unantastbarkeit der Menschenwürde, der Bindung der Staatsgewalt an die Grundrechte, über den demokratischen und föderalistischen Staatsaufbau, die Grundsätze des Rechtsstaates und des Sozialstaates. Eine Änderung dieser Grundsätze ist nach Artikel 79 Abs. 3 GG unzulässig. Ansonsten kann das Grundgesetz nur mit zwei Dritteln der Mitglieder des Bundestages und mit zwei Dritteln der Stimmen des Bundesrates geändert werden.

Staatsaufbau der Bundesrepublik

In Anlehnung an die Lehren von Charles de Montesquieu (1689–1755) über die Gewaltenteilung, gliedert sich der Staatsaufbau der Bundesrepublik in die drei klassischen Säulen: gesetzgebende (Legislative), vollziehende (Exekutive) und rechtsprechende (Judikative) Gewalt. Die Verfassungsorgane – Parlament, Regierung und Verwaltung sowie Rechtsprechung – sind voneinander getrennt und kontrollieren einander.

Neben dieser horizontalen Gewaltenteilung fordert das Grundgesetz auch eine vertikale Trennung der Staatsmacht, d.h. die föderale Gliederung zwischen den Organen des Bundes, der Länder und der Gemeinden. Danach ist die Bundesrepublik ein Bundesstaat, dem seit dem 3. Oktober 1990 insgesamt 16 Ländern angehören.

Unter einem Bundesstaat versteht man die Verbindung mehrerer Einzelstaaten mit der Maßgabe, daß sowohl die beteiligten Staaten als auch die neue Verbindung Staaten sind und Staaten bleiben. So sind auch die Gliedstaaten (Bundesländer) der Bundesrepublik mit eigener Staatshoheit ausgestattet und haben sich eine eigene Verfassung gegeben. Nach Artikel 30 GG liegt die Kompetenz zur Wahrnehmung staatlicher Hoheitsaufgaben zunächst bei den Ländern. Zahlreiche Zuständigkeitsnormen weisen jedoch dem Bund wichtige Befugnisse zu.

Im Gegensatz zum Bundesstaat steht der Einheits- oder Zentralstaat, bei dem eine einheitliche Staatsgewalt mit dezentralisierten Verwaltungskörperschaften, wie die Departements in Frankreich, vorhanden ist. Der Staatenbund unterscheidet

GESELLSCHAFT

sich vom Bundesstaat durch den losen völkerrechtlichen Zusammenhalt zu gemeinsamen Zwecken, bei Wahrung eigener Souveränität.

Demokratie

In jedem Staat stellt sich die Frage nach dem Träger der Staatsgewalt. Gesellschaften, die in freier Selbstbestimmung ihre Führung berufen, gelten als Demokratien. Nicht demokratisch legitimierte Gemeinschaften sind entweder Monokratien (Alleinherrschaft durch einzelne Monarchen oder Diktatoren) oder Autokratien (Selbstherrschaft ohne Wahlen oder ohne Beachtung von Wahlen). Die Bundesrepublik ist ein »demokratischer« Staat, in der alle Staatsgewalt vom Volke ausgeht (Artikel 20 Abs. 1 und 2 GG). Das Volk ist regelmäßig aufgerufen, seinen Willen in Mehrheitsentscheidungen auszudrücken.

Allerdings ist es schon aus organisatorischen Gründen nicht möglich, die jeweiligen Entscheidungen von allen treffen zu lassen. Das Grundgesetz hat sich daher für eine repräsentative Demokratie entschieden, in der frei gewählte Repräsentanten das Volk bei der Willensbildung vertreten. Die Wahlen sind damit die wichtigste Möglichkeit der Teilhabe des Volkes an der Staatsgewalt.

Rechtsstaatlichkeit

Angesichts der bitteren Erfahrungen aus der Zeit des nationalsozialistischen Unrechtsstaates legten die Väter des Grundgesetzes großen Wert auf die Ausgestaltung des Rechtsstaatsprinzips. Um einer Willkür des Staates vorzubeugen, bindet das Grundgesetz die Staatsgewalt an die Grundrechte als unmittelbar geltendes Recht, zugleich sind die Staatsorgane bei der Ausübung von Staatsgewalt Recht und Gesetz unterworfen.

Ein weiterer Bestandteil der Rechtsstaatlichkeit ist die Gewährung der Rechtssicherheit. Zu ihr gehören die Klarheit und Voraussehbarkeit staatlichen Handelns sowie der Grundsatz der Verhältnismäßigkeit, der Schutz vor übertriebenen Eingriffen des Staates bieten soll. Fühlt sich jemand durch die öffentliche Gewalt verletzt, so steht ihm nach dem Grundgesetz ein effektiver Rechtsschutz zu.

Sozialstaat

Nach Artikel 20 Abs. 1 GG ist die Bundesrepublik ein »sozialer« Staat. Das Prinzip der Sozialstaatlichkeit besagt, daß der Staat sozial gerecht aufgebaut sein soll. Es verpflichtet den Gesetzgeber und die Exekutive zu sozialgestaltender Tätigkeit in fast allen Gesellschaftsbereichen. Jeder Schicht oder Gruppe der Bevölkerung muß ein wirtschaftliches und kulturelles Lebensniveau ermöglicht werden. Das Sozialstaatsprinzip verpflichtet aber auch

PROVISORIUM für vier Jahrzehnte war Bonn als Hauptstadt (Foto oben: Rheinfront mit Bundeshaus). Gegen den Abschied aus der Idylle wehrten sich nach der Wiedervereinigung Abgeordnete aller Parteien.

LANGE LEER stand das Reichstagsgebäude in Berlin. Schon 1957 war der Wiederaufbau und -ausbau für ein gesamtdeutsches Parlament beschlossen worden. Der Plenarsaal bietet über 650 Volksvertretern Platz.

DIE HAUPTSTADTFRAGE

Der Einigungsvertrag zwischen der Bundesrepublik Deutschland und der ehemaligen DDR stellt eindeutig fest: »Die Hauptstadt Deutschlands ist Berlin.« Allerdings haben sich die Autoren des Gesetzeswerkes eine Option vorbehalten: Über Sitz von Parlament und Regierung soll erst später entschieden werden. Dies geschah am 20. Juni 1991: Der Bundestag entschied durch Mehrheitsbeschluß, daß Berlin Parlaments- und Regierungssitz sein soll. Der Bundesrat beschloß am 5. Juli 1991, seinen Sitz in Bonn zu behalten.

Am 10. Mai 1949 erklärte der Parlamentarische Rat die rheinische Kleinstadt Bonn zur provisorischen Hauptstadt. Der Bundestag bestätigte am 3. November 1949 diesen Beschluß und bestimmte, die leitenden Bundesorgane nach Berlin zu verlegen, »sobald allgemeine, freie, gleiche, geheime Wahlen in ganz Berlin und in der sowjetischen Besatzungszone« durchgeführt seien.

Gesetzeskraft erhielt Berlins Rolle als Hauptstadt durch das dritte Überleitungsgesetz vom 4. Januar 1952 über die Stellung Berlins im Finanzsystem des Bundes. Gemäß Paragraph 16 des Überleitungsgesetzes soll die Finanzhilfe des Bundes so bemessen sein, daß Berlin in die Lage versetzt wird, »seine Aufgaben als Hauptstadt eines geeinten Deutschlands zu erfüllen«.

In den Jahren der Teilung ist Berlin immer wieder von den Politikern der Bundesrepublik als die deutsche Hauptstadt bezeichnet worden – eine Aussage, die selbstverständlich Berlin auch als Regierungs- und Parlamentssitz einbezog. Nach der Wiedervereinigung ging der Streit über diese Frage quer durch die Parteien, wobei historische, psychologische und finanzielle Argumente ins Feld geführt wurden.

GESELLSCHAFT

den einzelnen Bürger gegenüber seinen Mitmenschen. Eindeutig geht diese soziale Komponente des Grundgesetzes aus dem Artikel 14 Abs. 2 Satz 1 GG hervor, wonach »Eigentum verpflichtet«.

BUNDESORGANE

Bundestag

Der Deutsche Bundestag ist die frei gewählte Volksvertretung der Bundesrepublik Deutschland. Er ist das Herzstück der politischen Willensbildung und aller demokratischen Institutionen. Seine Mitglieder werden in allgemeiner, unmittelbarer, freier, gleicher und geheimer Wahl für vier Jahre gewählt. Die Abgeordneten sind Vertreter des ganzen deutschen Volkes und nicht an Aufträge und Weisungen gebunden. Sie sind lediglich ihrem Gewissen unterworfen.

In der Regel sind die Abgeordneten einer Partei (oder auch mehrerer Parteien mit ähnlichen Zielen), sofern sie die nötige Anzahl von fünf Prozent der Mitglieder des Bundestages erreichen, in Fraktionen zusammengeschlossen. In den Fraktionen wird die Meinungsbildung für das Plenum vorbereitet. Sie schaffen durch die Auseinandersetzung in der parlamentarischen Debatte deutliche Positionen für die Öffentlichkeit.

Der Präsident des Bundestages wird nach parlamentarischer Tradition aus der stärksten Fraktion von den Abgeordneten für eine Legislaturperiode gewählt. Er »vertritt den Bundestag und regelt seine Geschäfte. Er wahrt die Würde und die Rechte des Bundestages, fördert seine Arbeiten, leitet die Verhandlungen gerecht und unparteiisch und wahrt die Ordnung im Hause« (Paragraph 7 Abs. 2 Satz 1 Geschäftsordnung des Bundestages). Er führt den Vorsitz im Plenum in regelmäßigem Wechsel von zwei Stunden mit seinen vier Stellvertretern.

Bei der Führung der Geschäfte unterstützt der Ältestenrat den Präsidenten. Neben dem Präsidenten und den Vizepräsidenten gehören ihm 23 weitere von den Fraktionen benannte Abgeordnete an. Der Ältestenrat berät über die Tagesordnungen der Plenarsitzungen, über Zahl und Stärke der Ausschüsse sowie über Probleme, die sich aus den laufenden Geschäften des Bundestages ergeben. Das Plenum ist die Vollversammlung der Abgeordneten des Bundestages. Die Debatte im Plenum soll für die Wähler und Wählerinnen die politischen Vorgänge verdeutlichen und Argumente für oder gegen politische Entscheidungen öffentlich und verständlich machen.

Gesetzgebung: Als oberste gesetzgebende Gewalt berät und verabschiedet der Bundestag Gesetzesvorlagen. Die Gesetzentwürfe müssen nach der Geschäftsord-

SOUVERÄN der Bundesrepublik Deutschland (links: Staatswappen) ist das deutsche Volk, repräsentiert von den in freier, gleicher und geheimer Abstimmung gewählten Abgeordneten im Bundestag (links unten: Plenarsaal im Bonner »Wasserwerk«). Die Mitglieder der 1990 verschwundenen Volkskammer (unten rechts: Sitzungssaal) zogen bis zum Sturz der SED-Herrschaft dagegen über Scheinwahlen in ein machtloses Parlament ein.

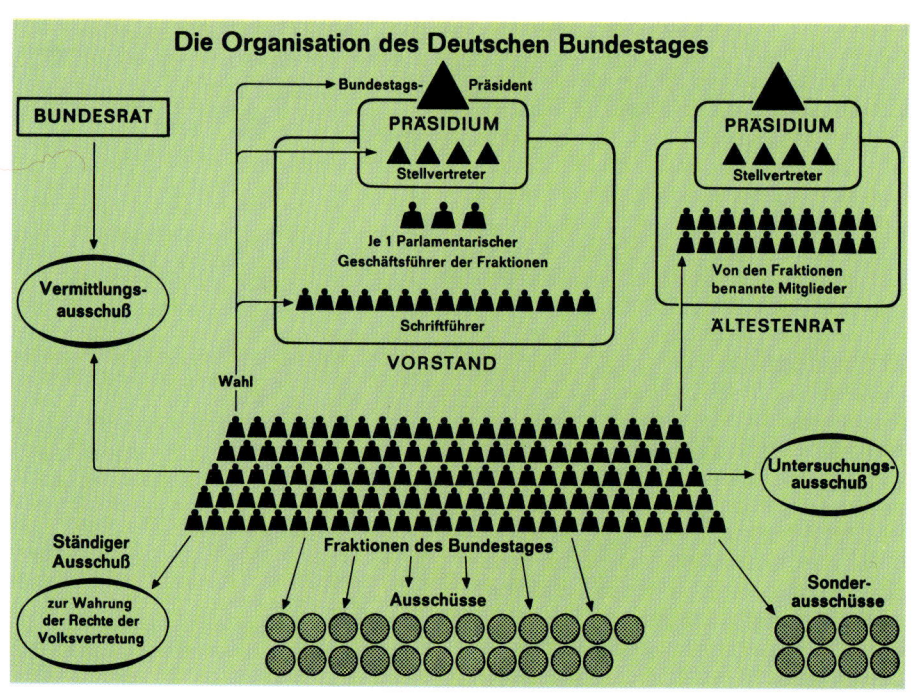

GESELLSCHAFT

nung des Bundestages im Plenum in drei »Lesungen« behandelt werden. Neben dem Bundestag steht auch der Bundesregierung und dem Bundesrat das Recht zu, Gesetzentwürfe einzubringen. Nach Artikel 70 GG liegt das Recht der Gesetzgebung zunächst bei den Ländern, soweit sich die Befugnisse der Gesetzgebungskompetenz des Bundes nicht aus dem Grundgesetz selber ergeben. Daraus folgt, daß die Regelung neuer Aufgaben erst einmal den Ländern zusteht und nur durch Grundgesetzänderung auf den Bund übertragen werden kann.

Kontrollfunktion: Der Bundestag kontrolliert die Regierung. Kontrollinstrumente sind die Großen und Kleinen Anfragen, die Fragestunde sowie die Aktuelle Stunde, in denen die Regierung Rede und Antwort stehen muß. Die Opposition nimmt ihre Kontrollfunktion vor allem in der Öffentlichkeit wahr. Die regierungstragenden Parteien artikulieren ihre Kritik gewöhnlich in der Fraktion und in anderen Gremien. Ein Hilfsorgan des Bundestages, bei der Ausübung der Kontrolle über die Bundeswehr, stellt der Wehrbeauftragte des Bundestages dar. Er berichtet jährlich über die Lage in den Streitkräften. Der Petitionsausschuß nimmt die an den Bundestag gerichteten Bitten und Beschwerden wahr. Er hat das Recht auf Aktenvorlage und Auskunftserteilung sowie Zutrittsbefugnisse zu den Einrichtungen der Bundesregierung und der Bundesbehörden.

Budgetrecht: Die Kontrolle der Finanzen ist eines der ältesten Rechte des Parlaments. Der Haushaltsplan der Regierung wird vor Beginn des Rechnungsjahres durch das Haushaltsgesetz festgestellt. Im Haushaltsausschuß wird der Etat unter den Gesichtspunkten der Sparsamkeit und politischer Zweckmäßigkeit geprüft. Er ist nach Einnahmen und Ausgaben auszugleichen. Aus den Budgets der einzelnen Ministerien lassen sich die Schwerpunkte der Regierungspolitik herauslesen. Daher spricht man auch von dem in »Zahlen gefaßten Regierungsprogramm«. Die Opposition nutzt die Haushaltsberatungen im Bundestag traditionell zu einer Auseinandersetzung mit der Politik der einzelnen Ressorts.

Am Ende des Rechnungsjahres muß der Finanzminister dem Parlament zur Entlastung der Bundesregierung Rechnung legen. Der Bundesrechnungshof, dessen Mitglieder richterliche Unabhängigkeit besitzen, verfaßt jährlich einen Bericht über die Wirtschaftlichkeit und Ordnungsmäßigkeit der Haushalts- und Wirtschaftsführung.

Neben diesen drei »Grundrechten« der Legislative kommt eine weitere Fülle elementarer Befugnisse des Bundestages hinzu:
- Wahl des Bundeskanzlers;
- Wahl des Bundestagspräsidenten, der als »zweiter Mann im Staate« den Bundespräsidenten vertritt;
- Beteiligung an der Wahl des Bundespräsidenten;
- Wahl der Hälfte der Verfassungsrichter und Beteiligung an der Berufung von Richtern in die obersten Gerichtshöfe;
- Einsetzung von Untersuchungsausschüssen und Enquete-Kommissionen;
- Feststellung des Spannungs- und Verteidigungsfalles;
- Entscheidung über den Friedensschluß.

Ausschüsse und Kommissionen: Die Ausschüsse sind vorbereitende Gremien des Bundestages. In ihnen werden Gesetzent-

GESETZGEBUNGSBEFUGNISSE DES BUNDES UND DER LÄNDER

Die *ausschließliche* Gesetzgebung liegt voll in der Kompetenz des Bundes. Sie kann zwar auf die Länder übertragen werden; bisher wurde aber kaum davon Gebrauch gemacht. Gegenstände sind:
- Auswärtige Angelegenheiten
- Verteidigung und Zivilschutz
- Staatsangehörigkeitsregelungen
- Freizügigkeit, Paßwesen, Ein- und Auswanderung, Auslieferung
- Währung, Geld- und Münzwesen
- Maße, Gewichte, Zeitbestimmung
- Einheit des Zoll- und Handelsgebietes, Handels- und Schiffahrtsverträge, Freizügigkeit des Warenverkehrs und des Waren- und Zahlungsverkehrs, Zoll- und Grenzschutz
- Bundeseisenbahn und Luftverkehr
- Post- und Fernmeldewesen
- Recht des öffentlichen Dienstes des Bundes
- Gewerblicher Rechtsschutz, Urheberrecht und Verlagsrecht
- Zusammenarbeit des Bundes und der Länder in der Kriminalpolizei, im Verfassungsschutz sowie der Einrichtung eines Bundeskriminalamtes und der internationalen Verbrechensbekämpfung
- Statistik für Bundeszwecke
- Zölle und Finanzmonopole.

In der *konkurrierenden* Gesetzgebung haben die Länder das Recht der Gesetzgebung, soweit der Bund nicht von seiner Befugnis im Interesse bundeseinheitlicher Regelungen tätig wird. Von der Möglichkeit seiner Befugnis hat der Bund allerdings in der Vergangenheit regen Gebrauch gemacht. Gegenstände der konkurrierenden Gesetzgebung sind:
- Bürgerliches Recht, Strafrecht, Strafvollzug, Gerichtsverfassung, Rechtsanwaltschaft und Rechtsberatung
- Personenstandswesen
- Vereins- und Versammlungsrecht
- Ausländerrecht
- Waffen- und Sprengstoffrecht
- öffentliche Fürsorge
- Wirtschaftsrecht, Arbeitsrecht und Sozialversicherung
- Erzeugung und Nutzung von Kernenergie
- Enteignung und Sozialisierung
- Kartellrecht
- Förderung der Land- und Forstwirtschaft, Küsten- und Hochseefischerei, Sicherung der Ernährung
- Bodenrecht
- Seuchenschutz, Verkehr von Arzneimitteln, Zulassung zu Heilberufen
- Wirtschaftliche Sicherung der Krankenhäuser
- Schutz beim Verkehr mit Lebensmitteln, Tierschutz
- Schiffahrt und Wasserstraßen
- Straßenverkehr, Kraftfahrtwesen, Bau und Unterhaltung von Fernstraßen
- Abfallbeseitigung, Luftreinhaltung, Lärmbekämpfung
- Besoldung und Versorgung der Angehörigen des öffentlichen Dienstes
- Umsatzsteuer, Lohn- und Einkommenssteuer, Körperschaftssteuer, Mineralölsteuer.

Rahmengesetzgebung: Auf einigen Gebieten kann der Bund Rahmenvorschriften erlassen, die von der Ländergesetzgebung zu beachten sind. Gegenstände sind:
- Öffentliches Dienstrecht
- Hochschulwesen
- Medienrecht
- Jagdwesen, Naturschutz, Landschaftspflege
- Bodenverteilung, Raumordnung, Wasserhaushalt
- Melde- und Ausweiswesen.

Ländergesetzgebung: Soweit das Grundgesetz dem Bund keine Gesetzgebungsbefugnis verleiht, haben die Länder das Recht der Gesetzgebung. Schwerpunkte sind:
- Schul- und Hochschulrecht
- Presse- und Rundfunkrecht
- Kommunalrecht
- Polizeirecht
- Bauordnungsrecht
- Straßen- und Wasserrecht
- Landesplanungsrecht.

GESELLSCHAFT

würfe und sonstige Beschlüsse des Parlaments beraten, ehe sie zur Abstimmung ins Plenum kommen. Ihre Zusammensetzung spiegelt im Kleinen die Zusammensetzung des Plenums wider. Mit Ausnahme der Ausschüsse für Wahlprüfung, Immunität und Geschäftsordnung, des Haushaltsausschusses, des Petitionsausschusses und des Sportausschusses sind die Ausschüsse jeweils für Aufgabengebiete zuständig, die den Ministerien entsprechen.

Untersuchungsausschüsse dienen zur Klärung besonderer Sachverhalte und Tatsachen, die im Zuständigkeitsbereich des Bundestages liegen müssen. Sie können auf Antrag eines Viertels der Mitglieder des Bundestages eingesetzt werden. So wurden z.B. in der 10. Legislaturperiode Ausschüsse gebildet, die den Fall Kießling, die Flick-Affäre und die Unregelmäßigkeiten bei der gewerkschaftseigenen Wohnungsbaugesellschaft »Neue Heimat« behandelten.

Enquete-Kommissionen helfen dem Parlament bei der Vorbereitung von Entscheidungen über komplexe und bedeutende Sachverhalte. Der Kommission können auch Mitglieder angehören, die nicht Abgeordnete des Bundestags sind. So befaßten sich Enquete-Kommissionen z.B. mit den Themen Frau und Gesellschaft, Verfassungsreform, Jugendprotest, Kernenergiepolitik und Gentechnologie.

Bundesrat

Der Bundesrat ist als Vertretung der Länder das föderative Gegengewicht zur Bundesregierung und zum Bundestag. Durch den Bundesrat wirken die Länder bei der Gesetzgebung mit (Artikel 50 GG). Sie sind damit an allen Gesetzgebungsverfahren des Bundes beteiligt. Daneben kann der Bundesrat auch eigene Gesetzentwürfe einbringen.

Dem Bundesrat gehören die Mitglieder der sechzehn Bundesländer und Stadtstaaten an. Länder mit mehr als 7 Mio. Einwohner haben sechs Stimmen, mit bis zu 7 Mio. Einwohnern fünf Stimmen, mit bis zu 6 Mio. Einwohnern vier Stimmen und mit bis zu 2 Mio. Einwohnern drei Stimmen im Bundesrat. Die Stimmen eines jeden Landes können nur einheitlich abgegeben werden.

Der Bundesrat wählt für ein Jahr den Regierungschef eines Landes zu seinem Präsidenten, der neben seiner Funktion im Bundesrat auch den Bundespräsidenten in seinen Repräsentationspflichten vertritt.

Bundespräsident

Der Bundespräsident, das Staatsoberhaupt, ist nicht Träger von Staatsmacht. Seine vorrangige Aufgabe ist die Repräsentation der Bundesrepublik nach innen und außen. Er vertritt den Bund völkerrechtlich und schließt in dessen Namen Verträge ab. Er schlägt den Bundeskanzler vor und ernennt und entläßt Bundesminister und -beamte. Er kann die Einberufung des Bundestages verlangen und unter bestimmten Bedingungen den Bundestag auflösen. Da er kaum Möglichkeiten besitzt, aktiv auf das politische Geschehen einzuwirken, hängt die Ausfüllung seines Amtes wesentlich von seiner persönlichen Autorität ab.

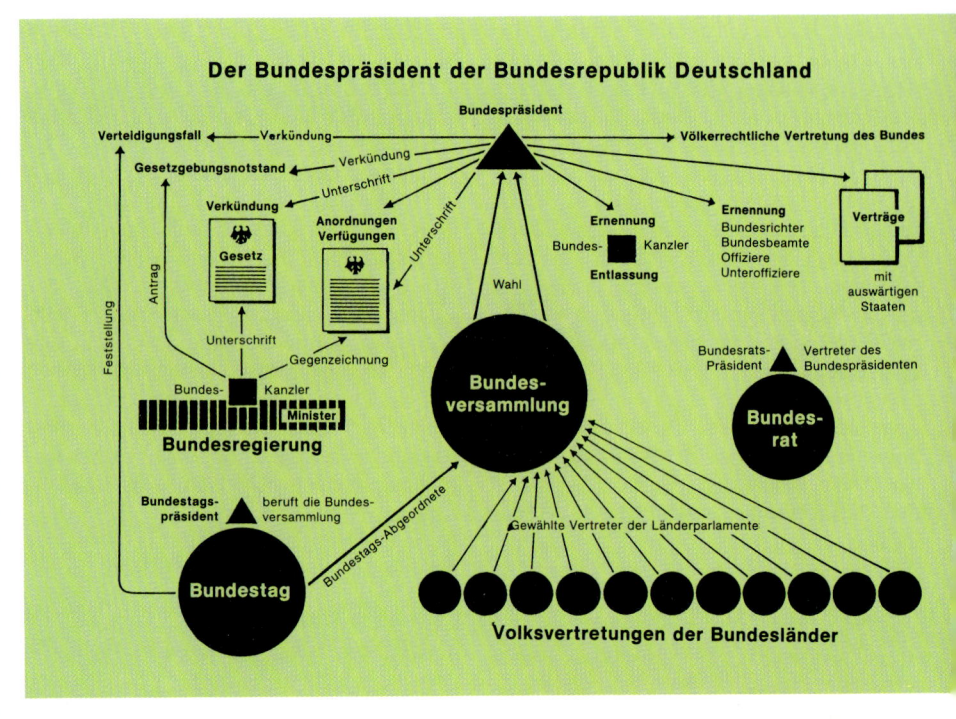

Gewählt wird der Bundespräsident alle fünf Jahre von der Bundesversammlung. Sie besteht aus den Mitgliedern des Bundestages und der gleichen Anzahl von Mitgliedern, die von den Volksvertretungen der Länder nach den Grundsätzen der Verhältniswahl gewählt werden. Sinn dieser Bestimmung ist es, ein Wahlgremium zu schaffen, das das föderalistische Element der Verfassungsordnung zum Ausdruck bringt.

Bundesregierung

Die Bundesregierung besteht aus dem Bundeskanzler und den Bundesministern. Als Spitze der Exekutive liegt bei ihr die Aufgabe der politischen Führung. Auch die Initiative zu Gesetzen geht überwiegend von der Bundesregierung aus. Da die Gesetzgebung dem Bundestag obliegt, benötigt die Regierung ständig das Vertrauen der sie stützenden Parteien im Bundestag.

Der Bundeskanzler wird vom Bundestag gewählt. Auf seinen Vorschlag hin werden die Minister ernannt und entlassen. Nach Artikel 65 Satz 1 GG bestimmt der Bundeskanzler die Richtlinien der Politik. Innerhalb dieser Vorgaben leitet jeder Minister sein Ressort in eigener Verantwortung (Ressortprinzip). Bei Meinungsverschiedenheiten zwischen den Bundesministerien entscheidet die Bundesregierung (Kollegialprinzip). Aufgrund der herausragenden Stellung des Regierungschefs wird die Bundesrepublik häufig als »Kanzlerdemokratie« bezeichnet.

So kann das Parlament auch nicht einzelnen Ministern das Mißtrauen aussprechen, sondern nur dem Kanzler. Doch auch das ist nur möglich, wenn der Bundestag zugleich mit der Mehrheit seiner Mitglieder einen Nachfolger wählt und den Bundespräsidenten ersucht, den Kanzler zu entlassen und den neuen zu ernennen. Der Präsident muß dem Ersuchen entsprechen. Man spricht daher von einem konstruktiven Mißtrauensvotum.

Bundesverfassungsgericht

Das Bundesverfassungsgericht gilt als »Hüter der Verfassung«. Es ist ein gegenüber anderen Verfassungsorganen selbständiger und unabhängiger Gerichtshof des Bundes. Nach Artikel 93 GG ist es zuständig für die Auslegung des Grundgesetzes aus Anlaß von Kontroversen zwischen den Bundesorganen (Organstreitigkeiten), bei Meinungsverschiedenheiten zwischen Bund und Ländern (Bund-Länder-Streitigkeiten) und für die Überprüfung von Gesetzen auf ihre Verfas-

GESELLSCHAFT

NUR REPRÄSENTATIV tätig für die Bundesrepublik wird der Präsident, den die Bundesversammlung wählt (Schema und Stander linke Seite). Sie besteht je zur Hälfte aus den Abgeordneten des Bundestages und von den Länderparlamenten bestimmten Vertretern. Länderkammer ist der Bundesrat (Foto links: Sitzung).

STAATSOBERHÄUPTER seit 1949 (von links): Theodor Heuss (1949–59), Heinrich Lübke (1959–69), Gustav Heinemann (1969–74), Walter Scheel (1974–79), Karl Carstens (1979–84), Richard von Weizsäcker (1984–94).

sungsmäßigkeit (Normenkontrolle). Die Entscheidungen des Bundesverfassungsgerichts haben Gesetzescharakter und binden alle anderen Verfassungsorgane sowie Gerichte und Behörden.

Außerdem kann jeder Bürger, der sich durch die öffentliche Gewalt in seinen Rechten verletzt fühlt, beim Verfassungsgericht Beschwerde einlegen. Es besteht aus zwei »Senaten« zu je acht Richtern, die je zur Hälfte vom Bundestag und vom Bundesrat auf maximal 12 Jahre gewählt werden. Seinen Sitz hat es in Karlsruhe.

Parteien

In Artikel 9 Abs. 1 GG garantiert das Grundgesetz die Vereinigungsfreiheit, wonach alle Deutschen das Recht haben, Vereine und Gesellschaften zu bilden. Neben den wirtschaftlichen, kulturellen und religiösen Vereinigungen kommt insbesondere den Parteien das Recht zu, für die politische Willensbildung zu sorgen. Diese Bedeutung wird insbesondere in Artikel 21 GG betont. Danach wirken die Parteien »bei der politischen Willensbildung des Volkes mit. Ihre Gründung ist frei. Ihre innere Ordnung muß demokratischen Grundsätzen entsprechen«. Ziel der Parteien ist die Übernahme der staatlichen Verantwortung, das heißt auf Bundesebene: Führung der Regierungsämter.

Aufgabe der politischen Parteien ist es:
- für politischen Nachwuchs zu sorgen,
- die Kandidaten für die Wahlen aufzustellen,
- Wahlveranstaltungen durchzuführen,
- politische Programme zu entwerfen,
- die aktive Teilnahme der Bürger am politischen Leben zu fördern,
- auf die politische Entwicklung im Land Einfluß zu nehmen,
- für einen stetigen Austausch von Meinungen zwischen Bürgern und Staatsorganen zu sorgen.

Die Parteien müssen »über die Herkunft und Verwendung ihrer Mittel sowie über ihr Vermögen öffentlich Rechenschaft geben« (Artikel 21 GG). Sie finanzieren sich aus Spenden und Mitgliedsbeiträgen sowie aus staatlichen Haushaltsmitteln, die die Wahlkampfkosten erstatten sollen.

Wahlen und Wahlrecht

Wahlberechtigt sind in der Bundesrepublik Deutschland alle Deutschen, die am Wahltage das 18. Lebensjahr vollendet haben, die seit 3 Monaten im Bundesgebiet leben und/oder dort eine Wohnung oder ihren gewöhnlichen Aufenthalt haben. Wählen kann nur derjenige, der in ein Wahlverzeichnis eingetragen ist oder einen Wahlschein hat.

Bei den Bundestagswahlen hat jeder Wähler zwei Stimmen. Die Hälfte der 662 Bundestagsabgeordneten (bis zum 3. Oktober 1990 waren es 496 Abgeordnete sowie 22 Berliner mit eingeschränktem Stimmrecht) wird in 328 Wahlkreisen nach den Regeln des relativen Mehrheitswahlrechts gewählt. Die andere Hälfte nach den Regeln des Verhältniswahlrechts.

Seine Erststimme gibt der Wähler einem Wahlkreiskandidaten und entscheidet damit, welcher Kandidat gewählt wird. Gewählt ist, wer die meisten Stimmen auf sich vereinigt. Mit seiner Zweitstimme wählt der Wahlberechtigte die Landesliste einer Partei. Die Zweitstimme ist maßgebend für die Zusammensetzung des Bundestages, denn dem Anteil der Parteien an den Zweitstimmen entspricht die Zahl der Sitze im Parlament.

Wie viele Sitze jeder Partei aufgrund der auf sie entfallenden Zweitstimmen zustehen, wurde bis 1983 nach dem d'Hondtschen Höchstzahlverfahren ermittelt. Seit der Bundestagswahl 1987 wird das von Hare und Niemeyer entwickelte Propor-

GESELLSCHAFT

ZWEI STIMMEN hat jeder Wahlberechtigte bei Bundestagswahlen. Die erste nutzt er für die Persönlichkeitswahl in seinem Wahlkreis, die zweite, für die Sitzverteilung im Bundestag entscheidende Stimme gibt er der Landesliste einer Partei. Damit hat er nur geringfügig Einfluß auf die Personalauswahl der Parteien, die ihre wichtigsten Politiker immer über die Landeslisten absichern.

DER WAHLKAMPF besteht zu einem großen Teil in der Verkürzung der politischen Programme auf Parolen und griffige Schlagwörter. Diskussionen und abgewogenes Argumentieren erreichen die Wähler kaum. Daher geht es in der heißen Phase v.a. um plakative Sympathiewerbung durch zugkräftige Kandidaten und Slogans (Plakatwand zur Bundestagswahl 1987 in Hessen).

tionsverfahren angewendet. Bei diesem Auszählungsmodus wird die Zahl der zu vergebenden Sitze mit der Stimmenzahl jeder Partei multipliziert und das Produkt durch die Gesamtzahl aller mandatsberechtigten Parteien geteilt.

Erlangt eine Partei durch die Direktwahl mehr Mandate, als ihr nach dem Ergebnis der Zweitstimmenauszählung zustehen, werden diese als Überhangmandate vergeben und erhöhen damit die Zahl der Bundestagsabgeordneten. Durch sechs Überhangmandate stieg die Zahl der Mitglieder des ersten freigewählten gesamtdeutschen Parlaments auf 662 Abgeordnete.

WAHLGRUNDSÄTZE

Allgemein sind Wahlen, bei denen grundsätzlich alle Staatsbürger wahlberechtigt sind. Voraussetzung ist, daß sie Deutsche im Sinne des Grundgesetzes sind, das Mindestalter erreicht haben und im Besitz der bürgerlichen Ehrenrechte sind.

Unmittelbar sind Wahlen, bei denen die Wahlberechtigten direkt – ohne Zwischenschaltung von Wahlmännern – ihre Vertreter wählen.

Frei sind Wahlen, bei denen der Wahlberechtigte unbeeinflußt von äußerem Zwang oder psychischem Druck unter mehreren Kandidaten wählen kann.

Geheim sind Wahlen, bei denen nicht festgestellt werden kann, wie der einzelne Wähler gewählt hat.

Gleich sind Wahlen, bei denen jeder Wähler über die gleiche Anzahl von Stimmen verfügt. Die Stimmen müssen das gleiche Gewicht haben.

FÜNFPROZENTKLAUSEL

Nach dem gültigen Wahlgesetz können Parteien, die weniger als fünf Prozent der abgegebenen gültigen Zweitstimmen erreichen, nicht in den Bundestag einziehen. Für die Wahl vom 2. Dezember 1990 hatte das Bundesverfassungsgericht diese Sperrklausel jedoch für verfassungswidrig erklärt. Ein neues Wahlgesetz, dessen geänderte Bestimmungen nur für die erste gesamtdeutsche Bundestagswahl galten, legte eine Teilung des Wahlgebietes in das der bisherigen Bundesrepublik und der ehemaligen DDR fest. In beiden Wahlgebieten galt jeweils eine Fünfprozentklausel, d.h., daß eine Partei Abgeordnete auch dann in den Bundestag entsenden konnte, wenn sie nur in einem der Wahlgebiete mehr als fünf Prozent der gültigen Zweitstimmen erreichte.

Zusätzlich verfügte das Bundesverfassungsgericht zur Schaffung von mehr Chancengleichheit, daß die Parteien und politischen Vereinigungen im Gebiet der einstigen DDR sich in Listenvereinigungen zur Wahl stellen durften. Listenvereinigungen sind gemeinsame Wahlvorschläge von verschiedenen Parteien auf einer Liste. Einzeln zu schwache Parteien können so gemeinsam die Fünfprozenthürde überspringen.

GESELLSCHAFT

SACHGEBIETE DES RECHTS

- Öffentl. Recht
  - Völkerrecht
  - Staats-, Verfassungsrecht
  - Verwaltungsrecht
  - Kirchenrecht
  - Strafrecht
  - Gerichtsverfassung
  - Prozeßrecht
  - Recht d. freiw. Gerichtsbarkeit
  - Finanz-, Abgabenrecht
  - Sozialrecht
- Arbeitsrecht
- Privatrecht
  - Bürgerl. Recht
    - Schuldrecht
    - Sachenrecht
    - Familienrecht
    - Erbrecht
  - Handels- u. Wirtschaftsrecht
    - Gesellschaftsrecht
    - Wertpapierrecht
    - Bank-, Börsenrecht
    - Gewerbl. Rechtsschutz, Urheberrecht

Einzelne Rechtsgebiete gehören verschiedenen Bereichen an, insbes. das Arbeitsrecht, das öffentlich-rechtliche und privatrechtliche Elemente enthält.
Das Kirchenrecht liegt außerhalb dieses Schemas, soweit es sich nicht um staatliches Recht, sondern um die eigene Rechtsordnung der Kirchen handelt.

RECHT

Die Beziehungen der Menschen sind verschiedenen Ordnungssystemen unterworfen. Die Grundlage aller Ordnungssysteme bildet der physisch-materielle Bereich der unbelebten Natur. Die sogenannten Naturgesetze sind unveränderbar. Aber auch die belebte Natur, die organische Materie, hat ihre gesetzmäßigen Abläufe, die dem Einfluß durch den Menschen weitgehend entzogen sind.

Obgleich der Mensch diesen vorgegebenen Gesetzen unterworfen ist, bleibt ihm ein Freiheitsraum, den er selbst ausfüllen kann. Zur Gestaltung dieses Freiheitsraumes konstruiert der Mensch sich ein eigenes Ordnungssystem, das die Beziehungen zwischen den Menschen regelt. Diese gesellschaftliche Übereinkunft nennt man Sozialordnung.

Eine Sozialordnung ist die Rechtsordnung. Ursprünglich bildete sie mit anderen Ordnungssystemen wie Sitte, Moral und Religion eine Einheit. Im Verlaufe des Zivilisationsprozesses trennten sich jedoch die sozialen Ordnungssysteme. Aber auch in modernen Gesellschaften sind sie

WAAGE UND SCHWERT sind die traditionellen Insignien der Göttin der Gerechtigkeit, Hüterin des Rechts: Genau abwägen, ehe ein Urteil gesprochen und vollstreckt wird (Statue am Gerechtigkeitsbrunnen auf dem Frankfurter Römerberg).

eng miteinander verknüpft und verwoben. Die Sitte regelt das äußere Verhalten der Menschen. Sie ist aber nicht erzwingbar. Ihre Verletzung kann zwar Nachteile bergen, zieht aber keine rechtlichen Sanktionen nach sich. Moral und Religion wenden sich an das innere Erleben, wie Charakter und Gewissen. Sie können höchstens einen subjektiven Druck ausüben, dessen Wirkung von der Haltung der einzelnen Person abhängig ist.

Recht dagegen ist erzwingbar. Voraussetzung für eine funktionierende Rechtsordnung ist staatliche Macht. Um das Recht durchsetzen zu können, benötigt der Staat entsprechende Einrichtungen wie Gerichte und Richter, Staatsanwälte und Justizbeamte, Vollstreckungsorgane und Strafvollzugsanstalten.

Doch die Rechtsordnung einer Gesellschaft darf keine reine Gewalt- und Zwangsordnung sein. Das Recht hat mehrere Funktionen. Es soll Rechtssicherheit schaffen, die Gesellschaft und ihre Mitglieder durch Zweckmäßigkeit fördern und vor allem für Gerechtigkeit sorgen.

Die Gerichte

Wer Recht erhalten will, muß sich der Hilfe staatlicher Gerichte bedienen. Die Gerichte werden in der Regel nur auf Antrag oder Klage tätig. Sie entscheiden in einem genau vorgegebenen förmlichen Verfahren. Jeder Beteiligte hat das Recht, sich vor der Entscheidung zu dem zugrundeliegenden Sachverhalt zu äußern. Grundsätzlich muß eine öffentliche Verhandlung durchgeführt werden. Da das Ziel des Verfahrens die Herstellung des Rechtsfriedens ist, wird in einer erheblichen Anzahl von Fällen von Seiten des Gerichts eine gütliche Einigung versucht, die oft mit einem Vergleich endet. Ansonsten werden die Verfahren mit einem Ur-

GESELLSCHAFT

GESETZESKRAFT haben die Entscheidungen des Bundesverfassungsgerichts in Karlsruhe. Die Richter in den roten Roben befinden über Streitigkeiten zwischen Bundesorganen, Ländern und Bund, Bürgern und Staat. Sie prüfen außerdem die Gesetze im Licht der Verfassung (Normenkontrolle).

teil abgeschlossen, das öffentlich verkündet wird. Gegen Urteile kann – je nach Maßgabe des Verfahrens – das Rechtsmittel der Berufung oder der Revision eingelegt werden.

Die Rechtsprechung wird durch das Bundesverfassungsgericht und durch die »Bundesgerichte und die Gerichte der Länder ausgeübt« (Artikel 92 GG). Die Gerichte sind in fünf Fachgerichtsbarkeiten aufgeteilt:
- Ordentliche Gerichtsbarkeit,
- Arbeitsgerichtsbarkeit,
- Verwaltungsgerichtsbarkeit,
- Sozialgerichtsbarkeit,
- Finanzgerichtsbarkeit.

Ordentliche Gerichte entscheiden auf dem Gebiet des Zivilrechts Streitigkeiten zwischen Privatpersonen, auf dem Gebiet des Strafrechts Streitigkeiten zwischen Privatpersonen und dem Staat. Die ordentliche Gerichtsbarkeit besteht aus den Amts-, Land- und Oberlandesgerichten sowie dem Bundesgerichtshof, der seinen Sitz, wie das Bundesverfassungsgericht, in Karlsruhe hat.

Die Zivilgerichte befassen sich mit: Vertragsansprüchen, Schadensersatzforderungen, Ehe-, Kindschafts- und Entmündigungssachen sowie allen privaten vermögensrechtlichen Streitigkeiten. Die Verfahren richten sich nach der Zivilprozeßordnung (ZPO). Wichtigstes Gesetzeswerk ist das Bürgerliche Gesetzbuch (BGB). Für bestimmte Rechtsgebiete bestehen besondere Abteilungen in der Zivilgerichtsbarkeit. Hierzu gehören z.B. die Familien-, Landwirtschafts- und Schiffahrtsgerichte.

Die Strafgerichte entscheiden über Straftaten, die sich gegen Leben und Gesundheit (Mord und Totschlag), gegen das Vermögen (Raub- und Diebstahl), gegen die öffentliche Ordnung u.ä. richten. Das Strafgericht wird nur tätig, wenn die Staatsanwaltschaft Anklage erhebt. Hierzu ist sie nach dem Legalitätsprinzip (Anklagezwang) verpflichtet, wenn hinreichender Tatverdacht besteht. Verfahrensgrundlage ist die Strafprozeßordnung (StPO). Wichtigste Entscheidungsgrundlage ist das Strafgesetzbuch.

Für arbeitsrechtliche Auseinandersetzungen sind die Arbeitsgerichte zuständig. Das Arbeitsrecht ist ein Sonderrecht der Arbeitnehmer. Seit der zweiten Hälfte des 19. Jh. hat die Zahl der von ihrem Arbeitgeber wirtschaftlich und persönlich abhängigen Angestellten und Arbeiter stark zugenommen. Zum Schutze ihres Arbeitsverhältnisses hat sich das Arbeitsrecht entwickelt. Bis heute ist es nur in zahlreichen, schwer zu überblickenden Einzelgesetzen geregelt. Vor dem Arbeitsgericht werden die Streitigkeiten aus dem Verhältnis zwischen Arbeitnehmer und Arbeitgeber sowie Streitigkeiten zwischen den Tarifvertragsparteien, also Gewerkschaften und Arbeitgeberorganisationen, verhandelt. Auch Streitigkeiten aus der Anwendung des Betriebsverfassungsgesetzes fallen in den Bereich der Arbeitsgerichte.

Die Arbeitsgerichtsbarkeit ist aufgebaut in: Arbeitsgerichte, Landesarbeitsgerichte und das Bundesarbeitsgericht mit Sitz in Kassel. Verfahrensgrundlage sind das Arbeitsgerichtsgesetz und die Zivilprozeßordnung.

Sozialversicherungsstreitigkeiten werden vor den Sozialgerichten ausgetragen. Vor Klageerhebung muß ein vorgerichtliches Verfahren (Einspruch, Widerspruch) durchgeführt werden. Die Zuständigkeit der Sozialgerichte erstreckt sich auf die Gebiete der Unfall-, Arbeitslosen-, Kranken-, Rentenversicherung und Kriegsopferversorgung sowie auf das Kassenarztrecht und die Anerkennung von Schwerbehinderteneigenschaften. Wichtige Gesetzeswerke auf diesem Gebiet sind das Sozialgesetzbuch und das Arbeitsförderungsgesetz. Verfahrensgrundlage ist das Sozialgerichtsgesetz. Oberste Revisionsinstanz der Sozial- und Landessozial-

GESELLSCHAFT

OBERSTES GERICHT des Bundes in der ordentlichen Gerichtsbarkeit ist der Bundesgerichtshof (BGH), der in diesem Schloß in Karlsruhe seinen Sitz hat. Er befindet über die Revision und Beschwerden gegen Urteile der Oberlandes- bzw. Landgerichte und auch gegen Entscheidungen der Schwurgerichte. Gegliedert ist der BGH in einen Großen Senat für Zivil- und einen Großen Senat für Strafsachen.

gerichte ist das Bundessozialgericht mit Sitz in Kassel. Die Sozialgerichtsverfahren sind kostenfrei.

Die Finanzgerichte sind in erster Linie zuständig für Steuerangelegenheiten. Klage vor dem Finanzgericht kann erst erhoben werden, wenn zuvor ein vorgerichtliches Verfahren (Widerspruch, Einspruch) durchgeführt wurde. Erste Instanz sind die Finanzgerichte in den Ländern, oberste Instanz ist der Bundesfinanzhof mit Sitz in München. Das Verfahren richtet sich nach der Finanzgerichtsordnung, die der Verwaltungsgerichtsordnung nachempfunden ist.

Die Verwaltungsgerichte entscheiden über alle sonstigen Streitigkeiten auf dem Gebiet des öffentlichen Rechts, abgesehen von Gebieten, die anderen Gerichten, wie Verfassungsgerichten, Sozial- und Finanzgerichten vorbehalten sind. Voraussetzung für die Klage ist ein vorgerichtliches Verfahren (Widerspruch, Einspruch). Das Verwaltungsrecht ist die Gesamtheit der dem öffentlichen Recht zugrundeliegenden Normen, nach denen sich das hoheitliche Verwaltungshandeln vollzieht. Es ist ein relativ junger Zweig der Rechtspflege, der erst mit der Entstehung des sogenannten Rechtsstaates entstand. Für Klagen sind in erster Instanz die Verwaltungsgerichte der Länder zuständig. Berufungsinstanz sind die Oberverwaltungsgerichte, die in Süddeutschland Verwaltungsgerichtshöfe heißen. Oberste Instanz ist das Bundesverwaltungsgericht in Berlin.

Neben Disziplinar-, Dienst- und Berufsgerichtsbarkeit von Rechtsanwälten, Steuerberatern, Wirtschaftsprüfern, Ärzten, Tierärzten, Apothekern u.a. gibt es in München das Bundespatentgericht, das zur ordentlichen Gerichtsbarkeit gehört. Es verhandelt über Beschwerden gegen Beschlüsse des Deutschen Patentamtes.

Glossar zum Rechtswesen

Armenrecht, heute Prozeßkostenhilfe genannt, ist die vollständige oder teilweise Befreiung einer minderbemittelten Partei von den Prozeßkosten. Voraussetzung ist, daß die Beteiligten nicht in der Lage sind, die erforderlichen Prozeßkosten aufzubringen, die Klage nicht mutwillig ist und daß einige Aussicht auf Erfolg besteht. Über die Gewährung der Prozeßkostenhilfe entscheidet das mit dem Verfahren befaßte Gericht.

Gerichtsvollzieher, Zustell- und Vollzugsbeamter, dessen wichtigste Aufgabe die Vollstreckung von Urteilen, Beschlüssen und Vergleichen ist. Er ist nur an das Gesetz gebunden und handelt unter Aufsicht des Gerichts in eigener Verantwortung. Als Amtsperson ist er verpflichtet, die Aufträge der Gläubiger auszuführen.

Kosten, Gebühren und Auslagen für die Inanspruchnahme von Gerichten, Rechtsanwälten und Notaren. Sie trägt in der Regel die Partei, die im Rechtsstreit unterliegt. Die wichtigsten Gebühren sind die Prozeß- und die Urteilsgebühr. Sie bestimmen sich nach dem Wert des Streitgegenstandes bzw. dem Geschäftswert. In Strafsachen richtet sich die Gebühr nach der Höhe der zuerkannten Strafe.

Mahnbescheid, vom Amtsgericht ohne gerichtliche Prüfung des eingeforderten Anspruchs erwirkbarer Rechtstitel. Erfolgt nicht innerhalb einer festgelegten Frist die Einlegung eines Widerspruchs, wird der Mahnbescheid rechtskräftig und Grundlage für Zwangsvollstreckungsmaßnahmen.

Notar, unabhängiges Organ der Rechtspflege. Der Notar besitzt die Befähigung zum Richteramt. Er ist freiberuflich tätig. Seine Aufgabe ist die Beurkundung von Rechtsvorgängen, wie die Beurkundung von Kaufverträgen über Liegenschaften, Mitwirkung bei Grundbuch- und Registereintragungen oder die Beglaubigung von Unterschriften.

Ordnungswidrigkeiten, Taten für deren Begehung das Gesetz nicht eine Strafe, sondern eine Geldbuße vorsieht und die in leichten Fällen auch mit einem Verwarngeld geahndet werden können. Der Bußgeldbescheid wird nicht vom Gericht, sondern von einer Verwaltungsbehörde verhängt. Bußgelder bei Ordnungswidrigkeiten im Verkehr,

GESELLSCHAFT

GERICHTSVOLLZIEHER: Pfandsiegel, im Volksmund »Kuckuck« genannt, werden zum Zeichen der Pfändung auf Gegenstände eines Schuldners geklebt.

PROZESS: Bei Fotografierverbot im Gerichtssaal können nur Zeichner tätig werden (rechts: Porträts aus einem Hamburger Drogen-Prozeß im Sommer 1990).

deren Höhe 80 Mark übersteigen, werden in das Verkehrszentralregister (Verkehrssünderkartei) eingetragen.

Öffentliches Recht, Gesamtheit der Gesetze zur Ordnung der Beziehungen zwischen dem Einzelnen und der Gemeinschaft (Staat) sowie der Verwaltungsträger untereinander. Dazu gehören u.a. Verfassungs- und Verwaltungsrecht, Straf- und Prozeßrecht, Polizeirecht und Steuerrecht sowie Sozial- und Sozialversicherungsrecht.

Parteien, Beteiligte in Prozessen, die je nach Verfahrensart Kläger und Beklagter, Antragsteller und Antragsgegner oder Gläubiger und Schuldner heißen. Es können natürliche Personen oder juristische Personen des öffentlichen oder privaten Rechts sein.

Privates Recht, Gesamtheit der Gesetze zur Regelung der Beziehungen zwischen den einzelnen Privatpersonen. Dazu gehören Bürgerliches Recht, Handelsrecht, Gesellschaftsrecht, Wettbewerbsrecht, Urheber- und Erfinderrecht und Teile des Arbeitsrechts. Für die Verfahren sind die Zivilgerichte zuständig.

Prozeß, gerichtliches Verfahren zur Entscheidung eines Rechtsstreites. Das Prozeßrecht, das den Verlauf des Verfahrens meist zwingend regelt, ist Teil des öffentlichen Rechts. Die Parteien im Verfahren müssen prozeßfähig sein. Prozeßfähig ist jeder, der geschäftsfähig ist.

Rechtsanwalt, unabhängiges Organ der Rechtspflege, muß die Befähigung zum Richteramt besitzen. Der Rechtsanwalt übt einen freien Beruf aus und ist unabhängiger Berater und Vertreter in allen Rechtsangelegenheiten.

Rechtspfleger, staatliches Organ der Rechtspflege. Der Rechtspfleger nimmt richterliche Aufgaben wahr auf Gebieten, die keine Streitentscheidung verlangen. Seine Haupttätigkeit liegt in den Bereichen des Mahnverfahrens, der Zwangsvollstreckung, des Vormundschafts- und Nachlaßrechts und dem Grundbuchwesen. In seinen Entscheidungen ist er sachlich unabhängig. Voraussetzung für die Ausübung der Tätigkeit ist ein dreijähriges Fachhochschulstudium mit anschließendem Praktikum.

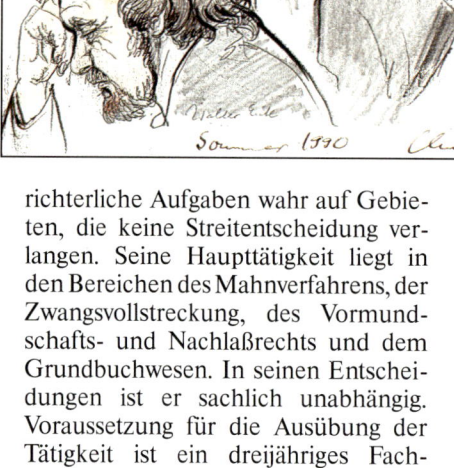

Rechtsquellen, Grundlagen der Rechtsnormen, Gewohnheitsrecht (ungeschriebenes Recht) oder Gesetzesrecht (geschriebenes Recht). Zu den nationalen Rechtsquellen gehören Bundesgesetze, Landesgesetze, Rechtsverordnungen und Satzungen. Internationale Quellen des Rechts sind z.B. das Völkerrecht oder die Europäische Konvention zum Schutze der Menschenrechte und internationale Vereinbarungen, soweit sie von der Bundesrepublik ratifiziert wurden.

Rechtsverordnungen, Vorschriften abgeleiteten Rechts. Verordnungen werden von der vollziehenden Gewalt aufgrund spezieller gesetzlicher Ermächtigung erlassen.

Richter, mit staatlichen Vollmachten ausgestattetes Organ der Rechtspflege zur Entscheidung in Rechtsverfahren. Die Richter sind unabhängig und nur dem Gesetz unterworfen. Voraussetzung zur Ernennung ist die Ablegung von zwei Staatsprüfungen (Referendar- und Assessorexamen). Sie sind auf Lebenszeit angestellt und unabsetzbar.

Sachverständige, Personen, die aufgrund ihrer besonderen Sachkunde vom Gericht zur Beurteilung schwieriger Fragen hinzugezogen werden können.

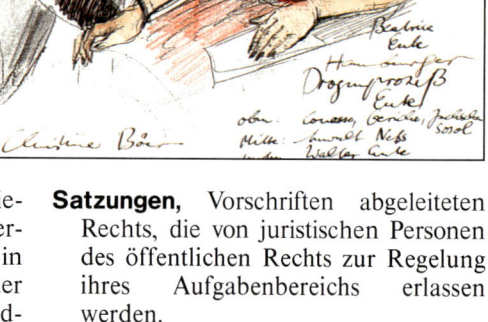

Satzungen, Vorschriften abgeleiteten Rechts, die von juristischen Personen des öffentlichen Rechts zur Regelung ihres Aufgabenbereichs erlassen werden.

Schöffen, ehrenamtliche Laienrichter, die als Beisitzer im Strafprozeß mit voller richterlicher Unabhängigkeit und gleichem Stimmrecht an der Urteilsfindung mitwirken. Die Schöffen werden alle vier Jahre von einem Richterwahlausschuß für vier Jahre gewählt.

Staatsanwalt, Organ der Rechtspflege mit der Befähigung zum Richteramt. Im Gegensatz zum Richter ist der Staatsanwalt weder sachlich noch persönlich unabhängig. Er ist den Weisungen seiner Vorgesetzten unterworfen. Zur Wahrung der Interessen des Staates leitet er Ermittlungen zur Aufklärung von Straftaten ein, vertritt die Anklage vor Gericht und sorgt für die Vollstreckung von Strafurteilen.

Verteidiger, unabhängiges Organ der Rechtspflege. Die Verteidigung von Beschuldigten oder Angeklagten wird grundsätzlich von Rechtsanwälten wahrgenommen. Der Verteidiger kann vom Angeklagten selbst gewählt werden. In Verfahren, in denen besonders einschneidende Strafen oder Maßregeln zu erwarten sind oder die von der Sach- und Rechtslage her sehr schwierig sind, wird dem Angeklagten vom Gericht ein Pflichtverteidiger zur Seite gestellt.

Zwangsvollstreckung, Vollziehung von Urteilen, Beschlüssen und Vergleichen der Gerichte. Mittel sind Sach- und Geldpfändung, Konkurs, Zwangsversteigerung von Häusern und Immobilien. Die Durchführung erfolgt auf Antrag und obliegt den Gerichtsvollziehern, Rechtspflegern und Richtern.

GESELLSCHAFT

BILDUNG

Das Bildungswesen der Bundesrepublik unterliegt nach dem Grundgesetz der Kulturhoheit der Länder. Es umfaßt alle schulischen Einrichtungen, Hochschulen und Universitäten sowie Institutionen der beruflichen Bildung und Weiterbildung. Es ist stark nach Zweigen, Gängen und Arten differenziert. An seiner Organisation und Verwaltung sind der Bund, die Länder, die Kommunen und einzelne Bildungseinrichtungen beteiligt.

Neben den staatlichen Trägern gibt es auch Ausbildungseinrichtungen der Wirtschaft, die von den Handwerkskammern, Industrie- und Handelskammern und Landwirtschaftskammern getragen werden.

Um die zahlreichen Institutionen und Bildungseinrichtungen zu koordinieren, wurden verschiedene Gremien der Koordination und Kooperation geschaffen. Die wichtigsten sind die »Ständige Konferenz der Kultusminister der Länder der Bundesrepublik Deutschland« (KMK) und die »Bund-Länder-Kommission für Bildungsplanung« (BLK). Koordinierende Aufgaben in einzelnen Bereichen des Bildungs- und Ausbildungssystems nehmen außerdem der Planungsausschuß für den Hochschulausbau, der Wissenschaftsrat, die Westdeutsche Rektorenkonferenz und der Hauptausschuß des Bundesinstituts für Berufsbildung wahr.

ALS PFLICHT, meist sogar als höchst lästige, empfinden viele Schüler den täglichen Unterricht. Sie würden staunen, wüßten sie, wieviel viele ihrer Altersgenossen noch vor wenigen Generationen dafür gegeben hätten, wenn ihnen der Zugang zur Bildung so leicht gemacht worden wäre. Heute stehen jedem je nach Begabung zahllose Bildungswege offen.

KULTUSMINISTERKONFERENZ

Die KMK wurde schon im Oktober 1949 als freiwillige Arbeitsgemeinschaft der Kultusminister der Länder gegründet. Nach ihrer Geschäftsordnung behandelt sie »Angelegenheiten der Kulturpolitik von überregionaler Bedeutung«. Ihre Aufgabe ist es, auf der Grundlage der Ländern durch das Grundgesetz zugewiesenen grundsätzlichen Zuständigkeit für das Bildungswesen und die Kultur zu einem Mindestmaß an Einheitlichkeit im Bildungswesen beizutragen. Im wesentlichen beruht die organisatorische und curriculare Ausgestaltung des heutigen Schulwesens in den einzelnen Bundesländern auf Beschlüssen und Empfehlungen der KMK. Auch im Hochschulbereich einschließlich der Hochschulzulassung hat die Kultusministerkonferenz zur Wahrung der Einheitlichkeit beigetragen. Wichtige Aktivitäten und Empfehlungen im Kulturbereich sind die gemeinsame Finanzierung überregionaler Kultureinrichtungen wie z.B. Deutscher Musikrat, Kuratorium Junger Deutscher Film, Deutsche Künstlerhilfe sowie Empfehlungen zur Erwachsenenbildung und zum Thema »Umwelt und Denkmalschutz«.

Schule und Beruf

In der Bundesrepublik wird das allgemeinbildende Schulsystem von sieben Schularten gebildet. Auf die einheitliche, überwiegend vierklassige Grundschule, deren Besuch in der Regel für alle Kinder obligatorisch ist, baut ein dreigliedriges Bildungssystem auf. Es besteht aus Hauptschulen, Realschulen und Gymnasien. Die Entscheidung eines Schülers über seine Schullaufbahn fällt damit in der Regel spätestens mit dem Ende des vierten Schuljahres.

Um über die Wahl der Schullaufbahn später entscheiden zu können, wurden inzwischen für einen Großteil der Schüler Orientierungsstufen in den fünften und sechsten Klassen eingerichtet, deren Organisationsformen in den einzelnen Bundesländern jedoch unterschiedlich sind. Auch mit der Einführung der Gesamtschule, die parallel zum dreigliedrigen Schulsystem bis zum Abitur führt, kann eine zu frühe Entscheidung über die Schullaufbahn des Schülers vermieden werden.

Die Schulpflicht an den allgemeinbildenden Schulen beträgt mindestens neun Jahre. Nach dieser Zeit kann der Hauptschulabschluß erworben werden. Für die Mittlere Reife (Realschulabschluß) sind zehn und für das Abitur ist ein Schulbesuch von 13 Jahren vorgesehen. Neben den Sonderschulen zählen noch die Schulen der allgemeinen Fortbildung zum allgemeinen Schulsystem. An diesen Institutionen des 2. Bildungswegs werden schulische Abschlüsse nachgeholt.

Private Schulen spielen im ganzen nur eine geringe Rolle. Immer wichtiger dagegen wird die sogenannte Erwachsenenbildung, die durch eine Vielfalt und Ungleichartigkeit der Träger gekennzeichnet ist. Schrittmacher auf diesem Gebiet sind seit Jahren die Volkshochschulen.

Die Berufsausbildung erfolgt überwiegend in Form der »dualen Ausbildung«, d.h. in der Regie von Ausbildungsbetrieben der Wirtschaft auf der einen und den öffentlichen Berufsschulen auf der anderen Seite. In pflegerischen und erzieherischen Berufsbereichen etwa findet die Ausbildung an Fach- oder Fachberufsschulen statt.

Glossar zum Bildungswesen

Abendgymnasien ermöglichen Erwachsenen, meist innerhalb von drei Jahren, den Erwerb der Hochschulreife. Die Bewerber müssen eine abgeschlossene Berufsausbildung bzw. eine mindestens dreijährige geregelte Berufstätigkeit nachweisen und mindestens 19 Jahre alt sein. Während der Zeit des Besuchs des Abendgymnasiums müssen die Teilnehmer – mit Ausnahme der letzten drei Semester – berufstätig sein.

Abendhauptschulen bereiten Erwachsene innerhalb eines einjährigen Bildungsganges auf den Erwerb des Hauptschulabschlusses vor.

Abendrealschulen führen Erwachsene in Abendkursen (vier Semester) zum Realschulabschluß (Mittlere Reife).

Ausbildungsförderung wird gewährt für eine der Neigung, Eignung und Leistung entsprechende Ausbildung, wenn dem Auszubildenden die für seinen Lebensunterhalt und seine Ausbildung erforderlichen Mittel anderweitig nicht

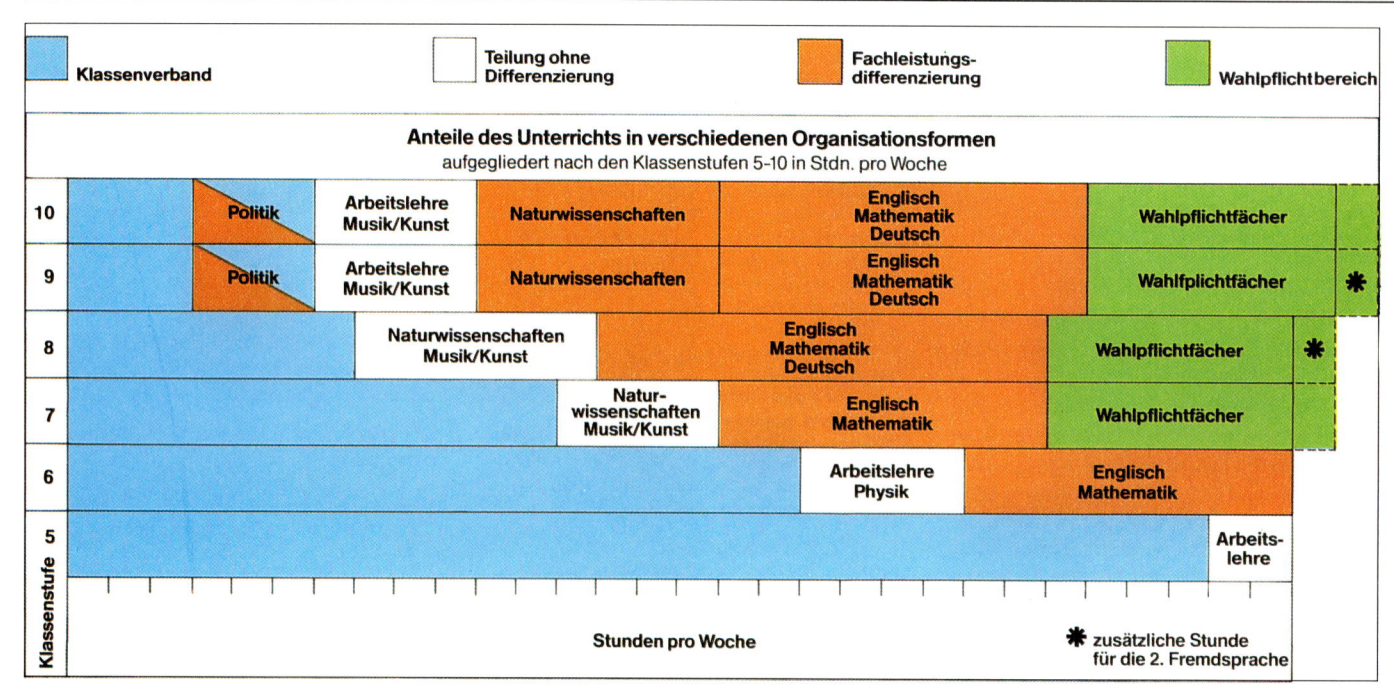

GESELLSCHAFT

| Klassenverband | Teilung ohne Differenzierung | Fachleistungs-differenzierung | Wahlpflichtbereich |

Anteile des Unterrichts in verschiedenen Organisationsformen
aufgegliedert nach den Klassenstufen 5-10 in Stdn. pro Woche

Klassenstufe 10: Politik | Arbeitslehre Musik/Kunst | Naturwissenschaften | Englisch Mathematik Deutsch | Wahlpflichtfächer

Klassenstufe 9: Politik | Arbeitslehre Musik/Kunst | Naturwissenschaften | Englisch Mathematik Deutsch | Wahlpflichtfächer *

Klassenstufe 8: Naturwissenschaften Musik/Kunst | Englisch Mathematik Deutsch | Wahlpflichtfächer *

Klassenstufe 7: Naturwissenschaften Musik/Kunst | Englisch Mathematik | Wahlpflichtfächer

Klassenstufe 6: Arbeitslehre Physik | Englisch Mathematik

Klassenstufe 5: Arbeitslehre

Stunden pro Woche * zusätzliche Stunde für die 2. Fremdsprache

SITZENBLEIBEN nicht mehr nötig: In den Gesamtschulen werden Schüler verschiedenster Begabung unterrichtet. Zunächst (Klassenstufen 5 und 6) haben sie noch viel gemeinsamen Unterricht in einer Klasse, dann wird nach Leistungsstufen differenziert, bis in Klassenstufe 9/10 die meisten Fächer abgestuft sind. Wer nicht mitkommt, wechselt in den nächst leichteren Kurs – Sitzenbleiben also entfällt.

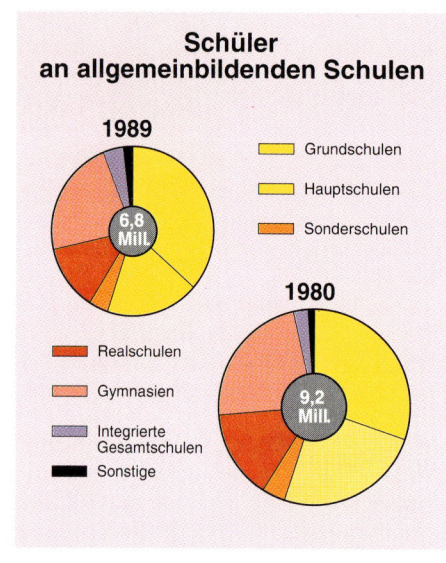

Schüler an allgemeinbildenden Schulen

1989: 6,8 Mill.
1980: 9,2 Mill.

- Grundschulen
- Hauptschulen
- Sonderschulen
- Realschulen
- Gymnasien
- Integrierte Gesamtschulen
- Sonstige

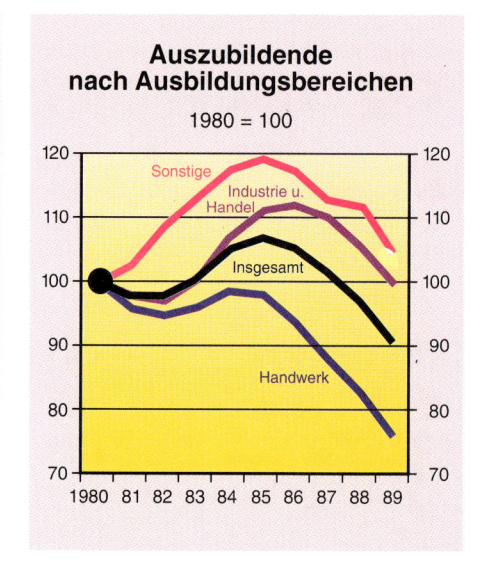

Auszubildende nach Ausbildungsbereichen

1980 = 100

Sonstige, Industrie u. Handel, Insgesamt, Handwerk

1980 81 82 83 84 85 86 87 88 89

zur Verfügung stehen. Anspruchsgrundlage ist das Bundesausbildungsförderungsgesetz (Bafög), das 1971 mit dem Ziel erlassen wurde, die Chancenungleichheit im Bildungswesen abzubauen. Ausbildungsförderung erhalten Schüler und Studenten für den Besuch von Gymnasien, Real- und Abend-, Fach- und Hochschulen. Seit 1983 wurde die Förderung von Schülern jedoch eingeschränkt. Ein Teil der Hilfen wird als Darlehen gewährt und muß nach Ende der Ausbildung zurückgezahlt werden.

Auszubildende (früher Lehrlinge) sind Personen, die aufgrund eines Ausbildungsvertrages nach dem Berufsausbildungsgesetz eine betriebliche Ausbildung in einem anerkannten Ausbildungsberuf durchlaufen.

Berufsaufbauschulen werden von Jugendlichen, die in einer Berufsausbildung oder Berufstätigkeit stehen oder gestanden haben, nach mindestens halbjährigem Besuch der Berufsschule – parallel zur Berufsschule – oder nach erfüllter Berufsschulpflicht besucht. Sie sind meist in Fachrichtungen gegliedert; die Unterrichtsdauer beträgt bei Vollzeitschulen ein bis eineinhalb, bei Teilzeitschulen drei bis dreieinhalb Jahre. Der erfolgreiche Abschluß vermittelt die dem Realschulabschluß gleichgestellte Fachhochschulreife.

Berufsfachschulen sind Vollzeitschulen mit mindestens einjähriger Schulbesuchsdauer, die in der Regel freiwillig nach Erfüllung der Vollzeitschulpflicht zur Berufsvorbereitung oder auch zur vollen Berufsausbildung ohne vorherige praktische Berufsausbildung besucht werden können. Bei zweijährigem Schulbesuch entspricht der Abschluß der Fachschulreife.

Berufsgrundbildungsjahr vermittelt durch Voll- oder Teilzeitunterricht neben einer allgemeinen eine auf ein Berufsbild bezogene berufliche Grundbildung.

Berufsoberschulen sind Vollzeitschulen, die auf dem Realschul- oder einem gleichwertigen Abschluß aufbauen. Die Bewerber müssen eine abgeschlossene Berufsausbildung oder ausreichende Berufserfahrung nachweisen. Der zweijährige Schulbesuch schließt mit der fachgebundenen Hochschulreife ab.

Berufsschulen haben die Aufgabe, die Allgemeinbildung der Schüler zu vertiefen und die für den Beruf erforderliche fachtheoretische Grundausbildung zu vermitteln. Sie werden in der Regel pflichtmäßig nach Beendigung der neun- bzw. zehnjährigen Vollzeitschulpflicht von Personen besucht, die in der beruflichen Erstausbildung mit Ausbildungsvertrag oder in einem anderen Arbeitsverhältnis stehen und das 18. Lebensjahr noch nicht vollendet haben. Der Unterricht erfolgt an einem oder mehreren Wochentagen in Teilzeitform oder als

GESELLSCHAFT

Blockunterricht in zusammenhängenden Teilabschnitten.

Berufssonderschulen dienen der beruflichen Förderung körperlich, geistig oder seelisch benachteiligter oder sozial gefährdeter Jugendlicher.

Berufsvorbereitungsjahr bereitet Jugendliche ohne Ausbildungsvertrag durch Vollzeitunterricht auf eine berufliche Tätigkeit vor.

Fachgymnasien sind berufsbezogene Gymnasien, für deren Besuch der Realschulabschluß oder ein gleichwertiger Abschluß vorausgesetzt wird. Der Schulbesuch dauert drei Jahre (Klasse 11 bis 13) und befähigt, nach Abschluß, zum Studium an Hochschulen.

Fachhochschulen bieten ein stärker anwendungsbezogenes Studium in Studiengängen für Ingenieure und andere Berufe, vor allem in den Bereichen Wirtschaft, Sozialwesen, Gestaltung und Informatik.

Fachoberschulen bauen auf dem Realschulabschluß oder einem als gleichwertig anerkannten Abschluß auf. Die Dauer des Schulbesuchs ist abhängig von der beruflichen Vorbildung. Er dauert bei Vollzeitunterricht mindestens ein Jahr, bei Teilzeitunterricht bis zu drei Jahren. Der Abschluß gilt als Befähigungsnachweis zum Studium an Fachhochschulen.

Fachschulen werden freiwillig nach einer bereits erworbenen Berufsausbildung und praktischer Berufserfahrung, teilweise auch nach langjähriger praktischer Arbeitserfahrung besucht. Sie vermitteln eine weitergehende berufliche Fachausbildung (z.B. Meister- oder Technikerschulen).

Gesamthochschulen umfassen Ausbildungsrichtungen von wissenschaftlichen Hochschulen und von Fachhochschulen.

Gesamtschulen sind Schulen, in denen die Schüler ohne Zuordnung zu einer bestimmten Schulart gemeinsam unterrichtet werden. Der Unterricht wird im Rahmen verschiedener Differenzierungsmodelle erteilt. Es können die Abschlüsse der Hauptschule, Realschule und des Gymnasiums erworben werden.

Grundschulen umfassen die ersten vier Schuljahre und bereiten durch die Vermittlung von Grundkenntnissen auf den Besuch weiterführender Schulen vor.

Gymnasien schließen in der Regel an die Grundschule oder die Orientierungsstufe an. Die Schulbesuchsdauer endet nach der 13. Klasse mit dem Abitur, das als Befähigungsnachweis zum Studium an einer Hochschule gilt.

Hauptschulen (ehemals Volksschulen) führen bis zur 9. oder 10. Klasse und enden mit dem Hauptschulabschluß. Sie vermitteln eine allgemeine Bildung als Grundlage für eine praktische Berufsausbildung.

Hochschulen dienen der Vermittlung und Entwicklung der Wissenschaften und Künste. Durch Studium, Lehre und Forschung bereiten sie auf wissenschaftliche, pädagogische, künstlerische und berufliche Arbeit vor. Zu den Hochschulen gehören Universitäten, Technische und Pädagogische Hochschulen sowie die Musik-, Kunst-, und Sporthochschulen.

Kollegs sind Bildungseinrichtungen zur Erlangung der Hochschulreife. Voraussetzung zum Besuch der Kollegs ist eine abgeschlossene Berufsausbildung oder eine dreijährige geregelte Berufstätigkeit. Die Teilnehmer müssen mindestens 19 Jahre alt sein und dürfen während der Schulzeit keinen Beruf ausüben.

Kunsthochschulen sind Hochschulen zur Ausbildung von Künstlern und Kunstpädagogen in bildender Kunst, Musik, Film und Fernsehen. Die Aufnahme erfolgt häufig über die Prüfung von Begabungsnachweisen oder Eignungstests.

Orientierungsstufen bilden die 5. und 6. Klasse. Der Zweijahreszeitraum dient als Beobachtungs- und Entscheidungsphase über den weiteren Bildungsgang der Schüler. Er soll eine zu frühe Festlegung auf den sich anschließenden Schultyp vermeiden und individuelle Förderung bringen.

Realschulen führen im Anschluß an die Grundschule oder die Orientierungsstufe bis zur 10. Klasse. Sie enden mit dem Realschulabschluß (Mittlere Reife), der zum Besuch der Fachoberschule, dem Fachgymnasium oder Aufbaugymnasium berechtigt.

Sonderschulen sind Institutionen zur Förderung und Betreuung körperlich, geistig oder seelisch benachteiligter oder sozial gefährdeter Kinder, die nicht oder nicht mit ausreichendem Erfolg in anderen Schulen unterrichtet werden können.

Verwaltungsfachhochschulen bilden die Nachwuchskräfte für den gehobenen nichttechnischen Verwaltungsdienst des Bundes und der Länder aus.

Vorschulklassen werden in der Regel von schulpflichtigen, aber noch nicht schulfähigen Kindern besucht und bereiten auf den Eintritt in die Schule vor. Sie sind den Grundschulen angegliedert.

Waldorfschulen sind Privatschulen, die auf der Lehre Rudolf Steiners basieren. Die unterschiedlichen Bildungsgänge sind zusammengefaßt, es gibt keine herkömmliche Klasseneinteilung und keine Prüfungen. Handwerkliche und künstlerische Fächer haben einen höheren Stellenwert als in den staatlichen Schulen.

GLEICHBERECHTIGUNG

> »Alle Menschen sind vor dem Gesetz gleich. Männer und Frauen sind gleichberechtigt. Niemand darf wegen seines Geschlechts...benachteiligt oder bevorzugt werden.« (Artikel 3 GG)

Der Begriff »Gleichberechtigung« wird in der Gegenwart vor allem in Zusammenhang mit Fragen nach gleichen Rechten von Frauen und Männern in der Gesellschaft verwendet. Da in der Realität heute und historisch betrachtet Gleichberechtigung nicht aus männlicher Sicht eingeklagt werden muß, ist die Frage nach Gleichberechtigung de facto eine »Frauenfrage«.

Bereits im 19. Jh. kam mit der industriellen Revolution die »Frauenfrage« auf und entwickelte sich zur »Frauenbewegung«. War die Frau bis dahin auf ihre Rolle in der Familie festgelegt, forderte die erste Generation der Frauenbewegung das Recht auf Bildung und Arbeit, um Selbständigkeit und Mündigkeit zu erlangen. Zu diesem Zweck wurden Gymnasialkurse für Mädchen und Mädchenfortbildungsschulen eingerichtet, in denen neben einer Allgemeinbildung auch kaufmännisches und gewerbliches Wissen vermittelt werden sollte. Mit der Durchsetzung der Lehrerinnenausbildung gelang der Einstieg in den Bereich der Wissenschaft. Nach heftigen Kämpfen um die Zulassung von Frauen zu weiteren wissenschaftlichen Studiengängen immatrikulierten die Universitäten Freiburg und Heidelberg 1901 die ersten Studentinnen; 1908 zogen andere Hochschulen nach.

Eine der wichtigsten Zielsetzungen der Frauenbewegung war seit jeher die wirtschaftliche Unabhängigkeit durch eine gleichberechtigte Teilhabe am Arbeitsleben. Doch der Anteil der berufstätigen Frauen hat sich im 20. Jh. nicht wesentlich verändert: Die Erwerbsquote der Frauen lag 1987 in der Bundesrepublik fast auf dem gleichen Niveau wie 1907, nämlich bei ca. 50 Prozent.

Generell unterliegen die Frauen einem höheren Arbeitsmarktrisiko als die Männer. Die Gründe sind vielfältig. Unter anderem liegen sie in dem immer noch weit verbreiteten Vorurteil, daß »eine Frau nicht ihren Mann stehen« kann. Sie sind aber auch in der Furcht begründet, daß Frauen wegen Geburt und Kindererziehung unvermittelt aus dem Produktionsprozeß wieder aussteigen.

Um Benachteiligungen von Frauen im Erwerbsleben auszugleichen, nahm der Gesetzgeber als Konsequenz aus dem EG-Recht 1980 ein Diskriminierungsverbot in das Bürgerliche Gesetzbuch (BGB) auf. Dieses Gleichbehandlungsgesetz regelt das Verfahren bei Stellenbesetzungen und Ansprüchen auf Lohngleich-

GESELLSCHAFT

OHNE POLITISCHE MACHT, das wußten die ersten Kämpferinnen für die Gleichberechtigung der Frau, würde eine Besserung ihrer Stellung öffentlich wie privat kaum zu erreichen sein. Das Wahlrecht stand daher ganz oben auf dem Forderungskatalog – Demonstration in London 1908.

heit bei gleicher oder auch gleichwertiger Tätigkeit.

Trotzdem liegt das Lohnniveau von Frauen auch heute noch unter dem Durchschnitt der Männer in vergleichbaren Tätigkeiten. Frauen im Angestelltenverhältnis verdienten 1990 nach Angaben der IG Metall nur etwa 65 bis 70 Prozent des Gehalts ihrer männlichen Kollegen. Auch sind Frauen häufiger in Leichtlohngruppen und weniger in Führungspositionen zu finden. Im öffentlichen Dienst und in Teilen der Privatwirtschaft wird versucht, der Benachteiligung mit Frauenförderplänen entgegenzuwirken.

Lange dauerte es auch, bis die Frauen die rechtliche Gleichstellung erlangten. Nach dem Bürgerlichen Gesetzbuch aus dem Jahre 1900 verloren sie mit der Eheschließung fast vollständig ihre Prozeß- und Geschäftsfähigkeit. Dem Mann stand die »Entscheidung in allen das gemeinschaftliche eheliche Leben betreffenden Angelegenheiten zu«. Eine Neuregelung der entsprechenden Paragraphen wurde erst 1957 durch das »Gleichberechtigungsgesetz« erreicht. Seither sind alle das gemeinsame Leben betreffenden Angelegenheiten im gegenseitigen Einvernehmen unter den Eheleuten zu entscheiden.

Die Frauenfrage war auch immer eine Frage der politischen Macht. Noch das preußische Vereinsgesetz von 1850 verbot ausdrücklich, in Vereinen, die politische Gegenstände erörtern wollten, »Frauenpersonen« zuzulassen. Frauen waren so ihren unmündigen Kindern gleichgestellt. Um an der politischen Willensbildung zu partizipieren, gründete die proletarische Frauenbewegung sogenannte Stimmrechtsverbände, die sich für die politische Betätigungsmöglichkeit der Frauen und für das Wahlrecht einsetzten. Hauptträger der allgemeinen Frauenfrage wurde der 1865 in Leipzig gegründete Allgemeine Deutsche Frauenverein.

Erst mit dem neuen Vereinsrecht für das Deutsche Reich vom 15. Mai 1908 durften

PARAGRAPH 218

Wichtiges Ziel der Frauenbewegung ist die Abschaffung des Paragraphen 218 StGB, der den Schwangerschaftsabbruch unter Strafe stellt. Mit der Reform aus dem Jahre 1972 führte die sozialliberale Koalition zwar die sogenannte Fristenlösung ein, wonach es den Frauen überlassen blieb, sich in den ersten drei Monaten der Schwangerschaft für oder gegen einen Abbruch zu entscheiden. Doch das Bundesverfassungsgericht stufte die Lösung 1975 wegen des Verstoßes gegen Artikel 2 Abs. 2 Satz 1 GG (»Jeder hat das Recht auf Leben«) als verfassungswidrig ein.

Seitdem ist der Schwangerschaftsabbruch nur noch unter bestimmen Voraussetzungen und nach vorheriger Beratung möglich. Bedingung ist das Vorliegen einer medizinischen, eugenischen, ethischen oder sozialen Indikation. Trotz einheitlicher Gesetzeslage wird die Abtreibungspraxis in den einzelnen Bundesländern sehr unterschiedlich gehandhabt.

Bei der Vereinigung der beiden deutschen Staaten wurde die in der DDR gültige Fristenregelung, nach der ein Schwangerschaftsabbruch in den ersten drei Monaten straffrei bleibt, nicht in das bundesdeutsche Recht übernommen. Allerdings galten bis zur neuen gesetzlichen Regelung beide rechtlichen Normen nebeneinander. Nach dem »Tatortprinzip« blieben auch westdeutsche Frauen straffrei, die in der Ex-DDR eine Schwangerschaft abbrechen ließen.

Im Einigungsvertrag wurde der »gesamtdeutsche Gesetzgeber« beauftragt, bis 1993 eine landesweite verfassungskonforme Regelung zu treffen. Im Bundestag kam es in der Folge zu einer fraktionsübergreifenden Initiative, getragen von Frauen, die einen Entwurf vorlegten, nach dem Abtreibung in den ersten 12 Schwangerschaftswochen straffrei bleibt, wenn zuvor eine intensive Beratung der Frau stattgefunden hat (Pflichtberatung). Dieser Gruppenantrag wurde gegen den Entwurf der Regierung im Juni 1992 mit deutlicher Mehrheit angenommen. Dagegen sind Verfassungsklagen anhängig.

GESELLSCHAFT

SELBST BESTIMMEN auch über ungeborenes Leben wollen die Frauen, die gegen den Paragraphen 218 (siehe Kasten) protestieren. Der Vorschlag, diese Selbstbestimmung vor die Schwangerschaft (Zeugung) zu verlegen, wird als unbillig und weltfremd abgelehnt. In vorderster Front: Alice Schwarzer (Mitte), eine der Wortführerinnen der deutschen Frauenbewegung.

ZU WORT MELDEN sich die Frauen schon seit 150 Jahren mit Kritik an der patriarchalischen Gesellschaft und mit Vorschlägen zu einer echten Partnerschaft von Mann und Frau (Zeitschriftentitel unten).

Frauen sich in politischen Parteien und Gewerkschaften betätigen. Weitere 10 Jahre dauerte es, bis Frauen das aktive und passive Wahlrecht zugesprochen bekamen. In der am 19. Januar 1919 gewählten ersten Nationalversammlung saßen unter 421 Abgeordneten 36 Frauen. Der Anteil der Frauen in den deutschen Zentralparlamenten erreichte in 20 darauffolgenden Wahlen nie mehr als 10 Prozent. Im ersten gesamtdeutsch gewählten Bundestag sind 20,4 Prozent der Mitglieder Frauen.

Auch in den Parteien und als Mandatsträgerinnen auf Kommunal- und Länderebene sind die Frauen im Verhältnis zu ihrem Anteil an der Bevölkerung weiterhin unterrepräsentiert. Um dieser Situation abzuhelfen, haben als erste die Grünen (50 : 50) und 1988 auch die SPD (stufenweise bis zu 40 Prozent in allen Gremien) eine Quotenregelung bei der Aufstellung von Kandidaten in ihre Satzung aufgenommen.

Auf kommunaler Ebene wird versucht, der Ungleichbehandlung von Männern und Frauen mit Hilfe von Gleichstellungsbeauftragten entgegenzuwirken. Als erstes Bundesland hat Nordrhein-Westfalen ein Frauenministerium eingerichtet. Am Einigungsvertrag zwischen der Bundesrepublik und der DDR im Jahre 1990 waren kaum Frauen beteiligt. Für die Frauen aus der DDR bedeutete die Übernahme der rechtlichen und sozialen Regelungen vielfach einen faktischen Abbau von bereits erworbenen Rechten.

GESELLSCHAFT

MILITÄR

Militär ist ein Sammelbegriff für die Gesamtheit der Streitkräfte. Das Wort wurde im 18. Jh. aus dem Französischen übernommen und geht auf das lateinische Wort »militaris« (den Kriegsdienst betreffend) zurück.

Lange Zeit stand das Militär für die Möglichkeit von Staaten, mit Waffengewalt ihre Interessen durchzusetzen. Angesichts der tödlichen Bedrohung durch Kernwaffen und andere Massenvernichtungsmittel haben die Streitkräfte in den Industriestaaten heute eher die Aufgabe der Kriegsverhütung durch Abschreckung, auch wenn heiße Kriege bei flagranten Verletzungen des Völkerrechts wie im Falle Irak nicht ausgeschlossen sind. Das Militär ist jedoch primär Instrument der Sicherheitspolitik. Man unterhält Streitkräfte, um sich im Falle eines Angriffs verteidigen zu können. Zusätzlich wird häufig ein Bündnis mit Staaten gleicher Interessenlage und Gesellschaftsordnung angestrebt. Politisch steht das Streben nach Zusammenarbeit und friedlicher Konfliktlösung im Vordergrund.

Abrüstungs- und Rüstungskontrollverträge sollen militärische Auseinandersetzungen unrealisierbar oder gar von vornherein unmöglich machen. Das Ziel von Sicherheitspolitik besteht nicht mehr in dem Streben nach militärischer Überlegenheit, sondern in dem Bemühen, ein militärisches Gleichgewicht auf niedrigem Niveau anzusteuern.

Bundeswehr

Mit der bedingungslosen Kapitulation der deutschen Wehrmacht am 8. Mai 1945 war der 2. Weltkrieg in Europa beendet. Die Siegermächte einigten sich im Potsdamer Abkommen vom 2. August 1945 auf die Entmilitarisierung und völlige Abrüstung Deutschlands.

Das Aufkommen des Kalten Krieges, die Spaltung Europas und Deutschlands, führten 1949 zur Gründung der Bundesrepublik Deutschland und der Deutschen Demokratischen Republik. In den folgenden Jahren nahm das Interesse der Bundesregierung und der westlichen Alliierten an einem Wehrbeitrag der Bundesrepublik im Rahmen des westlichen Bündnisses zu. Nach harten Auseinandersetzungen zwischen den gesellschaftlichen Kräften trat am 9. Mai 1955 die Bundesrepublik dem Nordatlantischen Bündnis, der NATO, bei. Mit der Aushändigung der Ernennungsurkunden durch den Bundesminister für Verteidigung an die ersten 101 Freiwilligen am 12. November 1955 war die Gründung der Bundeswehr vollzogen.

Hauptauftrag der Bundeswehr ist die Verteidigung (Artikel 87a GG). Friedensstörende Handlungen, insbesondere solche, die einem Angriffskrieg dienen, sind untersagt (Artikel 26 GG). Außer zur Verteidigung dürfen Streitkräfte nur eingesetzt werden, soweit das Grundgesetz dies ausdrücklich zuläßt. Die Einsatzmöglichkeit der Bundeswehr ist auch bei Angriff auf Mitglieder der NATO im Rahmen des kollektiven Rechts auf Selbstverteidigung gegeben. Dabei geht die operative Führung der Streitkräfte auf die NATO-Stäbe über.

Der Bundesminister der Verteidigung hat im Frieden, der Bundeskanzler im Verteidigungsfall die Befehls- und Kommandogewalt über die Streitkräfte.

Die Bundeswehr ist eine Wehrpflichtarmee. Neben einem festen Stamm aus Zeit- und Berufssoldaten besteht die Masse der Soldaten aus jungen Männern, die ihrer gesetzlich vorgeschriebenen Wehrpflicht nachkommen. Danach werden die Wehrpflichtigen entlassen und gelten dann je nach Dienstgrad bis zu einem bestimmten Alter als Reservisten. Sie können im Falle der Mobilmachung und zu Wehrübungen wieder zum Wehrdienst herangezogen werden. Während des Grundwehrdienstes erhalten die Wehrpflichtigen einen nach Dienstgraden gestaffelten Wehrsold. Neben der Wehrdienstzeit von 12 Monaten können sich Soldaten auf Dienstzeiten zwischen zwei und 15 Jahren verpflichten. Rechte und Pflichten der Bundeswehrangehörigen, zu denen auch zivile Bedienstete zählen, regeln das Soldaten- und das Beamtengesetz.

Niemand darf laut Artikel 4 Abs. 3 GG zum Dienst mit der Waffe gezwungen werden. Wer aus Gewissensgründen den Wehrdienst verweigert, wird zu einem 15monatigen Zivildienst in sozialen Einrichtungen u.a. herangezogen. Die längere Dauer des Ersatzdienstes wird mit den eventuellen späteren Wehrübungen der Wehrdienst leistenden jungen Männer begründet.

Die Bundeswehr unterscheidet drei Laufbahngruppen: Mannschaften, Unteroffiziere und Offiziere. Innerhalb der Laufbahngruppen wird nach Dienstgraden unterschieden. Ranghöchster Soldat und damit höchster militärischer Repräsentant der Bundeswehr ist der Generalinspekteur. Daneben gibt es jeweils Inspekteure der Teilstreitkräfte Heer, Luftwaffe und Marine.

Heer ist die Bezeichnung der Landstreitkräfte der Bundeswehr. Es stellt die größte Teilstreitkraft mit etwa zwei Drittel des Gesamtumfangs der Bundeswehr. Es besteht aus Feldheer und Territorialheer. Das Territorialheer ist der in nationaler Verantwortung geführte Teil des Heeres. Die meisten seiner Soldaten sind Reservisten. Es sichert vor allem die Operationsfreiheit des Feldheeres im Hinterland. Das Feldheer ist in drei Korpskommandos untergliedert, denen jeweils entsprechend dem Einsatzauftrag eine unterschiedliche Zahl von Divisionen zugeordnet ist. Jeder Division unterstehen in der Regel drei Brigaden.

Das Feldheer unterteilt sich in:
- Führungstruppen, die die militärische Führung unterstützen (u.a. Fernmeldetruppe, Feldjäger und Fernspäher),
- Kampftruppen, die den Kern aller Landstreitkräfte bilden und Hauptträger des Gefechts sind (Panzertruppe, Panzerjäger, Panzergrenadiere, Fallschirmjäger),
- Kampfunterstützungstruppen (Artillerie, Pioniere und Heeresflieger),
- Logistiktruppen (u.a. Instandsetzungs-, Nachschub- und Sanitätstruppe).

Die *Luftwaffe* ist aufgeteilt in die Bereiche:
- Luftverteidigung (Jagdgeschwader und Flugabwehrraketenverbände),
- Luftangriff (Aufklärungs-, Jagdbomber- und Flugkörpergeschwader),
- Einsatzunterstützung (Lufttransportverbände).

Zur Flotte der *Bundesmarine* gehören:
- Seestreitkräfte (Zerstörer-, U-Boot-, Schnellboot-, Versorgungsflottille und Minenstreitkräfte),
- Seeluftstreitkräfte (Marineflieger).

Die NATO

Das Nordatlantische Bündnis (Northern Atlantic Treaty Organization) wurde 1949 gegründet. Mitglied der NATO sind heute

GESELLSCHAFT

MARSCHIEREN FÜR DEN FRIEDEN – Bundeswehrpanzer rollen ins Manöver, um den Ernstfall zu proben. Ihrem Friedensauftrag gemäß müssen die Streitkräfte glaubwürdig jeden potentiellen Gegner abschrecken können. Modernste Bewaffnung und hohe Einsatzbereitschaft dienen diesem Ziel. Eben diese Hochrüstung aber ließ in den 70er/80er Jahren den Widerstand gegen weiteren Ausbau der Waffenarsenale wachsen. Mit einer Menschenkette protestierten 1983 Zigtausende gegen die »Nachrüstung« der NATO. Ihre Parole »Frieden schaffen ohne Waffen« beschrieb eine Utopie, rückte aber näher nach der Wende im Osten. Ein Frieden wenigstens mit weniger Waffen scheint nun möglich.

16 Staaten: USA, Kanada, Island, Norwegen, Dänemark, Großbritannien, Niederlande, Belgien, Luxemburg, Deutschland, Frankreich, Portugal, Spanien, Italien, Griechenland und die Türkei. Frankreich und Spanien sind nicht in die militärische, sondern nur in die politische Organisation der NATO integriert.

Der dem Bündnis zugrundeliegende Nordatlantikvertrag enthält Grundsätze und Verpflichtungen der Mitgliedsstaaten im Falle eines bewaffneten Angriffs. In Artikel 5 des Vertrages heißt es: »Die Parteien vereinbaren, daß ein bewaffneter Angriff gegen eine oder mehrere von ihnen in Europa oder Nordamerika als Angriff gegen sie alle angesehen werden wird...« Hauptaufgabe der NATO war es, die Abschreckung gegenüber dem Warschauer Pakt zu gewährleisten und das militärische Gleichgewicht zu erhalten.

Diesem Auftrag entsprechend verfügt das Bündnis über politische und militärische Strukturen. Höchstes Entscheidungsgremium ist der Nordatlantikrat. Er besteht aus den Vertretern der Mitgliedsregierungen, mindestens zweimal jährlich findet die Ratsversammlung auf der Ebene der Außenminister statt. Der Generalsekretär der NATO führt den Vorsitz im Rat. Im Rat erörtern die Regierungen wichtige politische und militärische Fragen.

Der Militärausschuß ist die höchste militärische Instanz des Bündnisses. Er besteht aus den Stabschefs aller an der militärischen Integration beteiligten Mitgliedsländer. Er berät und empfiehlt Maßnahmen, die für die gemeinsame Verteidigung für erforderlich gehalten werden.

Die NATO ist so organisiert, daß nicht erst im Verteidigungsfall, sondern bereits im Friedensfall gemeinsame Kommandobehörden der verbündeten Streitkräfte eine koordinierte Planung und Kontrolle der gemeinsamen Verteidigung erlauben. Es soll die Qualität der Führung und die militärische Kampfbereitschaft erhöhen.

Das offizielle Sicherheitskonzept der NATO ist seit 1967 die Strategie der »flexiblen Reaktion« (Flexible Response). Ihr Ziel ist die Abschreckung. Sie soll durch eine Skala abgestufter, verschieden starker Reaktionen mit unterschiedlichen Waffen – bis zum Einsatz von Atomwaffen – glaubhaft bleiben. Statt sofortiger massiver Vergeltung droht sie einem Angreifer eine Antwort an, die von der Anfangsstärke des Angriffs abhängt.

Warschauer Pakt

Das östliche Gegenstück zur NATO und lange ihr Hauptgegner war der Warschauer Pakt, benannt nach dem 1955 in Warschau geschlossenen »Vertrag über Freundschaft, Zusammenarbeit und gegenseitigen Beistand«. Ergänzt wurde der Pakt

VOM FEIND ZUM KAMERADEN

Nationale Volksarmee (NVA) war die Bezeichnung der Streitkräfte der DDR bis zu deren Übernahme durch die Bundeswehr im Rahmen der Vereinigung. Die NVA war eine Wehrpflichtarmee mit einer Stärke von 179 000 Soldaten. Sie war auch im Frieden dem vereinigten Oberkommando des Warschauer Pakts, dem die DDR seit 1958 angehörte, unterstellt. Die Bundesregierung beschloß, in die Bundeswehr 50 000 der ehemaligen NVA-Soldaten zu übernehmen, obwohl die Bundeswehr in den sog. 2+4-Gesprächen mit den Siegermächten des 2. Weltkriegs eine Verringerung der Sollstärke auf insgesamt 370 000 Mann vorsieht. Sie wird vor allem die bisherige Bundeswehr betreffen, da die ehemalige NVA ohnehin auf ein Drittel geschrumpft ist. Auch Waffen aus den Beständen der NVA wurden von der Bundeswehr übernommen, darunter hochmoderne sowjetische Kampfflugzeuge.

durch Stationierungsabkommen der Sowjetunion mit den einzelnen Mitgliedsländern. Führungsorgan war ein politisch beratender Ausschuß, in dem alle Staaten vertreten waren.

Diesem Militärbündnis, geschlossen als Anwort auf den Beitritt der Bundesrepublik zum Nordatlantikpakt, gehörten bei seiner Auflösung 1991 außer der Sowjetunion fünf europäische Staaten an (Bulga-

GESELLSCHAFT

ZIVILE UND MILITÄRISCHE STRUKTUR DER NATO

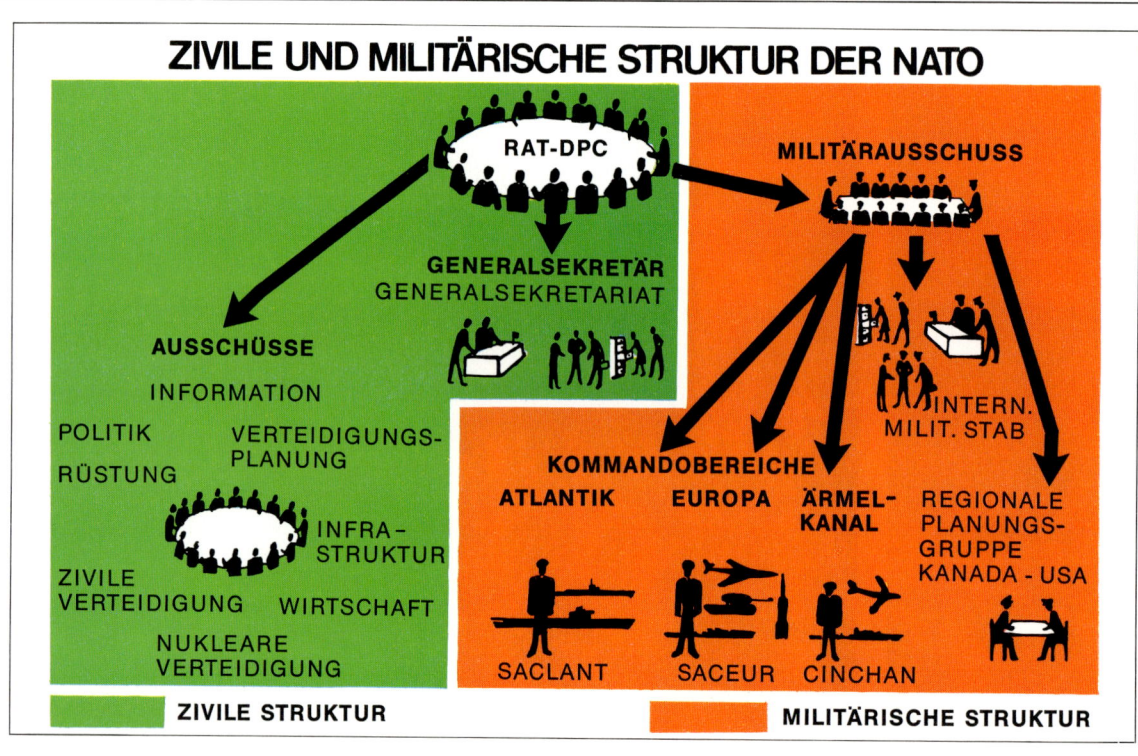

ERFOLGREICH ERÜBRIGT hat sich die NATO – jedenfalls was die Bedrohung aus dem Osten angeht. Die Stärke des Bündnisses bewahrte Europa in der Phase des Kalten Krieges vor einem »heißen« und trug zum Umbruch im Osten bei. Heute fliegen sowjetische MiG 29 (unten) der ehemaligen NVA bei der Bundeswehr.

rien, Tschechoslowakei, Polen, Rumänien, Ungarn). Albanien war im Gefolge des sowjetisch-chinesischen Konflikts 1968 ausgetreten. Die DDR schied durch den Beitritt zur Bundesrepublik aus dem Bündnis aus, ihre Truppen wurden z.T. in die Bundeswehr übernommen (s.o.), mit der UdSSR wurde ein Rückzug der Einheiten der Roten Armee aus Ostdeutschland bis 1994 vereinbart.

Diese Entwicklung war Folge der neuen Außenpolitik der Sowjetunion unter Präsident Gorbatschow und des Abschieds von der Breschnew-Doktrin, wonach die sozialistischen Staaten nur beschränkte Souveränität genossen. Heute sind die meisten kommunistischen Regierungen in Osteuropa verschwunden, die Konfrontation zwischen West und Ost weicht der Kooperation, so daß der Warschauer Pakt gegenstandslos geworden ist und für die NATO als Existenzgrund entfällt.

Abrüstung und Rüstungskontrolle

Abrüstung ist die Verminderung oder vollständige Abschaffung der Rüstungen und Streitkräfte. Dies soll nach vorherrschender Auffassung durch internationale Abkommen mit wirksamer Kontrolle schrittweise und ausgewogen erfolgen. Hinter dem Streben nach Abrüstung steht das langfristige Idealziel einer waffenlosen Weltgesellschaft, in der Konflikte auf friedlichem Wege und nicht mit bewaffneter Gewalt gelöst werden.

Rüstungskontrolle ist das Bemühen, vertraglich vereinbarte Beschränkungen des jetzigen oder künftigen Bestandes an Rüstung und Streitkräften, der Qualität von Waffen und/oder ihrer Standorte zu erreichen. Rüstungskontrolle ist damit nicht zwangsläufig Abrüstung. Sie kann einen vorhandenen Bestand einfrieren, quantitative und qualitative Höchstgrenzen festlegen, die Entwicklung bestimmter Waffensysteme oder -kategorien verbieten. Zur Rüstungskontrolle gehören auch vertrauens- und sicherheitsbildende Maßnahmen.

Die Frage der Abrüstung und Rüstungskontrolle ist besonders seit Ende des 2. Weltkrieges im Zusammenhang mit der Atomrüstung der Supermächte und der konventionellen Aufrüstung im Rahmen des Kalten Krieges zwischen Ost und West relevant. Inzwischen gibt es verschiedene Abkommen zwischen den Blöcken, die die Spannungen und den Rüstungswettlauf vermindern sollen. Es sind auf dem atomaren Sektor u.a.:

SALT: Neben den multilateralen Abkommen auf Paktebene gibt es gerade im Bereich der Atomwaffenrüstung bilaterale Abkommen und Verhandlungen zwischen den USA und der Sowjetunion. 1969 bis 1979 verhandelten beide über eine Begrenzung der nuklearstrategischen Waffensysteme und der Raketenabwehrsysteme. Diese SALT-Verhandlungen (Strategic Arms Limitation Talks) führten zu mehreren Teilverträgen, in denen die Anzahl der Raketenabwehrsysteme auf nur ein System je Seite festgelegt wurde. Für das strategische Atomwaffenarsenal wurden Obergrenzen vereinbart.

Den Vertragstext von SALT II ratifizierten die Amerikaner nicht. Sie meldeten im nachhinein hinsichtlich der Überprüfbarkeit Bedenken an und verwiesen zudem auf die sowjetische Intervention in Afghanistan. Beide Vertragspartner halten sich dennoch erklärtermaßen an den Vertrag.

INF: Ende 1987 unterzeichneten die Großmächte ein Abkommen über die vollkommene, weltweite Beseitigung aller amerikanischen und sowjetischen landgestützten atomaren Mittelstreckenwaffen. Das Abkommen war das Ergebnis der langjährigen INF-Verhandlungen (Intermediate Range Nuclear Forces). Zum ersten Mal einigten sich Ost und West, durch die vollständige Beseitigung einer Waffenkategorie, tatsächlich abzurüsten.

START: Zur Zeit verhandeln die USA und die Sowjetunion in Genf über die Halbierung der strategischen Atomwaffen (Interkontinentalraketen). Diese Strategic Arms Reductions Talks sind unter dem Kürzel START bekannt.

Weitere Vereinbarungen werden angestrebt und in folgenden Konferenzen verhandelt:

KSZE: Die Konferenz über Sicherheit und Zusammenarbeit in Europa (KSZE) wurde 1973 in Helsinki eröffnet und dort am 1. August 1975 durch Unterzeichnung der Schlußakte und Vereinbarung von Folgekonferenzen beendet. An ihr nahmen alle 32 europäischen Staaten (außer Albanien) sowie Kanada und die USA teil. Die Schlußakte, die keinen Vertragscharakter besitzt, jedoch einen hohen politischen Verpflichtungsgrad hat, besteht aus mehreren Teilen (Körben):

GESELLSCHAFT

EIN KLEINER SCHRITT zum Frieden, aber ein großer Sprung voran für die Abrüstung: US-Präsident Reagan und der sowjetische Generalsekretär Gorbatschow unterzeichnen am 8. Dezember 1987 in Washington den Vertrag über die Verschrottung der atomaren Mittelstreckenraketen in Europa (INF). Erstmals wurde die Rüstungsspirale nicht nur abgebremst, sondern ein kleines, aber entscheidendes Stück zurückgedreht.

- Politische Prinzipien und militärische Aspekte der Sicherheit,
- Zusammenarbeit in den Bereichen Wirtschaft, Wissenschaft und Umwelt,
- Zusammenarbeit in humanitären und anderen Bereichen.

Die Konferenz ist das Forum, das den Fahrplan und die Zwischenziele einer Friedensordnung in ganz Europa festlegen soll. Es gab seit Helsinki mehrere Folgetreffen der Teilnehmerstaaten, die den Abbau der Spannungen in Europa und den friedlichen Übergang zur Demokratie in Osteuropa positiv beeinflußten. Höhepunkt war das Sondergipfeltreffen in Paris im November 1990, wo offiziell der Kalte Krieg in Europa für beendet erklärt wurde.

KVAE: In Madrid vereinbarte das 2. KSZE-Folgetreffen 1983 eine »Konferenz über Vertrauens- und Sicherheitsbildende Maßnahmen und Abrüstung in Europa« (KVAE). Die Teilnehmer verabschiedeten am 19. Juni 1986 folgende Maßnahmen:
- Vorherige Ankündigung militärischer Großübungen (mit mehr als 13 000 Mann oder 3000 Kampfpanzern),
- Beobachtung militärischer Großübungen (mit über 17 000 Mann),
- Austausch von Jahresübersichten über militärische Aktivitäten,
- Inspektionen vor Ort bei Verdacht der Nichteinhaltung der Bestimmungen.

Diese Maßnahmen gelten für ganz Europa bis zum Ural. Das 3. KSZE-Folgetreffen beschloß, die KVAE-Verhandlungen als VSBM-Verhandlungen (Vertrauens- und Sicherheitsbildende Maßnahmen) in Wien fortzusetzen, mit dem Ziel, den militärischen Informationsaustausch weiter zu verbessern.

MBFR: 1973 begannen in Wien die »Verhandlungen über gegenseitige und ausgewogene Truppenreduzierungen in Mitteleuropa« (Mutual Balanced Forces Reductions, MBFR) zwischen 12 Staaten der NATO und den 7 Staaten des Warschauer Paktes. Die Verhandlungen endeten im Februar 1989 ohne Ergebnis. Die Teilnehmer hatten sich nicht über die wahre Truppenstärke des Ostens, über die Vergleichbarkeit von Waffensystemen und die Überprüfung des Truppenabbaus einigen können.

VKSE: Die schleppenden MBFR-Verhandlungen führten 1986 zu einem deutsch-französischen Vorschlag, die beabsichtigte Verringerung konventioneller Streitkräfte auf ganz Europa auszudehnen, vom Atlantik bis zum Ural. Nach Zustimmung des Ostblocks begannen am 9. März 1989 in Wien »Verhandlungen über konventionelle Streitkräfte in Europa« (VKSE) aller Mitgliedstaaten von NATO und Warschauer Pakt mit dem Ziel: Sicherheit und Stabilität in Europa durch die Schaffung eines Gleichgewichts bei den Streitkräften sowie deren Bewaffnung und Ausrüstung auf niedrigem Niveau. Auch die Fähigkeit zum Überraschungsangriff und zu großangelegter Offensive sollte beseitigt werden.

Die Verhandlungen führten schnell zum Erfolg. Der erste echte Abrüstungsvertrag über konventionelle Waffen wurde auf dem Gipfeltreffen in Paris am 19. November 1990 paraphiert. Jedes Bündnis muß danach zwischen Atlantik und Ural bestimmte Waffen auf Obergrenzen abrüsten, wobei diese verschrottet oder unbrauchbar gemacht werden müssen. Insgesamt werden durch den Vertrag rund eine Viertelmillion Waffen vernichtet. Folgeverhandlungen werden über die Reduzierung der Truppenstärke geführt.

ABC-WAFFEN

Hinter dem harmlos klingenden, an fröhliche Schulzeiten erinnernden militärischen Kürzel ABC verbirgt sich die denkbar größte Bedrohung durch moderne Waffen: A steht für atomar, B für biologisch und C für chemisch:

Atomwaffen, auch als Nuklear- oder Kernwaffen bezeichnet, nutzen die bei der Urankernspaltung frei werdende Energie. Durch die gewaltige Kraft der Explosion, die dabei ausgelöst wird, kommt es zu Massenzerstörungen, Massenschäden oder Massenvergiftungen. Bei den Trägersystemen der A-Waffen wird je nach Einsatzreichweite zwischen nuklear-taktischen (30 km), Kurz- (bis 500 km), Mittelstrecken- (500 bis 5000 km) und strategischen Nuklearwaffen (über 5000 km) unterschieden. Daneben ist die Stationierungsart von Bedeutung (land- oder seegestützt, mobil oder stationär).

Biologische Waffen sind verhältnismäßig billig herstellbare Kampfstoffe bakteriologischer Art (Krankheitserreger und Gifte mikrobiellen Ursprungs). Der Einsatz von B-Waffen ist durch das Genfer Protokoll von 1925 verboten, die Entwicklung und der Besitz allerdings nicht, so daß ein völkerrechtswidriger Einsatz nie ausgeschlossen werden kann.

Chemische Waffen sind die am einfachsten herzustellenden Massenvernichtungsmittel (»Atombombe des kleinen Mannes«). Es handelt sich um Kampfgase, die erstickende, giftige, reizerregende, lähmende oder ähnliche Wirkungen erzielen. Der Einsatz chemischer Kampfstoffe ist ebenfalls durch das Genfer Protokoll von 1925 verboten, Entwicklung, Besitz und Lagerung jedoch nicht, und es ist schon mehrfach – ungeahndet – zur Verwendung von C-Waffen (zuletzt durch den Irak gegen die kurdische Minderheit) gekommen.

MEDIEN

Medien und Kommunikation

Kommunikation – dieses Wort ist zum festen Bestandteil unserer Umgangssprache geworden, verwendet wird es täglich. Allerdings noch nicht lange. Der Große Brockhaus lieferte in seiner Ausgabe von 1952 bis 1957 zur Erklärung dieses Begriffes magere fünf Zeilen: einen Hinweis auf Nachrichtentechnik und auf »das verstehende Miteinander von Mensch zu Mensch«. Dieses Beispiel zeigt, in welchem Ausmaß sich in den vergangenen Jahrzehnten die Notwendigkeiten der modernen Gesellschaften verändert haben.

Im Alltagsgebrauch bedeutet das Wort »Kommunikation« mittlerweile mehr als den bloßen Empfang und Austausch von Meinungen und Mitteilungen. Umschrieben werden so die Beziehungen, in die die Menschen untereinander und mit der Umwelt treten. Kommunikation ist die Grundvoraussetzung von Gesellschaftsbildung und Gesellschaftsfähigkeit. Die »Massengesellschaft«, die immer kleiner werdende große, weite Welt, mußte sich einen Weg zum Austausch von Nachrichten schaffen: die »Massenkommunikation«. Diese Aufgabe übernehmen – neben den technischen Möglichkeiten zur individuellen Kommunikation über Telefon, Satellit etc. – die »Massenmedien«: Zeitungen, Funk und Fernsehen. Ob in der Nachbarschaft, im eigenen Staat oder weltweit – ohne diese Form des Austausches von Nachrichten und Meinungen wäre unsere Welt nicht mehr denkbar.

Kleine Presse-Chronologie

105 v. Chr. Im alten China wird die Kunst der Papierherstellung entdeckt. Der Name des Mannes, der die Welt der Massenkommunikation überhaupt erst möglich machte: Cai Lun.

um 1450 Der Mainzer Goldschmied Johannes Gensfleisch, der sich selbst Gutenberg nennt, macht eine revolutionäre Erfindung: Er konstruiert die ersten beweglichen, einzeln zu Wörtern und Sätzen zusammensetzbaren Druckbuchstaben.

1609 In Wolfenbüttel und in Straßburg erscheinen die ersten Wochenzeitungen.

1650 »Leipziger Zeitung« – unter diesem Titel erscheint die erste deutsche Tageszeitung.

1814 Die englische Tageszeitung »The Times«, gegründet 1788, setzt die erste Schnellpresse zum Druck der Zeitungen ein. In Deutschland wird in diesem Jahr der »Rheinische Merkur« gegründet.

1835/36 Beginn der Massenpresse in den USA und in Frankreich.

1848 In verschiedenen deutschen Verfassungen wird die Pressefreiheit festgeschrieben.

1848 Die Nachrichtenagentur »Associated Press (ap)« beginnt in New York ihre Arbeit.

1849 In Berlin wird das Wolffsche Telegraphenbüro gegründet. In Frankfurt gründet Sonnemann den »Frankfurter Geschäftsbericht«, später umbenannt in »Frankfurter Zeitung«.

1851 In London wird die Nachrichtenagentur »Reuter« gegründet.

1860 Die Rotations-Druckmaschine wird erfunden.

1874 Reichspressegesetz.

1883 Der »Berliner Lokalanzeiger« wird gegründet, Beginn der Generalanzeigerpresse.

1884 Erfindung der Linotype-Setzmaschine, mit der aus einzelnen Gußformen in Buchstabenform ganze Textzeilen maschinell zusammen-»gesetzt« und in Blei gegossen werden können.

1896 Der Vierfarbendruck hält Einzug.

1904 Mit der »BZ am Mittag«, von Ullstein gegründet, erscheint die erste deutsche Boulevardzeitung.

1919 In der Weimarer Verfassung wird die Meinungsfreiheit verankert.

1928 Aufbau eines Fernschreibnetzes in Deutschland.

1933 Die Beseitigung der Pressefreiheit im 3. Reich durch das Reichsministerium für Volksaufklärung und Propaganda zieht die Gleichschaltung aller Medien nach sich, die Staatszensur diktiert jedes veröffentlichte Wort.

1934 Beginn der Massenfertigung des »Volksempfängers«, dadurch Senkung des sonst unerschwinglichen Gerätepreises auf 76 Reichsmark.

1945–49 Nach dem Ende des 2. Weltkrieges erscheint unter der Aufsicht der Alliierten Siegermächte die sogenannte

BOULEVARDBLATT (unten) und Programmzeitschrift (erste Nr. der »HörZu«) aus dem Springer-Verlag.

MEDIEN

»Lizenzpresse« in Deutschland und Österreich.

1946 Die Rundfunk-Zeitschrift »HörZu«, das Nachrichtenmagazin »Der Spiegel«, die Wochenzeitung »Die Zeit« erscheinen.

1949 Das Grundgesetz tritt in Kraft, Artikel 5 garantiert die Pressefreiheit, der Lizenzzwang durch die Siegermächte wird – zumindest in den drei Westzonen – aufgehoben. Die Deutsche Presse-Agentur (dpa) wird gegründet, die »Frankfurter Allgemeine Zeitung« (FAZ) kommt auf den Markt.

1952 In Hamburg wird die »Bild«-Zeitung vom Verleger Axel C. Springer ins Leben gerufen.

1956 Der Deutsche Presserat, das Selbstkontrollorgan der deutschen Zeitungen, nimmt seine Arbeit auf.

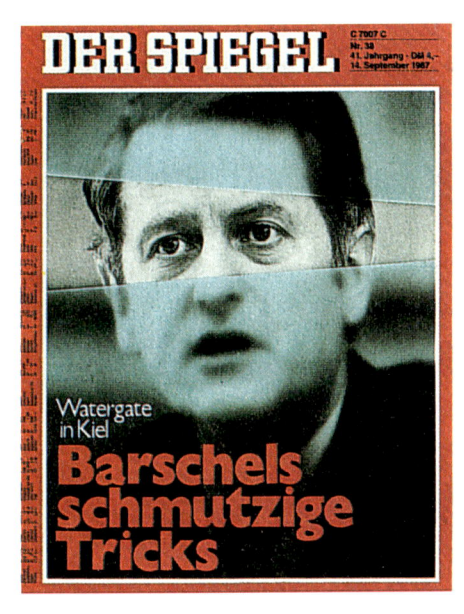

DIE WÄCHTERFUNKTION DER PRESSE wurde 1987 in der Barschelaffäre deutlich, als »Der Spiegel« (oben) üble Machenschaften aufdeckte. Bei schwindender Macht der Parlamente gewinnt diese Kontrolle an Bedeutung.

1962 Das Computer-Zeitalter hält Einzug: Die ersten Schriften werden auf elektronischem Wege »gesetzt«.

1964 – 66 Die Bundesländer, mit Ausnahme des Freistaates Bayern, erlassen Landespressegesetze.

1977 Auf der Internationalen Funkausstellung in Berlin werden Video- und Bildschirmtext vorgestellt. Die Konkurrenz für die gedruckten Medien wird größer. Elektronische Textsysteme in den Redaktionen und computergesteuerte Herstellungstechnik verdrängen die »schwarze Kunst« des Buchdruckers Gutenberg.

seit 1980 Immer weniger Verlage besitzen immer mehr Zeitungen. Kleinere Objekte sterben, werden von den großen Medien-Unternehmen aufgekauft. Das Schlagwort der »Medien-Konzentration« kommt auf. Vormals nationale Titel drängen in übersetzter Form auf den internationalen Markt. Beipiele: »AutoBild« erscheint in Ungarn, das amerikanische Wirtschaftsmagazin »Forbes« in deutscher Sprache.

Die Vierte Gewalt

Nach Legislative (Gesetzgeber), Exekutive (ausführende Behörden) und Judikative (Gerichtsbarkeit) wird die Presse oft als »Vierte Gewalt« bezeichnet. Die verfassungsrechtliche Grundlage der Meinungs-, Informations- und Pressefreiheit ist der Artikel 5 des Grundgesetzes: »Jeder hat das Recht, seine Meinung in Wort, Schrift und Bild frei zu äußern und zu verbreiten. Die Pressefreiheit und die Freiheit der Berichterstattung durch Rundfunk und Film werden gewährleistet. Eine Zensur findet nicht statt«.

Diese Verfassungs-Garantie, die zu den freiheitlichsten der Welt gehört, gibt den Redaktionen und Verlagen zwar die Möglichkeit zur Kritik am Staat selbst, verlangt aber gleichzeitig auch nach Disziplin und Selbstkontrolle. Ausgeübt wird diese Selbstkontrolle vom Deutschen Presserat in Bonn, der aus je fünf Mitgliedern des Deutschen Journalistenverbandes und der Industriegewerkschaft Medien sowie aus je fünf Vertretern des Bundesverbandes Deutscher Zeitungsverleger und des Bundesverbandes der Zeitschriftenverleger besteht.

Die »16 Gebote für Journalisten«, Anfang 1990 neu formuliert und aktualisiert, sind das selbstauferlegte »Gesetz« für Journalisten. Der deutsche Presserat kontrolliert so die Arbeit der Medien – natürlich ohne jede Zensur – und kann im Einzelfall nach Veröffentlichungen sogar offiziell Rügen aussprechen, die das betroffene Blatt dann auch abdrucken muß.

Wie etwa bei Partei- und Staatsverfilzungen die Presse ihr Wächteramt ausüben konnte, wurde in jüngster Zeit bei zwei Skandalen deutlich:

Watergate: Am 17. Juni 1972 verschaffen sich sieben zunächst unbekannte Männer gewaltsam Zutritt in das Hauptquartier der Demokratischen Partei Amerikas im Watergate-Hotel in Washington. Carl Bernstein und Robert Woodward, zwei Reporter der »Washington Post« enthüllen: Sie sollten im Auftrag der Republikanischen Partei, die zu dieser Zeit mit Richard Ni-

---

DIE 16 GEBOTE DER JOURNALISTEN (in Auszügen)

1. Achtung vor der Wahrheit und wahrhaftige Unterrichtung der Öffentlichkeit sind oberstes Gebot der Presse.
2. Zur Veröffentlichung bestimmte Nachrichten und Informationen in Wort und Bild sind... auf ihren Wahrheitsgehalt zu prüfen. Ihr Sinn darf ... weder entstellt noch verfälscht werden.
3. Veröffentlichte Nachrichten oder Behauptungen, die sich nachträglich als falsch erweisen, hat das Publikationsorgan... unverzüglich von sich aus... richtigzustellen.
4. Bei der Beschaffung von Nachrichten, Informationsmaterial und Bildern dürfen keine unlauteren Methoden angewandt werden.
5. Die bei einem Informations- oder Hintergrundgespräch vereinbarte Vertraulichkeit ist grundsätzlich zu wahren.
6. Jede in der Presse tätige Person wahrt das Berufsgeheimnis... und gibt Informationen ohne... ausdrückliche Zustimmung (des Informanten; die Redaktion) nicht preis.
7. Die Verantwortung der Presse... gebietet, daß redaktionelle Veröffentlichungen nicht durch private oder geschäftliche Interessen beeinflußt werden.
8. Die Presse achtet das Privatleben und die Intimsphäre des Menschen. Berührt jedoch das private Verhalten eines Menschen öffentliche Interessen, so kann es auch in der Presse erörtert werden.
9. Es widerspricht journalistischem Anstand, unbegründete Beschuldigungen, insbesondere ehrverletzender Natur, zu veröffentlichen.
10. Veröffentlichungen..., die das sittliche oder religiöse Empfinden einer Personengruppe... wesentlich verletzen können, sind mit der Verantwortung der Presse nicht zu vereinbaren.
11. Auf eine unangemessen sensationelle Darstellung von Gewalt und Brutalität soll verzichtet werden. Der Schutz der Jugend ist... zu berücksichtigen.
12. Niemand darf wegen seines Geschlechts, seiner Zugehörigkeit zu einer ethnischen, religiösen, sozialen oder nationalen Gruppe diskriminiert werden.
13. Die Berichterstattung über schwebende Ermittlungs- und Gerichtsverfahren muß frei von Vorurteilen erfolgen. Die Presse vermeidet deshalb vor und während der Dauer eines... Verfahrens... jede einseitige... Stellungnahme.
14. Bei Berichten über medizinische Themen ist eine unangemessen sensationelle Darstellung zu vermeiden, die unbegründete Befürchtungen oder Hoffnungen beim Leser wecken könnte.
15. Die Annahme und Gewährung von Vorteilen jeder Art, die... die Entscheidungsfreiheit... beeinträchtigen, sind mit dem Ansehen, der Unabhängigkeit und der Aufgabe der Presse unvereinbar.
16. Es entspricht fairer Berichterstattung, vom Deutschen Presserat öffentlich ausgesprochene Rügen abzudrucken.

MEDIEN

xon den US-Präsidenten stellte, Abhörmikrofone in der Zentrale des politischen Gegners installieren. Die Reporter-Arbeit hat Folgen: Lange leugnet der Präsident, von Einbruch und Lauschangriff etwas gewußt zu haben, doch immer neue Indizien zwingen ihn zu schrittweisen Korrekturen seiner Aussagen. Am 8. August 1974 muß Nixon zurücktreten.

Der Fall Barschel: Am 12. September 1987 berichtet »Der Spiegel«: Uwe Barschel (CDU), schleswig-holsteinischer Ministerpräsident, hat seinen Konkurrenten Björn Engholm (SPD) bespitzeln, sein »ausschweifendes Sexualleben« überwachen und gezielt Gerüchte über Steuerhinterziehungen des Rivalen ausstreuen lassen. Zuerst bestreitet Barschel die Vorwürfe, schließlich sogar per Ehrenwort, doch die Recherchen bestätigen sich. Am 2. Oktober 1987 muß Barschel zurücktreten, am 11. Oktober wird er in einem Genfer Hotel tot aufgefunden. Bei den folgenden Landtagswahlen kommt es zu einem Erdrutschsieg der SPD.

TYPOLOGIE

Tageszeitungen
Regional oder bundesweit erscheinende Blätter. Diese Zeitungen berichten neben internationalen Themen meist ausführlich im »Lokalteil« über die Vorgänge in der direkten Umgebung. Und: Tageszeitungen können im Abonnement bezogen werden, d.h. sie kommen jeden Tag direkt ins Haus.

Boulevard-Blätter
auch »Kaufzeitungen« genannt. Sie gibt es nicht im Abonnement, jedes Exemplar muß jeden Tag neu »an den Mann« gebracht werden. Das ist der Grund für die reißerisch-großen Überschriften: Auffallen im Vorbeigehen.

Wochenzeitungen
Diese Blätter beschäftigen sich einmal pro Woche vor allem mit dem Hintergrund aktueller Ereignisse der Vortage. Keine Tages-Aktualität, dafür aber Platz für ausführliche Recherche über das Ereignis hinaus.

Magazine
Hier finden sich vor allem Geschichten und Themen vor politischem Hintergrund. Die wenigen Magazine pflegen den »investigative journalism«: brisante Themen entdecken, seriös recherchieren, auch gegen Widerstände der Betroffenen veröffentlichen.

Illustrierte
Diese Blätter mischen Politik, Aktuelles, Sensation. Im Gegensatz zu den Magazinen spielen Fotos eine große Rolle.

Yellows
Klatsch, Königshäuser und sogenannte »Lebensberatung«; bunte Fotos aus der Welt der Prominenz. Eine immer stärker werdende Gattung, auch »Regenbogenpresse« genannt.

Deutsche Zeitungen

1344 regionale und überregionale Zeitungen (Haupt- und Nebenausgaben) erscheinen im Bundesgebiet. Die überwiegende Mehrzahl aller Zeitungen ist neben dem freien Verkauf auch im Abonnement zu beziehen. Der monatliche Preis für ein »Abo« liegt im Durchschnitt bei 25 Mark (1990) inklusive »Träger-Lohn« bzw. Porto-Kosten. Die großen überregionalen Zeitungen im Überblick:

BILD-Zeitung: überregional erscheinende Boulevard-Zeitung, »die gedruckte Antwort auf das Fernsehen«. Mit täglich über 4,4 Mio. verkauften Exemplaren die größte Zeitung des Kontinents.

Süddeutsche Zeitung: überregional erscheinende, linksliberale Tageszeitung mit einer Auflage von über 380 000 Exemplaren, Sitz München.

Frankfurter Allgemeine Zeitung (FAZ): überregional erscheinende, konservative Tageszeitung. Sitz Frankfurt/Main; tägliche Auflage: ca. 361 000 Exemplare.

Frankfurter Rundschau: überregionale, linksliberale Tageszeitung, Sitz in Frankfurt/Main, 194 600 Auflage, auf der meinungspolitischen Medienwaage das Gegenstück zur FAZ.

Handelsblatt: erscheint überregional in Düsseldorf. Auflage: 140 000 Exemplare.

Die Welt: überregionale rechtskonservative Tageszeitung aus dem Springer-Verlag, das »Flaggschiff« des Unternehmens. Auflage: rund 223 000 Exemplare täglich.

Eine Auswahl der großen regionalen Zeitungen im Überblick (ohne Anspruch auf Vollständigkeit):

Flensburger Tageblatt: zusammen mit weiteren regionalen Untertiteln deckt diese Zeitung das nördliche Gebiet Schleswig-Holsteins ab.

Hamburger Morgenpost: regional bezogene Boulevardzeitung. Auflage: etwa 158 400 Exemplare.

Hamburger Abendblatt: Tageszeitung für Hamburg aus dem Springer-Verlag, Auflage: rund 297 000 Exemplare.

Neue Osnabrücker Zeitung: Die Auflage liegt bei rund 198 200 Exemplaren.

Hannoversche Allgemeine: mehrere regionale Untergliederungen in den Großräumen Hannover, Kassel, Marburg. Gesamtauflage: rund 276 400 Exemplare.

WAZ-Gruppe: Unter diesem Dach sind zahlreiche im Ruhrgebiet erscheinende Tageszeitungen zu Hause, u.a. die Westdeutsche Allgemeine Zeitung (WAZ) oder die Neue Ruhr/Rheinzeitung (NRZ). Gesamtauflage täglich: 1 236 700 Exemplare.

Kölner Stadt-Anzeiger: rund 267 000 Exemplare.

Kölnische Rundschau: rund 163 000 Exemplare.

Express: regionale Boulevardzeitung (Köln, Bonn, Düsseldorf). Tägliche Auflage: 434 000.

Frankfurter Neue Presse: mit mehreren Untertiteln im Rhein-Main-Gebiet. Auflage: 114 500.

Stuttgarter Nachrichten/Stuttgarter Zeitung:

KONTROVERSE STANDPUNKTE vertreten ihre Blätter: Während Axel C. Springer (rechts) konservative, bisweilen reaktionäre Richtlinien ausgab, verstand und versteht Rudolf Augstein den »Spiegel« als kritisches Korrektiv der herrschenden Meinung wie der Meinung der Herrschenden.

Rechte Seite: Zwei bedeutende ausländische Zeitungen sind die »Prawda« (UdSSR) und die »Sunday Times« (Großbritannien).

MEDIEN

Die Gesamtauflage beträgt rund 225 000.
Badische Neueste Nachrichten: erscheint in Karlsruhe, deckt das Umland mit rund 169 000 Zeitungen täglich ab.
Mainpost: Erscheinungsort Würzburg. Auflage rund 154 000.
Münchner Merkur: erscheint in München mit rund 180 000 Exemplaren.
tz München: regionale Boulevardzeitung, Auflage: 161 800 Exemplare.
Abendzeitung (AZ): in München und Nürnberg erscheinende Boulevard-Zeitung. Gesamtauflage: 240 100.

Präger der Presselandschaft

Nach 1945 vergaben die Alliierten Lizenzen für die Herausgabe von Zeitungen in Deutschland, wie sich herausstellen sollte fast Lizenzen zum Druck von Geld, denn viele der Männer der ersten Stunde wurden zu mächtigen und märchenhaft reichen Konzernherren. Drei Beispiele mögen das belegen:
Axel Caesar Springer, geboren 2. Mai 1912 in Hamburg, gestorben 22. September 1985 in Berlin. Legte den Grundstein zum »Springer-Verlag«, der heute zu einem der größten Medien-Konzerne Europas herangewachsen ist, 1946 mit der Programmzeitschrift »HörZu«. Das 1952 gegründete Boulevard-Blatt »Bild« machte er zum größten Europas.
Franz Burda, geboren 24. Februar 1901 in Philippsburg, gestorben 30. September 1986 in Offenburg. Bereits vor dem Krieg im Zeitschriftengeschäft tätig, wurde Burda danach mit Illustrierten wie »Bunte«, »Freizeit-Revue« oder der Programmzeitschrift »Bild und Funk« zu einem der führenden Verleger Deutschlands.
Rudolf Augstein, geboren 5. November 1923 in Hannover. Sein von ihm 1946/47 mitbegründetes Nachrichtenmagazin »Der Spiegel« erreichte so etwas wie eine Monopolstellung in seinem Marktsegment. Augsteins Verlag gehört damit zwar nicht zu den großen Presseimperien, sein Inhaber aber gleichwohl zu den einflußreichsten Männern der Republik.

Es wären noch viele zu nennen, die mit der Lizenz Traumkarrieren machten: Richard Gruner, John Jahr, Heinrich Bauer... Die Verlage, die aus ihren Gründungen wuchsen, sehen heute so aus:
Gruner + Jahr mit Sitz in Hamburg gehört mehrheitlich zur Bertelsmann-Gruppe und damit zu einem der größten Medienkonzerne der Welt. Die bekanntesten Titel: »stern«, »Brigitte«, »Eltern«, »Geo«, »Schöner Wohnen«, »Essen & Trinken«, »Capital«, »Art«. Seit 1978 ist Gruner + Jahr auch international mit Zeitschriften im Ausland vertreten.
Springer-Verlag mit Sitz in Berlin und Hamburg. Die stärksten Titel: »HörZu«, »Bild«, »Bild am Sonntag«, »AutoBild«, »SportBild«, »Bild der Frau«, »Die Welt«, »FunkUhr«. Zum Konzern, der die größten Offset-Druckereien Europas besitzt, gehört u.a. auch die Ullstein-Gruppe.
Bauer-Verlag mit Sitz in Hamburg, durch Käufe von Zeitschriften-Titeln und Verlagen zu einem der größten Verlagsunternehmen der Bundesrepublik geworden. Die stärksten Titel: »Quick«, »Neue Revue«, »Das Neue Blatt«, »Wochenend«, »TV Hören & Sehen«, die deutsche Ausgabe des »Playboy«.
Burda-Verlag mit Sitz in München. Die großen Titel: »Bunte«, »Forbes von Burda«, »Ambiente«, »Freundin«, »Freizeit Revue«.

Ausland

Wie in der Bundesrepublik konzentrieren sich auch in anderen Ländern die Presse-Erzeugnisse auf immer weniger Verlage. Und: Auch im Ausland verliert die rein nationale Ausrichtung immer mehr an Gewicht – internationale Zusammenarbeit und Verkäufe von Titel-Lizenzen gehören mittlerweile zum täglichen Geschäft.
USA: Eine der größten ist die Gannett-Gruppe mit 88 Tageszeitungen, darunter die weltweit erscheinende »USA Today«. Jahresumsatz: über 3,5 Mrd. Dollar. Die »New York Times Company« bringt 27 Tagesprodukte mit 1,7 Mrd. Dollar Gesamtumsatz. Die »Dow Jones Gruppe«, zu ihr gehört das »Wall Street Journal«, bringt es mit 23 Tagesprodukten auf 1,6 Mrd. Dollar Umsatz. Der »Times Mirror Gruppe« gehört u.a. »Los Angeles Times«, »Newsday«, Jahresumsatz 3,5 Mrd. Dollar.
Großbritannien: Der Verleger Rupert Murdoch besitzt u.a. »Times«, »Sunday Times« und »Sun«. Sein schärfster Konkurrent ist die Maxwell-Gruppe, der u.a. der »Daily Mirror« gehört.
Frankreich: Die »Hachette-Gruppe« verlegt internationale Titel wie die Frauenzeitschrift »Elle«, die unter Lizenz in der Bundesrepublik im Burda-Verlag erscheint. Zu den großen zählt auch die »Filipacchi-Gruppe«, zu der »Paris Match« und die französische Ausgabe von »lui« gehören. Die »Groupe Hersand« verlegt u.a. die Tageszeitung »Le Figaro«.

PRESSEAGENTUREN

Keine Zeitung, kein Fernsehsender kann jederzeit überall sein. Diese Lücke schließen die internationalen Nachrichten-Agenturen, die durch Korrespondenten in der ganzen Welt ein engmaschiges Nachrichtennetz geknüpft haben. Über Fernschreiber kommen tagtäglich viele Meter ausgedruckte Meldungen aus aller Welt in den Redaktionen an, geliefert werden zu den meisten Themen auch aktuelle Fotos aus aller Welt. Aber: Wer von den Agenturen beliefert werden will, muß bezahlen. Nicht nur Verlage, auch Firmen oder Regierungsstellen, selbst Privatpersonen sind Abonnenten der Agenturen.

Die wichtigsten deutschen Agenturen: Deutsche Presseagentur (dpa), Deutscher Depeschen-Dienst (ddp), Evangelischer Presse-Dienst (epd), Katholische Nachrichten-Agentur (kna).

Die wichtigsten ausländischen Agenturen: Die französische Agentur Agence France-Press (A.F.-P.).
Die englische Agentur Reuters Ltd., gegründet 1851 in London. Der Spezialdienst »Reuters Economic Service« gilt als der weltweit beste Wirtschaftspressedienst.
Associated Press (AP), gegründet 1848 von sechs New Yorker Tageszeitungen. AP war die erste weltweit operierende Agentur. Die AP-Fotografen gelten als die besten der Welt.
Die amerikanische Agentur United Press International (UPI), die 1958 in New York gegründet wurde.
Telegrafnoje Agenstwo Sowjetskowo Sojusa (TASS), Sitz Moskau, die offizielle sowjetische Nachrichtenagentur. Gründungsjahr der TASS 1925.

MEDIEN

Zeitungen dieser und anderer ausländischer Verlage gibt es auch in der Bundesrepublik an gutsortierten, internationalen Zeitungskiosken zu kaufen. Allerdings: In einzelnen Fällen mit oft mehreren Tagen Verspätung:
»De Standaard« (Belgien), »El País« (Spanien), »Le Monde«, »Le Figaro«, »France-Soir« (Frankreich), »The Times«, »The Sun«, »Daily Mirror« (England), »La Repubblica«, »La Stampa« (Italien), »De Telegraaf« (Niederlande), »Neue Zürcher Zeitung«, »Blick«, »Tages-Anzeiger« (Schweiz), »The New York Times«, »The Washington Post«, »USA Today«, »International Herald Tribune«, »Chicago Tribune« (USA), »The Toronto Star«, »The Globe and Mail« (Kanada), »Prawda«, »Iswestija«, »Komsomolskaja Prawda«, »Trud« (Sowjetunion).

Magazine, Illustrierte, Zeitschriften

Magazine: Führendes Blatt in der Bundesrepublik ist »Der Spiegel« mit Verlagssitz Hamburg. Auflage: rund 1,5 Mio. Exemplare weltweit. »Der Spiegel« gehört zu den wenigen politischen Nachrichten-Magazinen, vergleichbar etwa mit »Newsweek« (USA, 3 Mio. Auflage), »Time« (USA, 4,7 Mio.), »L'express« (Frankreich, 555 000) oder »Gente« (Italien, rund 760 000).

Illustrierte: Führendes Blatt der deutschen Illustrierten-Szene ist der in Hamburg erscheinende »stern« mit einer wöchentlichen Auflage von 1,3 Mio. Exemplaren. Zu dieser Gattung gehören auch »Bunte« (970 000) und die in München erscheinende »Quick« (720 000). Weiterer großer Vertreter dieser Gattung: die Illustrierte »Neue Revue« (950 000).

Sportzeitschriften: Vier große Sportzeitschriften sind auf dem deutschen Markt. Führend ist die wöchentlich erscheinende »SportBild« - eigentlich eher eine Wochenzeitung - mit einer Auflage von 520 000 Stück. Ebenfalls wöchentlich erscheint der »Kicker« (250 000). Monatlich erscheinende Hefte sind »Sports« (137 000) und das »Fußball-Magazin« (94 000).

Programmzeitschriften: Dieser Markt gehört zu den umkämpftesten zwischen den Verlagen. Die sieben stärksten Titel: »Hör-Zu« mit 3,1 Mio. Exemplaren wöchentlich, »TV Hören und Sehen« (2,5 Mio.), »Auf einen Blick« (2,5 Mio.), »Fernsehwoche« (2,4 Mio.), »FunkUhr« (1,9 Mio.), »Gong« (1 Mio.), »Bild und Funk« (knapp 1 Mio.).

Wirtschaft: Vier große Titel haben sich auf Wirtschaftsberichterstattung spezialisiert. Das auflagenstärkste ist »Capital« (250 000), gefolgt von »DM« (190 000), »Manager Magazin« (92 000). Diese Titel erscheinen monatlich, wöchentlich kommt die »Wirtschaftswoche« (135 000).

Frauenzeitschriften: Dieser Markt teilt »die Frau« in verschiedene Zielgruppen. Ausschließlich gesellschaftspolitisch/feministisch orientiert ist »Emma«, herausgegeben von Alice Schwarzer. Die Auflage wird mit »um 100 000« angegeben. Eine weitere Zielgruppe: die gutverdienende, gepflegte Frau im Geschäftsleben. Einige Titel: »Cosmopolitan« (400 000), »Vogue« (110 000) »madame« (100 000), »Harper's Bazaar« (86 000). Den größten Anteil haben die Zeitschriften »für die selbständige junge Frau mit und ohne Familie«, wobei hier oft der redaktionelle Teil nur die Funktion des Anzeigentransports hat. Die größten Titel: »Brigitte« (1,1 Mio.), »Für Sie« (800 000), »freundin« (760 000), »maxi« (440 000), »Petra« (420 000).

Yellows: Dieser Markt der bunten Blätter ist der größte: die meisten Titel, die größten Auflagen. Die auflagenstärksten: »Bild der Frau« (2 Mio.), »Neue Post« (1,6 Mio.), »Freizeit Revue« (1,3 Mio.), »Das Neue

NAHEZU UNÜBERSCHAUBAR: die Palette der Special-Interest-Titel. Auflagenstarke Blätter wie »GEO« stehen neben eher randständigen Publikationen wie »Jupiter«, einem Astrologie-Magazin. Die Kioske können die Flut des Gedruckten kaum noch bewältigen.

HEISS UMKÄMPFT ist der Markt der Frauenzeitschriften, auf dem klar die Kleidungs-, Kosmetik-, Küchen- und Kinder-Themen dominieren. Ein Blatt wie »Cosmopolitan« ist die Ausnahme.

MEDIEN

Blatt« (1,1 Mio.), »Frau im Spiegel« (750 000), »Die Aktuelle« (670 000), »Das Neue« (540 000).

Männerzeitschriften: Hochglanzfotos weitgehend unbekleideter Frauen, schnelle Autos, teures (Männer-)Spielzeug... Männermagazine befriedigen Unbefriedigte. Die größten Titel: »Playboy« (320 000), »Penthouse« (260 000), »lui« (180 000).

Zeitgeist: Eine relativ neue Spezies auf dem Zeitschriften-Markt: provokant, enthüllend, ohne Rücksicht auf gesellschaftliche Spielregeln, mit einem Hang zur Satire. Die größten Titel: »Tempo« (170 000), »Wiener« (112 000).

Jugendzeitschriften: Auch die deutschen Jugendlichen stellen für die Verlage eine lukrative Zielgruppe dar. Mit Themen wie erstes Verliebtsein, Sexualaufklärung, Stars aus der Welt der Popmusik und des Sports, Probleme mit dem Elternhaus versucht man dem Informationsbedürfnis der Teenager zu entsprechen. Die größten Titel: »Bravo« (1 Mio.), »Bravo-Girl« (590 000), »Mädchen« (400 000).

Special Interest: Darunter fällt alles, was sich speziell ausgeprägten Interessen der Leser widmet: Technik, Motor, Computer, Luft- und Schiffahrt, Reise, Abenteuer, Jagd, Video und Film, Essen und Trinken, Tiere und Natur etc. Diese Zeitschriften sind durchweg teurer als »normale« Publikumszeitschriften. Der redaktionelle Aufwand – Tests, Tabellen, Fotoproduktionen etc. – ist durchweg höher, die Auflage niedriger. Diese Titel gehören nach einer Umfrage der Verlage zu denen, die oft über Jahre gesammelt und als Nachschlagewerke genutzt werden. Größere Titel unterschiedlicher Schwerpunkte: »Hobbymagazin« (140 000), »AutoBild« (800 000), »Auto, Motor, Sport« (470 000), »Chip« (170 000), »Happy Computer« (110 000), »Flug Revue« (55 000), »Yacht« (83 000), »surf« (67 000), »Segeln« (24 000), »Video Magazin« (101 000), »Video« (63 000), »Foto Magazin« (89 000), »Essen und Trinken« (224 000), »Schöner Essen« (150 000), »VIF Gourmet Journal« (45 000), »Ein Herz für Tiere« (213 000), »Geo« (545 000), »Natur« (196 000), »Impulse« (131 000), »Spektrum der Wissenschaft« (127 000), »Bild der Wissenschaft« (127 000). Auch der Bereich Wohnung, Haus und Garten ist abgedeckt. Titel wie »Das Haus« (2,5 Mio.), »Mein schöner Garten« (380 000), »Schöner Wohnen« (340 000) und »Zuhause« (235 000) beschäftigen sich ausschließlich mit diesem Themenkreis.

Die größte Verbandszeitschrift Europas ist die »ADAC motorwelt« mit einer Auflage von 9 200 000 Exemplaren monatlich.

VERKAUFSWEGE

81 Presse-Grossisten in der Bundesrepublik teilen sich den Markt bei der täglichen Belieferung der Einzelverkaufsstellen. Das Bundesgebiet ist in Regionen aufgeteilt, in denen jeweils ein Grossist das Alleinvertriebsrecht von durchschnittlich 3000 Titeln – Zeitungen, Zeitschriften etc. – hat. 92 615 Zeitungsverkaufsstellen verzeichnete 1990 der Presse-Grosso-Verband mit Sitz in Köln. Diese Zahl umfaßt Lebensmittelläden, Supermärkte, Tankstellen, Buchhandlungen etc. Dazu kommen rund 5000 Kioske. Stärkster Vertriebsweg bei den Abo-Lieferungen: die Post. Die Briefträger bringen pro Jahr 1,8 Mrd. Exemplare ins Haus. Regionale Blätter werden meist durch verlagseigene oder von Service-Unternehmen aufgebaute Verteilernetze zum Kunden gebracht, ein beliebter Job bei Schülern.

MEDIEN

Große Journalisten

Wie in allen Berufsgruppen gibt es auch in dieser Sparte besonders profilierte Persönlichkeiten, die stilbildend gewirkt haben. Hier drei subjektiv gewählte Beispiele: Größtes Vorbild für ganze Generationen von Reportern ist noch heute der am 29. April 1885 in Prag geborene *Egon Erwin Kisch.* »Nichts ist verblüffender als die einfache Wahrheit, nichts ist exotischer als unsere Umwelt, nichts ist phantastischer als die Sachlichkeit« - nach diesem eigenen Leitsatz lebte und arbeitete Kisch sein ganzes Journalistenleben lang. Er gilt als »Schöpfer der modernen Reportage«. Der Titel seines Buches »Der rasende Reporter« ist zu einem geflügelten Wort geworden. Aber: Für Kisch rast nicht der Reporter, vielmehr rast die Zeit. In jedem Stoff fand er Lebendiges, für jedes Thema konnte er sich begeistern. Kisch untermauert damit auf für Reporter von heute unvergessene Weise, daß nur das Leben die besten Geschichten schreibt. Egon Erwin Kisch starb am 31. März 1948 in seiner Heimatstadt.

Henri Nannen, geboren in Emden am 25. Dezember 1913, lernte den Journalismus von der Pike auf. Er ist der Gründer der Illustrierten »stern«, die er aus dem in den 40er Jahren erscheinenden Jugendmagazin »zickzack« entwickelte. Die erste Ausgabe des »stern« erschien am 1. August 1948. Nannen formulierte sein journalistisches Ziel so: In einer Zeit der Vermassung, der Reglementierung, verlange er von sich, seinen Mitarbeitern und damit vom »stern«, dem einzelnen Menschen beizustehen. Zahlreiche Reportagen seines Blattes machten Geschichte. Der »stern« unter Nannen löste 1973 eine Spendenaktion für Äthiopien aus, die innerhalb kurzer Zeit 22 Mio. Mark einbrachte. Henri Nannen ist auch der Begründer von »Jugend forscht«. Sein Erfolg lag aber auch in einem »Riecher« für Trends, wie ihn nur wenige haben: Nach konservativen Anfängen, fand die »Wende« nach links in seinem Blatt eher statt als in der Politik. Die »Rückwende« schafften die Nachfolger dagegen nur halbherzig. Das Ende seiner Amtszeit als Herausgeber - als Chefredakteur war er bereits ausgeschieden - überschatteten 1983 die gefälschten »Hitler-Tagebücher«. Nannen zog sich endgültig zurück und widmet sich seither der bildenden Kunst.

Alice Schwarzer, geboren am 3. Dezember 1942, ist ein Beispiel für die Kraft, die Gedrucktes freisetzen kann. Nach Studium, Auslandsarbeit und Zeitungsausbildung initiierte sie 1971 mit einer »stern«-Geschichte, in der sich 374 Frauen zur Abtreibung bekannten, die Frauenbewegung in der Bundesrepublik (Kampfschrift: »Der kleine Unterschied und seine großen Folgen«, 1975). Die engagierte Frauenrechtlerin und Journalistin gründete im Januar 1977 die Zeitschrift »Emma«, eine »feministische Alternative und ein Stück aufklärerischen Journalismus«, und beschäftigte mit ihren unbequemen Initiativen zur Pönalisierung auch der Vergewaltigung in der Ehe und zum schärferen Kampf gegen die Pornographie Juristen, Politiker und Öffentlichkeit.

Auszeichnungen

In jedem Jahr werden herausragende journalistische Arbeiten durch Preise honoriert. Zahlreiche Verbände und Vereinigungen loben solche Auszeichnungen aus, die aber oft an bestimmte Themengebiete gebunden sind. Die drei für Journalisten der Print-Medien wichtigsten Preise, die nur die Arbeit und die Auseinandersetzung mit einem Stoff bewerten, nicht aber themengebunden sind:

1. Pulitzerpreis: Dieser begehrteste aller Pressepreise - er geht allerdings fast ausschließlich an Amerikaner - wird alljährlich von der Columbia-Universität in New York (USA) vergeben. Er trägt den Namen des gebürtigen Ungarn Joseph Pulitzer, der diese Auszeichnung nach seinem Tode im Jahr 1911 in seinem Vermächtnis stiftete. Zu den Auswahlkriterien gehören u.a.: besondere Verdienste um das Gemeinwohl, die Aufrechterhaltung ethischer Prinzipien, kritische Wachsamkeit, Originalität und Mut.

2. Egon-Erwin-Kisch-Preis: Diese Auszeichnung, die zu den höchsten der Bundesrepublik gehört, vergibt in jedem Jahr eine unabhängige Jury im Auftrag der Hamburger Illustrierten »stern«. Er ist benannt nach dem Prager Journalisten Egon Erwin Kisch, dessen Arbeiten noch heute Vorbild sind.

3. Wächterpreis der Tagespresse: Die Stiftung »Freiheit der Presse« in Frankfurt honoriert mit dieser begehrten Auszeichnung solche journalistischen Arbeiten, die Gesetzesverletzungen, Mißbräuche und

VORBILDLICHER JOURNALIST:
Egon Erwin Kisch (links).
Zu den großen gehört auch
Henri Nannen, trotz der schlimmen
Panne mit den Hitler-Tagebüchern.
Karikatur-Unterschrift: »Die
Geschichte können Sie mir nicht
anhängen, Nannen!«

DIE MACHER

Rund 35 000 Journalisten arbeiten in und für deutsche Verlage. Der weitaus größte Anteil - gut 10 300 - machen die Redakteure bei Tages- und Wochenzeitungen aus. Bei den Nachrichtenagenturen sind es rund 1000 Journalisten, die die Redaktionen rund um die Uhr mit Aktuellem versorgen. Zeitschriftenredakteure gibt es über 6000. Dazu kommen Redakteure bei Funk und Fernsehen, wobei deren Gesamtzahl durch die wie Pilze aus dem Boden schießenden Privatsender kaum festzumachen ist. Insgesamt - mit Volontären, Redaktionsmitarbeitern, Zustellern, freien Mitarbeitern - beschäftigen die deutschen Zeitungsverlage annähernd 200 000 Menschen.

Die Arbeitnehmer in der Druckindustrie - v.a. in den technischen Bereichen - gelten nach den in der IG Metall organisierten als die »mächtigsten« in der Bundesrepublik. Dazu hat auch der Zusammenschluß verschiedener Organisationen der redaktionellen Mitarbeiter, freien Autoren, Schriftsteller und Fotografen 1989 zur IG Medien beigetragen, die hierzulande Tarifpartner ist. Nur auf Redaktionsseite tätig ist der Deutsche Journalisten-Verband (DJV).

Im April 1989 gaben 358 Zeitungsunternehmen, für die 119 Vollredaktionen arbeiteten, 1344 Ausgaben mit einer Gesamtauflage von 20,3 Mio. Exemplaren heraus. Die sogenannte »Zeitungsstichtagssammlung« 1989 zeigt, daß immer weniger Verlage mehr Zeitungen herausgeben: 1954 gab es noch 624 Verlage mit 1600 Ausgaben, 2,4 Ausgaben je Verlag. 1989 gehören durchschnittlich 3,8 Ausgaben zu je einem der nur noch 358 Verlage. Allerdings: Medienkritiker sehen in der steigenden Zahl von Ausgaben nicht steigende Medienvielfalt, sondern vielmehr »Meinungskonzentration in der Hand von immer weniger Multiplikatoren«.

MEDIEN

Mißstände, die »von Beamten, Angestellten oder Politikern in Bund, Ländern und Gemeinden geduldet« werden, an die Öffentlichkeit bringen.

Zeitungsherstellung

Lange vorbei sind die Zeiten, in denen die Redakteure und Reporter an klappernden Schreibmaschinen meterweise Papier beschrieben, die eigentliche Herstellung aber weit weg von den Redaktionen stattfand. Die hochmoderne Computer-Technologie hat bereits die ersten Stufen der Zeitungs-Herstellung in die Redaktionen verlagert.

Nachdem Chefredakteur, Ressortchefs und Chefgrafiker das tägliche Angebot in Text- und Bildgestaltung festgelegt haben, werden die einzelnen Artikel über Computer-Terminals in die EDV-gesteuerten Redaktionssysteme eingegeben. Der Rechner »weiß« die Art der später auf dem Papier sichtbaren Schriften, die Größe der Buchstaben. Auch Worttrennung und Längenberechnung der Texte erfolgen automatisch. Ist eine Seite sozusagen »vollgeschrieben«, wird von einem Belichter das automatisch zusammengebaute Original auf besonderem Fotopapier sichtbar gemacht.

Aus Gründen des Umwelt- und Lärmschutzes stehen die großen Druckereien mittlerweile auf »der grünen Wiese«. Also muß die fertige Druckvorlage von der Redaktion zu den Maschinen – per Funk und Breitbandkabel. Laserstrahlen tasten innerhalb einer Minute komplette Seiten ab, aus oft Hunderte Kilometer entfernt stehenden Anlagen kommt ein exaktes Abbild zur Herstellung der Druckplatten in den technischen Betrieb.

Die Zeitungen werden heute im »Offset-Verfahren« hergestellt. Voraussetzung ist ein Negativ-Film der zu druckenden Seiten – was später schwarz auf dem Papier sein soll, ist im Negativ durchsichtig und umgekehrt. Die 0,3 mm dünnen Alu-Platten werden an den Stellen, an denen das Negativ lichtdurchlässig ist, ausgehärtet. Alle Flächen, die nicht drucken sollen, werden ausgewaschen. Die gehärteten Flächen reagieren wasserabstoßend und nehmen Farbe an, die ausgewaschenen nehmen Wasser an und keine Farbe. So wird die Farbe übertragen, entstehen auf dem Papier Weiß und Schwarz.

Wege zum Leser

Keine Zeitung, keine Zeitschrift kann es sich leisten, weniger aktuell als die Konkurrenz zu berichten, aber ebensowenig, am Morgen zu spät an den Kiosken, in den Briefkästen, bei den Lesern zu sein. In dieser Zwickmühle heißt das Wort, das alle Zeitungsleute am meisten unter Druck setzt, »Andruck«. Damit ist der zentrale Termin, von dem alles abhängt, umschrieben: der Start der Druckmaschinen. Eine exakt ausgeklügelte Logistik diktiert jede Minute: Die fertigen Zeitungen werden noch in den Druckereien sortiert, die Adressen der Abonnenten werden aufgedruckt, Pakete maschinell gepackt.

In allen Druckereien herrscht nachts das gleiche Bild: Dutzende von Lastwagen stehen an den Rampen, werden mit Zeitungspaketen gefüllt. Nacht für Nacht spannt sich per Auto, Bahn und Flugzeug ein nahezu weltweites Netz, damit jeder Leser am nächsten Morgen »sein« Exemplar pünktlich zur Hand hat. Ein Beispiel: Von der Frankfurter Societäts-Druckerei aus, deren Maschinen auch die »FAZ« herstellen, wird ganz Frankreich mit deutschen Zeitungen per Auto versorgt.

PAPIER BEWEGEN die Verlage tonnenweise in den Druckereien (unten) und auf der Straße. Damit die verderbliche Nachrichten-Ware morgens beim Leser ist, wird für die Auslieferung die Nacht zum Tage.

GEBIRGE VON PAPIER

240 Mio. Zeitungsseiten – das sind bis zu 1500 Tonnen Papier – werden allein in den Druckereien des Axel-Springer-Verlags jeden Tag bedruckt. In diesem größten deutschen Zeitungs- und Zeitschriftenverlag werden im Jahresschnitt mehr als 400 000 Tonnen Papier verbraucht. Alle Zeitungshäuser zusammen verbrauchen nur knapp das Vierfache: 1,545 Mio. Tonnen im Jahr.

Das meiste Papier kommt per Schiff aus Skandinavien in die Bundesrepublik. Nur knapp 30 Prozent des Bedarfs wird im Inland gedeckt. Obwohl allein BILD täglich einen mittleren Wald verbraucht, besteht keine Gefahr für den Waldbestand. Er nimmt in den Lieferländern trotz des hohen Holzbedarfs der Industriestaaten zur Papierherstellung sogar alljährlich zu.

Dennoch heißt das Zauberwort der Zukunft: Papier-Recycling. Die Verlage versuchen immer stärker, Altpapier erneut einzusetzen.

MEDIEN

AUDIOVISUELLE MEDIEN

»Audio« kommt von lateinisch »hören« und »visuell« von lateinisch »sehen«. Audiovisuelle Medien wären demnach im engeren Sinn nur Fernsehen oder Tonfilm, doch wird das Wort auch als Sammelbegriff für ton- oder/und bildverbreitende Medien verwendet. Ihre Geschichte ist kaum ein Jahrhundert alt.

1888 Entdeckung der elektromagnetischen Wellen durch den Deutschen Heinrich Hertz.
1894 Herstellung der ersten Filme durch die franzöischen Brüder Lumière.
1897 Erfindung der drahtlosen Telegrafie durch den Italiener Guglielmo Marconi.
1899 Die erste internationale telegrafische Verbindung zwischen England und Frankreich über 46 km.
1921 In Deutschland wird der erste Lichtton-Film vorgeführt.
1921–1925 Eröffnung des Deutschen Rundfunks. Gründung der Reichs-Rundfunk-Gesellschaft mbH als Dachorganisation.
1929 Erste Fernseh-Ausstrahlungen der BBC, England.
1933 Hitler beseitigt die Pressefreiheit. Alle deutschen Radiostationen werden der staatlich-zensierten Rundfunkorganisation zugeordnet. Erste Sendungen von Radio Luxemburg.
1933/34 Entwicklung und Beginn der Massenfertigung des »Volksempfängers« im Auftrag des Propagandaministeriums, das im Radio das beste Mittel zur Massenbeeinflussung sieht.
1935 Beginn des ersten regelmäßigen Fernsehprogramm-Dienstes in Berlin. AEG stellt das erste Magnetophon vor.
1936 Die Olympischen Spiele in Berlin werden im Fernsehen übertragen, können aber nur in einigen großen Städten Deutschlands empfangen werden.
1939–1945 Die Radiofrequenzen werden zur »Kriegswaffe«. Propaganda auf allen Wellen.
1946 Deutsche Rundfunksender werden als Anstalten des Öffentlichen Rechts eingerichtet.
1948 Der Nordwestdeutsche Rundfunk (NWDR) ist als erste Rundfunkanstalt nicht mehr unter der Besatzungs-Hoheit.
1949 Das Grundgesetz garantiert in Artikel 5 die Pressefreiheit. Der Lizenzzwang durch die Besatzungsmächte wird aufgehoben.
1950 Die Arbeitsgemeinschaft der Öffentlich-Rechtlichen Rundfunkanstalten Deutschlands (ARD) wird gegründet. Ebenfalls gegründet: die Union der Europäischen Rundfunkanstalten (Eurovision).
1952 Der NWDR strahlt als erste Anstalt ein tägliches Fernseh-Programm aus.
1953 Gemeinschaftsprogramm des deutschen Fernsehens eingerichtet und Sender Freies Berlin (SFB) gegründet.
1955 Die dritten Hörfunkprogramme gehen auf Sendung.
1956 Erste Werbesendungen im deutschen Fernsehen.
1961 Gründung des Zweiten Deutschen Fernsehens (ZDF).
1962 Erste Live-Übertragung über Satellit aus den USA.
1963 ZDF nimmt den Sendebetrieb auf.
1964 Der Bayerische Rundfunk (BR) startet das erste 3. TV-Programm.
1967 Erste Farbfernseh-Sendung in der Bundesrepublik. Das Saarland erlaubt Privathörfunk und -fernsehen.
1977 Video- und Bildschirmtext werden auf der Internationalen Funkausstellung in Berlin präsentiert.
1978 Vier Kabelfernseh-Pilotprojekte werden gestartet.
1984 Nach dem gescheiterten Versuch des Saarlandes beschließt Niedersachsen ein Gesetz, das die Zulassung von privatem Rundfunk regelt. Als Gemeinschaftsprojekt von ZDF, dem Österreichischen Fernsehen (ORF) und dem Schweizer Fernsehen (SRG) wird das Satelliten-Programm 3Sat gestartet.
1985 SAT1 als erster privater Anbieter eines Fernseh-Vollprogramms wird zugelassen. RTL plus, bis dahin nur im Saarland und in grenznahen Gebieten von Rheinland-Pfalz zu empfangen, geht ebenfalls bundesweit auf Sendung. In Bayern beginnt privater Hörfunk.
1986 Radio Schleswig-Holstein (RSH) nimmt den Sendebetrieb auf und ist damit der erste Privatsender, der ein ganzes Bundesland abdeckt.
1987 Radio Hamburg und in Hannover der Radiosender ffn starten. RTL plus beginnt als erster TV-Sender mit dem Frühstücksfernsehen.
1992 Einführung des High Definition TV (HDTV), eines hochauflösenden Fernsehsystems, das mit ca. 1000 Zeilen und 1,2 Mio. Bildpunkten pro Bild arbeitet.

SO FUNKTIONIERT'S

Radio
Rundfunkübertragungen beginnen mit der Aufnahme der Töne durch ein Mikrofon, das die Schallschwingungen in elektrische Schwingungen umsetzt. Diese Schwingungen werden einer weitreichenden Frequenz »aufgepfropft«, die dann über die Sendeanlagen ausgestrahlt wird. Beim Empfänger werden diese Signale verstärkt, »zurückübersetzt« in die ursprünglichen elektrischen Signale und dem Lautsprecher zugeleitet, von dem sie wieder als hörbare Schallschwingungen abgegeben werden.

Fernsehen
Das von der Kamera aufgenommene Bild wird in 625 Zeilen zerlegt, jede Zeile in 800 Punkte, ein einziges Bild »besteht« also aus 500 000 Punkten. Um ein flimmerfreies Bild beim Empfänger zu erreichen, müssen 25 Bilder pro Sekunde gesendet werden – 12,5 Mio. Bildpunkte pro Sekunde. Umgesetzt in elektromagnetische Wellen, erreichen diese Signale den Empfänger und steuern hier – »übersetzt« – einen Elektronenstrahl, der ebenfalls 625 Zeilen auf den Bildschirm zeichnet. Seine Helligkeit wird von den Signalen so gesteuert, daß er den von den Kameras aufgenommenen Bildpunkten entspricht.

FUNK- UND FERNSEHSTEINZEIT: Links der im Dritten Reich entwickelte billige Volksempfänger zur besseren Massenagitation. Rechts die ersten Sendestudios des ZDF 1963 in Eschborn (Taunus).

MEDIEN

Rundfunkanstalten

Die beiden öffentlich-rechtlichen Rundfunk- und Fernsehsysteme der Bundesrepublik – die Arbeitsgemeinschaft der öffentlich-rechtlichen Rundfunkanstalten der Bundesrepublik Deutschland (ARD) und das Zweite Deutsche Fernsehen (ZDF) – gründen sich auf der Absicht der nach 1945 verantwortlichen Alliierten und der Deutschen, einseitige Politisierung oder Einflußnahme des Kapitals auf Fernsehen und Rundfunk nach den Erfahrungen des Dritten Reiches zu verhindern. Grundlage bis heute sind Landes- und Bundesgesetze oder Staatsverträge, die diese Systeme von behördlicher Fachkontrolle freistellen, sie mit Selbstverwaltungsbefugnissen ausstatten und zumindest einen Teil der Finanzierung durch von den Ministerpräsidenten der Länder festgesetzte Gebühren regeln.

Das Bundesverfassungsgericht beschäftigte sich mehrfach in sogenannten »Fernsehurteilen« mit den öffentlich-rechtlichen Systemen und deren Strukturen. Spektakulärster Fall: Adenauers »Deutschland-Fernsehen GmbH«, die wegen der Verletzung der Kulturhoheit der Länder 1961 verboten wurde. Die Entwicklung neuer Kommunikationstechniken – Kabel etc. – und deren Einführung in den Nachbarstaaten und v.a. in den USA verstärkten auch in der Bundesrepublik den Druck auf das Monopol von ARD und ZDF, private Anbieter drängten in den Markt.

1973 wurde erstmals von Regierungsseite in Erwägung gezogen, medienpolitische Zukunftsperspektiven zu entwickeln. Ende 1975 legte eine Kommission einen Plan vor, der vier lokal und zeitlich begrenzte Kabel-Projekte vorsah. ARD und ZDF bekamen in den folgenden Jahren zunehmend und erstmals Konkurrenz, allerdings: Weitere Urteile des Bundesverfassungsgerichtes und der 1987 zustandegekommene Staatsvertrag gaben den öffentlich-rechtlichen eine »Bestandsgarantie«. Die beiden Systeme werden im Gegensatz zu den Privatsendern über gesetzlich geregelte und eintreibbare Gebühren finanziert: Sie betrugen 1990 monatlich 19 Mark – 6 Mark für den Rundfunk, 13 Mark fürs Fernsehen. Immer wieder flackert die Diskussion um »zu hohe Gebühren« auf. ARD und ZDF allerdings, abgesichert durch gesetzliche Regelungen, halten dagegen, daß sie auch zur Versorgung von Minderheiten, zur Produktion auch weniger kommerziell-ausgerichteter Programme verpflichtet sind. Die ARD rechnete vor: Ein Gebührenzahler zahlt pro »Tatort«-Folge lediglich 10 Pfennige, eine »Was bin ich«-Folge kostete seinerzeit sogar nur 0,6 Pfennige.

Die Aufsichtsgremien der öffentlich-rechtlichen Anstalten sind unterschiedlich besetzt. Der jeweils zuständige Gesetzgeber bestimmt, welche gesellschaftlich wichtigen Gruppen vertreten sein müssen. Vertreten sind in allen Rundfunkräten u.a. die Gewerkschaften, Journalistenverbände, Jugend- und Sportverbände, Vertreter der Kirchen und der Arbeitnehmer. Dazu kommen nach dem Proporz abgesandte Parteienvertreter, die von den Landesgremien oder den Ministerpräsidenten ausgewählt werden.

Der Parteienproporz ist immer wieder Anlaß zu heftigen Diskussionen. Unterstellt und oft auch zurecht gerügt wird dabei meist eine ständig wachsende parteipolitische Einflußnahme auf die Programme und ihre Inhalte.

Das zweite Kontrollorgan bei den Landesanstalten innerhalb der ARD und beim ZDF sind die Verwaltungsräte. Zuständigkeiten und Zusammensetzung sind von den Bundesländern verschieden geregelt. Beim WDR z.B. wählt der Verwaltungsrat den Intendanten, bei den anderen Anstalten wird er vom Rundfunkrat gewählt.

Die Intendanten, deren Amtszeiten jeweils vier bis sechs Jahre betragen, leiten die Rundfunk-Anstalten und vertreten sie nach außen gerichtlich und außergerichtlich.

PROGRAMMANTEILE

Untenstehende Grafik zeigt am Beispiel des Zweiten Deutschen Fernsehens (ZDF) die sich Jahr für Jahr verändernden Anteile an der Sendezeit der verschiedenen Programmsparten. Die Pflicht der öffentlich-rechtlichen Anstalten, also auch des ZDF, zur sogenannten Grundversorgung, wie sie der Medienstaatsvertrag von 1987 vorsieht, fordert ein Programm, das Information, Bildung, Kultur und Unterhaltung von Mehrheiten und Minderheiten gleichermaßen dient. Diese gesetzliche Vorgabe verlangt, daß sich ZDF (s. Grafik) wie ARD immer wieder den Bedürfnissen aller Zuschauer anpassen, ohne – wie die Privaten – ausschließlich kommerziell planen zu können. Die Ermittlung dieser Bedürfnisse kommt sicher nicht immer objektiv zustande, sondern orientiert sich auch an wechselnden Schwerpunkten, damit wenigstens längerfristig nicht allzu bedenkliche Defizite entstehen.

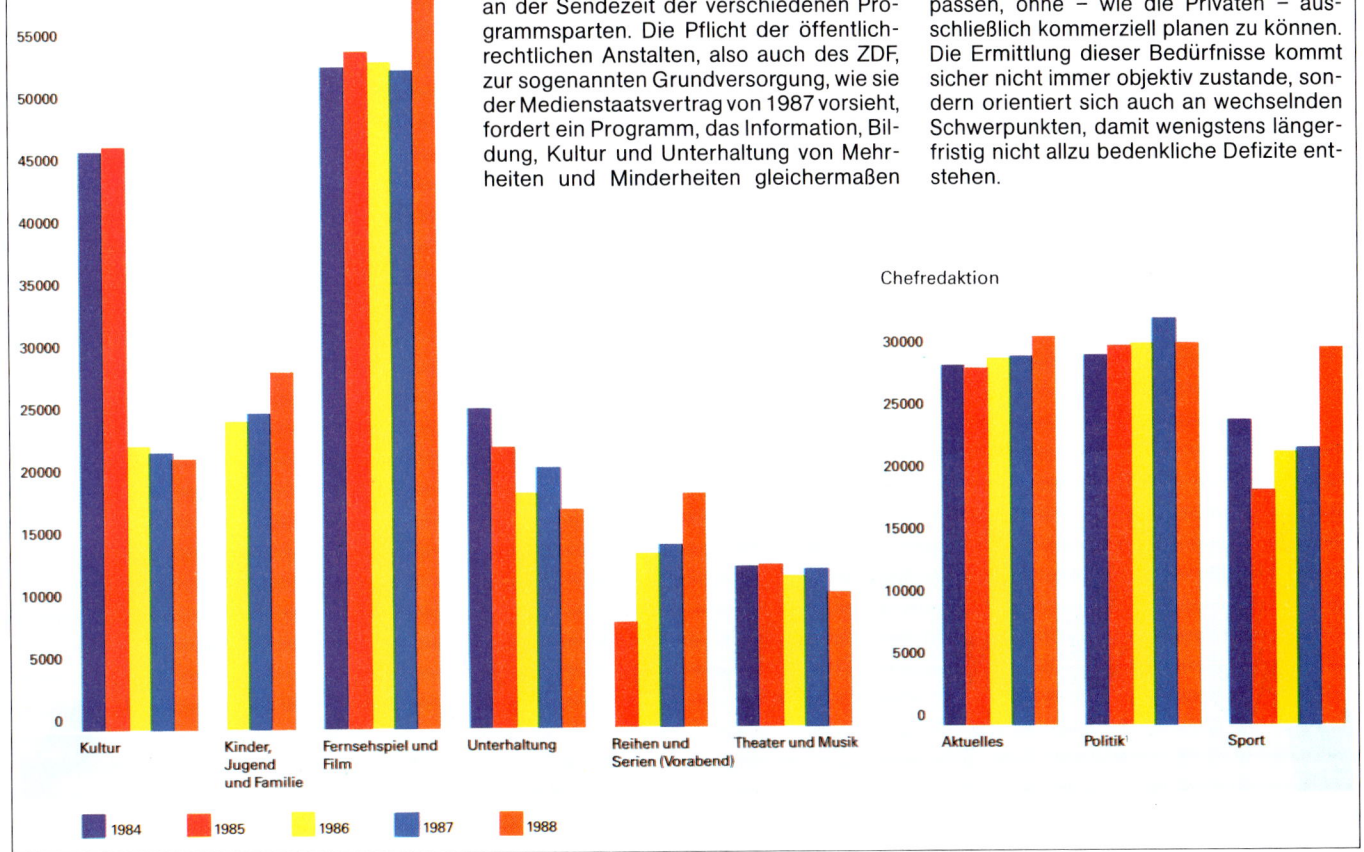

MEDIEN

12 Sender unter einem Dach – die ARD

Unter der Abkürzung »ARD« haben sich »neun plus drei« Rundfunkanstalten 1950 zusammengetan. Die neun Landesrundfunkanstalten BR, HR, NDR, RB, SDR, SFB, SR, SWF und WDR verbreiten eigene Programme in folgender Aufteilung:
- drei/vier im Hörfunk
- eines im regionalen Fernsehen des 1. Programms (zwischen 18 und 20 Uhr)
- sowie eines im dritten Fernsehprogramm.

Gemeinsam wird das Erste Programm des »Deutschen Fernsehens« ausgestrahlt, ebenso das Nachtprogramm des Hörfunks. In einigen Fällen aber kam es, meist aus politischen Gründen, schon zum Dissens, so daß sich einzelne Sendeanstalten aus dem gemeinsamen Programm ausklinkten (z.B. der Bayerische Rundfunk bei Dieter Hildebrandts Satire-Sendung »Scheibenwischer«).

Die beiden durch Bundesgesetz 1960 aufgebauten und überwiegend aus Steuermitteln finanzierten Anstalten »Deutsche Welle« und »Deutschlandfunk« machen in erster Linie Programme für das Ausland. ARD-Mitglied mit beratender Stimme ist der in deutscher Sprache arbeitende Hörfunksender »RIAS Berlin«, 1945 vom US-Hauptquartier gegründet.

Eins Plus

Das Satelliten-Programm »Eins Plus« ist definiert »als das deutschsprachige Kulturprogramm der Arbeitsgemeinschaft der öffentlich-rechtlichen Rundfunkanstalten der Bundesrepublik Deutschland unter Beteiligung des Schweizer Fernsehens (SRG)«. Der Startschuß fiel am 28. Februar 1986. »Eins Plus« wird über den Verteil-Satelliten Intelsat V ausgestrahlt. Das Programm, präsentiert vom SWF Baden-Baden und zunächst als Wiederholungsprogramm definiert, »stellt Programmschätze der ARD aus den vergangenen dreißig Jahren in neuer Sortierung vor und unterstreicht damit den Service-Charakter von Wiederholungen«.

AM 26. DEZEMBER 1952 STARTETE DIE ARD-»Tagesschau« mit zuerst nur drei Ausgaben pro Woche. Von Oktober 1956 an kamen die TV-Nachrichten – mittlerweile unverwechselbares Aushängeschild der ARD – jeden Tag in die Haushalte. Die »Tagesschau« ist mit durchschnittlich 8,8 Mio. Zuschauern die meistgesehene Nachrichtensendung aller Systeme, ihre Spätausgabe, die »Tagesthemen« (oben: Sprecherin Dagmar Berghoff, unten: Regieraum), hat den guten Ruf gefestigt und behauptet sich trotz späterer Sendezeit gegen das »heute journal« des ZDF.

ARD-ADRESSEN

Bayerischer Rundfunk (BR), Rundfunkplatz 1, 8000 München 2, Telefon 0 89-59 00 01
Hessischer Rundfunk (hr), Bertramstraße 8, 6000 Frankfurt/Main 1, Telefon 0 69-15 51
Norddeutscher Rundfunk (NDR), Rothenbaumchaussee 132-134, 2000 Hamburg 13, Telefon 0 40-41 30
Radio Bremen (RB), Heinrich-Hertz-Straße, 2800 Bremen, Telefon 04 21-24 60
Saarländischer Rundfunk (SR), Funkhaus Halberg, 6600 Saarbrücken, Telefon 06 81-60 20
Sender Freies Berlin (SFB), Masurenallee 8-14, 1000 Berlin 19, Telefon 0 30-3 03 10
Süddeutscher Rundfunk (SDR), Neckarstraße 230, 7000 Stuttgart 10, Telefon 07 11-28 81
Südwestfunk (SWF), Hans-Bredow-Straße, 7570 Baden-Baden, Telefon 0 72 21-27 61
Westdeutscher Rundfunk (WDR), Appellhofplatz 1, 5000 Köln 1, Telefon 02 21-22 01
Deutsche Welle (DW), Raderberggürtel 50, 5000 Köln 51, Telefon 02 21-38 90
(Die DW wird vom Bund, nicht aus den Rundfunkgebühren finanziert. Sendegebiet: Ausland.)
Deutschlandfunk (DLF), Raderberggürtel 40, 5000 Köln 51, Telefon 02 21-34 51
(Der DLF finanziert sich aus Zuweisungen des Bundes und Anteilen an den Rundfunkgebühren aus dem Topf der Landesrundfunkanstalten. Sendegebiet: Deutschland und Europa.)
RIAS Berlin, Kufsteiner Straße 69, 1000 Berlin 62, Telefon 0 30-8 50 30
(Der RIAS untersteht der United States Information Agency, Sendegebiet: Berlin und Deutschland.)

MEDIEN

Zweites Deutsches Fernsehen

Am 1. April 1963 nahm das Zweite Deutsche Fernsehen (ZDF) mit Sitz in Mainz seinen Sendebetrieb auf. Grundlage war ein am 6. Juni 1961 abgeschlossener Staatsvertrag der Länder, die auf eine Initiative von Bundeskanzler Adenauer reagiert hatten: Er hatte eine Deutschland-Fernsehen GmbH gegründet, die aber vom Verfassungsgericht als nicht vereinbar mit der Kulturhoheit der Länder verboten wurde. »Mit einer Mischung von Skepsis und Neugierde« - so der ZDF-Intendant Professor Dieter Stolte 1988 in seiner Ansprache zum 25. Programmjubiläum - wurde der neue Sender neben den Anstalten der ARD zunächst betrachtet.

Im Gegensatz zur föderalistisch aufgebauten ARD ist das Zweite Deutsche Fernsehen zentralistisch organisiert: Sämtliche Sendungen gehen von Mainz aus. Die Finanzierung stammt etwa zur Hälfte aus dem Anteil des ZDF an den Rundfunkgebühren, von denen die ARD 30 Prozent des gesamten Aufkommens an das ZDF abtreten muß. Die weiteren Gelder stammen zu mehr als einem Drittel aus Werbeeinnahmen, der Rest finanziert sich z.B. aus Zinsen und Verwertungs- oder Lizenzgebühren von Rechten.

Die Betriebsrechnung 1987 des ZDF als Exempel: Den Betriebserträgen - Fernsehgebühren, Werbefernsehen, Kostenerstattung, Verwertungserlöse, Mieten, Zinsen u.a. - von insgesamt 1573,0 Mio. Mark standen Ausgaben von 1564,2 Mio. Mark gegenüber. Ausgegeben wurde das Geld für Personal, Programm u.a. Das Betriebsjahr 1987 schloß das ZDF mit einem Überschuß von 8,8 Mio. Mark. Die Kostensituation hat sich aufgrund steigender Honorare für Übertragungsrechte verschlechtert.

Im Konkurrenzgerangel zwischen ARD und ZDF, aber auch zwischen ARD/ZDF und den Privaten, ist der Mainzer Sender zu einer festen Größe geworden. Im Vorabendprogramm beispielsweise steht das ZDF mit 43,3 Prozent aller Zuschauer auf Platz 1. Und: 63 der hundert meistgesehenen Sendungen des Jahres 1988 sendete das »Zweite«. 1989 investierte das ZDF 271 Mio. Mark allein für Auftragsproduktionen - Programmbeiträge also, die »außer Haus« gefertigt wurden.

Obwohl das ZDF durch den zentral organisierten Apparat einfacher zu überschauen ist, sieht es sich gegenüber der ARD - trotz gewachsener Zusammenarbeit - manches Mal im Nachteil: »Die ARD kann 'sperriges' Sendegut in die 3. Programme verlagern« und durch »ARD-Gemeinschaftsprogramme die Wettbewerbskraft verbessern«.

ZDF-Adresse:
Zweites Deutsches Fernsehen (ZDF)
Essenheimer Landstraße
6000 Mainz 1
Telefon 0 61 31-7 01

3SAT

Das Satelliten-Fernsehprogramm »3sat« wird seit dem 16. Dezember 1987 gemeinsam vom ZDF, dem Österreichischen Fernsehen (ORF) und dem Schweizer Fernsehen (SRG) betrieben. Es versteht sich als ein »Kultur- und Ereigniskanal«, dessen Besonderheit durch die internationale Zusammenarbeit vor dem Hintergrund der gemeinsamen Sprache der drei Nationen geprägt wird.

Kultur hat Vorrang und »3sat« verzichtet im Gegensatz zu allen anderen Fernsehprogrammen auf eine feste Programmstruktur. Den Vorteil sehen die Verantwortlichen darin, daß auf aktuelle Ereignisse problemlos eingegangen werden kann. Über »3sat« wird auch der »ZDF-Musikkanal« ausgestrahlt.

SCHWER gegen die ARD-Konkurrenz tat sich das Gegenstück zur »Tagesschau«, die »heute«-Sendung (rechts: Sprecherin Ulrike von Moellendorff).

AM 2. APRIL 1963 STARTETE DAS ZDF-Werbefernsehen. Seit diesem Tag sind die »Mainzelmännchen« (unten) dabei – schon fast die Maskottchen des Mainzer Senders. Die Neue Film Produktion (NFP) in Wiesbaden entwarf als Auftragsproduktion die sechs munteren Gestalten, die Anton, Berti, Conni, Det, Edi und Fritzchen heißen. Mehrere Tausend Zeichentrickfilme sind in den vergangenen drei Jahrzehnten zwischen den Werbespots nicht nur zur Freude der kleinen Fernsehzuschauer gesendet worden.

35

MEDIEN

Wer sieht wann was...

Grundlage für die Programmgestaltung, Themen-Plazierung, die Werbeeinschaltungen und damit auch für die Einnahmen sind genaue Kenntnisse über das Fernsehverhalten der Deutschen. ARD und ZDF einerseits, RTLplus und SAT1 andererseits lassen seit dem 1. Juli 1988 die »Gesellschaft für Konsum-, Markt- und Absatzforschung e.V« (GfK) gemeinsam den TV-Konsum untersuchen. 23,51 Mio. Fernsehhaushalte (12/88) sind verzeichnet. Davon sind 20 Prozent Kabelhaushalte, die wiederum zu 95 Prozent neben den Programmen von ARD und ZDF die Privatsender SAT1 und RTLplus empfangen können. Bei der Untersuchung der Kabelhaushalte gab es von 1987 zu 1988 deutliche Verschiebungen in der Zuschauergunst (obere Grafik). Die Marktanteile von ARD und ZDF schrumpften. Kleiner wurde auch der Vorsprung der an der Spitze liegenden ARD gegenüber dem ZDF. SAT1 dagegen konnte seinen Anteil verbessern und ist nahe an ZDF und ARD herangerückt. In sieben von zwölf Monaten des Jahres 1987 konnte SAT1 den Marktanteil des ZDF sogar übertreffen.

Die untere Grafik zeigt den Fernsehkonsum von Erwachsenen. Dabei ergab sich in der Verteilung der Sehdauer auf die Programme eine Veränderung. Von den Erwachsenen wurden ARD und ZDF 1988 weniger gesehen als 1987, dafür SAT1 und RTLplus länger. Diese beiden Sender erreichten mit zusammen 33,0 Prozent einen mehr als dreimal so großen Marktanteil wie die dritten TV-Programme (10,0 Prozent). Bei den Kindern steht das ZDF an erster Stelle. Die privaten Anbieter SAT1 und RTLplus wurden von den Kindern stärker genutzt als von den Erwachsenen.

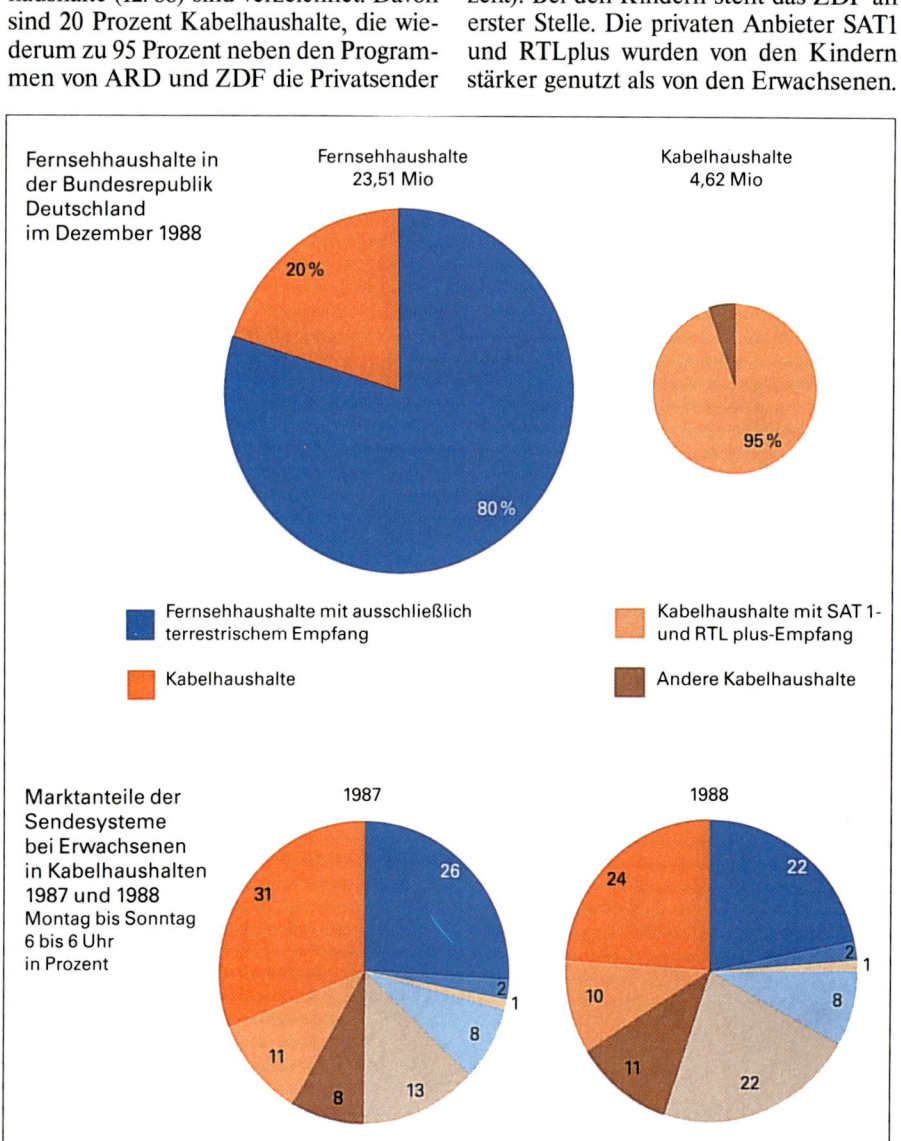

DIE PRIVATEN

Die privaten Rundfunkanstalten in der Bundesrepublik sind in ihrer Mehrheit Anbietergemeinschaften. Geschäftspartner wie Zeitungsverlage, Medienkonzerne und branchenfremde Firmen sind durch direkte oder indirekte Beteiligungen miteinander verflochten. Als der engagierteste Medienkonzern gilt der Axel Springer Verlag. Allerdings führen divergierende Interessen von Anteilseignern zuweilen auch zu Turbulenzen wie im Streit Springer contra Kirch-Gruppe bei SAT1.

Im Gegensatz zu den öffentlich-rechtlichen Systemen finanzieren sich die privaten fast ausschließlich aus den Einnahmen der Werbeeinblendungen. Die führenden privaten TV-Sender sind SAT1 und RTLplus; neben ihnen gibt es noch einige andere: Pro 7, tele 5, Sportkanäle etc.

SAT1 hat seinen Sitz in Mainz. Der Sender hat Unterhaltung auf seine Fahnen geschrieben: Spielfilme, Serien, TV-Spiele dominieren. 1988 z.B. präsentierte SAT1 1703 Spielfilme, gut 300 davon im Vormittagsprogramm. Stolz ist der Mainzer Privatsender auf die Live-Übertragung großer Sport-Ereignisse – Tennis und Eishockey –, die durch horrende Lizenzgebühren ARD und ZDF »weggeschnappt« werden konnten. Dazu kommen Information und Magazine.

RTLplus hat seinen Sitz in Köln. Das Erscheinungsbild wird »jung und dynamisch« umschrieben. Information und Amusement vom frühen Morgen bis in die Nacht. Als erster Privatsender durchbrach RTLplus 1988 das Berichterstattungsmonopol von ARD und ZDF aus der Fußball-Bundesliga. Hohe Einschaltquoten auch bei den »Erotik-Programmen«.

Satelliten und Kabel

Da auf der Erde die sogenannten terrestrischen Frequenzen, also die Kanäle, die per Hausantenne angezapft werden können, allmählich knapp werden, mußten neue Wege zur Übermittlung von Hörfunk- und Fernsehprogrammen in die Haushalte beschritten werden. Zum einen das »Breitbandverteilnetz« der Bundespost, schlicht »Kabel« genannt. Gut fünf Mio. Haushalte sind bereits an das Kabelnetz angeschlossen, weitere 13 Mio. Haushalte besitzen wenigstens die Anschlußmöglichkeit. Die Bundespost verfolgt das Ziel, bis Mitte der 90er Jahre rund 80 Prozent der Haushalte – rund 20 Mio. – durch einen Kabelanschluß zu versorgen oder wenigstens die Möglichkeit dazu zu stellen.

Das Kabelnetz weist derzeit u.a eine Übertragungskapazität von 38 Fernseh- und 30 UKW-Stereo-Hörfunk-Programmen auf. Gespeist wird das Kabelnetz auf zwei Wegen. Sozusagen »wie immer« vom Fern-

Fernsehhaushalte in der Bundesrepublik Deutschland im Dezember 1988

Fernsehhaushalte 23,51 Mio
- 80 % Fernsehhaushalte mit ausschließlich terrestrischem Empfang
- 20 % Kabelhaushalte

Kabelhaushalte 4,62 Mio
- 95 % Kabelhaushalte mit SAT 1- und RTL plus-Empfang
- Andere Kabelhaushalte

Marktanteile der Sendesysteme bei Erwachsenen in Kabelhaushalten 1987 und 1988 Montag bis Sonntag 6 bis 6 Uhr in Prozent

1987: ZDF 26, ARD 31, Dritte Programme 11, 3sat 8, 1 Plus 13, RTLplus 2, SAT 1 8, Sonstige 1

1988: ZDF 22, ARD 24, Dritte Programme 10, 3sat 11, 1 Plus 22, RTLplus 2, SAT 1 8, Sonstige 1

MEDIEN

sehturm, der die empfangenen Richtfunk-Signale nicht mehr an die einzelne Hausantennne, sondern zentral ins Kabelnetz abgibt. Oder: Die von den TV-Satelliten ausgestrahlten Programme werden von der Post zentral ins Kabelnetz eingespeist.

Eine dritte, wenn auch teure und unrentable Möglichkeit: der eigene Parabolspiegel im Garten oder auf dem Hausdach. Der Nachteil: Jeder Satellit braucht seine eigene »Schüssel«, ARD und ZDF können nicht empfangen werden.

Die Zukunft fürs Fernsehen hat schon begonnen. Auf der Internationalen Funkausstellung in Berlin 1989 präsentierte sich das neue System »High Definition TV« – genannt HD-MAC. Zu den Olympischen Spielen 1992 ist der Sendebeginn geplant, erste Zwischenschritte sind bereits getan. So strahlt der Satellit TV-Sat bereits einige Programme in der neuen Technik aus, für deren Empfang allerdings besondere Empfangsteile gebraucht werden.

Das »neue Fernsehen« wird Breitwandformat haben. Die vor allem bei Kino-Filmen lästigen schwarzen Streifen am oberen und unteren Bildrand entfallen dann: Ben Hur kommt bildfüllend ins Haus. Erste Prototypen sind bereits in der Erprobung. Das heißt allerdings nicht, daß von 1992 an die heutigen Fernsehempfangsgeräte unbrauchbar werden: Die »guten alten Signale« wird es auch dann noch geben für eine längere Übergangszeit.

ERHEBLICH SCHÄRFER wird das Fernsehbild der Zukunft durch HDTV (oder HD-MAC): Oben die heute gewohnte Auflösung, unten die brillanten Farben und klaren Konturen auf dem 1000-Zeilen-Bildschirm.

AMBULANT, ABER GEOSTATIONÄR

Der Mathematiker und Physiker Arthur C. Clarke machte vor 45 Jahren eine Entdeckung, die unser Fernsehen revolutionierte. Er errechnete, daß ein künstlicher Himmelskörper, der genau 35 803 km über der Erde plaziert wird, sich mit derselben Geschwindigkeit bewegt, in der sich die Erde um ihre Achse dreht. Der Satellit bleibt also scheinbar an Ort und Stelle »stehen«. Das wird z.B. für die Satelliten-Navigation oder den interkontinentalen Fernsprechverkehr genutzt, wobei man bei 72 000 km zwischen Sprecher und Hörer die Zeit spürt, die jedes Signal zur Überwindung der Strecke braucht, trotz Lichtgeschwindigkeit.

Heute versorgen uns mehrere solcher durchaus »ambulanter«, von der Erde aber ortsfest erscheinender, also geostationärer TV- und Nachrichtensatelliten auch mit deutschen und internationalen Fernsehprogrammen. Ihr Strahlenkegel überdeckt große Gebiete und sorgt für optimale Verteilung.

Die Satelliten, ihre Position, die Programme: 23,5 Grad Ost: der deutsche Post-Satellit Kopernikus. Er strahlt ab: 3Sat, Eins Plus, Bayern 3, West 3, SAT1, RTLplus, Pro 7 und Tele 5. 19,2 Grad Ost: Astra, ein luxemburgischer Satellit. U.a. SAT1, RTLplus und verschlüsselte, gebührenpflichtige Programme wie »Teleclub«. 13 Grad Ost: Eutelsat I-F4. TV5 (französisch), Super Channel (englisch). 19 Grad West: TV-Sat. U.a. SAT1 und RTLplus.

Der Weg der Fernsehsignale: Von der Erdefunkstelle zum Satelliten, zurück zur Erde, Einspeisung ins Kabel. Oder: Per Richtfunk zum Fernsehturm, Einspeisung ins Kabelnetz oder direkte Abstrahlung zur Hausantenne.

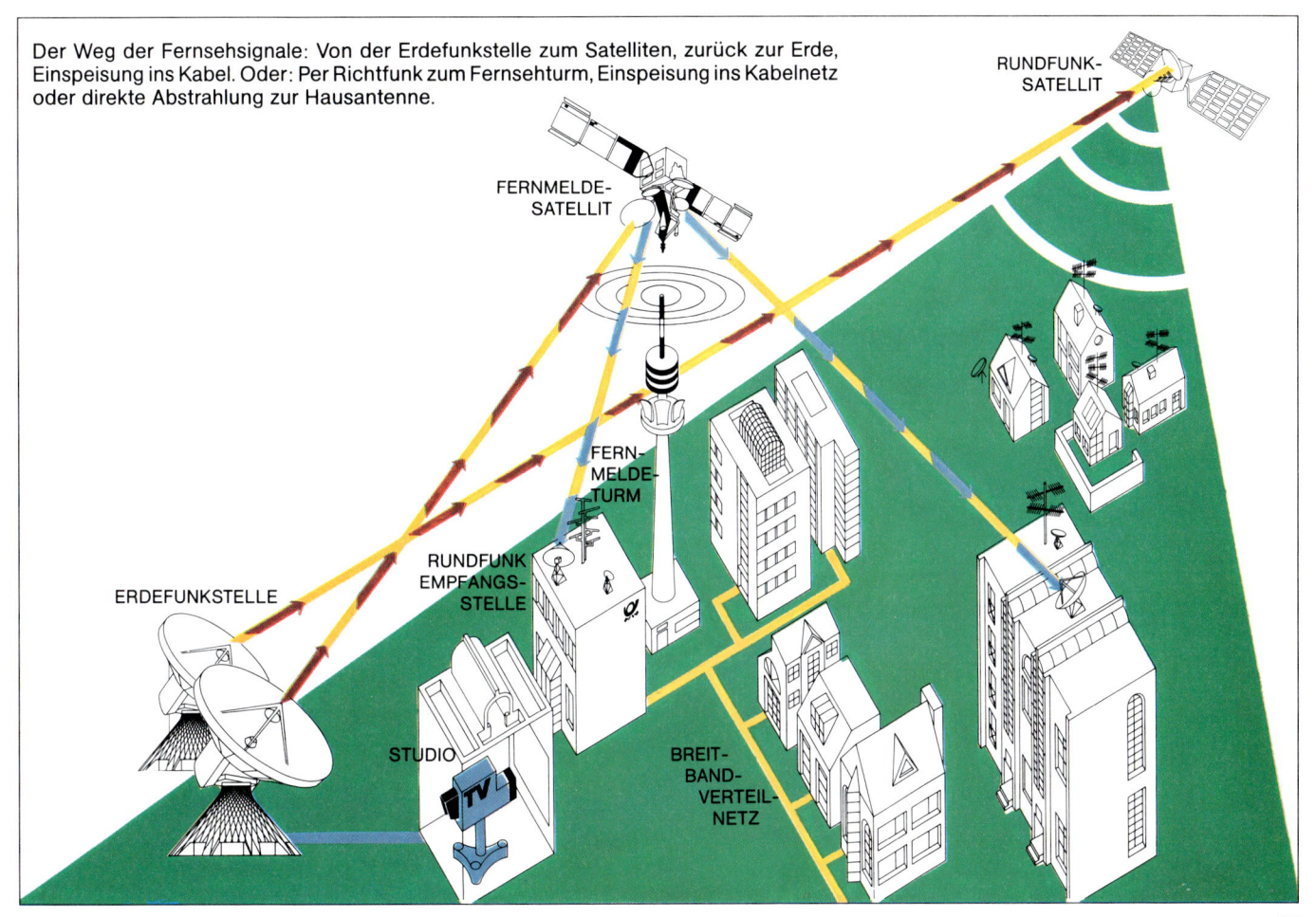

RUNDFUNK-SATELLIT
FERNMELDE-SATELLIT
FERNMELDE-TURM
RUNDFUNK EMPFANGS-STELLE
ERDEFUNKSTELLE
STUDIO
BREITBAND-VERTEILNETZ

MEDIEN

Werbung

Der Begriff »Werbung« definiert sich unter anderem so: »Alle Maßnahmen zur Beeinflußung von einzelnen oder Personengruppen zwecks Förderung des Absatzes. Aufgabe der Werbung ist es, die Konsumenten zu informieren und ihnen Motive für ihr Konsumverhalten zu liefern.« Wer Werbung machen will, braucht die Massenmedien: Zeitungen, Zeitschriften, das Radio und die verschiedenen Fernsehstationen. Im Gegenzug brauchen die Massenmedien die Werbung, genauer: die Einnahmen aus verkauftem Platz beziehungsweise verkaufter Sendezeit.

Wer sich über »zuviel Werbung« in Zeitungen und Zeitschriften ärgert, muß wissen: der »stern« oder »Der Spiegel« wären unbezahlbar, würden sie ohne jede Werbung erscheinen. Bei ZDF beispielsweise machen die Werbeeinnahmen von über 605 Mio. Mark (1988) immerhin 40 Prozent am Gesamt-Budget des Senders aus.

SAT1 als rein kommerzieller Privatsender brachte es als der »private Fernsehanbieter mit den höchsten Werbeeinnahmen« auf immerhin 188 Mio. Mark (1988). Der Unterschied zwischen den Privaten und den öffentlich-rechtlichen: ARD und ZDF dürfen von Montag bis Samstag täglich nur insgesamt 20 Minuten Werbung bis 20 Uhr ausstrahlen, den Privaten sind keine derart restriktiven Auflagen gemacht. Grund für ARD und ZDF, die Diskussion um Werbung nach 20 Uhr und als Einspielung ins laufende Abendprogramm anzukurbeln.

Umsatzentwicklung im Anzeigenmarkt 1979–1988

Tageszeitungen (Mrd.)
Wochen-/Sonntagszeitungen (Mio.)

NICHT DAS WASSER ABGRABEN konnte das Fernsehen den Printmedien: Die Entwicklung der Anzeigeneinnahmen geht, vor allem bei den Tageszeitungen, weiter steil nach oben. Gedrucktes ist dauerhafter.

Die Zeitungshäuser sind dazu übergegangen, den Anzeigenmarkt – auch die »kleinen Anzeigen« – in eigens entwickelten Anzeigenblättern ohne jeden redaktionellen Teil aufzufangen; und dies zusätzlich zu den Werbeanzeigen in den traditionellen gedruckten Medien. Übrigens: Eine ganze Seite Werbung schwarz/weiß bei BILD/bundesweit kostet knapp 300 000 Mark (1990).

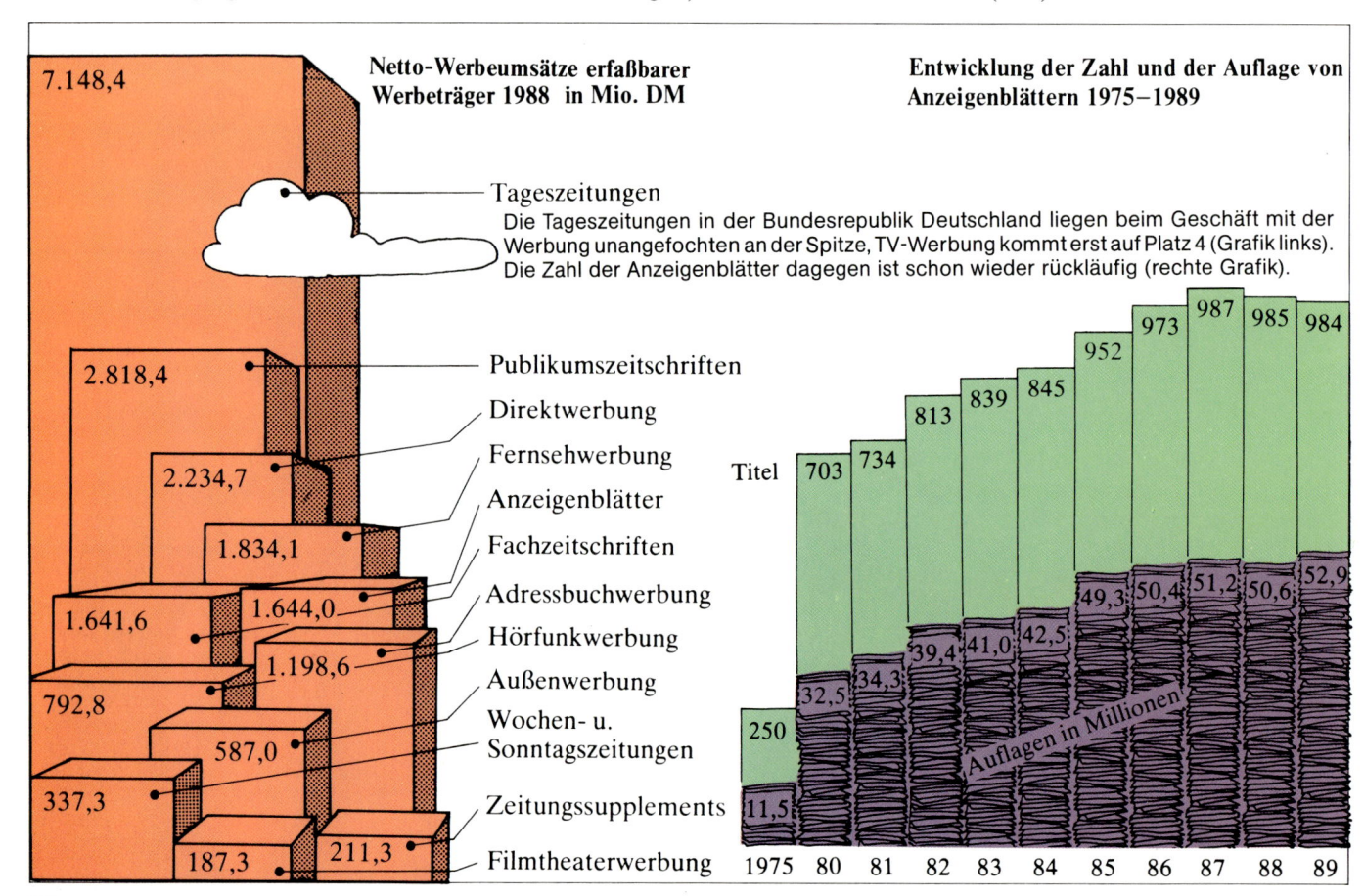

Netto-Werbeumsätze erfaßbarer Werbeträger 1988 in Mio. DM

- 7.148,4 Tageszeitungen
- 2.818,4 Publikumszeitschriften
- 2.234,7 Direktwerbung
- 1.834,1 Fernsehwerbung
- 1.644,0 Anzeigenblätter
- 1.641,6 Fachzeitschriften
- 1.198,6 Adressbuchwerbung
- 792,8 Hörfunkwerbung
- 587,0 Außenwerbung
- 337,3 Wochen- u. Sonntagszeitungen
- 211,3 Zeitungssupplements
- 187,3 Filmtheaterwerbung

Entwicklung der Zahl und der Auflage von Anzeigenblättern 1975–1989

Die Tageszeitungen in der Bundesrepublik Deutschland liegen beim Geschäft mit der Werbung unangefochten an der Spitze, TV-Werbung kommt erst auf Platz 4 (Grafik links). Die Zahl der Anzeigenblätter dagegen ist schon wieder rückläufig (rechte Grafik).

Titel: 1975: 250; 1980: 703; 1981: 734; 1982: 813; 1983: 839; 1984: 845; 1985: 952; 1986: 973; 1987: 987; 1988: 985; 1989: 984

Auflagen in Millionen: 1975: 11,5; 1980: 32,5; 1981: 34,3; 1982: 39,4; 1983: 41,0; 1984: 42,5; 1985: 49,3; 1986: 50,4; 1987: 51,2; 1988: 50,6; 1989: 52,9

Wirtschaft

Jeder Mensch hat ein persönliches Mangelempfinden, d.h. er hat Bedürfnisse, die er befriedigen möchte. Diese können lebensnotwendig sein wie z.B. Essen, Trinken und Schlafen oder lebensbereichernd wie etwa das Bedürfnis nach Bildung, komfortabler Fortbewegung usw. Zur Befriedigung von Bedürfnissen benötigt man Güter. Nun kann der Mensch eine große Zahl unterschiedlichster Bedürfnisse haben, die er jedoch nicht alle befriedigen kann, weil er nicht über die notwendigen Mittel verfügt. Daher muß er mit seinen knappen Mitteln haushalten und planvoll erwägen, welche seiner Bedürfnisse vorrangig sind und welche zurückstehen müssen. Dieses planvolle Vorgehen, also das Haushalten mit den in jedem Fall begrenzten Mitteln wird als Wirtschaften bezeichnet.

Die Anfänge menschlichen Wirtschaftens unterschieden sich nur wenig vom Beuteverhalten der Tiere. Wegen seiner körperlichen Unterlegenheit aber war der Mensch auf das Rudel angewiesen und bildete früh Formen der Zusammenarbeit, später der Arbeitsteilung heraus. Erste Jagdgemeinschaften entstanden um 8000 v. Chr. Im 3. vorchristlichen Jahrtausend fand in Zentraleuropa eine Differenzierung der Produzenten in Jäger, Fischer und Ackerbauer statt. Der Wald war hierbei das entscheidende natürliche Hindernis, das überwunden werden mußte.

Die Entwicklung von Steinwerkzeugen und Systemen der Arbeitsorganisation (Aufgabenteilung u.a.) in den Sippenverbänden ermöglichte den Übergang von der Aneignungswirtschaft (Jagd, Fischfang, Sammeln) zur Erzeugungswirtschaft (Ackerbau, Viehzucht). Die Feldgraswirtschaft wurde für die letzten Jh. vor der Zeitenwende in Germanien typisch. Diese Zeit ist zugleich die Periode der vermehrten Anwendung von Metallen (Bronze- und Eisenzeit). Das führte seit etwa 800 v. Chr. zur Abspaltung des Handwerks und Ausdifferenzierung des Handels.

Die Entstehung des Sondereigentums und die Auflösung des Gemeineigentums bei den Germanen begründete schließlich die folgerichtige Entstehung des privaten Grundeigentums und damit die soziale Stärke des Privateigentums im Abendland. Die so gesetzte Normierung des materiellen Interesses förderte die technische Entwicklung.

Fundament der mittelalterlichen Wirtschaft war das Feudalsystem, also eine Gesellschaft, die durch adligen Grundbesitz und die damit verbundenen Herrschaftsrechte und Standesprivilegien geprägt war. In den Städten entwickelte sich aber schon bald eine differenziertere arbeitsteilige Wirtschaftsform und ein aufstrebender Handel. Im Mittelalter wurde im wesentlichen mit Luxusgütern wie Tüchern und Waffen gehandelt; Massengüter wie z.B. Getreide spielten im Handel über größere Entfernungen in Europa noch keine große Rolle.

Das für das Abendland schicksalhafte Ereignis der Eroberung Konstantinopels durch die Türken 1453 brachte eine Umschichtung der Handelsströme in Europa: Der Landweg nach Indien war verlegt, und der Seeweg wurde gesucht. Das führte zum Aufstieg der Seemächte Spanien, Portugal, England und Niederlande mit ihren Flotten, Werft- und Handelszentren.

Deutschland konnte die erste bürgerliche Revolution, die Reformation, nicht vollenden und schied im Gefolge des Dreißigjährigen Krieges für mehr als 200 Jahre aus der aktiven europäischen Politik aus, blieb ohne Kolonialbesitz und fand erst im Ge-

> **GRUNDPRINZIPIEN**
> Rationales Verhalten und Planen im Umgang mit Gütern und Waren wird nach dem ökonomischen Prinzip beschrieben. Dabei wird unterschieden zwischen Maximal- und Minimalprinzip.
> - Wer mit einem gegebenen Mitteleinsatz einen möglichst großen Erfolg erzielen will, handelt nach dem Maximalprinzip. Z.B möchte eine Hausfrau mit DM 100,-- in einem Supermarkt möglichst viele Güter kaufen.
> - Wer einen bestimmten Erfolg mit einem möglichst geringen Mitteleinsatz befriedigen will, wendet das Minimalprinzip an. Beispielsweise will eine Hausfrau die Güter, die ihre Familie am Wochenende benötigt, möglichst preisgünstig einkaufen.

MIT DER DAMPFMASCHINE, die sich der Engländer James Watt (1736–1819) im Jahr 1769 patentieren ließ, wurde die Industrialisierung in Gang gesetzt. Sie veränderte die menschliche Produktionsweise von Grund auf, schuf große soziale Probleme, aber auch die Voraussetzungen für die moderne Wohlstandsgesellschaft.

WIRTSCHAFT

folge der napoleonischen Kriege zu Nationalbewußtsein. Einheitliches Wirtschaftsgebiet wurde es sogar noch später, nach der Einigung durch Bismarck. Und der Anschluß an die Weltwirtschaft gelang erst nach der Brechung des englischen Industriemonopols zu Ende des 19. Jh.

Industrialisierung

Mitte des 18. Jh. lösten technische Erfindungen die Industrialisierung aus. Richard Arkwright entwickelte eine verbesserte Flügelspinnmaschine, James Watt erfand die Dampfmaschine. Hierdurch war es möglich, Maschinen durch Wasserdampf und nicht mehr durch natürliche Wasserkraft anzutreiben. Die Betriebe konnten sich nunmehr bei ihrer Standortwahl freier entscheiden. Danach fand schrittweise der Übergang von der kleingewerblichen zur fabrikmäßig betriebenen Produktion statt. Die spätere Ablösung des Dampfmotors durch Verbrennungs- und Elektromotoren und die laufende Verbesserung der Maschinen ermöglichten eine ständige Verkürzung der Produktionszeiten, die Aufteilung einzelner Arbeitsvorgänge in immer weiter schematisierte Schritte, d.h. Maschinen und Menschen verrichteten nur noch kleine sich ständig wiederlende Arbeitsgänge. Dies brachte weitgehende soziale Veränderungen mit sich: Menschen mußten nicht unbedingt einen Beruf beherrschen, da sie nur kleine festumrissene und leicht zu erlernende Aufgaben zu erledigen hatten.

Die entstehenden arbeitsteilig mechanisierten Fabriken der Textilindustrie (Spinnmaschine 1770, mechanischer Webstuhl 1786) boten ihren Eigentümern so die Möglichkeit, ungelernte Arbeitskräfte einzustellen und ihnen aufgrund des hohen Arbeitskräfteangebots in den Städten extrem hohe Arbeitszeiten abzuverlangen und niedrigste Löhne zu zahlen. Das damit zwangsläufig verbundene soziale Elend gehört zu den negativen Begleiterscheinungen der ersten industriellen Revolution.

Die wesentlich gesteigerte Produktion stellte ungeheure Anforderungen an das Transportwesen und den Kapitalbedarf. Damals wurden 40% der Weltproduktion in England erzeugt. Deutschland bestand in dieser Zeit aus vielen Kleinstaaten mit wirtschaftlich hindernden Zollgrenzen, und es herrschte noch eine vorwiegend landwirtschaftlich-ständische Gesellschaft vor. Deshalb konnte sich die Industrialisierung in Deutschland erst relativ spät durchsetzen.

Der Industrialisierungsprozeß war hier stärker als in den anderen Ländern Europas mit der Erzeugung von Eisen und Stahl verknüpft. Vor allem für das Schienennetz der Eisenbahn und für die aufblühende Maschinenindustrie wurden große Mengen benötigt. Hierbei konnte Deutschland auf die umfangreichen Kohlevorkommen im Ruhrgebiet setzen, die eine effiziente und wettbewerbsfähige Eisen- und Stahlproduktion ermöglichten. Neue Verfahren der Stahlerzeugung wurden entwickelt, Kapital schloß sich zusammen, leistungsstarke Hochöfen wurden gebaut, und schließlich wurde England von seiner führenden Position in der Welt als Stahlhersteller verdrängt. Entdeckungen und Erfindungen in der chemischen Industrie, die spätere Entwicklungen von Kunststoffen gaben weitere Impulse für eine durchgreifende Industrialisierung in Deutschland.

Seit Mitte unseres Jh. wurden die Fertigungsabläufe zunehmend automatisiert. Dieser Prozeß wird als die zweite industrielle Revolution bezeichnet. Die dritte industrielle Revolution ist mit der Einführung von digitalen Prozeßrechnern und Industrierobotern in der Fertigung sowie der Mikroelektronik im Wirtschaftsgeschehen insgesamt verbunden.

KEIN MENSCH MEHR ist in der Halle der Ford-Werke in Köln-Niehl zu sehen, wo die Karosserie eines Pkw gefertigt wird. Industrieroboter, die nicht streiken und kein »menschliches Versagen« kennen, haben die »Knochenarbeit« übernommen, der Mensch kann sich auf Steuerung, Wartung und Weiterentwicklung konzentrieren.

WIRTSCHAFT

BETRIEBSWIRTSCHAFT – VOLKSWIRTSCHAFT

Um wirtschaftliche Probleme durchschaubar zu machen, ist es notwendig, sich mit den Grundlagen des Wirtschaftsgeschehens zu befassen. Aus diesem Grunde muß eine Trennung in einzelwirtschaftliche und gesamtwirtschaftliche Betrachtungsweisen erfolgen. Werden z.B in der Wirtschaftswissenschaft Abläufe in einzelnen Unternehmen untersucht, handelt es sich um einzelwirtschaftliche Fragestellungen. Auf diese gibt die Betriebswirtschaftslehre Antwort. Hingegen sind z.B. Analysen zum Konsum- oder Sparverhalten in einem Lande, also Problemstellungen, die sich mit dem Wirtschaftsgeschehen insgesamt befassen, dem Bereich der Volkswirtschaftslehre zuzuordnen.

Struktur der Wirtschaft

Nahezu alle Produkte, die wir heute kennen, haben einen langen Weg hinter sich, bis sie den Verbraucher erreichen. Dies soll vereinfacht am Beispiel eines Kraftfahrzeuges verdeutlicht werden:

- In der Urerzeugung müssen das Metall für die Karosserie, das Erdöl für die Gummierungen, Kohle und Erdöl für die Energieerzeugung der Fertigung gewonnen werden.
- Die Rohstoffe aus der Urerzeugung werden in der Weiterverarbeitung schrittweise bis zum konsumreifen Produkt umgeformt, behandelt und zusammengefügt. Es werden Bleche gewalzt, gestanzt, verzinkt und mit anderen Kraftfahrzeugteilen kombiniert.
- Das nun erstellte Kraftfahrzeug kann noch nicht vom Konsumenten erworben werden. Zwischen dem Hersteller und dem Konsumenten schaltet sich der Handel ein. Vertriebsniederlassungen und Vertragshändler übernehmen die Verteilung – Distribution – des Produktes, Exporteure sorgen für den Verkauf ins Ausland.
- Die Kraftfahrzeuge, obwohl selbst schon fahrfähig, müssen vom Werk durch Einschaltung von Spediteuren zu den entfernt gelegenen Verkaufsstellen transportiert werden, die Finanzierung der Fertigung und des Kaufs übernehmen Kreditinstitute, für Rechtsstreitigkeiten zwischen Hersteller und Käufer sind Juristen zuständig. Zur Abwicklung der Erstellung und des Kaufs gehören also eine Reihe von Dienstleistungen.

Marktwirtschaft

Im marktwirtschaftlichen Wirtschaftssystem wird ganz allgemein der Markt als der Ort bezeichnet, an dem Angebot und Nachfrage zusammentreffen. Dies kann für jedes Gut gelten. Wir kennen u.a. Wochenmärkte, Immobilienmärkte, Arbeitsmärkte und diverse Märkte für Dienstleistungen. Auf der einen Seite des Marktes stehen ein oder mehrere Anbieter, die untereinander mehr oder weniger in Konkurrenz stehen, und auf der anderen Seite ein oder mehrere Nachfrager, die ebenfalls untereinander konkurrieren.

Wie ist es nun möglich, daß z.B. auf einem Wochenmarkt die Menge der angebotenen Eier mit der Menge der nachgefragten Eier übereinstimmt? Böten z.B. alle Eierhändler ihre Eier für einen Stückpreis von 0,50 DM an und die Nachfrager hielten diesen Preis für überhöht, so würden die Anbieter zu diesem Preis nur einen Teil ihres Angebots verkaufen. Wollten sie mehr Eier verkaufen, müßte der Preis gesenkt werden. Bei sinkendem Preis wären nun mehr Nachfrager in der Lage oder bereit, Eier zu kaufen. Die Nachfrage steigt also bei sinkendem Preis und umgekehrt.

Einige Anbieter allerdings sind bei sinkendem Preis nicht mehr bereit oder aus Kostengründen nicht in der Lage, Eier anzubieten. Das Angebot sinkt also bei fallendem Preis und umgekehrt (siehe Graphik). Über einen bestimmten Zeitraum wird sich auf dem Wochenmarkt ein Preis einstellen, bei dem die Zahl der angebotenen Eier mit der Zahl der nachgefragten Eier übereinstimmt. Dieses Beispiel zeigt, daß der Preis in der Marktwirtschaft die Steuergröße ist, die Angebot und Nachfrage angleicht.

Zentralverwaltungswirtschaft

In der reinen Form der Zentralverwaltungs- oder Planwirtschaft existiert kein Markt, somit kann hier der Preis auch nicht die Angleichungsfunktion von Angebot und Nachfrage haben. Alles was an Gütern und Dienstleistungen produziert und an Konsumenten und Produzenten verteilt wird, muß von einer Zentrale bestimmt und gesteuert werden. Dies setzt voraus, daß private und öffentliche Bedürfnisse ermittelt und anhand der Ermittlungsergebnisse zentrale Produktions- und Verteilungspläne erstellt werden.

Der Wirtschaftskreislauf

In einer Volkswirtschaft sind die wirtschaftlichen Beziehungen, die z.B. zwischen unterschiedlichen Unternehmen, privaten Haushalten, öffentlichen Haushalten, d.h. Bund, Ländern und Gemeinden, vielfältig und unübersichtlich. Um die komplizierten Vorgänge durchschaubar zu machen, wird eine Modellbetrachtung vorgenommen, bei der wie im folgenden gezeigt, ähnliche Wirtschaftssubjekte zu Wirtschaftssektoren und von ihnen ausgehende oder zu ihnen fließende finanzielle Mittel zu Geldströmen zusammengefaßt werden (s. Grafik).

Sämtliche privaten Haushalte sind zum Wirtschaftssektor »Haushalte« und sämtliche von ihnen getätigte Zahlungen für Güter und Dienstleistungen zum Geldstrom »Käufe« zusammengefaßt. Handels-, Industrie-, Dienstleistungsunternehmen usw. mit Ausnahme der Kreditinstitute (sie sind aufgrund ihrer Funktion ein eigener Bereich) stellen den Sektor »Unternehmen« dar.

Ein weiterer Wirtschaftssektor ist der »Staat«. Er setzt sich im wesentlichen zusammen aus den Gebietskörperschaften, also Bund, Ländern und Gemeinden, und den Sozialversicherungen.

Zum Sektor »Ausland« zählen alle Länder, mit denen eine Volkswirtschaft Wirtschaftsbeziehungen unterhält.

Das hier dargestellte Kreislaufmodell (s. nächste Seite) zeigt wichtige wirtschaftliche Beziehungen zwischen den einzelnen Wirtschaftssektoren, wobei aus Übersichtsgründen nur die wesentlichen »Geldströme« erfaßt werden (z.B. bleiben Zinszahlungen für Spareinlagen und Kredite unberücksichtigt).

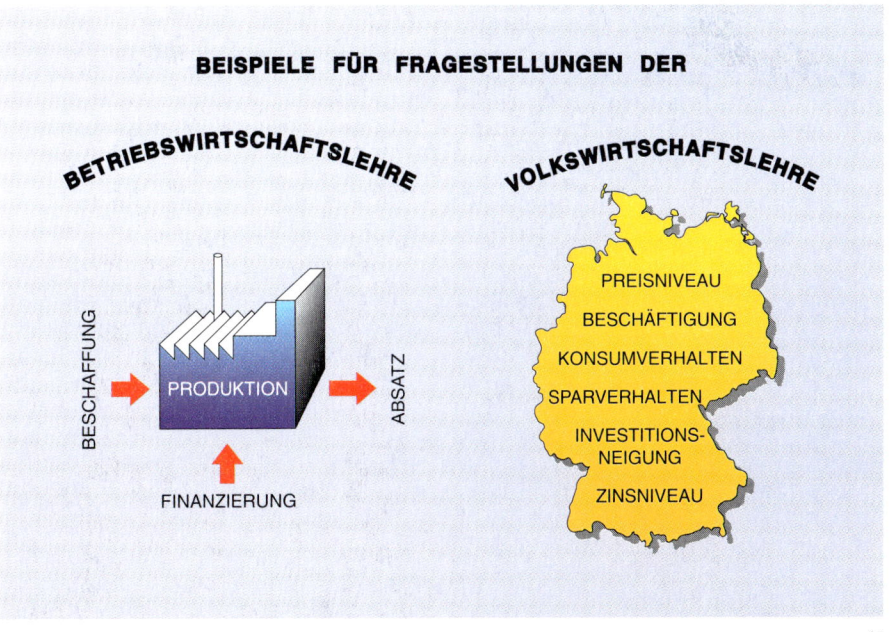

BEISPIELE FÜR FRAGESTELLUNGEN DER BETRIEBSWIRTSCHAFTSLEHRE / VOLKSWIRTSCHAFTSLEHRE

Betriebswirtschaftslehre: BESCHAFFUNG → PRODUKTION → ABSATZ; FINANZIERUNG

Volkswirtschaftslehre: PREISNIVEAU, BESCHÄFTIGUNG, KONSUMVERHALTEN, SPARVERHALTEN, INVESTITIONSNEIGUNG, ZINSNIVEAU

WIRTSCHAFT

1. Haushalte kaufen von den Unternehmen Güter und Dienstleistungen.
2. Für die Erstellung dieser Güter und Dienstleistungen stellen die Haushalte den Unternehmen sog. Produktionsfaktoren zur Verfügung, dies sind Arbeit, Boden und Kapital. Die Haushalte erhalten hierfür Faktoreinkommen wie Löhne, Gehälter, Mieten, Pachten, Zinsen und Gewinne.

Einnahmen des Staates

3. Haushalte zahlen direkte Steuern wie Lohn-, Einkommens- und Kraftfahrzeugsteuer an den Staat sowie die Arbeitnehmerbeiträge zur Sozialversicherung.
4. Unternehmen zahlen an den Staat die von den Haushalten indirekt gezahlten Steuern wie Mehrwertsteuer und Tabaksteuer, die Körperschaftssteuer sowie Arbeitgeberbeiträge zur Sozialversicherung.
5. Zur Finanzierung seiner Ausgaben kann der Staat Kredite aufnehmen, wenn seine Einnahmen aus dem Steuer- und Gebührenaufkommen usw. hierfür nicht ausreichen.

Ausgaben des Staates

6. Haushalte empfangen vom Staat Löhne, Beamten- und Angestelltengehälter sowie Transferzahlungen wie z.B. Kindergeld, Bafög und Renten.
7. Der Staat zahlt an die Unternehmen Subventionen in Form von Steuerbegünstigungen, zinsgünstigen Darlehen usw. Ebenfalls kommt er für laufende Ausgaben staatlicher Betriebe auf und zahlt für Staatsaufträge (z.B. an Bauunternehmen für Krankenhäuser, Straßen, Schulen, Kasernen).

Die Banken im Wirtschaftskreislauf

8. Haushalte sparen in der Regel bei Kreditinstituten.
9. Diese gewähren den Haushalten Konsumentenkredite, Kredite für Bauvorhaben, den Unternehmen Kredite für Investitionszwecke und dem Ausland u.a. Exportkredite.

Das Ausland im Wirtschaftskreislauf

10. Unternehmen exportieren Waren und Dienstleistungen in das Ausland. Hierdurch haben sie Exporteinnahmen.
11. Importe von ausländischen Waren und Dienstleistungen führen zu Zahlungen an das Ausland.
12. Der Kauf von Waren und Dienstleistungen im Rahmen von Auslandsreisen führt bei den Haushalten zu einem Zahlungsabfluß an das Ausland. Auslandsreisende benötigen ausländische Zahlungsmittel (Sorten und Devisen). Diese können entweder bei in- oder ausländischen Kreditinstituten gegen inländische Währung getauscht werden.

Steuern

Solange Menschen in Gruppen zusammenleben, werden von ihnen Beiträge zur Erfüllung gemeinsamer Aufgaben gefordert. Heute ist die Gruppe, in der wir leben, der Staat, der für das Gemeinwesen Aufgaben zu erledigen hat. Mithin benötigt er Geld. Der Bürger, der Nutzen aus der Erfüllung dieser Aufgaben zieht, soll daher in Form von Steuern zur Leistungsfähigkeit des Staates beitragen. Hierbei soll die vom Staat erhobene Steuer gerecht sein, den einzelnen und die Gemeinschaft nicht zu stark belasten, und doch für die Erfüllung der Aufgaben des Gemeinwohls ausreichend sein.

Im Gegensatz zu Gebühren sind Steuern Abgaben, die Bürger und Betriebe zu entrichten haben, ohne daß mit ihnen ein Anspruch auf eine direkte Gegenleistung verbunden ist. Ob und inwieweit Steuern gezahlt werden, unterliegt nicht dem Willen des Bürgers, sondern ist gesetzlich geregelt und kann gesetzlich geändert werden.

Bund, Länder und Gemeinden haben unterschiedliche Aufgaben im Gemeinwesen zu erfüllen. Aus diesem Grunde muß das Steueraufkommen – mit Ausnahme das bestimmter Religionsgemeinschaften – auf diese sog. Gebietskörperschaften aufgeteilt werden. Wie dies im wesentlichen geschieht, zeigt folgendes Schema.

Ein Teil der Steuern fließt direkt in Bundes-, Länder- oder Gemeindekassen. Der größte Teil des gesamten Steueraufkommens jedoch wird nach bestimmten Schlüsseln auf die Kassen der Gebietskörperschaften aufgeteilt. Von der Lohn- und Einkommenssteuer beispielsweise, die

---

GESAMTWIRTSCHAFTLICHE GRÖSSEN

Zum Verständnis des Wirtschaftsgeschehens wichtige gesamtwirtschaftliche Größen sind u.a.:

Bruttosozialprodukt
Der Wert sämtlicher Güter- und Dienstleistungen, die in einer Volkswirtschaft innerhalb einer Periode (sinnvollerweise ein Kalenderjahr) erstellt wurden, heißt Bruttosozialprodukt. (Die Vorleistungen in den einzelnen Produktionsstufen zählen nicht zum Bruttosozialprodukt, da sie in dem Wert der Endprodukte enthalten sind).

Nettosozialprodukt
Bei der Erstellung der Güter und Dienstleistungen unterliegen beispielsweise Maschinen der Abnutzung, werden also abgeschrieben. Somit ist ein Teil der erstellten Güter – hier also Maschinen – zum Ersatz abgenutzter Anlagen gedacht. Soll der Nettowert der erstellten Güter und Dienstleistungen gemessen werden, muß vom Bruttosozialprodukt der Wert der Abschreibungen abgezogen werden.

Volkseinkommen
Die Summe der Einkommen, die Inländer aus unselbständiger Arbeit (Löhne, Gehälter) und Einkommen aus Unternehmertätigkeit und Vermögen (z.B. Gewinne, Zinsen, Mieten, Pachten) erhalten, bildet das Volkseinkommen.

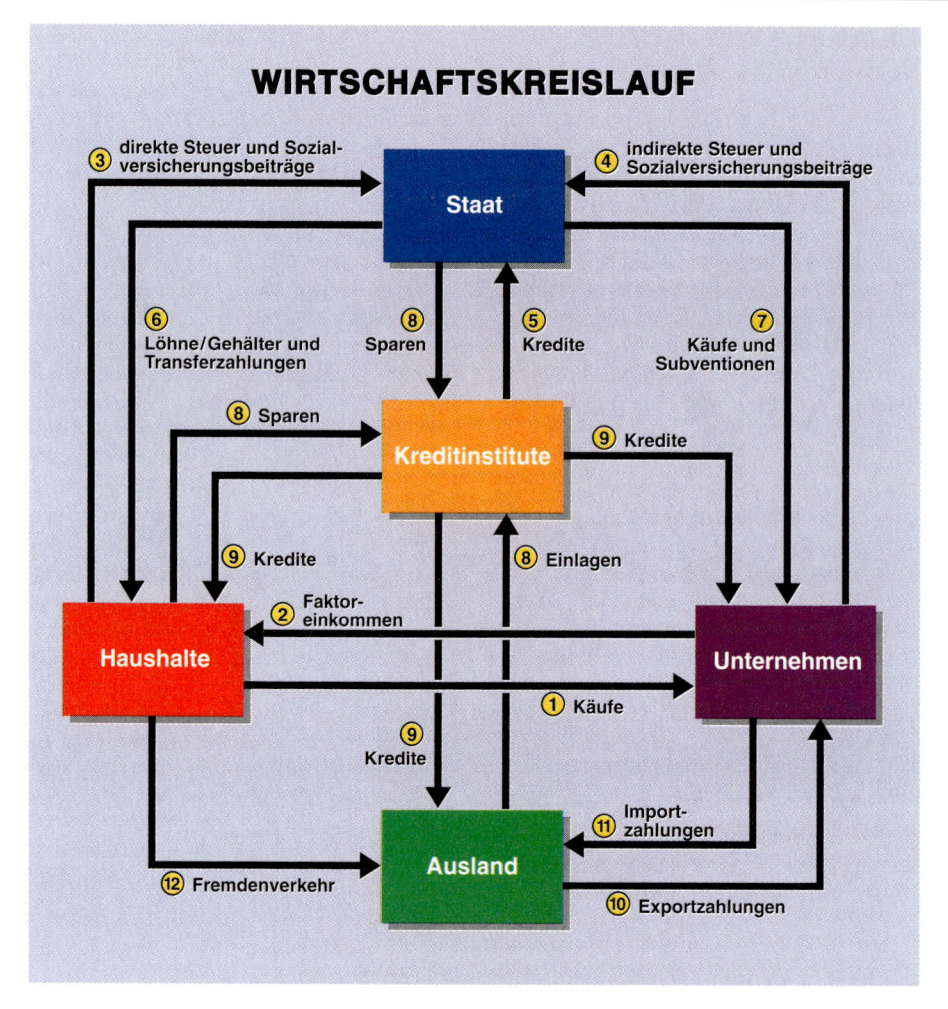

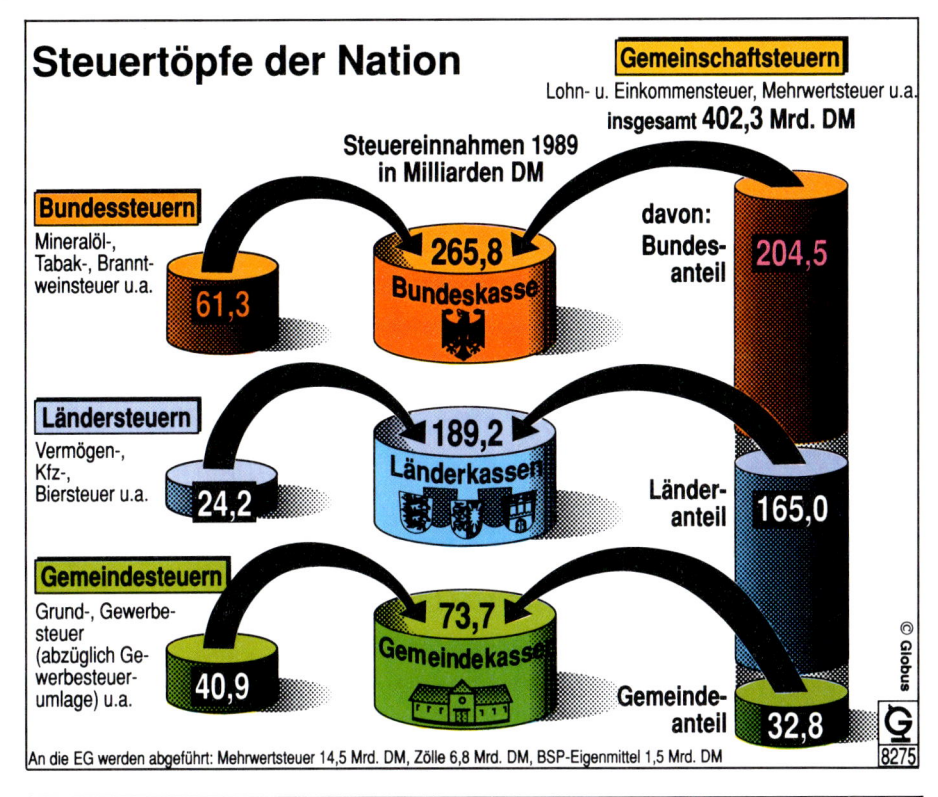

WIRTSCHAFT

Steuertöpfe der Nation

Steuereinnahmen 1989 in Milliarden DM

Gemeinschaftsteuern
Lohn- u. Einkommensteuer, Mehrwertsteuer u.a.
insgesamt 402,3 Mrd. DM

Bundessteuern
Mineralöl-, Tabak-, Branntweinsteuer u.a.
61,3 → 265,8 Bundeskasse ← 204,5 davon: Bundesanteil

Ländersteuern
Vermögen-, Kfz-, Biersteuer u.a.
24,2 → 189,2 Länderkassen ← 165,0 Länderanteil

Gemeindesteuern
Grund-, Gewerbesteuer (abzüglich Gewerbesteuerumlage) u.a.
40,9 → 73,7 Gemeindekasse ← 32,8 Gemeindeanteil

An die EG werden abgeführt: Mehrwertsteuer 14,5 Mrd. DM, Zölle 6,8 Mrd. DM, BSP-Eigenmittel 1,5 Mrd. DM

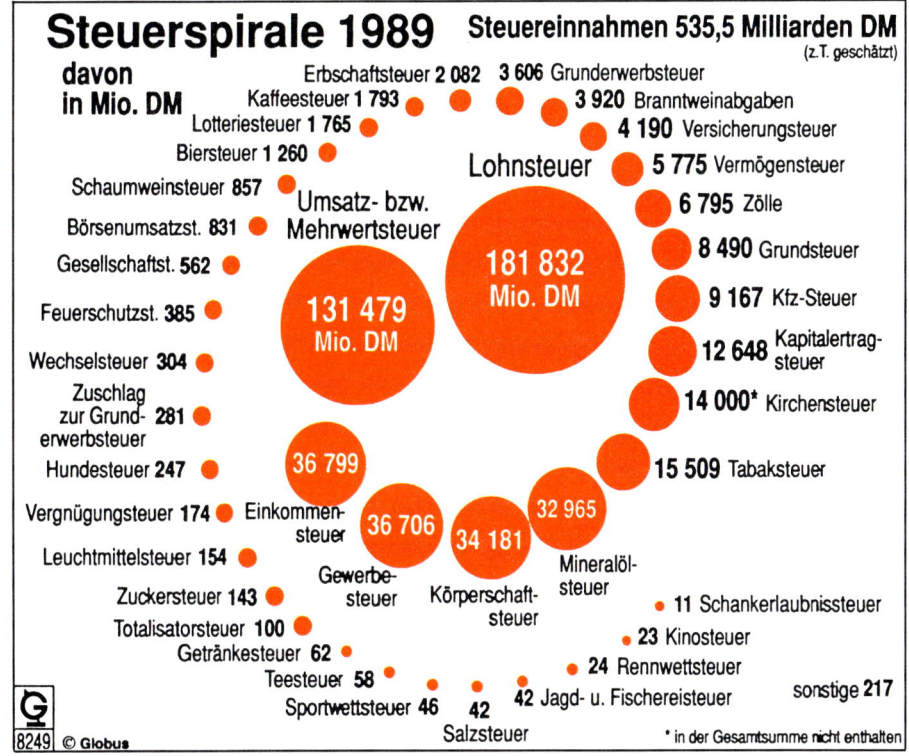

Steuerspirale 1989

Steuereinnahmen 535,5 Milliarden DM (z.T. geschätzt)

davon in Mio. DM:

- Lohnsteuer 181 832 Mio. DM
- Umsatz- bzw. Mehrwertsteuer 131 479 Mio. DM
- Einkommensteuer 36 799
- Gewerbesteuer 36 706
- Körperschaftsteuer 34 181
- Mineralölsteuer 32 965
- Tabaksteuer 15 509
- Kirchensteuer 14 000*
- Kapitalertragsteuer 12 648
- Kfz-Steuer 9 167
- Grundsteuer 8 490
- Zölle 6 795
- Vermögensteuer 5 775
- Versicherungsteuer 4 190
- Branntweinabgaben 3 920
- Grunderwerbsteuer 3 606
- Erbschaftsteuer 2 082
- Kaffeesteuer 1 793
- Lotteriesteuer 1 765
- Biersteuer 1 260
- Schaumweinsteuer 857
- Börsenumsatzst. 831
- Gesellschaftst. 562
- Feuerschutzst. 385
- Wechselsteuer 304
- Zuschlag zur Grunderwerbsteuer 281
- Hundesteuer 247
- Vergnügungsteuer 174
- Leuchtmittelsteuer 154
- Zuckersteuer 143
- Totalisatorsteuer 100
- Getränkesteuer 62
- Teesteuer 58
- Sportwettsteuer 46
- Salzsteuer 42
- Jagd- u. Fischereisteuer 42
- Rennwettsteuer 24
- Kinosteuer 23
- Schankerlaubnissteuer 11
- sonstige 217

* in der Gesamtsumme nicht enthalten

Steuer zahlt (Steuerzahler). Ein Beispiel hierfür ist die Einkommensteuer. Derjenige, der Einkommen erzielt, soll hierauf Steuern zahlen und zahlt sie auch.

- *Indirekte Steuer*
  Muß ein Unternehmen für Produkte (Bier, Salz, Benzin, Tee, Sekt u.a.) Steuern abführen, so zahlt es diese zwar; Steuerträger aber sollen nach dem Willen des Gesetzgebers andere sein. Somit schießt der Steuerzahler die Steuern nur vor und wälzt sie dann auf andere ab. Hierzu ein Beispiel: Von einem Unternehmen der Tabakindustrie wird vom Finanzamt die Tabaksteuer kassiert. Das Unternehmen wälzt die Steuer dann u.a. auf die Tabakkonsumenten ab, die diese letztendlich auch zahlen sollen. Der Konsument zahlt die Steuer also nur indirekt.

Im Jahre 1989 wurden in der Bundesrepublik insgesamt 535,5 Milliarden DM Steuern eingenommen. Wie sich das Steueraufkommen zusammensetzt, zeigt das Schaubild links unten.

Das Geld

In der Vorzeit tauschten die Menschen ihre Güter und Leistungen direkt untereinander aus. Mit zunehmender Vielfalt des Bedarfs wurde der Tausch zu umständlich. So bestimmte man irgendein anerkanntes Gut als Mittel, gegen das man sich alle möglichen anderen Güter einhandeln konnte. Dies waren unter anderem Tierzähne, Felle, Muscheln und Schmuckstücke. Als Einheiten dieses frühen »Geldes« galten vornehmlich die Stückzahl oder das Gewicht. So erinnert die griechische »Drachme« namentlich noch heute an eine Handvoll Nägel, die einst mit diesem Begriff gemeint war.

Die allgemeine Anerkennung dieser Güter war allerdings regional begrenzt. Im 7. Jh. v. Chr. formten die Lydier im Westen Kleinasiens aus ihren Goldfunden kleine Scheiben. Sie prägten jedem dieser runden Plättchen so viele Gerstenkornabdrücke ein, wie als Gegengewicht für die Goldmenge gebraucht worden waren. Das war das erste Geld im heutigen Sinne.

Geld erfüllt im Zusammenleben der Menschen vier Funktionen. In erster Linie ist es als allgemeines Tauschmittel und allgemeine Recheneinheit anerkannt. So tauscht beispielsweise der Bäcker die Leistungen Brot oder Brötchen gegen Geld ein. Hierfür kann er sich wieder andere von ihm benötigte Leistungen kaufen. Dabei dient das Geld als Wertmesser. Erst das Geld bildet einen neutralen Maßstab, mit dessen Hilfe alle wirtschaftlichen Größen wie etwa Aufwand und Ertrag, Kosten und Preise miteinander verglichen werden können. Als Wertübertragungsmittel dient das Geld für Zuwendungen, für die keine Gegenleistung erbracht wurde (z.B. Erbschaften, Taschengeld oder Spenden).

---

den größten Teil des Steueraufkommens ausmacht, flossen 1989 jeweils 42,5% an Bund und Länder, und 15% standen den Gemeinden zu.

Um die Aufgaben des Gemeinwohls im gesamten Staatsgebiet grundsätzlich in gleicher Weise erfüllen zu können, muß ein Ausgleich zwischen finanzstarken und finanzschwachen Ländern erfolgen. Länder mit niedrigerem Steueraufkommen erhalten von Ländern mit höherem Steueraufkommen Zuweisungen (horizontaler Finanzausgleich). Ebenfalls findet ein Ausgleich zwischen Ländern, Kreisen und Gemeinden statt (vertikaler Finanzausgleich).

Neben der Gliederung in Bundes-, Länder- und Gemeindesteuern ist ein weiterer Gesichtspunkt bei der Einteilung der Steuern die Überwälzbarkeit. Danach wird eingeteilt:

- *Direkte Steuer*
  Bei der direkten Besteuerung stimmt derjenige, der nach dem Willen des Gesetzgebers die Steuer aufbringen muß (Steuerträger), mit dem überein, der die

43

WIRTSCHAFT

Heute findet man nur noch selten Währungsmünzen, sog. Kurantmünzen, deren Stoff dem aufgedruckten Wert entsprechen. Die heute umlaufenden Geldstücke sind gewöhnlich Scheidemünzen, bei denen der Metallwert meist geringer ist als der aufgeprägte Nennwert.

Das Recht, Münzen herauszugeben, d.h die Münzhoheit, hat die Bundesregierung. Sie läßt die Münzen in den Münzstätten prägen:
- München (D)
- Stuttgart (F)
- Karlsruhe (G)
- Hamburg (J)

Der ausschließliche Geldverkehr mit Hilfe von Münzen wurde problematisch. Zum einen wurden im Mittelalter eine Vielzahl von Münzen herausgegeben, so daß der Geldverkehr zwischen den Kaufleuten unübersichtlich wurde, und zum anderen war das Reisen mit großen Geldbeträgen beschwerlich und gefährlich.

So verfielen die Kaufleute auf den Ausweg, Hartgeld anerkannten Gewichts und Feingehalts bei den Geldwechslern zu hinterlegen, also zu deponieren. Als Bestätigung, daß der Kaufmann ein solches Depot bei einem Geldwechsler besaß, erhielt er Depositenscheine. Später gaben die Geldwechsler vertrauenswürdigen Kaufleuten auch Depositenscheine, die nicht durch den Depotinhalt gedeckt waren. Diese Depositenscheine ohne Depot sind als Vorläufer der neuzeitlichen Banknoten zu betrachten.

Heute ist das Recht zur Herausgabe von Geldscheinen (Banknoten) auf die Zentralnotenbank, in Deutschland auf die Bundesbank, beschränkt. Seit dem 3. Oktober 1990 werden in Deutschland die bisher gültigen Banknoten allmählich durch neugestaltete ersetzt.

Banknoten und Münzen sind aber nur ein Teil des umlaufenden Geldes. Größere Bedeutung für den Zahlungsverkehr in der Wirtschaft hat das bargeldlose Buchgeld oder auch Giralgeld. Dies sind dem Zahlungsverkehr dienende Guthaben bei Banken und anderen Kontostellen. Über diese Guthaben kann z.B. mit Hilfe von Überweisungen, Schecks und Kreditkarten verfügt werden. Hier bieten die Banken vereinfachte Formen des Zahlungsverkehrs.

- Eurocheque:
Bis zu einem Betrag von DM 400,- garantiert jedes Kreditinstitut, das seinen Kunden Eurocheques aushändigt, dem Inhaber dieser Eurocheques die Einlösung oder den Einzug, unabhängig, ob das bezogene Konto gedeckt ist. Somit kann jeder Zahlungsempfänger unbesorgt diese Cheques als Zahlungsmittel annehmen.

- Abbuchungsauftrag:
Für seine über einen längeren Zeitraum in der Höhe gleichbleibenden und regelmäßig wiederkehrenden Zahlungsverpflichtungen kann der Kontoinhaber seinem Kreditinstitut den Auftrag erteilen, diese zu den gewünschten Zeitpunkten auszuführen. Wünscht er beispielsweise, daß die Miete pünktlich zum jeweiligen 1. eines Monats auf das Konto des Vermieters überwiesen wird, erteilt er seiner kontoführenden Bank einen entsprechenden Dauerauftrag.

- Einzugsermächtigung:
Bei ständig wiederkehrenden, aber nicht in ihrer Höhe gleichbleibenden Beträgen ermächtigt der Zahlungspflichtige den Zahlungsempfänger, den jeweiligen Betrag ohne vorherige Rücksprache vom Konto des Zahlungspflichtigen einzuziehen. Beispielsweise kann die Bundespost vom Kunden ermächtigt werden, auf diese Weise anfallende Fernsprechgebühren einzuziehen.

- Kreditkarte:
Der Aussteller einer Kreditkarte verpflichtet sich, für Zahlungsverpflichtungen gegenüber anderen einzustehen, die der Inhaber der Kreditkarte eingeht. Verschiedene Gesellschaften (z.B. American Express, Diners Club), aber zunehmend auch Gemeinschaftsunternehmen von Banken und Sparkassen geben kreditwürdigen Kunden Kreditkarten aus.

Die Banken

Neben sog. Spezialbanken, wie Hypothekenbanken, die vornehmlich Geld für Bauzwecke in Form von Hypotheken ausleihen, hat sich in den meisten Ländern das Universalbankensystem herausgebildet. Diese Universalbanken nehmen sich ihrer Kunden in allen Fragen an, die sie im Verkehr mit dem Geld bewegen. Die Tätigkeiten der Banken lassen sich hauptsächlich in Aktiv- und Passivgeschäfte einteilen.

Im Aktivgeschäft spielt die Bank die Rolle des Geldgebers. Sie vergibt kurzfristige und langfristige Kredite verschiedenster Art. Zu ihren Kreditnehmern zählen Privatpersonen, Unternehmen, aber auch Gebietskörperschaften, z.B. Gemeinden. Für die Gewährung von Krediten berechnet die Bank ihren Kunden Sollzinsen. Der Zins ist der Preis für die Überlassung von Kapital auf Zeit.

Die Passivgeschäfte versetzen die Bank selbst in die Rolle des Kreditnehmers. Praktisch bedeutet jede Einlage, ob auf einem Sparkonto oder eine Einzahlung auf einem Girokonto, einen Kredit an die Bank. Für Spareinlagen werden Sparzinsen, oder, sollte es sich um Einlagen auf eine bestimmte Zeit handeln, Terminzinsen gezahlt. Die Bank zahlt also für an sie überlassenes Kapital Habenzinsen.

Damit eine Bank wirtschaften kann, müssen die Sollzinsen höher sein als die Habenzinsen, d.h. es muß eine ausreichende Marge zwischen diesen Zinssätzen bestehen, damit die Bank beispielsweise investieren, Gehälter für Angestellte zahlen und Gewinne erzielen kann.

Begrifflich werden Geld- und Kapitalmarkt unterschieden. Der Geldmarkt umfaßt kurzfristiges Geldkapital, z.B. von Privatpersonen der Bank für einen Monat überlassenes Geld, während auf dem Ka-

AM 3. OKTOBER 1990, dem Tag der deutschen Einheit, gab die Bundesbank erste neu gestaltete Banknoten heraus, darunter die abgebildeten. Gänzlich neu, auch als Nennwert, war der 200-Mark-Schein (unten).

WIRTSCHAFT

pitalmarkt langfristiges Leihkapital gehandelt wird. Auf dem Kapitalmarkt kann eine Bank beispielsweise langfristige festverzinsliche Wertpapiere ausgeben. Sie bietet hier eine Anlageform an, bei der der Inhaber eines Wertpapiers über Jahre einen festen also gleichbleibenden Zinssatz erhält. Eine Universalbank leistet ihren Kunden Dienste durch die Übernahme des Zahlungs- und des Effektenverkehrs (siehe Börse) und durch Beratungen. So leitet sie Geldüberweisungen des Kunden weiter und schreibt Überweisungen an ihn seinem Konto gut. Da aber häufig Zahlungsanweiser und Zahlungsempfänger ihre Konten nicht bei der gleichen Bank unterhalten, stehen Banken und andere Kreditinstitute durch den »Giroverkehr« miteinander in Verbindung. Bei diesem Kreisverkehr – das italienische Wort giro bedeutet Kreis – werden bargeldlose Geldübertragungen von Bank zu Bank durch Ab- und Aufbuchungen auf die Kunden-Konten vorgenommen. Von Zeit zu Zeit wird zwischen den Banken eines Gironetzes abgerechnet.

Weitere Dienstleistungen, die die Bank ihren Kunden bietet, sind u.a. die Abwicklung des internationalen Zahlungsverkehrs, indem ein Kunde beispielsweise für seine Urlaubsreise ausländische Geldscheine (Sorten) erwerben kann, und der Kauf und Verkauf von Wertpapieren im Auftrag der Bankkundschaft an der Börse.

Die Börse

Die Anfänge der Börse liegen in der flämischen Stadt Brügge. Dort entwickelte sich das Haus der Patrizierfamilie van der Beurse vom 13. Jh. an zum Treffpunkt von Kaufleuten aus vielen Ländern. Hier tauschten sie ihre Nachrichten aus und machten ihre Geschäfte miteinander. Waren und Produktenbörsen, wie diese erste in Brügge, gibt es heute u.a. in Hamburg, Bremen, Duisburg, London und Chicago.

Dort konzentrieren sich Angebot und Nachfrage nach den verschiedensten Gütern entsprechend den Gesetzen des freien Marktes. Verknappt sich beispielsweise bei unveränderter Nachfrage nach Kaffee das Angebot an Kaffee aufgrund schlechter Ernten, werden die Verkäufer für Kaffee mehr verlangen und umgekehrt.

Von anderen Märkten unterscheidet sich die Börse in erster Linie dadurch, daß auf dem Handelsplatz Börse die Werte und Waren, die dort ge- und verkauft werden, nicht selbst vorhanden sind. Vielmehr befaßt sich die Börse mit sog. vertretbaren Gütern, d.h. sie brauchen nur nach Maß, Anzahl, Gewicht und Qualität bestimmt zu werden, so daß sie weder der Verkäufer vorzeigen, noch der Käufer besichtigen muß.

Als bekannteste Form der Börse bildete sich im Laufe der Jahrhunderte die Effekten- oder Fondsbörse heraus. Hier werden Wertpapiere gehandelt. Das sind in erster Linie Aktien, Obligationen, Anleihen und Pfandbriefe. Die Aktien stellen Anteilsrechte an Unternehmen dar.

Obligationen, Anleihen und Pfandbriefe sind als festverzinsliche Wertpapiere praktisch Quittungen für Geld, das ihr Erwerber dem Ausgebenden leiht und zu dessen Rückzahlung sich der Ausgebende zu einem bestimmten Zeitpunkt verpflichtet.

Die Börsianer

Der Handel an der Börse ist ausschließlich den eigens durch den Börsenvorstand anerkannten Berufshändlern vorbehalten. Sie sind Abgesandte von Kreditinstituten und handeln im Auftrag und auf Rechnung der Institutskunden und ihres Geldinstituts. Die Geschäfte zwischen den Berufshändlern vermitteln die vom Staat bestellten und vereidigten amtlichen Kursmakler. Sie sind verpflichtet, gleichermaßen die Interessen der verkaufs- und kaufwilligen Berufshändler zu wahren.

Die größten Banken der Welt
Bilanzsumme 1989 in Mrd. Dollar

Bank	Mrd. Dollar
Dai-Ichi Kangyo Bank (J)	408
Sumitomo Bank (J)	372
Fuji Bank (J)	367
Mitsubishi Bank (J)	364
Sanwa Bank (J)	358
Industrial Bank of Japan (J)	260
Crédit Agricole (F)	242
Banque Nationale de Paris (F)	231
Tokai Bank (J)	230
Citicorp (USA)	227
Norinchukin Bank (J)	222
Crédit Lyonnais (F)	210
Mitsui Bank (J)	206
Barclays Bank (GB)	205
Bank of Tokyo (J)	203
Deutsche Bank (D)	202
National Westminster Bank (GB)	187
Long-Term Credit Bank of Japan (J)	176
Taiyo Kobe Bank (J)	175
Société Générale (F)	165

© Globus 8488

UNTER FERNER LIEFEN rangiert die größte deutsche Bank im internationalen Konkurrenzfeld. Wie viele deutsche Großbanken hat sie ihren Sitz in Frankfurt (Foto), dem die Hochhäuser der Kreditinstitute den Spitznamen »Mainhattan« eingetragen haben.

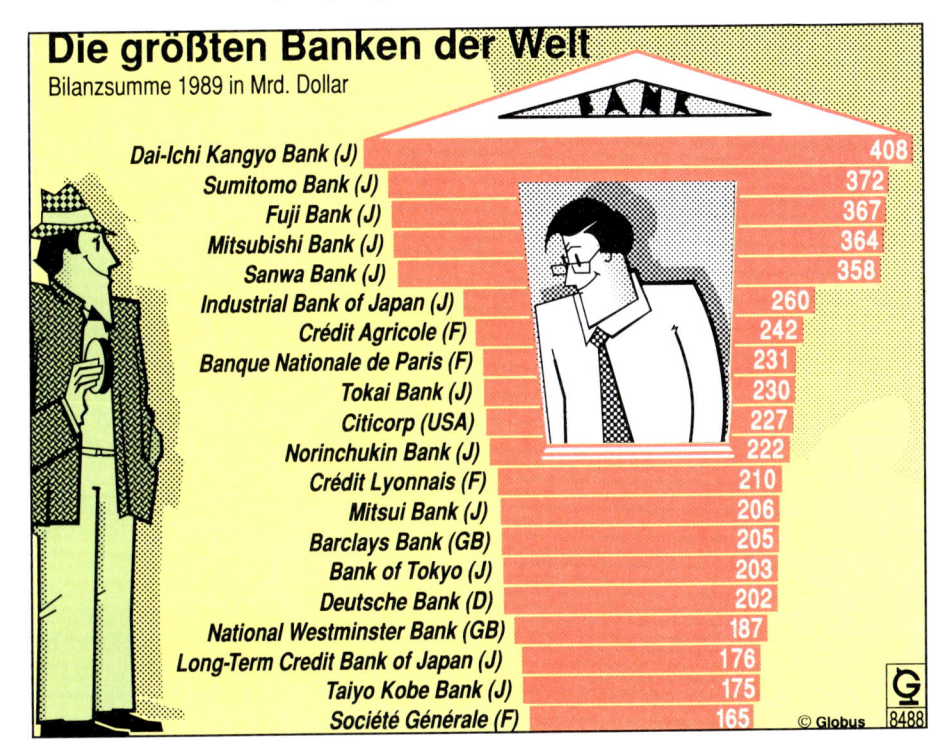

WIRTSCHAFT

Jeder Kursmakler betreut eine bestimmte Anzahl von Wertpapieren. Hier melden die Börsenhändler auf Grund ihrer Aufträge an, welche und wie viele Wertpapiere sie kaufen bzw verkaufen, welchen Preis sie erzielen wollen bzw. wieviel sie dafür bereit sind zu zahlen. Aus diesen Angaben berechnet der Kursmakler den amtlich festgestellten Kurs, zu dem dann die größten Umsätze des entsprechenden Wertpapiers zu erwarten sind. Dieser sog. Einheitskurs bleibt für den ganzen Börsentag verbindlich.

Neben den amtlichen und vereidigten Kursmaklern, den Hauptakteuren des börsentäglich einsetzenden »Mittagsgeschreis«, gibt es Freimakler, die neben den amtlich notierten Papieren auch Wertpapiere des »Freiverkehrs« vermitteln. Dies sind Papiere, für die noch keine amtliche Zulassung beantragt worden ist. Die Geschäfte des Freiverkehrs machen einen erheblichen Teil der Börsenumsätze aus.

Art des Handels

Der Börsenhandel findet selbst im Zeitalter der Elektronik noch zwischen den Händlern und Maklern im Börsensaal statt. Auf diese Weise werden alle Händler zugleich über die jeweils herrschenden Kurse und ihre Entwicklung nach oben oder unten informiert. Auch der Abschluß der Wertpapiergeschäfte im Börsensaal erfolgt ausschließlich durch Zuruf. Niemand kann anschließend von seinem Wort zurücktreten.

Eine Anzahl von Aktien wird fortlaufend oder variabel gehandelt. Das sind die Aktien, in denen beinahe regelmäßig hohe Umsätze getätigt werden, also Aktien von bekannten Gesellschaften. In der ersten halben der zwei Börsenstunden ermittelt der Kursmakler für diese Werte die Erst- oder Eröffnungskurse, nach weiteren 15 Minuten beginnt er mit der Feststellung der Einheitskurse, und schließlich bestimmt er in der letzten halben Stunde den Schlußkurs für jedes der von ihm betreuten Papiere. In der Zwischenzeit können sich die Kurse durch Geschäfte unter den Börsenvertretern mehrfach verändern. Auf Kurstafeln werden die Preise der Aktien laufend notiert.

Beim variablen Handel kann der Kurs eines Wertpapiers steigen und fallen. Somit könnte der Käufer zum richtigen Zeitpunkt günstig erwerben und der Verkäufer teuer abgeben. Da private Käufer und Verkäufer nicht an der Börse zugelassen sind und den für sie günstigen Zeitpunkt zum Kauf und Verkauf nicht abpassen können, haben sie bei ihren Preisangaben, zu denen ihre Aufträge ausgeführt werden sollen, eine Alternative. Sie können bei der Auftragsvergabe in ihrem Geldinstitut den Auftrag auch über einen längeren Zeitraum limitieren oder ihn während der kommenden oder laufenden Börsensitzung interessewahrend ausführen lassen. Hierzu ein Beispiel: Ein Kunde möchte 100 Volkswagenaktien kaufen. Der Vortagskurs dieser Aktie lag bei DM 360,-. Er möchte die Aktie nur dann kaufen, wenn der Kurs während des laufenden Monats oder des laufenden Tages auf DM 350,- oder darunter fällt. Er wird also ein Kauflimit bei DM 350,- setzen (Monats- oder Tagesorder). Der Auftrag wird erst dann ausgeführt, wenn der Kurs DM 350,- erreicht bzw. unterschreitet und sei dies im variablen Handel nur für einen Moment.

Will der Kunde die Aktien während der Börsensitzung auf alle Fälle erwerben, so wird er »billigst« kaufen, was bedeutet, daß der Händler des Instituts den Auftrag unabhängig von der Kursentwicklung ausführen wird. Auch ein Verkäufer hat solche Möglichkeiten. Er kann ein Verkaufslimit setzen oder seinen Auftrag »bestens« ausführen lassen.

Bei Kauf- und Verkaufsaufträgen, die weniger als 50 Stück umfassen, werden die Papiere nur einmal täglich (in Frankfurt z.B. 12 Uhr) zum Kassa- oder Einheitskurs gehandelt. Auch diese Aufträge können limitiert werden.

Außerhalb der Börsenzeiten (in der Bundesrepublik ist Börsenzeit von Montag bis Freitag zwischen 11.30 Uhr und 13.30 Uhr), entwickelt sich unter den Kreditinstituten ein vorbörslicher und nachbörslicher Handel von Wertpapieren. Als »Telefonverkehr« wird der Handel mit Wertpapieren bezeichnet, die weder zum amtlichen Handel noch zum geregelten Freiverkehr zugelassen sind. Diese Geschäfte werden meistens per Telefon abgewickelt.

Kurseinflüsse

Der Kursverlauf an der Börse unterliegt mannigfaltigen Einflüssen. So schwächen sich die Kurse gewöhnlich bei krisenhaften außen- wie innenpolitischen Entwicklungen ab und kräftigen sich aufgrund günstiger Nachrichten aus diesen Bereichen. Die Anregung zum Kaufen oder Verkaufen geht natürlich vor allem von den einzelnen Unternehmen aus. Vorteilhafte Geschäftsentwicklungen, gute Gewinnaussichten,

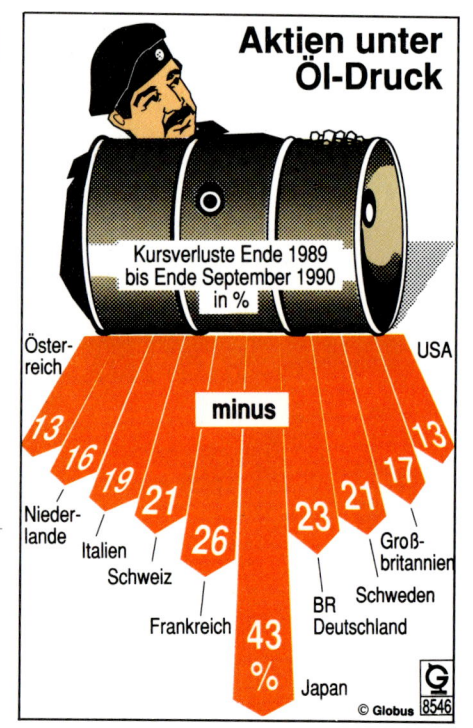

DIE GOLFKRISE löste 1990 vorübergehend eine Ölpreiswelle aus, auf die die Börse (Foto: Kursfindung in Frankfurt) sofort reagierte. Die Kurse purzelten v.a. im besonders ölabhängigen Japan dramatisch.

Aktien unter Öl-Druck

Kursverluste Ende 1989 bis Ende September 1990 in %

minus

- Österreich 13
- Niederlande 16
- Italien 19
- Schweiz 21
- Frankreich 26
- BR Deutschland 23
- Schweden 21
- Großbritannien 17
- USA 13
- Japan 43 %

© Globus 8546

WIRTSCHAFT

BÖRSENSPRACHE

Neben den Börsenkursen werden Börsenberichte veröffentlicht, die knapp und präzise gehalten sind. Die am häufigsten verwendeten Begriffe haben folgende Bedeutung:

Hausse: Sehr starke Kurssteigerungen um etwa 10% des Kurswertes, anhaltender Kursanstieg.
Fest: Gewinne von ca. 2–5% des Kurswertes.
Anziehend: Gewinne bis ca. 2% des Kurswertes.
Freundlich: Kleine Kursgewinne, zunehmende Nachfrage.
Erholt: Steigende Kurse nach einem Rückgang.
Gehalten, behauptet: Trotz starken Angebots nur kleine Verluste.
Lustlos: Kaum Nachfrage, geringe Umsätze.
Abbröckelnd: Kurse gehen stetig leicht zurück.
Leichter, nachgebend: Kursverluste bis etwa 1% des Kurswertes.
Schwächer: Bis ca. 2% Kursverluste.
Schwach: Etwa 3–5% Kursrückgänge.
Baisse: Verluste von über 5%, anhaltender Kursrückgang.

BÖRSENKÜRZEL

Auf den z.B. in den größeren Tageszeitungen veröffentlichten Kurszetteln sind neben den Kursen Kurszusätze zu finden, von denen im folgenden einige erläutert werden:

Bezeichnung		Bedeutung
G	Geldkurs	Nur Nachfrage. Umsätze wurden nicht getätigt.
B	Briefkurs	Nur Angebot. Umsätze wurden nicht getätigt.
bG	bezahlt Geld	Umsätze wurden getätigt. Zum angegebenen Kurs bestand noch weitere Nachfrage.
bB	bezahlt Brief	Umsätze wurden getätigt. Zum angegebenen Kurs bestand noch weiteres Angebot.
T	Taxkurs	Umsätze fanden nicht statt. Der Kurs wurde geschätzt.
exD	ausschließlich	Dividendenabschlag im Kurs berücksichtigt
exDiv.	Dividende	

Neuentwicklungen oder Forschungserfolge, die zu Umsatzsteigerungen führen dürften, bewirken steigende Kurse, negative Nachrichten über das Unternehmen oder über die voraussichtliche Entwicklung ganzer Geschäftszweige schwächen die Kurse ab.

Neben dieser fundamentalen Herangehensweise der Anleger hat in den letzten Jahren das Handeln sog. Techniker bei der Kursentwicklung immer mehr an Bedeutung gewonnen. Die technische Analyse geht von Erfahrungsgrundsätzen aus. Anhand bisheriger Kursentwicklungen hat der Techniker Gesetzmäßigkeiten des Anlageverhaltens herausgefunden, von denen er meint, daß sie sich wiederholen. Er schließt also von der vergangenen Kursentwicklung auf die zukünftige und richtet seine Kauf- und Verkaufsaktivitäten danach aus.

Indices
Um einen schnellen Überblick über einen nationalen Aktienmarkt zu erhalten, sind verschiedene Indices entwickelt worden. Bei einem Aktienindex wird die Kursentwicklung der Aktien einzelner für die nationale Wirtschaft bedeutender Gesellschaften betrachtet, und daraus eine durchschnittliche Kursentwicklung ermittelt. Der bekannteste Aktienindex ist der »Dow-Jones-Index«, das Börsenbarometer der New Yorker Aktienbörse. Der Dow-Jones-Industrial-Average, wie er mit vollem Namen heißt, errechnet sich aus der Notierung von im wesentlichen 30 führenden Industrieaktien. Die in der Bundesrepublik geläufigen Indices sind der DAX (Deutscher Aktien Index), der FAZ (Index der Frankfurter Allgemeinen Zeitung) u.a.

Der Handel

Das Wort »handeln« stammt aus dem Mittelhochdeutschen. Ursprünglich bedeutete es »etwas mit den Händen fassen, bearbeiten, behandeln«. Erst im 16. Jh. hat es die Bedeutung »Handel treiben« angenommen.

Handel treibt nach der heutigen Begriffsbestimmung, wer etwas kauft und es mit Gewinn wieder verkauft. Die Entwicklung des Handels zu seiner heutigen Bedeutung begann im 18. und 19. Jh. Die schnell fortschreitende Industrialisierung mit ständig zunehmender arbeitsteiliger Produktion bedingte den »Mittler-Kaufmann« zwischen den Herstellungsstätten in einem ungleich höheren Ausmaß als je zuvor. Eine noch größere Aufgabe erfüllte der Handel durch den Absatz ständig sich vergrößernder Produktionsmengen und der Produktionsvielfalt aus dem eigenen Land wie aus allen Teilen der Welt bis hin zum Verbraucher im abgelegensten Dorf.

Die Anstrengungen des Handels werden durch die Handelsspanne vergütet. Sie drückt sich durch den Unterschied zwischen den Ein- und Verkaufspreisen des Handels aus. Durch die Handelsspanne hat der Handel seine Kosten zu decken und daraus seinen Gewinn zu beziehen. Der Hersteller kann unter Ausschaltung von Handelsbetrieben direkt beim Abnehmer absetzen. Dies ist in der Regel nur dann möglich, wenn der Abnehmer ebenfalls Produzent ist. Konsumgüter werden vom Hersteller unter Einschaltung des Groß- und Einzelhandels vertrieben.

Der Großhandel: Großhändler setzen nicht an Konsumenten, sondern an Weiterverarbeiter oder Wiederverkäufer (Einzelhändler) ab. Im ersteren Fall handelt es sich häufig um Spezialgroßhandlungen, die Weiterverarbeiter einer speziellen Branche, beispielsweise Tischlereien, beliefern. Großhändler, die den Einzelhandel mit Konsumgütern beliefern, sind Sortimentsgroßhändler. Sie müssen ein von den Einzelhändlern gewünschtes Sortiment führen.

Der Einzelhandel: Das Bild des Einzelhandels hat sich in den letzten Jahrzehnten gewandelt. Der »Tante-Emma-Laden«, das kleine Eckgeschäft mit dem kleinen Sortiment und der persönlichen Kundenbedie-

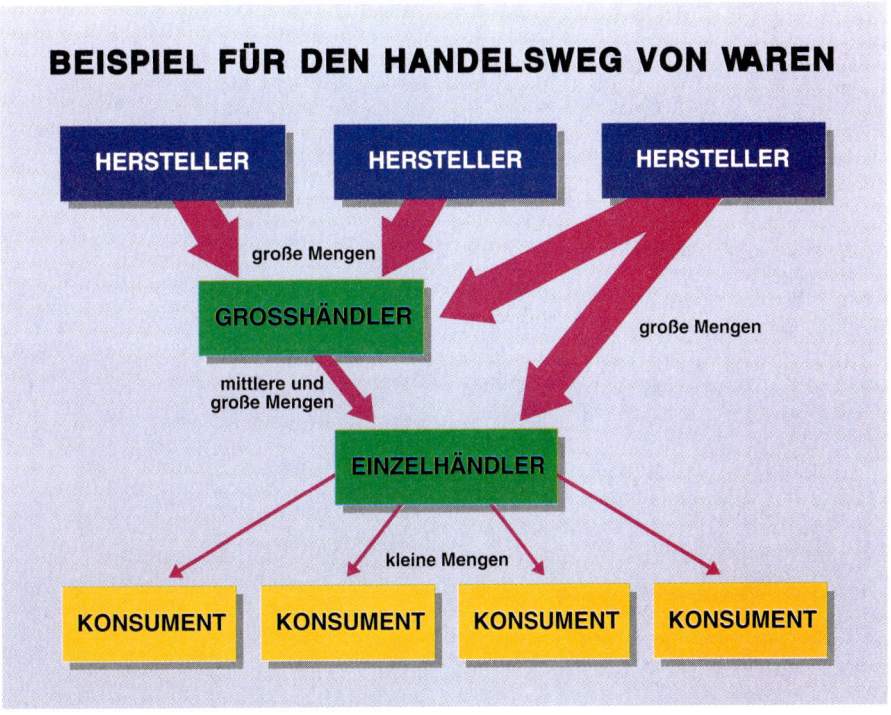

BEISPIEL FÜR DEN HANDELSWEG VON WAREN

HERSTELLER → HERSTELLER → HERSTELLER
↓ große Mengen
GROSSHÄNDLER — große Mengen
↓ mittlere und große Mengen
EINZELHÄNDLER
↓ kleine Mengen
KONSUMENT KONSUMENT KONSUMENT KONSUMENT

WIRTSCHAFT

nung gehört heute in vielen Stadtteilen zur Ausnahme der Einzelhandelsgeschäfte. Einzelhändler haben sich zunehmend aus Konkurrenzgründen zu Einkaufsverbänden zusammengeschlossen, um durch gemeinsamen Einkauf Preisvorteile zu erzielen. Solche Verbände können Einkaufsgenossenschaften (z.B. REWE) oder Einkaufsverbände (z.B. EDEKA) sein.

Eine andere Form des Zusammenschlusses besteht in sog. Handelsketten (z.B. SPAR). Sie zielen auf eine enge Zusammenarbeit von Groß- und Einzelhandel, zum Teil unter Einbeziehung von Herstellern. Mit der Veränderung des Konsumverhaltens entstehen in letzter Zeit immer mehr Einkaufszentren (shopping center), wobei hier in einem Gebäudekomplex sehr viele Geschäfte vom Supermarkt bis zur Tankstelle einschließlich Freizeiteinrichtungen untergebracht sind.

Eine andere Kooperationsform im Einzelhandel, die zunehmend an Bedeutung gewinnt, ist das sog. Franchising-Vertriebssystem (sprich: fräntschaising). Beim Franchise-System wird ein Vertrag zwischen einem Hersteller (Franchise-Geber) und einem selbständigen Handelsbetrieb (Franchise-Nehmer) geschlossen. Der Händler erhält dabei das Recht, gegen Zahlung eines Entgelts, z.B. Umsatzbeteiligung, ein bestimmtes Markensortiment zu verkaufen. Der Vertrag schließt gewöhnlich die Bereitstellung technischer und betriebswirtschaftlicher Erfahrungen des Franchise-Gebers ein. In den USA wird schon mehr als ein Drittel des Umsatzes im Einzelhandel über Franchise-Betriebe getätigt.

DER BETRIEB

Der Betrieb wird als eine selbständige Wirtschaftseinheit definiert. Er verfolgt nach den Erläuterungen des Nationalökonomen und Sozialpolitikers Max Weber »ein kontinuierliches Zweckhandeln bestimmter Art«. Bei gemeinwirtschaftlichen Betrieben ist dies z.B. in erster Linie die Versorgung der Bevölkerung mit Strom, Gas oder Wasser, während bei privatwirtschaftlich orientierten Unternehmen der Zweck in dem optimalen Verkauf eines Produktes bestehen kann.

Da privatwirtschaftliche Betriebe untereinander in Konkurrenz stehen (s. Marktwirtschaft), muß jeder Betrieb zum einen mit allen ihm zur Verfügung stehenden Mitteln wirtschaften, und zum anderen in den Verkaufsbemühungen für seine Produkte erfolgreich sein. Hierfür sind Meßzahlen, sog. Kennziffern, entwickelt worden wie Produktivität, Wirtschaftlichkeit und Rentabilität. Betriebe, die vergleichsweise schlecht wirtschaften oder schlecht verkaufen, können von der Konkurrenz vom Markt verdrängt werden.

Die Einteilung der Betriebe in der Literatur ist vielfältig. Beispielsweise kann dies nach der Art des Zweckhandelns geschehen, ob es sich um einen Handelsbetrieb, einen Industriebetrieb oder eine Versicherung handelt. Eine weitere Unterscheidung der Betriebe erfolgt durch die Größe in Groß-, Mittel und Kleinbetriebe. Das Steuerrecht stellt u.a. die Unternehmensform des Betriebs in den Vordergrund. Sie geht im allgemeinen aus der Betriebsbezeichnung hervor, die aussagt, ob es sich um einen Privateigentümer, um eine offene Handelsgesellschaft (OHG), eine Kommanditgesellschaft (KG), eine Gesellschaft mit beschränkter Haftung (GmbH) oder um eine Aktiengesellschaft (AG) handelt.

Bei der OHG gründen mehrere wirtschaftlich und rechtlich gleichberechtigte Partner ein Unternehmen. Sie sind Vollhafter, haften also mit ihrem in die OHG eingebrachten Vermögen, aber auch mit ihrem Privatvermögen.

Die Kommanditgesellschaft wird von mindestens einem Vollhafter (Komplementär) und mindestens einem Teilhafter (Kommanditist), der nur bis zur Höhe seiner Geschäftseinlage haftet, gegründet. Der Komplementär übernimmt in der Regel die Geschäftsführung.

Die GmbH ist eine Kapitalgesellschaft. Die Eigentümer der Gesellschaft (Gesellschafter) sind nicht die Geschäftsführer, sondern bestellen diese, geben Weisungen und kontrollieren die Geschäftsführung. Die Gesellschafter haften nur bis zur Höhe ihres Gesellschaftsanteils für die Verbindlichkeiten der Gesellschaft, während die GmbH als Kapitalgesellschaft voll haftet. Geschäftsanteile können unter Umständen am Kapitalmarkt erworben werden.

Die AG ist wie die GmbH eine Kapitalgesellschaft. Jeder Eigentümer (Aktionär) ist mit seiner Einlage am gezeichneten Kapital (s. Aktie) an der Aktiengesellschaft beteiligt. Er haftet nur mit der Höhe seiner Einlage, während die Gesellschaft voll haftet. Merkmale der Aktiengesellschaften sind ihre Organe: Die Hauptversammlung als oberstes Beschlußorgan einer AG. Hier kann jeder Aktionär sein Stimmrecht ausüben. Der Vorstand ist verantwortlich für die Geschäftsführung und wird in seiner Tätigkeit vom Aufsichtsrat kontrolliert. Eine wesentliche Bedeutung der Aktiengesellschaft liegt in der Möglichkeit der Finanzierung. Benötigt z.B. die Daimler Benz AG Kapital, so können an der Börse neue (junge) Aktien herausgegeben werden, die durch den Verkauf das notwendige Kapital erbringen.

Betriebswirtschaftliche Begriffe

Um zu beurteilen, ob ein Betrieb ökonomisch arbeitet, werden betriebliche Kennziffern herangezogen, mit deren Hilfe verschiedene Handlungsmöglichkeiten verglichen werden können. Es sind dies u.a. *Produktivität:* Sie gibt darüber Auskunft, wie ergiebig gewirtschaftet wurde. Bezogen wird hier eine mengenmäßig erbrachte Leistung (gemessen in Stück, kg usw.) auf den Einsatz an einem Produktionsfaktor (Arbeitsstunden, Betriebsmittel, Werkstoffeinheiten).

$$\text{Produktivität} = \frac{\text{Ausbringungsmenge}}{\text{Einsatzmenge}}$$

Dies läßt sich vereinfacht am Beispiel der Arbeitsproduktivität verdeutlichen. Erstellen bei einem Möbelhersteller 5 Arbeiter pro Tag durchschnittlich 20 Stühle, so ist

DURCH SERIENFERTIGUNG (Foto: Karosseriebau bei Ford) können hochwertige Konsumgüter preisgünstig hergestellt werden.

GROSSBETRIEBE WIE VW (links Werk mit Käfer-Denkmal) sind heute nur noch als Aktiengesellschaft (AG) zu führen, da einzelne das Kapital dafür kaum noch aufbringen können.

WIRTSCHAFT

die Arbeitsproduktivität 4, nämlich 4 Stühle pro Arbeiter. Werden jetzt durch betriebliche Maßnahmen von diesen 5 Arbeitern pro Tag durchschnittlich 25 Stühle erstellt, so ist die Arbeitsproduktivität um 25 % gestiegen.

Wirtschaftlichkeit: Durch diesen betrieblichen Leistungsmaßstab läßt sich die wertmäßige Ergiebigkeit von Rationalisierungsmaßnahmen feststellen. Die wirtschaftliche Leistungsfähigkeit wird ausgedrückt durch folgendes Verhältnis:

$$\text{Wirtschaftlichkeit} = \frac{\text{Leistung}}{\text{Kosten}}$$

wobei die Kosten der bewertete Verbrauch von Gütern und Dienstleistungen und die Leistung das in der Regel zu Marktpreisen bewertete Ergebnis dieses Kosteneinsatzes ist. Werden z.B. die von den 5 Arbeitern erstellten 20 Stühle zu einem Stückpreis von DM 100,- bewertet, so beträgt die Leistung pro Tag DM 2000,-. Insgesamt entstehen für diese Leistung Kosten in Form von Löhnen, Material, Maschinen usw. in Höhe von DM 1500,-. Die Wirtschaftlichkeit beträgt somit 1,33, das bedeutet, daß mit DM 1,- Kosten DM 1,33 Leistung erzielt wurde. Wird durch Rationalisierung die gleiche Leistung mit weniger Kosten erbracht, oder mit gleichen Kosten eine höhere Leistung erzielt, erhöht sich die Wirtschaftlichkeit.

Rentabilität: Als Rentabilität bezeichnet man das prozentuale Verhältnis von Gewinn zu eingesetztem Kapital.

$$\text{Rentabilität} = \frac{\text{Gewinn} \times 100}{\text{Kapital}}$$

Zieht man von dem Ertrag, den die unternehmerische Tätigkeit pro Jahr insgesamt erbringt (Erlöse aus den Verkäufen, Zinserträge), die hierfür erforderlichen Aufwendungen (für die betrieblichen Leistungen, Zinsen usw.) ab, so erhält man den Gewinn (Gewinn = Erlös minus Kosten). Dieser ist positiv, wenn die Erträge größer als die Aufwendungen sind und negativ (Verlust), wenn die Aufwendungen größer sind als die Erträge. Die Rentabilität gibt nun an, wie sich das eingesetzte Kapital verzinst. Beträgt beispielsweise der Gewinn pro Jahr DM 150 000 bei einem insgesamt eingesetzten Kapital von DM 1 000 000, so verzinst sich das eingesetzte Kapital mit 15 %.

Die Beschaffung

Jeder Betrieb muß auf den Beschaffungsmärkten Produktionsfaktoren nachfragen. Er benötigt u.a. Arbeitskräfte, Grundstücke, Maschinen, Kapital, Roh-, Hilfs- und Betriebsstoffe und unfertige Erzeugnisse, um seinem betrieblichen Zweck nachzukommen. Da ohne eine Beschaffung dieser Produktionsfaktoren keine Tätigkeit aufgenommen werden kann, gehört die Beschaffung zu den betrieblichen Grundfunktionen. Arbeitskräfte, Grundstücke und Betriebsmittel brauchen nicht ständig nachgefragt zu werden. Dies ist allerdings anders bei Roh-, Hilfs- und Betriebsstoffen, sowie eventuellen Halbfabrikaten, die zur Aufrechterhaltung der Produktion ständig beschafft werden müssen. Diese Tätigkeit übernimmt in Abstimmung mit den Grundfunktionen Produktion und Absatz der Einkauf.

Die Aufgaben des Einkaufs sind vielfältig. Um z.B. Flaschen für die Mineralwasserproduktion zu beschaffen, müssen mögliche Lieferanten herausgefunden, Bestellmengen ermittelt, Anfragen verschickt, eingehende Angebote verglichen, Flaschen bestellt, Termine überwacht und Lieferantenkarteien aktualisiert werden. Nach Eingang der Flaschen ist die Ware zu überprüfen, auftretende Mängel müssen gerügt werden, die Ware wird eingelagert, und eingehende Rechnungen sind zu begleichen.

Da privatwirtschaftlich orientierte Unternehmen Gewinne erzielen möchten, muß die Einkaufsabteilung darauf achten, die Kosten niedrig zu halten. Dies läßt sich am Beispiel der Einlagerung verdeutlichen: Ware kann durch zu lange Einlagerung abnutzen, muß eventuell versichert werden und verursacht so Kapitalbindungskosten. Hierfür ein Beispiel: Hat ein Betrieb ständig im Durchschnitt für DM 100 000,- Flaschen eingelagert und diesen Betrag kreditfinanziert, muß er 9 % Zinsen zahlen. Das durch die Flaschen gebundene Kapital verursacht also Kapitalbindungskosten in Höhe von DM 9000,- pro Jahr. Je höher nun der durchschnittliche Bestand im Lager ist, um so höher sind die für diese Lagerung anfallenden Kosten.

Es wäre nun allerdings falsch anzunehmen, der Betrieb brauche nur wenig zu bestellen, um seine Kosten niedrig zu halten. Häufige Bestellungen in kleinerem Umfang halten zwar die Lagerkosten gering, es fallen aber durch die Lieferungen Transportkosten an, und eventuelle Mengenrabatte durch Großbestellungen können nicht genutzt werden. Hier müssen also verschiedene gegensätzliche Tatbestände miteinander verglichen werden und es gilt, eine optimale, unter den gegebenen Bedingungen bestmögliche, Entscheidung zu treffen.

Der Einkauf muß die Bestellmengen und die Zeitpunkte der Bestellungen so planen, daß es bei Lieferverzögerungen nicht zu Produktionsausfällen kommt. Es soll nach

---

BEGRIFFE AUS DEM BESCHAFFUNGSBEREICH

Rohstoffe: Hauptbestandteil eines zu erstellenden Produktes, z.B. Holz bei der Möbelproduktion.

Hilfsstoffe: Nebenbestandteil eines zu erstellenden Produktes, z.B. Lack bei der Möbelproduktion.

Betriebsstoffe: Für die Produktion notwendige, aber nicht in das Produkt eingehende Stoffe, z.B. Elektrizität zum Betreiben der Hobelmaschine.

Werkstoffe: Roh-, Hilfs- und Betriebsstoffe.

Halbfertige Erzeugnisse oder Halbfabrikate: Nicht absatzfähige Produkte, die der Weiterverarbeitung dienen, beispielsweise Holzbeine bei der Tischproduktion.

Betriebsmittel: z.B. Grundstücke, Gebäude, Maschinen, Werkzeuge.

Inventur: Ein u.a. im Lager notwendiger Vorgang, durch Messen, Zählen oder Wiegen alle Vermögensgegenstände im Lager zu erfassen.

WIRTSCHAFT

Möglichkeit ständig ein Eiserner Bestand, auch Sicherheitsbestand genannt, gehalten werden, auf den nur zurückgegriffen werden soll, sobald es zu Lieferverzögerungen kommt. Des weiteren muß so früh bestellt werden, daß während der normalen vom Besteller erwarteten Lieferzeit weiterproduziert werden kann, ohne daß der Eiserne Bestand angegriffen wird. Diese den Bestellvorgang auslösende Lagermenge heißt Meldebestand.

Fertigung

Industriebetriebe stehen bei der Planung der Fertigung einigen wesentlichen betriebswirtschaftlichen Fragestellungen gegenüber wie:
- »Was soll gefertigt werden?«

Hierbei müssen vorhandene Produktionskapazitäten, zu erwartende Produktionskosten, mögliche Absatzmengen, zu erwartende Umsatzerlöse usw. berücksichtigt werden.
- »Wieviel unterschiedliche Erzeugnisse sollen gefertigt werden?«

Eine Produktion vieler und unterschiedlicher Erzeugnisse verlangt gewöhnlich eine Vielzahl von Maschinen und somit einen hohen Kapitalbedarf. Bei geringen Stückzahlen unterschiedlicher Erzeugnisse müssen vorhandene Maschinen häufig von einem Produkt auf ein anderes umgerüstet werden, was kostenintensiv ist. Trotz hoher Kosten kann allerdings die Fertigung einer größeren Zahl unterschiedlicher Produkte Vorteile im Absatz haben. Dies ist beispielsweise der Fall, wenn es dem Käufer einer Fotokamera reizvoll erscheint, neben der Kamera vom gleichen Hersteller auch alle Objektive erhalten zu können. Bezüglich der Anwendung möglicher Fertigungsverfahren wird unterschieden in:

Einzelfertigung: Beim Schiffbau, in der Bauindustrie usw. sind oftmals die Wünsche des Auftraggebers oder die speziellen Anforderungen (z.B. beim Brückenbau und im Großmaschinenbau) an das Produkt so speziell, daß nur ein einziges Stück gefertigt werden kann. Durch das des öfteren notwendige Umstellen der Maschinen bei der Einzelfertigung von Auftrag zu Auftrag, durch die langen Transportwege der Einzelteile zwischen den Werkstätten, durch lange Wartezeiten vor schon mit Aufträgen belegten Maschinen und der Notwendigkeit, Konstruktionszeichnungen für nur ein Einzelteil zu erstellen, entstehen bei der Einzelfertigung hohe Kosten.

Serienfertigung: Bei der Produktion von Schreibmaschinen, Automobilen und Möbeln wird eine begrenzte Zahl eines nahezu einheitlichen Produktes hergestellt. Je nach der Anzahl dieser einheitlich hergestellten Produkte unterscheidet man zwischen Klein- und Großserienfertigung. Vor allem bei der Großserienfertigung (z.B. in der Automobilindustrie) sind die Maschinen nach der Arbeitsabfolge (Reihenfertigung) angeordnet, wodurch lange Transportwege von Werkstatt zu Werkstatt vermieden werden. Außerdem lassen sich Spezialmaschinen einsetzen, die hohe Stückzahlen schnell und kostengünstig fertigen können. Hierdurch und durch die Möglichkeit, verstärkt vereinheitlichte Teile einzusetzen, ist die Serienfertigung kostengünstiger als die Einzelfertigung.

Massenfertigung: Wird ein stets gleiches Produkt in sehr großen Stückzahlen erstellt, liegt Massenfertigung vor. Dies ist der Fall bei standardisierten Produkten wie Schrauben, Flaschen u.ä. In der Massenfertigung werden spezielle, nur für die Fertigung dieses einzelnen Produktes geeignete Produktionsanlagen eingesetzt, die heute teilweise vollautomatisch arbeiten. Durch den Einsatz von spezialisierten Produktionsanlagen ist es möglich, präzise, produktiv und äußerst wirtschaftlich zu fertigen.

- »Welche Produkte sollen selbst gefertigt und welche fremdbezogen werden?«

Beispielsweise im Automobilbau werden eine Vielzahl der Autoteile nicht selbst gefertigt, sondern fremdbezogen. Ausschlaggebend für den Fremdbezug ist das größere Know-how und die geringeren Kosten von Betrieben, die sich spezialisiert haben.

Der Absatz

In der Aufbauphase nach dem 2. Weltkrieg war nahezu auf allen Märkten die Nachfrage größer als das Angebot. Die Unternehmen hatten wenig Schwierigkeiten, ihre Produkte abzusetzen. Heute in den Zeiten zunehmender Massenproduktion und bei wachsendem Wettbewerb muß der Verkäufer eines Produkts »Marketing« (engl. auf den Markt bringen) betreiben, d.h. die Wünsche des Verbrauchers verstärkt berücksichtigen, neue Nachfrage schaffen und somit eine planvolle und zielorientierte Absatzgestaltung entwickeln.

Hierbei spielt die Marktforschung eine wesentliche Rolle. Die Aufgabe der Marktforschung ist es, Märkte systematisch zu untersuchen und zu beobachten. Dabei werden z.B. Konjunkturprognosen erstellt, die Struktur einer Bevölkerung untersucht und mit Hilfe von Befragungen und ständigen Erhebungen beim Handel oder bei Konsumenten die Absatzchancen des eigenen Produkts ermittelt.

Ein erfolgreiches Marketing liegt dann vor, wenn die folgenden absatzpolitischen Instrumente aufeinander abgestimmt sind:

- *Produkt und Programmpolitik:* Hier ist die Entscheidung zu fällen, welche neuen Produkte oder welche Produkte insgesamt angeboten werden sollen, welche Produkte wann hinsichtlich funktioneller Eigenschaften, Verpackung oder Namen zu ändern und welche Produkte wann vom Markt zu nehmen sind. Grundlage bei diesen Fragestellungen ist u.a. der voraussichtliche Lebenszyklus eines Produkts.
- *Preispolitik:* Ein Unternehmen wird längerfristig bestrebt sein, mit dem Preis für ein Produkt die Selbstkosten des Produktes zu decken. Darüber hinaus hängt die aktuelle Preisforderung zum einen von den wirtschaftlichen Zielen des Unternehmens ab (z.B. niedriger Preis mit dem Ziel, den Marktanteil auszuweiten) und zum anderen von der jeweiligen Konkurrenzsituation. Ist z.B. ein Unternehmen alleiniger Anbieter eines Produkts, also Monopolist, so kann es eine unabhängige Preispolitik betreiben, während ein Eieranbieter auf einem Wochenmarkt bei seiner Preisfestlegung die mögliche Reaktion der Konkurrenz berücksichtigen muß.

Der preispolitische Spielraum eines Unternehmens ist gering, wenn viele Unternehmen nahezu gleiche Produkte anbieten, der Konsument die jeweiligen Preise kennt, es ihm keine Mühe bereitet, dort zu kaufen, wo er das Produkt am preisgünstigsten erhalten kann, und wenn er für das Unternehmen keine persönliche Vorliebe hat.

- *Werbung:* Wirbt ein Betrieb für sich als Ganzes, spricht man von Public Relation (PR) oder Imagewerbung. Absatzwerbung

---

KOSTEN

Um wettbewerbsfähig zu bleiben, ist es für Industriebetriebe notwendig, die Kosten der Produktion gering zu halten. Hierzu einige Begriffe und Gesetzmäßigkeiten:

Fixe Kosten – Produktionsanlagen unterliegen der Abnutzung, unabhängig davon, ob produziert wird oder nicht. Des weiteren fallen grundsätzlich Kapitalbindungskosten an. Mit einer Maschine, die z.B. für DM 1 000 000 angeschafft und durch einen Kredit zu einem Zinssatz in Höhe von 10 % finanziert wurde, sind im ersten Jahr nach ihrer Anschaffung Zinskosten in Höhe von DM 100 000,– verbunden, unabhängig davon, ob viel, wenig oder nicht produziert wird. Fixe Kosten sind anfallende Kosten, die von der erstellten Stückzahl unabhängig sind.

Variable Kosten – sind abhängig von der erstellten Stückzahl. Wird nicht produziert, wird z.B. kein Rohstoff verbraucht, und mit steigender Stückzahl steigt der Verbrauch an Rohstoffen.

Das Gesetz der Massenproduktion – Fallen in einem Unternehmen bei der Produktion von Tischen pro Monat DM 10 000,– fixe Kosten an, so müssen diese fixen Kosten zur Bestimmung der effektiven Kosten pro Tisch auf die einzelnen Tische aufgeteilt werden. Bei einer Produktion von 100 Tischen pro Monat sind dies DM 100,– Fixkostenanteil pro Tisch. Steigt die Produktion auf 200 Stück, beträgt der Fixkostenanteil pro Tisch nur noch DM 50,–. Während die Rohstoffkosten pro Tisch relativ gleich bleiben, unabhängig davon ob viel oder wenig produziert wird, sinkt der Fixkostenanteil pro Tisch bei steigender Stückzahl (Fixkostendegression).

WIRTSCHAFT

LEBENSZYKLUS EINES PRODUKTS

1. Das noch neue Produkt ist unbekannt und es bestehen beim Verbraucher Kaufwiderstände.
2. Stark ansteigende Nachfrage. Konkurrenzbetriebe können mit ähnlichen Produkten auf dem Markt erscheinen. Die Folge ist verstärkter Wettbewerb über den Preis.
3. Das Produkt hat sich am Markt etabliert, allerdings kann der Wettbewerb härter werden. Das Unternehmen könnte zusätzlich ein leicht abgewandeltes Produkt anbieten, um Käuferschichten differenzierter anzusprechen. Beispiel: Ein Zigarettenhersteller bietet unter Verwendung des bekannten Namens einer bereits eingeführten Zigarette ein nikotinärmeres Produkt an.
4. Verbraucher wechseln auf andere Produkte über. Durch Änderung der Verpackung, des Namens, der Werbung usw. kann versucht werden, den Umsatzrückgang zu bremsen.
5. Neue auf dem Markt befindliche Produkte oder veränderte Konsumwünsche führen zu verstärkten Umsatzeinbußen. Das Unternehmen muß erwägen, das Produkt vom Markt zu nehmen.

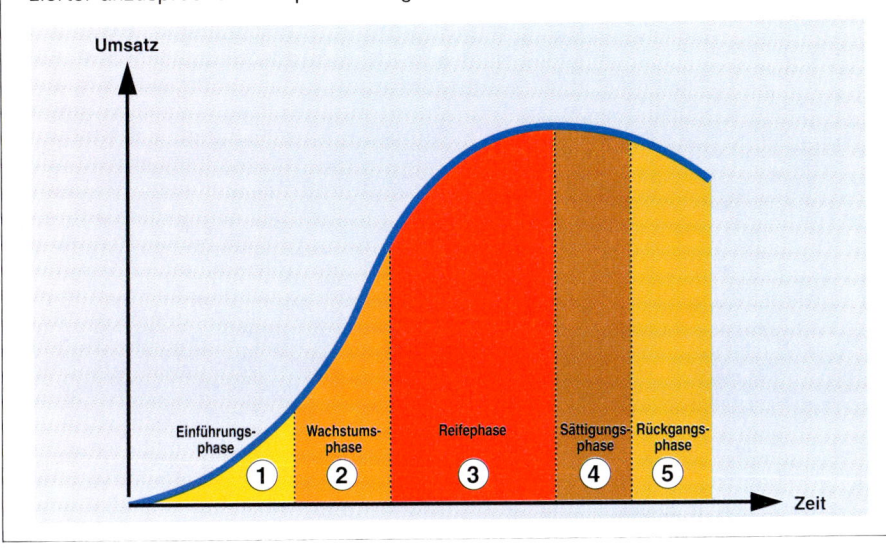

eines Unternehmens im engeren Sinne ist die durch den Einsatz bestimmter Kommunikationsmittel (Fernsehen, Funk, Zeitschriften etc.) versuchte Beeinflussung aktueller und potentieller Nachfrager. Erfolgreiche Werbung erregt Aufmerksamkeit, weckt das Interesse und den Kaufwunsch und löst den Kauf aus. Werbung muß wirtschaftlich sein, das heißt, der Mehrverkauf durch die Werbung muß den eingesetzten Werbeaufwand rechtfertigen.

- *Vertriebspolitik:* Im Rahmen der Vertriebspolitik muß u.a. beantwortet werden, über welche Absatzwege (Großhandel, Facheinzelhandel, Warenhäuser, Verkaufsfilialen u.a.) abgesetzt werden soll. Dies ist abhängig vom Produkt (ein Margarinehersteller kann den Großhandel bevorzugen, weil die Ware an den Einzelhandel lokal verteilt werden muß) und von der wirtschaftlichen Zielvorstellung eines Unternehmens (z.B. kann ein Unternehmen bei gewünschter Exklusivität seiner Produkte ausschließlich den Facheinzelhandel beliefern).
- *Verkaufsfördernde Maßnahmen (Salespromotion):* Durch den Einsatz von Propagandisten, die beim Handel das zu verkaufende Produkt vorführen, durch Verkaufsschulung und Beratung im Einzelhandel, durch Lieferung spezieller Dekorationen für die Waren usw. läßt sich der Absatz fördern.

Finanzierung

Finanzierung umfaßt alle Maßnahmen, die der Beschaffung finanzieller Mittel dienen. Werden diese finanziellen Mittel im betrieblichen Prozeß verwendet, spricht man von Investition. Grundsätzlich kann die Finanzierung aus der Sicht eines Unternehmens von innen oder von außen erfolgen.

Erfolgreiche Unternehmen erwirtschaften Gewinne. Die Eigentümer der Gesellschaften können diesen Gewinn entnehmen oder im Betrieb belassen. Werden Gewinne nicht entnommen, stehen diese Mittel zur Investition zur Verfügung. Der Betrieb finanziert sich von innen heraus, also aus seiner eigenen Ertragskraft.

Jedes Unternehmen kann neue Teilhaber aufnehmen, oder jeder Teilhaber kann seine Einlage erhöhen. Da die finanziellen Mittel in beiden Fällen von den neuen bzw. alten Eigentümern stammen, liegt hier eine von außerhalb des Unternehmens kommende Eigenfinanzierung vor. Bei den Aktiengesellschaften werden zur Eigenfinanzierung junge Aktien ausgegeben (s. Aktie). Finanzieren Banken über Finanzkredite ein Investitionsvorhaben oder liefert ein Lieferant Ware, die erst zu einem späteren Zeitpunkt bezahlt werden muß, so liegt Fremdfinanzierung vor. Kreditinstitute verlangen für gewährte Kredite Zinsen und vereinbaren in der Regel mit dem Kreditnehmer Rückzahlungsraten des Kredites, also die Tilgungsraten. Die Eigenfinanzierung hat gegenüber der Fremdfinanzierung Vorteile. Zum einen erhöht die Eigenfinanzierung das Eigenkapital und somit über eine größere Haftungsgrundlage die Kreditwürdigkeit des Unternehmens, und zum anderen fallen bei der Eigenfinanzierung nicht kontinuierliche Zins- und Tilgungszahlungen an, die in ertragsschwachen Jahren ein Unternehmen stark belasten können.

Die Fremdfinanzierung kann dann zum Vorteil gegenüber der Eigenfinanzierung werden, wenn die bisherigen Eigentümer zur Eigenfinanzierung neue Teilhaber aufnehmen müßten und wenn die durch die Fremdfinanzierung erzielten zusätzlichen Gewinne auf längere Sicht höher sind als die zu zahlenden Fremdkapitalzinsen. Somit hätten dann die Eigentümer mit unverändertem eigenen Einsatz durch die Fremdfinanzierung einen höheren Gewinn erwirtschaftet.

Die Aktie

Einzelnen Menschen wird es zunehmend unmöglich, das ungeheure Kapital für ein modernes Großunternehmen zur Verfügung zu stellen. Deshalb haben sich in unserer Wirtschaft vor allem Aktiengesell-

AKTIENARTEN

In Deutschland existieren folgende nach Übertragbarkeit und Rechten unterschiedene Aktien:

Inhaberaktien bilden den Hauptanteil der an der Börse gehandelten Aktien. Jeder kann sie kaufen und jeder verkaufen, ohne daß die Gesellschaft die Namen der Eigentümer festhält.

Namensaktien sind auf den Namen des Aktionärs ausgestellt und werden im Aktienbuch der Gesellschaft geführt. Die Übertragung erfolgt durch Übertragungserklärung (Indossament) und Umschreibung im Aktienbuch. Der Handel mit Namensaktien ist somit erschwert.

Vinkulierte Namensaktien erschweren die Übertragung durch die Genehmigungspflicht der Gesellschaft zusätzlich. Die Aktie wird praktisch der freien Handelbarkeit beraubt. Das Unternehmen möchte sich durch Ausgabe vinkulierter Namensaktien vor Einflüssen unerwünschter Aktionäre auf die Gesellschaft schützen.

Stammaktien bilden die gewöhnliche Form der Aktie, die dem Inhaber die normalen im Aktiengesetz festgelegten Mitgliedschaftsrechte – Stimmrecht in der Hauptversammlung und Dividendenbezugsrecht – gewährt.

Vorzugsaktien können bestimmte Vorrechte, etwa bei der Gewinnbeteiligung, sichern. Meist ist sie höher als bei den Stammaktien. Dafür muß der Aktionär in der Regel auf sein Stimmrecht in der HV verzichten. Die Gesellschaft möchte durch Ausgabe von Vorzugsaktien v.a. die Stimmanteile der alten Gesellschafter in der HV sichern.

51

WIRTSCHAFT

KLEINE VERMÖGEN konnte der »kleine Mann« Anfang der 60er Jahre verdienen, als der Bund einen Teil seiner Anteile am VW-Konzern privatisierte: An Bezieher niedriger Einkommen wurden zu günstigen Bedingungen sog. Volksaktien (Bild) ausgegeben, deren Kurs förmlich explodierte. Schon bald aber schrumpfte das Heer der Volksaktionäre wieder, da viele die Kursgewinne rasch realisieren wollten (Gewinnmitnahme).

schaften gebildet, an denen sich viele Menschen mit kleineren Beträgen beteiligen können. Die Aktie verbrieft ihrem Inhaber einen direkten Mitbesitz an der jeweiligen Aktiengesellschaft. Die Höhe seines Anteils richtet sich nach dem Nennwert seiner Aktien im Verhältnis zum gezeichneten Kapital (früher Grundkapital) des Unternehmens. Wenn das gezeichnete Kapital z.B. nur die gesetzlich vorgeschriebene Mindesthöhe von DM 100 000,- hat und ein Aktionär von der Gesellschaft Aktien im Nennwert von DM 5000,- besitzt, so gehören ihm 5% der Aktiengesellschaft.

Der Nennwert einer Aktie muß nach dem deutschen Aktienrecht DM 50,- betragen. Vom Nennwert, der auf der Aktie aufgedruckt ist, ist der Kurswert zu unterscheiden. Das ist der jeweilige Preis, zu dem die Aktie an der Börse gehandelt wird, also vom einzelnen erworben bzw. vom Aktionär verkauft werden kann. Der Kurswert der Aktie bildet sich nach Angebot und Nachfrage nach diesem Wertpapier an der Aktienbörse (s. Börse).

Der Aktionär hat einen Ertrag zu erwarten, sofern »sein« Unternehmen mit Gewinn gearbeitet hat und Dividende ausschüttet. Er trägt allerdings auch das unternehmerische Risiko. Ein Anrecht auf die Rückgabe des Geldes hat er nicht.

Sofern es sich um Stammaktien handelt (s. Kasten), hat der Aktionär ein Mitbestimmungsrecht über einige wesentliche wirtschaftliche Fragen in der Hauptversammlung (HV), der Versammlung der Eigentümer. Der Stimmanteil eines Miteigentümers in der HV richtet sich nach der Anzahl der in seinem Besitz befindlichen Aktien.

Will eine Aktiengesellschaft expandieren, hat sie generell die Wahl der Fremd- oder der Eigenfinanzierung. Bei der letzteren Form gibt das Unternehmen neue (junge) Aktien aus (Aktienemission). Hierzu nimmt die Gesellschaft meist die Hilfe eines Bankenkonsortiums (Zusammenschluß mehrerer Banken) in Anspruch, das die Aktien in den Börsenverkehr einführt. Hierbei erhalten die Altaktionäre ein an der Börse handelbares Bezugsrecht auf junge Aktien, das ihnen den vergünstigten Bezug der jungen Aktien ermöglicht.

Das Bezugsrecht soll den zu erwartenden Kursverlust nach der Durchführung der Kapitalerhöhung ausgleichen. Die jungen Aktien werden zu einem vorher bekannt gegebenen Ausgabekurs, der nicht unter dem Nennwert der Aktie (dem Parikurs) liegen darf, ausgegeben. Hierdurch erhöht sich das Eigenkapital der Gesellschaft nicht nur um die Summe der Nennwerte der Aktien, sondern um die Anzahl der ausgegebenen Aktien multipliziert mit dem Ausgabekurs der Aktien.

KONJUNKTUR

Das wirtschaftspolitische Zauberwort Konjunktur kommt von lateinisch conjungere (verbinden) und meint »die sich aus der Verbindung verschiedener Erscheinungen ergebende Lage« oder »das periodische Auf und Ab der wirtschaftlichen Aktivität« (D. Dahl). Diese Definition weist auf die immer wieder beobachteten Schwankungen, denen die Wirtschaft über größere Zeiträume unterworfen ist. »Wirtschaftliche Aktivität« wird heute anhand verschiedener Indikatoren (Anzeiger) festgemacht, die diesen Sachverhalt näher beschreiben sollen.

Betrachtet man z.B. das reale Bruttosozialprodukt (BSP) als Indikator, zeigen sich über längere Zeitabläufe periodische Wellen, d.h. in einem Zeitabschnitt steigt das reale BSP, und im folgenden fällt es wieder. Der Sachverständigenrat zur Begutachtung der gesamtwirtschaftlichen Entwicklung verwendet zur Diagnose und Prognose des Konjunkturverlaufs u.a. Indikatoren wie Produktion, Auftragseingänge, Beschäftigung, Geldvolumen.

Die periodischen Schwankungen des Wirtschaftsgeschehens werden in Konjunkturphasen eingeteilt. Das Institut für Konjunkturforschung unterscheidet 4 solche Phasen:

Tiefstand (Depression): Es wird wenig nachgefragt, wenig produziert, die Läger sind voll, das Einkommen gering und die Arbeitslosigkeit hoch.

Aufschwung (Expansion): Die Zukunftserwartungen werden optimistischer, es wird mehr nachgefragt, die Auftragseingänge bei der Industrie steigen. Es wird mehr produziert. Sind die Maschinen ausgelastet, wird investiert. Die Beschäftigung steigt, es kommt wegen der erhöhten Nachfrage zu Preissteigerungen.

Hochkonjunktur (Boom): Aufgrund der hohen Güternachfrage kommt es zu Engpässen, die Preise steigen jetzt verstärkt. Die Unternehmen investieren stark, hierdurch wächst die Nachfrage nach Kapital und die Zinsen steigen. Die ho-

WIRTSCHAFT

Gespaltene Konjunktur

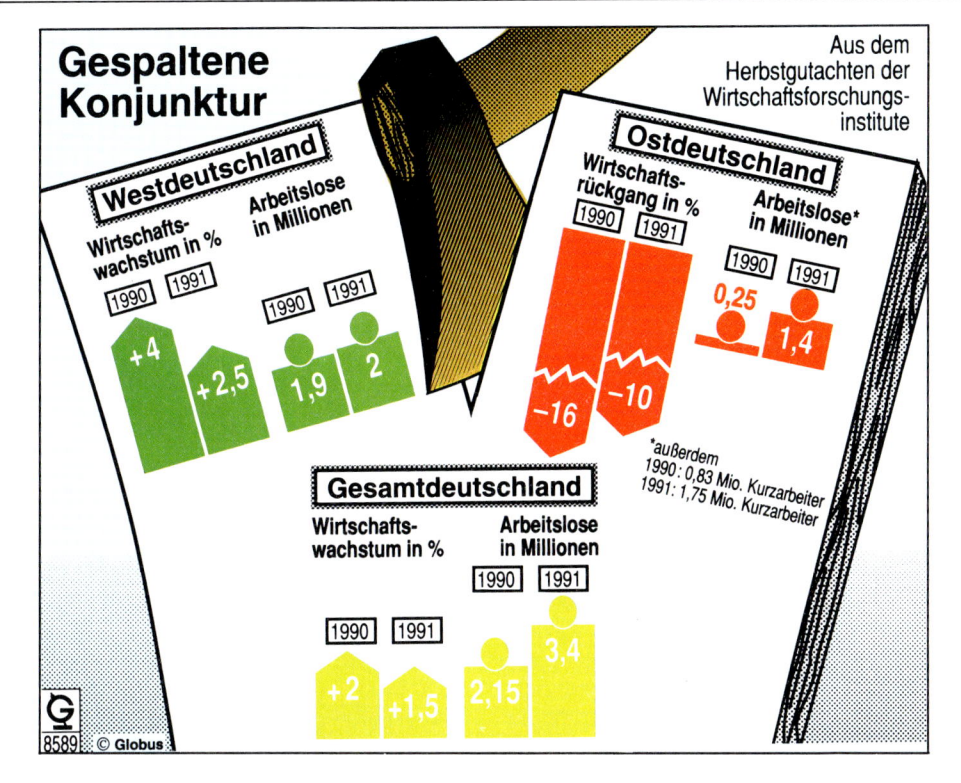

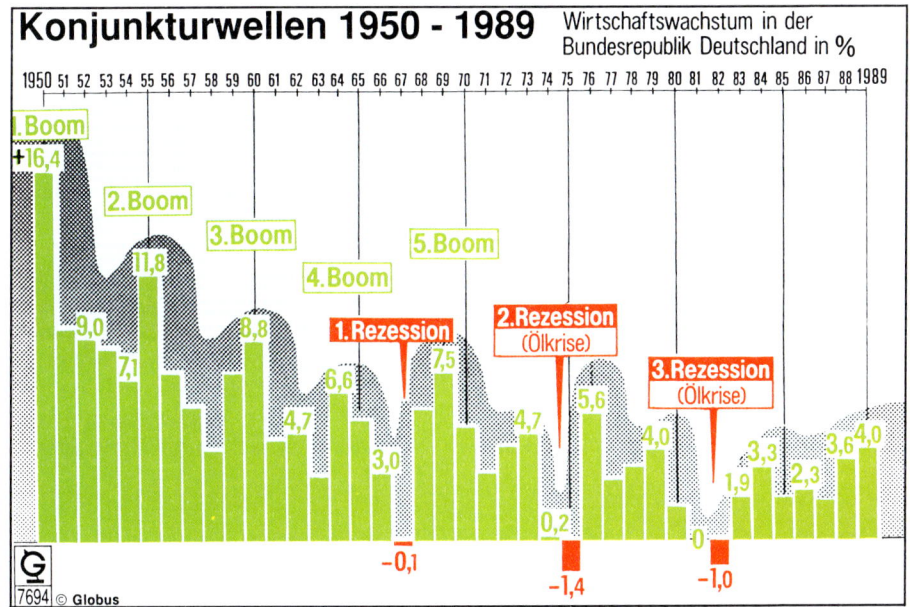

Aus dem Herbstgutachten der Wirtschaftsforschungsinstitute

Westdeutschland
- Wirtschaftswachstum in %: 1990: +4, 1991: +2,5
- Arbeitslose in Millionen: 1990: 1,9, 1991: 2

Ostdeutschland
- Wirtschaftsrückgang in %: 1990: −16, 1991: −10
- Arbeitslose* in Millionen: 1990: 0,25, 1991: 1,4

*außerdem 1990: 0,83 Mio. Kurzarbeiter; 1991: 1,75 Mio. Kurzarbeiter

Gesamtdeutschland
- Wirtschaftswachstum in %: 1990: +2, 1991: +1,5
- Arbeitslose in Millionen: 1990: 2,15, 1991: 3,4

© Globus 8589

Konjunkturwellen 1950 - 1989
Wirtschaftswachstum in der Bundesrepublik Deutschland in %

- 1950: 1. Boom +16,4
- 1951: 9,0
- 1952: 7,1
- 1955: 2. Boom 11,8
- 1956: 8,8
- 1960: 3. Boom
- 1964: 6,6
- 1965: 4,7
- 1967: 1. Rezession −0,1
- 1968: 3,0
- 1969: 4. Boom 7,5
- 1970: 5,6 (?)
- 1974: 2. Rezession (Ölkrise) −1,4
- 1976: 4,7
- 1979: 5. Boom
- 1981: 0,2
- 1982: 3. Rezession (Ölkrise) −1,0
- 1984: 4,0 (?)
- 1985: 1,9
- 1986: 2,3
- 1987: 3,3
- 1988: 3,6
- 1989: 4,0

© Globus 7694

he Beschäftigung führt zur Forderung nach Lohnerhöhungen, zumal die Unternehmen Gewinne erwirtschaften und auch die Güterpreise steigen. Weitere Preiserhöhungen aufgrund steigender Kosten für die Unternehmen lassen sich nicht mehr am Markt durchsetzen, die Nachfrage nach Investitionsgütern stagniert, was negative Auswirkungen für die Beschäftigung und das Einkommen in der Investitionsgüterindustrie hat. Die Stimmung schlägt um.

Abschwung (Rezession): Die Nachfrage nach Waren sinkt, zahlreiche Unternehmen haben Absatzschwierigkeiten, die Preise bröckeln ab, es kommt zu Unternehmenszusammenbrüchen, die Arbeitslosenquote steigt, die Einkommen in der Bevölkerung insgesamt nehmen ab, was die Nachfrage weiter fallen läßt.

Konjunkturpolitik
Bund und Länder haben nach dem Stabilitätsgesetz ihre wirtschafts- und finanzpolitischen Maßnahmen so auszurichten, daß zur Erhaltung des gesamtwirtschaftlichen Gleichgewichts gleichzeitig folgende Ziele verwirklicht werden:
- *Stabilität des Preisniveaus:* Preise für Güter und Dienstleistungen dürfen steigen und fallen. Dies ist Ausdruck einer funktionsfähigen Marktwirtschaft. Allerdings sollen die Schwankungen in tolerablen Grenzen bleiben.
- *Hoher Beschäftigungsstand:* Ziel ist die Bekämpfung der Arbeitslosigkeit. Ein gewisses Maß an Arbeitslosigkeit existiert ständig, z.B. aus saisonalen Gründen oder weil moderne Technologien Arbeitskräfte ersetzen. Allerdings kann durch eine allgemeine Nachfragebelebung oder durch Investitionsförderung die Arbeislosigkeit gesenkt werden.
- *Stetiges und angemessenes Wirtschaftswachstum:* Unter Wirtschaftswachstum versteht man den dauerhaften Anstieg des realen Bruttosozialproduktes. Werden von Jahr zu Jahr mehr Güter und Dienstleistungen produziert, steigen die Güterversorgung, das Einkommen insgesamt (Volkseinkommen) und die Beschäftigung. Somit gilt Wirtschaftswachstum als Wohlstandsindikator.
- *Außenwirtschaftliches Gleichgewicht:* Handel, Urlaub, finanzielle Anlagen usw. mit dem bzw. im Ausland sind mit dem Zufluß und Abfluß von Gold und Devisen verbunden. Entsprechen die Zuflüsse an Gold und Devisen über einen längeren Zeitraum den Abflüssen, gilt das Ziel des außenwirtschaftlichen Gleichgewichts als erfüllt. Ein Land, welches beispielsweise ständig höhere Devisenabflüsse als Zuflüsse aufweist, muß sich zunehmend im Ausland verschulden. Die Folgen sind ständig steigende Zinslasten, Abwertung der eigenen Währung und hohe Preissteigerungen durch die Verteuerung der Einfuhren.

Antizyklische Finanzpolitik
In der Hochkonjunktur, wenn das Bruttosozialprodukt wächst, sind die Steuereinnahmen des Staates (z.B. Mehrwertsteuer, Einkommenssteuer) höher als beim Tiefstand, wenn wenig Güter und Dienstleistungen verkauft werden. Folglich könnte der Staat in der Hochkonjunktur hohe Ausgaben tätigen und im Tiefstand niedrige. Da aber ein wesentliches Problem in der Hochkonjunktur die hohen Preissteigerungen wegen der großen Nachfrage sind, würden hohe Ausgaben des Staates in dieser Konjunkturphase die Nachfrage erhöhen und die Preise noch stärker steigen lassen.

Im Tiefstand benötigt die Wirtschaft wachsende Nachfrage, um die Arbeitslosigkeit zu bekämpfen. Tätigt der Staat aber wenig Ausgaben, weil er geringe Steuereinnahmen hat, bleibt der staatliche Teil der Nachfrage gering. Der Staat würde nicht zur Beseitigung der Arbeitslosigkeit beitragen, sondern diese durch seine geminderte Nachfrage noch erhöhen.

Das »Gesetz zur Förderung der Stabilität und des Wachstums der Wirtschaft« ermöglicht es Bund und Ländern, dem Konjunkturverlauf entgegenzusteuern, also eine antizyklische Finanzpolitik zu betreiben. Hierzu einige Maßnahmen:
- Bei wachsendem Steueraufkommen in der Hochkonjunktur kann beschlossen

53

WIRTSCHAFT

Sieben Wachstums-Jahre
Realer Anstieg des Bruttosozialprodukts in der BR Deutschland in %

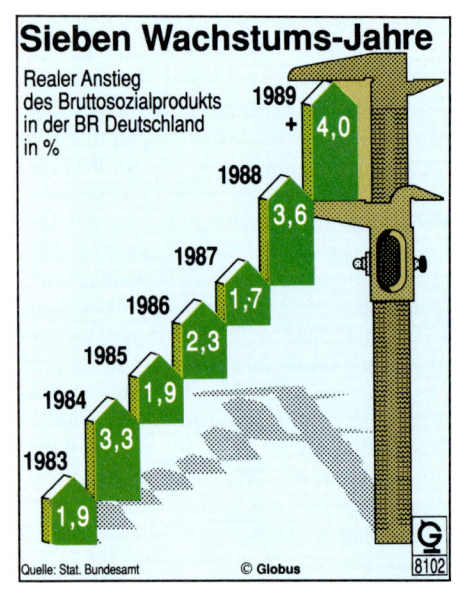

- 1983: 1,9
- 1984: 3,3
- 1985: 1,9
- 1986: 2,3
- 1987: 1,7
- 1988: 3,6
- 1989: +4,0

Quelle: Stat. Bundesamt © Globus

werden, einen Teil der Steuereinnahmen einer Konjunkturausgleichsrücklage zuzuführen, die dann im Tiefstand der Wirtschaft aufgelöst und zur Belebung der Nachfrage eingesetzt wird.
- In der Hochkonjunktur können Baumaßnahmen des Staates gestreckt, also verzögert und beim Tiefstand beschleunigt werden.
- Vor allem Bund, Länder und Gemeinden kann es ermöglicht werden, in der Depression erhöhte Kredite aufzunehmen, sich also zu Ausgabezwecken höher zu verschulden (deficit spending), während in der Hochkonjunktur die Kreditaufnahme dieser Gebietskörperschaften einschränkbar ist.
- In der Hochkonjunktur kann ein Konjunkturzuschlag bis zu 10 % auf die Lohn-, Einkommens- und Körperschaftsteuer für die Dauer von höchstens einem Jahr erhoben werden.
- Auch mit anderen steuerlichen Mitteln wie der Aussetzung der degressiven Abschreibung (höhere Absetzung von Neuinvestitionen vom zu versteuernden Gewinn) läßt sich überhitzte Konjunktur dämpfen.
- In der Depression kann ein Investitionsbonus gewährt werden, der bis zu 7,5 % der Anschaffungs- und Herstellungskosten betragen kann und direkt von der zu zahlenden Steuer abgesetzt werden darf.

Die erhoffte Wirkung auf die Konjunktur durch z.B. beschleunigte Bauvorhaben zeigt die Grafik unten:

Die Geldpolitik

Träger der Geldpolitik ist die Deutsche Bundesbank. Sie ist selbst keine Geschäftsbank, aber allen Geschäftsbanken vorgestellt. Ihre Aufgaben sind im Bundesbankgesetz festgelegt. Sie hat u.a. neben der bankmäßigen Abwicklung des Zahlungsverkehrs im Inland und im Ausland den Geldumlauf und die Kreditversorgung der Wirtschaft zu regeln. Ziel ist es, die Währung zu sichern durch Kontrolle der umlaufenden Geldmenge. Stiege z.B. die Geldmenge im Vergleich zur umlaufenden Gütermenge zu stark, käme es zu Preissteigerungen, da für jedes Gut mehr Geld zur Verfügung stünde.

Die Bundesbank hat daher zum einen als alleinige Institution das Recht, Banknoten auszugeben und beeinflußt zum anderen über die Höhe der Zinsen, mit der Geldinstitute bei ihr Kredite aufnehmen, die Kreditaufnahme insgesamt. Verteuert sie die Kreditvergabe an die Banken, so müssen auch die Banken bei ihrer Kreditvergabe höhere Zinsen verlangen. Höhere Zinsen wiederum mindern die Kreditaufnahmebereitschaft der Kunden bei den Banken, so daß die Geldmenge sinkt. Umgekehrt wächst sie bei Senkung des Zinsniveaus.

Die Bundesbank hat in den einzelnen Bundesländern Hauptverwaltungen, die Landeszentralbanken, die wiederum eine Vielzahl von Haupt- und Zweigstellen unterhalten. Über dieses Netz steht die Bundesbank mit den Kreditinstituten in Verbindung, sozusagen als »Bank der Banken«. Als solche verfügt sie über verschiedene geldpolitische Instrumente:

Die Mindestreservepolitik: Die Banken müssen bei der Bundesbank eine zinslose Mindestreserve in Höhe bestimmter Prozentsätze der Guthaben hinterlegen, die In- und Ausländer bei ihnen unterhalten. Dies schränkt die Kreditvergabemöglichkeiten der Banken ein. Zahlt beispielsweise ein Bankkunde DM 1000,- bar auf sein Girokonto ein und beträgt der Mindestreservesatz 10 %, so könnte die Bank, abgesehen von einer Barreserve, die sie selbst für eventuelle Abhebungen zu halten hat, höchstens DM 900,- als Kredit vergeben. Die Bundesbank kann die Reservesätze nach ihren kreditpolitischen Vorstellungen variieren. Ein Heraufsetzen der Mindestreservesätze schränkt die Kreditvergabemöglichkeiten der Banken direkt ein und verteuert die Kredite, während durch das Senken der Mindestreservesätze die Banken mehr Kredite vergeben können und die Zinsen fallen.

Die Bundesbank verlangt bei Einlagen von Gebietsfremden höhere Reservesätze als von Gebietsansässigen. Weiterhin verlangt sie bei Sichtverbindlichkeiten (z.B. Girokonten von Privatpersonen für den laufenden Zahlungsverkehr) höhere Reservesätze als bei befristeten Verbindlichkeiten und Spareinlagen. Vereinfachend gilt weiterhin, daß je höher die Sichteinlagen von Gebietsansässigen bei einer Bank sind, desto höher sind die Mindestreservesätze (Differenzierung nach Progressionsstufen).

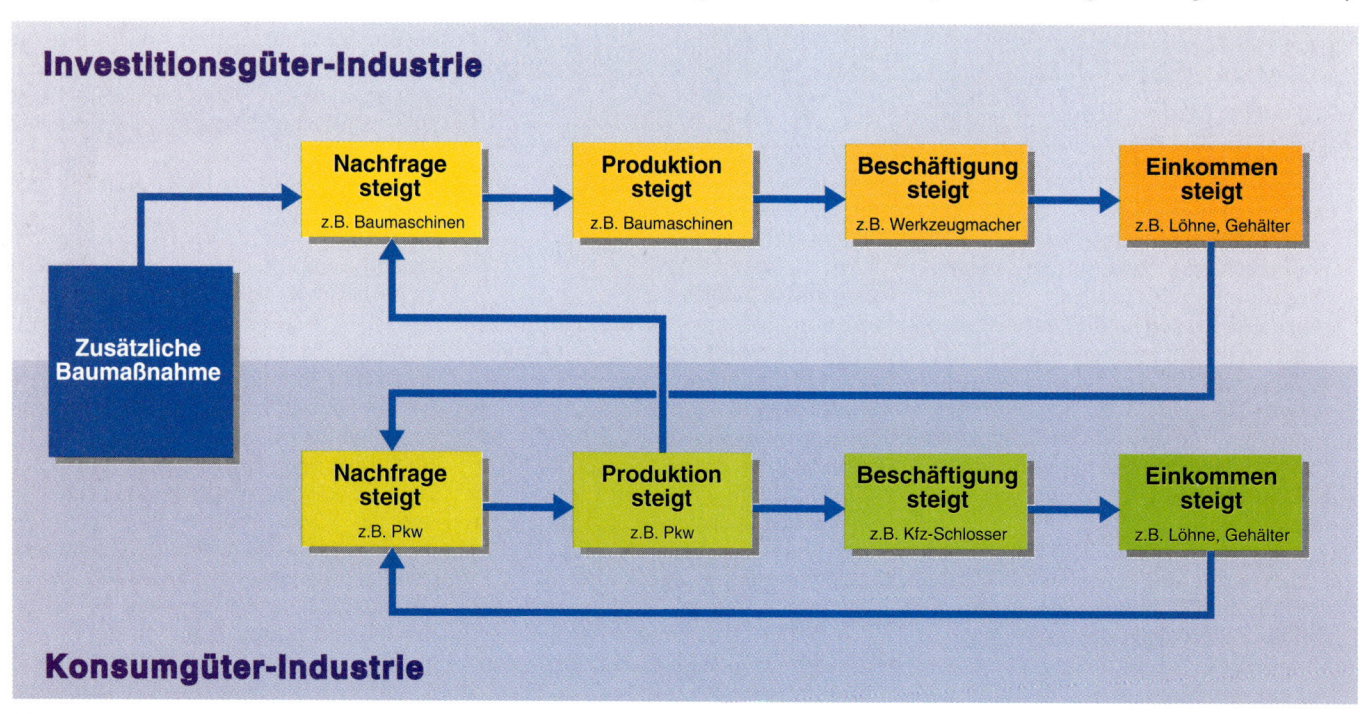

Investitionsgüter-Industrie

Zusätzliche Baumaßnahme → Nachfrage steigt (z.B. Baumaschinen) → Produktion steigt (z.B. Baumaschinen) → Beschäftigung steigt (z.B. Werkzeugmacher) → Einkommen steigt (z.B. Löhne, Gehälter)

Konsumgüter-Industrie

Nachfrage steigt (z.B. Pkw) → Produktion steigt (z.B. Pkw) → Beschäftigung steigt (z.B. Kfz-Schlosser) → Einkommen steigt (z.B. Löhne, Gehälter)

WIRTSCHAFT

Die Diskontpolitik: Eine besondere Form des Schuldscheins bei Handelsgeschäften ist der Wechsel. Akzeptiert beispielsweise ein Schuldner einen Dreimonatswechsel, so verpflichtet er sich, spätestens nach Ablauf der 3 Monate die fällige Schuld an den Wechselnehmer oder an eine dritte, auf dem Wechsel genannte Person zu zahlen. Dem Schuldner wird also ein Kredit über eine Laufzeit von 3 Monaten in Höhe der Wechselsumme (Rechnungsbetrag zuzüglich Zinsen für 3 Monate) gewährt.

Möchte der Wechselnehmer nicht den Verfalltag des Wechsels in 3 Monaten abwarten, hat er u.a. die Möglichkeit, diesen Wechsel bei einer Bank zu diskontieren, also in Zahlung zu geben. Die Bank gewährt jetzt dem Wechselnehmer einen Kredit über die Restlaufzeit des Wechsels und berechnet hierfür Zinsen, den Diskont. Die Bank wiederum kann sich bei der Bundesbank refinanzieren, also dort den Wechsel in Zahlung geben. Diesen Vorgang nennt man rediskontieren. Die Bundesbank gewährt somit der Bank einen Kredit und berechnet der Bank Zinsen, den Rediskont. Im Rahmen der Diskontpolitik kann die Bundesbank die Zinsen, zu denen sie z.B. Handelswechsel in Zahlung nimmt, erhöhen oder senken oder anders: sie kann den Rediskontsatz variieren. Die Banken wiederum werden auf eine Rediskonterhöhung mit einer Diskonterhöhung reagieren, also ebenfalls die Wechselkredite verteuern. Da der Diskontsatz als Leitzins auch für andere Soll- und Habenzinsen der Banken gilt, steigen sämtliche Zinssätze. Erwartet wird von der Bundesbank in diesem Fall, daß kreditfinanzierte Investitionen zurückgehen, Privatkunden weniger Konsumentenkredite aufnehmen und mehr sparen. Insgesamt soll die Nachfrage gedämpft werden, um Preissteigerungen in der Hochkonjunktur zu bremsen. Werden die Rediskontsätze gesenkt, sollen alle Zinsen fallen, die Kreditaufnahme soll steigen, Sparen wird weniger attraktiv, so daß die Nachfrage angekurbelt wird.

Die Lombardpolitik: Banken haben in ihren Beständen diverse Wertpapiere. Benötigen die Banken Geld, können sie dieses von der Bundesbank beipielsweise auch dadurch erhalten, daß sie einige dieser Wertpapiere (u.a. rediskontierungsfähige Wechsel und langfristige festverzinsliche Wertpapiere) bei der Bundesbank beleihen. Diese Art der Kredite der Bundesbank an die Banken gegen Verpfändung von Wertpapieren heißen Lombardkredite. Der von der Bundesbank verlangte Zinssatz für Lombardkredite ist gewöhnlich 1–3 Prozent höher als der von Diskontkrediten. Somit dienen Lombardkredite eher zur Überwindung kurzfristiger Liquiditätsengpässe. Durch Variation des Lombardsatzes kann die Bundesbank diese zusätzliche Finanzierungsmöglichkeit der Banken verteuern oder verbilligen.

Die Offenmarktpolitik: Im Rahmen der Offenmarktpolitik kann die Bundesbank von den Banken u.a. Wertpapiere kaufen und sie ihnen wieder verkaufen. Bei den sog. Wertpapierpensionsgeschäften kombiniert sie diese Möglichkeiten; sie kauft Wertpapiere an unter der Bedingung, daß die Verkäufer dieser Papiere nach Ablauf von z.B. 30 Tagen zurückkaufen. Sie nimmt sozusagen die Wertpapiere nur in Pension. Kauft die Bundesbank, erhalten die Banken hierfür Geld, was ihnen beim Rückkauf wieder entzogen wird.

Bei jedem Pensionsgeschäft dieser Art kann die Bundesbank nach ihren Vorstellungen die Bedingungen ändern, sie kann mehr oder weniger Papiere in Pension nehmen oder sie kann mehr oder weniger Zinsen für die Kreditvergabe verlangen. Da die Banken nur kurzfristig Geld erhalten, hat die Bundesbank hier eine ganz flexible Möglichkeit, die Kreditvergabe über Wertpapierpensionsgeschäfte auszuweiten, einzuzuengen, sie billig oder teuer zu machen.

OPTISCH MITHALTEN kann das Gebäude der Deutschen Bundesbank in Frankfurt nicht mit den Wolkenkratzern der privaten Geldinstitute. Sie alle aber sind abhängig von der Notenbank, die Geld- und Währungspolitik steuert und von einem Zentralbankrat regiert wird.

WIRTSCHAFT

DIE AUSSENWIRTSCHAFT

Wirtschaftliche Beziehungen zwischen den einzelnen Ländern, besonders zwischen Nachbarn, gibt es seit Menschengedenken. Schon vor fünftausend Jahren tauschten die Sumerer des Zweistromlands ihr Getreide gegen Baumaterial und Edelsteine des Berglands, ja ihre Händler drangen bis Indien vor. Außenhandel war von seinen Anfängen an nicht einseitig, sondern basierte auf Geben und Nehmen, wobei der Erfolg immer in der Wahl des zahlungswilligsten Kunden wie der preiswertesten Einkaufsquelle lag.

Solche wirtschaftlichen Beziehungen der Länder untereinander beruhen auf dem Grundgedanken der internationalen Arbeitsteilung. Das importierende Land erwirbt Güter, die anderswo unter vorteilhafteren Bedingungen als daheim gewonnen oder erzeugt werden können oder die überhaupt nur dort vorkommen. Es exportiert wiederum jene Waren, die es selbst vorteilhaft anzubieten hat.

Jeder Teilnehmer an der Weltwirtschaft kann also seine naturgegebenen (Klima, Bodenschätze) und durch die Stärken seiner Bevölkerung (Bildungsgrad, Dichte Homogenität) bedingten Vorteile nutzen. Der Erfolg der ökonomischen Bemühungen endet so nicht an den Landesgrenzen. Die Völker ersparen es sich, Kräfte für Aufgaben oder Produktionen zu verzetteln, die im eigenen Land nur unter Schwierigkeiten und daher teuer zu bewältigen wären. Außenwirtschaft dient dem Volkseinkommen.

Da immer mehrere Anbieter und Kunden auf dem Markt der gleichen Güter anzutreffen sind, entsteht Wettbewerb. Er fördert die Kreativität der Produzenten und kommt damit preislich wie qualitativ dem Konsumenten zugute. Dabei spielen aber auch Machtfragen eine Rolle, so daß die Weltwirtschaft auch ein Spiegel der politischen Verflechtungen und Kräfte ist. Gedeihen kann der Welthandel daher nur, wenn klare internationale Abmachungen für seinen Schutz sorgen.

Das gilt nicht nur für die sichtbaren Waren wie Nahrungsmittel oder Maschinen, sondern auch in besonderem Maße für Finanztransaktionen, Transport- und Dienstleistungen, Reisen u.a. Sie alle zusammen machen erst das ganze Netzwerk der Außenwirtschaft aus. Dabei ist Geld der »Botenstoff«, der die Waren- und Leistungsströme lenkt.

Für die deutsche Wirtschaft sind internationale Wirtschaftsbeziehungen von besonderer Bedeutung. Deutsche Waren lassen sich im Ausland gut verkaufen. Nach den USA ist die Bundesrepublik weltweit der zweitgrößte Exporteur (Stand Ende 1990). Besonders nachgefragt bei der Ausfuhr sind Autos, Maschinen sowie chemische und elektrotechnische Produkte (siehe Schaubild). Viele Arbeitsplätze sind in der Bundesrepublik Deutschland direkt mit dem Export verbunden. Damit inländische Produkte auch weiterhin im Ausland wettbewerbsfähig bleiben, muß auf einen möglichst stabilen Wechselkurs der Deutschen Mark geachtet werden.

Der Wechselkurs

Jedes Land hat seine eigene Währung, seine eigenen gesetzlichen Zahlungsmittel. Da in der Regel in- wie ausländische Güter und Dienstleistungen nur in der jeweiligen Landeswährung bezahlt werden können, muß jedes Land mit außenwirtschaftlichen Beziehungen in den Besitz von Fremdwährungen (Devisen) kommen.

MADE IN GERMANY, das Gütesiegel, das den Krieg fast unbeschädigt überstanden hatte, öffnete den deutschen Exporteuren nach 1945 wieder die Märkte der Welt. Vorreiter wurde die Automobilindustrie, die immer neue Ausfuhrrekorde meldete. Bild: Pkw vor der Verladung.

WIRTSCHAFT

Damit beispielsweise ein Land wie die Bundesrepublik Kraftfahrzeuge exportieren kann, muß das Ausland Deutsche Mark (DM) erhalten, um den deutschen Hersteller zu bezahlen. Die Bundesrepublik wiederum braucht US-Dollar, um u.a. Rohöl und Rohstoffe zu beschaffen. Damit Wirtschaftsbeziehungen zwischen den Ländern bestehen können, findet ein Austausch der Währungen, ein Handel mit Devisen an den Devisenbörsen, statt. Der Preis, zu denen Währungen gehandelt werden, ist der Wechselkurs.

Er bildet sich gemäß Angebot und Nachfrage. Besteht z.B. an den Devisenbörsen eine hohe Nachfrage nach DM, weil mehr deutsche Waren und Dienstleistungen exportiert als importiert werden, oder weil das inländische Zinsniveau ausländische Finanzanlagen in DM attraktiv macht, so steigt der Preis für die DM im Vergleich zu den angebotenen Fremdwährungen.

Ein Anstieg des Wechselkurses der DM hat Folgen für weitere Außenhandelsbeziehungen der Bundesrepublik: Importe verbilligen sich, da für 1 DM mehr ausländische Zahlungsmittel eintauschbar sind, und Exporte verteuern sich, da Ausländer mehr Landeswährung anbieten müssen, um den gleichen DM-Betrag zu erhalten. Fällt der Wert der DM im Vergleich zu anderen Währungen, verteuern sich die Importe, während die Exportwirtschaft begünstigt wird, da für Ausländer DM-Beträge preisgünstiger zu tauschen sind. Im System flexibler Wechselkurse bilden sich täglich neue Kurse.

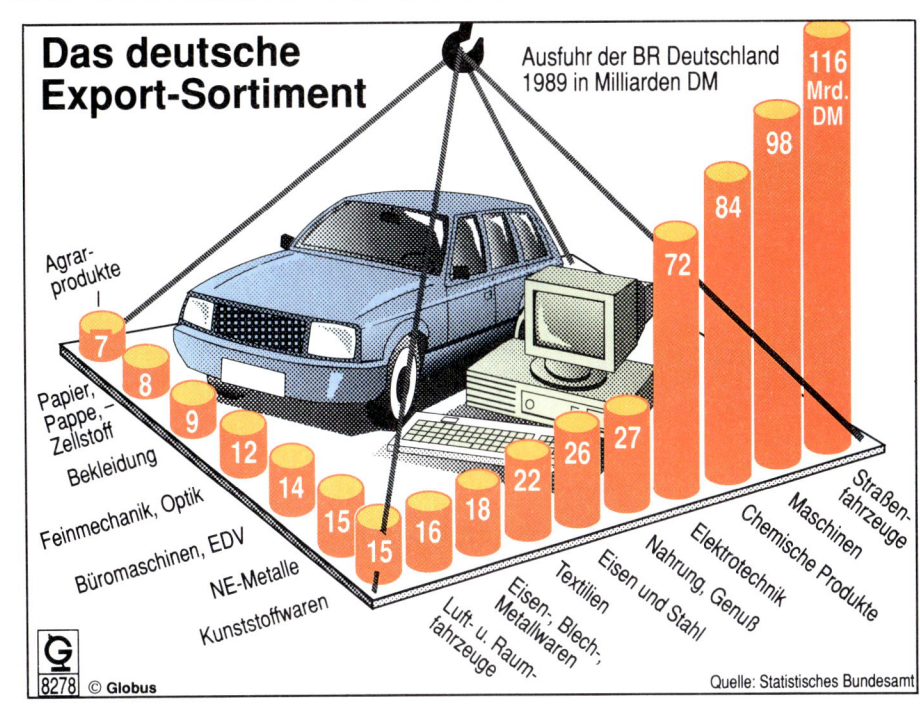

EWS und ECU

Im Europäischen Währungssystem (EWS) dagegen – es trat am 13.3.1979 in Kraft – haben die Länder, die dem System angehören, untereinander vereinbart, die Schwankungen ihrer Währungen an den Devisenmärkten nur noch begrenzt zuzulassen. Das Ziel war die Schaffung einer stabilen Währungszone in Europa. Die Mitgliedsländer des EWS mußten hierzu ihre Wirtschaftspolitik, vor allem im Zusammenhang mit der Inflationsbekämpfung, aufeinander abstimmen.

Steigen nämlich in einem Land die Preise wesentlich stärker als in den anderen Mitgliedsländern, so exportiert dieses Land bei verschlechterter internationaler Wettbewerbsfähigkeit weniger Güter und Dienstleistungen, die Währung dieses Landes wird weniger nachgefragt und würde sinken. Da aber das EWS dieses Sinken nur begrenzt zuläßt, müßte diese Währung ständig vor dem weiteren Absinken bewahrt werden, was negative Folgen für einige andere Mitgliedsländer hätte.

Die einzelnen Mitgliedsländer des EWS bestimmen untereinander eine Art Leitkurs zwischen ihren Währungen. Weicht im täglichen Devisenhandel eine dieser Währungen um mehr als 2,25% von diesem fixierten Leitkurs ab, so wird im Falle des Übersteigens der obere und im Falle des Unterschreitens der untere Interventionspunkt erreicht. Intervenieren müssen hier die betroffenen Notenbanken zweier untereinander abweichender Währungen. Jede Notenbank hat in ihren Beständen u.a. Devisen, die sie verkaufen kann. Außerdem kann sie als Käufer an den Devisenmärkten auftreten. Droht jetzt etwa die DM, den oberen Interventionspunkt im Verhältnis mit dem Französischen Franc (FF) zu überschreiten, so interveniert die Bundesbank, indem sie FF kauft und DM verkauft. Die Nachfrage nach dem FF wird somit erhöht und das Angebot an DM an den Devisenmärkten verstärkt. Der Kurs des FF steigt, die DM fällt und verläßt den oberen Interventionspunkt.

Das EWS hat sich mit dem ECU (European Currency Unit) eine Kunstwährung, eine konstruierte Währungseinheit geschaffen, an der alle Währungen im EWS beteiligt sind und zwar anteilig nach der wirtschaftlichen Stärke. Der Anteil der DM am ECU beträgt 30,1%; sie ist damit die bedeutendste Währung aller Mitgliedsländer des Europäischen Währungsverbundes (siehe Schaubild). In diesem Anteil kommt u.a. die Exportstärke der deutschen Wirtschaft zum Ausdruck.

Der ECU dient u.a. als gemeinsame Verrechnungseinheit zwischen den Mitgliedsländern des EWS. Jedes Teilnehmerland hat mit dem ECU eine relativ stabile Bezugsgröße für seine eigene Währung. Am 8.10.1990 trat auch das britische Pfund dem EWS bei.

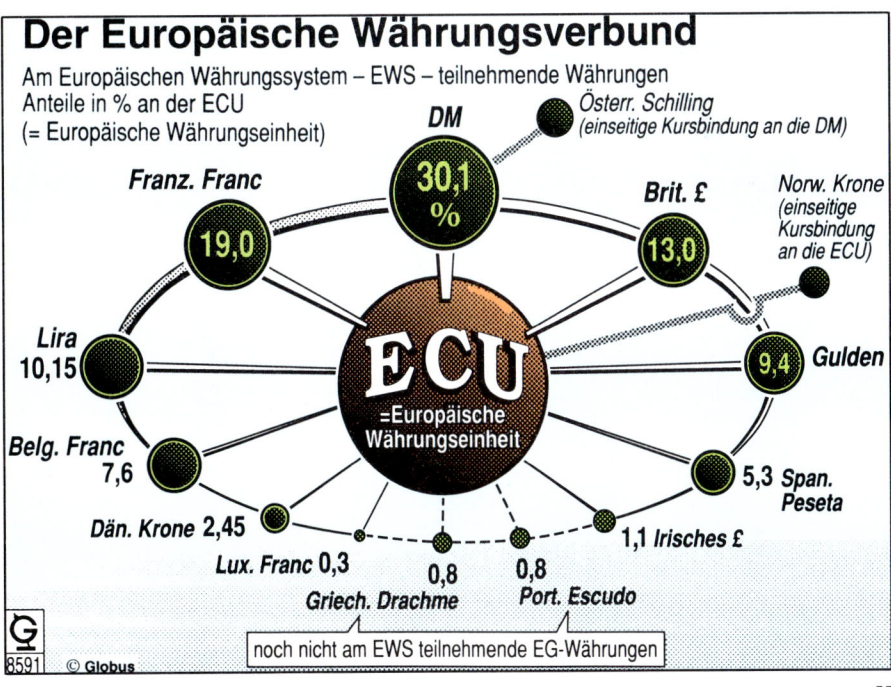

Das deutsche Export-Sortiment

Ausfuhr der BR Deutschland 1989 in Milliarden DM

- Agrarprodukte: 7
- Papier, Pappe, Zellstoff: 8
- Bekleidung: 9
- Feinmechanik, Optik: 12
- Büromaschinen, EDV: 14
- NE-Metalle: 15
- Kunststoffwaren: 15
- Luft- u. Raumfahrzeuge: 16
- Eisen-, Blech-, Metallwaren: 18
- Textilien: 22
- Eisen und Stahl: 26
- Nahrung, Genuß: 27
- Elektrotechnik: 72
- Chemische Produkte: 84
- Maschinen: 98
- Straßenfahrzeuge: 116 Mrd. DM

Quelle: Statistisches Bundesamt

Der Europäische Währungsverbund

Am Europäischen Währungssystem – EWS – teilnehmende Währungen
Anteile in % an der ECU
(= Europäische Währungseinheit)

- DM: 30,1%
- Franz. Franc: 19,0
- Brit. £: 13,0
- Lira: 10,15
- Gulden: 9,4
- Belg. Franc: 7,6
- Span. Peseta: 5,3
- Dän. Krone: 2,45
- Irisches £: 1,1
- Griech. Drachme: 0,8
- Port. Escudo: 0,8
- Lux. Franc: 0,3

Österr. Schilling (einseitige Kursbindung an die DM)
Norw. Krone (einseitige Kursbindung an die ECU)

noch nicht am EWS teilnehmende EG-Währungen

LÄNDER

Länder der Welt

AFGHANISTAN

Amtlich: De Afghánistán Djamhuriare (»Land der Afghanen«); Demokratische Republik Afghanistan.
Staatsgebiet: 647 000 km², im Westen an den Iran, im Norden an die UdSSR, im Süden und Osten an Pakistan grenzend; • Hauptstadt: Kabul; • 29 Provinzen (Welayat).
Bevölkerung: 16,6 Mio. Einwohner (1989, einschließlich rund 4 Mio. Flüchtlinge in Pakistan, Iran und Indien), 29 pro km²; • Staatssprachen: Paschtu und Dari (ein persischer Dialekt); • Bevölkerungswachstum 2,6%, Lebenserwartung 39 Jahre, Kinder bis 15 Jahre 46%, städtische Bevölkerung 18,5%, 90% Analphabeten; • Religion: Islam (89% Sunniten, 6% Schiiten).

Die größten Städte

Kabul	900 000	Mazar-i-Sharif	110 000
Kandahar	190 000	Jalalabad	60 000
Herat	150 000	Kunduz	55 000

Staat: Republik gemäß Verfassung vom 30.11.1987, Reform mit Mehrparteiensystem geplant, Staatsführung kollektiv nach Sturz der Regierung Nadschibullah 1992 durch Mudschaheddin; • Flagge seit 1980: waagerecht Schwarz für die Tradition, Rot (»Blut der Helden«) und Grün (Islam), Staatswappen in der linken oberen Ecke; • Nationalhymne seit 1978: »Leuchte, leuchte, Sonne der Freiheit, Sonne des Glücks...«; • Nationalfeiertag: 17. Juli, Tag der Ausrufung der Republik 1978; • MEZ plus 3½ Stunden.
Wirtschaft: Bruttosozialprodukt (1985) 4,85 Mrd. Dollar; • Währung: 1 Afghani (Af) = 100 Puls = ca. 0,045 DM; Außenhandel (1986): 1,4 Mrd. Dollar Importe, 552 Mio. Dollar Exporte (v.a. Obst und Gemüse, Felle, Häute und Pelze, Textilgarn); • Auslandsverschuldung (1987): rund 1,5 Mrd. Dollar; • Verkehr: 18 800 km Straßen (2800 asphaltiert), 1800 km Eisenbahnnetz, 12 Flugplätze, davon ein internationaler in Kabul; • Kfz-Kennzeichen: AFG.

Die folgenden Porträts der Staaten der Erde und abhängigen Gebiete geben einen schematisch gegliederten statistischen, politischen und ökonomischen Abriß. Alle Angaben spiegeln den neuesten verfügbaren Stand, der je nach Erschließungsgrad und administrativer Durchdringung schwanken kann. Die nichtsouveränen Länder sind unter dem verwaltenden Staat aufgeführt und über das Register zu finden.

ÄGYPTEN: *Trotz ihrer massigen Bauweise überragt die Mohammed-Ali-Moschee (links) mit ihren schlanken Minaretten die aus dem 12. Jh. stammende Zitadelle (rechts) in der Hauptstadt Kairo.*

Klimadaten Afghanistan

Städt	Höhe in m	Mitteltemp. im kältesten Monat	Mitteltemp. im wärmsten Monat	Regen in mm jährl.
Kabul	1800	−3	24,5	339
Kandahar	1050	6	29,0	178
Herat	920	3	29,9	190

LÄNDER

ÄGYPTEN

Amtlich: Al Dschumhurijja Al Arabijja Al Misrijja; Arabische Republik Misr.
Staatsgebiet: 1 001 449 km², im Westen an Libyen, im Norden ans Mittelmeer, im Nordosten an Israel, im Osten ans Rote Meer und im Süden an den Sudan grenzend; • Hauptstadt: Kairo; • 25 Provinzen.
Bevölkerung: 54,8 Mio. Einwohner (1989), 54 pro km² (auf dem Kulturland am Nil und im Delta über 1300); • Amtsprache: Arabisch (Handelssprache Englisch); • Bevölkerungswachstum 2,7%, Lebenserwartung 61 Jahre, Kinder bis 15 Jahre 40%, städtische Bevölkerung 46,5%, 56% Analphabeten; • Religion: Islam (93,1%).

Die größten Städte

Kairo	6,3 Mio.	(Agglomeration	13 Mio.)
Alexandria	2,8 Mio.	Al Mahalla	365 000
Gise	1,6 Mio.	Mansurra	330 000
Shubra	475 000	Sues	254 000
Port Said	375 000	Assuan	185 000

Staat: Präsidialrepublik (Verfassung von 1980) mit einem 2-Kammer-Parlament, Staatspräsident: Hosni Mubarak (seit 1981, 1987 auf 6 Jahre wiedergewählt); • Flagge seit 1972: waagerecht Rot (»Blut der Märtyrer«), Weiß (Revolution von 1952), Schwarz (Tradition), in der Mitte gelber Saladin-Adler; • Nationalhymne: »Vaterland, oh Vaterland, mein Herz schlägt für dich...«; • Nationalfeiertag: 23. Juli, Tag der Revolution von 1952. • Osteuropäische Zeit = MEZ plus 1 Stunde.
Wirtschaft: Bruttosozialprodukt (1987) 40,9 Mrd. Dollar; • Währung: 1 Ägypt. Pfund = 100 Piaster = 1000 Millièmes = ca. 2,54 DM; • Außenhandel (1987): 9,5 Mrd. Dollar Importe, 4,6 Mrd. Dollar Exporte (v.a. Rohbaumwolle, Garne, Rohöl, Reis, Früchte); • Auslandsverschuldung (1990): 52 Mrd. Dollar; • Verkehr: 26 000 km Straßen (53% Wüstenpisten), 4400 km Eisenbahnnetz, 3400 km Binnenwasserwege, internationaler Flughafen Heliopolis (Kairo); • Kfz-Kennzeichen: ET.

ALBANIEN

Amtlich: Republika Shqipërisë, Republik Albanien (von lat. »albus« = weiß, Land der weißen Berge).
Staatsgebiet: 28 748 km², im Westen ans Adriatische Meer, im Norden und Osten an Jugoslawien und im Südosten an Griechenland grenzend; • Hauptstadt: Tirana; • 26 Bezirke (Rrethet).
Bevölkerung: 3,2 Mio. Einwohner (1989), dazu 1,7 Mio. Albaner in Jugoslawien (v.a. Kosovo), 105 pro km²; • Sprache: Albanisch (Toskisch); • Bevölkerungswachstum 2,1%, Lebenserwartung 70 Jahre, Kinder bis 15 Jahre 35%, städtische Bevölkerung 34%, 25% Analphabeten; • Religionsausübung offiziell untersagt (»atheistischer Staat«), dennoch ca. 1 Mio. Moslems (Sunniten) und 300 000 Christen.

Die größten Städte

Tirana	200 000	Elbasan	70 000
Durrës	75 000	Vlorë	61 000
Shkodër	71 000	Korcë	57 000

Staat: Republik gemäß Verfassung von 1991, 1-Kammer-Parlament (250 Abgeordnete), Staatsoberhaupt seit April 1992 Präsident Sali Berisha (Demokrat) nach Rücktritt von Ramiz Alia; • Flagge: schwarzer (österreichisch-ungarischer) Doppeladler mit Stern darüber auf rotem Grund; • Nationalhymne: »Versammelt um unsere Fahne...«; • Nationalfeiertag: 29. November, Tag der Befreiung 1944; • MEZ (mit Sommerzeit).
Wirtschaft: Bruttosozialprodukt (1985) 2,4 Mrd. Dollar; • Währung: 1 Lek = 100 Qindarka = ca. 0,25 DM; • Außenhandel: 295 Mio. Dollar Importe, 305 Mio. Dollar (v.a. Chromerz, Erdöl, Tabak, Felle, Früchte); • Auslandsverschuldung (1984): 15 Mio. Dollar; • Verkehr: 4850 km Straßen, 436 km Eisenbahnnetz. • Kfz-Kennzeichen: AL.

ALGERIEN

Amtlich: Al Dschumhurrija al Dschasairijja Dimukratijja Asch Schabijja, Demokratische Volksrepublik Algerien.
Staatsgebiet: 2 381 741 km², im Westen an Marokko, im Südwesten an Mauretanien und Mali, im Südosten an Niger und im Osten an Libyen und Tunesien grenzend; • Hauptstadt: Algier (El Djaza'ir); • 48 Wilajas (Gouvernements).
Bevölkerung: 25 Mio. Einwohner (1989), 11 pro km² (ohne Wüstenbezirke 78); • Amtssprache: Arabisch, im Bildungswesen und z.T. auch bei Behörden Französisch, daneben Berber-Dialekte; • Bevölkerungswachstum 3,1%, Lebenserwartung 62 Jahre, Kinder bis 15 Jahre 46%, 50% Analphabeten, städtische Bevölkerung 67%; • Religion: Islam (Sunniten).

Die größten Städte

Algier	3,1 Mio.	Annaba	350 000
Oran	690 000	El Boulaida	195 000
Constantine	460 000	Sidi-Bel-Abbès	190 000

Staat: Islamische Volksrepublik, seit 1989 nominell mit Mehrparteiensystem, Wahl von 1991 jedoch annulliert nach Sieg der Islamischen Heilsfront (FIS), die verboten wurde; Staatsoberhaupt Mohamed Boudiaf (1992 ermordet), Nachfolge Ali Kafi; • Flagge seit 1962; senkrecht Grün (Islam) und Weiß (Ehre) mit rotem Halbmond und Stern in der Mitte; • Nationalhymne (seit 1986): »Wir haben geschworen... zu sterben, damit Algerien lebt"; • Nationalfeiertag: 1. November, Beginn des Aufstands 1954; • MEZ minus 1 Stunde.
Wirtschaft: Bruttosozialprodukt (1987) 62 Mrd. Dollar; • Währung: 1 Algerischer Dinar (DA) = 100 Centimes = ca. 0,25 DM; • Außenhandel: 11 Mrd. Dollar Importe, 7,9 Mrd. Dollar Exporte (v.a. Erdöl und Erd-

Klimadaten Ägypten

Stadt	Mitteltemp. im kältesten Monat	Mitteltemp. im wärmsten Monat	Regen in mm. jährl.	Regentage jährl.
Alexandria	14,5	27	175	27
Kairo	13,5	29	25	6
Assuan	16,5	34	0	0

LÄNDER

Klimadaten Algerien				
Stadt	Mitteltemp. im kältesten Monat	Mitteltemp. im wärmsten Monat	Regen in mm jährl.	Regentage jährl.
Algier	12,0	26,5	764	76
Beskra	11,5	34,5	161	34
In-Salah	13,5	36,5	17	8

gas, daneben Eisenerz, Phosphate, Wein, Früchte); • Auslandsverschuldung (1990): 32 Mrd. Dollar; • Verkehr: 78 000 km Straßen (vielfach Wüstenpisten), 3900 km Eisenbahnnetz, 4500 km Pipelines (für Gas und Öl), internationaler Flughafen Dar-el-Beïda (Algier); • Kfz-Kennzeichen: DZ.

ANDORRA

Amtlich: Principauté (Vallées) d'Andorre oder Prinzipado de Andorra, Fürstentum Andorra.
Staatsgebiet: 453 km in den östlichen Pyrenäen zwischen Frankreich und Spanien; • Hauptstadt: Andorra la Vella.
Bevölkerung: 56 000 Einwohner (1989), 123 pro km, 12 000 Andorraner, sonst v.a. Spanier (25 500), Franzosen und Portugiesen; • Amtssprachen: Katalanisch, Spanisch, Französisch; • zeitweise hohes Bevölkerungswachstum durch Zuzug; • Religion: 99% römisch-katholisch.
Staat: Fürstentum unter der Hoheit des spanischen Bischofs von Urgel und des französischen Staatspräsidenten, beraten durch einen 28-köpfigen Generalrat; • Flagge (seit 1866): senkrecht Blau, Gelb, Rot mit Staatswappen in der Mitte; • Nationalhymne (seit 1914): »Karl der Große, mein Vater, befreite mich von den Arabern«; • Nationalfeiertag: 8. September, Fest der Jungfrau von Meritxell; • MEZ mit Sommerzeit.
Wirtschaft: Bruttosozialprodukt (1987) ca. 500 Mio. Dollar, Einkünfte primär aus Fremdenverkehr (rund 13 Mio. Besucher jährlich), daneben unbedeutende, durch die Höhenlage (bis 2407 m) und häufige Fröste beeinträchtigte Landwirtschaft; • französische und spanische Währung; • Steuerfreiheit; • Kfz-Kennzeichen: AND.

ANGOLA

Amtlich: República de Angola (bis 1991 Volksrepublik).
Staatsgebiet: 1 246 700 km² (inkl. Exklave Cabinda mit 7270 km²), im Westen an den Atlantik, im Nordwesten und Norden an Zaïre, im Südwesten an Sambia und im Süden an Namibia grenzend; • Hauptstadt: Luanda; • 18 Provinzen.
Bevölkerung: 8,97 Mio. Einwohner (1989), 7 pro km², v.a. Bantu; • Amtssprache: Portugiesisch, sonst Bantu-Dialekte; • Bevölkerungswachstum 2,6%, Lebenserwartung 44 Jahre, Kinder bis 15 Jahre 45%, 59% Analphabeten, städtische Bevölkerung 25%; • Religion: 45% Katholiken, 10% Protestanten, daneben Naturreligionen.
Staat: Republik, noch ohne Verfassung; 1. 6. 1991 Ende des Bürgerkriegs zw. der marxist. MPLA und der bürgerl. UNITA, Interimsregierung bis zu Wahlen, UN-Überwachung, Staatsoberhaupt J. dos Santos (seit 1979); • Flagge: waagerecht Rot (Opfer des Freiheitskampfes), Schwarz (Tradition) mit gelbem Stern, Zahnradbogen und Machete in der Mitte; • Nationalhymne seit 1975: »Oh Vaterland, niemals werden wir die Helden des 4. Februar vergessen...«; • Nationalfeiertag: 11. November, Tag der Unabhängigkeit 1975; MEZ.
Wirtschaft: Bruttosozialprodukt (1986) ca. 7 Mrd. Dollar; • Währung: 1 Kwanza (Kz) = 100 Lwei = ca. 0,06 DM; • Außenhandel: 1,1 Mrd. Dollar Importe, 1,8 Mrd. Exporte (v.a. Erdöl, daneben Diamanten, Kaffee, Erze, Fischprodukte); • Auslandsverschuldung (1985): 2,5 Mrd. Dollar; • Verkehr: 73 300 km Straßen (6900 km asphaltiert), 3050 km Eisenbahnnetz, internationaler Flughafen Luanda.

ANTIGUA UND BARBUDA

Staatsgebiet: 443 km² (Inseln Antigua mit 281 km², Barbuda mit 161 km² und Redonda mit 1 km²) in der Karibik (Westindische Inseln); • Hauptstadt: St. John's.
Bevölkerung: 86 000 Einwohner (davon nur 1500 auf Barbuda), 185 pro km², 92% Abkömmlinge von Negersklaven; • Amtssprache: Englisch, daneben Kreolisch; • Bevölkerungswachstum 1,3%, Lebenserwartung 73 Jahre; • Religion: 80% Anglikaner, 12% Katholiken.
Staat: Konstitutionelle Monarchie im Commonwealth mit 2-Kammer-Parlament, Staatsoberhaupt Königin Elisabeth II., vertreten durch einen Gouverneur; • Flagge seit 1967: Rot (Fleiß) mit schwarzem Keil (Victory-Zeichen), blauem Querbalken (Symbol des Meeres), weißem Winkel (helle Strände) und aufgehender Sonne der Freiheit; • Nationalhymne seit 1967: »Schönes Antigua, wir grüßen dich!«; • Nationalfeiertag: 1. November, Tag der Unabhängigkeit 1981; • MEZ minus 5 Stunden.
Wirtschaft: Bruttosozialprodukt (1987) knapp 200 Mio. Dollar (40% aus dem Tourismus); • Währung: 1 Ostkaribischer Dollar = 100 Cents = ca. 0,66 DM; • Verkehr: rund 1000 km Straßen (720 nur in der Trockenzeit befahrbar), internationaler Flughafen auf Antigua.

ÄQUATORIAL-GUINEA

Amtlich: República de Guinea Ecuatorial, Republik Äquatorialguinea.
Staatsgebiet: 28 050 km², davon rund 26 000 auf dem afrikanischen Festland (Provinz Mbini) zwischen Gabun und Kamerun, Rest auf vorgelagerten Inseln, darunter Bioko (früher Fernando Póo) mit 2017 km²; • Hauptstadt: Malabo (früher Santa Isabel) auf Bioko; • 7 Provinzen.
Bevölkerung: 400 000 Einwohner auf dem Festland (14 pro km²) und 45 000 (1989) auf Bioko, v.a. Bantu; • Amtssprache: Spanisch, daneben Bantu-Dialekte u.a.; • Bevölkerungswachstum 2,2%, Lebenserwartung 45 Jahre, Kinder bis 15 Jahre 35%, 65% Analphabeten, städtische Bevölkerung 60%; • Religion: 80% Katholiken, daneben Moslems, Protestanten; • größte Städte: Bata in Mbini mit 40 000 und Malabo auf Bioko mit 33 000 Einwohnern.
Staat: Präsidialrepublik (Verfassung von 1982) mit Einparteiensystem, Staats- und Regierungschef Oberst Nguema Mbasogo (seit 1979, 1988 auf 7 Jahre wiedergewählt); • Flagge seit 1978: waagerecht Grün (Fruchtbarkeit), Weiß (Freiheitsliebe), Rot (Opferbereitschaft), links blauer Winkel (Symbol des Meeres), in der Mitte Staatswappen; • Nationalhymne seit 1968: »Laßt uns froh marschieren... in die Freiheit!«; • Nationalfeiertag: 12. Oktober, Tag der Unabhängigkeit 1968; • MEZ.
Wirtschaft: Bruttosozialprodukt 130 Mio. Dollar (1985); • Währung: 1 CFA-Franc = 100 Centimes = ca. 0,006 DM; • Exportgüter v.a. Kakao, Kaffee, Holz; • Verkehr: 120 km Straßen auf Bioko und 500 km in Mbini, Flughäfen in Bata und Malabo.

Klimadaten Angola				
Stadt	Höhe in m	Mitteltemp. im kältesten Monat	Mitteltemp. im wärmsten Monat	Regen in mm jährl.
Luanda	–	20,5	26,5	315
Huambo	1705	16,0	21,0	109
Namibe	–	17,5	25,0	55

LÄNDER

Klimadaten Argentinien				
Stadt	Höhe in m	Mitteltemp. im kältesten Monat	Mitteltemp. im wärmsten Monat	Regen in mm jährl.
Buenos Aires	–	9,5	23,0	810
Mendoza	800	8,5	24,0	193
Sarmiento	270	2,5	18,5	130

ARGENTINIEN

Amtlich: República Argentina, Republik Argentinien.
Staatsgebiet: 2 766 889 km², im Westen an Chile, im Norden an Paraguay und Bolivien, im Nordosten an Brasilien und Uruguay und im Osten an den Atlantik grenzend; beansprucht werden: Falkland-Inseln (Malvinas), Südantillen und ein Sektor der Antarktis mit insgesamt 1 232 100 km²; • Hauptstadt: Buenos Aires; • 22 Provinzen sowie Bundesdistrikt und das Nationalterritorium Tierra del Fuego.
Bevölkerung: 32,6 Mio. Einwohner (1989), 12 pro km², 90% Weiße spanischer und italienischer Herkunft; • Amtssprache: Spanisch (Castellano); • Bevölkerungswachstum 1,6%, Lebenserwartung 70 Jahre, Kinder bis 15 Jahre 31%, 6% Analphabeten, städtische Bevölkerung 84%; • Religion: 90% Katholiken, daneben verschiedene protestantische Gruppierungen.

Die größten Städte

Buenos Aires	6,2 Mio.	(Groß-B.A. 12,5 Mio.)	
Cordoba	985 000	Santa Fé	380 000
Rosario	960 000	Salta	270 000
Mendoza	600 000	Bahía Blanca	230 000
La Plata	570 000	San Fernando	230 000
Tucumán	500 000	Paraná	225 000

Staat: Präsidialrepublik und Bundesstaat (Verfassung von 1853, mehrfach geändert), Parlament (Kongreß) aus Senat und Abgeordnetenhaus, Staats- und Regierungschef Carlos Menem (Peronist, seit 1989); • Flagge seit 1816: waagerecht Hellblau, Weiß, Hellblau nach den Farben der Revolutionäre von 1810 mit der »Sonne des Mai« in der Mitte; • Nationalhymne seit 1813: »Hört, Sterbliche, den heiligen Ruf: Freiheit...!«; • Nationalfeiertage: 25. Mai, Tag der Revolution von 1810, und 9. Juli, Tag der Unabhängigkeitserklärung von 1816; • Atlantikzeit = MEZ minus 5 Stunden.
Wirtschaft: Bruttosozialprodukt (1990) 62 Mrd. Dollar; • Währung: 1 Austral (A) = 100 Centavos = ca. 0,30 DM; • Außenhandel (1987): 5,8 Mrd. Dollar Importe, 6,4 Mrd. Dollar, Exporte (v.a. Getreide, Fleisch, Wolle, daneben Metallerzeugnisse, Textilien u.a.); • Auslandsverschuldung: rund 60 Mrd. Dollar (1988); • Verkehr: knapp 40 000 km Eisenbahnnetz, 285 000 km Straßen, davon 20 000 km befestigt, wichtigste Binnenwasserstraße der Paraná, 10 internationale Flughäfen; • Kfz-Kennzeichen: AR.

ALGERIEN: Glanzlos ist ihr Alltag, aber farbenfroh sind die Feste der Berber. Das Mädchen (oben) trägt den für hohe Festtage üblichen Kopfputz und ist nach Landessitte geschminkt; schwere Perlenketten schmücken den Hals.

ARMENIEN
siehe RUSSLAND

ASERBAIDSCHAN
siehe RUSSLAND

ÄTHIOPIEN

Amtlich (künftig): Republik Äthiopien (offiziell noch: Demokratische Volksrepublik Ä.).
Staatsgebiet: 1 221 900 km², im Westen an den Sudan, im Süden an Kenia, im Osten an Somalia und im Nordosten an Dschibuti und das Rote Meer grenzend; • Hauptstadt: Addis Abeba; • 29 Regionen.
Bevölkerung: 47,7 Mio. Einwohner (1989), 40 pro km², 30% Amharen und Tigre, 30% Galla, daneben zahlreiche andere Stämme; • Staatssprache: Amharisch, Englisch zweite Amtssprache, in Eritrea Italienisch und an der Küste Arabisch Verkehrssprache; • Bevölkerungswachstum: 2,6%, Lebenserwartung 46 Jahre, Kinder bis 15 Jahre 46%, 38% Analphabeten, städtische Bevölkerung 15%; • Religion: ca. 50% äthiopische Christen, 35% Moslems (Sunniten), sonst Animisten u.a.
Staat: Nach Sturz der kommunistischen Regierung Mengistu durch Rebellen (Mai 1991) neue demokratische Verfassung in Vorbereitung, Übergangsstaatspräsident Meles Zenawi; • Flagge seit 1941: waagerecht »panafrikanische« Farben Grün, Gelb, Rot für Fruchtbarkeit, Vaterlandsliebe und Blut der Freiheitskämpfer; • Nationalhymne seit 1975: »Äthiopien, vorwärts zum Ruhm,...«; • Nationalfeiertag: 12. September, Tag der Revolution von 1974; • Moskauer Zeit = MEZ plus 2 Stunden.
Wirtschaft: Bruttosozialprodukt (1986) knapp 5 Mrd. Dollar; • Währung: 1 Birr (Br) = 100 Cents = ca. 0,86 DM; • Außenhandel (1986): Importe 1,1 Mrd. Dollar, Exporte 0,45 Mrd. Dollar; Auslandsverschuldung (1985). 2 Mrd. Dollar; • Verkehr: 25 000 km Straßen, davon 7230 ganzjährig befahrbar, 1100 km Eisenbahnnetz, 2 internationale Flughäfen (Addis Abeba und Asmara), 37 für den Binnenverkehr; • Kfz-Kennzeichen: ETH.

ÄTHIOPIEN: Im Hochland beim Tana-See stürzt sich der Blaue Nil über 140 m hinab in die Ebene (unten).

Klimadaten Äthiopien				
Stadt	Höhe in m	Mitteltemp. im kältesten Monat	Mitteltemp. im wärmsten Monat	Regen in mm jährl.
Addis Abeba	2450	14,0	17,5	1230
Harar	1850	19,0	20,0	895
Massaua	–	25,5	35,5	180

LÄNDER

AUSTRALIEN: Die malerische Lage der Hauptstadt Canberra kommt im Luftbild besonders gut zur Geltung. Der See, entstanden durch Stauung des Molonglo, bietet Bewohnern und Besuchern vielfältige Erholungsmöglichkeiten.

AUSTRALIEN

Amtlich: Commonwealth of Australia, Australischer Bund (lateinisch: Terra australis = Südland).
Staatsgebiet: 7 686 844 km², umfassend den Kontinent Australien mit Tasmanien und vorgelagerten Inseln, dazu die Außenbesitzungen Christmas Islands (Weihnachtsinseln) mit 135 km² (Hauptort Flying Fish Cove), Kokos-Inseln mit 14,2 km² (Hauptort Bantam), Norfolk-Insel mit 3,54 km² (Hauptort Kingston) sowie zahlreiche weitere unbewohnte oder nur zu Forschungszwecken genutzte Inseln; • Hauptstadt: Canberra.
Bevölkerung: 16 Mio. Einwohner (1989), 2 pro km², 95% Weiße europäischer Herkunft, nur noch knapp 150 000 Ureinwohner (Aborigines); • Amtssprache: Englisch; • Bevölkerungswachstum 1,4%, Lebenserwartung 78 Jahre, Kinder bis 15 Jahre 24%, kaum Analphabeten, städtische Bevölkerung 70%; • Religion: etwa je knapp ein Viertel Katholiken und Anglikaner sowie rund 15% weitere protestantische Gruppierungen, wenige Moslems und Buddhisten, Naturreligionen.
Staat: Konstitutionelle Monarchie, Staatsoberhaupt: Königin Elisabeth II. (seit 1952), vertreten durch einen einheimischen Generalgouverneur, 2-Kammer-Parlament aus Repräsentantenhaus und Senat, Regierungschef: Paul Keating (Labor, seit 1992); • Flagge seit 1953: Blau mit Union Jack im linken oberen Eck, darunter 7strahliger weißer Commonwealthstern und rechts in 5 weißen Sternen das »Kreuz des Südens«; • Nationalhymne seit 1974: »Froh laßt uns jubeln, Australier, denn wir sind jung und frei...«; • Nationalfeiertag: 26. Januar, Tag der Landung der ersten Siedler 1788 (Australia Day); • Chinesische Küstenzeit = MEZ plus 7 Stunden (Westaustralien), Südaustralische Zeit = MEZ plus 8,5 Stunden (Südaustralien, Nordterritorium), Ostaustralische Zeit = MEZ plus 9 Stunden (Ostaustralien).
Wirtschaft: Bruttosozialprodukt (1987) 194 Mrd. Dollar; • Währung: 1 Australischer Dollar = 100 Cents = ca. 1,53 DM; • Außenhandel (1986): Importe 26,1 Mrd. Dollar, Exporte 22,6 Mrd. Dollar (v.a. Wolle, Fleisch, Erze, Steinkohle, Weizen, Industrieprodukte); • Auslandsverschuldung (1989): 116 Mrd. Dollar; • Verkehr: 910 000 km Straßen (davon 250 000 asphaltiert), Eisenbahnnetz 40 700 km, auch für den Binnenverkehr bedeutend die ver-

Verwaltungsgliederung

Bundesstaat	Fläche in km²	Einwohner	Hauptstadt	Einwohner
Neusüdwales	801 600	5,6 Mio.	Sydney	3,4 Mio.
Victoria	227 000	4,2 Mio.	Melbourne	3,0 Mio.
Queensland	1 727 200	2,6 Mio.	Brisbane	1,2 Mio.
Südaustralien	984 000	1,4 Mio.	Adelaide	1,0 Mio.
Westaustralien	2 525 500	1,5 Mio.	Perth	1,0 Mio.
Tasmanien	67 800	450 000	Hobart	180 000
Nordterritorium	1 346 200	150 000	Darwin	70 000
Capital Territory	2 400	286 000	Canberra	286 000

Klimadaten Australien

Städte	Mitteltemp. im kältesten Monat	Mitteltemp. im wärmsten Monat	jährliche Regentage
Alice Springs	11,5	28,5	31
Darwin	25,0	30,0	95
Brisbane	14,5	25,0	126
Melbourne	9,5	20,0	156
Perth	13,0	23,0	128

zweigte Küstenschiffahrt und das Flugstreckennetz, zahlreiche internationale Flughäfen u.a. in Melbourne, Sydney, Canberra, Darwin; • Kfz-Kennzeichen: AUS.

BAHAMAS

Amtlich: The Commonwealth of the Bahamas, Bund der Bahamas.
Staatsgebiet: 13 935 km² auf 700 Inseln und 2000 Riffen nordwestlich Kuba im Bereich der Westindischen Inseln; • Hauptstadt: Nassau auf New Providence Island.
Bevölkerung: 247 000 Einwohner (1989), 18 pro km², 87% Schwarze und Mulatten; • Staatssprache: Englisch; • Bevölkerungswachstum 2,0%, Lebenserwartung 70 Jahre, Kinder bis 15 Jahre 38%, 11% Analphabeten, städtische Bevölkerung 60%; • Religion: 57% Protestanten (Baptisten, Anglikaner, Methodisten), 26% Katholiken, wenige jüdische Gemeinden, Naturreligionen.
Staat: Parlamentarische Monarchie im Commonwealth (Verfassung von 1973), Staatsoberhaupt Königin Elisabeth II., Regierungschef (seit 1973) Lynden O. Pindling (PLP, Liberale); • Flagge seit 1973: waagerecht Blau, Gelb, Blau für die meerumspülten hellen Strände mit schwarzem Dreieck links als Zeichen der Einheit; • Nationalhymne seit 1973: »Erhebt das Haupt zur aufgehenden Sonne...«; • Nationalfeiertag: 10. Juli, Tag der Unabhängigkeit 1973; • Zeit: Eastern Standard Time = MEZ minus 6 Stunden.
Wirtschaft: Bruttosozialprodukt (1986) 2,4 Mrd. Dollar; • Währung: 1 Bahama-Dollar = 100 Cents = 1 US-Dollar = ca. 1,70 DM; • Außenhandel (1986): Importe 3,3 Mrd. Dollar, Exporte 2,7 Mrd. Dollar (Krustentiere, Salz, Fische, Rum, Zement; große Erlöse aus dem Tourismus); • Auslandsverschuldung: 650 Mio. Dollar; • Verkehr: Straßennetz auf den Hauptinseln ca. 1350 km, Binnenverbindungen v.a. über See, internationaler Flughafen in Nassau; • Kfz-Kennzeichen BS.

BAHRAIN

Amtlich: Daulat al-Bahrein (arabisch = beide Gewässer).
Staatsgebiet: 669 km² auf der namengebenden Hauptinsel (563 km²) und 32 weiteren Inseln im Persischen Golf vor den Küsten Saudi-Arabiens und Katars; • Hauptstadt: Al Manama; • 4 Städte und 2 Landbezirke.
Bevölkerung: 483 000 Einwohner (1989), 720 pro km², 75% Araber, 16% Inder, außerdem Pakistani, Iraner und Europäer; • Amtssprache: Arabisch; • Bevölkerungswachstum 2,8%, Lebenserwartung 70 Jahre, Kinder bis 15 Jahre 41%, 26% Analphabeten, städtische Bevölkerung 81%; • Religion: 85% Moslems (davon 60% Schiiten), Christen, Hindus.
Staat: Emirat (= Absolute Monarchie) unter Scheich Salman Al Chalifa (seit 1971); • Flagge seit der Unabhängigkeit: Rot mit gezacktem weißen Streifen links (wehrhafter Frieden); • Nationalhymne seit 1971: Instrumentalstück von M. Sidji Hajjah; • Nationalfeiertag: 14. August, Unabhängigkeitstag 1971; • Baku-Zeit = MEZ plus 3 Stunden.
Wirtschaft: Bruttosozialprodukt (1986) 3,9 Mrd. Dollar; • Währung: 1 Bahrain-Dinar = 1000 Fils = ca. 4,75 DM; • Außenhandel (1986): Importe 2,4 Mrd. Dollar, Exporte 2,35 Mrd. Dollar (80% Erdöl und Erdölprodukte, außerdem Aluminium); • Auslandsschulden (1986): 1,1 Mrd. Dollar; • Verkehr: 450 km asphaltierte Straßen, Hauptverkehrsträger Küstenschiffahrt, internationaler Flughafen auf Al Muharrak; • Kfz-Kennzeichen BRN.

BANGLADESCH

Amtlich: Republik Bangladesch (»Land der Bengalen«).
Staatsgebiet: 143 998 km² im Ostteil Bengalens, fast ringsum an Indien grenzend, nur im Süden an den Golf von Bengalen und im Südosten an Birma; • Hauptstadt: Dacca; • 4 Provinzen, in 19 Distrikte untergliedert.
Bevölkerung: 112,7 Mio. Einwohner (1989), 770 pro km², fast ausschließlich Bengalen; • Amtssprache: Bengali (Bangla); • Bevölkerungswachstum 2,1%, Lebenserwartung 50 Jahre, Kinder bis 15 Jahre 44%, 67% Analphabeten, städtische Bevölkerung 18%; • Staatsreligion Islam, daneben große hinduistische und kleine buddhistische und christliche Minderheiten.

Die wichtigsten Städte

Dacca	3,5 Mio.	Radschaschahi	260 000
Chittagong	1,5 Mio.	Mymensingh	200 000
Khulna	650 000	Komilla	190 000

Staat: Bis 1991 Militärdiktatur mit Übergangsregierungen, Verfassung von 1972 suspendiert, nach Verfassungsänderung und Wahlen vom Februar 1991 Republik mit Präsidialsystem unter Staatspräsident Abdur Rahman Biswas; • Flagge seit 1972: Grün (Natur) mit roter Kreisfläche (Blut der Märtyrer des Freiheitskampfes); • Nationalhymne seit der Unabhängigkeit: »Mein goldenes Bengalen, ich liebe dich...«; • Nationalfeiertag: 21. Februar, Tag der Märtyrer, und 26. März, Unabhängigkeitstag; • MEZ plus 5 Stunden.
Wirtschaft: Bruttosozialprodukt (1986) 15,5 Mrd. Dollar; • Währung: 1 Taka = 100 Poisha = ca. 0,55 DM; • Außenhandel (1986): Importe 2,7 Mrd. Dollar, Exporte 0,88 Mrd. Dollar (60% Jute, daneben Fisch, Leder, Tee); • Auslandsschulden (1986): 7,3 Mrd. Dollar; • Verkehr: 11 000 km Straßen (weitgehend unbefestigt), 2890 km Eisenbahnnetz, Seehafen in Chittagong, internationale Flughäfen in Dacca und Chittagong; • Kfz-Kennzeichen: BD.

BARBADOS

Staatsgebiet: 431 km² große Insel an der äußersten südöstlichen Ecke der Karibik (Inseln über dem Wind); • Hauptstadt: Bridgetown; • 11 Bezirke.
Bevölkerung: 260 000 Einwohner (1988), 95% Farbige; • Bevölkerungswachstum 0,9%, Lebenserwartung 74 Jahre, Kinder bis 15 Jahre 30%, 2% Analphabeten, städtische Bevölkerung 42%; • Religion: 90% Anglikaner, katholische Minderheit.
Staat: Parlamentarische Monarchie im Commonwealth, Staatsoberhaupt Königin Elisabeth II., Regierungschef L. Erskine Sandiford (seit 1987); • Flagge seit der Unabhängigkeit: senkrecht Blau, Gelb, Blau (Strände zwischen Himmel und Meer) mit Dreizack in der gelben Fläche (enge Bindung ans Meer); • Nationalhymne seit 1966: »In Zeiten des Wohlstands und der Not... säten unsere Ahnen die Saat...«; • Nationalfeiertag: 30. November, Unabhängigkeitstag 1966; • Atlantikzeit = MEZ minus 5 Stunden.
Wirtschaft: Bruttosozialprodukt (1986) 1,3 Mrd. Dollar; • Währung: 1 Barbados-Dollar = 100 Cents = ca. 0,89 DM; • Außenhandel (1986): Importe 587 Mio. Dollar, Exporte 275 Mio. Dollar (v.a. Zucker, Erdölprodukte, Elektroartikel, bedeutender Tourismus); • Verkehr: 1600 km Straßen, Hafen Bridgetown, internationaler Flughafen Seawell; • Kfz-Kennzeichen: BDS.

BELAU

Amtlich: Republic of Belau (Palau).
Staatsgebiet: 458 km² auf den 241 Palau-Inseln, die zur Karolinen-Gruppe im Südwest-Pazifik gehören; • Hauptstadt: Koror.
Bevölkerung: Rund 15 000 Einwohner (1987) auf 11 bewohnten Inseln (größte Babelthuap mit 404 km²), 32 pro km², Mikronesier; • Sprachen: Englisch, mikronesische Dialekte; • Religion: Protestanten und Katholiken.
Staat: Präsidiale Republik in »freier Assoziation« mit den USA unter Präsident Ngiratkel Etpison (seit 1988); • Flagge: Blau mit gelber Scheibe (Sonneninsel im Meer); • Nationalfeiertag: 29. Januar, Feier der Unabhängigkeit.
Wirtschaft: Fast ausschließlich durch die USA finanziert, US-Währung, unbedeutender Handel.

LÄNDER

BIRMA: Aus dem 15. Jh. stammt die Schwe-Dagon-Pagode in der Hauptstadt Yangon. Das bedeutende buddhistische Heiligtum beherrscht mit seinen Türmen das Stadtbild.

BELGIEN

Amtlich: Koninkrijk België, Royaume de Belgique, Königreich Belgien.
Staatsgebiet: 30 518 km² in Westeuropa zwischen Kanal und Ardennen, im Norden an die Niederlande, im Osten an Deutschland und Luxemburg und im Süden an Frankreich grenzend; • Hauptstadt: Brüssel (Bruxelles); 9 Provinzen.
Bevölkerung: 9,9 Mio. Einwohner (1989), 325 pro km², 57,6% Flamen, 32,5% Wallonen, deutsche Minderheit, knapp 1 Mio. Ausländer; • Amtssprachen: Niederländisch, Französisch, regional Deutsch; • Bevölkerungswachstum 0,1%, Lebenserwartung 75 Jahre, Kinder bis 15 Jahre 19%, städtische Bevölkerung 96%; • Religion: 90% Katholiken, protestantische und jüdische Minderheit.

Die wichtigsten Städte

Brüssel	1,0 Mio.	Brügge	118 000
Antwerpen	483 000	Namur	103 000
Gent	234 000	Mons	90 000
Charleroi	230 000	Löwen	85 000
Lüttich	202 000	Aalst	77 000

Staat: Parlamentarische Monarchie nach der 1988 letztmals geänderten Verfassung von 1831, König Baudouin I. (Boudewijn) seit 1951, Regierungschef 1981–92 Wilfried Martens, seitdem Jean-Luc Dehaene (Christl. Volkspartei); • Flagge seit 1830: senkrecht Schwarz, Gelb, Rot (Farben Brabants); • Nationalhymne seit 1860 die von antiniederländischen Elementen gereinigte »Brabançonne«, seit 1921 deren 4. Strophe: »O teures Belgien, o heilig Land der Ahnen...«; • Nationalfeiertag: 21. Juli, Verfassungstag von 1831; • MEZ mit Sommerzeit.
Wirtschaft: Bruttosozialprodukt 139 Mrd. Dollar (1987); • Währung: 1 Belgischer Franc = 100 Centimes = ca. 0,047 DM; • Außenhandel (1986): Importe 68,7 Mrd. Dollar, Exporte (v.a. Eisen- und Stahlprodukte, Maschinen, Fahrzeuge, chemische Erzeugnisse) 68,9 Mrd. Dollar; • Auslandsschulden: 10,5 Mrd. Dollar; • Verkehr: 13 300 km Straßen, davon 1400 km Autobahnen, 3850 km Schienennetz, 1550 km Binnenwasserstraßen, Großhafen in Antwerpen, internationale Flughäfen in Brüssel, Antwerpen und Ostende; • Kfz-Kennzeichen: B.

BELIZE

Staatsgebiet: 22 965 km² in Mittelamerika, im Osten ans Karibische Meer, im Süden und Westen an Guatemala und im Norden an Mexiko grenzend; • Hauptstadt: Belmopan; • 6 Distrikte.
Bevölkerung: 180 000 Einwohner (1989), 8 pro km², 50% Schwarze und Mulatten (Creoles); • Amtssprachen: Englisch und Spanisch; • Bevölkerungswachstum 2,7%, Lebenserwartung 66 Jahre, Kinder bis 15 Jahre 46%, 8% Analphabeten, städtische Bevölkerung 52%; • Religion: 65% Katholiken, 30% Protestanten (Anglikaner, Mennoniten u.a.).
Staat: Parlamentarische Monarchie im Commonwealth, Staatsoberhaupt Königin Elisabeth II., Regierungschef George Price (seit 1989); • Flagge seit der Unabhängigkeit: Blau mit roten Rändern oben und unten, in der Mitte weiße Scheibe mit Staatswappen; • Nationalhymne seit 1981: »O Land der Freien an der Karibischen See...«; • Nationalfeiertag: 21. September, Tag der Unabhängigkeit 1981; • Central Standard Time = MEZ minus 7 Stunden.
Wirtschaft: Bruttosozialprodukt rund 200 Mio. Dollar (1986); • Währung: 1 Belize-Dollar = 100 Cents = ca. 0,85 DM; • Außenhandel (1982): Importe 132 Mio. Dollar, Exporte (v.a. Zucker, Südfrüchte, Fisch) 60 Mio. Dollar; • Auslandsschulden (1986): 88 Mio. Dollar; • Verkehr: 1600 km Allwetterstraßen, internationaler Flughafen in Belize City; • Kfz-Kennzeichen: BH.

BENIN

Amtlich: République (Populaire) du Benin, (Volks-)Republik Benin.
Staatsgebiet: 112 622 km² in Westafrika, im Osten an Nigeria, im Nordosten an Niger, im Nordwesten an Burkina Faso, im Westen an Togo und im Süden an den Atlantik (Bucht von Benin) grenzend; • Hauptstadt: Porto-Novo; • 6 Provinzen.
Bevölkerung: 4,5 Mio. Einwohner (1989), 37 pro km², über 50 Stämme (u.a. Fon, Joruba, Goun, Bariba, Adja); • Staatssprache: Französisch, daneben über 50 Dialekte als Umgangssprachen; • Bevölkerungswachstum 3,2%, Lebenserwartung 50 Jah-

Klimadaten Belgien				
Stadt	Mitteltemp. im kältesten Monat	Mitteltemp. im wärmsten Monat	Regen in mm jährl.	Regentage im Jahr
Brüssel	1,5	17,5	860	208
Ostende	3,0	16,5	598	148
Virton	0,5	16,6	888	197

LÄNDER

re, Kinder bis 15 Jahre 49%, 75% Analphabeten, städtische Bevölkerung 38,5%; • Religionen: etwa je 15% Katholiken und Moslems, sonst Naturreligionen.
Staat: Volksrepublik (Verfassung vom 26.8.1977, 1990 suspendiert) mit Staatspartei PRPB, Staats-, Partei- und Regierungschef seit 1991 Nicéphore Soglo; • Flagge seit 1975: Grün (Ackerbau) mit rotem Stern im linken Obereck als Zeichen der »revolutionären und demokratischen Einheit der Nation«; • Nationalhymne seit 1960: »Auf, Kinder des Benin, die Freiheit ruft im ersten Morgenlicht...«; • Nationalfeiertag: 30. November, Tag der Gründung der Volksrepublik 1975; • MEZ.
Wirtschaft: Bruttosozialprodukt (1986) 1,3 Mrd. Dollar; • Währung: 1 CFA-Franc = 100 Centimes = ca. 0,006 DM; • Außenhandel (1986): Importe 386 Mio. Dollar, Exporte 181 Mio. Dollar (v.a. Produkte der Ölpalme, Baumwolle, Kakao); • Auslandsschulden (1986): 780 Mio. Dollar; • Verkehr: Knapp 600 km Eisenbahnnetz, 8100 km Straßen, Binnenschiffahrt auf dem Niger, Seehafen und Sitz vieler Behörden Cotonou, dort auch internationaler Flughafen; • Kfz-Kennzeichen: RPB.

BHUTAN

Tibetisch: Druk-Yul (= Drachenreich).
Staatsgebiet: 47 000 km² in Mittelasien am Südrand des Himalaja, im Norden an Tibet (China) grenzend, sonst von indischem Gebiet umgeben; • Hauptstadt: Thimbu; • 18 Distrikte.
Bevölkerung: 1,5 Mio. Einwohner (1988), 70% tibetischer Herkunft, 25% nepalesische Volksgruppen; • Sprachen: Dzongha (Amtssprache), Englisch, Dialekte; • Bevölkerungswachstum 2,0%, Lebenserwartung 45 Jahre, Kinder bis 15 Jahre 40%, 90% Analphabeten; • Religion: 75% Mahajana-Buddhisten, 25% Hindus.
Staat: Konstitutionelle Monarchie, Staats- und Regierungschef König Jingme Singhye Wangchuk (seit 1972); • Flagge: diagonal geteilt Gelb (Königtum), Orange (Buddhismus) mit weißem Drachen in der Mitte; • Nationalhymne seit 1966: »Lang lebe das Königreich im Land des Sandelbaums...«; • Nationalfeiertag: 17. Dezember, Tag der Thronbesteigung des ersten Königs der regierenden Dynastie 1907; • Indische Zeit = MEZ plus 4,5 Stunden.
Wirtschaft: Bruttosozialprodukt (1986) 210 Mio. Dollar; • Währung: 1 Ngultrum = 100 Chetrum = ca. 0,12 DM, auch die indische Rupie (= 1 Ngultrum) gilt als Zahlungsmittel; • Außenhandel (1983): Importe 58,5 Mio. Dollar, Exporte 14,2 Mio. Dollar (v.a. Agrarprodukte, Hölzer, Briefmarken); • Auslandsschulden (1983): 10 Mio. Dollar; • Verkehr: Knapp 2000 km Straßen, Flughafen bei Paro; • Kfz-Kennzeichen: BHT.

Klimadaten Birma					
Städte	Höhe in m	Mitteltemp. im kältesten Monat	Mitteltemp. im wärmsten Monat	Regen in mm jährl.	Regentage im Jahr
Yangon	–	25,0	27,0	2435	153
Mandalay	76	21,0	30,0	828	52
Lashio	850	15,5	25,0	1574	111

BIRMA

Amtlich: Union von Myanmar (seit 1989), vorher Pyidaungsu Socialist Thamada Myanma Nainggnandaw (Sozialistische Republik der Birmanischen Union).
Staatsgebiet: 676 522 km² in Hinterindien am Golf von Bengalen, im Norden und Nordosten an China, Thailand, Laos und im Westen an Indien und Bangladesch grenzend; • Hauptstadt: Yangon; • 7 »States« und 7 »Divisions«.
Bevölkerung: 40 Mio. Einwohner (1989), 57 pro km², 75% Birmanen, zahlreiche ethnische Minderheiten; • Sprachen: Birmanisch (Staatssprache), Englisch als Verkehrssprache; • Bevölkerungswachstum über 2,0%, Lebenserwartung 59 Jahre, Kinder bis 15 Jahre 39%, 34% Analphabeten, städtische Bevölkerung 24%; • Religion: 86% Buddhisten.

Die wichtigsten Städte

Yangon	2,6 Mio.	Henzada	290 000
Mandalay	533 000	Pegu	255 000
Bassein	340 000	Moulmein	220 000

Staat: Sozialistische Republik (gemäß Verfassung von 1974, trotz Streichung der Bezeichnung aus dem Staatsnamen 1989), de facto Militärdiktatur unter General Saw Maung; • Flagge: Rot, blaues linkes Obereck mit ährenumflochtenem Rad (Ackerbau und Industrie) und 14 Sternen (Landesteile); • Nationalhymne seit 1948: »Laßt uns wachsam sein, damit Birma lebe...«; • Nationalfeiertag: 4. Januar, Tag der Unabhängigkeit 1948; • MEZ plus 5,5 Stunden.
Wirtschaft: Bruttosozialprodukt (1986) 8,2 Mrd. Dollar; • Währung: 1 Kyat = 100 Pyas = ca. 0,28 DM; • Außenhandel (1986): Importe 617 Mio. Dollar, Exporte (v.a. 50% Reis, daneben Holz, Jute, Erdöl, Edelsteine sowie illegal Opium) 299 Mio. Dollar; • Auslandsschulden (1986): 3,7 Mrd. Dollar; • Verkehr: 23 000 km teilweise befestigte Straßen, 4500 km Eisenbahnnetz, 5500 km Wasserstraßen, Großhafen in Yangon, dort auch der einzige internationale Flughafen; • Kfz-Kennzeichen: BUR.

BOLIVIEN

Amtlich: República de Bolivia, Republik Bolivien.
Staatsgebiet: 1 098 581 km² im mittleren Südamerika, im Südwesten an Chile, im Nordwesten an Peru, im Norden und Osten an Brasilien, im Südosten an Paraguay und im Süden an Argentinien grenzend; • Hauptstadt: Sucre, Regierungssitz: La Paz; • 9 Departements mit 102 Provinzen.
Bevölkerung: 6,9 Mio. Einwohner (1989), 6,1 pro km², 83% Indianer und Mestizen, 15% Weiße; • Sprachen: Spanisch (Amtssprache), Ketschua und Aimará; • Bevölkerungswachstum 2,7%, Lebenserwartung 53 Jahre, Kinder bis 15 Jahre 43%, 26% Analphabeten, städtische Bevölkerung 44%; • Religion: 93% Katholiken, daneben protestantische Minderheiten.

Die wichtigsten Städte

La Paz	1,0 Mio.	Oruro	180 000
Santa Cruz	442 000	Potosí	114 000
Cochabamba	318 000	Sucre	86 000

Staat: Präsidialrepublik gemäß Verfassung von 1947, Staats- und Regierungschef Jaime Paz Zamora (seit 1989); • Flagge seit 1888: waagerecht Rot (Tapferkeit), Gelb (Bodenschätze), Grün (Fruchtbarkeit); • Nationalhymne seit 1845: »Bolivianer! Das gnädige Schicksal krönte unser Hoffen und Sehnen: Dieses Land ist frei...«; • Nationalfeiertag: 6. August, Tag der Unabhängigkeit 1825; • MEZ minus 5 Stunden.
Wirtschaft: Bruttosozialprodukt (1986) 4,2 Mrd. Dollar; • Währung: 1 Boliviano = 100 Centavos = ca. 0,72 DM; • Außenhandel (1986): Importe 716 Mio. Dollar, Exporte 563 Mio. Dollar (v.a. Erze, Erdgas – die illegale Kokain-Ausfuhr übersteigt an Wert den gesamten sonstigen Export); • Auslandsschulden (1986): 4,1 Mrd. Dollar; • Verkehr: rund 40 000 km Straßen, davon ca. 13 000 asphaltiert, 3900 km Eisenbahnnetz, Binnenschiffahrt auf Flüssen und auf dem Titicacasee, internationale Flughäfen in Santa Cruz und La Paz; • Kfz-Kennzeichen: BOL.

Klimadaten Bolivien				
Städte	Höhe in m	Mitteltemp. im kältesten Monat	Mitteltemp. im wärmsten Monat	Regen in mm jährl.
La Paz	3658	9	12	572
Concepción	490	20	25	1141

LÄNDER

BOTSWANA

Amtlich: Republic of Botswana.
Staatsgebiet: 581 730 km² im südlichen Afrika, im Süden und Südosten an die Republik Südafrika, im Nordosten an Simbabwe und im Norden und Westen an Namibia grenzend; • Hauptstadt: Gaborone; • 12 Distrikte.
Bevölkerung: 1,2 Mio. Einwohner (1989), 2 pro km², 80% Bantu, daneben Herero, Buschmänner, wenige Weiße und Inder; • Sprache: Tswana (Staatssprache), Englisch als Handels- und Amtssprache; • Bevölkerungswachstum 3,5%, Lebenserwartung 59 Jahre, Kinder bis 15 Jahre 48%, 30% Analphabeten, städtische Bevölkerung 22%; • Religion: überwiegend Naturreligionen, 14% Christen.
Staat: Präsidiale Republik im Commonwealth, Staats- und Regierungschef Quett K.J. Masire (seit 1980); • Flagge: waagerecht Blau (Beschwörung des Regens), weißabgesetztes Schwarz (Erde, Fruchtbarkeit), Blau; • Nationalhymne seit 1966: »Gesegnet sei dies edle Land...«; Nationalfeiertag: 30. September, Tag der Unabhängigkeit 1966; • Osteuropäische Zeit = MEZ plus 1 Stunde.
Wirtschaft: Bruttosozialprodukt (1986) 1,1 Mrd. Dollar; • Währung: 1 Pula = 100 Thebe = ca. 0,92 DM; • Außenhandel (1985): rund 500 Mio. Dollar Importe, 720 Mio. Dollar Exporte (v.a. Vieh, Erze, Diamanten); • Auslandsschulden (1986): 355 Mio. Dollar; • Verkehr: 716 km Schienen, 8600 km Straßen, internationale Flughäfen in Gaborone und Francistown; • Kfz-Kennzeichen: RB.

BRASILIEN

Amtlich: República Democrática do Brasil, Demokratische Republik Brasilien.
Staatsgebiet: 8 511 965 km² in Südamerika (47% von dessen Gesamtfläche), mit 7400 km Küstenlinie im Osten an den Atlantik, im Norden an Guyana, Surinam und Venezuela, im Nordwesten an Kolumbien, im Westen an Kolumbien und Bolivien, im Südwesten und Süden an Argentinien und Uruguay grenzend; • Hauptstadt: Brasília; • 23 Bundesstaaten, 3 Bundesterritorien und 1 Bundesdistrikt.
Bevölkerung: 154 Mio. Einwohner (1990), je etwa 50% Weiße und Farbige (Schwarze, Mulatten, andere Mischlinge); • Amtssprache: Portugiesisch; • Bevölkerungswachstum 2,2%, Lebenserwartung 65 Jahre, Kinder bis 15 Jahre 36%, 22% Analphabeten, städtische Bevölkerung 73%; • Religion: 90% Katholiken, 8% Protestanten, daneben Naturreligionen und afrobrasilianische Kulte.
Staat: Präsidiale Bundesrepublik gemäß Verfassung von 1988, Staats- und Regierungschef Fernando Collor de Mello (Konservative) seit 1990; • Flagge seit 1968: Grün mit gelber Raute, in der eine blaue Himmelskugel 23 Sterne (die Bundesstaaten) zeigt; • Nationalhymne seit 1922: »Die stillen Ufer des Ipiranga hallten wider vom Ruf eines heroischen Volkes...«; • Nationalfeiertag: 7. September, Unabhängigkeitstag 1822; • MEZ minus 4 Stunden (Osten), minus 5 Stunden (Mitte), minus 6 Stunden (Westen).

BRASILIEN: Aus Brettern, Kanistern und Pappe sind viele Behausungen in den Favelas, den Elendsquartieren Rio de Janeiros, gebaut. Mit den natürlichen Reichtümern Brasiliens (rechte Seite unten: Iguaçu-Wasserfälle) ließen sich bei gerechter Verteilung alle ausreichend versorgen.

BOTSWANA: Vor allem Bantus vom Stamme der Tswana (rechte Seite oben: Frauen beim Getreidestoßen) leben in dem weiten südafrikanischen Land, das zu einem großen Teil unbewohnbare Wüste (Kalahari) ist.

Die wichtigsten Städte

Stadt	Einw.	Stadt	Einw.
São Paulo	10,1 Mio.	Goiânia	950 000
Rio de Janeiro	5,7 Mio.	Manaus	850 000
Belo Horizonte	2,2 Mio.	S. André	640 000
Salvador	1,9 Mio.	São Luis	570 000
Brasília	1,6 Mio.	Natal	520 000
Fortaleza	1,6 Mio.	Maceió	485 000
Nova Iguaçu	1,4 Mio.	Teresina	480 000
Recife	1,3 Mio.	J. Pessoa	400 000
Porto Alegre	1,3 Mio.	Campo Gr.	390 000
Belém	1,2 Mio.	Aracajú	370 000

Klimadaten Brasilien

Städte	Mitteltemp. im kältesten Monat	Mitteltemp. im wärmsten Monat	Regen in mm jährl.	Regentage jährl.
Manaus	27,5	28,5	1810	167
Recife	24,5	27,5	1610	168
Goiás	22,5	26,0	1427	92
Rio de Janeiro	20,5	26,0	1082	128
Porto Alegre	14,0	25,5	1244	108

LÄNDER

Klimadaten Bulgarien				
Städte	Höhe in m	Mitteltemp. im kältesten Monat	Mitteltemp. im wärmsten Monat	Regen in mm jährl.
Sofia	550	−1,0	21,5	641
Plowdiw	160	1,0	23,5	492
Warna	−	2,5	24,5	476

Wirtschaft: Bruttosozialprodukt (1986) 207 Mrd. Dollar; • Währung: 1 Cruzado = 100 Centavos = ca. 0,002 DM bei galoppierender Inflation; • Außenhandel (1986): Importe 15,6 Mrd. Dollar, Exporte 22,4 Mrd. Dollar (v.a. Kaffee, Zucker, Sojabohnen, Tabak, Baumwolle, Erze, Edelmetalle, Fleisch, Kakao, Holz, Stahl); • Auslandsschulden (1990) 109 Mrd. Dollar; • Verkehr: 30 400 km Schienen, 1,6 Mio. km Straßen (nur teilweise mit fester Decke), Binnenschiffahrt im Amazonasgebiet, große Seehäfen in Tubarão, Rio de Janeiro, São Sebastiao, Santos, Porto Alegre, rund 1000 Flugplätze und -felder, internationale Flughäfen in Brasília, Rio de Janeiro, São Paulo und Manaus; • Kfz-Kennzeichen: BR.

BRUNEI

Malaisch: Negara Brunai Darussalam (= Friedensland Brunei).
Staatsgebiet: 5765 km² an der Nordwestküste der Insel Borneo; • Hauptstadt: Bandar Seri Begawan; • 4 Distrikte.
Bevölkerung: 267 000 Einwohner (1989), 46,3 pro km², 65% Malaien, 20% Chinesen, zahlreiche Minderheiten; • Sprachen: Malaiisch (Amtssprache), Englisch, Chinesisch; • Religion: 60% Moslems, 14% Buddhisten, 10% Christen.
Staat: Sultanat unter dem Alleinherrscher Sultan Muda Hassan Bolkiah (seit 1967); • Flagge: Gelb mit rechts geneigtem weiß-schwarzem Diagonal-Balken, in der Mitte das Staatswappen; • Nationalhymne: »O Allah, es lebe der Sultan!«; • Nationalfeiertag: 15. Juli, Geburtstag des Sultans; • MEZ plus 7 Stunden.
Wirtschaft: Bruttosozialprodukt (1986) 3,6 Mrd. Dollar; • Währung: 1 Brunei-Dollar = 100 Cents = ca. 0,92 DM; • Außenhandel (1985): Importe 615 Mio. Dollar, Exporte knapp 3 Mrd. Dollar (über 95% Erdöl und Erdgas); • Verkehr: 1450 km Straßen, internationaler Flughafen nahe der Hauptstadt; • Kfz-Kennzeichen: BRU.

BULGARIEN

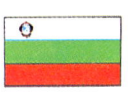

Amtlich: Republika Balgarija (bis 1990 Volksrepublik).
Staatsgebiet: 110 912 km² in Südosteuropa, im Westen an Jugoslawien, im Norden an Rumänien, im Osten ans Schwarze Meer, im Südosten an die Türkei und im Süden an Griechenland grenzend; • Hauptstadt: Sofia; • 9 Regionen.
Bevölkerung: 9 Mio. Einwohner (1989), 81 pro km², 85% Bulgaren, mit 10% starke türkische Minderheit; • Bevölkerungswachstum 0,2%, Lebenserwartung 71 Jahre, Kinder bis 15 Jahre 22%, 2% Analphabeten, städtische Bevölkerung 68%; • Religion: 40% amtlich registrierte orthodoxe Christen, 6,5% Moslems.

Die wichtigsten Städte

Sofia	1,1 Mio.	Ruse	185 000
Plowdiw	380 000	Stara Zagora	155 000
Warna	300 000	Pleven	145 000
Burgas	190 000	Schumen	108 000

Staat: Republik mit 1-Kammer-Parlament gemäß seit 1946 erster nichtkommunistischer Verfassung vom 12. 7. 1991, die einen »demokratischen und sozialen Rechtsstaat mit politischem Pluralismus« vorschreibt, Staatsoberhaupt Schelju Schelew (seit 1990); • Flagge seit 1944: waagerecht Weiß (Frieden) mit Staatswappen, Grün (Fruchtbarkeit), Rot (Sozialismus); • Nationalhymne seit 1964 (Refrain): »Liebe Heimat, du bist ein Paradies auf Erden...«; • Nationalfeiertag: 9. September, Tag der Befreiung durch die Rote Armee 1944; • Osteuropäische Zeit = MEZ plus 1 Stunde.
Wirtschaft: Bruttosozialprodukt (1984) 53 Mrd. Dollar; • Währung: 1 Lew = 100 Stótinki = ca. 2,13 DM; • Außenhandel (1987): Importe 16,5 Mrd. Dollar, Exporte 16,2 Mrd. Dollar (v.a. Textilien, Eisen und Stahl, Bergbauprodukte, Tabak, Obst); • Verkehr: 33 000 km Straßen (210 km Autobahn), 4300 km Einsenbahnnetz, Binnenschiffahrt auf der Donau, Hauptseehafen Warna, 11 Flughäfen; • Kfz-Kennzeichen: BG.

BURKINA FASO

Bis 1984: Obervolta.
Staatsgebiet: 274 200 km² in Westafrika, im Süden an Elfenbeinküste, Togo und Ghana, im Westen und Norden an Mali und im Südosten an Benin grenzend; • Hauptstadt: Ouagadougou; • 30 Provinzen.
Bevölkerung: 7,5 Mio. Einwohner (1990), 27 pro km², zahlreiche Stämme wie Mossi 48%, Bobo 17%, Fulbe 10%, Lobi 7% u.a.; • Sprachen: Französisch (Amtssprache), diverse Bantu- und westsudanesische Sprachen sowie Stammesdialekte; • Bevölkerungswachstum 2,5%, Lebenserwartung 47 Jahre, Kinder bis 15 Jahre 44%, 87% Analphabeten, städtische Bevölkerung 8%; • Religion: 50% Moslems, 10% Christen, sonst animistische Kulte.
Staat: Offiziell Republik, Parlament aber aufgelöst, Wahlen geplant, bis dahin de facto Präsidialdiktatur von Staats- und Regierungschef Hauptmann Blaise Compaoré (seit 1987); • Flagge seit 1984: waagerecht Rot, Grün mit fünfzackigem Stern in der Mitte; • Nationalhymne seit 1984: »Unter der demütigenden Fremdherrschaft...«; • Nationalfeiertag: 4. August, Tag der Revolution 1984; • MEZ minus 1 Stunde.
Wirtschaft: Bruttosozialprodukt (1986) 930 Mio. Dollar; • Währung: 1 CFA-Franc = 100 Centimes = ca. 0,005 DM; • Außenhandel (1986): Importe 325 Mio. Dollar, Exporte 112 Mio. Dollar (v.a Gold, Baumwolle); • Auslandsschulden (1987) 794 Mio. Dollar; • Verkehr: gut 500 km Eisenbahn, 16 600 km nur teilweise befestigte Straßen; internationaler Flughafen in der Hauptstadt; • Kfz-Kennzeichen: BF.

LÄNDER

BURUNDI

Amtlich: Republika y'Uburundi, République du Burundi.
Staatsgebiet: 27 834 km² in Zentralafrika, im Norden an Ruanda, im Osten und Südosten an Tansania und im Westen an Zaïre grenzend; • Hauptstadt: Bujumbura; • 8 Provinzen.
Bevölkerung: 5,2 Mio. Einwohner (1990), 187 pro km², u.a. 85 % Hutu, 14 % Tutsi (Watussi); • Amtssprachen: Französisch und Rundi; • Bevölkerungswachstum 2,7 %, Lebenserwartung 48 Jahre, Kinder bis 15 Jahre 44 %, 66 % Analphabeten, städtische Bevölkerung 5 %; • Religion: 63 % überwiegend katholische Christen, 33 % animistische Kulte.
Staat: Präsidiale Republik gemäß Verfassung von 1981, Einheitspartei UPRONA (Union pour le Progrès National) 1987 aufgelöst, seitdem Militärdiktator Major Pierre Buyoya; • Flagge seit 1967: durch weißes Diagonalkreuz geteilt, Rot (oben und unten) und Grün mit 3 grüngeränderten roten Sternen (»Einheit, Arbeit, Fortschritt«); • Nationalhymne seit 1962: »Burundi, unser Vaterland, Erbe unserer Ahnen...«; • Nationalfeiertag: 1. Juli, Tag der Unabhängigkeit 1962; • Osteuropäische Zeit = MEZ plus 1 Stunde.
Wirtschaft: Bruttosozialprodukt (1986) 1,1 Mrd. Dollar; • Währung: 1 Burundi-Franc = 100 Centimes = ca. 0,01 DM; • Außenhandel (1986): Importe 207 Mio. Dollar, Exporte 167 Mio. Dollar (90 % Kaffee); • Auslandsschulden (1986): 528 Mio. Dollar; • Verkehr: 6400 km Straßen (Pisten), Binnenhafen in Bujumbura am Tanganjikasee, dort auch internationaler Flughafen; • Kfz-Kennzeichen; BU.

CHINA: Im Fernen Osten wurde schon im Mittelalter das Porzellan erfunden. Eine Blütezeit erlebte die chinesische Vasenmalerei in der Ming-Zeit (14. bis 17. Jh.). Sie beeinflußte die spätere europäische Porzellankunst, deren Chinoiseren sich an das fernöstliche Vorbild anlehnten.

CHILE

Amtlich: República de Chile.
Staatsgebiet: 756 945 km² an der Westküste Südamerikas, im Norden an Peru, im Nordosten an Bolivien und im Osten an Argentinien grenzend, 4300 km Nord-Süd-Erstreckung; • Hauptstadt: Santiago de Chile; • 13 Regionen; • Anspruch seit 1940 auf einen 1,25 Mio. km² großen Antarktissektor zwischen 53° und 90° West.
Bevölkerung: 12,9 Mio. Einwohner (1990), 17 pro km², 55 % Mestizen, 40 % Weiße, 2 % Indianer; • Amtssprache: Spanisch; • Bevölkerungswachstum 1,7 %, Lebenserwartung 71 Jahre, Kinder bis 15 Jahre 32 %, 5 % Analphabeten, städtische Bevölkerung 83 %; • Religion: 89 % Katholiken, 6 % Protestanten.

Die wichtigsten Städte

Santiago de Chile	4,3 Mio.	Concepción	220 000
Valparaiso	270 000	Antofagasta	180 000
Viña del Mar	260 000	Temuco	175 000

Staat: Präsidiale Republik gemäß Verfassung von 1980 (1989 durch Volksabstimmung bestätigt), Staats- und Regierungschef Patricio Aylwin (Christdemokrat) seit 1990; • Flagge seit 1817: waagerecht Weiß (Schnee der Anden), Rot (Blut der Helden) mit linkem blauem Obereck mit weißem Stern; • Nationalhymne seit 1847: »Rein ist, Chile, dein blauer Himmel...«; • Nationalfeiertag: 18. September, Unabhängigkeitstag 1810; Atlantikzeit = MEZ minus 5 Stunden.
Wirtschaft: Bruttosozialprodukt (1986) 16,8 Mrd. Dollar; • Währung: 1 Chilenischer Peso = 100 Centavos = 0,007 DM; • Außenhandel (1986): Importe 3,4 Mrd. Dollar, Exporte 4,2 Mrd. Dollar (40 % Kupfer, 30 % sonstige Bergbauprodukte, daneben Papier, Holz, Salpeter); • Auslandsschulden (1987): 21 Mrd. Dollar; • Verkehr: 10 100 km Eisenbahnnetz, 85 000 km Straßen, davon knapp 10 000 asphaltiert, bedeutende Küstenschiffahrt, Fähren zu den vorgelagerten Inseln, internationaler Flughafen in der Hauptstadt; • Kfz-Kennzeichen: RCH.

Klimadaten Chile				
Städte	Höhe in m	Mitteltemp. im kältesten Monat	Mitteltemp. im wärmsten Monat	Regen in mm jährl.
Antofagasta	–	14,0	22,0	14
Santiago	520	8,5	20,5	365
Valdivia	–	8,0	17,0	2703
Punta Arenas	–	1,5	10,5	368

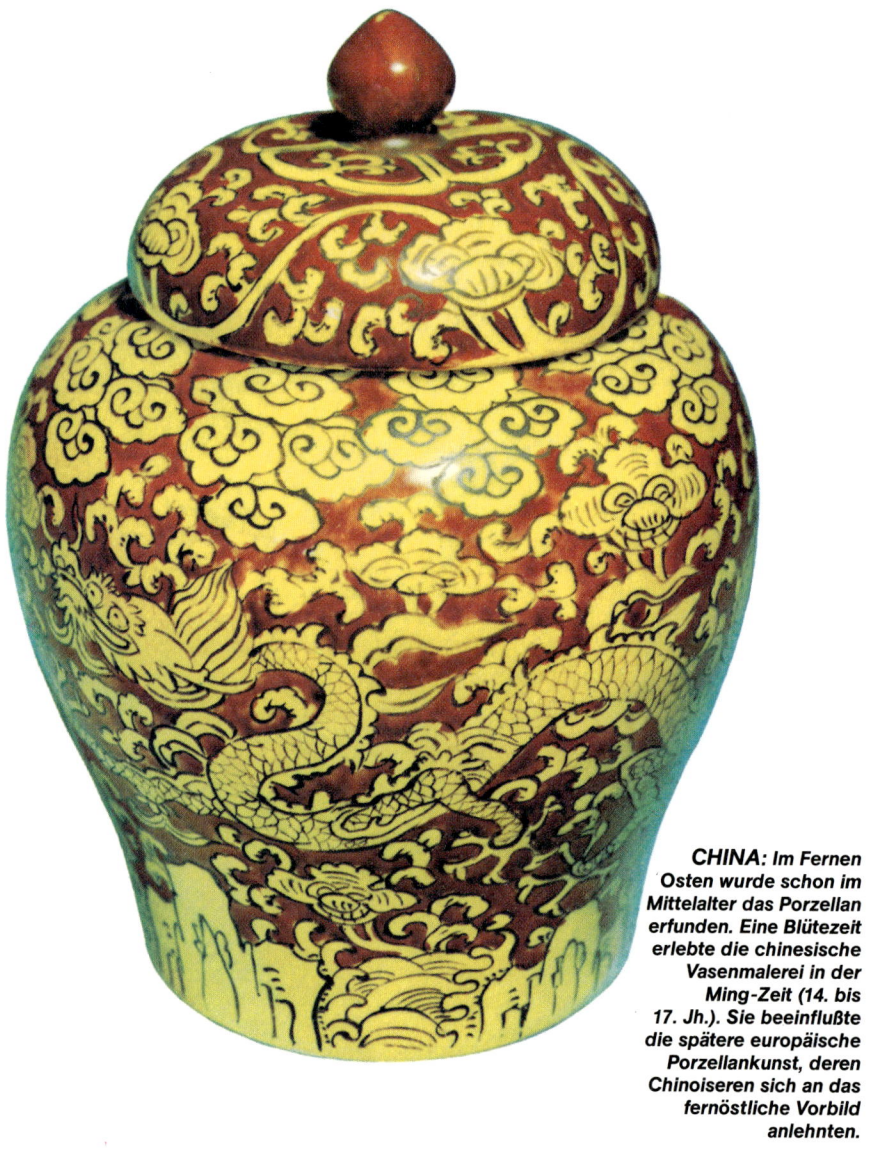

LÄNDER

CHINA

Amtlich: Tschung-hua Jen-min Kung-ho-kuo; Volksrepublik China.
Staatsgebiet: 9 560 980 km² (ohne Taiwan) in Südostasien, im Norden an die UdSSR und die Mongolische Volksrepublik, im Nordosten an Korea, im Westen an Afghanistan und Pakistan, im Südwesten und Süden an Indien, Nepal, Bhutan, Birma, Laos und Vietnam und im Südosten an den Pazifik (Südchinesisches, Ostchinesisches und Gelbes Meer) grenzend; • Hauptstadt: Peking (Beijing).
Bevölkerung: 1134 Mio. Einwohner (1990), 110 pro km², über 90% Chinesen (Han), daneben 55 nationale Minderheiten; • Sprachen: Chinesisch (Amtssprache), Englisch als internationale Handelssprache; • Bevölkerungswachstum 1,2%, Lebenserwartung 69 Jahre, Kinder bis 15 Jahre 28%, 34% Analphabeten, städtische Bevölkerung 22%; • Religion: Buddhismus konfuzianischer Prägung vorherrschend, in Tibet Lamaismus, Moslems in Sinkiang und Niangsi, 3 Mio. Katholiken.
Staat: Volksrepublik gemäß Verfassung von 1982 (»sozialistischer Staat der demokratischen Diktatur des Volkes«), KPCh als Staatspartei, Parlament von 2977 Abgeordneten, Staatsoberhaupt Yang Shangkun (seit 1988), Parteichef Jiang Zemin (seit 1989), Ministerpräsident Li Peng (seit 1987); • Flagge seit 1949: Rot (Kommunismus) mit einem großen (Partei) und 4 kleinen Sternen (Nationalitäten) oben links; • Nationalhymne: »Vorwärts, unser heroisches Volk,... die große Kommunistische Partei führt uns auf dem Langen Marsch weiter...«; • Nationalfeiertag: 1. Oktober, Gründungstag der Volksrepublik 1949; • Zeit: MEZ plus 5 bis 8 Stunden.
Wirtschaft: Bruttosozialprodukt (1986) 272 Mrd. Dollar; • Währung: 1 Renminbi Yuan = 10 Jiao = 100 Fen = 0,47 DM; • Außenhandel (1987): Importe 43,2 Mrd. Dollar, Exporte 39,5 Mrd. Dollar (v.a. Tee, Seide, Felle sowie Erze, Erdöl, Textilien); • Auslandsschulden (1990): 45 Mrd. Dollar; • Verkehr: bis auf Tibet alle Landesteile an das 52 000 km lange Eisenbahnnetz angeschlossen, über 1 Mio. km Straßen, davon 250 000 km Allwetterstraßen, über 100 000 km Binnenwasserstraßen, 50 Seehäfen, Binnenflugnetz von rund 100 Stationen, internationale Flughäfen u.a. in Peking, Schanghai, Kanton; • Kfz-Kennzeichen: TJ und VCR.

CHINA, REPUBLIK
siehe TAIWAN.

COSTA RICA

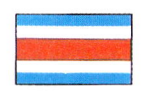

Amtlich: República de Costa Rica.
Staatsgebiet: 51 110 km² in Mittelamerika, im Norden an Nicaragua und im Osten an Panama grenzend, sonst pazifische und karibische Küste; • Hauptstadt: San José; • 7 Provinzen.
Bevölkerung: 2,92 Mio. Einwohner (1989), 57 pro km², 75% Weiße, 19% Mestizen, Mulatten und Schwarze; • Amtssprache: Spanisch; • Bevölkerungswachstum 2,4%, Lebenserwartung 74 Jahre, Kinder bis 15 Jahre 35%, 6% Analphabeten, städtische Bevölkerung 45%; • Religion: 95% Katholiken.
Staat: Präsidialrepublik gemäß Verfassung von 1949, Staats- und Regierungschef Rafal Angel Calderon Fournier (seit 1990); • Flagge: waagerecht schmal Blau (Himmel), Weiß (Frieden), breit Rot (Blut der Freiheitskämpfer), schmal Weiß, Blau (der Tricolore nachempfunden); • Nationalhymne seit 1903: »Edles Vaterland, deine Fahne ist für uns Zeichen des Lebens...«; • Nationalfeiertag: 15. September, Tag der Unabhängigkeitserklärung 1821; • Zeit: Central Standard Time = MEZ minus 7 Stunden.
Wirtschaft: Bruttosozialprodukt 4,3 Mrd. Dollar (1986); • Währung: 1 Costa-Rica-Colón = 100 Céntimos = ca. 0,02 DM; • Außenhandel (1986): Importe 1,15 Mrd. Dollar, Exporte (v.a. Bananen, Kaffee, Fleisch, Zucker) 1,13 Mrd. Dollar; • Auslandsschulden (1986): rund 4 Mrd. Dollar; • Verkehr: 1000 km Eisenbahnnetz, knapp 30 000 km Straßen, Überseehäfen Limón (Karibik) und Puntarenas (Pazifik), internationaler Flughafen in der Hauptstadt; • Kfz-Kennzeichen: CR.

COTE D'IVOIRE
siehe ELFENBEINKÜSTE.

CUBA
siehe KUBA.

Verwaltungsgliederung

Name des Gebiets	Fläche in 1000 km²	Einwohner in Mio.	Hauptstadt	Einwohner
Unmittelbare Städte				
Peking	17	9,6	–	–
Schanghai	6	12,2	–	–
Tientsin	11	8,1	–	–
Provinzen				
Anhwei	139	51,7	Hofei	800 000
Fukien	121	27,1	Futschou	1,1 Mio.
Heilungkiang	469	33,1	Harbin	2,6 Mio.
Honan	167	77,1	Tschengtschou	1,6 Mio.
Hopeh	188	55,5	Shihkiatschuang	1,1 Mio.
Hunan	210	56,2	Tschangscha	1,1 Mio.
Hupeh	186	49,3	Wuhan	3,4 Mio.
Kansu	454	20,4	Lantschou	1,4 Mio.
Kiangsi	169	34,6	Nantschang	1,1 Mio.
Kiangsu	103	62,1	Nanking	2,3 Mio.
Kirin	187	23,0	Tschangtschun	1,7 Mio.
Kwangtung	212	62,5	Kanton	3,3 Mio.
Kweitschou	176	29,7	Kweijang	680 000
Liaoning	146	36,9	Schenjang	4,2 Mio.
Schansi	156	26,3	Taijüan	1,9 Mio.
Schantung	153	77,0	Tsinan	1,4 Mio.
Schensi	206	30,0	Sian	2,3 Mio.
Szetschuan	567	101,9	Tschengtu	2,6 Mio.
Tschekiang	102	40,3	Hangtschou	950 000
Tsinghai	721	4,1	Sining	370 000
Yünnan	394	34,1	Kunming	1,5 Mio.
Autonome Regionen				
Innere Mongolei	1183	20,1	Huhehot	530 000
Kwangsi	236	38,7	Nanning	660 000
Ningsia	66	4,2	Yinchwan	580 000
Sinkiang	1600	13,6	Urumtschi	950 000
Tibet	1228	1,9	Lhasa	90 000

Klimadaten China

Städte	Höhe in m	Mitteltemp. im kältesten Monat	Mitteltemp. im wärmsten Monat	Regen in mm jährl.
Schenjang	–	–13,0	24,0	714
Peking	–	–4,5	26,0	620
Urumtschi	900	–16,5	21,0	282
Lhasa	3700	–1,5	16,0	420
Schanghai	–	4,5	27,5	1135
Tschungking	230	7,0	35,0	1090

LÄNDER

CYPERN
siehe ZYPERN.

DÄNEMARK

Amtlich: Kongeriget Danmark, Königreich Dänemark.
Staatsgebiet: 43 076 km² in Nordeuropa auf der Halbinsel Jütland sowie 474 Inseln (davon ca. 100 bewohnt), Landgrenze nur mit Deutschland im Süden, sonst Ostsee- und Nordseeküsten (ca. 7400 km); • Hauptstadt: Kopenhagen; • 14 Amtskommunen; 2 Außenbesitzungen mit Selbstverwaltung: *Grönland:* 2 175 600 km² im nördlichen Eismeer, 85% ganzjährig vereist, rund 55 000 dänisch und eskimoisch sprechende Einwohner, Hauptstadt: Godthåb (Nuuk). – *Färöer:* 1399 km² auf 18 Inseln im nördlichen Eismeer, 48 000 färöisch und dänisch sprechende Einwohner, Hauptstadt: Thorshavn.
Bevölkerung: 5,1 Mio. Einwohner (1989), 119 pro km², 96,5% Dänen, deutsche Minderheit in Norddänemark; • Staatssprache: Dänisch; • kein Bevölkerungswachstum, Lebenserwartung 75 Jahre, Kinder bis 15 Jahre 18%, kaum Analphabeten, städtische Bevölkerung 86%; • Religion: 98% Protestanten (Lutheraner).

Die wichtigsten Städte

Kopenhagen	622 000	Ålborg	155 000
(Groß-K.	1,35 Mio.)	Esbjerg	81 000
Århus	256 000	Randers	61 000
Odense	173 000	Kolding	57 000

Staat: Konstitutionelle Erbmonarchie gemäß Verfassung von 1953, 1-Kammer-Parlament (»Folketing«), Staatsoberhaupt Königin Margarethe II. (seit 1972), Regierungschef seit 1982 (1988 wiedergewählt als Chef einer Minderheitsregierung) Poul Schlüter (Konservative); • Flagge (»Danebrog«) seit 1219: Rot mit weißem skandinavischem (liegendem) Kreuz; • Landeshymne: »Es liegt ein lieblich Land im Schatten breiter Buchen...« – Königshymne: »König Christian stand am hohen Mast...«; • Nationalfeiertage: 16. April, Geburtstag der Königin 1940, und 5. Juni, Verfassungstag 1953; • Zeit: MEZ.
Wirtschaft: Bruttosozialprodukt (1986) 69 Mrd. Dollar; • Währung: 1 Dänische Krone = 100 Öre = ca. 0,25 DM; • Außenhandel (1987): Importe 25,3 Mrd. Dollar, Exporte 24,7 Mrd. Dollar (v.a. Maschinen, Nahrungsmittel, Textilien, Medikamente); • Auslandsschulden (1986): 9,3 Mrd. Dollar; • Verkehr: knapp 3000 km Eisenbahnnetz, 70 000 km Straßen (davon 550 km Autobahn), bedeutende Küstenschiffahrt und Fährverbindungen, große Häfen u.a. in Kopenhagen, Fredericia, Ålborg, 12 Flughäfen, ein internationaler in der Hauptstadt (Kastrup); • Kfz-Kennzeichen: DK.

DEUTSCHLAND

Amtlich: Bundesrepublik Deutschland.
Staatsgebiet: 357 048 km² in Mitteleuropa, im Norden an Dänemark, im Osten an Polen, im Südosten an die CSFR, im Süden an Österreich und die Schweiz und im Westen an Frankreich und die Benelux-Länder grenzend, Nord- und Ostseeküste; • Hauptstadt: Berlin.
Bevölkerung: 78,6 Mio. Einwohner (1990), 220,8 pro km², 95% Deutsche, 4,7 Mio. Ausländer, dänische Minderheit in Schleswig-Holstein, sorbische in Sachsen; • Amtssprache: Deutsch; • kein Bevölkerungswachstum, Lebenserwartung 75 Jahre, Kinder bis 15 Jahre 15%, kaum Analphabeten, städtische Bevölkerung 86%; • Religion: je ca. 40% Katholiken und Protestanten, rd. 2 Mio. Moslems.
Staat: Demokratisch-parlamentarische Bundesrepublik gemäß Verfassung von 1949 und Einigungsvertrag mit der ehemaligen DDR von 1990; Staatsoberhaupt Bundespräsident Richard von Weizsäcker seit 1984 in der BRD, seit 1990 in ganz Deutschland; Regierungschef Bundeskanzler Helmut Kohl (CDU) seit 1982 in der BRD, seit 1990 in ganz Deutschland; • Flagge seit 1949: waagerecht Schwarz, Rot, Gold (Farben der Revolution von 1848 und der ersten deutschen Republik 1919–33); • Nationalhymne seit 1952 »Einigkeit und Recht und Freiheit für das deutsche Vaterland...«, 3. Strophe des »Deutschlandliedes« von A. H. Hoffmann von Fallersleben (1798–1874), geschrieben 1841 auf Helgoland, Melodie aus dem »Kaiserquartett« von Joseph Haydn (1732–1809); • Nationalfeiertag: 3. Oktober, Tag der Einheit 1990; • MEZ mit Sommerzeit.
Wirtschaft: – *Ehemalige Bundesrepublik:* Bruttosozialprodukt (1988) 1131,3 Mrd. Dollar; • Währung: 1 Deutsche Mark (DM) = 100 Pfennige; • Außenhandel (1987): 227,3 Mrd. Dollar Importe, 293,8 Mrd. Dollar Exporte (v.a. Fahrzeuge [25%],

Verwaltungsgliederung

Bundesländer	Fläche in km²	Einwohner in 1000	Hauptstadt	Einwohner
Baden-Württemberg	35 751	9 460	Stuttgart	563 000
Bayern	70 554	11 069	München	1,2 Mio.
Berlin (Stadtstaat)	884	3 360	–	–
Brandenburg	29 100	2 700	Potsdam	139 500
Bremen (Stadtstaat)	404	663	–	–
Hamburg (Stadtstaat)	755	1 607	–	–
Hessen	21 114	5 577	Wiesbaden	254 000
Mecklenburg-Vorpommern	23 840	2 150	Schwerin	129 500
Niedersachsen	47 439	7 191	Hannover	498 500
Nordrhein-Westfalen	34 071	16 901	Düsseldorf	569 600
Rheinland-Pfalz	19 848	3 657	Mainz	174 800
Saarland	2 570	1 054	Saarbrücken	188 500
Sachsen	18 330	5 105	Dresden	501 400
Sachsen-Anhalt	20 400	3 050	Magdeburg	288 400
Schleswig-Holstein	15 728	2 567	Kiel	240 700
Thüringen	16 310	2 700	Erfurt	217 000

DÄNEMARK: Fünfzigmal größer als das Mutterland ist Grönland, das bei ständiger Binnenvereisung allerdings nur an den Küsten ein karges Leben erlaubt. Die Bewohner ernähren sich hier von Fischfang und Seehundjagd.

DEUTSCHLAND: Heinrich II. ließ in Bamberg eine Kaiserpfalz errichten. Von ihr finden sich noch Reste im Renaissance-Bau der Alten Hofhaltung, die bis ins 17. Jh. Amtssitz der Bischöfe war.

LÄNDER

DEUTSCHLAND: Trier ist diesseits der Alpen die an römischen Baudenkmälern reichste Stadt. 324 wurde für die Christengemeinde eine Doppelbasilika errichtet, die heute das Kernstück des Doms ist (unten).

Klimadaten Deutschland

Stadt	Höhe in m	Mitteltemp. im kältesten Monat	Mitteltemp. im wärmsten Monat	Regen in mm jährl.
Hamburg	–	0	17,5	715
Rostock	–	0	17,5	630
Berlin	35	–0,5	19,0	591
Frankfurt	103	1,5	20,0	676
Leipzig	120	–0,5	19,0	595
München	524	–2,0	18,0	957

Weitere große Städte
(Landeshauptstädte s. Tabelle)

Köln	937 500	Chemnitz	301 900
Frankfurt/M.	625 000	Mannheim	300 500
Essen	620 600	Gelsenkirchen	287 300
Dortmund	587 300	Bonn	282 200
Leipzig	530 000	Karlsruhe	265 100
Duisburg	527 500	Braunschweig	253 800
Nürnberg	480 000	Rostock	253 000
Bochum	389 000	M.gladbach	252 900
Wuppertal	371 300	Münster	248 900
Bielefeld	312 000	Augsburg	247 700

Maschinen [23%], chemische Erzeugnisse [11%], elektrotechnische Erzeugnisse, Eisenwaren, Eisen und Stahl, Kunststoff); • Verkehr: 490 000 km Straßen, davon 8850 km Autobahnen, 31 200 km Bundes- und 64 000 km Landes- und Staatsstraßen, 30 120 km Schienenwege, davon 12 000 km elektrifiziert, 4450 km Wasserwege, davon 1460 km Kanäle, bedeutende Häfen u.a. in Bremen, Hamburg und Kiel, größter Binnenhafen in Duisburg, 11 internationale Flughäfen, die größten in Frankfurt/M., Düsseldorf und München; • Kfz-Kennzeichen: D.
– *Ehemalige DDR:* Bruttosozialprodukt (1987) 190 Mrd. Dollar; • Währung seit 1.7.1990 Deutsche Mark (DM) = 100 Pfennige; • Außenhandel (1987): 28,5 Mrd. Dollar Importe, 29,2 Mrd. Dollar Exporte (v.a. Maschinen und Ausrüstungen [48%], industrielle Konsumgüter [16%], Metalle und Energie, chemische und landwirtschaftliche Produkte); • Westverschuldung (1988): 15 Mrd. Dollar; • Verkehr: 14 200 km Schienenwege, 13 200 km Staats- und 34 200 km Bezirksstraßen, unbedeutende Binnenschiffahrt, größter Überseehafen in Rostock, wichtigste internationale Flughäfen in Berlin-Schönefeld und Leipzig; • Kfz-Kennzeichen bis 1990: DDR.

DOMINICA

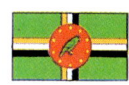

Amtlich: Commonwealth of Dominica.
Staatsgebiet: 751 km² auf der gleichnamigen Insel in der Karibik (Windward Islands); • Hauptstadt: Roseau; • 10 Bezirke.
Bevölkerung: 76 000 (1989) fast ausschließlich farbige Einwohner (Schwarze, Mulatten, Kreolen), 103 pro km²; • Sprachen: Englisch (Amtssprache), daneben ein kreolisches Französisch (Patois); • Lebenserwartung 75 Jahre, Bevölkerungswachstum 0,7%; • Religion: über 80% Katholiken, sonst Anglikaner.
Staat: Republik im britischen Commonwealth gemäß Verfassung von 1978; • Staatsoberhaupt C. A. Seignoret, Regierungschefin Eugenia Charles; • Flagge: Grün mit gelb-schwarz-weißem Kreuz, in der Mitte rote Scheibe mit Papagei und 10 Sternen (Bezirke); • Nationalfeiertag: 3. November, Unabhängigkeitstag 1978; • MEZ minus 5 Stunden.
Wirtschaft: Bruttosozialprodukt (1986) 103 Mio. Dollar; • Währung: 1 Ostkaribischer Dollar = 100 Cents = ca. 0,66 DM; • Außenhandelsvolumen (1986) ca. 100 Mio. Dollar, Exportwaren v.a. Bananen, Kakao, Vanille; • Hauptverkehrsträger: Küstenschiffahrt; • Kfz-Kennzeichen: WD.

DOMINIKANISCHE REPUBLIK

Amtlich: República Dominicana.
Staatsgebiet: 48 442 km² auf Antilleninsel Hispaniola in der Karibik, den Ostteil (ca. 60% der Gesamtfläche) umfassend; • Hauptstadt: Santo Domingo; • 26 Provinzen und Distrito Nacional (Hauptstadtbezirk).
Bevölkerung: 7,3 Mio. Einwohner (1989), 150 pro km², über 80% Mulatten und Schwarze, 16% Weiße; • Amtssprache: Spanisch; • Bevölkerungswachstum 2,4%, Lebenserwartung 66 Jahre, Kinder bis 15 Jahre 41%, 23% Analphabeten, städtische Bevölkerung 56%; • Religion: 98% Katholiken.
Staat: Präsidialdemokratie gemäß Verfassung von 1966, Staats- und Regierungschef Joaquín Balaguer (seit 1986, bereits 1960/61 und 1966-78 Präsident, 1990 wiedergewählt); • Flagge seit 1844: Weißes Kreuz (Christentum) auf blauem (links oben und rechts unten, Farbe der Freiheit) und rotem Grund (Blut der Kämpfer für die Freiheit); • Nationalhymne seit 1934: »Tapfere Bürger von Quisqueya, laßt uns hochgemut unseren Gesang anstimmen...«; • Nationalfeiertag: 27. Feburar, Unabhängigkeitstag 1844; • Eastern Standard Time = MEZ minus 6 Stunden.
Wirtschaft: Bruttosozialprodukt (1986) 5,3 Mrd. Dollar; • Währung: 1 Dominikanischer Peso = 100 Centavos = ca. 0,28 DM; • Außenhandel (1986): Importe 1,43 Mrd. Dollar, Exporte 718 Mio. Dollar (v.a. Zucker, Kaffee, Tabak, Bauxit, Ferronickel); • Auslandsschulden (1986): 2,8 Mrd. Dollar; • Verkehr: 142 km Staatsbahn, 1600 km Privatbahnen (v.a. zum Zuckerrohrtransport), zahlreiche Häfen, internationale Flughäfen in der Hauptstadt und in Puerto Plata; • Kfz-Kennzeichen: DOM.

LÄNDER

DSCHIBUTI

Amtlich: République de Djibouti (arabisch: Dschumhurijja Djibutijja).
Staatsgebiet: 23 200 km² in Nordostafrika am Golf von Aden, im Westen und Süden an Äthiopien, im Südosten an Somalia grenzend; • Hauptstadt: Dschibuti; • 5 Areale.
Bevölkerung: 327 000 Einwohner (1989, andere Angaben unter Einschluß der Eritrea-Flüchtlinge bis 450 000), 14,1 pro km², zur Hälfte Issa (Somali), 37 % Afar (Danakilgruppe); • Sprachen: Französisch, Arabisch (Amtssprachen), Stammesdialekte; • Bevölkerungswachstum (ohne Flüchtlinge) 2,5 %, Lebenserwartung 47 Jahre, Kinder bis 15 Jahre 46 %, über 90 % Analphabeten, städtische Bevölkerung 75 %; • Religion: 94 % Moslems.
Staat: Präsidialrepublik gemäß Verfassung von 1977, Einheitspartei (seit 1981), Staats- und Regierungschef Hassan Gouled Aptidon vom Stamm der Issa (seit 1977); • Flagge: Blau (Himmel und Meer), Grün (Islam) waagerecht, am Mast weißes Dreieck mit rotem Stern; • Nationalhymne seit 1977: »Auf! Wir haben die Fahne gehißt, nach der ihr gedurstet...«; • Nationalfeiertag: 27. Juni, Unabhängigkeit 1977; • Moskauer Zeit = MEZ plus 2 Stunden.
Wirtschaft: Bruttosozialprodukt (1986) 340 Mio. Dollar; • Währung: 1 Dschibuti-Franc = 100 Centimes = ca. 0,01 DM; • Außenhandel (1985): Importe 319,6 Mio. Dollar, Exporte 40,2 Mio. Dollar (v. a. Häute, Felle, Kaffee); • Auslandsschulden (1985): 240 Mio. Dollar; • Verkehr: 92 km der Eisenbahnlinie nach Addis Abeba, 2900 km Straßen (280 km asphaltiert), internationaler Flughafen in der Hauptstadt, dort auch bedeutender Hafen (v. a. für äthiopische Exporte).

ECUADOR

Amtlich: República del Ecuador.
Staatsgebiet: 283 561 km² (mit Galapagos-Inseln) im nordwestlichen Südamerika am Pazifik, im Norden an Kolumbien, im Osten und Süden an Peru grenzend; • Hauptstadt: Quito; • 20 Provinzen.
Bevölkerung: 10,5 Mio. Einwohner (1990), 37 pro km², 40 % Mestizen, je 20 % Weiße, Indianer und Farbige (Schwarze, Mulatten); • Sprachen: Spanisch (Amtssprache), Ketschua; • Bevölkerungswachstum 2,9 %, Lebenserwartung 66 Jahre, Kinder bis 15 Jahre 42 %, 10 % Analphabeten, städtische Bevölkerung 52 %; • Religion: über 80 % Katholiken, daneben Indianerkulte, protestantische Minderheit.

Die wichtigsten Städte

Quito	1,2 Mio.	Ambato	230 000
Guayaquil	1,3 Mio.	Portoviejo	170 000
Cuenca	280 000	Riobamba	150 000

Klimadaten Ecuador

Städte	Höhe in m	Mitteltemp. im kältesten Monat	Mitteltemp. im wärmsten Monat	Regen in mm jährl.
Quito	2880	14,5	15,0	1115
Guayaquil	–	24,0	27,0	986

Staat: Republik mit Präsidialsystem gemäß Verfassung von 1979, Staats- und Regierungschef seit 1988 Rodrigo Borja Cevallos (Demokratische Linke); • Flagge seit 1900: waagerecht breites Gelb (Sonne), schmal Blau (Himmel und Meer), Rot (»Heldenblut«) mit Staatswappen in der Mitte; • Nationalhymne: »Die vornehmsten Söhne des Landes... haben sich dir verschrieben, Heimat...«; • Nationalfeiertag: 10. August, Unabhängigkeitstag 1809; • Eastern Standard Time = MEZ minus 6 Stunden.
Wirtschaft: Bruttosozialprodukt (1986) 11,5 Mrd. Dollar; • Währung: 1 Sucre = 100 Centavos = ca. 0,004 DM; • Außenhandel (1986): Importe 1,8 Mrd. Dollar, Exporte 2,2 Mrd. Dollar (v. a. Erdöl und Erdölprodukte, Bananen, Kaffee, Kakao, Fisch, Balsaholz); • Auslandsschulden (1986): knapp 8 Mrd. Dollar; • Verkehr: 35 700 km Straßen (1392 km Carretera Panamericana), 1125 km Eisenbahnnetz; Importhafen Guayaquil, Bananenexport über Puerto Bolívar, Ölhafen Esmeralda; internationale Flughäfen in Guayaquil und in der Hauptstadt; • Kfz-Kennzeichen: EC.

ELFENBEINKÜSTE

Amtlich: République de Côte d'Ivoire.
Staatsgebiet: 322 463 km² in Westafrika am Golf von Guinea, im Westen an Liberia und Guinea, im Norden an Mali und Burkina Faso und im Osten an Ghana grenzend; • Hauptstadt: Yamoussoukro, Regierungssitz: Abidjan; • 49 Départements.
Bevölkerung: 11,8 Mio. Einwohner (1989), 36,6 pro km², zahlreiche Gruppen von Sudaniden (u.a. Akan, Kru, Mande, Senufo, Bete, Malinke, Baule); • Sprachen: Französisch (Amtssprache), Diula (Verkehrssprache); • Bevölkerungswachstum (ohne Flüchtlinge) 2,9 %, Lebenserwartung 52 Jahre, Kinder bis 15 Jahre 46 %, 57 % Analphabeten, städtische Bevölkerung 45 %; • Religion: ein Viertel Moslems, 12 % Christen, sonst animistische Kulte.
Staat: Zentralistische Republik mit präsidialem System gemäß Verfassung von 1960 (Änderungen 1971, 1975), Einheitspartei, Staats- und Regierungschef seit 1960 Félix Houphouët-Boigny; • Flagge: senkrecht Orange (Savanne im Norden), Weiß (Einheit), Grün (Wald im Süden); • Nationalhymne: »Heil dir, o Land der Hoffnung...«; • Nationalfeiertag: 7. August, Tag der Unabhängigkeit 1960; • Westeuropäische Zeit = MEZ minus 1 Stunde.
Wirtschaft: Bruttosozialprodukt (1986) 7,3 Mrd. Dollar; • Währung: 1 CFA-Franc = 100 Centimes = ca. 0,006 DM; • Außenhandel (1986): Importe rund 2 Mrd. Dollar, Exporte 3,2 Mrd. Dollar (v.a. Kaffee, Holz, Kakao, Obst); • Auslandsschulden (1986): 9,5 Mrd. Dollar; • Verkehr: 665 km der Eisenbahnstrecke Abidjan-Ouagadougou, 46 000 km Straßen (30 % ganzjährig befahrbar), Großhafen Abidjan durch Kanal mit dem offenen Meer verbunden, internationaler Flughafen Bouët bei Abidjan; • Kfz-Kennzeichen: CI.

ECUADOR: Indianische Landarbeiter bei einer Arbeitspause (oben). Die kulturelle und ökonomische Integration der Indianer ist eins der ungelösten Probleme des Landes.

EL SALVADOR: Eingeborenenhütte am Coatopeque-See. Der Anteil der Landbevölkerung ist in diesem mittelamerikanischen Land wie überall rückläufig.

1992, Sozialist); • Flagge seit 1789: senkrecht Blau, Weiß, Rot (»Tricolore«) als Einrahmung der Königsfarbe (weiß) durch die Pariser Stadtfarben; • Nationalhymne (»Marseillaise«) 1795–1815 und seit 1879: »Auf, Kinder des Vaterlands! Der Tag des Ruhms ist gekommen...«; • Nationalfeiertag: 14. Juli, Beginn der französischen Revolution durch Erstürmung der Bastille in Paris 1789; • MEZ mit Sommerzeit.

Wirtschaft: Bruttosozialprodukt (1987) 865 Mrd. Dollar; • Währung: 1 Französischer Franc = 100 Centimes = ca. 0,29 DM; • Außenhandel (1987): Importe 158 Mrd. Dollar, Exporte 143 Mrd. Dollar (v.a. Maschinen, Kraftfahrzeuge, Eisen und Stahl, chemische Produkte, Textilien); • Verkehr: 34200 km Eisenbahnnetz, 807000 km Straßen (6300 km Autobahn), 6500 km Binnenwasserstraßen, große Seehäfen in Marseille (v.a. Öl), Le Havre, Rouen, Dünkirchen, Bordeaux, 11 Flughäfen, davon 3 internationale in Paris (Orly, Charles-de-Gaulle, Le Bourget); • Kfz-Kennzeichen: F.

GABUN

Amtlich: République Gabonaise.
Staatsgebiet: 267667 km² an der Westküste des mittleren Afrika, im Süden und Osten an die VR Kongo, im Norden an Äquatorialguinea und Kamerun grenzend; • Hauptstadt: Libreville; • 9 Regionen.
Bevölkerung: 1,2 Mio. Einwohner (1989), 4 pro km², verschiedene Bantu-Gruppen (u.a. Fang, Eshira, Adouma); • Amtssprache: Französisch, daneben Bantu-Sprachen; • Bevölkerungswachstum 1,6%, Lebenserwartung 52 Jahre, Kinder bis 15 Jahre 35%, 38% Analphabeten, städtische Bevölkerung 32%; • Religion: 60% (meist katholische) Christen, 9% Moslems, animistische Kulte.
Staat: Zentralistische Präsidialdemokratie gemäß Verfassung von 1961 (1967 und 1975 geändert), Staatsoberhaupt Omar Bongo (seit 1967, 1986 wiedergewählt); • Flagge seit 1960: waagerecht Grün, Gelb, Blau (Wald, Sonne, Meer); • Nationalhymne (»La Concorde«) seit 1959: »Vereinigt in Eintracht und Brüderlichkeit, erwache, Gabun!«; • Nationalfeiertage: 17. August, Tag der Unabhängikeit 1960, 12. März, Tag der Einheitspartei; • MEZ.
Wirtschaft: Bruttosozialprodukt (1987) 3,4 Mrd. Dollar; • Währung: 1 CFA-Franc = 100 Centimes = ca. 0,005 DM; • Außenhandel (1986): Importe 763 Mio. Dollar, Exporte 863 Mio. Dollar (80% Erdöl, daneben Holz, Mangan; bedeutender Tourismus); • Verkehr: 1033 km Trans-Gabun-Eisenbahn, 7400 km Straßen, Holzflößerei und Binnenschiffahrt auf den Flüssen, Tiefwasserhafen in Owendo, internationale Flughäfen in Libreville und Port-Gentil; • Kfz-Kennzeichen: G.

GAMBIA

Amtlich: Republic of the Gambia.
Staatsgebiet: 11295 km² in Westafrika, nur 50 km Küste, sonst vom senegalesischen Staatsgebiet umgeben; • Hauptstadt: Banjul; • 6 Divisionen sowie Hauptstadtbezirk.
Bevölkerung: 800000 Einwohner (1988), 70,8 pro km², u.a. 43% Mandingo, 18% Fulbe, 13% Wolof; Amtssprache: Englisch, daneben Stammessprachen; • Bevölkerungswachstum 1,5%, Kinder bis 15 Jahre 46%, 75% Analphabeten, städtische Bevölkerung 16%; • Religion: 90% Moslems.
Staat: Präsidialrepublik im Commonwealth gemäß Verfassung von 1970, Staats- und Regierungschef Dawda Kairaba Jawara (seit 1970, 1987 wiedergewählt); • Flagge seit 1965: Rot, weiß abgesetztes Blau, Grün (Sonne, Frieden, Meer, Fruchtbarkeit); • Nationalhymne: »Für Gambia, unser Heimatland, kämpfen, arbeiten und beten wir...«; • Nationalfeiertag: 18. Februar, Unabhängigkeitstag 1965; • Westeuropäische Zeit = MEZ minus 1 Stunde.
Wirtschaft: Bruttosozialprodukt (1985) 170 Mio. Dollar; • Währung: 1 Dalasi = 100 Bututs = ca. 0,26 DM; • Außenhandel (1986): Importe 100 Mio. Dollar, Exporte 35 Mio. Dollar (Erdnüsse, Palmkerne, Fisch); • Auslandsschulden (1985): 250 Mio. Dollar; • Verkehr: 3000 km Straßen (Hälfte ganzjährig befahrbar), Hauptverkehrsader der Fluß Gambia, internationaler Flughafen Jundum bei Banjul; • Kfz-Kennzeichen: WAG.

GEMEINSCHAFT UNABHÄNGIGER STAATEN

Abk. GUS, loser Bund einiger Nachfolgestaaten der ehemaligen Sowjetunion, siehe RUSSLAND

GEORGIEN

siehe RUSSLAND

GHANA

Amtlich: Republic of Ghana.
Staatsgebiet: 238537 km² (davon ca. 30500 km² Wasserfläche des Volta-Stausees) in Westafrika, im Osten an Togo, im Norden an Burkina Faso und im Westen an Elfenbeinküste grenzend, im Süden Küste des Golfs von Guinea; • Hauptstadt: Accra; • 10 Regionen.
Bevölkerung: 14,8 Mio. Einwohner (1989), 60 pro km², Sudangruppen wie Aschanti, Fanti, Ga, Ewe, Gonja, Dagomba; • Amtssprache: Englisch, daneben Stammesdialekte; • Bevölkerungswachstum 2,8%, Lebenserwartung 54 Jahre, Kinder bis 15 Jahre 47%, fast 50% Analphabeten, städtische Bevölkerung 32%; • Religion: über 50% meist protestantische Christen, 13% Moslems, Naturreligionen.
Staat: Militärdiktatur nach Putsch 1981, davor Republik, Staats- und Regierungschef Hauptmann Jerry Rawlings; • Flagge seit 1966: waagerecht Rot (Blut der Freiheitskämpfer), Gelb (Bodenschätze), Grün (Fruchtbarkeit) mit schwarzem Stern in der Mitte (Freiheit); • Nationalhymne seit 1957: »Gott segne unsere Heimat Ghana und mache unser Volk groß und stark...«; • Nationalfeiertage: 6. März, Tag der Unabhängigkeit 1957, und 1. Juli, Ausrufung der Republik 1960; • Westeuropäische Zeit = MEZ minus 1 Stunde.
Wirtschaft: Bruttosozialprodukt (1986) 5,72 Mrd. Dollar; • Währung: 1 Cedi = 100 Pesewas = ca. 0,007 DM; • Außenhandel (1986): Importe 783 Mio. Dollar, Exporte 863 Mio. Dollar (70% Kakao, daneben Holz, Bergbauprodukte); • Auslandsschulden (1986): 1,4 Mrd. Dollar; • Verkehr: 1000 km Eisenbahn, 42000 km Straßen (5000 km asphaltiert), Binnenschiffahrt auf dem Volta-Stausee (drittgrößter der Erde), Überseehäfen Takoradi und Tema, internationaler Flughafen Kotoka bei Accra; • Kfz-Kennzeichen: GH.

GRENADA

Staatsgebiet: 344 km² auf der gleichnamigen Insel und vorgelagerten Grenadine Islands in der Karibik; • Hauptstadt: Saint George's.
Bevölkerung: 113000 Einwohner (1986), 329 pro km², 95% Schwarze, Mulatten; • Amtssprache: Englisch; • Lebenserwartung 68 Jahre, 10% Analphabeten; • Religion: zwei Drittel Katholiken, ein Viertel Protestanten.
Staat: Parlamentarische Monarchie im Rahmen des Commonwealth gemäß Verfassung von 1974, Staatsoberhaupt Königin Elisabeth II., Regierungschef Nicholas A. Brathwaite seit 1990; • Flagge: Rot mit 6 gelben Sternen, darauf großes gelbes (oben und unten) und grünes, diagonal geteiltes Rechteck (Schnittpunkt: gelber Stern in roter Scheibe), Muskatnuß im linken Grün; • Nationalhymne: »Heil Grenada! Wir sind dir geweiht...«; • Nationalfeiertag: 7. Februar, Unabhängigkeitstag 1974; • MEZ minus 5 Stunden.
Wirtschaft: Bruttosozialprodukt (1986) 140 Mio. Dollar; • Währung: 1 Ostkaribischer Dollar = 100 Cents = ca. 0,66 DM; • Außenhandel (1986): Importe 146 Mio. Dollar, Exporte 50 Mio. Dollar (v.a. Kakao, Bananen, Muskatnüsse); • Kfz-Kennzeichen: WG.

LÄNDER

GRIECHENLAND

Amtlich: Elliniki Dimokratia, Griechische Republik.
Staatsgebiet: 131 957 km² (davon 25 299 km² auf über 2000 Inseln, ca. 150 bewohnt) auf der Balkanhalbinsel in Südeuropa, im Nordwesten an Albanien und Jugoslawien, im Norden an Bulgarien und im Nordosten an die Türkei grenzend, sonst Mittelmeerküste (rund 15 000 km bei nur 1170 km Landgrenze); • Hauptstadt: Athen; • 10 Regionen.
Bevölkerung: 10 Mio. Einwohner (1989), 76 pro km², 98,5 % Griechen; • Amtssprache: Neugriechisch; • Bevölkerungswachstum 0,5 %, Lebenserwartung 76 Jahre, Kinder bis 15 Jahre 22 %, 5 % Analphabeten, städtische Bevölkerung 60 %; • Religion: 98 % Griechisch-Orthodoxe.
Staat: Parlamentarische Republik mit präsidialen Elementen gemäß Verfassung von 1975 (revidiert 1986), Staatsoberhaupt seit 1990 Konstantin Karamanlis, Regierungschef seit 1990 Konstantin Mitsotakis (Neue Demokratie); • Flagge seit 1822: Blau mit 4 weißen Streifen und weißem Kreuz im linken oberen Eck (Anlehnung an die bayerischen Farben wegen des ersten Königs Otto); • Nationalhymne seit 1864: »Dich erkenn ich: deinem Schwerte eigen ist der Zornesblitz...«; • Nationalfeiertage: 25. März, Tag des Aufrufs zum Aufstand gegen die türkische Herrschaft 1821, und 21. Oktober, »Tag des Nein«: Ablehnung des italienischen Ultimatums 1940; • Osteuropäische Zeit (mit Sommerzeit) = MEZ plus 1 Stunde.
Wirtschaft: Bruttosozialprodukt (1986) 35,2 Mrd. Dollar; • Währung: 1 Drachme = 100 Lepta = ca. 0,02 DM; • Außenhandel (1987): Importe 12,9 Mrd. Dollar, Exporte 6,5 Mrd. Dollar (v.a. Obst, Garne, Textilien, Tabak, Olivenöl, Wein, Aluminium – bedeutende Einnahmen aus dem Fremdenverkehr); • Auslandsschulden (1990): 36 Mrd. Dollar; • Verkehr: rd. 2500 km Schienen, 37 400 km Straßen, bedeutende Rolle der Küstenschiffahrt und der Fährdienste, Großhäfen in Piräus, Patras und Saloniki, 8 internationale Flughäfen u.a. in Athen, auf Korfu, Rhodos und Kreta; • Kfz-Kennzeichen: GR.

Die wichtigsten Städte

Athen	890 000 (Groß-A. mit Piräus 3,4 Mio.)		
Saloniki	406 000	Iraklion	102 000
Patras	142 000	Volos	71 000

Klimadaten Griechenland

Städte	Mitteltemp. im kältesten Monat	Mitteltemp. im wärmsten Monat	Regen in mm jährl.
Athen	9,5	28,0	402
Saloniki	4,5	26,5	474
Naxos	12,5	25,0	475

LÄNDER

GRIECHENLAND: Vielgestaltig ist die griechische Inselwelt in der Ägäis. Hell leuchten im mediterranen Licht die antiken Tempelreste bei Aliki auf Thasos. Üppige Vegetation macht die Insel im Norden der Ägäis zu einem grünen Juwel.

GROSSBRITANNIEN: Zu den schönsten Anlagen im gartenreichen London gehören die Parks um Hampton Court, einem einstigen Tudor-Schloß. Hier ein Blick in den tiefergelegenen »Sunken Garden«.

Verwaltungsgliederung					
Gebiet	Fläche in km^2	Einwohner in 1000	Gebiet	Fläche in km^2	Einwohner in 1000
England	130 500	47 400	**Wales** Counties	20 800	2 800
			Clwyd	2 425	400
Metropolitan Counties			Dyfed	5 765	335
Greater London	1 580	6 770	Gwent	1 376	440
Greater Manchester	1 286	2 590	Gwynedd	3 868	225
Merseyside	652	1 490	Mid Glamorgan	1 019	535
South Yorkshire	1 560	1 300	Powys	5 077	110
Tyne and Wear	540	1 140	South Glamorgan	416	395
West Midlands	899	2 650	West Glamorgan	815	365
West Yorkshire	2 039	2 060			
			Schottland Regionen	78 600	5 100
Counties (Grafschaften)			Borders	4 662	100
Avon	1 338	940	Central	2 590	275
Bedfordshire	1 235	520	Dumfries and Galloway	6 475	150
Berkshire	1 256	715	Fife	1 308	345
Buckinghamshire	1 883	600	Grampian	8 550	500
Cambridgeshire	3 409	609	Highland	26 136	200
Cheshire	2 322	940	Lothian	1 756	750
Cleveland	583	560	Strathclyde	13 856	2 375
Cornwall	3 546	440	Tayside	7 668	395
Cumbria	6 809	485	Orkney	974	20
Derbyshire	2 631	912	Shetland	1 427	25
Devon	6 715	980	Western Isles	2 901	30
Dorset	2 654	620			
Durham	2 436	600	**Nordirland** Distrikte	13 500	1 600
East Sussex	1 795	680	Antrim	405	46
Essex	3 674	1 500	Ards	368	60
Gloucestershire	2 638	510	Armagh	667	50
Hampshire	3 772	1 510	Ballymena	634	55
Hereford and			Ballymoney	417	25
Worcester	3 927	645	Banbridge	441	30
Hertfordshire	1 634	980	Belfast	130	320
Humberside	3 512	850	Carrickfergus	85	30
Isle of Wight	381	120	Castlereagh	84	60
Kent	3 732	1 490	Coleraine	478	50
Lancashire	3 043	1 380	Cookstown	512	30
Leicestershire	2 553	870	Craigavon	280	75
Lincolnshire	5 885	560	Down	638	55
Norfolk	5 355	715	Dungannon	763	45
Northamptonshire	2 367	540	Fermanagh	1 700	50
Northumberland	5 033	300	Larne	337	30
North Yorkshire	8 317	690	Limavady	585	30
Nottinghamshire	2 164	1 000	Lisburn	436	90
Oxfordshire	2 611	560	Londonderry	373	100
Shropshire	3 490	390	Magherafelt	562	35
Somerset	3 458	440	Moyle	494	15
Staffordshire	2 716	1 020	Newry and Mourne	886	85
Suffolk	3 800	620	Newtonabbey	151	75
Surrey	1 655	1 020	North Down	72	70
Warwickshire	1 981	480	Omagh	1 124	50
West Sussex	2 016	690	Strabane	861	40
Wiltshire	3 481	540			

Klimadaten Großbritannien			
Städte	Mitteltemp. im kältesten Monat	Mitteltemp. im wärmsten Monat	Regen in mm jährl.
Plymouth	6,0	16,0	950
London	4,0	18,0	600
Birmingham	3,5	16,0	749
Edinburgh	3,5	14,5	708

GROSSBRITANNIEN

Amtlich: United Kingdom of Great Britain and Northern Ireland, Vereinigtes Königreich von Großbritannien und Nordirland. **Staatsgebiet:** 244 108 km^2 in Nordwesteuropa auf den Britischen Inseln zwischen Nordsee und Atlantik, Landgrenze nur zwischen Nordirland und der Republik Irland; • Hauptstadt: London. • Überseebesitzungen: *Gibraltar:* 6,5 km^2 auf dem äußersten südlichen Zipfel der Iberischen Halbinsel, 31 000 Einwohner, Status: Dominion (von Spanien beansprucht); – *Bermuda-Inseln:* 53,5 km^2 auf 360 Inseln (über 20 bewohnt) im Nordatlantik, 56 000 Einwohner, Hauptstadt: Hamilton auf Hamilton Island, Status: Kolonie mit innerer Autonomie; – *Falkland Islands and Dependencies:* 16 442 km^2 auf den Falkland-Inseln (Malwinen), Südgeorgien und den Süd-Sandwich-Inseln im Südatlantik, 2000 fast ausschließlich britische Einwohner, Hauptstadt: Port Stanley auf Ostfalkland, Status: Kronkolonie (von Argentinien beansprucht); – *Sankt Helena:* 122 km^2 auf der gleichnamigen Insel im Südatlantik, 6000 Einwohner, Hauptstadt: Jamestown, berühmt als Exil Kaiser Napoleons I. (1815 – 21); angeschlossen sind die Insel Ascension (88 km^2, 1500 Einwohner) und die Tristan-da-Cunha- (104 km^2) sowie die Nightingale-Gruppe (209 km^2), Status für alle: Kronkolonie; – *Anguilla:* 91 km^2 auf der gleichnamigen Insel der Kleinen Antillen in der Karibik, 7000 Einwohner, Verwaltungssitz: The Valley, Status: Kronkolonie; – *Montserrat:* 98 km^2 auf der gleichnamigen Insel der Kleinen Antillen in der Karibik, 12 000 Einwohner, Hauptort: Plymouth; – *Cayman-Inseln:* 259 km^2 auf Inseln in der Karibik südlich Kuba, 23 000 Einwohner, Hauptstadt: Georgetown auf Grand Cayman, Status: Kronkolonie; – *Turks- und Caicosinseln:* 430 km^2 auf 29 Inseln in der Karibik, 8000 Einwohner, Hauptort: Cockburn auf Grand Turk, Sta-

LÄNDER

tus: Kronkolonie; – *Jungferninseln (British Virgin Islands):* 153 km auf 40 Inseln auf einer Inselgruppe in der Karibik östlich von Puerto Rico, 13 000 Einwohner, Hauptstadt: Road Town auf Tortola, Status: Kronkolonie; – *Hongkong:* 1069 km an der Südostküste Chinas (Festland und 236 Inseln), 5,68 Mio. Einwohner, Hauptstadt: Victoria (1,1 Mio.), in Kaulun (1,5 Mio.) größte Bevölkerungsdichte der Welt (200 000 pro km^2), Status: Kronkolonie bis 1997, danach Rückgabe an China mit einer 50jährigen Übergangszeit; – *Chagos Islands (British Indian Ocean Territory):* 60 km^2 auf einem Archipel im Indischen Ozean südlich der Malediven, 2000 Einwohner, Hauptinsel: Diego Garcia (US-Stützpunkt); – *Pitcairn:* 47,3 km^2 auf der gleichnamigen Insel (4,6 km^2) und 3 unbewohnten Inseln im südlichen Pazifik, 100 Einwohner, Ortschaft: Adamstown, Status: Kronkolonie.
Bevölkerung: 56,6 Mio. Einwohner (1989), 233 pro km^2, 98% Engländer, Schotten, Waliser und Iren, 2,5 Mio. Ausländer, darunter 1,5 Mio. farbige Einwanderer aus den Commonwealth-Ländern; • Staatssprache: Englisch; • kein Bevölkerungswachstum, Lebenserwartung 75 Jahre, Kinder bis 15 Jahre 19%, kaum Analphabeten, städtische Bevölkerung fast 90%; • Religion: 85% Protestanten (v.a. Anglikaner, Presbyterianer), 5,4 Mio. Katholiken, 1 Mio. Moslems.

Die wichtigsten Städte (Agglomeration)			
London	6,8 Mio.	Sheffield	540 000
Manchester	2,6 Mio.	Liverpool	492 000
Birmingham	1,0 Mio.	Bradford	464 000
Glasgow	735 000	Edinburgh	440 000
Leeds	710 000	Bristol	394 000

Staat: Konstitutionelle Monarchie gemäß Rechtstradition (ohne geschriebene Verfassung), 2-Kammer-Parlament: Oberhaus (House of Lords) und als Legislative Unterhaus (House of Commons), Staatsoberhaupt seit 1952 Königin Elisabeth II., Regierungschef (Prime Minister) seit 1990 John Major (Konservative); • Flagge (»Union Jack«) seit 1801: Weißgerändertes rotes Georgskreuz (England) über schrägem weißem Andreaskreuz (Schottland) und schrägem rotem Patrickskreuz (Irland) auf blauem Grund; • Nationalhymne seit mindestens 1745: »Gott schütze die edle, gnädige Königin, lang lebe sie...«; • Nationalfeiertag: wechselnd im Juni (offizieller Geburtstag der Königin, tatsächlicher Geburtstag: 21.4.1926); Greenwich Mean Time = MEZ minus 1 Stunde (mit Sommerzeit).
Wirtschaft: Bruttosozialprodukt (1986) 468,3 Mrd. Dollar; • Währung: 1 Pfund Sterling = 100 New Pence = ca. 3,20 DM; • Außenhandel (1987): Importe 154,4 Mrd. Dollar, Exporte 131,1 Mrd. Dollar (v.a. Maschinen, Fahrzeuge, Eisen und Stahl, Erdöl, chemische Produkte, Genußmittel); • Verkehr: 17 700 km Eisenbahnnetz, 390 000 km Straßen (davon 3000 km Autobahn), 4000 km Binnenwasserstraßen, wichtigste Häfen: London, Liverpool, Milford Haven, Southampton, zahlreiche Fährverbindungen zum Kontinent, Zentrum des Luftverkehrs sind die Londoner Flughäfen (v.a. Heathrow); • Kfz-Kennzeichen: GB.

GUATEMALA

Amtlich: República de Guatemala.
Staatsgebiet: 108 889 km^2 in Mittelamerika, im Westen und Norden an Mexiko, im Nordosten an Belize und im Südosten an Honduras und El Salvador grenzend, sonst pazifische und karibische Küste; • Hauptstadt: Ciudad de Guatemala; • 22 Departamentos.
Bevölkerung: 9,4 Mio. Einwohner (1989), 86 pro km^2, über 85% Indianer und Mestizen (Ladinos), 5% Weiße; • Amtssprache: Spanisch; • Bevölkerungswachstum 2,9%, Lebenserwartung 61 Jahre, Kinder bis 15 Jahre 46%, über 50% Analphabeten, städtische Bevölkerung 41%; • Religion: 97% Katholiken.
Staat: Republik mit Elementen eines Präsidialsystems gemäß Verfassung von 1985, Staatsoberhaupt und Regierungschef seit 1991 Jorge Serrano (Christdemokrat); • Flagge seit 1968: senkrecht Blau, Weiß, Blau (Land zwischen den beiden Ozeanen); • Nationalhymne seit 1934: »Glückliches Guatemala, möge niemals ein Unterdrücker deine Altäre entweihen...«; • Nationalfeiertag: 15. September, Proklamation der Unabhängigkeit im Jahre 1821; • Central Standard Time = MEZ minus 7 Stunden.
Wirtschaft: Bruttosozialprodukt (1986) 7,5 Mrd. Dollar; • Währung: 1 Quetzal = 100 Centavos = ca. 0,66 DM; • Außenhandel (1986): Importe 900 Mio. Dollar, Exporte 1,04 Mrd. Dollar (über ein Drittel Kaffee, daneben Bananen, Zucker, Baumwolle u.a.); • Auslandsschulden (1986) 2,3 Mrd. Dollar; • Verkehr: 850 km Eisenbahn, 18 000 km Straße (2900 asphaltiert), wichtigster pazifischer Hafen San José, karibischer Puerto Barrios, internationaler Flughafen in der Hauptstadt; • Kfz-Kennzeichen: GCA.

GUINEA

Amtlich: République de Guinée.
Staatsgebiet: 245 857 km^2 in Westafrika, im Norden an Guinea-Bissau und Senegal, im Süden an Sierra Leone und Liberia und im Osten an Elfenbeinküste und Mali grenzend, sonst Atlantikküste; • Hauptstadt: Conakry; • 33 Regionen.
Bevölkerung: 6,2 Mio. Einwohner (1989), 26 pro km^2, zahlreiche Stämme der Sudan-Gruppe (u.a. Mandingo, Malinke) sowie Fulbe; • Amtssprache: Französisch; • Bevölkerungswachstum 2,4%, Lebenserwartung 42 Jahre, Kinder bis 15 Jahre 43%, fast drei Viertel Analphabeten, städtische Bevölkerung 22%; • Religion: 70% Moslems, sonst v.a. Naturreligionen.
Staat: Präsidiale Republik, seit 1984 Militärjunta, Verfassung von 1982 suspendiert, Staats- und Regierungschef seit 1984 General Lansana Conté; • Flagge seit 1958: senkrecht Rot, Gelb, Grün (Freiheitskampf, Sonne, Fruchtbarkeit); • Nationalhymne seit 1958: »Guineer, die Einigkeit hat uns frei gemacht...«; • Nationalfeiertag: 2. Oktober, Tag der Unabhängigkeit 1958; • Greenwich Mean Time = MEZ minus 1 Stunde.
Wirtschaft: Bruttosozialprodukt (1986) 2 Mrd. Dollar; • Währung: 1 Guinea-Franc = 100 Cauris = ca. 0,003 DM; • Außenhandel (1986): Importe 351 Mio. Dollar, Exporte 448 Mio. Dollar (v.a. Bauxit, Diamanten, Kaffee, Bananen); • Auslandsschulden (1986): 1,42 Mrd. Dollar; • Verkehr: 900 km Eisenbahn, 29 000 km Straße (1000 km asphaltiert), Binnenschiffahrt auf dem Niger, Überseehafen und internationaler Flughafen in der Hauptstadt; • Kfz-Kennzeichen: RG.

GUINEA-BISSAU

Amtlich: República da Guiné-Bissau.
Staatsgebiet: 36 125 km^2 in Westafrika am Atlantik, im Norden an Senegal und im Osten und Süden an Guinea grenzend; • Hauptstadt: Bissau; • 4 Provinzen.
Bevölkerung: 930 000 Einwohner (1990), 26 pro km^2, Balante, Fulbe, Mandyak u.a.; • Amtssprache: Portugiesisch; • Bevölkerungswachstum 1,9%, Lebenserwartung 39 Jahre, Kinder bis 15 Jahre 44%, drei Viertel Analphabeten, städtische Bevölkerung 24%; • Religion: 30% Moslems, sonst meist Animisten, 5% Christen.
Staat: Präsidiale Republik (»revolutionäre Staatsdemokratie«) gemäß Verfassung von 1984, Staats- und Regierungschef seit 1980 General Joao Bernardo Vieira; • Flagge seit 1973: senkrecht Rot mit schwarzem Stern, waagerecht Gelb, Grün (»panafrikanische Farben«); • Nationalhymne seit 1976: »Goldleuchtende Sonne, grünschimmerndes Meer... Hier ist die Heimat unserer Ahnen...«; • Nationalfeiertag: 24. September, Proklamation der Unabhängigkeit 1973; • MEZ minus 2 Stunden.
Wirtschaft: Bruttosozialprodukt (1985) 150 Mio. Dollar; • Währung: 1 Guinea-Peso = 100 Centavos = ca. 0,001 DM; • Außenhandel (1985): Importe 60,5 Mio. Dollar, Exporte 13,8 Mio. Dollar (v.a. Meeresfrüchte, Palmöl); • Auslandsschulden (1985): 235 Mio. Dollar; • Verkehr: 5000 km Straßen (20% asphaltiert), Über-

LÄNDER

HAITI UND HONDURAS: Marktszene in Port-au-Prince (links) und Wallfahrtskirche im Zentrum von Tegucigalpa.

seehafen und internationaler Flughafen in der Hauptstadt, reger Binnenflugverkehr.

GUS
Abk. für Gemeinschaft Unabhängiger Staaten, siehe RUSSLAND

GUYANA
Amtlich: Cooperative Republic of Guyana.
Staatsgebiet: 214 969 km² an der Nordküste Südamerikas, im Westen an Venezuela, im Süden und Südwesten an Brasilien und Surinam grenzend; • Hauptstadt: Georgetown; • 10 Regionen.
Bevölkerung: 970 000 Einwohner (1987), 5 pro km², zur Hälfte Inder, ein Drittel Schwarze; • Amtssprache: Englisch, daneben Hindi, Patois; • Bevölkerungswachstum 1,1%, Lebenserwartung 66 Jahre, Kinder bis 15 Jahre 38%, kaum Analphabeten, städtische Bevölkerung 40%; • Religion: 57% meist protestantische Christen, 33% Hindus, 9% Moslems.
Staat: Präsidiale »kooperative« Republik gemäß Verfassung von 1980, seit 1991 Staats- und Reg.-chef H. D. Hoyte; • Flagge seit 1966: Grün mit schwarz umrandetem rotem Keil auf längerem weiß umrandetem gelbem Keil am Mast (Fruchtbarkeit, Bodenschätze, Freiheitsliebe); • Nationalhymne seit 1966: »Geliebtes Land Guyana... reich vom Sonnenschein, fruchtbar vom Regen...«; • Nationalfeiertag: 23. Februar, Tag der Republik 1970; • Atlantikzeit = MEZ minus 5 Stunden.
Wirtschaft: Bruttosozialprodukt (1986) 485 Mio. Dollar; • Währung: 1 Guyana-Dollar = 100 Cents = ca. 0,17 DM; • Außenhandel (1986): Importe 270 Mio. Dollar, Exporte 230 Mio. Dollar (v.a. Zucker, Bauxit, Reis, Rum, Holz); • Auslandsschulden (1985): 1,15 Mrd. Dollar; • Verkehr: 129 km Bauxit-Bahn Ituni – Linden, 9000 km nur z.T. befestigte Straßen, Binnenschiffahrt, Überseehafen und internationaler Flughafen in der Hauptstadt Georgetown; • Kfz-Kennzeichen: GUY.

HAITI
Amtlich: République d'Haïti.
Staatsgebiet: 7750 km² auf der Insel Hispaniola in der Karibik, Landgrenze zur Dominikanischen Republik; • Hauptstadt: Port-au-Prince; • 9 Départements.
Bevölkerung: 6,2 Mio. Einwohner (1989), 195 pro km², 95% Schwarze, Mulatten; • Amtssprache: Französisch, Umgangssprache: Kreolisch; • 1,8% Bevölkerungswachstum, Lebenserwartung 54 Jahre, Kinder bis 15 Jahre 39%, über drei Viertel Analphabeten, städtische Bevölkerung 28%; • Religion: 80% Katholiken, 16% Protestanten, bei 70% zugleich Wodu-Kult.
Staat: Präsidiale Republik, Staats- und Regierungschef seit 1991 J. Aristide, nach Putsch 1991 im Exil; • Flagge waagerecht Blau, Rot mit weißem Feld und Wappen in der Mitte; • Nationalhymne: »Für unser Land, für unsere Ahnen laßt uns vereint marschieren...«; • Nationalfeiertag: 1. Januar, Unabhängigkeit 1804; • MEZ minus 6 Stunden.
Wirtschaft: Bruttosozialprodukt (1986) 2,15 Mrd. Dollar; • Währung: 1 Gourde = 100 Centimes = ca. 0,35 DM; • Außenhandel (1986): Importe 503 Mio. Dollar, Exporte 373 Mio. Dollar (v.a. Textilien, Sportartikel, Kaffee, Kakao, Sisal, ätherische Öle); • Auslandsschulden (1986): 585 Mio. Dollar; • Verkehr: 4000 km Straßen, Überseehafen und internationaler Flughafen in der Hauptstadt; • Kfz-Kennzeichen: RH.

HONDURAS
Amtlich: República de Honduras.
Staatsgebiet: 112 088 km² in Mittelamerika mit langer karibischer und kurzer pazifischer Küste, im Süden und Südosten an Nicaragua, im Westen an El Salvador und Guatemala grenzend; • Hauptstadt: Tegucigalpa; • 18 Departamentos.
Bevölkerung: 5,1 Mio. Einwohner (1989), 45,5 pro km², 80% Mestizen; • Amtssprache: Spanisch; • Bevölkerungswachstum 3,1%, Lebenserwartung 64 Jahre, Kinder bis 15 Jahre 47%, städtische Bevölkerung 40%; • Religion: fast 90% Katholiken.
Staat: Präsidialdemokratie gemäß Verfassung von 1982, Staats- und Regierungschef seit 1990 Raffael Callejas Romero (Nationalpartei); • Flagge: waagerecht Blau, Weiß, Blau (freies Land zwischen den Ozeanen) mit 5 hellblauen Sternen im weißen Streifen (Staaten Mittelamerikas); • Nationalhymne seit 1915: »Deine Fahne ist ein Himmelslicht...«; • Nationalfeiertag: 15. September, Tag der Unabhängigkeit 1821; • Central Standard Time = MEZ minus 7 Stunden.
Wirtschaft: Bruttosozialprodukt (1986) 3 Mrd. Dollar; • Währung: 1 Lempira = 100 Centavos = ca. 0,89 DM; • Außenhandel (1986): Importe 875 Mio. Dollar, Exporte 754 Mio. Dollar (v.a. Bananen, Kaffee, Holz, Blei- und Zinkerze, Meeresfrüchte); • Auslandsschulden (1986): 2,5 Mrd. Dollar; • Verkehr: gut 1000 km Eisenbahn, 18 000 km Straßen, wichtigster pazifischer Hafen Puerto Cortés, internationaler Flughafen in der Hauptstadt Tegucigalpa.

LÄNDER

INDIEN

Amtlich: Indian Union, Bharat Juktarashtra.
Staatsgebiet: 3,29 Mio. km² in Südasien, fast ganz Vorderindien umfassend, im Nordwesten an Pakistan, im Norden an China, Nepal und Bhutan, im Osten an Birma und Bangladesch grenzend, sonst Küsten; • Hauptstadt: Neu-Delhi.
Bevölkerung: 835 Mio. Einwohner (1990), 253 pro km²; • Sprachen: Hindi (Amtssprache), daneben Regionalsprachen und Englisch als »assoziierte« Sprache; • Bevölkerungswachstum 2,2%, Lebenserwartung 57 Jahre, Kinder bis 15 Jahre 38%, zwei Drittel Analphabeten, städtische Bevölkerung 26%; • Religion: über 80% Hindus, 12% Moslems.
Staat: Parlamentarische Demokratie mit bundesstaatlicher Ordnung gemäß Verfassung von 1950, 2-Kammer-Parlament (Haus des Volkes und Haus der Staaten), Staatsoberhaupt seit 1987 Ramaswamy Venkataraman, Regierungschef seit 1991 Narasimha Rao (Sozialist); • Flagge seit 1949: waagerecht Orange, Weiß, Grün mit blauem Rad des Königs Aschoka (3. Jh. v. Chr.); • Nationalhymne seit 1950: »Der du die Herzen der Völker durchwaltest und unseres Landes Schicksal gestaltest...« (verfaßt 1912 von Rabindranath Tagore [1861–1941]); • Nationalfeiertage: 26. Januar, Tag der Republik 1950, und 15. August, Unabhängigkeit 1947; • Indische Zeit = MEZ plus 4,5 Stunden.
Wirtschaft: Bruttosozialprodukt (1986) 203,7 Mrd. Dollar; • Währung: 1 Indische Rupie = 100 Paise = ca. 0,12 DM; • Außenhandel (1986): Importe 16,3 Mrd. Dollar, Exporte 11,7 Mrd. Dollar (v.a. Jute, Textilien, Leder, Maschinen, Eisenerz, Gewürze, Schmucksteine, Kaffee, Tee, Computer-Software); • Auslandsschulden (1990):

Verwaltungsgliederung Bundesstaaten	Fläche in km²	Einw. in 1000	Hauptstadt	Einw.
Andhra Pradesh	276 814	53 550	Hyderabad	2,5 Mio.
Assam	78 523	20 500	Dispur	65 000
Bihar	173 876	71 000	Patna	920 000
Gujarat	195 984	35 000	Ghandinagar	62 000
Haryana	44 222	13 100	Chandigarh	385 000
Himachal Pradesh	55 673	4 350	Simla	72 000
Jammu and Kashmir	138 995	6 000	Srinagar	588 000
Karnataka	191 773	38 200	Bangalore	3,0 Mio.
Kerala	38 864	25 500	Trivandrum	520 000
Madhya Pradesh	442 841	53 000	Bhopal	675 000
Maharashtra	307 762	63 000	Bombay	8,3 Mio.
Manipur	22 356	1 500	Imphal	160 000
Meghalaya	22 489	1 400	Shillong	110 000
Nagaland	16 527	780	Kohima	36 000
Orissa	155 782	26 500	Bhubaneswar	220 000
Punjab	50 362	16 900	Chandigarh	385 000
Rajasthan	342 214	35 000	Jaipur	1,1 Mio.
Sikkim	7 299	320	Gangtok	37 000
Tamil Nadu	130 069	49 000	Madras	4,3 Mio.
Tripura	10 477	2 100	Agartala	65 000
Uttar Pradesh	294 413	112 000	Lucknow	1,0 Mio.
West Bengal	87 853	55 000	Kalkutta	9,2 Mio.
Unionsterritorien				
Andaman and Nicobar	8 293	190	Port Blair	50 000
Arunachal Pradesh	83 578	640	Itanagar	40 000
Chandigarh	114	450	Chandigarh	385 000
Dadra and Nagar Haveli	491	105	Silvassa	15 000
Delhi	1 485	6 300	Delhi	6,3 Mio.
Goa, Daman and Diu	3 813	1 100	Panaji	45 000
Lakshadweep	32	40	Kavaratti	20 000
Mizoram	21 087	500	Aizawl	35 000
Pondicherry	480	610	Pondicherry	165 000

Klimadaten Indien Städte	Höhe in m	Mitteltemp. im kältesten Monat	Mitteltemp. im wärmsten Monat	Regen in mm jährl.
Bombay	–	23,5	30,0	1810
Hyderabad	545	21,5	29,5	770
Srinagar	1590	1,5	24,5	720
Delhi	215	14,0	28,5	660
Kalkutta	–	19,5	29,5	1601
Cherrapunji	1310	12,0	20,5	10800

INDIEN: Bei Agra am Westrand des Gangestieflands im Bundesstaat Uttar Pradesh erhebt sich das weiße Grabmal Tadsch Mahal, das der Großmogul Schachdschahan um 1640 seiner Lieblingsfrau errichten ließ. Eingebettet in eine prächtige Parkanlage, zieht es Besucher aus aller Welt an.

LÄNDER

70 Mrd. Dollar; • Verkehr: über 60 000 km Eisenbahn, fast 10 000 km Binnenwasserstraßen, 1,7 Mio. km Straßen (ca. 800 000 km befestigt), wichtigste Überseehäfen Bombay und Kalkutta, internationale Flughäfen in Delhi, Bombay, Kalkutta und Madras; • Kfz-Kennzeichen: IND.

INDONESIEN

Amtlich: Republik Indonesia.
Staatsgebiet: 1 919 493 km² (Landfläche 1,81 Mio. km²) auf südostasiatischen Inseln, Hauptteil des Malaiischen Archipels mit den Großen und Kleinen Sundainseln sowie den Molukken und dem Westteil Neuguineas (Irian Jaya), insgesamt 13 600 Inseln (6000 bewohnt); • Hauptstadt: Jakarta auf Java; • 27 Provinzen.
Bevölkerung: 168 Mio. Einwohner (1990), 95 pro km², v.a. malaiische Indonesier, zur Hälfte auf Java wohnend; • Sprachen: Bahasa Indonesia, daneben zahlreiche Regionalsprachen sowie Englisch als Handelssprache; • Bevölkerungswachstum 2,2%, Lebenserwartung 57 Jahre, Kinder bis 15 Jahre 40%, über 25% Analphabeten, städtische Bevölkerung 25%; • Religion: 87% Moslems, 6% Christen, 3,5% Hindus, 2% Buddhisten.

Die wichtigsten Städte

Jakarta	7,4 Mio.	Palembang	800 000
Surabaya	2,1 Mio.	Ujung Padang	720 000
Bandung	1,5 Mio.	Padang	490 000
Medan	1,4 Mio.	Kupang	410 000
Semerang	1,1 Mio.	Yogyakarta	400 000

Staat: Einheitsstaat mit Präsidialsystem gemäß Verfassung von 1945, Staats- und Regierungschef seit 1966 General Suharto (1988 zum 4. Mal wiedergewählt); • Flagge seit 1945: waagerecht Rot, Weiß (Farben des Reichsgründers von 1293); • Nationalhymne seit 1945: »Indonesien, mein Vaterland, du meine Heimat...«; • Nationalfeiertag: 17. August, Proklamation der Unabhängigkeit 1945; • MEZ plus 6 (Westen), 7 (Mitte) und 7,5 Stunden (Osten).
Wirtschaft: Bruttosozialprodukt (1986) 75,2 Mrd. Dollar; • Währung: 1 Rupiah = 100 Sen = ca. 0,001 DM; • Außenhandel (1986): Importe 13,4 Mrd. Dollar, Exporte 14,8 Mrd. Dollar (Erdöl und Erdgas 76%, daneben Kaffee, Kautschuk, Palmöl, Zinn, Tee, Tabak); • Auslandsschulden (1990): 55 Mrd. Dollar; • Verkehr: 7000 km Eisenbahn auf Java, Sumatra und Madura, 155 000 km Straßen (65 000 km asphaltiert), intensiver Fährverkehr zwischen den Inseln, internationale Flughäfen auf Java, Sumatra und Bali; • Kfz-Kennzeichen: RI.

IRAK

Amtlich: Al Dschumhurijja Al Irakijja, Republik Irak.
Staatsgebiet: 438 317 km² in Vorderasien, im Südosten an Kuwait, im Süden an Saudi-Arabien, im Westen an Syrien, im Norden an die Türkei und im Osten an den Iran grenzend mit kurzer Küste am Persischen Golf; • Hauptstadt: Bagdad; • 18 Muhafasa (Distrikte).
Bevölkerung: 17,6 Mio. Einwohner (1989), 40,1 pro km², 77% Araber, 19% Kurden; • Sprachen: Arabisch, Kurdisch; • Bevölkerungswachstum 3,3%, Lebenserwartung 62 Jahre, Kinder bis 15 Jahre 49%, 10% Analphabeten, städtische Bevölkerung 70%; • Staatsreligion: Islam.

IRAK: Noch recht hoch ist der Prozentsatz der Landarbeiter im Zweistromland, das hochgerüstet, aber erst schwach industrialisiert ist.

Die wichtigsten Städte

Bagdad	3,5 Mio.	Kirkuk	540 000
Basra	620 000	Najaf	200 000
Mossul	575 000	Kerbela	115 000

Staat: Präsidiale (sozialistische) Republik, beherrscht von der Bath-Partei des Präsidenten und Regierungschefs Saddam Hussein (seit 1979); • Flagge seit 1963: waagerecht Rot, Weiß mit 3 grünen Sternen, Schwarz; • Nationalhymne seit 1981: »Ein Heimatland, das seine Flügel über den Horizont hinausreckt...«; • Nationalfeiertage: 14., Tag der Republik 1958, und 17. Juli, Tag der Machtübernahme durch die Bath-Partei 1968; • MEZ plus 2 Stunden.
Wirtschaft: Bruttosozialprodukt (1986) 63,5 Mrd. Dollar; • Währung: 1 Irak-Dinar = 1000 Fils = ca. 4,81 DM; • Außenhandel durch Golfkrieg 1991, UN-Embargo, Kurden-Feldzüge drastisch abgesunken; • Auslandsschulden (1991): 42 Mrd. Dollar; • Verkehr: 2100 km Eisenbahn, 26 000 km Straße, 2800 km Pipelines, Binnenschiffahrt auf Euphrat und Tigris, Überseehafen Basra, internationaler Flughafen in der Hauptstadt; • Kfz-Kennzeichen: IRQ.

Klimadaten Indonesien

Städte	Mitteltemp. im kältesten Monat	Mitteltemp. im wärmsten Monat	Regen in mm jährl.
Medan (Sumatra)	25,5	27,5	2030
Jakarta (Java)	26,0	27,5	1900
Balikpapan (Borneo)	26,0	26,5	2220
Amboine (Ceram)	25,5	27,0	3560

LÄNDER

Klimadaten Irland				
Städte	Mitteltemp. im kältesten Monat	Mitteltemp. im wärmsten Monat	Regen in mm jährl.	Regentage im Jahr
Valentia	7,0	15,5	1394	190
Dublin	4,5	15,5	762	140

IRAN

Amtlich: Dschumhuri-i-Islam-i-Irân, Islamische Republik Iran.
Staatsgebiet: 1 648 000 km² in Vorderasien, im Westen an den Irak, im Nordwesten an die Türkei, im Norden an die UdSSR und im Osten an Afghanistan und Pakistan grenzend, lange Küste am Persischen Golf und am Golf von Oman; • Hauptstadt: Teheran; • 24 Ostan (Provinzen).
Bevölkerung: 51 Mio. Einwohner (1989), 31 pro km², 65% Perser, 20% Aserbaidschaner (Aseri), 8% Kurden; • Sprachen: Persisch (Amtssprache) und verwandte Dialekte, Kurdisch, Turksprachen; • Bevölkerungswachstum 2,8%, Lebenserwartung 59 Jahre, Kinder bis 15 Jahre 44%, städtische Bevölkerung 55%; • Staatsreligion: 98% fast ausschließlich schiitische Moslems.

Die wichtigsten Städte			
Teheran	6,1 Mio.	Schiras	850 000
Meschhed	1,5 Mio.	Ahwas	600 000
Isfahan	1,1 Mio.	Bachtaran	570 000
Täbris	1,0 Mio.	Rascht	300 000

Staat: Islamische Republik gemäß Verfassung von 1979, keine Parteien, nur Einzelkandidaten für das Parlament (»Versammlung des Islamischen Rates«), Staats- und Regierungschef seit 1989 (Tod des Gründers der Republik Ayatollah Khomeini) Ali Akbar Haschemi Rafsandschani; • Flagge seit 1980: waagerecht Grün (Islam), Weiß (Frieden) mit Staatsemblem, Rot (Mut) getrennt durch Schriftzüge »Allah ist groß« (11mal); • Nationalhymne seit 1980: »Die Islamische Republik ist errichtet...«; • Nationalfeiertag: 11. Februar, Tag der Revolution 1979, und 1. April, Gründung der Islamischen Republik 1979; • MEZ pus 2,5 Stunden.
Wirtschaft: Bruttosozialprodukt (1986) 126 Mrd. Dollar; • Währung: 1 Rial = 100 Dinars = ca. 0,025 DM; • Außenhandel (1986): Importe 11,6 Mrd. Dollar, Exporte 13,4 Mrd. Dollar (96% Erdöl und Erdgas, daneben Teppiche, Trockenfrüchte, Wolle, Felle, Häute, Reis, Textilien u.a.); • Auslandsschulden (1985): 5,46 Mrd. Dollar; • Verkehr: 5800 km Eisenbahn, 111 000 km Straßen (460 km Autobahn), Überseehäfen in Choramschahr, Bandar Chomeini und Bandar Abbas, internationaler Flughafen in der Hauptstadt; • Kfz-Kennzeichen: IR.

IRLAND

Amtlich: Republic of Ireland, Éire.
Staatsgebiet: 70 283 km² auf der gleichnamigen Insel im Atlantik westlich Großbritanniens, Landgrenze nur im Nordosten zur britischen Region Nordirland; • Hauptstadt: Dublin (Baile Atha Cliath); • 4 Provinzen, 27 Grafschaften und 4 grafschaftsfreie Städte (City-Boroughs).
Bevölkerung: 3,7 Mio. Einwohner (1989), 52,8 pro km², fast nur Iren; • Amtssprachen: Irisch (Gälisch) und Englisch; • Bevölkerungswachstum 0,7%, Lebenserwartung 74 Jahre, Kinder bis 15 Jahre 30%, kaum Analphabeten, städtische Bevölkerung 57%; • Religion: 94% Katholiken.
Staat: Parlamentarische Demokratie gemäß Verfassung von 1937, Staatsoberhaupt Präsidentin Mary Robinson seit 1990, Regierungschef Albert Reynolds seit 1992 (Fianna Fáil); • Flagge: senkrecht Grün (gälische Herkunft), Weiß (Frieden zwischen Iren und Briten), Orange (Farbe der Oranier, die 1688 Könige von Großbritannien wurden); • Nationalhymne seit 1926: »Dir unser Kriegerblut, Insel der Kelten!«; • Nationalfeiertag: 17. März, Tag des Heiligen Patrick (Apostel Irlands); • MEZ minus 1 Stunde (mit Sommerzeit).
Wirtschaft: Bruttosozialprodukt (1986) 21,9 Mrd. Dollar; • Währung: 1 Irisches Pfund = 100 New Pence = ca. 2,66 DM; • Außenhandel (1987): Importe 13,6 Mrd. Dollar, Exporte 15,97 Mrd. Dollar (v.a. Fleisch, Molkereiprodukte, Textilien, Maschinen); • Verkehr: knapp 2000 km Eisenbahn, 95 000 km Straßen (16 000 km Hauptstraßen), Überseehäfen in Dublin, Cork und Waterford, internationale Flughäfen in Dublin und Shannon; • Kfz-Kennzeichen: IRL.

ISLAND

Amtlich: Lydveldid Island, Republik Island.
Staatsgebiet: 102 829 km² auf der gleichnamigen Insel im Nordatlantik und kleinen vorgelagerten Inseln; • Hauptstadt: Reykjavik; • 8 Distrikte.
Bevölkerung: 250 000 Einwohner (1989), 2,5 pro km², fast nur Isländer; • Staatssprache: Isländisch; • Bevölkerungswachstum 1,1%, Lebenserwartung 77 Jahre; • Religion: 97% Lutheraner.
Staat: Parlamentarische Demokratie gemäß Verfassung von 1944, Staatsoberhaupt Präsidentin Vigdís Finnbogadottir seit 1980 (1984 und 1988 bestätigt), Regierungschef David Odsson (Wahl im April 1991); • Flagge seit 1919: Blau mit weißgefaßtem, rotem skandinavischem (liegendem) Kreuz; • Nationalhymne seit 1874: »O Gott des Landes, Land von Gott!«; • Nationalfeiertag: 17. Juni, Tag der Unabhängigkeit 1944; Greenwich Mean Time = MEZ minus 1 Stunde.
Wirtschaft: Bruttosozialprodukt (1986) 3,9 Mrd. Dollar; • Währung: 1 Isländische Krone = 100 Aurar = ca. 0,04 DM; • Außenhandel (1986): Importe 1,1 Mrd. Dollar, Exporte 1,1 Mrd. Dollar (v.a. Fisch und Fischereiprodukte, Aluminium, Wolle); • Verkehr: 12 800 km (Schotter-)Straßen, Hafen und internationaler Flughafen in der Hauptstadt, 95 sonstige Flugfelder; • Kfz-Kennzeichen: IS.

ISRAEL

Amtlich: Medinat Yisrael, State of Israel.
Staatsgebiet: 20 770 km² (ohne besetzte Gebiete) im Nahen Osten, im Norden an den Libanon, im Nordosten an Syrien, im Osten an Jordanien und im Südwesten an Ägypten grenzend, sonst Mittelmeerküste und an der Südspitze Berührung des Golfs von Akaba (Rotes Meer); • Hauptstadt: Jerusalem; • 6 Mechosot (Distrikte).
Bevölkerung: 4,5 Mio. Einwohner (1990), 216 pro km², 83% Juden (zu über einem Drittel europäischer Herkunft), 13,8% Moslems, 2,3% Christen; • Staatssprache: Neu-Hebräisch (Iwrith), daneben Arabisch; • 1,6% natürliches Bevölkerungswachstum, Lebenserwartung 75 Jahre, Kinder bis 15 Jahre 33%, 12% Analphabeten, städtische Bevölkerung 91%; • Religion: 82% Juden, 14% Moslems, 2,3% Christen.

Die wichtigsten Städte und Ballungsräume

Jerusalem (inkl. besetzte Altstadt) 470 000
Tel Aviv/Jaffa 320 000/Großraum T. 1,6 Mio.
Haifa 225 000/Sub District H. 390 000

Staat: Republik gemäß ungeschriebener Verfassung, 1-Kammer-Parlament (Knesset), Staatsoberhaupt seit 1983 (1988 wiedergewählt) Präsident Chaim Herzog (Arbeiterpartei), Regierungschef seit 1992 Yitzhak Rabin (Arbeiterpartei); • Flagge: Weiß mit blauem Streifen oben und unten und Davidstern in der Mitte; • Nationalhymne (»Hatikvah« = Hoffnung) seit 1948: »Solange im Herzen sich jüdisches Fühlen noch regt...«; • Nationalfeiertag: 5. des Monats Ijjar (April/Mai), Tag der Staatsgründung 1948 (14. 5.); • Osteuropäische Zeit = MEZ plus 1 Stunde (mit Sommerzeit).
Wirtschaft: Bruttosozialprodukt (1986) 29,5 Mrd. Dollar; • Währung: 1 Neuer

LÄNDER

Klimadaten Israel

Städte	Mitteltemp. im kältesten Monat	Mitteltemp. im wärmsten Monat	Regen in mm jährl.	Regentage im Jahr
Haifa	13,5	27,5	660	56
Jerusalem	9,0	24,0	530	39
Elat	15,5	33,0	28	7

Schekel = 100 Agorot = ca. 1,07 DM; • Außenhandel (1986): Importe 10,7 Mrd. Dollar, Exporte 7,2 Mrd. Dollar (v.a. Obst, Gemüse, Schmuckdiamanten, Textilien, Metallwaren); • Auslandsschulden (1990): 23 Mrd. Dollar; • Verkehr: 860 km Eisenbahn, 12 500 km Straßen, Pipeline Elat – Ashquelon/Haifa, internationaler Flughafen Lod; • Kfz-Kennzeichen: IL.

ISRAEL: Palästina gilt für Juden, Moslems und Christen gleichermaßen als Heiliges Land. Neben Synagogen und Moscheen finden sich daher auch allenthalben evangelische und katholische Gotteshäuser wie hier am See Genezareth.

ITALIEN

Amtlich: Repubblica Italiana.
Staatsgebiet: 301 279 km² (davon rd. 7000 km² Wasserfläche) in Südeuropa auf der gleichnamigen Halbinsel mit den Inseln Sizilien und Sardinien, Landgrenze nur im Norden zu Frankreich, Schweiz, Österreich und Jugoslawien; • Hauptstadt: Rom; • 20 Regionen mit 95 Provinzen.
Bevölkerung: 57,4 Mio. Einwohner (1989), 190 pro km², über 95% Italiener, zahlreiche Minderheiten (u.a. 300 000 deutschsprachige Südtiroler); • Staatssprache: Italienisch; • Bevölkerungswachstum 0,3%, Lebenserwartung 77 Jahre, Kinder bis 15 Jahre 21%, kaum Analphabeten, städtische Bevölkerung 70%; • Religion: 99% Katholiken.
Staat: Parlamentarische Republik gemäß Verfassung von 1948, Präsident seit 1992 Oscar Scalfaro, Regierungschef seit 1992 Giuliano Amato (Sozialist. Partei); • Flagge seit 1946: senkrecht Grün, Weiß, Rot; • Nationalhymne seit 1946: »Brüder Italiens, Italien ist erwacht...«; • Nationalfeiertag: 1. Sonntag im Juni, Tag der Republik 1946 (2.6.); • MEZ mit Sommerzeit.
Wirtschaft: Bruttosozialprodukt (1986) 600 Mrd. Dollar; • Währung: 1 Italienische Lira = 100 Centesimi = ca. 0,0013 DM; • Außenhandel (1987): Importe 122,2 Mrd. Dollar, Exporte 116,6 Mrd. Dollar (v.a. Maschinen, Kraftfahrzeuge, Wein, Obst, Textilien, Chemikalien; hoher Devisenüberschuß aus Fremdenverkehr); • Verkehr: 20 000 km Eisenbahn (über die Hälfte elektrifiziert), 305 000 km Straßen (6000 km Autobahn), Überseehäfen in Genua, Triest, Tarent und Venedig, 20 internationale Flughäfen, die größten in Rom und Mailand; • Kfz-Kennzeichen: I.

Verwaltungsgliederung

Region	Fläche in km²	Einwohner in 1000	Hauptstadt	Einwohner
Abruzzen	10 794	1244	L'Aquila	67 000
Aostatal	3 262	114	Aosta	37 000
Apulien	19 348	3978	Bari	363 000
Basilicata	9 992	617	Potenza	67 000
Emilia-Romagna	22 123	3947	Bologna	433 000
Friaul/Jul.-Venetien	7 847	1224	Triest	240 000
Kalabrien	15 080	2117	Catanzaro	102 000
Kampanien	13 595	5608	Neapel	1,2 Mio.
Latium	17 203	5080	Rom	2,8 Mio.
Ligurien	5 416	1778	Genua	728 000
Lombardei	23 857	8885	Mailand	1,5 Mio.
Marken	9 694	1424	Ancona	106 000
Molise	4 438	333	Campobasso	50 000
Piemont	25 399	4412	Turin	1,0 Mio.
Sardinien	24 090	1629	Cagliari	223 000
Sizilien	25 708	5051	Palermo	725 000
Toskana	22 992	3581	Florenz	426 000
Trentino-Südtirol	13 620	877	Trient	100 000
Umbrien	8 456	815	Perugia	147 000
Venetien	18 364	4366	Venedig	332 000

Klimadaten Italien

Städte	Mitteltemp. im kältesten Monat	Mitteltemp. im wärmsten Monat	Regen in mm jährl.	Regentage im Jahr
Mailand	2,5	24,5	1015	88
Venedig	3,5	23,0	780	87
Rom	8,0	25,0	744	77
Neapel	8,0	23,5	915	91
Palermo	12,0	25,5	510	71

LÄNDER

JAMAIKA

Staatsgebiet: 10 991 km² auf der gleichnamigen Karibikinsel und vorgelagerten kleinen Inseln; • Hauptstadt: Kingston; • 14 Parishes (Bezirke).
Bevölkerung: 2,36 Mio. Einwohner (1989), 216 pro km², 90% Schwarze, Mulatten; • Staatssprache: Englisch; • Bevölkerungswachstum 1,5%, Lebenserwartung 73 Jahre, Kinder bis 15 Jahre 36%, über ein Viertel Analphabeten, städtische Bevölkerung 50%; • Religion: 75% Protestanten (u.a. Anglikaner, Baptisten), 8% Katholiken.
Staat: Konstitutionelle Monarchie im Commonwealth, Staatsoberhaupt Königin Elisabeth II., Premier seit 1989 Michael Manley; • Flagge seit 1962: Grün für den natürlichen Reichtum (oben und unten) und Schwarz (Tradition) durch gelbes Diagonalkreuz geteilt; • Nationalhymne seit 1962: »Ewiger Vater, segne unser Land...«; • Nationalfeiertag: 1. Montag im August, Unabhängigkeitstag 1962; • Eastern Standard Time = MEZ minus 6 Stunden.
Wirtschaft: Bruttosozialprodukt (1986) 2,43 Mrd. Dollar; • Währung: 1 Jamaika-Dollar = 100 Cents = ca. 0,32 DM; • Außenhandel (1986): Importe 936 Mio. Dollar, Exporte 596 Mio. Dollar (v.a. Bauxit, Zucker, Rum, Bananen, Gewürze); • Auslandsschulden (1986): 3,1 Mrd. Dollar; • Verkehr: 295 km Eisenbahn, über 17 000 km Straßen, Hafen und internationaler Flughafen in der Hauptstadt; • Kfz-Kennzeichen: JA.

JAPAN

Amtlich: Nippon Teikoku (Land der aufgehenden Sonne).
Staatsgebiet: 372 769 km² auf rund 3500 Inseln vor der ostasiatischen Küste zwischen Ochotskischem und Ostchinesischem Meer, Hauptinseln Hondo (231 000 km²), Hokkaido (77 900 km²), Kiuschu (42 129 km²) und Schikoku (18 782 km²); • Hauptstadt: Tokio auf Hondo; • 47 Präfekturen.
Bevölkerung: 123,5 Mio. Einwohner (1990), 329 pro km², 99% Japaner; • Staatssprache: Japanisch, Englischkenntnisse weitverbreitet; • kaum noch Bevölkerungswachstum, Lebenserwartung 78 Jahre, Kinder bis 15 Jahre 22%, kaum Analphabeten, städtische Bevölkerung 76%; • Religion: 80% Schintoisten und Buddhisten.
Staat: Konstitutionelle Monarchie gemäß Verfassung von 1947, Staatsoberhaupt seit 1989 der 124. Tenno (Kaiser) Akihito, Regierungschef seit 1991 Kichi Miyazawa; • Flagge: Weiß mit roter Scheibe (aufgehende Sonne); • Nationalhymne seit 1888: »Bis zum Fels der Stein geworden, übergrünt von Moosgeflecht, tausend, abertausend Jahre blühe, Kaiserlich Geschlecht!«; • Nationalfeiertag: 29. April, Geburtstag des vorigen Tenno Hirohito (Geburtstag des jetzigen 23. Dezember); • Mittlere Japanzeit = MEZ plus 8 Stunden.
Wirtschaft: Bruttosozialprodukt (1987) 2330 Mrd. Dollar; • Währung: 1 Yen = 100 Sen = ca. 0,015 DM; • Außenhandel (1987): Importe 146,1 Mrd. Dollar, Exporte 229,1 Mrd. Dollar (v.a. Fahrzeuge, Elektronik, Maschinen, Eisen- und Stahlwaren, Chemiefasern, optische Produkte, Schiffe, Seide, Spielwaren); • Verkehr: 27 000 km Eisenbahn, 1,2 Mio. km Straßen (3500 km Autobahnen), fast 1100 Häfen (am wichtigsten Kobe, Yokohama, Nagoya, Osaka), internationale Flughäfen u.a. in Tokio und Osaka; • Kfz-Kennzeichen: J.

JAPAN: Das heilige Tor von Miyajima wurde im Pagodenstil errichtet. Aus dem chinesischen Kulturraum übernahm man die aufwärtsschwingende Gebälkkonstruktion.

JAPAN: So festlich gekleidet gehen Reispflanzer gewöhnlich nicht zur Arbeit. Nur an hohen Feiertagen wie hier bei einem Fruchtbarkeitsfest in der Gegend von Osaka tragen sie die rotweißen Gewänder und die pilzartigen Hüte.

Die wichtigsten Städte

Tokio	8,4 Mio.	Hiroshima	1,1 Mio.
Yokohama	3,1 Mio.	Sakai	820 000
Osaka	2,7 Mio.	Chiba	790 000
Nagoya	2,2 Mio.	Sendai	700 000
Sapporo	1,6 Mio.	Okayama	575 000
Kioto	1,5 Mio.	Kumamoto	560 000
Kobe	1,5 Mio.	Kagoshima	530 000
Fujuoka	1,2 Mio.	Amagasaki	525 000
Kitakiuschu	1,1 Mio.	Higashiosaka	525 000
Kawasaki	1,1 Mio.	Hamamatsu	515 000

Klimadaten Japan

Städte	Mitteltemp. im kältesten Monat	Mitteltemp. im wärmsten Monat	Regen in mm jährl.	Regentage im Jahr
Hakodate	−3,5	22,0	1190	132
Tokio	3,0	26,0	1565	107
Nagasaki	5,5	27,0	1915	120

LÄNDER

JORDANIEN: Blick auf eine Siedlung am Rande der Hauptstadt Amman. Typisch sind die würfelförmigen Häuser. In den Trockengebieten des Nahen Ostens sind Giebeldächer wie in Mitteleuropa unbekannt.

JEMEN

Amtlich: Al Dschumhurijja al Jamanijja, Republik Jemen.
Staatsgebiet: 527 968 km² in Vorderasien (Südwesten der Arabischen Halbinsel), im Norden an Saudiarabien und im Osten an Oman grenzend, sonst Küste am Roten Meer und am Golf von Aden; • Hauptstadt: Sana; • 17 Muhafasa (Provinzen).
Bevölkerung: 11,8 Mio. Einwohner (1990), 21 pro km², Araber verschiedener Stämme; • Staatssprache: Arabisch; • Bevölkerungswachstum 2,6%, Lebenserwartung 50 Jahre, Kinder bis 15 Jahre 48%, 80% Analphabeten, städtische Bevölkerung 25%; • Religion: fast ausschließlich Moslems.
Staat: Seit Vereinigung von Jemen (Nord) und dem kommunistischen Jemen (Süd) im Mai 1990 parlamentarische Republik, Verfassung in Ausarbeitung, provisorisches Parlament (301 Abgeordnete), Staatsoberhaupt Präsident Ali Abdallah Saleh (seit 1990, vorher Präsident von Jemen [Nord]); • Flagge (seit 1962): waagerecht Rot (Revolution), Weiß (Fortschritt) mit grünem Stern (Einheit), Schwarz (Tradition); • Nationalhymne von Jemen (Nord) seit 1981: »Unter der Fackel der Revolution haben wir die Republik ausgerufen...«; • Nationalfeiertag bis 1990: 26. September, Unabhängigkeit 1962, neuer noch nicht festgelegt, eventuell 22. Mai, Vereinigung; • Moskauer Zeit = MEZ plus 2 Stunden.
Wirtschaft: - *einstiger Jemen (Nord):* Bruttosozialprodukt (1988) 5,91 Mrd. Dollar; • Währung: 1 Jemen-Rial = 100 Fils = 0,125 DM; • Außenhandel (1988): Importe 1,3 Mrd. Dollar, Exporte 850 Mio. Dollar (v.a. Baumwolle, Kaffee, Häute, Felle); • Auslandsschulden (1988): 2,38 Mrd. Dollar; • Verkehr: 23 000 km Straßen (2100 km befestigt), Hafen Al Hudaida, internationaler Flughafen in der Hauptstadt; • Kfz-Kennzeichen: YAR.
- *einstiger Jemen (Süd):* Bruttosozialprodukt (1987) 1 Mrd. Dollar; • Währung seit 1990 wie einstiger Jemen (Nord); • Außenhandel (1988): Importe 600 Mio. Dollar, Exporte 80 Mio. Dollar (Erdölprodukte, Garne, Textilien, Felle) plus 500 Mio. Dollar Gastarbeiterüberweisungen; • Auslandsschulden (1988): 2 Mrd. Dollar; • Verkehr: 7000 km Straßen, Überseehafen und internationaler Flughafen (Chormaksar) bei Aden; • Kfz-Kennzeichen seit 1990 wie einstiger Jemen (Nord).

JEMEN: Eine Geschäftsstraße in Aden, die einstige Hauptstadt Süd-Jemens.

JORDANIEN

Amtlich: Al Mamlaka Al Urdunijja Al Haschimijja, Haschemitisches Königreich Jordanien.
Staatsgebiet: 88 572 km² (ohne West-Bank) im Nahen Osten, im Westen an Israel, im Norden an Syrien, im Nordosten an den Irak und im Osten und Süden an Saudi-Arabien grenzend, Küstenstreifen am Golf von Akaba (Rotes Meer); • Hauptstadt: Amman; • 15 Liwas (Distrikte).
Bevölkerung: 3 Mio. Einwohner (1989, ohne West-Bank), 34 pro km² (besiedeltes Gebiet über 160 pro km²), fast ausschließlich Araber; • Sprache: Arabisch, daneben Englisch; • Bevölkerungswachstum 3%, Lebenserwartung 65 Jahre, Kinder bis 15 Jahre 51%, 70% Analphabeten, städtische Bevölkerung 65%; • Religion: 96% Moslems (davon 3% Schiiten).
Staat: Konstitutionelle Monarchie gemäß Verfassung von 1952, Staatsoberhaupt seit 1952 König Hussein II., Regierungschef seit 1991 Taher al-Masri; • Flagge: waagerecht Schwarz, Weiß, Grün (Islam) mit rotem Dreieck am Mast, darin siebenzackiger weißer Stern (7 Hauptsuren des Koran); • Nationalhymne seit 1946: »Lang lebe der König, erhaben sein Rang...«; • Nationalfeiertag: 25 Mai, Tag der Unabhängigkeit 1946; • MEZ plus 1 Stunde.
Wirtschaft: Bruttosozialprodukt (1986) 4 Mrd. Dollar; • Währung: 1 Jordan-Dinar = 1000 Fils = ca. 3,73 DM; • Außenhandel (1987): Importe 2,7 Mrd. Dollar, Exporte 734 Mio. Dollar (v.a. Obst, Gemüse, Phosphat, Zement, Tabak); • Auslandsschulden (1986): 3,1 Mrd. Dollar; • Verkehr: 620 km Eisenbahn, 5230 km Straßen, Hafen in Akaba, dort und in Amman internationale Flughäfen; • Kfz-Kennzeichen: HKJ.

LÄNDER

JUGOSLAWIEN: Dunkle Wolken sind eine Seltenheit im sonnigen Dalmatien.

JUGOSLAWIEN

Staatsgebiet: Umfaßt nach Austritt von SLOWENIEN und KROATIEN nur noch die übrigen Republiken, doch auch das nur noch nominell, da Bosnien-Herzegowina umkämpft ist, Makedonien seine Unabhängigkeit erklärt hat und der Kosovo eine Anlehnung an Albanien anstrebt; de facto also nur noch 102 173 km² in Südosteuropa im Nordosten an Rumänien, im Nordwesten an Kroatien, im Westen an Bosnien-Herzegowina, im Osten an Bulgarien, im Süden an Albanien, Kosovo und Makedonien grenzend, sonst Adriaküste; • Hauptstadt: Belgrad.
Bevölkerung: Knapp 10 Mio. Einwohner, 100 pro km², überwiegend Serben (von denen noch starke Minderheiten in Bosnien-Herzegowina, Kroatien und im Kosovo leben); • Amtsprache: Serbisch; Religion: überwiegend Serbisch-Orthodoxe.
Staat: Rumpfstaat auf der Basis der abgeänderten rätedemokratischen Verfassung von 1974, Präsident Serbiens Slobodan Milosevic als eigentlicher Machthaber, parlamentarische Elemente durch Bürgerkrieg weitgehend gelähmt, Staatssymbole nur noch pro forma in Kraft; • Flagge seit 1943: waagerecht Blau, Weiß, Rot (Farben des früheren Königreichs Serbien) mit gelbumrandetem rotem Stern in der Mitte; • Nationalhymne seit 1945: »Heil, ihr Slawen! Es lebt der Geist unserer Ahnen, solange fürs Volk das Herz ihrer Söhne schlägt...«; • Nationalfeiertag: 29. November, Tag der Republik 1945; • MEZ (mit Winterzeit).
Wirtschaft: Daten wegen des Bürgerkriegs und des ungewissen Umfangs des endgültigen Staatsgebiets nicht verfügbar; Verkehrsnetz in weiten Landesteilen zerstört, Flughäfen z. T. geschlossen, Fremdenverkehr gebietsweise zum Erliegen gekommen; • Kfz-Kennzeichen: YU.

SARAJEVO: Serbische Extremisten beschossen die Teilnehmer einer Friedensdemonstration. Ein bosnischer Soldat erwidert das Feuer eines serbischen Heckenschützen.

KAMBODSCHA

Amtlich: Staat Kampuchea.
Staatsgebiet: 181 035 km² in Südostasien (Hinterindien), im Westen an Thailand, im Nordosten an Laos und im Osten an Vietnam grenzend; • Hauptstadt: Phnom Penh; • 18 Provinzen (Khet).
Bevölkerung: 7,8 Mio. Einwohner (1987), 42 pro km², 90% Khmer; • Sprache: Khmer (Amtsprache), daneben Französisch; • Bevölkerungswachstum 2,5%, Lebenserwartung 46 Jahre, Kinder bis 15 Jahre 35%, über 50% Analphabeten, städtische Bevölkerung 16%; • Religion: offiziell Atheismus, früher 90% Buddhisten.
Staat: Volksrepublik gemäß Verfassung von 1981 (1989 revidiert), Staatsoberhaupt seit 1991 Prinz Sihanouk. Nordwesten des Landes unter Kontrolle der Roten Khmer; Waffenstillstand; • Flagge seit 1989: Rot mit gelbem Angkor-Tempel; • Nationalfeiertag: 7. Januar, Befreiung der Hauptstadt 1979; • MEZ plus 6 Stunden.
Wirtschaft: Bruttosozialprodukt (1984) 1,13 Mrd. Dollar; • Währung: 1 Riel = 100 Sen = ca. 0,01 DM; • Außenhandel (1985): Importe 117 Mio. Dollar, Exporte 12,5 Mio. Dollar; • Auslandsschulden (1985): 520 Mio. Dollar; • Verkehr: 15 000 km Straßen (2700 km asphaltiert), 270 km Eisenbahn, Haupttransportträger Binnenschiffahrt; • Kfz-Kennzeichen: K.

LÄNDER

KAMERUN

Amtlich: République du Cameroun, Republic of Cameroon.
Staatsgebiet: 475 442 km² in Zentralafrika, im Westen an Nigeria, im Nordosten an Tschad, im Osten an die Zentralafrikanische Republik, im Süden an die Volksrepublik Kongo, Gabun und Äquatorialguinea grenzend; • Hauptstadt: Jaunde; • 10 Provinzen.
Bevölkerung: 10,9 Mio. Einwohner (1990), 23 pro km², v.a. Bantu und Sudanide; • Amtssprachen: Französisch (80%) und Englisch, daneben Dialekte der Eingeborenen; • 2,7% Bevölkerungswachstum, Lebenserwartung 56 Jahre, Kinder bis 15 Jahre 43%, fast 50% Analphabeten, städtische Bevölkerung 42%; • Religion: etwa 45% Christen, 20% Moslems, sonst Naturreligionen.
Staat: Präsidiale Republik gemäß Verfassung von 1972, Staats- und Regierungschef seit 1982 Paul Biya (1988 wiedergewählt); • Flagge seit 1975: senkrecht Grün (Fruchtbarkeit/Hoffnung), Rot (Unabhängigkeit), Gelb (Savanne), in der Mitte gelber Stern; • Nationalhymne: »O Kamerun, Wiege unserer Ahnen...«; • Nationalfeiertag: 20. Mai, Verfassungstag 1972; • MEZ.
Wirtschaft: Bruttosozialprodukt (1986) 11,3 Mrd. Dollar; • Währung: 1 CFA-Franc = 100 Centimes = ca. 0,006 DM; • Außenhandel (1986): Importe 1,5 Mrd. Dollar, Exporte 2,06 Mrd. Dollar (v.a. Kaffee, Kakao, Holz, Aluminium); • Auslandsschulden (1986): 2,8 Mrd. Dollar; • Verkehr: 1120 km Eisenbahn, 65 000 km Straßen (meist Pisten), Häfen in Duala und Victoria, internationaler Flughafen in Duala; • Kfz-Kennzeichen: CAM.

KANADA

Amtlich: Canada.
Staatsgebiet: 9 976 139 km² (davon 755 000 km² Binnengewässer) in Nordamerika, im Süden und Nordosten an die USA grenzend, sonst Atlantikküste und Polarmeerküste; • Hauptstadt: Ottawa.
Bevölkerung: 25,3 Mio. Einwohner (1989), 3 pro km², zu 45% britischer, 28% französischer und 23% anderer europäischer Herkunft; • Amtssprachen: Englisch, Französisch; • Bevölkerungswachstum 0,8%, Lebenserwartung 76 Jahre, Kinder bis 15 Jahre 22%, kaum Analphabeten, städtische Bevölkerung 77%; • Religion: 47% Katholiken, 35% Protestanten.
Staat: Konstitutionelle Monarchie im Commonwealth gemäß Verfassung von 1982, Staatsoberhaupt Königin Elisabeth II., Regierungschef seit 1984 Brian Mulroney (1988 bestätigt); • Flagge seit 1965: senkrecht Rot, Weiß mit rotem Ahornblatt, Rot; • Nationalhymne (neben der britischen) seit 1964: »O Kanada, unsere Heimat und unser Vaterland...«; • Nationalfeiertag: 1. Juli, Bildung der Föderation 1867; • 6 Zeitzonen von MEZ minus 4,5 bis minus 9 Stunden.
Wirtschaft: Bruttosozialprodukt (1986) 324 Mrd. Dollar; • Währung: 1 Kanadischer Dollar = 100 Cents = ca. 1,48 DM; • Außenhandel (1987): Importe 86,8 Mrd. Dollar, Exporte 92,9 Mrd. Dollar (v.a. Fahrzeuge, Maschinen, Erze, Metalle, Holz, Erdöl, Papier, Weizen); • Verkehr: rund 100 000 km Eisenbahn, fast 900 000 km Straßen, Seeschiffahrt auf dem St.-Lorenz-Seeweg bis 3770 km landeinwärts, Überseehäfen u.a. in Vancouver, Montreal und Thunder Bay, wichtigste internationale Flughäfen in Montreal und Vancouver; • Kfz-Kennzeichen: CDN.

KAMBODSCHA: Lange verboten waren die buddhistischen Klöster unter der Herrschaft der Roten Khmer in den 70er Jahren. Heute gehören gravitätisch schreitende Mönche wieder zum Straßenbild in Städten und Dörfern.

Verwaltungsgliederung

Provinz	Fläche in km²	Einwohner in 1000	Hauptstadt	Einwohner
Alberta	661 185	2350	Edmonton	575 000
British Columbia	948 596	2870	Victoria	65 000
Manitoba	650 087	1060	Winnipeg	595 000
New Brunswick	73 436	713	Fredericton	45 000
Newfoundland	404 517	580	Saint John's	155 000
Nova Scotia	55 491	870	Halifax	115 000
Ontario	1 068 582	8940	Toronto	3,4 Mio.
Pr. Edward Island	5 657	125	Charlottetown	15 000
Quebec	1 540 680	6550	Quebec	603 000
Saskatchewan	651 900	1010	Regina	180 000
Territorien				
Northwest Terr.	3 379 684	50	Yellowknife	20 000
Yukon Terr.	482 515	23	Whitehorse	10 000

Klimadaten Kanada

Städte	Mitteltemp. im kältesten Monat	Mitteltemp. im wärmsten Monat	Regen in mm jährl.	Regentage im Jahr
Churchill	−28,5	12,0	407	101
Vancouver	− 2,5	17,5	1070	172
Winnipeg	−18,5	19,5	535	118
Toronto	− 4,5	22,0	790	145
Quebec	−12,5	19,0	1008	163
Saint John's	− 4,0	16,0	1510	178

LÄNDER

KAP VERDE

Amtlich: República do Cabo Verde.
Staatsgebiet: 4033 km² auf den 10 Kapverdischen Inseln im Atlantik vor der afrikanischen Westküste; • Hauptstadt: Praia auf São Tiago; • 12 Concelhos (Kreise).
Bevölkerung: 337 000 Einwohner (1989), 82 pro km², 70% Mulatten, 28% Schwarze; • Amtssprache: Portugiesisch; • Bevölkerungswachstum 2%, Lebenserwartung 65 Jahre, über 50% Analphabeten; • Religion: 98% Katholiken.
Staat: Republik mit Einheitspartei PAICV, seit 1991 Staatsoberhaupt Präsident Antonio Mascarenhas Monteiro und Regierungschef Carlos Carvalho Veiga; • Flagge seit 1976: senkrecht Rot mit Staatswappen, waagerecht Gelb, Grün (panafrikanische Farben); • Nationalfeiertag: 5. Juli, Unabhängigkeit 1975; • Südatlantikzeit = MEZ minus 3 Stunden.
Wirtschaft: Bruttosozialprodukt (1985) rund 100 Mio. Dollar; • Währung: 1 Kap-Verde-Escudo = 100 Centavos = ca. 0,02 DM; • Außenhandel: kaum Exporte (1982: 4 Mio. Dollar, v.a. Meeresfrüchte, Salz); • Auslandsschulden (1986): 107 Mio. Dollar; • Verkehr: 2300 km Straßen, Fährverkehr zwischen den Inseln und nach Afrika, Zwischenlandeplatz der internationalen Luftfahrt auf der Insel Sal; • Kfz-Kennzeichen: CV.

KASACHSTAN
siehe RUSSLAND

KATAR

Amtlich: Daulat Al Katar, Staat Katar.
Staatsgebiet: rund 11 000 km² im Osten der Arabischen Halbinsel am Persischen Golf, im Süden an Saudi-Arabien grenzend; • Hauptstadt: Ad Dauha.
Bevölkerung: 370 000 Einwohner (1988), 32 pro km², 45% Araber, 34% Inder und Pakistani, 16% Perser; • Sprachen: Arabisch (Amtssprache), Englisch (Verkehrssprache); • Bevölkerungswachstum (ohne Zuzug) 3%, Lebenserwartung 69 Jahre; • Religion: 92% Moslems (Sunniten), 6% Christen.
Staat: Scheichtum (Emirat) gemäß provisorischer Verfassung von 1970 unter Emir Scheich Khalifa; • Flagge: Braun mit senkrechtem gezacktem weißem Streifen am Mast; • Nationalhymne: Instrumentalstück, kein Text; • Nationalfeiertag: 3. September, Unabhängigkeit 1971; • MEZ plus 3 Stunden.
Wirtschaft: Bruttosozialprodukt (1986) 4,4 Mrd. Dollar; • Währung: 1 Katar-Riyal = 100 Dirhams = ca. 0,49 DM; • Außenhandel (1985): Importe 1,14 Mrd. Dollar, Exporte 3,54 Mrd. Dollar (zu über 75% Erdöl); • Verkehr: 1300 km Straßen, über 200 km Pipelines, internationaler Flughafen nahe der Hauptstadt; • Kfz-Kennzeichen: Q.

KENIA

Amtlich: Jamhuri ya Kenia, Republik Kenia.
Staatsgebiet: 582 646 km² in Ostafrika beiderseits des Äquators, im Osten an Somalia, im Norden an den Sudan, im Westen an Uganda und im Süden an Tansania grenzend; • Hauptstadt: Nairobi; • 8 Provinzen.
Bevölkerung: 23,7 Mio. Einwohner (1989), 40 pro km², zwei Drittel Bantu (v.a. Kikuyu), 15% Niloten; • Sprachen: Suaheli als Amts-, Englisch als Verkehrssprache, Dialekte; • Bevölkerungswachstum 3,9%, Lebenserwartung 57 Jahre, Kinder bis 15 Jahre 51%, fast 50% Analphabeten; städtische Bevölkerung 20%; • Religion: 60% Christen (zwei Drittel Protestanten), 6% Moslems, sonst Animisten.
Staat: Präsidiale Republik im Commonwealth mit Einheitspartei KANU (Kenya African National Union), Staats- und Regierungschef seit 1978 Daniel Arap Moi (1988 wiedergewählt); • Flagge seit 1963: waagerecht Schwarz (Volk), weiß abgesetztes Rot (Blut der Freiheitskämpfer), Grün (Fruchtbarkeit) mit rotem Schild und gekreuzten weißen Speeren in der Mitte; • Nationalhymne seit 1963: »O Herr der ganzen Schöpfung, segne unser Land und Volk...«; • Nationalfeiertage: 12. Dezember, Unabhängigkeit 1963, und 20. Oktober, Geburtstag des Staatsgründers Jomo Kenyatta 1891.
Wirtschaft: Bruttosozialprodukt (1986) 6 Mrd. Dollar; • Währung: 1 Kenia-Schilling = 100 Cents = ca. 0,09 DM; • Außenhandel (1986): Importe 1,74 Mrd. Dollar, Exporte 916 Mio. Dollar (v.a. Kaffee, Erdölprodukte, Tee, Südfrüchte, Felle, Vieh, Sisal) sowie (1988) 350 Mio. Dollar Einnahmen aus Fremdenverkehr; • Auslandsschulden (1986): 4,7 Mrd. Dollar; • Verkehr: rund 3000 km Eisenbahn, 55 000 km Straßen (6700 km asphaltiert), Überseehafen Mombasa, Binnenhafen Kisumu am Victoria-See, internationale Flughäfen Embakasi (nahe der Hauptstadt) und Mombasa (v.a. Touristen-Charter); • Kfz-Kennzeichen: EAK.

KIRGISIEN
siehe RUSSLAND

KIRIBATI

Amtlich: Republic of Kiribati.

KENIA: Mit Perlen, Blumen und bunten Federn geschmückte junge Frau vom Stamm der Kikuyu. Sie stellen den Hauptanteil der Bantu-Bevölkerung des ostafrikanischen Landes.

KOLUMBIEN: Über 5000 km der Carretera Panamericana führen durch das kolumbianische Bergland (rechte Seite). Die fast durchgehend als Allwetterstraße ausgebaute Strecke verbindet die festländischen Staaten ganz Amerikas von Kanada bis Chile.

Klimadaten Kenia				
Städte	Höhe in m	Mitteltemp. im kältesten Monat	Mitteltemp. im wärmsten Monat	Regen in mm jährl.
Nairobi	1820	16,0	19,5	959
Kisumu	1150	22,0	24,0	1135
Mombasa	–	24,5	28,0	1203

LÄNDER

Staatsgebiet: 886 km² auf 33 über 5,2 Mio. km² verteilten Inseln im südwestlichen Pazifik: Gilbertinseln, Ocean Island, Phönixinseln; • Hauptstadt: Bairiki auf Tarawa.
Bevölkerung: 65 000 Einwohner (1989), 72 pro km², 80% Mikronesier; • Amtssprache: Gilbertesisch (Kiribatese) und Englisch; • Bevölkerungswachstum 1,7%, Lebenserwartung 52 Jahre; • Religion: je fast zur Hälfte Protestanten und Katholiken.
Staat: Präsidiale Republik gemäß Verfassung von 1978, Staats- und Regierungschef seit 1979 Jeremia Tabai; • Flagge seit 1979: Rot mit aufgehender gelber Sonne und gelbem Vogel darüber, darunter sechs weißblaue Wellenlinien; • Nationalhymne seit 1979: »Auf, Kiribatier, stimmt ein fröhliches Lied an...«; • Nationalfeiertag: 12. Juli, Tag der Unabhängigkeit 1979; • MEZ plus 11 Stunden.
Wirtschaft: Bruttosozialprodukt (1985) 30 Mio. Dollar; • Währung: 1 Australischer Dollar/Kiribati = 100 Cents = ca. 1,51 DM; • Außenhandel unbedeutend (Export v.a. von Kopra); • Verkehr: 650 km Straßen, Luft- und Schiffsverkehr zwischen den Inseln, internationaler Flughafen auf Tarawa.

KOLUMBIEN

Amtlich: República de Colombia.
Staatsgebiet: 1138914 km² im Nordwesten Südamerikas mit pazifischer und karibischer Küste, im Nordwesten an Panama, im Nordosten an Venezuela, im Südosten an Brasilien und im Süden an Peru und Ecuador grenzend; • Hauptstadt: Bogotá; • 23 Departamentos, 4 Intendencias, 5 Comisarias.
Bevölkerung: 31,8 Mio. Einwohner (1989), 26 pro km², 70% Mulatten und Mestizen, 20% Weiße; • Staatssprache: Spanisch; • Bevölkerungswachstum 1,9%, Lebenserwartung 65 Jahre, Kinder bis 15 Jahre 36%; ein Fünftel Analphabeten, städtische Bevölkerung 67%; • Religion: über 90% Katholiken.

Die wichtigsten Städte

Bogotá	4,0 Mio.	Barranquilla	900 000
Medellín	1,5 Mio.	Cartagena	500 000
Cali	1,3 Mio.	Cúcuta	365 000

Staat: Präsidialdemokratie gemäß (mehrfach geänderter) Verfassung von 1886, Staats- und Regierungschef seit 1990 César Gaviría (Liberale); • Flagge seit 1861: waagerecht doppeltbreites Gelb, Blau, Rot; • Nationalhymne seit 1920: »O unvergänglicher Ruhm, o unsterbliche Freude...«; • Nationalfeiertag: 20. Juli, Proklamation der Unabhängigkeit 1810; • Eastern Standard Time = MEZ minus 6 Stunden.
Wirtschaft: Bruttosozialprodukt (1986) 29,7 Mrd. Dollar; • Währung: 1 Kolumbianischer Peso = 100 Centavos = ca. 0,005 DM; • Außenhandel (1986): Importe 3,9 Mrd. Dollar, Exporte 5,1 Mrd. Dollar (Kaffee, Erdölprodukte, Edel- und Schmucksteine, Tabak, Bananen u.a.; nicht enthalten Gewinne aus dem umfangreichen illegalen Kokain- und Marihuana-Handel); • Auslandsschulden (1988): 16 Mrd. Dollar; • Verkehr: 3400 km Eisenbahn, 100000 km Straßen (15000 km asphaltiert), v.a auf dem Rio Magdalena Binnenschiffahrt, zahlreiche Häfen, internationale Flughäfen u.a. in der Hauptstadt, Medellín, Cali, Barranquilla; • Kfz-Kennzeichen: CO.

KOMOREN

Amtlich: République fédérale islamique des Comores.
Staatsgebiet: 2171 km² auf der gleichnamigen Inselgruppe (ohne Mayotte) vor der afrikanischen Ostküste am Nordende der Straße von Moçambique; • Hauptstadt: Moroni auf Njazidja.
Bevölkerung: 459 000 Einwohner (1989), 210 pro km², v.a. Araber, Madagassen, Bantu; • Amtssprache: Französisch und Komorisch (eine Art Suaheli), daneben Arabisch; • Bevölkerungswachstum 3,3%, Lebenserwartung 56 Jahre, über 50% Analphabeten; • Religion: 95% Moslems.
Staat: »Islamische Bundesrepublik« gemäß Verfassung von 1978, Staats- und Regierungschef seit 1990 Said Mohamed Djohar; • Flagge: Grün (Islam) mit weißer Mondsichel und vier Sternen (Hauptinseln); • Nationalhymne: »Es weht das Banner, das die Freiheit ankündigt...«; • Nationalfeiertag: 6. Juli, Proklamation der Unabhängigkeit 1975; • Moskauer Zeit = MEZ plus 2 Stunden.
Wirtschaft: Bruttosozialprodukt (1989) 200 Mio. Dollar; • Währung: 1 Komoren-Franc = 100 Centimes = ca. 0,005 DM; • Export v.a. von Gewürzen, Kopra, Sisal; • Auslandsschulden (1986): 135 Mio. Dollar; • Verkehr: 750 km Straßen, Fährverkehr zwischen den Inseln, internationaler Flughafen auf Njazidja.

KONGO

Amtlich: République Populaire du Congo.
Staatsgebiet: 342 000 km² in Zentralafrika, im Westen an Gabun, im Norden an Kamerun und die Zentralafrikanische Republik, im Osten und Süden an Zaïre grenzend, Atlantikküste; • Hauptstadt: Brazzaville; • 9 Regionen.
Bevölkerung: 2 Mio. Einwohner (1989), 6 pro km², v.a. Bantu; • Amtssprache: Französisch, diverse Bantusprachen; • Bevölkerungswachstum 3,4%, Lebenserwartung 58 Jahre, Kinder bis 15 Jahre 46%, 37% Analphabeten, städtische Bevölkerung 46%; • Religion: 55% Katholiken, 25% Protestanten, sonst Naturreligionen.
Staat: Volksrepublik gemäß Verfassung von 1979, Staatsoberhaupt seit 1979 (1984 bestätigt) Denis Sassou-Nguesso; • Flagge seit 1969: Rot mit Stern, Hammer, Hacke (gelb) sowie 2 Palmzweigen (grün) links oben; • Nationalhymne seit 1959: »Steh auf, mutiges Vaterland...«; • Nationalfeiertag: 15. August, Unabhängigkeit 1960; • MEZ.
Wirtschaft: Bruttosozialprodukt (1988) 2 Mrd. Dollar; • Währung: 1 CFA-Franc = 100 Centimes = ca. 0,005 DM; • Außenhandel (1986): Importe 630 Mio. Dollar, Exporte 675 Mio. Dollar (v.a. Erdöl, Holz, Diamanten, Kupfer, Zucker, Kakao); • Auslandsschulden (1986): 2,68 Mrd. Dollar; • Verkehr: gut 1000 km Eisenbahn, 11 000 km Straßen (600 km asphaltiert), 2600 km ganzjährig schiffbare Wasserstraßen, Überseehafen Pointe-Noire, internationaler Flughafen dort und in der Hauptstadt; • Kfz-Kennzeichen: RCB.

Klimadaten Kolumbien

Städte	Höhe in m	Mitteltemp. im kältesten Monat	Mitteltemp. im wärmsten Monat	Regen in mm jährl.
Bogotá	2650	14,0	15,0	1061
Cali	960	24,0	24,0	915
Medellín	1525	21,5	22,0	1606
Barranquilla	–	26,5	28,0	799

LÄNDER

KOREA-NORD

Amtlich: Demokratische Volksrepublik Korea.
Staatsgebiet: 120 538 km² in Ostasien auf der gleichnamigen Halbinsel, im Westen an China, im Norden an China und die UdSSR, im Süden an die Republik Korea grenzend, sonst Küste an der Korea-Bucht und am Japanischen Meer; • Hauptstadt: Pjongjang; • 9 Provinzen und 4 unmittelbare Städte.
Bevölkerung: 22 Mio. Einwohner (1989), 182,5 pro km², 99% Koreaner; • Amtssprache: Koreanisch, daneben Russisch und Chinesisch als Handelssprachen; • Bevölkerungswachstum 2,5%, Lebenserwartung 68 Jahre, Kinder bis 15 Jahre 39%, 5% Analphabeten, städtische Bevölkerung 64%; • Religion: offiziell keine, geduldet Buddhisten, Konfuzianer.

KOREA: Gut die Hälfte der gesamten landwirtschaftlichen Nutzfläche Nord- wie Süd-Koreas dient dem Reisanbau. Vor allem der überbevölkerte Süden hat den Naßfeldbau auf den typischen Terrassen intensiviert.

Die wichtigsten Städte

Pjongjang	1,7 Mio.	Chongjin	490 000
Hamhung	775 000	Wonsan	400 000

Staat: Präsidiale Volksrepublik gemäß Verfassung von 1972, Staats- und Regierungschef seitdem Kim Il Sung; • Flagge seit 1948: Rot mit rotem Stern in weißem Kreis, weiß abgesetzte blaue Ränder oben und unten; • Nationalhymne seit 1948: »Morgensonne leuchte über Flüsse und Berge, über unsere schöne Heimat...«; • Nationalfeiertag: 8. September, Verfassungstag 1948; • Mittlere Japanzeit = MEZ plus 8 Stunden.
Wirtschaft: Bruttosozialprodukt (1984) 34 Mrd. Dollar; • Währung: 1 Won = 100 Chon = ca. 1,65 DM; • Außenhandel (1983): Importe 1,6 Mrd. Dollar, Exporte 1,2 Mrd. Dollar (v.a. Erze, Getränke und Nahrungsmittel, Tabak, Seide, Graphit); • Auslandsschulden (1986): 4 Mrd. Dollar; • Verkehr: 4500 km Eisenbahn (300 km elektrifiziert), 22 000 km Straßen (250 km Autobahn), Häfen an beiden Meeren, internationaler Flughafen in der Hauptstadt Pjongjang.

KOREA-SÜD

Amtlich: Republik Korea.
Staatsgebiet: 98 454 km² auf der gleichnamigen Halbinsel, Landgrenze nur zur Volksrepublik Korea im Norden, sonst Küste an der Korea-Bucht und am Japanischen Meer; • Hauptstadt: Seoul; • 9 Provinzen und 4 Stadtprovinzen.
Bevölkerung: 45,2 Mio. Einwohner (1989), 459 pro km², fast nur Koreaner; • Amtssprache: Koreanisch, daneben Japanisch und Englisch als Handelssprachen; • Bevölkerungswachstum 1,4%, Lebenserwartung 69 Jahre, Kinder bis 15 Jahre 31%, 7% Analphabeten, städtische Bevölkerung 65%; • Religion: 40% Buddhisten und Konfuzianer, 23% Christen.

Die wichtigsten Städte

Seoul	9,7 Mio.	Inchon	1,4 Mio.
Pusan	3,5 Mio.	Kwangju	910 000
Taegu	2,1 Mio.	Taejon	870 000

Staat: Präsidiale Republik gemäß Verfassung von 1980 (erneuert 1988), Staatsoberhaupt seit 1988 Präsident Roh Tae Woo; • Flagge (»Taeguk«) seit 1833: Weiß (Erde) mit rot-blauem Um-Yang-Zeichen (Universum) und drei schrägen schwarzen Balken in den 4 Ecken (Elemente Luft, Wasser, Feuer, Erde); • Nationalhymne: »Solange das Meer im Osten nicht austrocknet, wird Gott unser Land behüten...«; • Nationalfeiertag: 15. August, Verfassungstag 1948; • Mittlere Japanzeit = MEZ plus 8 Stunden.
Wirtschaft: Bruttosozialprodukt (1988) 150 Mrd. Dollar; • Währung: 1 Won = 100 Chon = ca. 0,002 DM; • Außenhandel (1986): Importe 31,6 Mrd. Dollar, Exporte 34,7 Mrd. Dollar (v.a. Schiffe, Textilien, Maschinen, Elektroartikel, Seide, Spielwaren, Meeresfrüchte); • Auslandsschulden (1990): 453 Mrd. Dollar; • Verkehr: 6100 km Eisenbahn, 55 000 km Straßen, bedeutende Küsten- und Seeschiffahrt, Haupthafen Pusan, internationaler Flughafen u.a. in der Hauptstadt; • Kfz-Kennzeichen: ROK.

KROATIEN

Amtlich: Republika Hrvatska, Republik Kroatien.
Staatsgebiet: 56 538 km² in Südosteuropa, im Nordwesten an Slowenien, im Norden an Ungarn, im Nordosten an Serbien, im Osten an Bosnien-Herzegowina grenzend, sonst Adriaküste; • Hauptstadt: Zagreb; • 102 Verwaltungsbezirke.
Bevölkerung: 4,76 Mio. Einwohner, 84 pro km², 77,9% Kroaten, 12,2% Serben; • Amtssprache: Kroatisch; • Religion: überwiegend röm.-kath. Christen, serbisch-orthodoxe Minderheit.
Staat: Parlamentarische Demokratie seit 1990, Präsident seitdem Franjo Tudjman; • Flagge: waagerecht Rot, Weiß, Blau mit Staatswappen in der Mitte; • Nationalfeiertag: 25. Juni, Erklärung der Unabhängigkeit 1990; • MEZ mit Sommerzeit.
Wirtschaft: Bruttosozialprodukt rund 15 Mrd. Dollar, durch Bürgerkrieg sinkend (Rückgang der Industrieproduktion 1991 über 28%); • Währung: 1 (kroatischer) Dinar = 100 Para (künftig Kronen-Währung); • Auslandsschulden: knapp 4 Mrd. Dollar; • Hauptwirtschaftszweige: Landwirtschaft, Fremdenverkehr durch Bürgerkrieg drastisch zurückgegangen; • 2425 km Schienen, 27 380 km Straßen, internationale Flughäfen in Zagreb und Dubrovnik, Seehäfen in Rijeka und Split.

KUBA

Amtlich: República de Cuba.
Staatsgebiet: 110 861 km² auf der gleichnamigen Antillen-Insel und vorgelagerten Inseln in der Karibik, Landgrenze nur zum amerikanischen Stützpunkt Guantánamo (119 km²); • Hauptstadt: Havanna; • 14 Provinzen und Sondergebiet Isla de la Juventud.
Bevölkerung: 10,6 Mio. Einwohner (1989), 92 pro km², 70% Weiße, 17% Mulatten, Mestizen, 12% Schwarze; • Amtssprache: Spanisch; • Bevölkerungswachstum

LÄNDER

Klimadaten Kuba			
Städte	Mitteltemp. im kältesten Monat	Mitteltemp. im wärmsten Monat	Regen in mm jährl.
Havanna	22	28	1225
Cienfuegos	21	25	970
Camagüey	22	28	1420

1%, Lebenserwartung 73 Jahre, Kinder bis 15 Jahre 27%, 4% Analphabeten, städtische Bevölkerung 71%; • Religion: knapp 90% Katholiken.

Die wichtigsten Städte

Havanna	2,1 Mio.	Holguin	195 000
Santiago d. C.	360 000	Santa Clara	180 000
Camagüey	260 000	Matanzas	105 000

Staat: Sozialistische Republik mit Einheitspartei gemäß Verfassung von 1976 auf der Grundlage des Marxismus-Leninismus, Staats- und Regierungschef seit 1959 Fidel Castro; • Flagge seit 1902: waagerecht Blau, Weiß, Blau, Weiß, Blau mit rotem Dreieck (Blut der Freiheitskämpfer) und weißem Stern (Freiheit und Einheit) am Mast; • Nationalhymne seit 1868: »Auf zum Kampf, Männer von Bayamo, das Vaterland soll stolz auf euch schauen...«; • Nationalfeiertag: 1. Januar, Revolution 1959, und 26. Juli, gescheiterte Erhebung 1953; • Eastern Standard Time = MEZ minus 6 Stunden.
Wirtschaft: Bruttosozialprodukt (1986) 11,5 Mrd. Dollar; • Währung: 1 Kubanischer Peso = 100 Centavos = ca. 2,31 DM; • Außenhandel (1986): Importe 9,2 Mrd. Dollar, Exporte 6,3 Mrd. Dollar (v.a. Zucker, Nickel, Tabak, Südfrüchte, Rum); • Auslandsschulden (1990): 27 Mrd. Dollar; • Verkehr: 5000 km Eisenbahn (dazu 10 000 km Plantagenbahnen), 32 000 km Straßen, Häfen und internationale Flughäfen in Santiago de Cuba und in der Hauptstadt; • Kfz-Kennzeichen: C.

KUWAIT

Amtlich: Daulat Al Kuwait, Staat Kuwait.

KUWAIT: Auf den Ölreichtum des Nachbarn (Foto: Pipelines bei Mina Al Ahmadi) hatte es der Irak abgesehen, als er das kleine Land 1990 überfiel. Zudem hoffte Bagdad, so die 30 Milliarden Dollar Kredite loszuwerden, die Kuwait zur Finanzierung des Golfkriegs gegen den Iran gewährt hatte.

Staatsgebiet: 17 818 km² am Nordende des Persischen Golfs auf der Arabischen Halbinsel, im Norden und Osten an den Irak, im Süden an Saudi-Arabien grenzend; • Hauptstadt: Kuwait City.
Bevölkerung: 1,97 Mio. Einwohner (1989), 110 pro km², 85% Araber; • Amtssprache: Arabisch, daneben Englisch als Handelssprache; • Bevölkerungswachstum 3% (ohne Zuwanderung), Lebenserwartung 73 Jahre, 30% Analphabeten; • Religion: 93% Moslems.
Staat: Konstitutionelles Scheichtum (Emirat) gemäß Verfassung von 1962, Staatschef Dschabir Al Ahmad Al Dschabir As Sabah bis 1990, wieder seit 1991 nach Rückeroberung des vom Irak überfallenen und annektierten Landes durch UN-Truppen im Golfkrieg; • Flagge seit 1963: waagerecht Grün (Natur), Weiß (Tugend), Rot (Tapferkeit) mit schwarzem Trapez am Mast; • Nationalhymne seit 1978: »Du mein Vaterland Kuwait...«; • Nationalfeiertag: 25. Februar, Thronbesteigung des Scheichs 1950; • Moskauer Zeit = MEZ plus 2 Stunden.
Wirtschaft: Bruttosozialprodukt (1986) 22,3 Mrd. Dollar; • Währung: 1 Kuwait-Dinar = 1000 Fils = ca. 6,33 DM; • Außenhandel (1986): Importe 5,8 Mrd. Dollar, Exporte 7,4 Mrd. Dollar (bis 90% Erdöl); • Verkehr: 3100 km Straßen, 5 moderne Häfen, internationaler Flughafen nahe der Hauptstadt; • Kfz-Kennzeichen: KT.

LAOS

Amtlich: Demokratische Volksrepublik Laos.
Staatsgebiet: 236 800 km² in Südostasien, im Osten und Nordosten an Vietnam, im Norden an China, im Westen an Birma und Thailand und im Süden an Kambodscha grenzend; • Hauptstadt: Vientiane; • 16 Provinzen (Khoueng).
Bevölkerung: 3,92 Mio. Einwohner (1989), 18 pro km², 60% Lao, 35% Bergstämme, 5% Vietnamesen; • Amtssprache: Laotisch, daneben Französisch als Verkehrssprache; • Bevölkerungswachstum 2,5%, Lebenserwartung 45 Jahre, Kinder bis 15 Jahre 43%, 15% Analphabeten, städtische Bevölkerung 16%; • Religion: offiziell keine, de facto 90% Buddhisten.
Staat: Demokratische Volksrepublik gemäß Proklamation von 1975, Staatspräsident seit 1991 K. Phomvikane; • Flagge seit 1975: waagerecht Rot, doppeltbreites Blau mit weißem Kreis (Vertrauen in die Zukunft, Fortschritt), Rot; • Nationalhymne: »Schon immer hat das laotische Volk glühender Patriotismus erfüllt...«; • Nationalfeiertag: 2. Dezember, Gründung der Volksrepublik 1975; • MEZ plus 6 Stunden.
Wirtschaft: Bruttosozialprodukt (1985) 4,8 Mrd. Dollar; • Währung: 1 Kip = ca. 0,17 DM; • unbedeutender Außenhandel: Export u.a. von Strom, Kaffee, Zinn; • Auslandsschulden (1986): 510 Mio. Dollar; • Verkehr: Binnenschiffahrt auf dem Mekong, 13 000 km nur z.T. ganzjährig befahrbare Straßen, internationaler Flughafen in der Hauptstadt; • Kfz-Kennzeichen: LAO.

LESOTHO

Amtlich: Kingdom of Lesotho.
Staatsgebiet: 30 355 km² in Südafrika, ganz vom Gebiet der Republik Südafrika umschlossen; • Hauptstadt: Maseru.
Bevölkerung: 1,68 Mio. Einwohner (1989), 55 pro km², Bantu; • Amtssprache: SeSotho, daneben Englisch; • Bevölkerungswachstum 2,7%, Lebenserwartung 55 Jahre, ein Viertel Analphabeten; • Religion: 93% Christen.
Staat: Konstitutionelle Monarchie, Staatsoberhaupt König Siphandone Letsie III., Regierungschef und Vorsitzender des regierenden Militärrats seit 1991 Oberst Elias Ramaema; • Flagge seit 1987: durch diagonalen blauen Streifen (Regen) in grünes (Fruchtbarkeit) rechts unten und weißes Dreieck (Frieden) mit braunem Königswappen geteilt; • Nationalhymne: »Lesotho, Land unserer Väter, du bist das schönste der Welt...«; • Nationalfeiertag: 20. Januar, Militärputsch 1986; • Osteuropäische Zeit = MEZ plus 1 Stunde.
Wirtschaft: Bruttosozialprodukt (1986) 230 Mio. Dollar; • Währung: 1 Loti (Mehrzahl Maloti) = 100 Lisente = ca. 0,17 DM; • Handel fast nur mit Südafrika, Export von Wolle, Diamanten u.a.; • Auslandsschulden (1986): 182 Mio. Dollar; • Verkehr: 4100 km Straßen (nur 500 km asphaltiert), 32 Flugplätze; • Kfz-Kennzeichen: LS.

LÄNDER

LETTLAND

Amtlich: Republik Lettland.
Staatsgebiet: 64 589 km² in Osteuropa, im Norden an Estland, im Osten an Rußland, im Südosten an Weißrußland und im Süden an Litauen grenzend, sonst Ostseeküste; • Hauptstadt: Riga.
Bevölkerung: 2,68 Mio. Einwohner, 42 pro km², 51,8% Letten, 33,8% Russen, ukrainische, weißrussische und polnische Minderheiten; • Amtssprache Lettisch, daneben Russisch; • Bevölkerungswachstum 0,9%; • Religion: überwiegend lutherische Christen, starke russisch-orthodoxe Minderheit.
Staat: Parlamentarische Republik seit 1991 gemäß wieder in Kraft gesetzter Verfassung von 1922, Staatsoberhaupt übergangsweise Anatolis Gorbunows, Vorsitzender des Obersten Rates; • Flagge: Rot, halbbreites Weiß, Rot; • Nationalhymne: »Gott, segne Lettland...«; • Nationalfeiertag: 18. November, Staatsgründung 1918; • Osteuropäische Zeit = MEZ plus 1 Stunde.
Wirtschaft: erst allmähliche Entflechtung der einstigen sowjetischen Strukturen; • Bruttosozialprodukt (1990) 10,4 Mrd. Dollar; • Währung noch (Lettischer) Rubel; • Verkehr: wichtige Häfen in Libau und in der Hauptstadt, dort auch internationaler Flughafen, Schienennetz 2400 km, Straßen 20 600 km (18 000 km befestigt).

LIBANON

Amtlich: Al Dschumhurijja Al Lubanijja, Republik Libanon.
Staatsgebiet: 10 400 km² im Nahen Osten, im Norden und Osten an Syrien, im Süden an Israel grenzend, sonst Mittelmeerküste; • Hauptstadt: Beirut; • 5 Provinzen.
Bevölkerung: 2,7 Mio. Einwohner (1986), 260 pro km²; • Amtssprache: Arabisch, daneben Französisch als Handels- und Bildungssprache; • kaum Bevölkerungswachstum, Lebenserwartung 67 Jahre, Kinder bis 15 Jahre 38%, ein Viertel Analphabeten; • Religion: Moslems 55% (je zur Hälfte Sunniten und Schiiten), Christen 38% (zwei Drittel Maroniten), Drusen 7%.
Staat: Präsidiale Republik, Ämteraufteilung nach Religionsproporz auf der Basis des überholten, die Christen begünstigenden Zensus von 1932, Präsident seit 1990 Elias Hrawi, Regierungschef Omar Karamé (s. 1991); • Flagge seit 1943: waagerecht Rot, doppeltbreites Weiß mit Libanonzeder, Rot; • Nationalhymne: »Alles fürs Vaterland, für den Ruhm und für die Fahne...«; • Nationalfeiertag: 22. November, Unabhängigkeit 1943; • Osteuropäische Zeit = MEZ plus 1 Stunde.

Wirtschaft: Bruttosozialprodukt (1986) etwa 3 Mrd. Dollar; • Währung: 1 Libanesisches Pfund = 100 Piastres = ca. 0,003 DM; • Außenhandel (1986): Importe 2,2 Mrd. Dollar, Exporte 0,5 Mrd. Dollar (v.a. Schmuck, Obst, Textilien); • Auslandsschulden (1986): 211 Mio. Dollar; • Verkehr: 420 km Eisenbahn, 6000 km befestigte Straßen, Hafen und internationaler Flughafen in der Hauptstadt; • Kfz-Kennzeichen: RL.

LIBERIA

Amtlich: Republic of Liberia.
Staatsgebiet: 111 369 km² in Westafrika am Atlantik, im Nordwesten an Sierra Leone, im Norden an Guinea und im Westen an die Elfenbeinküste grenzend; • Hauptstadt: Monrovia; • 13 Bezirke (Counties) und 6 Territorien.
Bevölkerung: 2,54 Mio. Einwohner (1989), 21 pro km², diverse Stämme wie Kpelle, Bassa u.a.; • Amtssprache: Englisch; • Bevölkerungswachstum 3,3%, Lebenserwartung 54 Jahre, Kinder bis 15 Jahre 47%, zwei Drittel Analphabeten, städtische Bevölkerung 37%; • Religion: 70% animistische Kulte, 20% Moslems.
Staat: Präsidiale Republik gemäß Verfassung von 1984, Staats- und Regierungschef bis 1990 Samuel K. Doe (im Bürgerkrieg getötet, Nachfolge Amos Sawyer); • Flagge seit 1847: 11 abwechselnd rote und weiße Streifen mit blauem Quadrat und weißem Stern links oben (Vorbild: US-Flagge); • Nationalhymne: »Heil Dir, Liberia, Heil!«; • Nationalfeiertag: 26. Juli, Unabhängigkeit 1847; • Greenwich Mean Time = MEZ minus eine Stunde.
Wirtschaft: Bruttosozialprodukt (1986) 1 Mrd. Dollar; • Währung: 1 Liberianischer Dollar = 100 Cents = ca. 1,70 DM; • Außenhandel (1986): Importe 235 Mio. Dollar, Exporte 404 Mio. Dollar (v.a. Erz, Kautschuk, Holz); • Auslandsschulden (1986): 1 Mrd. Dollar; • Verkehr: Erzbahnen, 8000 km Straßen, als Billigflaggenland größte Handelsflotte der Welt, Hafen und internationaler Flughafen in der Hauptstadt; • Kfz-Kennzeichen: LB.

LIBYEN

Amtlich: Al Dschamahirijja Al Arabijja Al Libijja Asch Schabijja, Sozialistische Libysch-Arabische Volksrepublik.
Staatsgebiet: 1 759 540 km² in Nordafrika am Mittelmeer, im Osten an Ägypten und den Sudan, im Süden an Tschad und Niger, im Westen an Algerien und Tunesien grenzend; • Hauptstadt: Tripolis; • 24 Bezirke (Baladiya).
Bevölkerung: 4,27 Mio. Einwohner (1989), 2,4 pro km², v.a. Araber und Berber; • Amtssprache: Arabisch; • Bevölkerungswachstum 3%, Lebenserwartung 60 Jahre, Kinder bis 15 Jahre 45%, 40% Analphabeten, städtische Bevölkerung 60%; • Religion: 98% Moslems.
Staat: Sozialistisch-arabische Volksrepublik, Staatsoberhaupt Mufta al-Usta Omar, de facto Staatschef Muammar al Gaddhafi als »Führer der Großen Revolution«; • Flagge seit 1977: Grün (Islam); • Nationalhymne: »Gott ist groß! Gott ist groß! Gott ist der Verschwörung des Feindes überlegen...«; • Nationalfeiertag: 1. September, Revolution 1969; • Osteuropäische Zeit = MEZ plus 1 Stunde.
Wirtschaft: Bruttosozialprodukt (1986) 20 Mrd. Dollar; • Währung: 1 Libyscher Dinar = 1000 Dirhams = ca. 6,25 DM; • Außenhandel (1986): Importe 4,51 Mrd. Dollar, Exporte 6 Mrd. Dollar (98% Erdöl); • Verkehr: 25 000 km Straßen und Pisten, 2500 km Pipelines, Haupthäfen und internationale Flughäfen in Tripolis und Benghasi; • Kfz-Kennzeichen: LAR.

LIECHTENSTEIN

Amtlich: Fürstentum Liechtenstein.
Staatsgebiet: 160 km² in Mitteleuropa, im Osten an Österreich, im Süden und Westen an die Schweiz grenzend; • Hauptstadt: Vaduz; • 11 Gemeinden.
Bevölkerung: 28 181 Einwohner (1988), 176 pro km²; • Amtssprache: Deutsch; • Lebenserwartung 77 Jahre, Kinder bis 15 Jahre 6,5%; • Religion: über 90% Katholiken.
Staat: Konstitutionelle Monarchie, Staatsoberhaupt seit 1989 Fürst Hans Adam II.; • Flagge seit 1937: waagerecht Blau mit goldener Fürstenkrone, Rot; • Nationalhymne: »Oben am jungen Rhein lehnt sich Liechtenstein an Alpenhöh'n...«, Melodie der britischen Hymne; • Nationalfeiertag: 15. August, Tag vor dem Geburtstag des Fürsten Franz Joseph II. (1906-1989) und Mariä Himmelfahrt; • MEZ.
Wirtschaft: Bruttosozialprodukt (1986) 600 Mio. Dollar; • Währung siehe Schweiz; • Außenhandel (1987): Importe 300 Mio. Dollar, Exporte 0,7 Mrd. Dollar; • Verkehr: 140 km Straßen, Bahnlinie von Buchs nach Feldkirch; • Kfz-Kennzeichen: FL.

LITAUEN

Amtlich: Republik Litauen.
Staatsgebiet: 65 200 km² in Osteuropa, im Norden an Lettland, im Osten und Süden an Weißrußland, im Südosten an Polen und das russische Gebiet Königsberg grenzend, kurze Ostseeküste; • Hauptstadt: Wilna (Vilnius).
Bevölkerung: 3,69 Mio. Einwohner, 57 pro km², 80% Litauer, 8,6% Russen, 7,7% Polen; • Amtssprache: Litauisch,

LÄNDER

daneben Russisch; • Bevölkerungswachstum 0,7%; • Religion: überwiegend röm.-kath. Christen.
Staat: Parlamentarische Republik gemäß provisorischem Grundgesetz von 1990, seitdem Staatsoberhaupt Vytautas Landsbergis; • Flagge: waagerecht Gelb, Grün, Rot; • Nationalfeiertag: 16. Februar, Tag der Unabhängigkeit 1918; • Osteuropäische Zeit = MEZ plus 1 Stunde.
Wirtschaft: erst allmähliche Entflechtung der einstigen sowjetischen Strukturen; • Bruttosozialprodukt (1990) 21,8 Mrd. Dollar; • Währung noch Rubel; • negative Handelsbilanz; • Verkehr: eisfreier Hafen in Memel, 20900 km Straßen, 2000 km Schienen, 600 km Binnenwasserstraßen, internationaler Flughafen in der Hauptstadt; • Hauptwirtschaftszweige: Landwirtschaft (v. a. Viehzucht), metall- und holzverarbeitende Industrie.

LUXEMBURG

Amtlich: Grand Duché de Luxembourg, Grousherzogdem Letzeburg, Großherzogtum Luxemburg.
Staatsgebiet: 2586 km² in Mitteleuropa, im Osten an Deutschland, im Westen an Belgien und im Südwesten an Frankreich grenzend; • Hauptstadt: Luxemburg; • 3 Distrikte mit 12 Kantonen.
Bevölkerung: 372 000 Einwohner (1988), 144 pro km²; • Amtssprachen: Französisch, Letzebuergesch, Deutsch; • Lebenserwartung 74 Jahre, Kinder bis 15 Jahre 17%; • Religion: 95% Katholiken.
Staat: Konstitutionelle Monarchie gemäß Verfassung von 1868, Staatsoberhaupt seit 1964 Großherzog Jean; • Flagge: waagerecht Rot, Weiß, Blau; • Nationalhymne seit 1895: »Wo durch die Au die Else zieht...«; • Nationalfeiertag: 23. Juni, offizieller Geburtstag des Großherzogs (real 5.1.1921); • MEZ mit Sommerzeit.
Wirtschaft: Bruttosozialprodukt (1986) 6,75 Mrd. Dollar; • Währung: 1 Luxemburgischer Franc = 100 Centimes = ca. 0,045 DM; • Außenhandel siehe Belgien; • Verkehr: knapp 300 km Eisenbahn, 5000 km Straßen, internationaler Flughafen in der Hauptstadt; • Kfz-Kennzeichen: L.

MADAGASKAR

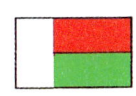

Amtlich: République Démocratique de Madagascar, Repoblika Demokratika Malagasy.
Staatsgebiet: 587 041 km² auf der gleichnamigen Insel im Indischen Ozean 400 km vor der ostafrikanischen Küste; • Hauptstadt: Antananarivo; • 6 Provinzen.
Bevölkerung: 11,2 Mio. Einwohner (1989), 19 pro km², 20 Stammesgruppen malaiisch-indonesischer Herkunft; • Amtssprachen: Französisch und Malagasy; • Bevölkerungswachstum 2,8%, Lebenserwartung 53 Jahre, Kinder bis 15 Jahre 44%, ein Drittel Analphabeten, städtische Bevölkerung 22%; • Religion: 50% Naturreligionen, 45% Christen (je zur Hälfte Katholiken und Protestanten), moslemische Minderheit.

Die wichtigsten Städte

Antananarivo	1,1 Mio.	Flanar	75000
Toamasina	85000	Majunga	70000

Staat: Sozialistische demokratische Republik gemäß Verfassung von 1975, Staatsoberhaupt seit 1975 Präsident (1989 bestätigt) Didier Ratsiraka, gegen ihn 1991/92 mehrfach Demonstrationen und Aufstände; • Flagge seit 1958: senkrecht Weiß, waagerecht Rot, Grün; • Nationalhymne seit 1960: »O meine geliebte Heimat Madagaskar, unsere Liebe zu dir wird niemals verlöschen...«; • Nationalfeiertag: 26. Juni, Unabhängigkeit 1960; • Moskauer Zeit = MEZ plus 2 Stunden.
Wirtschaft: Bruttosozialprodukt (1986) 2,67 Mrd. Dollar; • Währung: 1 Madagaskar-Franc = 100 Centimes = ca. 0,001 DM; • Außenhandel (1986): Importe 395 Mio. Dollar, Exporte 331 Mio. Dollar (v.a. Kaffee, Gewürze, Zucker, Sisal, Fleisch); • Auslandsschulden (1986): 2,58 Mrd. Dollar; • Verkehr: über 1000 km Eisenbahn, 50 000 km Straßen (größtenteils nur in der Trockenzeit befahrbar), Binnen- und Küstenschiffahrt, Seehafen Toamasina, internationaler Flughafen nahe der Hauptstadt; • Kfz-Kennzeichen: RDM.

Klimadaten Madagaskar				
Städte	Höhe in m	Mitteltemp. im kältesten Monat	Mitteltemp. im wärmsten Monat	Regen in mm jährl.
Antananarivo	1370	14,5	21,5	1355
Toamasina	-	21,0	26,5	3250

MALAWI

Amtlich: Republic of Malawi.
Staatsgebiet: 118 494 km² in Südostafrika (davon 24 404 km² Njassasee), im Westen an Sambia, im Norden an Tansania und im Osten, Süden und Südwesten an Moçambique grenzend; • Hauptstadt: Lilongwe; • 3 Regionen.
Bevölkerung: 8,1 Mio. Einwohner (1990), 68 pro km², v.a. Bantu; • Amtssprache: Englisch und Chichewa; • Bevölkerungswachstum 3,1%, Lebenserwartung 45 Jahre, Kinder bis 15 Jahre 47%, 60% Analphabeten, städtische Bevölkerung 12%; • Religion: 60% Christen (davon ein Drittel Katholiken), 10% Moslems, sonst Animisten.
Staat: Präsidiale Republik gemäß Verfassung von 1966, Staats- und Regierungschef seit 1966 Hastings Kamuzu Banda; • Flagge seit 1964: waagerecht Schwarz (Afrika) mit aufgehender roter Sonne, Rot (Freiheitskampf), Grün (Fruchtbarkeit); • Na-

LIECHTENSTEIN: Durchzugsgebiet von Deutschland nach Italien war das Land zwischen Schweiz und Österreich im Mittelalter. Festungen wie die äußerlich kaum veränderte Burg Gutenberg zeugen von der einstigen militärischen Bedeutung.

LÄNDER

tionalhymne seit 1964: »O Herr, segne unser Land Malawi...«; • Nationalfeiertag: 6. Juli, Unabhängigkeit 1964; • Osteuropäische Zeit = MEZ plus 1 Stunde.
Wirtschaft: Bruttosozialprodukt (1986) 1,1 Mrd. Dollar; • Währung: 1 Malawi-Kwacha = 100 Tambala = ca. 0,67 DM; • Außenhandel (1986): Importe 260 Mio. Dollar, Exporte 243 Mio. Dollar (v.a. Tabak, Tee, Erdnüsse, Baumwolle); • Auslandsschulden (1986): 0,9 Mrd. Dollar; • Verkehr: 800 km Eisenbahn, 11 000 km Straßen, Binnenschiffahrt auf dem Njassasee, Ausfuhrhafen Beira in Moçambique, internationaler Flughafen Kamezu bei der Hauptstadt; • Kfz-Kennzeichen: MW.

MALAYSIA

Amtlich: Persekutuan Tanah Malaysia, Federation of Malaysia.
Staatsgebiet: 329 749 km² in Südostasien auf dem Südteil der Halbinsel Malakka und auf Nordborneo, Landgrenze zu Thailand und Singapur sowie Indonesien und Brunei auf Borneo; • Hauptstadt: Kuala Lumpur; • 13 Bundesstaaten, 2 unmittelbare Territorien.
Bevölkerung: 16,9 Mio. Einwohner (1989), 51 pro km², 61% Malaien, 31% Chinesen, sonst andere Asiaten; • Amtssprache: Malaiisch, Englisch als Verkehrssprache; • Bevölkerungswachstum 2,7%, Lebenserwartung 69 Jahre, Kinder bis 15 Jahre 39%, ein Fünftel Analphabeten, städtische Bevölkerung 35%; • Religion: Islam Staatsreligion, daneben Buddhisten, Hindus, Christen.
Staat: Bundesstaatliche Parlamentarische Wahlmonarchie, Staatsoberhaupt (alle 5 Jahre aus den Reihen der Sultane gewählt) seit 1989 Raja Azlan Shah; • Flagge seit 1963: 14 waagerechte abwechselnd rote und weiße Streifen (Bundesstaaten und Hauptstadt), links oben blaues Quadrat mit gelber Mondsichel (Islam) und 14-zackigem gelbem Stern; • Nationalhymne seit 1963: »Mein Land, mein Heimatland, in dir lebt das Volk vereint und fortschrittlich...«; • Nationalfeiertage: 31. August, Unabhängigkeit 1957, und 16. September, Tag der Gründung Malaysias 1963; • MEZ plus 6 (Westmalaysia), plus 7 Stunden (Ostmalaysia).
Wirtschaft: Bruttosozialprodukt (1986) 27,6 Mrd. Dollar; • Währung: 1 Malaysischer Ringgit = 100 Sen = ca. 0,65 DM; • Außenhandel (1986): Importe 10,8 Mrd. Dollar, Exporte 13,9 Mrd. Dollar (v.a. Erdöl und Erdölprodukte, Kautschuk, Palmöl, Kopra); • Auslandsschulden (1986): 19,6 Mrd. Dollar; • Verkehr: 2230 km Eisenbahn, 25 000 km befestigte Straßen, Binnenschiffahrt v.a. in Sarawak, Seeverbindungen zwischen den Landesteilen, internationale Flughäfen in Penang und in der Hauptstadt; • Kfz-Kennzeichen: MAL.

MALEDIVEN

Amtlich: Divehi raajje, Republic of Maldives.
Staatsgebiet: 298 km² auf den gleichnamigen 1200 Inseln (200 bewohnt) im Indischen Ozean südwestlich von Ceylon; • Hauptstadt: Malé; • 19 Bezirke.
Bevölkerung: 202 000 Einwohner (1989), 678 pro km²; • Amtssprache: Maldivisch (Divehi); • Lebenserwartung 64 Jahre, 13% Analphabeten; • Religion: fast ausschließlich Moslems.
Staat: Präsidiale Republik gemäß Verfassung von 1968, Staats- und Regierungschef seit 1978 (1988 bestätigt) Maumoon Abdul Gayoom; • Flagge: Rot mit grünem Rechteck (Islam) und weißem Halbmond in der Mitte; • Nationalhymne: »Wir begrüßen euch in der nationalen Einheit...«; • Nationalfeiertag: 26. Juli, Unabhängigkeit 1968; • MEZ plus 4 Stunden.
Wirtschaft: Bruttosozialprodukt (1986) 120 Mrd. Dollar; • Währung: 1 Rufiyaa = 100 Laari = ca. 0,21 DM; • Export v.a. von Meeresfrüchten, wachsende Einnahmen aus dem Fremdenverkehr (inzwischen über 35% des Sozialprodukts); • Verkehr: Boots-, Fähr- und Flugverkehr zwischen den Inseln, internationaler Flughafen auf Hulule.

MAROKKO: Noch weitgehend handgearbeitet sind die Töpferwaren, die den Touristen in Tanger und anderen Städten angeboten werden. Da Arbeitskraft billig ist, sind selbst solche großen kürbisartig geformten Krüge für Mitteleuropäer recht preiswert.

MALI

Amtlich: République du Mali.
Staatsgebiet: 1 240 142 km² in Westafrika, im Westen an Mauretanien und Senegal, im Süden an Burkina Faso, Elfenbeinküste und Guinea, im Osten an Niger und im Norden an Algerien grenzend; • Hauptstadt: Bamako; • 7 Regionen.
Bevölkerung: 8,5 Mio. Einwohner (1989), 7 pro km²; • Amtssprache: Französisch, daneben u.a. Bambara; • Bevölkerungswachstum 2,3%, Lebenserwartung 47 Jah-

re, 83% Analphabeten; • Religion: 90% Moslems.
Staat: Präsidiale Republik gemäß Verfassung von 1974, Staats- und Regierungschef seit 1991 Oberstleutnant Amadou Toumani Touré; • Flagge seit 1961: senkrecht Grün, Gelb, Rot (panafrikanische Farben); • Nationalhymne: »Auf deinen Ruf hin, für dein Wohlergehen werden wir einig sein...«; • Nationalfeiertag: 22. September, Unabhängigkeit 1959; • MEZ minus 1 Stunde.
Wirtschaft: Bruttosozialprodukt (1986) 1,65 Mrd. Dollar; • Währung: 1 CFA-Franc = 100 Centimes = ca. 0,005 DM; • Außenhandel (1986): Importe 438 Mio. Dollar, Exporte 383 Mio. Dollar (v.a. Baumwolle, Erdnüsse, Fisch); • Auslandsschulden (1986): 1,56 Mrd. Dollar; • Verkehr: 650 km Eisenbahn, 18 000 km Straßen, internationaler Flughafen in Bamako; • Kfz-Kennzeichen: RMM.

MALTA

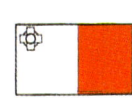

Amtlich: Repubblika ta'Malta, Republic of Malta.
Staatsgebiet: 316 km^2 auf der gleichnamigen Mittelmeerinsel und den Inseln Gozo (67 km^2) und Comino (3 km^2); • Hauptstadt: Valletta.
Bevölkerung: 345 600 Einwohner (1987), 1094 pro km^2; • Amtssprache: Maltesisch (arabischer Dialekt mit italienischem Einschlag) und Englisch; • Lebenserwartung 75 Jahre, städtische Bevölkerung 94%; • Religion: 98% Katholiken.
Staat: Neutrale Republik gemäß Verfassung von 1974 (Zusatz 1987), Staatsoberhaupt seit 1989 Vincent Tabone, Regierungschef seit 1987 Edward F. Adami (Konservative); • Flagge seit 1964: senkrecht Weiß mit Georgskreuz (1943 für Widerstand im 2. Weltkrieg verliehen), Rot; • Nationalhymne seit 1941: »Behüte, Herr, wie immer du behütet, dieses Vaterland...«; • Nationalfeiertag: 31. März, Abkommen über Abzug der Briten 1979; • MEZ.
Wirtschaft: Bruttosozialprodukt (1986) 1,1 Mrd. Dollar; • Währung: 1 Maltesische Lira = 100 Cents = 1000 Mils = ca. 5,38 DM; • Außenhandel (1986): Importe 0,9 Mrd. Dollar, Exporte 0,5 Mrd. Dollar (v.a. Textilien, Plastik, Obstkonserven, Blumen, wachsender Tourismus); • Verkehr: 1310 km Straßen, Fährverbindung zwischen den Inseln und nach Italien, internationaler Flughafen Luqa; • Kfz-Kennzeichen: M.

MAROKKO

Amtlich: Al Mamlaka Al Maghribijja, Königreich Marokko.
Staatsgebiet: 446 550 km^2 in Nordwestafrika, im Osten an Algerien und im Süden an die (von Marokko beanspruchte) Westsahara grenzend, sonst Atlantik- und Mittelmeerküste; • Hauptstadt: Rabat; • 39 Provinzen (mit Westsahara), 8 Stadtpräfekturen.
Bevölkerung: 25,4 Mio. Einwohner (1989), 57 pro km^2, Berber und Araber; • Amtssprache: Arabisch, Französisch als Hilfssprache, Berberdialekte; • Bevölkerungswachstum 2,5%, Lebenserwartung 59 Jahre, Kinder bis 15 Jahre 42%, ein Drittel Analphabeten, städtische Bevölkerung 44%; • Religion: 98% Moslems.

Die wichtigsten Städte

Casablanca	2,5 Mio.	Oujda	535 000
Rabat	1,0 Mio.	Marrakesch	515 000
Fès	590 000	Tanger	340 000

Staat: »Konstitutionelle demokratische und sozialistische Monarchie« unter König Hassan II. (seit 1961); • Flagge: Rot mit grünem Pentagramm in der Mitte; • Nationalhymne: »Pflanzstätte der Edlen, Morgenland der Lichter...«; • Nationalfeiertag: 3. März, Thronbesteigung des Königs 1961; • MEZ minus 1 Stunde.
Wirtschaft: Bruttosozialprodukt (1986) 14,8 Mrd. Dollar; • Währung: 1 Dirham = 100 Centimes = ca. 0,21 DM; • Außenhandel (1986): Importe 3,8 Mrd. Dollar, Exporte 2,45 Mrd. Dollar (v.a. Phosphate, Zitrusfrüchte, Erze, Gemüse, Teppiche); • Auslandsschulden (1990): rund 21 Mrd. Dollar; • Verkehr: 1770 km Eisenbahn, 58 000 km Straßen und Pisten, Haupthafen Casablanca, dort und in der Hauptstadt internationale Flughäfen; • Kfz-Kennzeichen: MA.

MARSHALLINSELN

Amtlich: Republic of the Mashall Islands.
Staatsgebiet: 181 km^2 auf der gleichnamigen Inselgruppe in Ozeanien, Ratakgruppe mit 16 Atollen, Ralikgruppe mit 18 Atollen, darunter Kwajalein, Bikini und Eniwetok; • Hauptstadt: Uliga auf Majuro.
Bevölkerung: 35 000 Einwohner (1985), 193 pro km^2; • Amtssprache: Englisch; • Religion: Christen.
Staat: Republik, formell noch UN-Treuhandgebiet, Präsident seit 1986 Amata Kabua; • Flagge: Blau mit diagonalem von links unten her breiter werdendem orange-weißem Streifen und weißem 24-zackigem Stern links oben; • MEZ plus 10,5 Stunden.
Wirtschaft: von den USA bestimmt.

MAURETANIEN

Amtlich: Al Dschumhurijja Al Muslimijja Al Muritanijja, République Islamique de Mauritanie.
Staatsgebiet: 1 030 700 km^2 in Westafrika, im Nordosten an Algerien, im Osten an Mali, im Süden an Senegal und im Norden an Westsahara grenzend, Atlantikküste; • Hauptstadt: Nuakchott; • 12 Regionen und Hauptstadtbezirk.
Bevölkerung: 1,8 Mio. Einwohner (1989), 2 pro km^2, 80% Mauren, Schwarze; • Amtssprache: Arabisch, daneben Französisch; • Bevölkerungswachstum 2,6%, Lebenserwartung 47 Jahre, Kinder bis 15 Jahre 46%, 83% Analphabeten, städtische Bevölkerung 31%; • Religion: fast ausschließlich Moslems.
Staat: Islamische Republik mit Präsidialsystem gemäß Verfassung von 1979, Staats- und Regierungschef seit 1984 Oberst Maaouya Ould Sid'Ahmed Taya; • Flagge seit 1959: Grün (Islam) mit liegendem gelbem Halbmond und gelbem Stern darüber; • Nationalhymne seit 1960: Instrumentalstück, kein Text; • Nationalfeiertag: 28. November, Unabhängigkeit 1960; • Greenwich Mean Time = MEZ minus 1 Stunde.
Wirtschaft: Bruttosozialprodukt (1986) 750 Mio. Dollar; • Währung: 1 Ouguiya = 5 Khoums = ca. 0,02 DM; • Außenhandel (1986): Importe 363 Mio. Dollar, Exporte 419 Mio. Dollar (v.a. Eisen- und Kupfererz, Meeresfrüchte); • Auslandsschulden (1986): 1,64 Mrd. Dollar; • Verkehr: 675 km Erzbahn, 9100 km Straßen und Pisten, Hafen Nouadhibou, dort und in der Hauptstadt internationale Flughäfen; • Kfz-Kennzeichen: RIM.

MAURITIUS

Staatsgebiet: 2045 km^2 auf der gleichnamigen Insel sowie auf der Insel Rodrigues (104 km^2, 500 km östlich Mauritius) im Indischen Ozean 800 km östlich Madagaskar; • Hauptstadt: Port-Louis; • 9 Distrikte.
Bevölkerung: 1,05 Mio. Einwohner (1989), 490 pro km^2, zwei Drittel Inder, 29% Kreolen, 3% Chinesen; • Amtssprache: Englisch, daneben Hindi, Kreolisch, Französisch; • Bevölkerungswachstum 1,2%, Lebenserwartung 66 Jahre, 17% Analphabeten; • Religion: 52% Hindus, 26% Katholiken, 20% Moslems.
Staat: Konstitutionelle Monarchie im Commonwealth nach Verfassung von 1967, Staatsoberhaupt Königin Elisabeth II., Regierungschef seit 1982 Aneerood Jugnauth (Sozialist); • Flagge seit 1968: waagerecht Rot (Heldenblut), Blau (Meer), Gelb (Sonne), Grün (Fruchtbarkeit); • Nationalhymne: »gerühmet seist du, Mutterland«; • Nationalfeiertag: 12. März, Unabhängigkeit 1968; • MEZ plus 3 Stunden.
Wirtschaft: Bruttosozialprodukt (1986) 1,16 Mrd. Dollar; • Währung: 1 Mauritius-Rupie = 100 Cents = ca. 0,12 DM; • Außenhandel (1986): Importe 0,7 Mrd. Dollar, Exporte 0,7 Mrd. Dollar (v.a. Zucker, Tee, Melasse, Tourismus); • Auslandsschulden (1986): 449 Mio. Dollar; • Verkehr: 1800 km Straßen, internationaler Flughafen Port-Louis; • Kfz-Kennzeichen: MS.

LÄNDER

MEXIKO

Amtlich: Estados Unidos Mexicanos, Vereinigte Mexikanische Staaten.
Staatsgebiet: 1 958 201 km² in Mittelamerika, im Norden an die USA, im Südosten an Guatemala und Belize grenzend, sonst pazifische und karibische Küste; • Hauptstadt: Mexico City (Ciudad de México).
Bevölkerung: 88 Mio. Einwohner (1989), 44 pro km², 75 % Mestizen, 15 % Weiße, 9 % Indianer; • Amtssprache: Spanisch; • Bevölkerungswachstum 2,3 %, Lebenserwartung 68 Jahre, Kinder bis 15 Jahre 42 %, ein Viertel Analphabeten, städtische Bevölkerung 70 %; • Religion: 93 % Katholiken.
Staat: Präsidiale Bundesrepublik nach der mehrfach abgeänderten Verfassung von 1917, Staats- und Regierungschef seit 1988 Carlos Salinas de Gortari; • Flagge seit 1968: senkrecht Grün (Unabhängigkeit), Weiß (Reinheit) mit Staatswappen, Rot (Einheit); • Nationalhymne: »Mexikaner, auf, sattelt die Pferde...«; • Nationalfeiertag: 16. September, »Freiheitsruf« 1810; • MEZ minus 7, 8 oder 9 Stunden.
Wirtschaft: Bruttosozialprodukt (1986) 127,2 Mrd. Dollar; • Währung: 1 Mexikanischer Peso = 100 Centavos = ca. 0,0007 DM; • Außenhandel (1986): Importe 12 Mrd. Dollar, Exporte 16,2 Mrd. Dollar (v.a. Kaffee, Baumwolle, Rohrzucker, Tomaten, Honig, Kfz-Teile, Garne, Rohöl, Bergbauprodukte); • Auslandsschulden (1990): 111 Mrd. Dollar; • Verkehr: 25 500 km Eisenbahn, 220 000 km Straßen (1200 km Autobahn), Häfen am Golf von Mexiko: Tampico, Tuxpan de Rodríguez, Veracruz, am Pazifik: Guaymas, Santa Rosalía, 30 internationale Flughäfen; • Kfz-Kennzeichen: MEX.

Verwaltungsgliederung

Staat	Fläche in km²	Einwohner in 1000	Hauptstadt	Einwohner
Aguascalientes	5 471	580	Aguascalientes	260 000
Baja California Norte	69 921	1 400	Mexicali	555 000
Baja California Sur	73 475	270	La Paz	70 000
Campeche	50 812	430	Campeche	155 000
Chiapas	74 211	2 300	Tuxtla Gutierrez	167 000
Chihuahua	244 938	2 070	Chihuahua	615 000
Coahuila	149 982	1 780	Saltillo	380 000
Colima	5 191	380	Colima	75 000
Distrito Federal	1 475	20 000	Mexico City	20,0 Mio.
Durango	123 181	1 260	Durango	325 000
Guanajuato	30 491	3 390	Guanajuato	45 000
Guerrero	64 281	2 480	Chilpancingo	58 000
Hidalgo	20 813	1 660	Pachuca de Soto	140 000
Jalisco	80 836	4 710	Guadalajara	3,3 Mio.
México	21 355	9 050	Toluca de Lerdo	370 000
Michoacán	59 928	3 400	Morelia	360 000
Morelos	4 950	1 060	Cuernavaca	515 000
Nayarit	26 979	800	Tepic	180 000
Nuevo León	64 924	2 780	Monterrey	2,6 Mio.
Oaxaca	93 952	2 750	Oaxaca de Juarez	160 000
Puebla	33 902	3 640	Puebla	790 000
Querétaro	11 449	850	Querétaro	300 000
Quintana Roo	50 212	305	Chetumal	35 000
San Luis Potosí	63 068	1 850	San Luis Potosí	450 000
Sinaloa	58 328	2 170	Culiacán	425 000
Sonora	182 052	1 680	Hermosillo	450 000
Tabasco	25 267	1 340	Villahermosa	255 000
Tamaulipas	79 384	2 120	Ciudad Victoria	155 000
Tlaxcala	4 016	610	Tlaxcala	25 000
Veracruz	71 699	6 000	Jalapa Enríquez	215 000
Yucatán	34 402	1 140	Mérida	555 000
Zacatecas	73 252	1 235	Zacatecas	70 000

Klimadaten Mexiko

Städte	Höhe in m	Mitteltemp. im kältesten Monat	Mitteltemp. im wärmsten Monat	Regen in mm jährl.
Guaymas	–	18,0	29,0	285
Mexico City	2300	12,5	19,0	749
Acapulco	–	26,5	29,0	1377

MEXIKO: In farbenprächtiger Tracht mit traditionellem Kopfschmuck werden in Zapopan, im zentralen Hochland, die Volksfeste gefeiert.

MIKRONESIEN

Amtlich: Federated States of Micronesia.
Staatsgebiet: 721 km² auf den Inseln Pohnpei, Yap, Truk, Kusaie in Ozeanien; • Hauptstadt: Kolonia.
Bevölkerung: 115 000 Einwohner (1981), 160 pro km²; • Amtssprache: Englisch; • Religion: Christen.
Staat: Bis 1991 von den USA verwaltetes UN-Treuhandgebiet mit Selbstregierung, danach selbständig, Staats- und Regierungschef seit 1988 John Haglelgam; • Flagge: Hellblau mit 4 weißen Sternen für die Teilstaaten; • MEZ plus 9 und plus 10 Stunden.
Wirtschaft: Ganz von den USA bestimmt (US-Währung); • Export von Meeresfrüchten, Kunsthandwerk; • Kfz-Kennzeichen: FSM.

MOÇAMBIQUE

Amtlich: República Popular de Moçambique.
Staatsgebiet: 799 380 km² in Südostafrika, im Süden an die Republik Südafrika, im Westen an Simbabwe, im Nordwesten an Sambia und im Norden an Malawi und Tansania grenzend, sonst Küste am Indischen Ozean; • Hauptstadt: Maputo; • 11 Provinzen.
Bevölkerung: 15,3 Mio. Einwohner (1989), 19 pro km², 98 % Bantu; • Amtssprache: Portugiesisch, daneben u.a. Suaheli; • Bevölkerungswachstum 2,8 %, Lebenserwartung 48 Jahre, Kinder bis 15 Jahre 46 %, zwei Drittel Analphabeten, städtische Bevölkerung 19 %; • Religion: 18 % Christen, 16 % Moslems, sonst Naturreligionen.
Staat: Sozialistische Volksrepublik mit

Einheitspartei FRELIMO gemäß Verfassung von 1975, Staatsoberhaupt seit 1986 General Joaquim A. Chissano; • Flagge: waagerecht Grün (Fruchtbarkeit), weiß abgesetzt Schwarz (Bodenschätze), weiß abgesetzt Gelb (Sonne) mit rotem Dreieck und gelbem Stern (darin Hammer, MP und Buch) am Flaggstock; • Nationalhymne: »Es lebe die FRELIMO, Führerin des Volkes...«; • Nationalfeiertag: 25. Juni, Unabhängigkeit 1975; • MEZ plus 1 Stunde.
Wirtschaft: Bruttosozialprodukt (1986) 4,3 Mrd. Dollar; • Währung: 1 Metical = 100 Centavos = ca. • 0,002 DM; • Außenhandel (1986): Importe 480 Mio. Dollar, Exporte 174 Mio. Dollar (v.a. Textilien, Meeresfrüchte, Cashew-Nüsse, Baumwolle, Zucker, Tee, Holz); • Auslandsschulden (1986): 3,2 Mrd. Dollar; • Verkehr: 3850 km Eisenbahn, 40000 km Straßen (4500 km befestigt), Häfen in Beira und Maputo, dort auch internationale Flughäfen; • Kfz-Kennzeichen: MOC.

MOLDAWIEN
siehe RUSSLAND

MONACO

Amtlich: Principauté de Monaco, Principato di Monaco, Fürstentum Monaco.
Staatsgebiet: 1,95 km² in Südeuropa, von Frankreich umschlossen, Mittelmeerküste; • Hauptstadt: Monaco-Ville.
Bevölkerung: 29 000 Einwohner (1989), 14,8 pro km², u.a. 47% Franzosen, 17% Italiener, 15% Monegassen; • Amtssprache: Französisch; • Religion: 90% Katholiken.
Staat: Konstitutionelle Erbmonarchie gemäß Verfassung von 1962, Staatsoberhaupt seit 1949 Fürst Rainier III.; • Flagge seit 1860: waagerecht Rot und Weiß; • Nationalfeiertag: 19. November; • MEZ.
Wirtschaft: hohes Sozialprodukt durch fremde »Steuerbürger«; • französische Währung; • Export von Kosmetika, Elektronik, Kunststoff, Tourismus (Spielbank Monte Carlo); • Kfz-Kennzeichen: MC.

MONGOLEI

Amtlich: Bügd Nairamdach Mongol Ard Uls.
Staatsgebiet: 1 565 000 km² in Zentralasien, im Norden an die UdSSR grenzend, sonst von chinesischem Gebiet umschlossen; • Hauptstadt: Ulan Bator; • 18 Aimaks (Provinzen) und 3 Stadtgebiete.
Bevölkerung: 2,1 Mio. Einwohner (1989), 1,3 pro km², 87% Mongolen; • Amtssprache: Mongolisch; • Bevölkerungswachstum 2,6%, Lebenserwartung 64 Jahre, Kinder bis 15 Jahre 42%, 11% Analphabeten, städtische Bevölkerung 55%; • Religion: offiziell keine, Buddhisten geduldet.
Staat: »Sozialistischer Staat der Arbeiter, Bauern und der werktätigen Intelligenz« unter Führung der Kommunistischen Partei nach Verfassung von 1960, 1990 Öffnung in Richtung Mehrparteiensystem, Staatsoberhaupt seit 1990 Präsident Punsalmaagin Ochirbat; • Flagge: senkrecht Rot mit Staatswappen, Blau, Rot (Sozialismus); • Nationalhymne: »Geboren aus dem Willen aller, wird unser schönes, herrliches Land Mongolei blühen und gedeihen...«; • Nationalfeiertag: 11. Juli, Machtergreifung der Kommunisten 1921; • MEZ plus 6 Stunden.
Wirtschaft: Bruttosozialprodukt (1984) 1,45 Mrd. Dollar; • Währung: 1 Tugrik = 100 Mongo = ca. 0,60 DM; • Außenhandel (1986): Importe 1,5 Mrd. Dollar, Exporte 0,6 Mrd. Dollar (v.a. Vieh und Fleisch, Wolle und Leder, Kupfer- und Molybdän-Erze); • Verkehr: 1700 km Eisenbahn (Anschluß an die Transsib), 75 000 km Straßen und nur zeitweilig befahrbare Pisten, internationaler Flughafen in der Hauptstadt.

MYANMAR

(Union von Myanmar), seit 1989 Name von Birma (siehe dort).

NAMIBIA

Staatsgebiet: 823 168 km² (ohne Walfischbucht) in Südwestafrika, im Norden an Angola, im Osten an Botswana und im Südosten und Osten an Südafrika grenzend; • Hauptstadt: Windhuk; • 21 Distrikte.
Bevölkerung: 1,6 Mio. Einwohner (1989), 2 pro km², 35% Ovambos, 10% Kavangos, 7% Hereros, 7% Hottentotten; • Amtssprachen: Afrikaans, Englisch, Deutsch; • Bevölkerungswachstum 2,8%, Lebenserwartung 50 Jahre, Kinder bis 15 Jahre 45%, ein Viertel Analphabeten, städtische Bevölkerung 10%; • Religion: 80% Christen (je 50% Katholiken und Protestanten), sonst Naturreligionen.
Staat: Präsidiale Republik seit 1990, Staats- und Regierungschef Sam Nujoma; • Flagge seit 1990: Blau und Grün getrennt durch weiß abgesetzten diagonalen roten Streifen, Sonne in Gelb; • Nationalfeiertag: 21.3., Unabhängigkeit 1990; • MEZ.
Wirtschaft: Bruttosozialprodukt (1986) 1,2 Mrd. Dollar; • südafrikanische Währung; • Außenhandel (1986): Importe 1,5 Mrd. Dollar, Exporte 2 Mrd. Dollar (v.a. Felle, Vieh, Fisch, Diamanten, Erze); • Verkehr: 2350 km Eisenbahn, 47 000 km Straßen 10% asphaltiert), Seehafen, Walfischbucht noch in südafrikanischem Besitz, internationaler Flughafen in der Hauptstadt; • Kfz-Kennzeichen: SWA.

MONGOLEI: Kloster der Großen Barmherzigkeit in der Hauptstadt Ulan Bator. Es wurde auch in der Zeit des offiziellen Atheismus unter der kommunistischen Einheitsdiktatur als kulturelles Denkmal gepflegt. Heute dient es wieder kultischen Zwecken.

LÄNDER

NEUSEELAND: Der Tauna-See füllt den Krater eines erloschenen Vulkans. Die gebirgige Doppelinsel im Südpazifik ist an vielen Stellen von einstigem Vulkanismus geprägt.

NAURU

Amtlich: Republic of Nauru.
Staatsgebiet: 21,1 km² auf der gleichnamigen Insel im westlichen Pazifik; • Hauptstadt: Yaren.
Bevölkerung: 8420 Einwohner (1989), 395 pro km², 82% Nauruaner und andere Polynesier, 9% Chinesen; • Amtssprache: Englisch und Nauruisch; • Religion: v.a. Christen (zu 70% Protestanten).
Staat: Parlamentarische Republik im Commonwealth, Staats- und Regierungschef seit 1989 Bernard Dowiyogo; • Flagge: Blau mit waagerechtem gelbem Balken in der Mitte und weißem Stern links unten; • Nationalhymne: »Nauru, unsere Heimat, geliebtes Land...«; • Nationalfeiertag: 31. Januar, Unabhängigkeit 1968; • MEZ plus 10,5 Stunden.
Wirtschaft: Bruttosozialprodukt (1985) 70 Mio. Dollar; • Währung: 1 Austral-Dollar = 100 Cents = ca. 1,22 DM; • Export ausschließlich von Phosphaten; • Verkehr: 5,2 km Schienen für Phosphat-Transport, 20 km Küstenstraße; • Kfz-Kennzeichen: NAU.

NEPAL

Amtlich: Nepal Adhirajya, Königreich Nepal.
Staatsgebiet: 140 797 km² in Südasien, im Norden an China (Tibet) grenzend, sonst von indischem Gebiet umschlossen; • Hauptstadt: Katmandu; • 14 Zonen.
Bevölkerung: 18,8 Mio. Einwohner (1989), 133,5 pro km², Nepalesen zahlreicher Stämme; • Amtssprache: Nepáli; • Bevölkerungswachstum 3,4%, Lebenserwartung 47 Jahre, Kinder bis 15 Jahre 41%, drei Viertel Analphabeten, städtische Bevölkerung 7%; • Religion: Hinduismus, buddhistische Minderheit.
Staat: Konstitutionelle Monarchie nach der mehrfach geänderten Verfassung von 1962, Staatsoberhaupt und Inhaber der Exekutivgewalt seit 1972 König Birendra, nach Unruhen 1990 stärkere Stellung der Regierung unter Premier Prasad Koirala; • Flagge: Blau eingefaßtes rotes Doppeldreieck mit weißem Mond oben und weißer Sonne unten; • Nationalhymne: »Ruhm sei Dir, mächtiger Fürst...«; • Nationalfeiertag: 28. Dezember, Geburtstag des Königs 1945; • Indische Zeit = MEZ plus 4,5 Stunden.
Wirtschaft: Bruttosozialprodukt (1986) 2,2 Mrd. Dollar; • Währung: 1 Nepalesische Rupie = 100 Paisa = ca. 0,07 DM; • Außenhandel (1986): Importe 459 Mio. Dollar, Exporte 142 Mio. Dollar (v.a. Reis, Jute, Felle – wachsender Tourismus); • Auslandsschulden (1986): 710 Mio. Dollar; • Verkehr: 100 km Eisenbahn, 5300 km Straßen, 10 000 km Maultierpfade, internationaler Flughafen in der Hauptstadt; • Kfz-Kennzeichen: NEP.

NEUSEELAND

Amtlich: New Zealand.
Staatsgebiet: 269 063 km² auf den gleichnamigen Inseln sowie zahlreichen umliegenden Inseln im südwestlichen Pazifik; • Hauptstadt: Wellington auf der Nordinsel; • 90 Grafschaften; • Außenbesitzungen mit Selbstverwaltung: *Cook-Inseln,* 240 km² im Südpazifik, 17 800 Einwohner, Hauptstadt Avarua auf Rarotonga. – *Niue,* 259 km² im Südpazifik östlich Tonga, 2530 Einwohner, Hauptort Alofi. – *Tokelau-Inseln,* 10 km² nördlich Samoa im Pazifik, 1700 Einwohner, Hauptort Apia auf Westsamoa.
Bevölkerung: 3,4 Mio. Einwohner (1989), 12 pro km², 87% Europäer angelsächsischer Herkunft, rund 400 000 Maori; • Amtssprache: Englisch; • Bevölkerungswachstum 0,7%, Lebenserwartung 74 Jahre, Kinder bis 15 Jahre 24%, städtische Bevölkerung 83%; • Religion: 70% Protestanten, 20% Katholiken.
Staat: Konstitutionelle Monarchie im Commonwealth, Staatsoberhaupt Königin Elisabeth II., Regierungschef seit 1990 Jim Bolger (Konservative); • Flagge: Blau mit Union Jack links oben und 4 weißgeränderten roten Sternen (Kreuz des Südens) rechts; • Nationalhymne seit 1940: »Herr aller Völker, zu deinen Füßen sammeln wir uns...«; • Nationalfeiertag: 6. Februar, Vertrag von Waitangi 1840 über die britische Herrschaft; • Neuseelandzeit = MEZ plus 11 Stunden.
Wirtschaft: Bruttosozialprodukt (1986) 26,6 Mrd. Dollar; • Währung: 1 Neuseeland-Dollar = 100 Cents = ca. 1,12 DM; • Außenhandel (1986): Importe 6 Mrd. Dol-

Klimadaten Neuseeland				
Städte	Mitteltemp. im kältesten Monat	Mitteltemp. im wärmsten Monat	Regen in mm jährl.	Regentage im Jahr
Auckland	10,5	19,5	1240	185
Christchurch	6,0	16,5	640	126
Dunedin	6,0	14,5	936	160

LÄNDER

lar, Exporte 5,9 Mrd. Dollar (v.a. Fleisch, Wolle, Butter, Trockenmilch, Papier, chemische Produkte); • Auslandsschulden (1986): 25 Mrd. Dollar; • Verkehr: 4300 km Eisenbahn, Fähren zwischen den Hauptinseln, 93 000 km Straßen (Hälfte befestigt), bedeutende Küstenschiffahrt, 6 große Überseehäfen, 3 internationale Flughäfen; • Kfz-Kennzeichen: NZ.

NICARAGUA

Amtlich: República de Nicaragua.
Staatsgebiet: 130 000 km² in Mittelamerika, im Norden an Honduras und im Süden an Costa Rica grenzend, pazifische und karibische Küste; • Hauptstadt: Managua; • 16 Departamentos.
Bevölkerung: 3,7 Mio. Einwohner (1989), 28,5 pro km², zwei Drittel Mestizen, 10% Schwarze, Mulatten, 14% Weiße, 6% Indianer; • Amtssprache: Spanisch, daneben Chibcha; • Bevölkerungswachstum 3,4%, Lebenserwartung 61 Jahre, Kinder bis 15 Jahre 47%, ein Drittel Analphabeten, städtische Bevölkerung 56%; • Religion: 95% Katholiken.
Staat: Präsidiale Republik gemäß Verfassung von 1987, Staats- und Regierungschefin seit 1990 Violeta Barrios de Chamorro; • Flagge seit 1971: waagerecht Blau, Weiß mit Staatsemblem, Blau (Land zwischen den Ozeanen); • Nationalhymne seit 1918: »Heil dir, Nicaragua...«; • Nationalfeiertag: 15. September, Unabhängigkeit 1821; • Central Standard Time = MEZ minus 7 (Winter minus 8) Stunden.
Wirtschaft: Bruttosozialprodukt (1986) 2,9 Mrd. Dollar; • Währung: 1 Córdoba = 100 Centavos = ca. 0,002 DM; • Außenhandel (1986): Importe 770 Mio. Dollar, Exporte 247 Mio. Dollar (v.a. Kaffee, Fleisch, Baumwolle, Zucker, Holz, Meeresfrüchte); • Auslandsschulden (1986): 5,35 Mrd. Dollar; • Verkehr: 350 km Eisenbahn, 25 000 km Straßen (4400 asphaltiert), Häfen an beiden Küsten, internationaler Flughafen bei Managua; • Kfz-Kennzeichen: NIC.

NIEDERLANDE

Amtlich: Koninkrijk der Nederlanden.
Staatsgebiet: 41 548 km² in Westeuropa, im Osten an Deutschland, im Süden an Belgien grenzend, Nordseeküste; • Hauptstadt: Amsterdam, Regierungssitz: Den Haag; • 12 Provinzen; • Überseebesitzungen in der Karibik: *Union der Niederländischen Antillen,* 800 km², 190 000 Einwohner, Hauptstadt Willemstad auf Curaçao. *Aruba,* 193 km², 65 000 Einwohner, Hauptstadt Oranjestad.
Bevölkerung: 14,7 Mio. Einwohner (1989), 353 pro km²; • Amtssprache: Niederländisch; • kaum Bevölkerungswachstum, Lebenserwartung 77 Jahre, Kinder bis 15 Jahre 20%, städtische Bevölkerung 88%; • Religion: 36% Katholiken, 27% Protestanten.
Staat: Konstitutionelle Monarchie gemäß Verfassung von 1983, Staatsoberhaupt seit 1980 Königin Beatrix; • Flagge (»Prinsenvlag« genannt): waagerecht Rot, Weiß, Blau; • Nationalhymne: »Wilhelmus von Nassawe bin ich von teutschem Blut...«; • Nationalfeiertag: 31. Januar, Geburtstag der Königin 1938; • MEZ mit Sommerzeit.
Wirtschaft: Bruttosozialprodukt (1986) 175,3 Mrd. Dollar; • Währung: 1 Holländischer Gulden = 100 Cent = ca. 0,88 DM; • Außenhandel (1986): Importe 75,3 Mrd. Dollar, Exporte 79,4 Mrd. Dollar (v.a. Erdgas, Maschinen, Fahrzeuge, Kunststoffe, Nahrungsmittel, Stahl); • Verkehr: 2852 km Eisenbahn, 96 000 km Straßen (2000 km Autobahn), 4800 km Binnenwasserstraßen, Großhäfen in Rotterdam und Amsterdam, u.a. internationaler Flughafen Schiphol bei Amsterdam; • Kfz-Kennzeichen: NL.

NIEDERLANDE: Durch Eindeichungen wurden an der Nordseeküste große fruchtbare Marschgebiete gewonnen. Hinter dem Sperrwerk des Zuidersees entstand sogar eine neue Provinz: Flevoland.

Verwaltungsgliederung

Region	Fläche in km²	Einwohner in 1000	Hauptstadt	Einwohner
Drente	2681	432	Assen	43 000
Flevoland	2116	177	Lelystad	58 000
Friesland	5341	598	Leeuwarden	85 000
Geldern	5144	1761	Arnheim	128 000
Groningen	2891	560	Groningen	170 000
Limburg	2209	1088	Maastricht	116 000
Nordbrabant	5083	2125	Herzogenbusch	90 000
Nordholland	3656	2323	Haarlem	150 000
Overijssel	3420	1000	Zwolle	89 000
Seeland	3040	356	Middelburg	40 000
Südholland	3359	3165	Den Haag	446 000
Utrecht	1402	945	Utrecht	230 000

NIGER

Amtlich: République du Niger.
Staatsgebiet: 1 269 000 km² in Zentralafrika, im Westen an Mali, Burkina Faso und Benin, im Süden an Nigeria, im Osten an Tschad, im Nordosten an Libyen und im Nordwesten an Algerien grenzend; • Hauptstadt: Niamey; • 7 Départements.
Bevölkerung: 7,4 Mio. Einwohner (1989), 6 pro km², 53% Haussa, 17% Dscherma, 10% Fulbe, 3% Tuareg; • Amtssprachen: Französisch und Stammessprachen; • Bevölkerungswachstum 3,0%, Lebenserwartung 44 Jahre, Kinder bis 15 Jahre 47%, 90% Analphabeten, städtische Bevölkerung 16%; • Religion: über 90% Moslems.
Staat: Präsidiale Republik nach Verfassung von 1987, Staatschef seit 1987 General Ali Saibou; • Flagge seit 1960: waagerecht Orange, Weiß mit orangefarbener Sonnenscheibe, Grün; • Nationalhymne seit 1961: »Auf, Niger, auf! Unser Werk soll reifen...«; • Nationalfeiertag: 18. Dezember, Autonomie 1958; • MEZ.

LÄNDER

Wirtschaft: Bruttosozialprodukt (1986) 2,1 Mrd. Dollar; • Währung: 1 CFA-Franc = 100 Centimes = ca. 0,005 DM; • Außenhandel (1986): Importe 436 Mio. Dollar, Exporte 331 Mio. Dollar (v.a. Uranerz, Vieh, Erdnüsse); • Auslandsschulden (1986): 1,25 Mrd. Dollar; • Verkehr: keine Eisenbahn, 9000 km Straßen (ein Drittel befestigt), im Winter Binnenschiffahrt auf dem Niger, internationaler Flughafen in der Hauptstadt; • Kfz-Kennzeichen: RN.

NIGERIA

Amtlich: Federal Republic of Nigeria.
Staatsgebiet: 923 768 km^2 in Westafrika, im Westen an Benin, im Norden an Niger und im Osten an Kamerun grenzend, Küste am Golf von Guinea; • Hauptstadt: Lagos, Verlegung nach Abuja geplant; • 19 Bundesstaaten.
Bevölkerung: 115,2 Mio. Einwohner (1989), 117 pro km^2, Haussa 22%, Joruba 21%, Ibo 18%; • Amtssprache: Englisch, Stammesdialekte als Umgangssprachen; • Bevölkerungswachstum 3,0%, Lebenserwartung 51 Jahre, Kinder bis 15 Jahre 45%, 58% Analphabeten, städtische Bevölkerung 30%; • Religion: 50% Moslems, 34% Christen.

Klimadaten Nigeria				
Städte	Mitteltemp. im kältesten Monat	Mitteltemp. im wärmsten Monat	Regen in mm jährl.	Regentage im Jahr
Lagos	20,5	29,0	1830	123
Kano	21,5	31,0	790	63

Die wichtigsten Städte

Lagos	1,2 Mio.	Kano	550 000
Ibadan	1,1 Mio.	Ilorin	390 000
Ogbomosho	600 000	Oshogbo	360 000

Staat: Bundesrepublik gemäß Verfassung in der Fassung von 1985 (nach Militärputsch); Staats- und Regierungschef seit 1985 General Ibrahim Babangida; • Flagge seit 1960: senkrecht Grün (Fortschritt), Weiß (Friedensliebe), Grün; • Nationalhymne seit 1978: »Landsleute, erwacht! Gehorcht Nigerias Ruf...«; • Nationalfeiertag: 1. Oktober, Unabhängigkeit 1960; • MEZ.
Wirtschaft: Bruttosozialprodukt (1986) 49,1 Mrd. Dollar; • Währung: 1 Naira = 100 Kolo = ca. 0,33 DM; • Außenhandel (1986): Importe 4,5 Mrd. Dollar, Exporte 6,6 Mrd. Dollar (über 95% Erdöl, daneben Kautschuk, Erdnüsse, Zinn, Kakao); • Auslandsschulden (1990): 29 Mrd. Dollar; • Verkehr: 3530 km Eisenbahn, 108 000 km Straßen (ein Drittel befestigt), 6400 km Binnenwasserstraßen, Überseehäfen u.a. in Lagos und Port Harcourt, internationale Flughäfen in Kano und Lagos; • Kfz-Kennzeichen: WAN.

NORWEGEN

Amtlich: Kongeriket Norge, Königreich Norwegen.
Staatsgebiet: 323 877 km^2 in Nordeuropa, im Nordosten an Finnland und die UdSSR und im Osten an Schweden grenzend, Nordmeer- und Nordseeküste; • Hauptstadt: Oslo; • 19 Fylker (Provinzen); • Außenbesitzungen: *Svalbard (Spitzbergen),* 62 700 km^2 im Europäischen Nordmeer, 1370 norwegische und 2250 russische Bewohner, Hauptort Longyearbyen; – *Jan Mayen,* 380 km^2 im Europäischen Nordmeer; Forschungsstation; – *Bouvet Insel,* 58,5 km^2 im Südatlantik, unbewohnt; – *Peter I.-Insel,* 249,2 km^2 im westlichen Südpazifik, unbewohnt.
Bevölkerung: 4,2 Mio. Einwohner (1989), 13 pro km^2; • Amtssprache: Norwegisch; • Lebenserwartung 77 Jahre, Kinder bis 15 Jahre 20%, städtische Bevölkerung 75%; • Religion: 90% Lutheraner.

NORWEGEN: Eiszeitgletscher haben die Westküste Skandinaviens »ausgefräst« und lange Täler entstehen lassen, die sich bei Absinken des Landes mit Wasser füllten. Ergebnis ist die heutige Fjordlandschaft wie hier bei Ålesund.

Die wichtigsten Städte

Oslo	450 000	Stavanger	97 000
Bergen	210 000	Kristiansand	64 000
Trondheim	135 000	Drammen	52 000

Staat: Konstitutionelle Monarchie nach Verfassung von 1814 (in der Form von 1967), Staatsoberhaupt seit 1991 König Harald V., Regierungschefin seit 1990 Gro Harlem Brundtland (Sozialdemokratin); • Flagge: Rot mit weißgefaßtem blauem skandinavischem (liegendem) Kreuz (»Farben der Freiheit«); • Nationalhymne seit 1864: »Ja, wir lieben unsere Heimat, die vom Meer durchfurcht...« (Text von B. Björnson [1832–1910]); • Nationalfeiertag: 17. Mai, Verfassung 1814; • MEZ.
Wirtschaft: Bruttosozialprodukt (1986) 69,8 Mrd. Dollar; • Währung: 1 Norwegische Krone = 100 Öre = ca. 0,27 DM; • Außenhandel (1986): Importe 23,1 Mrd. Dollar, Exporte 22,0 Mrd. Dollar (v.a. Erdöl und Erdgas, Maschinen und Schiffe, Erze

Klimadaten Norwegen				
Städte	Mitteltemp. im kältesten Monat	Mitteltemp. im wärmsten Monat	Regen in mm jährl.	Regentage im Jahr
Oslo	−4,5	17,5	740	160
Narvik	−4,5	14,5	760	202

und Metalle, Holz und Papier); • Verkehr: 4250 km Eisenbahn, 85 000 km Straßen, Fähren über viele Fjorde und zu den vorgelagerten Inseln, große Häfen u.a. in Narvik, Oslo, Bergen, 40 Flughäfen, darunter ein internationaler in der Hauptstadt; • Kfz-Kennzeichen: N.

OBERVOLTA
siehe BURKINA FASO

OMAN

Amtlich: Sultanat Uman.
Staatsgebiet: 212 457 km² im Osten der Arabischen Halbinsel, im Südwesten an Süd-Jemen, im Westen an Saudi-Arabien und im Nordosten an die Vereinigten Arabischen Emirate grenzend, Küste am Indischen Ozean; • Hauptstadt: Maskat; • 41 Wilayats (Bezirke).
Bevölkerung: 1,4 Mio. Einwohner (1989), 7 pro km², 88% Araber, 6% Asiaten; • Amtssprache: Arabisch; • Bevölkerungswachstum 3,3%, Lebenserwartung 54 Jahre, Kinder bis 15 Jahre 44%, drei Viertel Analphabeten, städtische Bevölkerung 9%; • Religion: 95% Moslems.
Staat: Sultanat, Staats- und Regierungschef seit 1970 Sultan Said Kabus; • Flagge: senkrecht Rot mit Wappen, waagerecht Weiß, roter Balken, Grün (Islam); • Nationalhymne seit 1970: »Herr, schütze den Sultan...«; • Nationalfeiertag: 18. November, Umsturz 1970; • Persische Zeit = MEZ plus 2,5 Stunden.
Wirtschaft: Bruttosozialprodukt (1986) 7,3 Mrd. Dollar; • Währung: 1 Rial Omani = 100 Baizas = ca. 4,63 DM; • Außenhandel (1986): Importe 2,4 Mrd. Dollar, Exporte 2,5 Mrd. Dollar (95% Erdöl); • Auslandsschulden (1986): 2,5 Mrd. Dollar; • Verkehr: 3250 km asphaltierte und 19 000 km Schotterstraßen, Häfen in Matrah und Raisut, internationaler Flughafen nahe der Hauptstadt.

ÖSTERREICH

Amtlich: Republik Österreich.
Staatsgebiet: 83 853 km² in Mitteleuropa, im Norden an Deutschland, im Nordosten an die CSFR, im Osten an Ungarn, im Südosten an Jugoslawien, im Süden an Italien und im Westen an die Schweiz und Liechtenstein grenzend; • Hauptstadt: Wien.
Bevölkerung: 7,635 Mio. Einwohner (1989), 91 pro km², 98% Österreicher, kroatische, slowenische und ungarische Minderheiten; • Amtssprache: Deutsch; • kein Bevölkerungswachstum, Lebenserwartung 74 Jahre, Kinder bis 15 Jahre 18%, kaum Analphabeten, städtische Bevölkerung 57%; • Religion: 80% Katholiken, 5% Protestanten.

Verwaltungsgliederung				
Bundesstaat	Fläche in km²	Einwohner in 1000	Hauptstadt	Einwohner
Burgenland	3 965	267,3	Eisenstadt	10 100
Kärnten	9 533	543,2	Klagenfurt	87 500
Niederösterreich	19 172	1431,5	St. Pölten	51 100
Oberösterreich	11 980	1310,0	Linz	200 000
Salzburg	7 155	469,6	Salzburg	140 000
Steiermark	16 387	1180,8	Graz	244 000
Tirol	12 647	620,6	Innsbruck	117 500
Vorarlberg	2 601	323,1	Bregenz	24 500
Wien (Stadtstaat)	415	1489,0	–	–

ÖSTERREICH: Die barocken Parkanlagen von Schloß Mirabell in Salzburg gehören zu den Sehenswürdigkeiten der Mozart-Stadt.

Staat: Parlamentarisch-demokratische Bundesrepublik gemäß Verfassung von 1920 (1938–45 außer Kraft), Staatsoberhaupt Bundespräsident Thomas Klestil seit 1992, Regierungschef seit 1986 Franz Vranitzky (SPÖ), 1990 wiedergewählt; • Flagge: waagerecht Rot, Weiß, Rot (Reminiszenz an die Verwundung Herzog Leopolds V. auf dem 3. Kreuzzug 1191); • Nationalhymne seit 1947: »Land der Berge, Land am Strome, Land der Äcker, Land der Dome...«, Text von Paula von Preradovic (1887–1951), Melodie aus der Freimaurer-Kantate von W. A. Mozart (1756–1791); • Nationalfeiertag: 26. Oktober, Staatsvertrag 1955; • MEZ mit Sommerzeit.
Wirtschaft: Bruttosozialprodukt (1988) 117,6 Mrd. Dollar; • Währung: 1 Schilling = 100 Groschen = ca. 0,14 DM; • Außenhandel (1987): 32,6 Mrd. Dollar Importe, 27,2 Mrd. Dollar Exporte (v.a. Eisen und Stahl, Industriemaschinen, Fahrzeuge, Metallwaren, chemische Produkte, Holz und Papier – 12,4 Mrd. Dollar [1988] Einnahmen aus dem Fremdenverkehr); • Verkehr: 6650 km Schienenwege, 108 000 km Straßen, davon 1150 km Autobahnen, Binnenschiffahrt auf der Donau mit Häfen u.a. in Linz, Wien, Krems, internationaler Flughafen in Wien; • Kfz-Kennzeichen: A.

PAKISTAN

Amtlich: Islamic Republic of Pakistan.
Staatsgebiet: 796 095 km² in Südasien, im Westen an den Iran, im Nordwesten und Norden an Afghanistan, im Nordosten an China und im Osten an Indien grenzend, Küste am Indischen Ozean; • Hauptstadt: Islamabad; • 4 Provinzen; beansprucht wird: Kaschmir (Jammu and Kashmir), von dem 88 000 km² pakistanisch besetzt sind.
Bevölkerung: 110,4 Mio. Einwohner (1989), 138 pro km², indoarische Stämme; • Amtssprache: Urdu, daneben regionale Amtssprachen und Englisch als Verkehrssprache; • Bevölkerungswachstum 3,0%, Lebenserwartung 52 Jahre, Kinder bis 15 Jahre 45%, 70% Analphabeten, städtische Bevölkerung 30%; • Religion: 97% Moslems.

Die wichtigsten Städte			
Karatschi	5,5 Mio.	Rawalpindi	850 000
Lahore	3,0 Mio.	Hyderabad	800 000
Faisalabad	1,2 Mio.	Peschawar	560 000

Staat: Bundesrepublik nach mehrfach abgeänderter Verfassung von 1973, Staatsoberhaupt seit 1988 Präsident Ghulam Ishaq Khan, Regierungschef seit 1990 Nawaz Sharif (Islamische Allianz); • Flagge seit 1947: senkrecht Weiß, quadratisch Grün mit weißer Mondsichel und weißem Stern (Islam); • Nationalhymne seit 1954: »Heil sei dem Boden so rein! Heil dem

Klimadaten Pakistan				
Städte	Mitteltemp. im kältesten Monat	Mitteltemp. im wärmsten Monat	Regen in mm jährl.	Regentage im Jahr
Karatschi	20,5	31,0	198	10
Peschawar	10,5	33,0	345	29
Islamabad	9,0	32,5	960	70

LÄNDER

Lande so schön...«; • Nationalfeiertage: 23. März, Proklamation der Republik 1953, und 14. August, Unabhängigkeit 1947; • MEZ plus 4 Stunden.
Wirtschaft: Bruttosozialprodukt (1986) 30,1 Mrd. Dollar; • Währung: 1 Pakistanische Rupie = 100 Paisa = ca. 0,09 DM; • Außenhandel (1986): Importe 5,4 Mrd. Dollar, Exporte 3,4 Mrd. Dollar (v.a. Reis, Baumwolle, Garne, Teppiche, Leder); • Auslandsschulden (1986): 11,8 Mrd. Dollar; • Verkehr: 8850 km Eisenbahn, rund 100 000 km Straßen (40 % asphaltiert), Binnenschiffahrt auf dem Indus, Überseehafen in Karatschi, 5 internationale Flughäfen; • Kfz-Kennzeichen: PAK.

PALAU
siehe BELAU.

PANAMA

Amtlich: República de Panama.
Staatsgebiet: 75 650 km² (ohne Kanalzone = 1432 km²) in Mittelamerika, im Osten an Kolumbien, im Westen an Costa Rica grenzend, sonst pazifische und karibische Küsten; • Hauptstadt: Panama; • 9 Provinzen, 1 Indianerterritorium.
Bevölkerung: 2,38 Mio. Einwohner (1989), 30 pro km², bis 60 % Mestizen und 20 % Schwarze, Mulatten; • Amtssprache: Spanisch; • Bevölkerungswachstum 2,2 %, Lebenserwartung 72 Jahre, Kinder bis 15 Jahre 38 %, 12 % Analphabeten; • Religion: 92 % Katholiken.
Staat: Präsidiale Republik gemäß Verfassung von 1983, Staats- und Regierungschef seit 1989 Guillermo Endara; • Flagge seit 1903: 4 Rechtecke: Weiß mit blauem Stern, Rot, Blau, Weiß mit rotem Stern; • Nationalhymne seit 1925: »Laßt uns den Sieg erstreiten...«; • Nationalfeiertag: 3. November, Unabhängigkeit 1903; • Eastern Standard Time = MEZ minus 6 Stunden.
Wirtschaft: Bruttosozialprodukt (1986) 5,1 Mrd. Dollar; • Währung: 1 Balboa = 100 Centésimos = ca. 1,70 DM; • Außenhandel (1986): Importe 3 Mrd. Dollar, Exporte 2,4 Mrd. Dollar (v.a. Bananen Erdölprodukte); • Auslandsschulden (1986): 3,45 Mrd. Dollar; • Verkehr: 9000 km Straßen, Eisenbahn nur in der Kanalzone, große Handelsflotte als Billigflaggenland, internationaler Flughafen nahe der Hauptstadt; • Kfz-Kennzeichen: PA.

PAPUA-NEUGUINEA

Amtlich: Papua New Guinea, Papua Niugini.
Staatsgebiet: 462 840 km² im Südwestpazifik, den Ostteil der Insel Neuguinea umfassend und im Westen an Indonesien (Irian Jaya) grenzend; • Hauptstadt: Port Moresby; • 20 Provinzen.
Bevölkerung: 3,6 Mio. Einwohner (1989), 8 pro km²; • Amtssprachen: Englisch, Neumelanesisch (Pidgin); • Bevölkerungswachstum 2,1 %, Lebenserwartung 52 Jahre, Kinder bis 15 Jahre 42 %, über zwei Drittel Analphabeten, städtische Bevölkerung 14 %; • Religion: 60 % meist protestantische Christen, sonst Naturreligionen.
Staat: Parlamentarische Monarchie im Commonwealth, Staatsoberhaupt Königin Elisabeth II., Regierungschef seit 1988 Rabbie Namaliu; • Flagge seit 1971: diagonal geteilt Schwarz (unten links) mit 5 weißen Sternen (Kreuz des Südens), Rot mit gelbem Paradiesvogel; • Nationalhymne seit 1975: »O erhebt euch, all ihr Söhne dieses Landes...«; • Nationalfeiertag: 16. September, Unabhängigkeit 1975; • Ostaustralische Zeit = MEZ plus 9 Stunden.
Wirtschaft: Bruttosozialprodukt (1986) 2,25 Mrd. Dollar; • Währung: 1 Kina = 100 Toea = ca. 2,14 DM; • Außenhandel (1986): Importe 1,1 Mrd. Dollar, Exporte 1,03 Mrd. Dollar (v.a. Erze, Kaffee, Kakao, Holz); • Auslandsschulden (1986): 2,25 Mrd. Dollar; • Verkehr: 20 000 km Straßen (6500 km befestigt), bedeutende Küstenschiffahrt, 500 Flugfelder, internationaler Flughafen bei Port Moresby; • Kfz-Kennzeichen: PNG.

PARAGUAY

Amtlich: República del Paraguay.
Staatsgebiet: 406 752 km² im zentralen Südamerika zwischen Brasilien im Osten, Bolivien im Norden und Argentinien im Westen und Süden; • Hauptstadt: Asunción; • 19 Departamentos und Hauptstadtbezirk.
Bevölkerung: 4,5 Mio. Einwohner (1989), 11 pro km², 95 % Mestizen, 2 % Indianer, 3 % Weiße (darunter 30 000 Deutsche); • Amtssprachen: Spanisch und Guaraní; • Bevölkerungswachstum 3 %, Lebenserwartung 67 Jahre, Kinder bis 15 Jahre 41 %, 12 % Analphabeten, städtische Bevölkerung 43 %; • Religion: 90 % Katholiken, 2 % Protestanten.
Staat: Präsidiale Republik gemäß Verfassung von 1967, Staats- und Regierungschef seit 1989 Andrés Rodriguez; • Flagge: waagerecht Rot, Weiß mit Emblem, Blau; • Nationalhymne seit 1934: »Paraguayaner, die Republik oder der Tod!«; • Nationalfeiertag: 14. Mai, Unabhängigkeit 1811; • Atlantikzeit = MEZ minus 5 Stunden.
Wirtschaft: Bruttosozialprodukt (1986) 3,6 Mrd. Dollar; • Währung: 1 Guaraní = 100 Centésimos = ca. 0,004 DM; • Außenhandel (1986): Importe 577 Mio. Dollar, Exporte 234 Mio. Dollar (v.a. Fleisch, Holz, Sojabohnen, Tabak); • Auslandsschulden (1986): 1,8 Mrd. Dollar; • Verkehr: 440 km Eisenbahn, 15 500 km Straßen, Binnenschiffahrt auf Paraná und Paraguay, internationaler Flughafen nahe der Hauptstadt; • Kfz-Kennzeichen: PY.

PERU

Amtlich: República del Perú.
Staatsgebiet: 1 285 216 km² im westlichen Südamerika, im Norden an Ecuador und Kolumbien, im Westen an Brasilien und Bolivien und im Süden an Chile grenzend, pazifische Küste; • Hauptstadt: Lima; • 25 Departamentos.
Bevölkerung: 21,8 Mio. Einwohner (1989), 17 pro km², 82 % Indianer und Mestizen, 10 % Weiße; • Amtssprachen: Spanisch und Quechua; • 2,6 % Bevölkerungswachstum, Lebenserwartung 60 Jahre, Kinder bis 15 Jahre 41 %, 15 % Analphabeten, städtische Bevölkerung 68 %; • Religion: 95 % Katholiken.

Klimadaten Peru				
Städte	Höhe in m	Mitteltemp. im kältesten Monat	Mitteltemp. im wärmsten Monat	Regen in mm jährl.
Lima	150	16,5	23,5	43
Cuzco	3200	10,0	14,5	812

Die wichtigsten Städte			
Lima	5,4 Mio.	Trujillo	410 000
Arequipa	510 000	Chiclayo	320 000
Callao	460 000	Chimbote	240 000

Staat: Präsidiale Republik gemäß Verfassung von 1980, Staatschef seit 1990 Alberto Fujimori; • Flagge seit 1825: senkrecht Rot, Weiß mit Wappen, Rot (Farben des Flamingos, Lieblingsvogel von Freiheitsheld San Martín); • Nationalhymne seit 1822: »Wir sind frei, laßt es uns immer sein! Eher verweigert die Sonne ihr Licht als wir den heiligen Schwur...«; • Nationalfeiertag: 28. Juli, Proklamation der Unabhängigkeit 1821; • Eastern Standard Time = MEZ minus 6 Stunden.
Wirtschaft: Bruttosozialprodukt (1986) 25,4 Mrd. Dollar; • Währung (neue Währung Nuevo Sol geplant): 1 Inti = 100 Centésimos = ca. 0,003 DM; • Außenhandel (1986): Importe 2,8 Mrd. Dollar, Exporte 2,5 Mrd. Dollar (v.a. Erze, Nichteisenmetalle, Erdöl, Fisch, Baumwolle); • Auslandsschulden (1990): 21 Mrd. Dollar; • Verkehr: 2750 km Eisenbahn, 69 000 km Straßen, Überseehäfen u.a. Callao, Chimbote und Talara, internationaler Flughafen nahe der Hauptstadt; • Kfz-Kennzeichen: PE.

LÄNDER

PHILIPPINEN: Meeresfrüchte gehören zu den Reichtümern der Inselwelt. Austern freilich werden nicht für den einheimischen Speisezettel in Kulturen gezüchtet, sondern als devisenbringende Delikatesse für den Export.

PHILIPPINEN

Amtlich: Republika Ñg Pilipinas, República de Filipinas, Republic of the Philippines.
Staatsgebiet: rund 300 000 km² in Südostasien auf der gleichnamigen Inselgruppe, ca. 7100 Inseln (ein Fünftel bewohnt) umfassend; • Hauptstadt: Manila; • 13 autonome Regionen.

Hauptinseln

Luzon	104 684 km²	Negros	12 705 km²
Mindanao	94 630 km²	Palawan	11 785 km²
Samar	13 080 km²	Panay	11 515 km²

Bevölkerung: 62 Mio. Einwohner (1989), 207 pro km², 95% malaiische Filipinos; • Amtssprachen: Tagalog, Englisch, daneben Spanisch; • Bevölkerungswachstum 2,3%, Lebenserwartung 63 Jahre, Kinder bis 15 Jahre 41%, ein Viertel Analphabeten, städtische Bevölkerung 40%; • Religion: 84% Katholiken, 5% Moslems (»Moros«).

Die wichtigsten Städte

Manila	1,8 Mio.	(Groß Manila	7,6 Mio.)
Quezon City	1,4 Mio.	Zamboanga	380 000
Davao	615 000	Pasey	325 000
Cebu	555 000	Bacalod	290 000
Caloocan	530 000	Cagayan	280 000

Staat: Präsidiale Republik gemäß Verfassung von 1987, Staats- und Regierungschef seit Juni 1992 Fidel Ramos; • Flagge seit 1898: waagerecht Blau (Idealismus), Rot (Mut), am Mast weißes Dreieck mit gelber Sonne und 3 gelben Sternen (Landesteile) in den Winkeln; • Nationalhymne seit 1898: »Geliebtes Land, Tochter der Sonne des Ostens...«; • Nationalfeiertag: 12. Juni, Proklamation der Unabhängigkeit 1898; • Chinesische Küstenzeit = MEZ plus 7 Stunden.
Wirtschaft: Bruttosozialprodukt (1986) 30,5 Mrd. Dollar; • Währung: 1 Philippinischer Peso = 100 Centavos = ca. 0,08 DM; • Außenhandel (1986): Importe 5,4 Mrd. Dollar, Exporte 4,8 Mrd. Dollar (v.a. Halbleiter, Zucker, Kupfererz, Holz, Kopra, Gold, Bananen); • Auslandsschulden (1990): 26 Mrd. Dollar; • Verkehr: 860 km Eisenbahn auf Luzon und Panay, 160 000 km Straßen, Fährverkehr zwischen den Inseln, Küstenschiffahrt, Überseehafen und internationale Flughäfen in Manila und Quezon City; • Kfz-Kennzeichen: RP oder PI.

POLEN

Amtlich: Republik Polen.
Staatsgebiet: 312 677 km² im östlichen Mitteleuropa, im Westen an Deutschland, im Osten an die UdSSR und im Süden an die CSFR grenzend, Ostseeküste; • Hauptstadt: Warschau; • 49 Woiwodschaften.
Bevölkerung: 38,4 Mio. Einwohner (1989), 122 pro km², viele nationale Minderheiten (u.a. ca. 200 000 Deutsche); • Amtssprache: Polnisch; • 0,9% Bevölkerungswachstum, Lebenserwartung 72 Jahre, Kinder bis 15 Jahre 25%, kaum Analphabeten, städtische Bevölkerung 60%; • Religion: über 90% Katholiken.

Die wichtigsten Städte

Warschau	1,65 Mio.	Breslau	636 000
Lodz	850 000	Posen	555 000
Krakau	720 000	Danzig	470 000

Staat: Präsidiale Republik nach Verfassungsreform von 1989, Staatsoberhaupt seit 1990 Lech Walesa (ehem. Gewerkschaftsführer, Friedensnobelpreis 1983); • Flagge seit 1831: waagerecht Weiß, Rot; • Nationalhymne seit 1910: »Noch ist Polen nicht verloren...«; • Nationalfeiertag: 11. November, Unabhängigkeit 1918; • MEZ (mit Sommerzeit).
Wirtschaft: Bruttosozialprodukt (1986) 73,8 Mrd. Dollar; • Währung: 1 Zloty = 100 Groszy = ca. 0,003 DM (durch Umstellung der Wirtschaft rapide schwindender Wert); • Außenhandel (1987): Importe 10,6 Mrd. Dollar, Exporte 11,9 Mrd. Dollar (v.a. Steinkohle, Maschinen, Schiffe, Textilien, Fleisch, Chemikalien); • Auslandsschulden (1990): 42 Mrd. Dollar; • Verkehr: 27 100 km Eisenbahn, 255 000 km Straßen (zwei Drittel befestigt), Binnenschiffahrt auf Oder, Weichsel und Kanälen, Überseehäfen in Swinemünde, Danzig und Gdingen, internationaler Flughafen in Warschau; • Kfz-Kennzeichen: PL.

PORTUGAL

Amtlich: República Portuguesa.
Staatsgebiet: 92 082 km² in Südwesteuropa, im Norden und Osten an Spanien grenzend, Atlantikküste; • Hauptstadt: Lissabon; • 18 Distrikte; 2 Regionen: *Azoren,* 2335 km² im mittleren Atlantik, 253 000 Einwohner, Hauptstadt Ponta Delgada; – *Madeira,* 796 km² im östlichen Atlantik, 253 000 Einwohner, Hauptstadt Funchal; • 1 Überseebesitzung: *Macao,* 17 km² in Südchina, 400 000 Einwohner, Hauptstadt Macao, Rückgabe an China für 1999 vorgesehen.
Bevölkerung: 10,2 Mio. Einwohner (1989), 112 pro km²; • Amtssprache: Portugiesisch; • 0,9% Bevölkerungswachstum, Lebenserwartung 74 Jahre, Kinder bis 15 Jahre 24%, 16% Analphabeten, städtische Bevölkerung 31%; • Religion: über 95% Katholiken.

Klimadaten Polen

Städte	Mitteltemp. im kältesten Monat	Mitteltemp. im wärmsten Monat	Regen in mm jährl.	Regentage im Jahr
Gdingen	−1,0	17,5	595	158
Warschau	−3,0	19,5	555	160
Krakau	−2,5	19,5	667	173

LÄNDER

Staat: Parlamentarische Republik nach Verfassung von 1976, Staatspräsident seit 1986 Mário Soares, Regierungschef seit 1987 Anibal Cavaco Silva (Sozialdemokrat); • Flagge: senkrecht schmales Grün (Hoffnung), breites Rot (Revolution) mit Staatswappen über der Trennlinie; • Nationalhymne seit 1910: »Helden der See, du hochgeborene, tapfere Nation...«; • Nationalfeiertag: 10. Juni, Tod des Nationaldichters Camoes 1580, daneben 25. April, Sturz der Diktatur 1974; • Westeuropäische Zeit = MEZ minus 1 Stunde (mit Sommerzeit).

Die wichtigsten Städte			
Lissabon	810 000	Setúbal	80 000
Porto	330 000	Coimbra	75 000
Amadora	96 000	Braga	65 000

Wirtschaft: Bruttosozialprodukt (1986) 27,5 Mrd. Dollar; • Währung: 1 Escudo = 100 Centavos = ca. 0,01 DM; • Außenhandel (1986): Importe 9,7 Mrd. Dollar, Exporte 7,25 Mrd. Dollar (v.a. Textilien, Garne, Maschinen, Wein, Korkwaren, Schmuck, Fisch); • Auslandsschulden (1986): 14,6 Mrd. Dollar; • Verkehr: 3600 km Eisenbahn, 55 000 km Straßen, Küstenschifffahrt, Fährverkehr zu den Inseln, Überseehafen und internationaler Flughafen in der Hauptstadt; • Kfz-Kennzeichen: P.

RUANDA

Amtlich: Republica y'u Rwanda, République Rwandaise.
Staatsgebiet: 26 338 km^2 in Ostafrika, im Süden an Burundi, im Osten an Tansania, im Norden an Uganda und im Westen an Zaïre grenzend; • Hauptstadt: Kigali; • 10 Präfekturen.
Bevölkerung: 7,3 Mio. Einwohner (1989), 277 pro km^2, 90% Bantu; • Amtssprachen: Französisch und Rwanda; • Bevölkerungswachstum 3,3%, Lebenserwartung 48 Jahre, Kinder bis 15 Jahre 48%, zur Hälfte Analphabeten, städtische Bevölkerung 5%; • Religion: 50% Katholiken, 12% Protestanten, 9% Moslems, sonst Animisten.
Staat: Präsidiale Republik gemäß Verfassung von 1978, Staats- und Regierungschef seit 1973 General Juvénal Habyarimana; • Flagge: senkrecht Rot, Gelb (mit versalem schwarzem R), Grün (panafrikanische Farben); • Nationalhymne: »Ruanda, mein Vaterland, dein sind Ruhm und Sieg...«; • Nationalfeiertag: 1. Juli, Unabhängigkeit 1962; • MEZ plus 1 Stunde.
Wirtschaft: Bruttosozialprodukt (1986) 1,85 Mrd. Dollar; • Währung: 1 Ruanda-Franc = 100 Centimes = ca. 0,02 DM; • Außenhandel (1986): Importe 348 Mio. Dollar, Exporte 188 Mio. Dollar (v.a. Kaffee, Pyrethrum, Tee, Zinn); • Auslandsschulden (1986): 439 Mio. Dollar; • Verkehr: 7000 km Straßen, Binnenschiffahrt auf dem Kiwusee, internationaler Flughafen bei Kigali; • Kfz-Kennzeichen: RWA.

RUMÄNIEN

Amtlich: Republica Socialista România.
Staatsgebiet: 237 500 km^2 in Südosteuropa, im Westen an Ungarn, im Norden an die UdSSR, im Süden an Bulgarien und im Südwesten an Jugoslawien grenzend, Schwarzmeerküste; Hauptstadt: Bukarest; • 40 Kreise und Municipium der Hauptstadt.
Bevölkerung: 23,15 Mio. Einwohner (1989), 98 pro km^2, 89% Rumänen, 8% Magyaren, zahlreiche andere Minderheiten, darunter 360 000 Deutsche; • Amtssprache: Rumänisch; • Bevölkerungswachstum 0,6%, Lebenserwartung 72 Jahre, Kinder bis 15 Jahre 25%, kaum Analphabeten, städtische Bevölkerung 51%; • Religion: 70% Orthodoxe, 10% Katholiken, 4% Protestanten.

Die wichtigsten Städte			
Bukarest	2,0 Mio.	Klausenburg	300 000
Kronstadt	335 000	Galatz	280 000
Konstanza	307 000	Craiova	255 000
Temeschwar	300 000	Ploesti	230 000

Staat: Präsidiale Republik gemäß provisorischer Verfassung von 1990, Staatschef seit 1990 Präsident Ion Iliescu; • Flagge: senkrecht Blau, Gelb mit Wappen, Rot; • Nationalhymne seit 1978: »Drei Farben kenn' ich auf der Welt, die an ein mutiges Volk erinnern...«; • Nationalfeiertag: 23. August, Sturz des Diktators Antonescu 1944; • Osteuropäische Zeit = MEZ plus 1 Stunde.
Wirtschaft: Bruttosozialprodukt (1984) 40 Mrd. Dollar; • Währung: 1 Leu = 100 Bani = ca. 0,20 DM; • Außenhandel (1986): Importe 11,4 Mrd. Dollar, Exporte 12,5 Mrd. Dollar (v.a. Erze, Metalle, Maschinen, Fahrzeuge, Erdölprodukte, Chemikalien, Nahrungsmittel); • Auslandsschulden (1986): 5,3 Mrd. Dollar; • Verkehr: 11 100 km Eisenbahn, 73 000 km Straßen, Binnenschiffahrt auf der Donau und dem Donau-Schwarzmeer-Kanal, Seehafen Konstanza, dort und in der Hauptstadt internationale Flughäfen; • Kfz-Kennzeichen: R.

RUSSLAND

und die Republiken der ehemaligen Sowjetunion (außer Baltische Staaten).

Staatsgebiet Rußlands: 17,1 Mio. km^2 (größter Staat der Erde) in Osteuropa und Nordasien, im Westen an Ukraine, Moldawien und Baltische Staaten, im Nordwesten an Finnland und Norwegen, im Südosten an Nordkorea, im Süden an China, Mongolei und Kasachstan grenzend, Küsten an der Ostsee, dem Schwarzen und dem Nordpolarmeer, an der Barent- und Kara-See, an der Beringstraße und am Pazifik (Ochotskisches Meer, Japanisches Meer); • Hauptstadt: Moskau.
Bevölkerung: 147,4 Mio. Einwohner, 8,6 pro km^2, 83% Russen, über 100 ethnische Minderheiten, z. T. in Autonomen Republiken und Gebieten; • Amtssprachen: Russisch und lokale Idiome; • Bevölkerungswachstum 1,5%, Lebenserwartung im europäischen Teil über 70 Jahre, sonst darunter; • Religion nach 7 Jahrzehnten offiziellem Atheismus wieder auflebend: meist russisch-orthodoxe Christen.
Staat: Parlamentarische Republik seit 1991, Staatsoberhaupt seitdem Boris Jelzin; • Flagge: waagerecht Weiß, Blau, Rot; • Nationalfeiertag: 9. Mai, »Tag des Sieges« über Hitlerdeutschland 1945; • Zeitzonen von West nach Ost: MEZ plus 2 Stunden (Moskauer Zeit) bis MEZ plus 11 Stunden.
Wirtschaft: Nach Sturz der kommunistischen Planwirtschaft und Übergang zur Marktwirtschaft zunächst dramatisches Absinken der Wirtschaftsleistung und Zunahme der Auslandsverschuldung; • Währung: Rubel = 100 Kopeken mit galoppierendem Wertverlust.

SAHARA
siehe WESTSAHARA.

Die übrigen Republiken der ehemaligen Sowjetunion					
Name	Fläche in 1000 km^2	Einwohner in Mio.	Hauptstadt	Einwohner in 1000	Präsident
Armenien	30	3	Eriwan	1200	Ter-Petrosjan
Aserbaidschan	87	7	Baku	1760	Eltschibei
Georgien	70	5	Tiflis	1260	Schewardnadse
Kasachstan	2727	17	Alma-Ata	1130	Nasarbajew
Kirgisien	199	4	Bischkek	615	Akajew
Moldawien	34	4	Kischinjow	510	Snegur
Tadschikistan	143	5	Duschanbe	500	Nabijew
Turkmenien	488	4	Aschchabad	320	Nijasow
Ukraine	604	52	Kiew	2590	Krawtschuk
Usbekistan	447	20	Taschkent	2100	Karimow
Weißrußland	208	10	Minsk	1590	Schuschkewitsch

LÄNDER

SAINT KITTS AND NEVIS

Staatsgebiet: 267 km² auf den gleichnamigen karibischen Inseln, davon Nevis 93 km²; • Hauptstadt: Basseterre auf Saint Christopher.
Bevölkerung: 47 000 Einwohner (1989), 176 pro km², 80% Schwarze, Mulatten; • Amtssprache: Englisch; • Lebenserwartung 70 Jahre, städtische Bevölkerung 36%, 10% Analphabeten; • Religion: zwei Drittel Protestanten, 10% Katholiken.
Staat: Konstitutionelle Monarchie im Commonwealth, Staatsoberhaupt Königin Elisabeth II., Premier seit 1980 Kennedy A. Simmonds; • Flagge: diagonaler schwarzer Streifen mit 2 weißen Sternen von links unten nach rechts oben, gelb abgesetzt gegen Grün (Fruchtbarkeit) links und Rot (Freiheitskampf); • Nationalhymne: »O Land der Schönheit, Vaterland...«; • Nationalfeiertag: 19. September, Unabhängigkeit 1983; • Atlantikzeit = MEZ minus 5 Stunden.
Wirtschaft: Bruttosozialprodukt (1986) 80 Mio. Dollar; • Währung: 1 Ostkaribischer Dollar = 100 Cents = ca. 0,66 DM; • Export von Zucker, Melasse, Erdnüssen und Baumwolle; • Verkehr: je 100 km Straßen auf beiden Inseln, Fährverkehr, Tiefwasserhafen und internationaler Flughafen in der Hauptstadt Basseterre; • Kfz-Kennzeichen: SCN.

SAINT LUCIA

Staatsgebiet: 616 km² auf der gleichnamigen Insel der Kleinen Antillen in der Karibik; • Hauptstadt: Castries.
Bevölkerung: 143 000 Einwohner (1989), 232 pro km², 95% Schwarze, Mulatten; • Amtssprache: Englisch; • Lebenserwartung 72 Jahre, 10% Analphabeten; • Religion: 90% Katholiken.
Staat: Konstitutionelle Monarchie im Commonwealth, Staatsoberhaupt Königin Elisabeth II., Premier seit 1982 George John Melvin Compton; • Flagge: Blau (Meer) mit kleinem gelbem (Sonne) auf größerem weiß abgesetztem schwarzem Dreieck (Vulkaninsel); • Nationalhymne: »Söhne und Töchter von Saint Lucia, liebt das Land, das uns gebar...«; • Nationalfeiertage: 22. Februar, Unabhängigkeit 1979, und 13. Dezember, Fest der Heiligen Lucia; • Atlantikzeit = MEZ minus 5 Stunden.
Wirtschaft: Bruttosozialprodukt (1986) 174 Mio. Dollar; • Währung: 1 Ostkaribischer Dollar = 100 Cents = ca. 0,66 DM; • Export von Bananen, Kokosöl, Bier, Kakao, Gewürzen; • Verkehr: 1280 km Straßen, Tiefwasserhafen und internationaler Flughafen in der Hauptstadt; • Kfz-Kennzeichen: WL und STL.

SAINT VINCENT AND THE GRENADINES

Staatsgebiet: 388 km² auf den gleichnamigen Inseln in der Karibik (davon Grenadinen 43 km²); • Hauptstadt: Kingstown.
Bevölkerung: 112 000 Einwohner (1989), 288 pro km², 95% Schwarze, Mulatten; • Amtssprache: Englisch; • Lebenserwartung 69 Jahre; • Religion: 50% Anglikaner, 28% Methodisten, 13% Katholiken.
Staat: Konstitutionelle Monarchie im Commonwealth, Staatsoberhaupt Königin Elisabeth II., Premier seit 1984 James F. Mitchell; • Flagge seit 1985: senkrecht schmal Blau (Himmel, Meer), breit Gelb (Sonne) mit 3 grünen V-förmig (für Vincent) angeordneten Rauten und schmal grün; • Nationalhymne: »Saint Vincent, wir weihen uns dir freudigen Herzens...«; • Nationalfeiertag: 27. Oktober, Unabhängigkeit 1979; • Atlantikzeit = MEZ minus 5 Stunden.
Wirtschaft: Bruttosozialprodukt (1986) 101 Mio. Dollar; • Währung: 1 Ostkaribischer Dollar = 100 Cents = ca. 0,66 DM; • Export von Bananen, Kopra, Pfeilwurz, Süßkartoffeln; • Verkehr: 1000 km Straßen, internationaler Flughafen in Kingstown; • Kfz-Kennzeichen: WV.

SALOMONEN

Amtlich: Salomon Islands.
Staatsgebiet: 28 446 km² auf der gleichnamigen Inselgruppe und den Santa Cruz-, Duff- und Reef-Inseln im westlichen Pazifik; • Hauptstadt: Honiara auf der Hauptinsel Guadalcanal.
Bevölkerung: 314 000 Einwohner (1989), 11 pro km², 94% Melanesier; • Amtssprache: Englisch, Umgangssprache Pidgin-Englisch (Neo-Salomonian); • Bevölkerungswachstum 3,7%, Lebenserwartung 58 Jahre, städtische Bevölkerung 9%; • Religion: 75% Protestanten, 20% Katholiken.
Staat: Konstitutionelle Monarchie im Commonwealth, Staatsoberhaupt Königin Elisabeth II., Premier seit 1989 Solomon Mamaloni; • Flagge seit 1977: durch diagonalen gelben Streifen von links unten geteilt in Blau (Meer) mit 5 weißen Sternen links und Grün (Vegetation); • Nationalhymne seit 1978: »Gott schütze unsere Salomoninseln von Küste zu Küste...«; • Nationalfeiertag: 7. Juli, Tag der Unabhängigkeit 1978; • Südseezeit = MEZ plus 10 Stunden.
Wirtschaft: Bruttosozialprodukt (1986) 170 Mio. Dollar; • Währung: 1 Salomonen-Dollar = 100 Cents = ca. 0,83 DM; • Export von Kopra, Kakao, Holz, Fisch u.a.; • Verkehr: 1850 km Straßen, Fährverkehr zwischen den Inseln, internationaler Flughafen bei der Hauptstadt.

SALVADOR
siehe EL SALVADOR

SAMBIA

Amtlich: Republic of Zambia.
Staatsgebiet: 752 614 km² im südlichen Afrika, im Süden an Simbabwe und Namibia, im Westen an Angola, im Norden an Zaïre, im Nordosten an Tansania, im Osten an Malawi und im Südosten an Moçambique grenzend; • Hauptstadt: Lusaka; • 9 Provinzen.
Bevölkerung: 7,8 Mio. Einwohner (1989), 10 pro km², meist Bantus; • Amtssprache: Englisch, daneben Stammes-Sprachen; • Bevölkerungswachstum 3,5%, Lebenserwartung 53 Jahre, Kinder bis 15 Jahre 47%, ein Viertel Analphabeten, städtische Bevölkerung 58%; • Religion: zwei Drittel Christen, sonst Moslems und Naturreligionen.
Staat: Präsidiale Republik nach Verfassung von 1973, Staatschef s. 1991 Frederick Chiluba; • Flagge seit 1964: Grün mit rot-schwarz-oranger Trikolore der Einheitspartei UNIP, darüber oranger Adler; • Nationalhymne: »Gepriesen sei Gott, er segne unsere große Nation...«; • Nationalfeiertag: 24. Oktober, Unabhängigkeit 1964; • Osteuropäische Zeit = MEZ plus 1 Stunde.
Wirtschaft: Bruttosozialprodukt (1986) 1,66 Mrd. Dollar; • Währung: 1 Kwacha = 100 Ngwee = ca. 0,17 DM; • Außenhandel (1986): Importe 714 Mio. Dollar, Exporte 689 Mio. Dollar (v.a. Kupfer, Zink, Blei, Kobalt, Schmucksteine); • Auslandsschulden (1988): 5,6 Mrd. Dollar; • Verkehr: 2250 km Eisenbahn, 37 000 km Straßen (5600 km asphaltiert), Exporte über Daressalam, Binnenschiffahrt auf dem Tanganjikasee, internationaler Flughafen in Ndola und bei der Hauptstadt; • Kfz-Kennzeichen: Z.

SAMOA
siehe WESTSAMOA.

SAN MARINO

Amtlich: Serenissima Repubblica di San Marino.
Staatsgebiet: 60,57 km² in Südeuropa (nordöstlicher Apennin), ganz von italienischem Gebiet umschlossen; • Hauptstadt: San Marino.
Bevölkerung: 22 650 Einwohner (1989), 374 pro km²; • Amtssprachen: Italienisch und Romagnol; • Religion: 95% Katholiken.
Staat: Parlamentarische Republik unter italienischem Schutz nach Verfassungsreform von 1939, Regierungschefs 2 vom Parlament für je 6 Monate gewählte Kapitäne

LÄNDER

(Capitani reggenti); • Flagge seit 1797: waagerecht Weiß, Blau mit Emblem in der Mitte; • Nationalhymne: Instrumentalstück, kein Text; • Nationalfeiertag: 3. September, legendärer Gründungstag im Jahr 301; • MEZ (mit Sommerzeit).
Wirtschaft: ganz mit der italienischen verwoben, gleiche Währung; Einnahmen v.a. durch Fremdenverkehr (3 Mio. Touristen jährlich), Briefmarken, Wein u.a.; • Verkehr: Bus-, Helikopter- und Seilbahnverbindung zu den italienischen Nachbarorten; • Kfz-Kennzeichen: RSM.

SÃO TOMÉ UND PRÍNCIPE

Amtlich: República Demokrática de São Tomé e Príncipe.
Staatsgebiet: 964 km² auf den gleichnamigen Inseln im Golf von Guinea, davon Príncipe 128 km²; • Hauptstadt: São Tomé.
Bevölkerung: 114 000 Einwohner (1989), 118 pro km²; • Amtssprache: Portugiesisch; • Religion: 80% Katholiken, protestantische Minderheit, Animisten.
Staat: Parlamentarische Republik gemäß Verfassung von 1990, Staatsoberhaupt seit März 1991 Miguel Trovoada; • Flagge: waagerecht schmales Grün, breites Gelb mit 2 schwarzen Sternen, schmales Grün, am Flaggstock rotes Dreieck (Sozialismus); • Nationalfeiertag: 12. Juli, Unabhängigkeit 1975; • MEZ.
Wirtschaft: Bruttosozialprodukt (1986) 33 Mio. Dollar; • Währung: 1 Dobra = 100 Céntimos = ca. 0,01 DM; • Export von Kakao, Palmkernen, Kopra u.a.; • Verkehr: 290 km Straßen, 3 Flugfelder; • Kfz-Kennzeichen: STP.

SAUDI-ARABIEN

Amtlich: Al Mamlaka Al Arabijja As Saudijja, Königreich Saudi-Arabien.
Staatsgebiet: 2 149 690 km² in Vorderasien auf der Arabischen Halbinsel, im Norden an Jordanien, Irak und Kuwait, im Südosten an Katar, die Vereinigten Arabischen Emirate und Oman, im Süden an Oman und den Jemen grenzend, Küsten am Roten Meer und am Persischen Golf; • Hauptstadt: Er Riad; • 5 Provinzen.
Bevölkerung: 12,7 Mio. Einwohner (1989), 6 pro km², fast ausschließlich Araber (30% Nomaden), 3 Mio. Ausländer als Gastarbeiter; • Amtssprache: Arabisch; • Bevölkerungswachstum 3,2% (ohne Zuwanderer), Lebenserwartung 63 Jahre, Kinder bis 15 Jahre 37%, zur Hälfte Analphabeten, städtische Bevölkerung 72%; • Religion: 99% Moslems (weit überwiegend Sunniten).
Staat: Autokratische Monarchie unter König Fahd Ibn Abd Al Asis (seit 1982); • Flagge seit 1973: Grün (Islam) mit liegendem weißem Schwert und weißer arabischer Aufschrift: »Kein Gott außer Allah, und Mohammed ist sein Prophet«; • Nationalhymne seit 1950: »Lang lebe unser teurer König! Auf preiset ihn!«; • Nationalfeiertag: 23. September, Bildung des Königreichs Saudi-Arabien 1932; • MEZ plus 3 Stunden.
Wirtschaft: Bruttosozialprodukt (1986) 78,5 Mrd. Dollar; • Währung: 1 Saudi Riyal = 20 Qirshes = 100 Hallalas = ca. 0,47 DM; • Außenhandel (1986): Importe 19,1 Mrd. Dollar, Exporte 20,1 Mrd. Dollar (95% Erdöl, weltgrößter Exporteur); • Verkehr: 30 000 km befestigte Straßen, ein Vielfaches an Karawanenwegen, 600 km Eisenbahn Er Riad – Dammam, umfangreiches Pipeline-Netz, Ölhäfen in Ras At Tanura, Ras Al Chafdschi und Mina Saud, Überseehäfen in Dschidda und Dammam, internationale Flughäfen in der Hauptstadt, in Dharan und Dschidda; • Kfz-Kennzeichen: SA.

Klimadaten Saudi-Arabien

Städte	Höhe in m	Mitteltemp. im kältesten Monat	Mitteltemp. im wärmsten Monat	Regen in mm jährl.
Er Riad	590	14,5	34,0	81
Dschidda	-	24,0	32,0	61

Die wichtigsten Städte

Er Riad	1,3 Mio.	Taif	300 000
Dschidda	1,5 Mio.	Medina	290 000
Mekka	550 000	Dammam	200 000

SAUDI-ARABIEN: Große Teile der Arabischen Halbinsel sind von lebensfeindlichen Wüsten bedeckt. Die Luftaufnahme zeigt das unwirtliche Gebiet des Hedschasgebirges in der Nähe von Tebuk.

SCHWEDEN

Amtlich: Konungariket Sverige, Königreich Schweden.
Staatsgebiet: 449 964 km² (inklusive 38 485 km² Binnengewässer) in Nordeuropa, im Westen an Norwegen und im Nordosten an Finnland grenzend, Ostseeküste; • Hauptstadt: Stockholm.
Bevölkerung: 8,37 Mio. Einwohner (1989), 19 pro km²; • Amtssprache: Schwedisch; • kaum Bevölkerungswachstum, Lebenserwartung 77 Jahre, Kinder bis 15 Jahre 18%, städtische Bevölkerung 86%; • Religion: 95% Lutheraner.
Staat: Konstitutionelle Monarchie, Staatsoberhaupt seit 1973 König Karl XVI. Gustaf, Regierungschef seit 1991 Carl Bildt (Konservative); • Flagge: Blau mit gelbem skandinavischem (liegendem) Kreuz; • Nationalhymne: »Du alter, du freier, gebirgiger Nord, so friedlich und fröhlich zu schauen...«; • Nationalfeiertage: 6. Juni (»Flaggentag«), Ende der dänischen Herrschaft 1523, und 30. April, Geburtstag des Königs 1946; • MEZ mit Sommerzeit.
Wirtschaft: Bruttosozialprodukt (1986)

Klimadaten Schweden

Städte	Mitteltemp. im kältesten Monat	Mitteltemp. im wärmsten Monat	Regen in mm jährl.	Regentage im Jahr
Göteborg	-1,0	17,5	670	165
Stockholm	-3,0	18,0	555	164
Piteå	-9,5	16,5	520	130

LÄNDER

Verwaltungsgliederung				
Gebiet Län	Fläche in km²	Einwohner in 1000	Hauptstadt	Einwohner
Älvsborg	11 395	426	Vänersborg	35 500
Blekinge	2 941	152	Karlskrona	60 000
Gävleborg	18 191	291	Gävle	88 000
Göteborg och Bohus	5 141	712	Göteborg	430 000
Gotland	3 140	56	Visby	21 000
Halland	5 454	238	Halmstad	77 000
Jämtland	49 443	135	Östersund	57 000
Jönköping	9 944	301	Jönköping	109 000
Kalmar	11 170	240	Kalmar	54 000
Kopparberg	28 194	285	Falun	51 000
Kristianstad	6 087	280	Kristianstad	70 000
Kronoberg	8 458	175	Växjö	66 000
Malmöhus	4 938	747	Malmö	230 000
Norbotten	98 919	264	Luleå	67 000
Örebro	8 517	271	Örebro	118 000
Östergötland	10 562	393	Linköping	118 000
Skaraborg	7 938	270	Mariestad	20 000
Södermanland	6 060	250	Nyköping	65 000
Stockholm	6 488	1563	Stockholm	667 000
Uppsala	6 989	250	Uppsala	158 000
Värmland	17 584	280	Karlstad	74 000
Västerbotten	55 401	246	Umeå	85 000
Västernorrland	21 678	264	Härnösand	28 000
Västmanland	6 302	256	Västerås	119 000

114,5 Mrd. Dollar; • Währung: 1 Schwedische Krone = 100 Öre = ca. 0,29 DM; • Außenhandel (1986): Importe 32,7 Mrd. Dollar, Exporte 37,2 Mrd. Dollar (v.a. Maschinen, Fahrzeuge, Pappe, Holz, Papier, Eisen, Stahl); • Verkehr: 12 100 km Eisenbahn, 207 000 km zur Hälfte befestigte Straßen (1400 km Autobahn), 640 km Binnenschiffahrtswege, Häfen u.a. in Göteborg, Luleå, Helsingborg, internationaler Flughafen Arlande nordöstlich Stockholm; • Kfz-Kennzeichen: S.

SCHWEIZ

Amtlich: Schweizerische Eidgenossenschaft.
Staatsgebiet: 41293 km² in Mitteleuropa, im Westen an Frankreich, im Norden an Deutschland, im Osten an Österreich und Liechtenstein und im Süden an Italien grenzend; • Hauptstadt: Bern.
Bevölkerung: 6,67 Mio. Einwohner (1989), 162 pro km², 85% Schweizer, 1,1 Mio. Ausländer; • Staatssprachen: Deutsch, Französisch, Italienisch; • kaum Bevölkerungswachstum, Lebenserwartung 77 Jahre, Kinder bis 15 Jahre 18%, kaum Analphabeten, städtische Bevölkerung 61%; • Religion: knapp 50% Katholiken, 45% Protestanten.
Staat: Parlamentarisch-demokratischer Bundesstaat gemäß 1874 revidierter Verfassung, Staatsoberhaupt und Regierungschef ein jährlich wechselnder Bundespräsident; • Flagge: Rot mit weißem Kreuz aus gleichlangen Balken; • Nationalhymne seit 1961: »Trittst im Morgenrot daher, seh' ich dich im Strahlenmeer...«, Text von Leonhard Widmer (1809–1867), Melodie von Alberik Zwyssig (1808–1854); • Nationalfeiertag: 1. August, Tag des legendären »Rütlischwurs« 1291; • MEZ mit Sommerzeit.
Wirtschaft: Bruttosozialprodukt (1988) 178,4 Mrd. Dollar; • Währung: 1 Schweizer Franken = 100 Rappen = ca. 1,11 DM; • Außenhandel (1988): 50,6 Mrd. Dollar Importe, 45,4 Mrd. Dollar Exporte (v.a. Maschinen, Chemikalien, Kunststoffe, Uhren, Schmuck, Münzen – Einnahmen aus dem Fremdenverkehr 5,6 Mrd. Dollar); • Verkehr: rund 5000 km Schienennetz, davon zwei Drittel elektrifiziert, 67 000 km Straßen, davon über 1300 km Autobahnen, Binnenschiffahrt auf Rhein und Bodensee, wichtigste internationale Flughäfen in Zürich-Kloten und Genf-Cointrin; • Kfz-Kennzeichen: CH.

SCHWEDEN: Flößerei ist eine langsame Transportart, bewältigt jedoch gewaltige Holzmassen. Trotz Rückgangs ist sie daher stellenweise immer noch ohne Alternative.

Verwaltungsgliederung				
Kanton	Fläche in km²	Einwohner in 1000	Hauptstadt	Einwohner
Aargau	1404,6	491,0	Aarau	16 000
Appenzell-Außerrhoden	243,2	50,8	Herisau	14 700
Appenzell-Innerrhoden	172,1	13,6	Appenzell	4 900
Basel-Landschaft	428,1	229,3	Liestal	12 100
Basel-Stadt	37,2	189,6	Basel	171 600
Bern	6049,4	937,1	Bern	136 300
Freiburg (Fribourg)	1670,0	204,0	Freiburg	33 700
Genf (Genève)	282,2	373,2	Genf	162 000
Glarus	684,3	37,3	Glarus	5 900
Graubünden	7105,9	168,6	Chur	30 500
Jura	837,5	64,8	Delémont	11 300
Luzern	1492,2	314,7	Luzern	59 600
Neuenburg (Neuchâtel)	796,6	158,6	Neuenburg	32 600
Nidwalden	275,8	31,9	Stans	5 700
Obwalden	490,7	28,1	Sarnen	7 600
Sankt Gallen	2014,3	414,4	St. Gallen	72 600
Schaffhausen	298,3	70,9	Schaffhausen	33 800
Schwyz	908,2	108,2	Schwyz	12 500
Solothurn	790,6	222,8	Solothurn	15 500
Tessin (Ticino)	2810,8	283,1	Bellinzona	18 500
Thurgau	1012,7	201,7	Frauenfeld	19 000
Uri	1076,5	33,6	Altdorf	8 200
Waadt (Vaud)	3219,0	572,2	Lausanne	124 100
Wallis (Valais)	5225,8	243,4	Sitten (Sion)	23 000
Zug	238,6	84,1	Zug	21 300
Zürich	1728,6	1146,2	Zürich	346 900

LÄNDER

SENEGAL: Weit hörbar ist das Tam-Tam, das die Eingeborenen nicht nur als Begleitinstrument für ihre Tänze verwenden, sondern auch zur Signalübermittlung.

SENEGAL
Amtlich: République du Sénégal.
Staatsgebiet: 196 192 km² in Westafrika, im Norden an Mauretanien, im Osten an Mali und im Süden an Guinea-Bissau und Guinea grenzend, Gambia fast ganz umschließend; • Hauptstadt: Dakar; • 10 Regionen.
Bevölkerung: 7,7 Mio. Einwohner (1989), 38 pro km², über 85% Sudanide wie Wolof, Serer, Tukulor u.a.; • Amtssprachen: Französisch und Wolof; • 2,9% Bevölkerungswachstum, Lebenserwartung 47 Jahre, Kinder bis 15 Jahre 46%, drei Viertel Analphabeten, städtische Bevölkerung 36%; • Religion: über 90% Moslems.
Staat: Präsidiale Republik nach der (mehrfach geänderten) Verfassung von 1963, Staatsoberhaupt seit 1981 und Regierungschef seit 1983 Abdou Diouf (Sozialist), auch Präsident der 1982 gebildeten Konföderation Senegambia mit dem Staat Gambia; • Flagge seit 1960: senkrecht Grün, Gelb mit grünem Stern (Fortschritt und Freiheit), Rot (panafrikanische Farben); • Nationalhymne seit 1960: »Zupft die Saiten, schlagt die Marimbas (Resonanzinstrumente aus hohlen Flaschenkürbissen), der rote Löwe hat gebrüllt...«, Text von L. S. Senghor (* 1906, erster Präsident des unabhängigen Senegal 1960–80); • Nationalfeiertag: 4. April, Bildung der Föderation Mali 1959, aus der Senegal am 20.8.1960 austrat; • Westeuropäische Zeit = MEZ minus 1 Stunde.
Wirtschaft: Bruttosozialprodukt (1986) 3,75 Mrd. Dollar; • Währung: 1 CFA-Franc = 100 Centimes = ca. 0,005 DM; • Außenhandel (1986): Importe 1,0 Mrd. Dollar, Exporte 0,62 Mrd. Dollar (v.a. Erdnüsse, Phosphat, Fisch); • Auslandsschulden (1986): 2,5 Mrd. Dollar; • Verkehr: 1190 km Eisenbahn, 14 000 km Straßen (4000 km asphaltiert), Überseehafen und bedeutender internationaler Flughafen nahe der Hauptstadt; • Kfz-Kennzeichen: SN.

SEYCHELLEN
Amtlich: République des Seychelles, Republic of Seychelles.
Staatsgebiet: 404 km² auf der gleichnamigen Inselgruppe (32 Inseln, Hauptinsel Mahé mit 145 km²) und auf 90 weiteren (36 bewohnt) umliegenden Inseln im Indischen Ozean; • Hauptstadt: Victoria auf Mahé.
Bevölkerung: 70 000 Einwohner (1989), 173 pro km², zu drei Vierteln auf Mahé lebend, 90% Kreolen; • Amtssprache: Kreolisch – Englisch und Französisch als Verkehrssprachen; • Lebenserwartung 70 Jahre, 40% Analphabeten; • Religion: 90% Katholiken, 8% Anglikaner.
Staat: Präsidiale Republik mit Einheitspartei nach Verfassung von 1979, Staats- und Regierungschef seit 1977 France-Albert René; • Flagge seit 1977: waagerecht breites Rot (Revolution), schmales Grün (Vegetation) durch weißen gewellten Streifen (Meereswogen) getrennt; • Nationalhymne seit 1978: »Mit Mut und Disziplin haben wir alle Ketten gesprengt...«; • Nationalfeiertag: 5. Juni, Machtübernahme durch den jetzigen Präsidenten; • MEZ plus 2 bzw. 3 Stunden.
Wirtschaft: Bruttosozialprodukt (1986) • 240 Mio. Dollar; • Währung: 1 Seychellen-Rupie = 100 Cents = ca. 0,32 DM; • Export von Kopra, Zimt, Fisch u.a., Einnahmen aus dem Fremdenverkehr; • Verkehr: 200 km Straßen und internationaler Flughafen auf der Hauptinsel, Schiffs- und Flugverkehr zwischen den Inseln; • Kfz-Kennzeichen: SY.

SIERRA LEONE
Amtlich: Republic of Sierra Leone.
Staatsgebiet: 71 740 km² in Westafrika, im Norden und Osten an Guinea und im Südosten an Liberia grenzend; • Hauptstadt: Freetown; • 4 Provinzen.
Bevölkerung: 4,3 Mio. Einwohner (1989), 60 pro km², Sudanide wie Mende, Temne, Soso, Kuranko, Limba; • Amtssprache:

Englisch, daneben Stammesdialekte; • Bevölkerungswachstum 2,4%, Lebenserwartung 41 Jahre, Kinder bis 15 Jahre 41%, fast drei Viertel Analphabeten, städtische Bevölkerung 26%; • Religion: 40% Moslems, sonst v.a. animistische Kulte.
Staat: Präsidiale Republik im Commonwealth mit Einheitspartei nach Verfassung von 1978, Staats- und Regierungschef seit 1985 Joseph Saidu Momoh; • Flagge seit 1961: waagerecht Grün (Natur), Weiß (Einheit und Gerechtigkeit), Blau (Meer und Hoffnung); • Nationalhymne seit 1961: »Hoch preisen wir dich, Reich der Freien...«; • Nationalfeiertag: 19. April, Ausrufung der Republik 1971; • MEZ minus 1 Stunde.
Wirtschaft: Bruttosozialprodukt (1986) 1,2 Mrd. Dollar; • Währung: 1 Leone = 100 Cents = ca. 0,04 DM; • Außenhandel (1986): Importe 137 Mio. Dollar, Exporte 132 Mio. Dollar (v.a. Diamanten, Eisenerz, Kaffee); • Auslandsschulden (1986): 0,5 Mrd. Dollar; • Verkehr: Erzbahn Marampa – Pepel, 7500 km Straßen, Überseehafen in und internationaler Flughafen bei der Hauptstadt; • Kfz-Kennzeichen: WAL.

SIMBABWE

Amtlich: Republic of Zimbabwe.
Staatsgebiet: 390 580 km² in Südostafrika, im Norden an Sambia, im Nordosten und Osten an Moçambique, im Süden an die Republik Südafrika und im Westen an Namibia grenzend; • Hauptstadt: Harare (bis 1979 Salisbury); • 8 Provinzen.
Bevölkerung: 10 Mio. Einwohner (1989), 26 pro km², meist Bantu; • Amtssprache: Englisch; • 3,7% Bevölkerungswachstum, Lebenserwartung 58 Jahre, Kinder bis 15 Jahre 50%, ein Viertel Analphabeten, städtische Bevölkerung 27%; • Religion: 20% Katholiken und Anglikaner, sonst meist Animisten.
Staat: Präsidiale Republik im Commonwealth gemäß Verfassung von 1979, Staatsoberhaupt seit 1987 und Regierungschef seit 1980 Robert Mugabe; • Flagge seit 1980: waagerecht Grün, Gelb, Rot (panafrikanische Farben), Schwarz (Staatsvolk), Rot, Gelb, Grün, weißes Dreieck mit rotem Stern (Revolution) und Simbabwe-Vogel am Flaggstock; • Nationalfeiertag: 18. April, Unabhängigkeit 1980; • Osteuropäische Zeit = MEZ plus 1 Stunde.
Wirtschaft: Bruttosozialprodukt (1986) 4,95 Mrd. Dollar; • Währung: 1 Simbabwe-Dollar = 100 Cents = ca. 0,85 DM; • Außenhandel (1986): Importe 1,13 Mrd. Dollar, Exporte 1,3 Mrd. Dollar (v.a. Tabak, Baumwolle, Asbest, Erze, Eisen, Stahl, Tee); • Auslandsschulden (1986): 1,75 Mrd. Dollar; • Verkehr: 3500 km Eisenbahn, 175 000 km Straßen (12 000 befestigt), internationale Flughäfen in Bulawayo und Harare; • Kfz-Kennzeichen: ZW.

SINGAPUR

Amtlich: Republic of Singapore, Repablik Singapura.
Staatsgebiet: 618 km² in Südostasien auf der gleichnamigen Insel und weiteren vorgelagerten Inseln vor der Südspitze der Halbinsel Malakka; • Hauptstadt: Singapur.
Bevölkerung: 2,7 Mio. Einwohner (1990), 4239 pro km²; • Sprachen: Englisch (amtlich), Malaiisch, daneben Chinesisch und Tamil; • Lebenserwartung 73 Jahre, 17% Analphabeten; • Religion: Buddhisten 56%, Moslems 16%, Christen 10%, außerdem Hindus und Konfuzianer.
Staat: Parlamentarische Demokratie, Staatsoberhaupt seit 1985 Wee Kim Wee, Regierungschef seit 1990 Goh Chok Tong; • Flagge seit 1959: waagerecht Rot mit weißem Mond und 5 weißen Sternen im Obereck, Weiß; • Nationalhymne seit 1959: »Auf, Volk von Singapur, dem Glück entgegen...«; • Nationalfeiertag: 9. August, Unabhängigkeit 1965; • MEZ plus 7 Stunden.
Wirtschaft: Bruttosozialprodukt (1988) 24 Mrd. Dollar; • Währung: 1 Singapur-Dollar = 100 Cents = ca. 0,90 DM; • Export von Maschinen, Transportmitteln, High-Tech, Dienstleistungen, Mineralölerzeugnissen; • Auslandsschulden (1987): 4,2 Mrd. Dollar; • Verkehr: 2600 km gut ausgebautes, aber überlastetes Straßensystem, Großhafen, 2 internationale Flughäfen; • Kfz-Kennzeichen: SGP.

SINGAPUR: Am Schnittpunkt wichtiger Schiffahrts- und Flugrouten entwickelte sich Singapur zu einem bedeutenden Handelszentrum Südostasiens.

LÄNDER

SLOWAKEI

Nach Selbständigkeit strebende Teilrepublik der TSCHECHOSLOWAKEI (siehe dort).

SLOWENIEN

Amtlich: Republika Slovenija, Republik Slowenien.
Staatsgebiet: 20 251 km² im Norden an Österreich, im Nordosten an Ungarn, im Osten und Süden an Kroatien und im Westen an Italien grenzend, kurze Adriaküste; • Hauptstadt: Ljubljana.
Bevölkerung: 1,93 Mio. Einwohner, 96 pro km², über 90 Prozent Slowenen, kroatische und serbische Minderheiten; • Amtssprache: Slowenisch, daneben Serbokroatisch; • Religion: 90% röm.-kath. Christen.
Staat: Parlamentarische Republik nach mehrfachen Verfassungsänderungen 1989/90, Staatsoberhaupt seit 1990 Präsident Milan Kučan; • Flagge: waagerecht Weiß, Blau, Rot mit Staatswappen links oben; • MEZ mit Sommerzeit.
Wirtschaft: vor dem Zerfall des Staates Jugoslawien etwa 20% des gesamten Bruttosozialprodukts (also etwa 12 Mrd. Dollar); • Währung: 1 Tolar = ca. 0,02 DM (1992); • durch Bürgerkrieg 1990 erstmals defizitäre Handelsbilanz; • Auslandsschulden: 1,7 Mrd. Dollar, Kriegsschäden etwa 2,7 Mrd. Dollar.

SLOWENIEN: Am linken Ufer des Karstflusses Laibach liegt die Altstadt der slowenischen Metropole Ljubliana.

SLOWENIEN: Platz der Revolution in der Hauptstadt Ljubliana.

SOMALIA

Amtlich: Jamhuuriyadda Dimuqraadiga Soomaaliya, Somali Demokratic Republic.
Staatsgebiet: 637 657 km² in Ostafrika, im Südwesten an Kenia und im Westen an Äthiopien grenzend, Küste am Indischen Ozean; • Hauptstadt: Mogadischu; • 16 Regionen.
Bevölkerung: 5,1 Mio. Einwohner (1989), 8 pro km², 95% Somal u.a. der Stämme Dir, Darod, Hawija, Digil; • Amtssprache: Somali, daneben Arabisch und Englisch als Verkehrssprachen; • 2,9% Bevölkerungswachstum, Lebenserwartung 47 Jahre, Kinder bis 15 Jahre 45%, fast 90% Analphabeten, städtische Bevölkerung 34%; • Religion: 99% Moslems (Sunniten).
Staat: Republik, noch ohne Verfassung nach blutigem Bürgerkrieg gegen die Diktatur von Präsident Barre (geflohen 1991) und seiner sozialistischen Einheitspartei (gestürzt 1991), Übergangsstaatsoberhaupt seit 1990 (1991 für zwei weitere Jahre von der »Versöhnungskonferenz« bestätigt) Ali Mahdi Mohamed; • Flagge: Blau (wie UN) mit weißem Stern in der Mitte; • Nationalhymne: Instrumentalstück, kein Text; • Nationalfeiertag: 21. Oktober, Machtübernahme des jetzigen Präsidenten; • MEZ plus 2 Stunden.
Wirtschaft: Bruttosozialprodukt (1986) 2,3 Mrd. Dollar; • Währung: 1 Somalia-Schilling = 100 Centesimi = ca. 0,006 DM; • Außenhandel (1986): Importe 440 Mio. Dollar, Exporte 89 Mio. Dollar (v.a. Vieh, Häute, Felle, Bananen, Weihrauch); • Auslandsschulden (1986): 1,4 Mrd. Dollar; • Verkehr: 25 000 km Straßen (10% befestigt), internationaler Flughafen in der Hauptstadt; • Kfz-Kennzeichen: SP.

SOWJETUNION

Ende 1991 auseinandergebrochener Bundesstaat, dessen Einzelrepubliken entweder ihre völlige Unabhängigkeit erklärt haben wie die Baltischen Staaten ESTLAND, LETTLAND, LITAUEN (siehe dort) oder einen losen Staatenbund bilden (Gemeinschaft Unabhängiger Staaten, GUS), dessen Vormacht RUSSLAND (siehe dort) ist. Dort stehen auch die nicht der GUS beigetretenen Republiken.

LÄNDER

Verwaltungsgliederung				
Autonome Region	Fläche in km²	Einwohner in 1000	Hauptstadt	Einwohner
Andalusien	87 268	6442	Sevilla	673 000
Aragonien	47 669	1215	Saragossa	602 000
Asturien	10 565	1130	Oviedo	190 000
Balearen	5014	690	Palma de M.	312 000
Baskenland	7 261	2135	Vitoria	200 000
Estremadura	41 602	1055	Mérida	37 000
Galicien	29 434	2755	Santiago de C.	95 000
Kanarische Inseln	7 273	1445	Santa Cruz	192 000
Kantabrien	5 289	512	Santander	188 000
Kastilien-León	94 147	2580	Valladolid	332 000
Kastilien-La Mancha	79 226	1630	Toledo	58 000
Katalonien	31 930	5960	Barcelona	1,8 Mio.
Madrid	7 995	4620	Madrid	3,2 Mio.
Murcia	11 317	960	Murcia	306 000
Navarra	10 421	510	Pamplona	182 000
La Rioja	5 034	255	Logroño	112 000
Valencia	23 305	3650	Valencia	790 000

SPANIEN

Amtlich: Reino de España, Königreich Spanien.
Staatsgebiet: 504 782 km² in Südwesteuropa auf der Iberischen Halbinsel, im Westen an Portugal, im Norden an Frankreich, im Süden an Gibraltar grenzend, Atlantik- und Mittelmeerküste; • Hauptstadt: Madrid; • 17 Autonome Regionen, 50 Provinzen; • Exklaven: Ceuta, 19 km², 65 000 Einwohner, und Melilla, 12,3 km², 59 000 Einwohner, beide in Nordmarokko.
Bevölkerung: 39,8 Mio. Einwohner (1989), 79 pro km², 73 % Kastilier, 18 % Katalanen, 6 % Galicier, 1,5 % Basken; • Amtssprache: Spanisch; • kaum Bevölkerungswachstum, Lebenserwartung 76 Jahre, Kinder bis 15 Jahre 23 %, 7 % Analphabeten, städtische Bevölkerung 77 %; • Religion: nahezu ausschließlich Katholiken.
Staat: Konstitutionelle Monarchie mit parlamentarischem Regierungssystem, Staatsoberhaupt seit 1975 König Juan Carlos I., Regierungschef seit 1982 Felipe González (Sozialist); • Flagge (»Blut und Gold«): waagerecht Rot, doppelt breites Gelb mit Wappen, Rot; • Nationalhymne (»Königsmarsch«) seit 1837: Instrumentalstück, kein Text, häufigste inoffizielle Textversion: »Es lebe Spanien! Erhebt die Häupter, Söhne der spanischen Nation, die neu erstehen will!«; • Nationalfeiertage: 24. Juni, Namenstag des Königs, und 12. Oktober, Entdeckung Amerikas durch Kolumbus 1492; • MEZ (mit Sommerzeit).
Wirtschaft: Bruttosozialprodukt (1986) 229,1 Mrd. Dollar; • Währung: 1 Peseta = 100 Céntimos = ca. 0,015 DM; • Außenhandel (1987): Importe 48,8 Mrd. Dollar, Exporte 34,0 Mrd. Dollar (v.a. Maschinen, Erdölderivate, Obst, Schuhe, Fahrzeuge, Stahl, Wein, Fisch); • Verkehr: 14 200 km Eisenbahn (zur Hälfte elektrifiziert, 170 000 km Straßen (2100 km Autobahn), größte Häfen in Bilbao und Tarragona, internationale Flughäfen u.a. in Madrid, Barcelona, Palma de Mallorca und Valencia; • Kfz-Kennzeichen: E.

SRI LANKA

Amtlich: Demokratische Sozialistische Republik Sri Lanka.
Staatsgebiet: 65 610 km² auf der Insel Ceylon und 22 vorgelagerten Inseln in Südasien; • Hauptstadt: Colombo; • 9 Palat (Provinzen) und 24 Distrikte.
Bevölkerung: 17,5 Mio. Einwohner (1989), 265 pro km², 74 % Singhalesen, 18,1 % Tamilen, 7 % Moors (Nachfahren arabischer Händler und Seeleute); • Amtssprache: Singhalesisch und Tamil, daneben Englisch als Verkehrssprache; • Bevölkerungswachstum 1,5 %, Lebenserwartung 70 Jahre, Kinder bis 15 Jahre 35 %, 13 % Analphabeten, städtische Bevölkerung 21 %; • Religion: 70 % Buddhisten, 15,5 % Hindus.
Staat: Präsidiale Republik nach Verfassung von 1978, Staatschef seit 1988 Ranasinghe Premadasa; • Flagge seit 1978: gelb gerahmt senkrecht Grün (Islam), Orange (Hinduismus), gelb gerahmtes braunes Rechteck mit gelbem Löwen und gelben Blättern in den Winkeln; • Nationalhymne seit 1952: »Sri Lanka, Mutter, dich verehren wir...«; • Nationalfeiertag: 4. Feburar, Unabhängigkeit 1948; • MEZ plus 4,5 Stunden.
Wirtschaft: Bruttosozialprodukt (1986) 5,9 Mrd. Dollar; • Währung: 1 Sri-Lanka-Rupie = 100 Sri-Lanka-Cents = ca. 0,05 DM; • Außenhandel (1986): Importe 1,95 Mrd. Dollar, Exporte 1,2 Mrd. Dollar (v.a. Tee, Rohkautschuk, Kokosnußprodukte, Gewürze, Textilien, Schmucksteine); • Auslandsschulden (1986): 3,5 Mrd. Dollar; • Verkehr: 1500 km Eisenbahn mit Fährverbindung nach Südindien, 25 500 km Straßen, Häfen in Trincomalee, Galle und in der Hauptstadt, in deren Nähe auch internationaler Flughafen; • Kfz-Kennzeichen: CL.

SPANIEN: Während bei Südfrüchten die Konkurrenz der anderen Mittelmeerländer deutlich spürbar ist, haben die spanischen Gewürzbauern weniger Absatzsorgen: zum Trocknen ausgelegte rote Pfefferschoten.

Klimadaten Spanien				
Städte	Mitteltemp. im kältesten Monat	Mitteltemp. im wärmsten Monat	Regen in mm jährl.	Regentage im Jahr
La Coruña	10,0	19,0	935	161
Madrid	5,5	24,0	444	87
Barcelona	9,5	24,5	586	78
Palma de Mallorca	10,0	24,5	449	71
Sevilla	10,5	28,0	564	60

LÄNDER

SÜDAFRIKA

Amtlich: Republic of South Africa, Republiek van Suid-Afrika.
Staatsgebiet: 1 119 566 km² (ohne Homelands) an der Südspitze Afrikas, im Norden an Namibia, Simbabwe und Botswana, im Nordosten an Moçambique und Swasiland grenzend und Lesotho einschließend; • Hauptstadt: Pretoria; • 4 Provinzen; • Exklave Walfischbucht, 1124 km² in Namibia, 25 000 Einwohner; • 4 »selbständige« Homelands: *Bophuthatswana,* 44 000 km², 1,7 Mio. Einwohner, Hauptstadt Mmabatho; – *Ciskei,* 7740 km², 780 000 Einwohner, Hauptstadt Bisho; – *Transkei,* 38 541 km², 2,7 Mio. Einwohner, Hauptstadt Umtata; – *Venda,* 7410 km², 400 000 Einwohner, Hauptstadt Thohoyando.
Bevölkerung: 23,5 Mio. Einwohner (1989), 21 pro km², zwei Drittel Schwarze (meist Bantu), 12% sonstige »Coloured«, 3% Asiaten, 19% Weiße; • Amtssprachen: Afrikaans und Englisch; • 2,2% Bevölkerungswachstum, Lebenserwartung 61 Jahre (bei der weißen Bevölkerung deutlich höher, bei der schwarzen niedriger), Kinder bis 15 Jahre 38%, 7% Analphabeten, städtische Bevölkerung 56%; • Religion: 75% meist protestantische Christen, moslemische und hinduistische Minderheiten, Naturreligionen.

Die wichtigsten Städte

Johannesburg	1,7 Mio.	Pretoria	750 000
Kapstadt	1,5 Mio.	Port Elizabeth	590 000
Durban	970 000	Bloemfontein	240 000

Staat: Parlamentarische Bundesrepublik nach Verfassung von 1984, uneingeschränktes Wahlrecht nur für Weiße, Inder und Mischlinge nach dem Prinzip der Rassentrennung (»Apartheid«), Staats- und Regierungschef seit 1989 Präsident Frederik de Klerk; • Flagge: waagerecht Orange (Mut und Ehre), Weiß (Reinheit) mit den Flaggen der Kapprovinz (»Union Jack«), des Oranjefreistaats und von Transvaal, Blau (Frieden); • Nationalhymne seit 1952 (»Die stem van Suid-Afrika«): »Aus der Bläue unsres Himmels, aus der Tiefe unsrer See...«; • Nationalfeiertag: 31. Oktober, Unabhängigkeit 1910; • Osteuropäische Zeit = MEZ plus 1 Stunde.
Wirtschaft: Bruttosozialprodukt (1986) 53,4 Mrd. Dollar; • Währung: 1 Rand = 100 Cents = ca. 0,75 DM; • Außenhandel (1986): Importe 13,0 Mrd. Dollar, Exporte 18,5 Mrd. Dollar (v.a. Gold, Edelsteine, Wolle, Tierhaare, Eisen und Stahl, Erze, Zucker); • Auslandsschulden (1986): 22 Mrd. Dollar; • Verkehr: 23 700 km Eisenbahn (mit Homelands), 185 000 km Straßen (50 000 km asphaltiert), Haupthafen Durban, internationale Flughäfen Jan Smuts bei Johannesburg, in Durban und Kapstadt; • Kfz-Kennzeichen: ZA oder RSA.

SUDAN

Amtlich: Al Gumhurijja As Sudan, The Republic of the Sudan.
Staatsgebiet: 2 505 813 km² in Nordostafrika (größter Staat des Kontinents), im Osten an Äthiopien, im Süden an Kenia, Uganda und Zaïre, im Südwesten an die Zentralafrikanische Republik, im Westen an Tschad, im Nordosten an Libyen und im Norden an Ägypten grenzend, Küste am Roten Meer; • Hauptstadt: Khartum; • 6 Verwaltungsregionen und Bezirk der Hauptstadt.
Bevölkerung: 25 Mio. Einwohner (1989), 10 pro km², 50% Araber im Norden, 10% Nubier, 30% Niloten im Süden; • Amtssprache: Arabisch, daneben Englisch und Stammessprachen; • Bevölkerungswachstum 2,8%, Lebenserwartung 48 Jahre, Kinder bis 15 Jahre 45%, über zwei Drittel Analphabeten, städtische Bevölkerung 30%; • Religion: 60% Moslems, 5% Katholiken, Naturreligionen.
Staat: Präsidiale Republik nach (suspendierter) Verfassung von 1973, nach Militärputsch 1989 alle politischen Institutionen aufgelöst, Staats- und Regierungschef seitdem General Omar Hassan Ahmad al-Baschir; • Flagge seit 1971: waagerecht Rot (Blut der Freiheitskämpfer), Weiß (Frieden), Schwarz (Sudan = Land der Schwarzen), grünes Dreieck (Islam) am Flaggstock; • Nationalhymne seit 1956: »Wir sind das Heer Gottes, das Heer der Heimat...«; • Nationalfeiertag: 1. Januar, Unabhängigkeit 1956; • Osteuropäische Zeit = MEZ plus 1 Stunde.
Wirtschaft: Bruttosozialprodukt (1986) 7,5 Mrd. Dollar; • Währung: 1 Sudanesisches Pfund = 100 Piastres = 1000 Milliemes = ca. 0,39 DM; • Außenhandel (1986): Importe 1,14 Mrd. Dollar, Exporte 0,5 Mrd. Dollar (v.a. Baumwolle, Ölsaaten, Erdnüsse, Sesam, Häute und Felle, Gummiarabikum); • Auslandsschulden (1986): 7,1 Mrd. Dollar; • Verkehr: 5500 km Eisenbahn, 73 000 km Pisten und Straßen (nur z.T. ganzjährig befahrbar), Haupthafen Port Sudan, internationaler Flughafen in der Hauptstadt; • Kfz-Kennzeichen: SUDAN.

SURINAM

Amtlich: Republiek van Suriname.
Staatsgebiet: 162 265 km² in Nord-Südamerika, im Westen an Guyana, im Süden an Brasilien und im Osten an Französisch-Guayana grenzend, Atlantikküste; • Hauptstadt: Paramaribo; • 9 Distrikte.
Bevölkerung: 400 000 Einwohner (1989), 2,4 pro km², 50% indischer und indonesischer Herkunft, 32% Kreolen, 10% Schwarze; • Amtssprache: Niederländisch, daneben Sprachen der Volksgruppen; • Lebenserwartung 66 Jahre, 10% Analphabeten; • Religion: 40% Christen, 25% Hindus, 20% Moslems.
Staat: Präsidiale Republik gemäß Verfassung von 1987, 1990 Militärputsch, nach Neuwahlen Staats- und Regierungschef Ronald Venetiaan; • Flagge: waagerecht Grün (Fruchtbarkeit), weißer Streifen, doppeltbreites Rot (Fortschritt) mit gelbem Stern, weißer Streifen, Grün; • Nationalhymne seit 1975: »Gott sei mit unserem Surinam, auf daß unser herrliches Land gedeihe...«; • Nationalfeiertag: 25. November, Unabhängigkeit 1975; • MEZ minus 4,5 Stunden.
Wirtschaft: Bruttosozialprodukt (1986) 954 Mio. Dollar; • Währung: 1 Surinam-Gulden = 100 Cents = ca. 0,98 DM; • Außenhandel (1986): Importe 290 Mio. Dollar, Exporte 320 Mio. Dollar (v.a. Tonerde, Bauxit, Aluminium, Reis, Bananen, Holz); • Auslandsschulden (1986): 150 Mio. Dollar; • Verkehr: 2500 km Straßen, Haupthafen Paramaribo, internationaler Flughafen Zanderij 50 km südlich der Hauptstadt; • Kfz-Kennzeichen: SME.

SWASILAND

Amtlich: Umbuso we Swatini, Kingdom of Swaziland.
Staatsgebiet: 17 364 km² im südlichen Afrika, fast ganz vom Staatsgebiet der Republik Südafrika umschlossen, nur im Nordosten an Moçambique grenzend; • Hauptstadt: Mbabane; • 4 Distrikte.
Bevölkerung: 760 000 Einwohner (1989), 44 pro km², 90% Swasi (Bantu-Stamm); • Amtssprachen: isi-Swazi und Englisch; • Bevölkerungswachstum 3,1%, Lebenserwartung 55 Jahre, ein Drittel Analphabeten, städtische Bevölkerung 8%; • Religion: 70% meist protestantische Christen, Animisten.
Staat: Monarchie im Commonwealth, Staatsoberhaupt seit 1982 (bis 1986 unter

Klimadaten Südafrika				
Städte	Höhe in m	Mitteltemp. im kältesten Monat	Mitteltemp. im wärmsten Monat	Regen in mm jährl.
Johannesburg	1660	10,5	20,0	710
Durban	–	11,5	24,0	1008
Kapstadt	–	12,0	21,0	509
Bloemfontein	1420	8,5	24,0	565

LÄNDER

SWASILAND: Bergbau ist eine der Einnahmequellen des kleinen, südafrikanischen Landes, dessen Wirtschaft sonst fast gänzlich von der Republik Südafrika abhängig ist.

Regentschaft der Mutter) König Mswati III.; • Flagge seit 1940: Waagerecht Blau (Frieden), gelber Streifen, doppelt breites Karmesinrot (kämpferische Tradition) mit Schild und Speeren, gelber Streifen, Blau; • Nationalhymne seit 1968: »O Herr, der du deine Wohltaten über uns ausgießest...«; • Nationalfeiertag: 6. September, Unabhängigkeit 1968; • Osteuropäische Zeit = MEZ plus 1 Stunde.
Wirtschaft: Bruttosozialprodukt (1986) 400 Mio. Dollar; • Währung: 1 Lilangeni (Mehrzahl Emalangeni) = 100 Cents = ca. 0,78 DM; • Export u.a. von Zucker, Zellstoff, Eisenerz, Asbest, Zitrusfrüchten; • Import u.a. von Maschinen, Fahrzeugen, Brennstoffen; • Verkehr: 325 km Eisenbahn, 2750 km Straßen, Export über Maputo in Moçambique, internationaler Flughafen bei Manzini; • Kfz-Kennzeichen: SD.

SYRIEN

Amtlich: Al Dschumhurijja Al Arabijja As Surijja, Arabische Republik Syrien.
Staatsgebiet: 185 180 km² in Vorderasien, im Norden an die Türkei, im Osten an den Irak, im Süden an Jordanien, im Südosten an Israel und an den Libanon grenzend, Mittelmeerküste; • Hauptstadt: Damaskus; • 13 Muhafasa (Provinzen) und Hauptstadtdistrikt.
Bevölkerung: 12,2 Mio. Einwohner (1989), 66 pro km², v.a. syrische Araber, starke kurdische Minderheit (ca. 6%); • Amtssprache: Arabisch; • Bevölkerungswachstum 3,8%, Lebenserwartung 64 Jahre, Kinder bis 15 Jahre 49%, 40% Analphabeten, städtische Bevölkerung 50%; • Religion: 92% meist sunnitische Moslems.
Staat: Präsidiale »volksdemokratische« Republik gemäß Verfassung von 1973, Staatschef seit 1971 (1985 für 7 Jahre wiedergewählt) Hafis al Assad; • Flagge: Waagerecht Rot, Weiß mit 2 grünen Sternen (ursprünglich entworfen für die Vereinigte Arabische Republik von Syrien und Ägypten), Schwarz; • Nationalhymne seit 1928: »Beschützer der Heimat, seid gegrüßt...«; • Nationalfeiertag: 17. April, offizieller Unabhängigkeitstag 1946 (nominell schon 28.9.1941); • Osteuropäische Zeit = MEZ plus 1 Stunde.
Wirtschaft: Bruttosozialprodukt (1986) 17,4 Mrd. Dollar; • Währung: 1 Syrisches Pfund = 100 Piastres = ca. 0,15 DM; • Außenhandel (1986): Importe 2,7 Mrd. Dollar, Exporte 1,33 Mrd. Dollar (v.a. Erdöl, Baumwolle, Garne, Textilien, Obst, Phosphat, Tabak); • Auslandsschulden (1986): 3,1 Mrd. Dollar; •Verkehr: 2050 km Eisenbahn, 29 000 km Straßen (22 000 km asphaltiert), Haupthäfen Lattakia und Tartus, internationaler Flughafen in der Hauptstadt; • Kfz-Kennzeichen: SYR.

TADSCHIKISTAN
siehe RUSSLAND

TAIWAN

Amtlich: Ta Tschung Hua Min-kuo, Republik China.
Staatsgebiet: 36 179 km² in Ostasien auf der Insel Formosa und den vorgelagerten Inseln; • Hauptstadt: Taipeh; • 7 kreisfreie Städte und 16 Kreise.
Bevölkerung: 20,3 Mio. Einwohner (1989), 561 pro km²; • Amtssprache: Chinesisch; • 1,1% Bevölkerungswachstum, Lebenserwartung 73 Jahre, Kinder bis 15 Jahre 30%, 8% Analphabeten, städtische Bevölkerung 51%; • Religion: 60% Buddhisten, sonst Konfuzianer und Taoisten.
Staat: Präsidiale Republik gemäß teilweise suspendierter Verfassung von 1946, Alleinvertretungsanspruch für ganz China, Staatsoberhaupt seit 1988 Präsident Lee Teng-hui, Regierungschef seit 1990 General Hau Pei-tsun; • Flagge seit 1928: Rot (Patriotismus) mit blauem Rechteck (Demokratie) links oben und weißer zwölfstrahliger (Stunden des Tages) Sonne darin; • Nationalhymne: »Unser Ziel soll sein, ein freies Land zu schaffen...«; • Nationalfeiertag: 10. Oktober, Aufstand von Wuchang 1911; • MEZ plus 7 Stunden.
Wirtschaft: Bruttosozialprodukt (1987) 97,6 Mrd. Dollar; • Währung: 1 Neuer Taiwan-Dollar = 100 Cents = ca. 0,06 DM; • Außenhandel (1987): Importe 34,5 Mrd. Dollar, Exporte 53,5 Mrd. Dollar (v.a. Computer, Unterhaltungs-Elektronik, Textilien, Schuhe); • Auslandsschulden (1989): 2,5 Mrd. Dollar; • Verkehr: 3000 km Eisenbahn, 20 000 km Straßen, Haupthäfen Kaohsiung und Keelung, internationale Flughäfen in der Hauptstadt und in Kaohsiung; • Kfz-Kennzeichen: RC.

TANSANIA

Amtlich: United Republic of Tanzania.
Staatsgebiet: 945 087 km² (inklusive 53 483 km² Binnengewässer) in Ostafrika, bestehend aus den Teilrepubliken Tanganjika (942 446 km²) sowie Sansibar und Pemba (2641 km²), im Süden an Moçambique, im Südwesten an Malawi und Sambia, im Westen an Zaïre, im Nordwesten an Rwanda und Burundi, im Nordosten an Kenia grenzend, Küste am Indischen Ozean; • Hauptstadt: Dodoma (de facto aber Daressalam); • 25 Regionen (Sansibar und Pemba davon 5).
Bevölkerung: 24,8 Mio. Einwohner (1989), 25 pro km², 60% Bantu-Gruppen,

Klimadaten				
Städte	Höhe in m	Mitteltemp. im kältesten Monat	Mitteltemp. im wärmsten Monat	Regen in mm jährl.
Daressalam	-	23,5	28,0	113
Kigoma	1190	22,5	25,0	118

LÄNDER

THAILAND: Kultischer Tanz vor einem Tempel in Bangkok. Der Tourismus sorgt auch hier für eine Kommerzialisierung des kulturellen Erbes, das gegen Entgelt zur Schau gestellt wird.

im Norden auch Hamiten und Niloten; • Amtssprache: Suaheli, daneben Englisch als Verkehrssprache; • Bevölkerungswachstum 3,2 %, Lebenserwartung 53 Jahre, Kinder bis 15 Jahre 48 %, ein Fünftel Analphabeten, städtische Bevölkerung 14 %; • Religion: 30 % überwiegend katholische Christen, 30 % Moslems, daneben Naturreligionen.

Die wichtigsten Städte

Daressalam	860 000	Dodoma	160 000
Musoma	220 000	Tanga	145 000
Mwanza	170 000	Sansibar	115 000

Staat: Präsidiale Bundesrepublik nach Verfassung von 1977, Bundesparlament sowie eigenes Parlament für Sansibar, Staatschef seit 1985 Ali Hassan Mwinyi; • Flagge seit 1961: diagonal geteilt durch gelbgefaßten schwarzen Balken (Staatsvolk) von unten links her in Blau (rechts unten, Himmel) und Grün (Fruchtbarkeit); • Nationalhymne seit 1961: »O Herr, segne Afrika, seine Führer, seine Weisheit, die Einheit und den Frieden...«; • Nationalfeiertag: 26. April, Union mit Sansibar 1964; • MEZ plus 2 Stunden.
Wirtschaft: Bruttosozialprodukt (1986) 4,0 Mrd. Dollar; • Währung: 1 Tansania-Schilling = 100 Cents = ca. 0,01 DM; • Außenhandel (1986): Importe 1,0 Mrd. Dollar, Exporte 0,35 Mrd. Dollar (v.a. Kaffee, Baumwolle, Gewürznelken, Sisal, Diamanten); • Auslandsschulden (1986): 3,65 Mrd. Dollar; • Verkehr: 3570 km Eisenbahn, 45 000 km Straßen (16 000 km asphaltiert), Haupthafen und internationaler Flughafen in Daressalam; • Kfz-Kennzeichen: EAT.

THAILAND

Amtlich: Muang Thai (Land der Freien), Königreich Thailand.
Staatsgebiet: 513 115 km² in Südostasien, im Westen und Nordwesten an Birma, im Süden an Malaysia, im Osten an Kambodscha und im Norden an Laos grenzend, Küste an der Andamanensee und am Golf von Thailand; • Hauptstadt: Bangkok; • 73 Changwat (Provinzen).
Bevölkerung: 55 Mio. Einwohner (1989), 107 pro km², über 85 % Thaivölker, im Süden starke malaiische Minderheit, bis 10 % Chinesen; • Amtssprache: Thai; • Bevölkerungswachstum 1,9 %, Lebenserwartung 64 Jahre, Kinder bis 15 Jahre 36 %, 10 % Analphabeten, städtische Bevölkerung 18 %; • Religion: 95 % Buddhisten.
Staat: Konstitutionelle Monarchie nach Verfassung von 1978, Staatsoberhaupt seit 1946 König Rama IX. Bhumibol, Regierung durch Militärjunta nach Umsturz vom März 1991; • Flagge: waagerecht Rot (Heldenblut), Weiß (Einigkeit), doppelt breites Blau (Königtum), Weiß, Rot; • Nationalhymne: »Thailand ist die Verkörperung allen Blutes und Fleisches der thailändischen Rasse...«; • Nationalfeiertag: 5. Dezember, Geburtstag des Königs 1927; • MEZ plus 6 Stunden.
Wirtschaft: Bruttosozialprodukt (1986) 41,8 Mrd. Dollar; • Währung: 1 Baht = 100 Stangs = ca. 0,07 DM; • Außenhandel (1986): Importe 9,18 Mrd. Dollar, Exporte 8,8 Mrd. Dollar; • Auslandsschulden (1990): 27 Mrd. Dollar; • Verkehr: 3750 km Eisenbahn, 35 000 km Straßen (nur z.T. ganzjährig befahrbar), bedeutende Binnenschiffahrt, wichtigster Überseehafen und internationaler Flughafen in der Hauptstadt; • Kfz-Kennzeichen: T.

TOGO

Amtlich: République Togolaise.
Staatsgebiet: 56 785 km² in Westafrika, im Westen an Ghana, im Norden an Burkina Faso und im Osten an Benin grenzend, kurze Küste an der Bucht von Benin; • Hauptstadt: Lomé; • 5 Regionen.
Bevölkerung: 4,33 Mio. Einwohner (1989), 76 pro km², v.a. Sudan- und Volta-Völker; • Amtssprache: Französisch; • Bevölkerungswachstum 3,2 %, Lebenserwartung 53 Jahre, Kinder bis 15 Jahre 44 %, 60 % Analphabeten, städtische Bevölkerung 23 %; • Religion: 37 % meist katholische Christen, 17 % Moslems, Naturreligionen.
Staat: Präsidiale Republik gemäß Verfassung von 1980, Staats- und Regierungschef seit 1967 General Gnassingbe Eyadéma; • Flagge seit 1960: waagerecht Grün, Gelb, Grün, Gelb, Grün mit rotem Quadrat links oben und weißem Stern darin (panafrikanische Farben); • Nationalhymne: »Laßt uns alle Mißgunst verbannen, die die nationale Einheit bedroht...«; • Nationalfeiertag: 27. April, Unabhängigkeit 1960; • MEZ minus 1 Stunde.
Wirtschaft: Bruttosozialprodukt (1986) 1,0 Mrd. Dollar; • Währung: 1 CFA-Franc = 100 Centimes = ca. 0,005 DM; • Außenhandel (1986): Importe 379 Mio. Dollar, Exporte 250 Mio. Dollar (v.a. Phosphate, Kakao, Kaffee, Zement); • Auslandsschulden (1986): 0,9 Mrd. Dollar; • Verkehr: 516 km Eisenbahn, 8100 km Straßen (zur Hälfte befestigt), Überseehafen und internationaler Flughafen in der Hauptstadt; • Kfz-Kennzeichen: TG.

TONGA

Amtlich: Kingdom of Tonga.
Staatsgebiet: 699 km² auf 171 Inseln im südlichen Pazifik über 260 000 km² verstreut; • Hauptstadt: Nukualofa auf Tongatapu; • 3 Insel-Distrikte.
Bevölkerung: 110 000 Einwohner (1989), 155 pro km², Polynesier; • Amtssprachen: Tonga und Englisch; • Lebenserwartung 64 Jahre; • Religion: 77 % Methodisten, 16 % Katholiken.
Staat: Konstitutionelle Monarchie nach der noch weitgehend geltenden Verfassung von 1875, Staatsoberhaupt seit 1965 König Taufa'ahau Tupou IV.; • Flagge seit 1875: Rot (Blut Christi) mit weißem Obereck, darin rotes Kreuz; • Nationalhymne seit 1874: »O allmächtiger Gott, du bist unser Herr und unser Schutz...«; • Nationalfeiertag: 4. Juli, Geburtstag des Königs; • MEZ plus 12 Stunden.

LÄNDER

TOGO: Der Medizinmann ist noch heute eine wichtige Institution bei den Stämmen in Westafrika. Sein Rat wird bei allen wichtigen Entscheidungen eingeholt.

Wirtschaft: Bruttosozialprodukt (1986) 110 Mio. Dollar; • Währung: 1 Pa'anga = 100 Seniti = ca. 1,50 DM; • Exporte von Kokosnußprodukten, Bananen, Vanille u.a.; • Verkehr: Fährverkehr zwischen den Hauptinseln, internationaler Flughafen Fuaamotu nahe der Hauptstadt.

TRINIDAD UND TOBAGO

Staatsgebiet: 5128 km² auf den gleichnamigen Inseln (Tobago nur 300 km²) in der Karibik; • Hauptstadt: Port of Spain.
Bevölkerung: 1,26 Mio. Einwohner (Tobago nur 40 000) (1989), 246 pro km²; • Amtssprache: Englisch; • Lebenserwartung 70 Jahre; • Religion: 50% Christen, 25% Hindus.
Staat: Präsidiale Republik nach Verfassung von 1976, Staatsoberhaupt seit 1987 Mohammed Hassanali; • Flagge seit 1962: Rot (Mut und Tatendrang), diagonal von oben links durch weißgefaßten schwarzen Balken geteilt; • Nationalhymne: »Geschmiedet von der Freiheitsliebe im Feuer von Hoffnung und Gebet...«; • Nationalfeiertag: 31. August, Unabhängigkeit 1962; • MEZ minus 5 Stunden.
Wirtschaft: Bruttosozialprodukt (1986) 4,8 Mrd. Dollar; • Währung: 1 Trinidad- und Tobago-Dollar = 100 Cents = ca. 0,41 DM; • Außenhandel (1986): Importe 1,35 Mrd. Dollar, Exporte 1,38 Mrd. Dollar (v.a. Erdöl und Erdölprodukte, Nahrungsmittel, Eisen, Stahl); • Auslandsschulden (1986): 1,15 Mrd. Dollar; • Verkehr: 10 000 km Straßen, internationaler Flughafen in der Hauptstadt; • Kfz-Kennzeichen: TT.

TSCHAD

Amtlich: République du Tchad.
Staatsgebiet: 1 284 000 km² in Zentralafrika, im Westen an Niger, im Norden an Libyen, im Osten an den Sudan, im Süden an die Zentralafrikanische Republik und im Südwesten an Kamerun grenzend; • Hauptstadt: N'Djamena; • 14 Präfekturen.
Bevölkerung: 5,7 Mio. Einwohner (1989), 4,5 pro km², 40% Araber und arabisierte Stämme, 30% Sara, 20% tschadische Gruppen; • Amtssprache: Französisch, Verkehrssprache: Tschad-Arabisch; • Bevölkerungswachstum 2,3%, Lebenserwartung 45 Jahre, Kinder bis 15 Jahre 44%, 85% Analphabeten, städtische Bevölkerung 25%; • Religion: 60% Moslems, 30% Christen.
Staat: Präsidiale Republik (Verfassung 1979 suspendiert), Staats- und Regierungschef 1982–1990 Hissène Habré, vertrieben von Rebellen unter Idriss Deby; • Flagge seit 1959: senkrecht Blau (Himmel/ Süden), Gelb (Sonne/Norden), Rot (Fortschritt/Einheit); • Nationalhymne seit 1960: »Volk des Tschad, auf und ans Werk...«; • Nationalfeiertag: 11. August, Unabhängigkeit 1960; • MEZ plus 1 Stunde.
Wirtschaft: Bruttosozialprodukt (1986) 0,5 Mrd. Dollar; • Währung: 1 CFA-Franc = 100 Centimes = ca. 0,005 DM; • Außenhandel (1986): Importe 205 Mio. Dollar, Exporte 120 Mio. Dollar (rd. 90% Baumwolle); • Auslandsschulden (1986): 172 Mio. Dollar; • Verkehr: 32 000 km Straßen und Pisten (vielfach nur in der Trockenzeit befahrbar), keine Eisenbahn, Binnenschiffahrt auf Tschadsee und Longone, internationaler Flughafen in der Hauptstadt.

TSCHECHO-SLOWAKEI

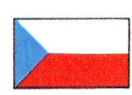

Amtlich: Tschechische und Slowakische Föderative Republik, abgekürzt CSFR.
Staatsgebiet: 127 869 km² in Mitteleuropa, im Westen und Nordwesten an Deutschland, im Norden an Polen, im Osten an die UdSSR, im Süden an Ungarn und im Südwesten an Österreich grenzend; • Hauptstadt: Prag; • 10 Kraje (Regionen) und die Stadtregionen Prag und Preßburg.
Bevölkerung: 15,6 Mio. Einwohner (1989), 122 pro km², 63% Tschechen, 31% Slowaken; • Amtssprachen: Tschechisch und Slowakisch; • kaum Bevölkerungswachstum, Lebenserwartung 70 Jahre, Kinder bis 15 Jahre 24%, kaum Analphabeten, städtische Bevölkerung 66%; • Religion: 80% Katholiken, 8% Protestanten.

Die wichtigsten Städte

Prag	1,2 Mio.	Ostrau	328 000
Preßburg	420 900	Kaschau	224 000
Brünn	385 000	Pilsen	175 000

Staat: Parlamentarische Bundesrepublik nach Sturz der Volksrepublik 1989, seit 1992 Unabhängigkeitsbestrebungen der Slowakei, Staatsoberhaupt bis 1992 Havel, Nachfolge ungeklärt; • Flagge: waagerecht Weiß, Rot (böhmische Farben) mit blauem Dreieck (Mähren und Slowakei) am Flaggstock; • Nationalhymne seit 1919: »Wo ist mein Heim, mein Vaterland« (tschechisch), »Ob der Tatra blitzt es...« (slowakisch); • Nationalfeiertag: 9. Mai, Befreiung 1945, und 28. Oktober, Gründung der Republik 1918; • MEZ mit Sommerzeit.
Wirtschaft: Bruttosozialprodukt (1986) 100 Mrd. Dollar; • Währung: 1 Krone = 100 Heller = ca. 0,33 DM; • Außenhandel (1986): Importe 21 Mrd. Dollar, Exporte 20,5 Mrd. Dollar (v. a. Maschinen, Fahrzeuge, chemische Produkte, Eisen, Brennstoffe, Nahrungsmittel); • Auslandsschulden (1986): 3,5 Mrd. Dollar; • Verkehr: 13 150 km Eisenbahn (3500 km elektrifiziert), 75 000 km Straßen (1700 km Autobahnen), internationale Flughäfen in Prag und Preßburg; • Kfz-Kennzeichen: CS.

TUNESIEN

Amtlich: El Dschumhurijja et Tunusijja, Tunesische Republik.
Staatsgebiet: 163 610 km² in Nordafrika, Mittelmeerküste, im Südosten an Libyen, im Westen an Algerien grenzend; • Hauptstadt: Tunis; • 23 Gouvernements.
Bevölkerung: 7,9 Mio. Einwohner (1989), 45 pro km²; • Amtssprache: Arabisch, Bildungs- und Handelssprache: Französisch; • Bevölkerungswachstum 2,3%, Lebenserwartung 63 Jahre, Kinder bis 15 Jahre 40%, 46% Analphabeten, städtische Bevölke-

Klimadaten Tunesien

Städte	Höhe in m	Mitteltemp. im kältesten Monat	Mitteltemp. im wärmsten Monat	Regen in mm jährl.
Tunis	–	10,5	26,0	420
Gabès	–	11,0	27,5	175
Gafsa	315	9,0	29,5	150

LÄNDER

TÜRKEI: *Kleinasien stand in der Antike lange unter griechischem, später römischem Einfluß und hatte Anteil an der kulturellen Blüte. Die Bibliothek von Ephesus (Bild) war in römischer Zeit die bedeutendste nach der in Alexandria.*

rung 57%; • Religion: über 90% Moslems.
Staat: Präsidiale Republik gemäß Verfassung von 1959, Staatschef seit 1987 Zine el Abidine Ben Ali; • Flagge seit 1835: Rot mit weißer Scheibe in der Mitte, darin roter Halbmond und Stern; • Nationalhymne seit 1958: »Laß ewig währen... den heiligen Krieg für das Vaterland«; • Nationalfeiertag: 1. Juni, Autonomie 1955; • MEZ.
Wirtschaft: Bruttosozialprodukt (1986) 7,8 Mrd. Dollar; • Währung: 1 Dinar = 1000 Millimes = ca. 1,99 DM; • Außenhandel (1986): Importe 2,9 Mrd. Dollar, Exporte 1,76 Mrd. Dollar (v.a. Leder und Textilien, Phosphate, Nahrungsmittel – bedeutender Fremdenverkehr); • Auslandsschulden (1986): 5,3 Mrd. Dollar; • Verkehr: 27 000 km Straßen (zur Hälfte asphaltiert), 2136 km Eisenbahn, internationale Flughäfen bei Tunis (Le Carthage), bei Monastir (Skanès) und auf Djerba (Melitta); • Kfz-Kennzeichen: TN.

TÜRKEI

Amtlich: Türkiye Cumhuriyeti, Republik Türkei.
Staatsgebiet: 780 576 km² in Vorderasien, Küste am Schwarzen und am Mittelmeer, im Nordwesten an Bulgarien und Griechenland, im Nordosten an die UdSSR, im Osten an Iran und im Süden an Irak und Syrien grenzend; • Hauptstadt: Ankara; • 67 Provinzen.
Bevölkerung: 55,4 Mio. Einwohner (1989), 66 pro km², 90% Türken, 7% Kurden; • Amtssprache: Türkisch; • Bevölkerungswachstum 2,1%, Lebenserwartung 65 Jahre, Kinder bis 15 Jahre 36%, ein Viertel Analphabeten, städtische Bevölkerung 46%; • Religion: 98% Moslems (Sunniten).

Die wichtigsten Städte

Istanbul	5,5 Mio.	Bursa	615 000
Ankara	2,3 Mio.	Gaziantep	480 000
Izmir	1,5 Mio.	Konya	440 000
Adana	780 000	Kayseri	375 000

Staat: Parlamentarische Demokratie gemäß Verfassung von 1982, Staatspräsident seit 1989 Turgut Özal; • Flagge seit 1936: Rot mit weißem Halbmond und Stern; • Nationalhymne seit 1921: »Getrost, der Morgenstern brach an, im neuen Licht weht unsre Fahn'«; • Nationalfeiertag: 29. Oktober, Proklamation der Republik 1923; • MEZ plus 1 Stunde.
Wirtschaft: Bruttosozialprodukt (1986) 52,6 Mrd. Dollar; • Währung: 1 Türkisches Pfund = 100 Kurus = ca. 0,001 DM; • Außenhandel (1986): Importe 11 Mrd. Dollar, Exporte 8 Mrd. Dollar (v.a. Textilien, Nahrungsmittel, Baumwolle, Tabak, Erze); • Auslandsschulden (1990): 36 Mrd. Dollar; • Verkehr: 8200 km Eisenbahn, 320 000 km Straßen und Pfade (42 000 km asphaltiert), seit 1973 Straßenbrücke über den Bosporus, Häfen u.a. Izmir, Istanbul, Trabzon, Mersin, internationale Flughäfen bei Istanbul (Yesilköy) und Ankara (Esenboga); • Kfz-Kennzeichen: TR.

TURKMENIEN
siehe RUSSLAND

TUVALU

Staatsgebiet: 25 km² auf den 9 Ellice Islands südwestlich Samoa im Pazifik; • Hauptstadt: Veiaku auf Funafuti.
Bevölkerung: 8230 Einwohner (1989), 329 pro km²; • Amtssprachen: Englisch und Tuvalu; • Religion: fast nur Protestanten.
Staat: Konstitutionelle Monarchie im Commonwealth gemäß Verfassung von 1978, Staatsoberhaupt Königin Elisabeth II.; • Flagge: Blau (Himmel/Meer) mit Union Jack im linken Obereck und neun goldenen Sternen gemäß geographischer Anordnung der Inseln; • Nationalfeier-

Klimadaten Türkei				
Städte	Höhe in m	Mitteltemp. im kältesten Monat	Mitteltemp. im wärmsten Monat	Regen in mm jährl.
Istanbul	–	5,5	23,5	815
Ankara	880	0,5	23,0	450
Izmir	–	8,5	27,0	650

LÄNDER

tag: 1. Oktober, Unabhängigkeit 1978; • MEZ plus 11 Stunden.
Wirtschaft: Bruttosozialprodukt ca. 5 Mio. Dollar; • Währung: 1 Austral-Dollar; • Handel mit Kopra, Briefmarken und Meeresfrüchten.

UGANDA

Amtlich: Jamhuri ya Uganda, Republik Uganda.
Staatsgebiet: 236 036 km² (inklusive 40 000 km² Binnengewässer) in Ostafrika, im Westen an Zaïre, im Norden an den Sudan, im Osten an Kenia und im Süden an Tansania (z.T. im Victoriasee) grenzend; • Hauptstadt: Kampala; • 4 Regionen, 10 Provinzen.
Bevölkerung: 16,8 Mio. Einwohner (1989), 68 pro km², 50% Bantu-Gruppen, 25% nilotohamitische Stämme sowie Sudanide; • Amtssprachen: Englisch und Kisuaheli; • Bevölkerungswachstum 3,0%, Lebenserwartung 48 Jahre, Kinder bis 15 Jahre 48%, 45% Analphabeten, städtische Bevölkerung 9%; • Religion: 50% Christen, daneben Moslems und Animisten.
Staat: Präsidiale Republik nach Verfassung von 1967 (immer wieder suspendiert), Staatspräsident seit 1986 Yoweri Museveni; • Flagge seit 1962: waagerecht 2mal Schwarz, Gelb, Rot (Farben der Unabhängigkeitspartei), in der Mitte in weißer Scheibe Kronenkranich; • Nationalhymne: »O Uganda, möge Gott dich erhalten...«; • Nationalfeiertag: 9. Oktober, Unabhängigkeit 1962; • MEZ plus 2 Stunden.
Wirtschaft: Bruttosozialprodukt (1986) 3,3 Mrd. Dollar; • Währung: 1 Uganda-Shilling = 100 Cents = ca. 0,01 DM; • Außenhandel (1986): Importe 344 Mio. Dollar, Exporte 395 Mio. Dollar (70% Kaffee, daneben Tee, Baumwolle, Kupfer); • Auslandsschulden (1986): 1 Mrd. Dollar; • Verkehr: 1290 km Eisenbahn, 27 500 km Straßen (nur 8000 km ganzjährig befahrbar), internationaler Flughafen in Entebbe; • Kfz-Kennzeichen: EAU.

UKRAINE
siehe RUSSLAND

UNGARN

Amtlich: Republik Ungarn.
Staatsgebiet: 93 033 km² im südöstlichen Mitteleuropa, im Norden an die CSFR, im Nordosten an die UdSSR, im Osten an Rumänien, im Süden an Jugoslawien und im Westen an Österreich grenzend; • Hauptstadt: Budapest; • 19 Komitate und 6 Stadtbezirke.
Bevölkerung: 10,7 Mio. Einwohner (1989), 114 pro km²; • Amtssprache: Ungarisch; • kein Bevölkerungswachstum, Lebenserwartung 71 Jahre, Kinder bis 15 Jahre 22%, kaum Analphabeten, städtische Bevölkerung 57%; • Religion: 75% Katholiken, Kalvinisten und Orthodoxe.
Staat: Parlamentarische Demokratie nach Sturz der Volksrepublik 1989, Staatsoberhaupt seit 1990 Arpad Göncz, Regierungschef seit 1990 Józef Antall (Demokratisches Forum, UDF); • Flagge seit 1957: waagerecht Rot, Weiß, Grün; • Nationalhymne seit 1844: »Segne, Herr, mit frohem Mut reichlich die Magyaren!«; • Nationalfeiertag: 4. April, Befreiung 1945, und 15. März, Aufstand gegen Österreich 1848; • MEZ.
Wirtschaft: Bruttosozialprodukt (1986) 23,7 Mrd. Dollar; • Währung: 1 Forint = 100 Filler (Heller) = ca. 0,03 DM; • Außenhandel (1986): Importe 9,6 Mrd. Dollar, Exporte 9,16 Mrd. Dollar (v.a. Vieh, Nahrungsmittel, Maschinen, Eisen, Stahl, chemische Erzeugnisse); • Auslandsschulden (1990): 21 Mrd. Dollar; • Verkehr: 7760 km Eisenbahn, 30 000 km Straßen, geringe Binnenschiffahrt auf Donau und Theiß, internationaler Flughafen Ferihegy bei Budapest; • Kfz-Kennzeichen: H.

URUGUAY

Amtlich: República Oriental del Uruguay, Republik östlich des Uruguay.
Staatsgebiet: 176 215 km² im südöstlichen Südamerika, im Norden an Brasilien und im Westen an Argentinien grenzend, Atlantikküste; • Hauptstadt: Montevideo; • 19 Departamentos.
Bevölkerung: 2,95 Mio. Einwohner (1989), 17 pro km², 10% Mestizen und Mulatten, sonst Weiße meist spanischer und italienischer Herkunft; • Amtssprache: Spanisch; • kaum Bevölkerungswachstum, Lebenserwartung 71 Jahre, Kinder bis 15 Jahre 27%, 6% Analphabeten, städtische Bevölkerung 85%; • Religion: 90% Katholiken.
Staat: Präsidiale Republik gemäß Verfassung von 1967, Staats- und Regierungschef seit 1990 Luis Alberto Lacalle; • Flagge seit 1830: waagerecht 9 alternierend weiße und blaue Streifen mit weißem Quadrat links oben, darin Strahlensonne; • Nationalhymne seit 1845: »Orientales, das Vaterland oder das Grab!«; • Nationalfeiertag: 25. August, Proklamation der Unabhängigkeit 1825; • MEZ minus 4 Stunden.
Wirtschaft: Bruttosozialprodukt (1986) 5,3 Mrd. Dollar; • Währung: 1 Urugayischer Neuer Peso = 100 Centésimos = ca. 0,004 DM; • Außenhandel (1986): Importe 0,8 Mrd. Dollar, Exporte 1,1 Mrd. Dollar (v.a. Fleisch- und Fleischwaren, Felle, Wolle, Bekleidung, Zitrusfrüchte); • Auslandsschulden (1986): 2,8 Mrd. Dollar; • Verkehr: 3000 km Eisenbahn, 50 000 km Straßen (nur 10 000 km befestigt), internationaler Flughafen nahe der Hauptstadt; • Kfz-Kennzeichen: ROU.

USA
siehe VEREINIGTE STAATEN VON AMERIKA.

USBEKISTAN
siehe RUSSLAND

VANUATU

Amtlich: Republic of Vanuatu, République de Vanuatu.
Staatsgebiet: 14 763 km² auf 12 Haupt- und 70 Nebeninseln im südwestlichen Pazifik, über 125 000 km² Meeresfläche verstreut; • Hauptstadt: Port Vila auf Efate; • 4 Distrikte.
Bevölkerung: 150 000 Einwohner (1989), 10 pro km²; • Amtssprachen: Bislama (Pidgin-Englisch), Englisch und Französisch; • Religion: 50% Protestanten, 12% Katholiken, animistische Kulte.
Staat: Parlamentarische Demokratie nach Verfassung von 1979, Staatsoberhaupt seit 1989 Fred Timakata, Regierungschef seit 1980 Walter Lini; • Flagge: waagerecht Rot, Grün, geteilt durch schwarzen Streifen mit gelber Linie, der sich am Flaggstock zum Dreieck weitet, darin gelbes Emblem; • Nationalhymne seit 1980: »Hurra, Hurra, Hurra! dürfen wir rufen...«; • Nationalfeiertag: 30. Juli, Unabhängigkeit 1980; • Südseezeit = MEZ plus 10 Stunden.
Wirtschaft: Bruttosozialprodukt (1986) 120 Mio. Dollar; • Währung: 1 Vatu = ca. 0,01 DM; • Handel mit Kopra, Fisch, Kaffee, Kakao; • Verkehr: 1070 km Straßen, Überseehäfen in Vila auf Efate (dort auch internationaler Flughafen) und Luganville auf Espiritu Santo.

VATIKANSTADT

Amtlich: Stato della Città del Vaticano.
Staatsgebiet: 0,44 km² in Rom, Italien.
Bevölkerung: 392 Staatsbürger (1985), dazu 339 Bewohner ohne Bürgerrecht sowie 3700 Angestellte; • Amtssprachen: Latein und Italienisch.
Staat: Absolute Monarchie nach Staatsgrundgesetz von 1929, Staatsoberhaupt seit 1978 Papst Johannes Paul II. (Karol Wojtyla); • Flagge: senkrecht Gelb, Weiß mit Tiara und Schlüsseln Petri; • Päpstliche Hymne seit 1950 nach dem 1869 komponierten »Päpstlichen Marsch« von Gounod: »Gegrüßt seist Du, Rom, ewige Heimat, von deinen Ruhmestaten künden tausend Palmen, tausend Altäre«; • Nationalfeiertag: 22. Oktober, Amtseinführung von Johannes Paul II. 1978; • MEZ mit Sommerzeit.
Wirtschaft: in den italienischen Zahlen enthalten; • Währung: Lira; • Kfz-Kennzeichen: SCV.

LÄNDER

VENEZUELA

Amtlich: República de Venezuela (von Kolumbus 1498 »Klein-Venedig« genannt wegen der indianischen Pfahlbauten).
Staatsgebiet: 912 050 km² im Norden Südamerikas, im Westen an Kolumbien, im Süden an Brasilien und im Osten an Guyana grenzend, karibische und atlantische Küste; • Hauptstadt: Caracas; • 20 Bundesstaaten, 1 Bundesdistrikt, 2 Bundesterritorien sowie Dependencias Federales mit 72 vorgelagerten Inseln.
Bevölkerung: 19,2 Mio. Einwohner (1989), 20 pro km², zwei Drittel Mestizen und Mulatten, ein Fünftel Weiße, nur noch 55 000 Indianer; • Amtssprache: Spanisch; • Bevölkerungswachstum 2,9%, Lebenserwartung 70 Jahre, Kinder bis 15 Jahre 40%, 15% Analphabeten, städtische Bevölkerung 85%; • Religion: 95% Katholiken.

Die wichtigsten Städte

Caracas	1,9 Mio.	(Groß-C. über	4 Mio.)
Maracaibo	900 000	Barquisimeto	500 000
Valencia	620 000	Maracay	450 000

Staat: Präsidiale Bundesrepublik nach Verfassung von 1961, Staats- und Regierungschef seit 1989 Carlos Andrés Pérez Rodriguez; • Flagge seit 1811: waagerecht Gelb (Tapferkeit), Blau (Freiheit) mit einem Bogen aus 7 Sternen (Gründungsprovinzen), Rot (Einheit); • Nationalhymne seit 1881: »Ruhm dem mutigen Volke, das sein Joch abgeschüttelt hat«; • Nationalfeiertag: 5. Juli, Proklamation der Unabhängigkeit 1811; • MEZ minus 5 Stunden.
Wirtschaft: Bruttosozialprodukt (1986) 50 Mrd. Dollar; • Währung: 1 Bolívar = 100 Céntimos = ca. 0,12 DM; • Außenhandel (1986): Importe 9,6 Mrd. Dollar, Exporte 10,0 Mrd. Dollar (86% Erdöl und Erdölprodukte, daneben u.a. Aluminium, Eisen, Kaffee); • Auslandsschulden (1990): 28 Mrd. Dollar; • Verkehr: 270 km Eisenbahn, 64 000 km Straßen (ein Drittel asphaltiert), Häfen u.a. La Guaira, Puerto Cabello, Maracaibo, internationaler Flughafen Maiquetía in Caracas; • Kfz-Kennzeichen: YV.

VEREINIGTE ARABISCHE EMIRATE

Amtlich: Al Imarat Al Arabijja Al Muttahida, United Arab Emirates.
Staatsgebiet: 83 000 km² in Vorderasien auf der Arabischen Halbinsel, im Süden und Westen an Saudi Arabien, im Osten an Oman grenzend, Küste am Persischen Golf; • Hauptstadt: Abu Dhabi; • 7 weitgehend autonome Emirate: Abu Dhabi 73 500 km², Dubai 3750 km², Schardscha 2500 km², Adschman 250 km², Umm Al Kaiwain 777 km², Ras Al Chaima 1625 km², Fudschaira 1150 km².
Bevölkerung: 1,45 Mio. Einwohner (1989), 17 pro km², 70% Araber, pakistanische, persische und indische Minderheiten; • Amtssprache: Arabisch, Verkehrssprache: Englisch; • Bevölkerungswachstum (ohne Zuwanderung) 2,6%, Lebenserwartung 69 Jahre, ein Drittel Analphabeten, städtische Bevölkerung 78%; • Religion: fast ausschließlich Moslems (meist Sunniten).
Staat: Bundesstaatliche Föderation nach Zusammenschluß 1971, Staatsoberhaupt seit der Gründung Scheich Said Bin Sultan von Abu Dhabi; • Flagge: senkrecht Rot, waagerecht Grün, Weiß, Schwarz (panarabische Farben); • Nationalhymne: Instrumentalstück; • Nationalfeiertag: 2. Dezember, Unabhängigkeit 1971; • MEZ plus 3 Stunden.
Wirtschaft: Bruttosozialprodukt (1986) 25,3 Mrd. Dollar; • Währung: 1 Dirham = 100 Fils = ca. 0,48 DM; • Außenhandel (1986): Importe 7,5 Mrd. Dollar, Exporte 9,9 Mrd. Dollar (über 90% Erdöl und Flüssiggas); • Verkehr: 4600 km Straßen, Pipelines, Ölhäfen in Dschabal Dhanna und auf der Insel Das, 4 internationale Flughäfen; • Kfz-Kennzeichen: UAE.

VEREINIGTE STAATEN VON AMERIKA: Eines der Wirtschaftszentren ist Chicago am gleichnamigen Fluß, der in den Michigan-See mündet.

VEREINIGTE STAATEN VON AMERIKA: Die Freiheitsstatue in der Hafeneinfahrt von New York ist das Symbol des »Landes der unbegrenzten Möglichkeiten«.

Klimadaten Venezuela				
Städte	Höhe in m	Mitteltemp. im kältesten Monat	Mitteltemp. im wärmsten Monat	Regen in mm jährl.
Caracas	1040	18,5	22,0	825
Maracaibo	–	27,5	29,5	570
Santa Elena	860	22,5	24,5	1630

LÄNDER

VEREINIGTE STAATEN VON AMERIKA

Amtlich: United States of America (USA).
Staatsgebiet: 9 363 123 km², davon 202 711 km² Binnengewässer, in Nordamerika, im Norden an Kanada, im Süden an Mexiko grenzend, atlantische, pazifische und karibische Küste; • Hauptstadt: Washington; • 50 Bundesstaaten, 1 Bundesdistrikt; • Außengebiete: *Puerto Rico:* 8897 km² auf der gleichnamigen Karibik-Insel, 3,5 Mio. Einwohner (US-Bürger, aber ohne Stimmrecht), Hauptstadt: San Juan, Status: Autonomer assoziierter Staat; – *Jungferninseln (Virgin Islands of the United States):* 344 km² auf Inseln östlich Puerto Rico, 110 000 Einwohner, Hauptstadt: Charlotte Amalie auf St. Thomas, Status: Externes Territorium; – *Panamakanalzone:* 1432 km² in Mittelamerika, 32 000 Einwohner, juristisch Panama unterstellt, Sitz des US-Gouverneurs: Balboa Heights, Status: US-Hoheitsgebiet, das bis zum Jahr 2000 an Panama übergeht; – *Guam:* 549 km² auf der gleichnamigen Insel im nordwestlichen Pazifik, 128 000 Einwohner, Hauptstadt: Agaña, Status: Externes Territorium mit (seit 1982) innerer Autonomie; – *Nördliche Marianen:* 475 km² auf Inseln im nordwestlichen Pazifik, 21 000 Einwohner (seit 1986 US-Bürger), Verwaltungssitz: Susupe auf Saipan, Status: Externes Territorium mit eigener Verfassung; – *Midway:* 5 km² auf Inseln im mittleren Pazifik, 2200 Einwohner, Marinestützpunkt, Status: Inkorporiertes Gebiet; – *Samoa-Inseln (American Samoa):* 197 km² auf Inseln des östlichen Teils der Samoa-Gruppe, 37 000 Einwohner, Hauptort: Pago Pago auf Tutuila, Status: US-Innenministerium unterstellt; – *Wake:* 7,8 km² auf Atoll im nördlichen Pazifik, 1600 Einwohner, Status: US-Air Force unterstellt; – *Guantánamo:* 111,9 km² auf Kuba, Flottenstützpunkt, Status: Pachtgebiet (von Kuba beansprucht).
Bevölkerung: 247,5 Mio. Einwohner (1989), 26 pro km², 80% Weiße, 12% Schwarze und Mulatten; • Amtssprache: Englisch (Amerikanisch); • Bevölkerungswachstum 1%, Lebenserwartung 75 Jahre, Kinder bis 15 Jahre 22%, kaum Analphabeten, städtische Bevölkerung 74%; • Religion: 35% Protestanten verschiedener Provenienz, 20% Katholiken, 3% Juden, 2% Anhänger der Ostkirchen, zahlreiche Sekten.

Millionenstädte (Stadtgebiet)

New York	7,27	Philadelphia	1,65
Los Angeles	3,26	Detroit	1,10
Chicago	3,10	San Diego	1,02
Houston	1,73	Dallas	1,00

Staat: Präsidiale Republik gemäß Verfassung von 1787, Staats- und Regierungschef seit 1989 Präsident George Bush (Republikaner); • Flagge (Stars and Stripes): waagerecht 13 alternierend rote und blaue Streifen (Gründerstaaten), links oben blaues Rechteck mit 50 weißen Sternen (Bundesstaaten); • Nationalhymne (»Star-Spangled Banner«) seit 1916: »O sagt, könnt ihr sehn dort im Frühlicht so klar, was so stolz wir begrüßt?« Refrain: »O sagt, ob das glorreiche Sternenbanner noch weht...«; • Nationalfeiertag: 4. Juli, Unabhängigkeitserklärung 1776; • MEZ minus (von Ost nach West) 6 bis 12 Stunden.
Wirtschaft: Bruttosozialprodukt (1986) 4185 Mrd. Dollar; • Währung: 1 Dollar = 100 Cents = ca. 1,60 DM; • Außenhandel (1986): Importe 387 Mrd. Dollar, Exporte 217,3 Mrd. Dollar (v.a. Fahrzeuge, Maschinen, chemische Produkte, Eisen- und Stahlwaren, Erdölprodukte, landwirtschaftliche Erzeugnisse, Waffen); • Verkehr: 6,5 Mio. km meist gut ausgebaute Straßen (85 000 km Autobahnen), fast die Hälfte aller Kraftfahrzeuge der Welt in den USA zugelassen, 260 000 km Eisenbahn, 220 000 km Pipelines, 40 000 km Binnenwasserstraßen, Seeschiffahrt auf dem Sankt-Lorenz-Seeweg bis tief ins Landesinnere, intensiver Binnenflugverkehr, zahlreiche internationale Flughäfen, u.a. O'Hare in Chicago, J.F. Kennedy, La Guardia und Newark in New York, Stapleton in Denver, San Francisco, Los Angeles, Logan in Boston, Lambert in St. Louis; • Kfz-Kennzeichen: USA.

Verwaltungsgliederung

Staat, Abk.	Fläche in km²	Einwohner in Mio.	Hauptstadt	Einwohner
Alabama, AL	133 915	4,1	Montgomery	180 000
Alaska, AK	1,5 Mio.	0,5	Juneau	20 000
Arizona, AZ	295 022	3,4	Phoenix	770 000
Arkansas, AR	137 538	2,4	Little Rock	160 000
California, CA	411 012	27,7	Sacramento	280 000
Colorado, CO	269 998	3,3	Denver	500 000
Connecticut, CT	12 973	3,2	Hartford	140 000
Delaware, DE	5 321	0,6	Dover	25 000
District of Columbia	163	0,6	Washington	640 000
Florida, FL	151 670	12,0	Tallahassee	85 000
Georgia, GA	152 488	6,2	Atlanta	430 000
Hawaii, HI	16 705	1,1	Honolulu	370 000
Idaho, ID	216 412	1,0	Boise City	105 000
Illinois, IL	146 075	11,6	Springfield	100 000
Indiana, IN	93 993	5,5	Indianapolis	700 000
Iowa, IA	145 791	2,8	Des Moines	200 000
Kansas, KS	213 063	2,5	Topeka	120 000
Kentucky, KY	104 623	3,7	Frankfort	25 000
Louisiana, LA	125 674	4,5	Baton Rouge	220 000
Maine, ME	86 027	1,2	Augusta	25 000
Maryland, MD	27 394	4,5	Annapolis	30 000
Massachusetts, MA	21 396	5,9	Boston	570 000
Michigan, MI	150 779	9,2	Lansing	130 000
Minnesota, MN	220 000	4,2	Saint Paul	270 000
Mississippi, MS	123 584	2,6	Jackson	205 000
Missouri, MO	180 486	5,1	Jefferson City	35 000
Montana, MT	381 084	0,8	Helena	25 000
Nebraska, NE	200 017	1,6	Lincoln	175 000
Nevada, NV	286 296	1,0	Carson City	35 000
New Hampshire, NH	24 097	1,1	Concord	30 000
New Jersey, NJ	20 295	7,6	Trenton	95 000
New Mexico, NM	315 113	1,5	Santa Fé	50 000
New York, NY	128 401	17,8	Albany	105 000
North Carolina, NC	136 197	6,4	Raleigh	150 000
North Dakota, ND	183 022	0,7	Bismarck	45 000
Ohio, OH	106 765	10,8	Columbus	570 000
Oklahoma, OK	181 090	3,3	Oklahoma City	410 000
Oregon, OR	251 180	2,7	Salem	90 000
Pennsylvania, PA	117 412	11,9	Harrisburg	55 000
Rhode Island, RI	3 144	1,0	Providence	160 000
South Carolina, SC	80 432	3,4	Columbia	100 000
South Dakota, SD	199 551	0,7	Pierre	15 000
Tennessee, TN	109 412	4,9	Nashville	460 000
Texas, TX	692 403	16,8	Austin	350 000
Utah, UT	219 932	1,7	Salt Lake City	165 000
Vermont, VT	24 887	0,6	Montpelier	10 000
Virginia, VA	105 716	5,9	Richmond	220 000
Washington, WA	176 617	4,5	Olympia	30 000
West Virginia, WV	62 629	1,9	Charleston	65 000
Wisconsin, WI	145 438	4,8	Madison	170 000
Wyoming, WY	253 597	0,6	Cheyenne	50 000

LÄNDER

Klimadaten Vereinigte Staaten von Amerika			
Städte	Mitteltemp. im kältesten Monat	Mitteltemp. im wärmsten Monat	Regen in mm jährl.	Regentage im Jahr
Seattle	5,5	18,5	866	150
Los Angeles	13,0	22,5	373	37
Kansas City	0,0	27,0	865	106
New Orleans	13,0	28,0	1607	122
Chicago	−3,5	24,0	843	124
New York	0,0	24,5	1076	123
Miami	19,0	27,5	1518	135

VIETNAM

Amtlich: Sozialistische Republik Vietnam.
Staatsgebiet: 329 556 km² in Südostasien, im Norden an China, im Westen an Laos und Kambodscha grenzend, Küsten am Golf von Thailand und am Südchinesischen Meer; • Hauptstadt: Hanoi; • 36 Provinzen und 3 Stadtgebiete.
Bevölkerung: 66,7 Mio. Einwohner (1989), 194 pro km², 90% Vietnamesen, starke chinesische Minderheit (3%); • Amtssprache: Vietnamesisch; • Bevölkerungswachstum 2,6%, Lebenserwartung 65 Jahre, Kinder bis 15 Jahre 40%, 13% Analphabeten, städtische Bevölkerung 20%; • Religion: hauptsächlich Buddhisten, 6% Katholiken.

Die wichtigsten Städte

Ho-Chi-Minh-Stadt	4,0 Mio.	Da Nang	500 000
Hanoi	2,9 Mio.	Nha Trang	220 000
Haiphong	1,4 Mio.	Hué	210 000

Staat: Sozialistische Volksrepublik gemäß Verfassung von 1980, Staatsoberhaupt seit 1987 Vo Chi Cong (Vorsitzender des Staatsrats); • Flagge seit 1976: Rot (Revolution) mit goldenem Stern (Einheit) in der Mitte; • Nationalhymne seit 1976: »Soldaten Vietnams, wir marschieren vorwärts...«; • Nationalfeiertag: 2. September, Ausrufung der Unabhängigkeit 1945; • MEZ plus 7 Stunden.
Wirtschaft: Bruttosozialprodukt (1986) 11 Mrd. Dollar; • Währung: 1 Dong = 10 Hào = 100 Xu = ca. 0,0005 DM; • Außenhandel (1986): Importe 2,2 Mrd. Dollar, Exporte 0,8 Mrd. Dollar (v.a. Meeresfrüchte, Kautschuk, Kaffee, Tee, Holz, Erze); • Auslandsschulden (1986): 5,5 Mrd. Dollar; • Verkehr: 350 000 km Straßen und Pisten (60 000 km asphaltiert), 2500 km Eisenbahn, Küsten- und Binnenschiffahrt, internationale Flughäfen in der Hauptstadt und in Ho-Chi-Minh-Stadt (früher Saigon); • Kfz-Kennzeichen: VN.

WEISSRUSSLAND
siehe RUSSLAND

WESTSAHARA

Amtlich: Demokratische Arabische Republik Sáhara.
Staatsgebiet: 266 000 km² in Nordwestafrika, im Norden an Marokko, im Nordosten an Algerien, im Osten und Süden an Mauretanien grenzend, Atlantikküste; • Hauptstadt: El Alaiún.

WESTSAHARA: Rastende Karawane in der Wüste.

LÄNDER

Bevölkerung: 170 000 Einwohner (1989), weniger als 1 pro km²; • Amtssprachen: Arabisch und Spanisch; • Religion: Fast ausschließlich Moslems.
Staat: Republik nach Proklamation 1976, jedoch von Marokko besetzt, dagegen Kampf der Frente Popular de Liberación de Seguía el-Hamra y Río de Oro (FPOLISARIO), Staatsoberhaupt der Exilregierung seit 1982 Mohamed Abd Al Asis; • Flagge: waagerecht Schwarz, Weiß mit rotem Halbmond und Stern, Grün und rotes Dreieck am Mast; • MEZ.
Wirtschaft: von Marokko kontrolliert.

WESTSAMOA

Amtlich: Independent State of Western Samoa.
Staatsgebiet: 2842 km² auf den westlichen Inseln der Samoagruppe: Savai'i (1714 km²) und Upolu (1118 km²) sowie Apolima, Manono und 5 unbewohnte Eilande; • Hauptstadt: Apia auf Upolu; • 24 Distrikte.
Bevölkerung: 169 000 Einwohner (1989), 58 pro km²; • Amtssprachen: Samoanisch und Englisch; • Religion: 75 % Protestanten, 22 % Katholiken.
Staat: Parlamentarische Häuptlingsaristokratie nach Verfassung von 1961, Staatsoberhaupt Tanumafili II. (1962 auf Lebenszeit gewählt, danach regelmäßige Wahlen vorgesehen); • Flagge seit 1949: Rot mit blauem Obereck, darin Kreuz des Südens aus fünf weißen Sternen; • Nationalhymne: »Erhebe dich, Samoa, und pflanz das Banner auf!«; • Nationalfeiertag: 1. Juni; MEZ plus 12 Stunden.
Wirtschaft: Bruttosozialprodukt (1986) rd. 105 Mio. Dollar; • Währung: 1 Tala = 100 Sene = ca. 0,82 DM; • Handel v.a. mit Kopra, Kakao, Holz; • Verkehr: beide Hauptinseln durch Straßen erschlossen, internationaler Flughafen Faleolo nahe der Hauptstadt; • Kfz-Kennzeichen: WS.

ZAIRE

Amtlich: République du Zaïre (seit 1971, vorher Kongo).
Staatsgebiet: 2 345 409 km² in Zentralafrika, im Westen an Kongo, im Norden an die Zentralafrikanische Republik, im Nordosten an den Sudan, im Osten an Uganda, Ruanda, Burundi und Tansania, im Süden an Sambia und im Südwesten an Angola grenzend, kurzer Küstenstreifen am Atlantik; • Hauptstadt: Kinshasa; • 8 Regionen und Hauptstadtbezirk.
Bevölkerung: 34 Mio. Einwohner (1989), 13 pro km², v.a. Bantu (u.a. Luba, Mongo, Kongo, Ruanda) sowie nilohamitische und Sudan-Gruppen; • Amtssprache: Französisch; • Bevölkerungswachstum 2,8 %, Lebenserwartung 52 Jahre, Kinder bis 15 Jahre 46 %, 22 % der Männer und 56 % der Frauen Analphabeten; • Religion: über ein Drittel Katholiken, ein Fünftel Protestanten, daneben Moslems, Animisten.

Die wichtigsten Städte

Kinshasa	5,1 Mio.	Kananga	300 000
Lubumbashi	550 000	Kisangani	290 000
Mbuji-Mayi	430 000	Likasi	200 000

Staat: Demokratischer sozialistischer Einheitsstaat nach Verfassung von 1978, Staats-, Regierungs- und Parteichef der Einheitspartei MPR seit 1965 Mobutu Sésé-Séko; • Flagge: Grün mit gelber Scheibe in der Mitte, darin brauner Arm mit rot brennender Fackel; • Nationalhymne seit 1972: »Zaïrer, vorwärts, mutig und würdig!«; • Nationalfeiertag: 30. Juni, Unabhängigkeit 1960; • MEZ plus 1 Stunde im Osten, sonst MEZ.
Wirtschaft: Bruttosozialprodukt (1986) 6 Mrd. Dollar; • Währung: 1 Zaïre = 100 Makuta = ca. 0,006 DM; • Außenhandel (1986): Importe 1,5 Mrd. Dollar, Exporte 1,85 Mrd. Dollar (v.a. Kupfer, Schmuckdiamanten, Palmöl, Kobalt, Kaffee, Zink, Kautschuk); • Auslandsschulden (1986): über 6 Mrd. Dollar; • Verkehr: 5300 km Eisenbahn, 160 000 km Straßen und Wege (nur 2000 km asphaltiert), intensive Binnenschiffahrt auf dem Kongo, internationale Flughäfen Ndjili in Kinshasa, Lubumbashi, Bukavu und Kisangani; • Kfz-Kennzeichen: ZR.

ZENTRALAFRIKANISCHE REPUBLIK

Amtlich: République Centrafricaine.
Staatsgebiet: 622 984 km² in Zentralafrika, im Nordwesten an Tschad, im Nordosten an den Sudan, im Süden an Zaïre und Kongo und im Westen an Kamerun grenzend; • Hauptstadt: Bangui; • 16 Präfekturen.
Bevölkerung: 3 Mio. Einwohner (1989), 5 pro km², 85 % Bantu-Stämme; • Amtssprache: Französisch, Umgangssprache: Sangho; • Bevölkerungswachstum 2,9 %, Lebenserwartung 59 Jahre, Kinder bis 15 Jahre 46 %, über die Hälfte Analphabeten, städtische Bevölkerung 34 %; • Religion: 35 % Christen, 8 % Moslems, sonst Animisten.
Staat: Präsidiale Republik mit Einheitspartei gemäß Verfassung von 1986, Staats-, Regierungs- und Parteichef seit 1981 General André Kolingba; • Flagge seit 1958: waagerecht Blau mit gelbem Stern links, Weiß, Grün, Gelb, roter senkrechter Streifen in der Mitte; • Nationalhymne seit 1960: »O Zentralafrika, Wiege der Bantus!«; • Nationalfeiertag: 13. August, Unabhängigkeit 1960; • MEZ.
Wirtschaft: Bruttosozialprodukt (1986) 0,9 Mrd. Dollar; • Währung: 1 CFA-Franc = 100 Centimes = ca. 0,005 DM; • Außenhandel (1986): Importe 220 Mio. Dollar, Exporte 130 Mio. Dollar (v.a. Diamanten, Gold, Kaffee, Holz); • Auslandsschulden (1986): 400 Mio. Dollar; • Verkehr: 20 000 km Straßen (nur 6000 km Allwetterstraßen), keine Eisenbahn, internationaler Flughafen bei der Hauptstadt; • Kfz-Kennzeichen: RCA.

ZYPERN

Amtlich: Kypriakí Dimokratía (griechisch), Kibris Cumhuriyeti (türkisch), Republik Zypern.
Staatsgebiet: 9251 km² auf der gleichnamigen Mittelmeer-Insel; • Hauptstadt: Nikosia.
Bevölkerung: 700 000 Einwohner (1989), 75 pro km², 80 % griechische und 18 % türkische Zyprioten, Siedlungsgebiete seit der türkischen Invasion von 1974 geteilt; • Amtssprachen: Griechisch und Türkisch; • Lebenserwartung 74 Jahre, 10 % Analphabeten; • Religion: 75 % orthodoxe Christen, 15 % Moslems.
Staat: Präsidiale Republik gemäß der formell noch gültigen Verfassung von 1960, Staats- und Regierungschef seit 1988 (von den Türken nicht anerkannt) Georgios Vassiliou; • Flagge: Weiß mit Inselsilhouette in gelb und gekreuzten grünen Ölbaumzweigen; • Nationalhymnen Griechenlands und der Türkei; • Nationalfeiertag: 1. Oktober; • MEZ plus 1 Stunde.
Wirtschaft: Bruttosozialprodukt (1986) 2,7 Mrd. Dollar; • Währung: 1 Zypern-Pfund = 100 Cents = ca. 3,60 DM; • Außenhandel (1986): Importe 1,28 Mrd. Dollar, Exporte 0,5 Mrd. Dollar (v.a. Kupfer, landwirtschaftliche Produkte, Textilien, Wein); • Verkehr: Erzbahnen, 11 500 km Straßen (zur Hälfte asphaltiert), Häfen Limassol (griechisch), Famagusta (türkisch), internationale Flughäfen in Larnaka (griechisch) und Ercan östlich Nikosia (türkisch); • Kfz-Kennzeichen: CY.

Klimadaten Zaire				
Städte	Höhe in m	Mitteltemp. im kältesten Monat	Mitteltemp. im wärmsten Monat	Regen in mm jährl.
Kinshasa	320	16,5	27,0	1360
Kisangani	420	24,0	26,0	1570
Lubumbashi	1230	16,0	23,5	1230

WELTGESCHICHTE

Weltgeschichte

Wir stehen auf den Schultern unserer Eltern und Vorfahren. Ohne den Blick zurück ist die Gegenwart nicht zu begreifen, laufen wir blind in die Zukunft. Geschichte, so hat es der große Historiker Jacob Burckhardt ausgedrückt, ist die Lehrmeisterin des Lebens. Gewiß, sie wiederholt sich nicht, aber sie liefert Muster, die gültig bleiben. Wir können durch sie »nicht klug für ein ander Mal, sondern weise für immer« werden.

NICHTS ANZUFANGEN wußten zunächst die Forscher mit den gewaltigen Malereien in der Höhle von Altamira (Provinz Santander, Spanien), die 1879 entdeckt wurden. Erst 1902 klärten Parallelfunde, daß es sich um Fresken aus der jüngeren Altsteinzeit, aus dem sogenannten Magdalenium (15 000 bis 9000 v. Chr.) handelt. Die vorgeschichtlichen Künstler versuchten, mit ihren Tierdarstellungen (Bild: Bisons) das Wild zu bannen und durch Konzentration auf die erhoffte Beute den Jagderfolg zu steigern.

WELTGESCHICHTE

Jede Darstellung vergangener Epochen und schon gar der gesamten Weltgeschichte bleibt, wie breit auch immer angelegt, nur ein winziger Ausschnitt des tatsächlich Geschehenen, muß das Wesentliche herausarbeiten. Was das ist, wird jeder Historiker und jede Zeit anders beantworten, auch wenn sie sich an der Forderung Leopold von Rankes orientieren, Vergangenes so zu schildern, »wie es eigentlich gewesen« sei. Das kann nur die Aufforderung zu strenger Sachlichkeit sein, die aber die persönliche Perspektive und die zeitbedingten Wertmaßstäbe nie ausblendet. Der folgende chronologische Überblick über die Menschheitsgeschichte muß sich in seiner Kürze auf die herausragenden Ereignisse und großen Entwicklungslinien beschränken. Dennoch soll er einem erzählerischen Faden folgen, der den Benutzer nicht im Dickicht von Stichworten allein läßt, sondern schrittweise durch die Epochen führt. Im Vordergrund wird dabei naturgemäß die neuere Zeit und die Geschichte Europas, besonders Deutschlands stehen.

VORGESCHICHTE

Daß die Geschichte von Adam und Eva nur ein Gleichnis der Bibel für die Entstehung des Menschengeschlechts ist, bestreiten nur noch buchstabengläubige Fanatiker. Seit Charles Darwin 1859 das Fundament der Evolutionstheorie über die Entstehung der Arten legte, wissen wir, daß auch der Mensch eingebettet ist in die Entwicklung des Lebens, das vor Milliarden Jahren auf Erden entstand. Das am höchsten entwickelte Wesen, der Mensch, trat freilich erst sehr viel später auf. Wie spät, das ist eine Definitionsfrage.

Vor etwa 14 Millionen Jahren lebte in Afrika und Südasien der sogenannte Ramapithecus, der nach heutiger Kenntnis am Anfang unserer Ahnenreihe stand. Ein Homo sapiens allerdings war er noch nicht, sondern nur ein Menschenartiger, ein Hominide, der sich vom Zweig der Primaten abgespalten hatte. Ihm folgte der Australopithecus, von dem bis zu drei Millionen Jahre alte Funde aus Afrika zeugen. Er trug schon deutlich menschliche Züge, kannte Werkzeuggebrauch und war direkter Vorfahr des Homo robustus, eines grobschlächtigen Typs, der wiederum über weitere Zwischenstufen zum Homo Heidelbergensis, Peking- und Java-Menschen führte.

1907 fand man in Mauer bei Heidelberg einen Unterkiefer, der

600 000 Jahre alt ist, der älteste bisher entdeckte europäische Menschenrest. Mit ihm setzen wir den Beginn der frühmenschlichen Geschichte, der Vorgeschichte an, denn es lassen sich für diese Frühzeit erste kulturelle Spuren nachweisen. Doch erst mit dem Neandertaler, einem vor rund

60 000 Jahren auftauchenden und nach dem Fundort bei Düsseldorf benannten Menschentyp, wird der wissenschaftliche Boden sicherer durch zahlreiche Funde von Werkzeugen und Waffen. Gewiß kannte der Neandertaler auch Holz und Knochen als Werkstoffe, doch über die Jahrtausende haben sich fast nur steinerne Gerätschaften, v.a. die Faustkeile, erhalten, so daß wir diese Periode

bis etwa 10 000 v. Chr. Altsteinzeit oder mit dem griechischen Wort Paläolithikum nennen. Sie wird in Alt-, Mittel- und Jung-Paläolithikum unterteilt und wurde zunächst von den nomadisierenden Neandertalern geprägt. Sie waren vom Atlantik bis nach Innerasien anzutreffen und unterschieden sich vom Jetztmenschen (Homo sapiens sapiens) durch gedrungene Gestalt, fliehende Stirn und kräftige Wülste über den Augen. Sie kannten nur die aneignende Wirtschaftsweise, also die Jagd in kleinen Horden und das Sammeln von Früchten. Aus den Bestattungsritualen und Jagdzauber läßt sich auf religiöse Kulte und die Bedeutung des Sippenverbandes schließen.

Um etwa 30 000 v. Chr. setzte das Jungpaläolithikum ein. Im Zuge der vierten Eiszeit in Europa bildeten sich durch Rückzug in Höhlen neue Lebensformen heraus. Der Neandertaler wurde durch einen neuen Menschentyp abgelöst, auf den alle heutigen Rassen zurückgehen, den nach dem Fundort in Südfrankreich benannten Cro-Magnon. Er verbreitete sich bis in die Neue Welt und nach Australien und verfeinerte Werkzeuge wie Kultur, abzulesen etwa an den prachtvollen Höhlenmalereien in Nordspanien und am Gebrauch von Pfeil und Bogen. Auch erste Haustiere wurden gezähmt (Hund).

Um 10 000 v. Chr. begann die Mittlere und die Jungsteinzeit. Die Grenze zwischen diesen beiden Perioden verlief unterschiedlich: Während im Orient schon um 8000 ein deutlicher Fortschritt einsetzte, verharrte der europäische Raum noch bis etwa 4500 in der überkommenen Kultur, Amerika und Australien machten Sonderentwicklungen durch. Der Übergang zur Jungsteinzeit (Neolithikum) war gekennzeichnet durch den Beginn einer produzierenden Wirtschaftsweise, also durch das Aufkommen von Ackerbau und Viehzucht. Der Hausbau machte Fortschritte und die

Geologische Gliederung		Jahrtausende	Archäologische Gliederung	
Holozän (Alluvium)	Postglazial	4	Eisenzeit / Bronzezeit	Metallzeiten
		5	Jungsteinzeit = Neolithikum	
		10	Mittelsteinzeit = Mesolithikum	
Jung- Pleistozän (Diluvium)	Würm 2 u. 3-Kaltzeit Warme Schwankung Würm 1-Kaltzeit	120	Magdalenium Solutrium Aurignacium	Jung-
	U-Warmzeit = letztes Interglazial		Moustium Jung-Acheulium	Mittel-
Mittel-	Riß-Kaltzeit	240		
	O-Warmzeit = vorletztes Interglazial		Mittel-Acheulium Alt-Acheulium (Chellium)	
	Mindel-Kaltzeit	480		Alt-
Alt-	J-Warmzeit = erstes Interglazial		Abbevillium (Prächellium)	
	Günz-Kaltzeit	600	Älteste Kulturen (?)	

(Paläolithikum = Altsteinzeit)

WELTGESCHICHTE

noch steinerner Waffen und Werkzeuge wurden anspruchsvoller (Steinbeile, Feuersteinmesser). Kunstvolle Tonwaren mit Linien- und Bandverzierungen wurden schon gefertigt, ehe

um 2700 v. Chr. die **Bronzezeit** begann. Auch hier hatte der Orient einen Vorsprung vor Europa, wo noch die Jungsteinzeit auslief und Kupferabbau erst seit 1500 v. Chr. betrieben wurde. So kann man in Vorderasien nur noch bedingt von Vorgeschichte sprechen, da hier schon die schriftliche Periode einsetzte, während das mittlere und nördliche Europa noch keine höher organisierten Zivilisationen kannte.

Heute zeugen von dieser Zeit noch die Großstein- oder Megalithbauten, riesige Grabanlagen wie die Hünengräber in der Lüneburger Heide oder die Menhire in der Bretagne. Auch gewaltige Kultstätten wie im englischen Stonehenge, das vermutlich zugleich astronomischen Zwecken diente, gehören zu diesem Stil. Man teilt die nun immer vielfältigeren Kulturen nach Gegenden oder Kunstformen ein, also etwa die Rhône- oder Aunjetitzer Kultur oder die Kulturen der Schnur- und Bandkeramiker sowie die nach der Brandbestattung benannte Urnenfelderkultur. Im nördlichen Deutschland und im südlichen Skandinavien blühte

um 1500 bis 1200 v. Chr. ein **Nordischer Kreis,** dem im Alpenraum eine Pfahlbau-Kultur entsprach. Die Familie wurde nun zur Grundeinheit der Gesellschaft, das Haus zum Wirtschaftszentrum des Kreislaufs von Produktion und Verbrauch. Natürlich existierten auch Handel und fernerer Warenverkehr (Metalle, Salz, Keramik u.a.) bis in den Mittelmeerraum und nach Vorderasien, doch die spätere Dominanz fehlte ihm noch.

Um 750 v. Chr. erreichte die **Eisenzeit,** die im Orient längst begonnen hatte, Mittel- und Nordeuropa. Wir teilen sie in die ältere Hallstattkultur (benannt nach einem Ort im Salzkammergut) und die jüngere Kultur von Latène ein, einem Ort in der Westschweiz. Anfangs siedelten im Süden Mitteleuropas noch keltische Stämme, die in der Hallstattzeit nach Frankreich, England und Nordspanien abwanderten und damit eine große Völkerwelle in Zentraleuropa auslösten. Es kam zu Kriegszügen wie dem der Kelten, denen

387 v. Chr. die **Eroberung Roms** gelang und hundert Jahre später der Vorstoß nach Griechenland. Die Kelten waren es auch, die durch Übernahme der Geldwirtschaft und Bildung größerer Staaten den Anschluß an die Mittelmeer-Kulturen fanden. Die Germanen kamen erst Ende des zweiten Jh. v. Chr. mit Rom in Verbindung beim gescheiterten Angriff der Kimbern und Teutonen (113 v. Chr.),

ALTERTUM

Unter diesem Begriff fassen die Historiker die Zeit von der Entstehung der ersten Hochkulturen am Nil und im Zweistromland (Mesopotamien) bis zum Ende des klassischen Altertums, der griechisch-römischen Antike zusammen. Das Altertum reicht damit in Europa und Vorderasien von etwa 3000 v. Chr. bis ins 6. nachchristliche Jh. Jetzt werden konkrete Menschen, zunächst vor allem Herrscher der ersten Großreiche, faßbar, denn durch die »Erfindung« der Schrift erfuhr das menschliche Gedächtnis eine ungeheure Erweiterung und die Entwicklung der Zivilisation eine dramatische Beschleunigung.

Es ist kein Zufall, daß die ersten Staatenbildungen im modernen Sinne in den Tälern großer Flüsse gelangen. Hier wuchs die Menschenzahl nach Beginn der Warmzeit um 10 000 v. Chr. durch Zuzug aus den versteppenden und zur Wüste werdenden Gebieten rasch, was die Strukturierung des Zusammenlebens, die Regelung von Mein und Dein erforderte. Die periodischen Fruchtbarkeitszeiten verlangten zudem das Planen von Anbau und Ernte, die Vorratshaltung und über die Möglichkeiten des einzelnen hinausgehende Bewässerungsmaßnahmen.

Die Spezialisierung wuchs und führte zu erstaunlichen Leistungen auf wissenschaftlichem und technischem Gebiet, aber auch zu militärischen Anstrengungen, die immer wieder große Umwälzungen brachten. Riesige Reiche wuchsen heran und stürzten wieder, Eroberer zerstörten ganze Kulturkreise, die ständige Bedrohung förderte religiöse und philosophische Besinnung.

Für Europa bedeutsam wurden vor allem die Kulturen am Nil und in Mesopotamien und wesentlich später, aber direkter und nachhaltiger die griechische und römische Welt, während die indischen und chinesischen Hochkulturen zunächst ohne Verbindung zu unserem Lebensraum blieben.

Ägypten

Die Geschichte Ägyptens bis zur Eroberung durch Alexander den Großen (332 v. Chr.) wird nach 31 Dynastien der Pharaonen (Könige) geordnet.

2900–2620 Frühzeit (1. und 2. Dynastie). Die beiden Teilreiche in Ober- und Unterägypten wuchsen damals zusammen, geeint von einem halbsagenhaften König Menes mit Residenz in Abydos. In diese Zeit fiel auch die Ausbildung der Hieroglyphen, eine wohl aus früherer Bilderschrift entwickelte Buchstaben- und Lautschrift.

2620–2100 Altes Reich (3.–7. Dynastie). Das nach Zerfall erneut vereinte Ägypten entwickelte sich zu einem Priester- und Beamtenstaat, der einen aufwendigen Totenkult pflegte. Schon der erste Pharao Djoser (um 2590 gestorben) ließ sich von seinem Baumeister Imhotep eine Pyramide, die Stufenpyramide von Sakkara, als Mausoleum bauen und dafür die Bevölkerung zur Zwangsarbeit heranziehen. Die Könige der 4. Dynastie, Cheops, Chefren und Mykerinos, steigerten diese Bauten ins Gigantische und schufen

um 2575–2465 die **Pyramiden von Giseh.** Die folgenden Pharaonen machten den Sonnenglauben zur Staatsreligion, deren Priester immer mehr Macht anhäuf-

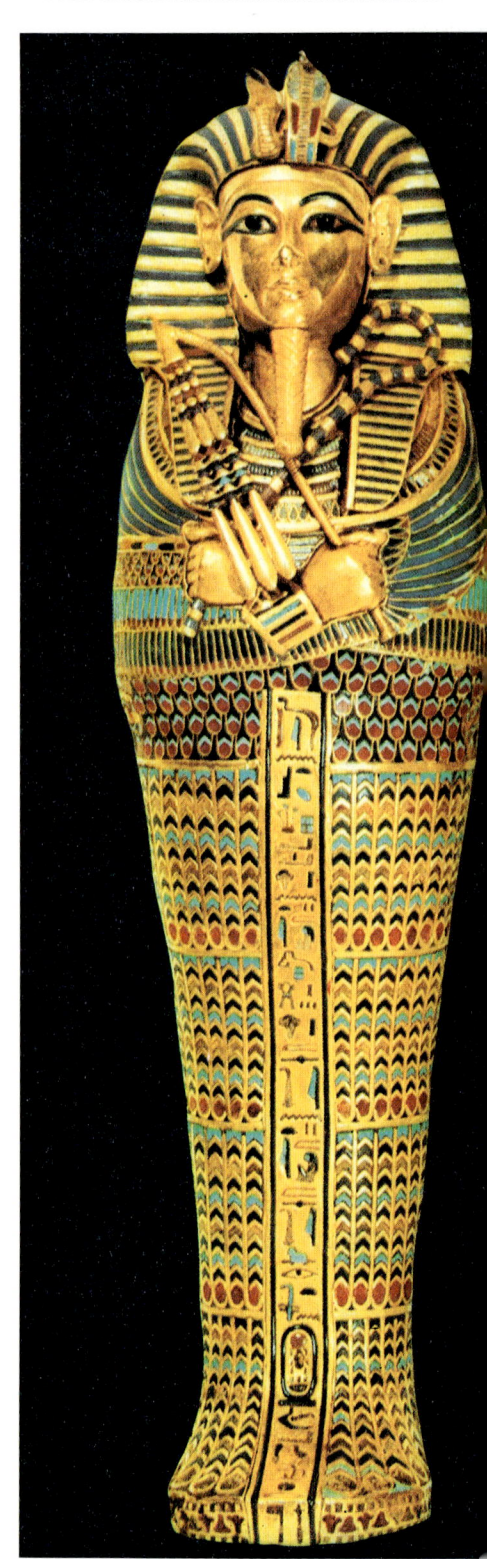

WELTGESCHICHTE

ten, was zum Verfall der Zentralgewalt führte und

2100–2040 die **Erste Zwischenzeit** (8.–10. Dynastie) brachte. Der Staat zerfiel in Gaufürstentümer, es kam zu Hungeraufständen und politischen Wirren.

2040–1650 Mittleres Reich (11.–14. Dynastie). Von Oberägypten aus wieder geeinigt, erlebte das Land unter den Königen Amenemhet und Sesostris III. der 12. Dynastie (1991–1785) eine Blütezeit. Große Tempelbauten für den Reichsgott Amun entstanden. In der 13./14. Dynastie verfiel die Königsmacht erneut. Aus Asien griffen die Hyksos an und übernahmen die Herrschaft:

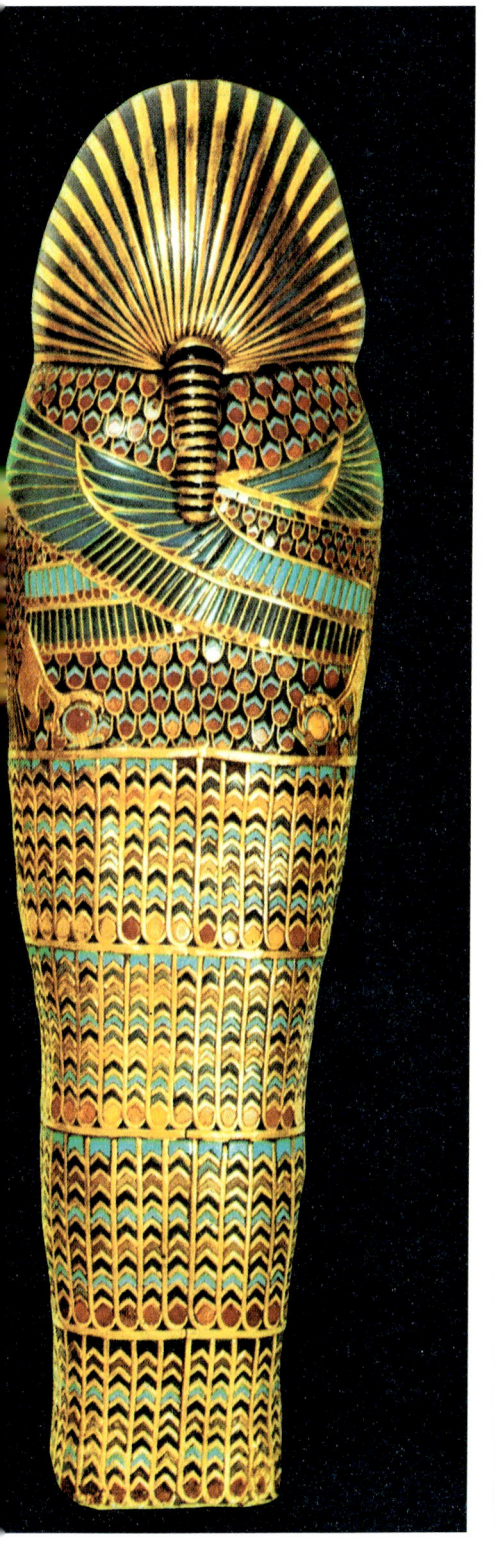

1650–1551 Zweite Zwischenzeit (15.–17. Dynastie). Fast ein Jh. währte die Fremdherrschaft, ehe von Theben aus der Kampf dagegen Erfolg hatte, so daß

1551–1070 das **Neue Reich** (18.–20. Dynastie) gebildet werden konnte und Ägypten zur Großmacht aufstieg. Amenophis I., Thutmosis I. und die Königin Hatschepsut waren die herausragenden Herrscher, die es Thutmosis III. (1490–1436) ermöglichten, mit offensiver Außenpolitik die Grenzen des Reiches bis Syrien und Nubien vorzuschieben. Die Nachfolger, u.a. Amenophis III. (1402–1377), konnten sich wieder nach innen wenden und eine reiche Kulturentfaltung anregen (Großplastiken, Felsentempel, Bild- und Dichtkunst). Fruchtbar war auch

1364–1347 die **Herrschaft Echnatons,** der als Amenophis IV. die Regierung übernahm und dann eine beispiellose religiöse Revolution in Gang setzte. Mit seiner Gemahlin Nofretete huldigte er dem Sonnengott Aton, ein erster Schritt zum Monotheismus, verlegte seine Residenz aus der Amun-Stadt Theben nach Amarna und entmachtete die Priesterschaft. Sein unmündiger Schwiegersohn Tutenchamun (1347–1339) brachte die Kraft zur Fortsetzung dieser Politik nicht auf und ließ sich von Beratern zur Rückkehr zu den angestammten Kulten drängen. Seine Bedeutung erwarb er erst als Toter – er starb schon mit 18 Jahren –, da 1922 sein Grab im Tal der Könige als eines der wenigen unversehrt aufgefunden wurde. Die Ägyptologie verdankt ihm wichtige Aufschlüsse über den Alltag der Menschen, das soziale Gefüge im Staat, das höfische Leben und den Machtverfall unter seiner Herrschaft. Ihn beendete

1290–1224 Ramses II., der 1285 die Hethiter stoppte (Schlacht bei Kadesch) und ein Arrangement mit der kleinasiatischen Großmacht erreichen konnte (ältester erhaltener Friedensvertrag). Seine lange Regierung aber führte auch zu einer gewissen Lähmung und seine riesigen Bauten wie der Felsentempel von Abu Simbel und die neue Residenz im Nildelta verschlangen große Summen. Unter den dabei eingesetzten Fronarbeitern waren vermutlich auch die Israeliten, deren in der Bibel geschilderter Auszug aus Ägypten vermutlich in diese Zeit fiel. Nach Ramses begann der Abstieg Ägyptens, gipfelnd

1070–712 in der **Dritten Zwischenzeit** (21.–24. Dynastie), in der Ober- und Unterägypten getrennte Wege gingen und Machtkämpfe zwischen Militärs und Priestern ausgetragen wurden. Mit der Eroberung Ägyptens durch Nubier (»Äthiopier«) begann die von

712–332 während **Spätzeit** (25.–31. Dynastie). Wechselnde Fremdherrschaften prägten die Epoche, und nur für kurze Zeit unter der 26. Dynastie (624–525) konnte die Selbständigkeit wieder erkämpft werden. Psammetich I. und Necho waren die herausragenden Herrscher, wobei dem letzteren 609 der Sieg über die Israeliten bei Megiddo gelang (Tod von König Josia von Juda).

525 eroberten die Perser unter Kambyses Ägypten und machten es zu einer Provinz des Achämenidenreiches bei beschränkter Selbstverwaltung. Im Zuge seines Feldzugs gegen Persien wurde

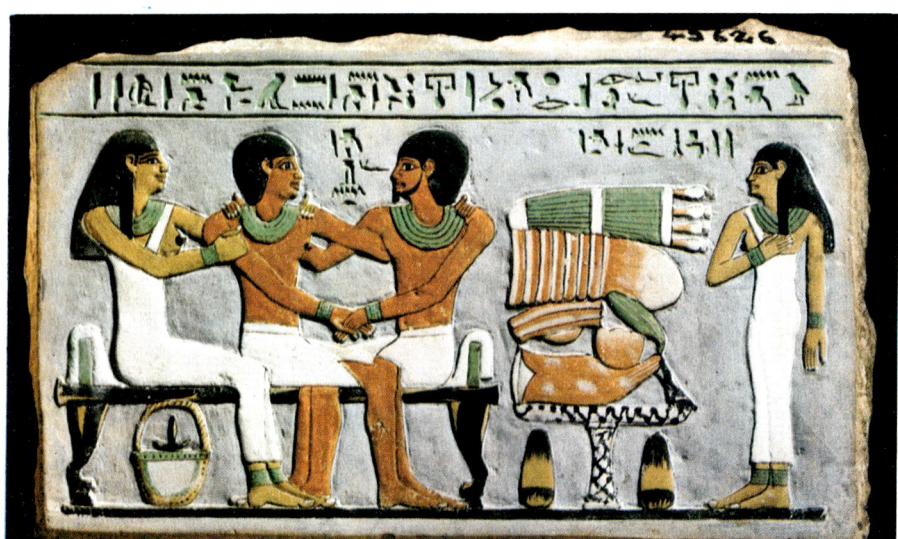

HOCHENTWICKELT
waren Kunst und Kunsthandwerk im alten Ägypten. Das belegen beide Bilder: Die farbenfrohe Stele (unten) aus dem Mittleren Reich zeigt den Pharao Amenemhet und seine Gemahlin beim Umarmen des Sohnes. Links der Sarkophag des jungen Herrschers Tutenchamun in Front- und Rückenansicht.

WELTGESCHICHTE

332 Alexander der Große Herr Ägyptens. In der nachfolgenden Zeit der Ptolemäer wurde das Land nachhaltig hellenisiert, konnte aber Elemente seiner langen Tradition bewahren. Die Römer, die Erben der Griechen am Nil, kontrollierten seit 51 v. Chr. **Ägypten** und machten es **30 v. Chr. zur römischen Provinz.**

Naher Osten

Etwa zur gleichen Zeit wie Ägypten trat das Zweistromland, das Gebiet an den Flüssen Euphrat und Tigris, ins Licht der Geschichte. Nicht so gut abgeschottet von der Umwelt wie die Nilkultur, hatte es ein wesentlich wechselvolleres Schicksal. Erste Staatenbildner im südlichen Mesopotamien waren die Sumerer, deren Herkunft dunkel ist. Sie begannen

um 3000 die **älteste Stadtkultur** mit dem Zentrum Ur aufzubauen. Wie die Ägypter schufen sie einen Priester- und Gottesstaat (Theokratie) und wie die Pyramidenbauer am Nil erbauten sie riesige Tempelanlagen und entwickelten ein Schriftsystem zur Bewältigung der Verwaltung und Gesetzgebung. Ganze Tontafelarchive mit solchen Aufzeichnungen in Keilschrift sind uns überliefert und berichten über die Ereignisse im Mesopotamien des Altertums.

Um 2350 bildete sich das **Großreich von Akkad unter Sargon I.**, der bis Syrien vordrang. Es bröckelte bald wieder und erst

2050–1950 gelang der **3. Dynastie von Ur** die Renaissance. In diesen hundert Jahren wurde die Stadt, aus der nach biblischen Berichten Abraham stammte, ausgebaut, mit Sakralbauten geschmückt und befestigt. Das vermochte jedoch die Zerstörung durch semitische Nomadenstämme nicht zu verhindern. Der Machtschwerpunkt verlagerte sich nach Babylon am Euphrat, wo

1728–1688 Hammurabi regierte und ein babylonisches Reich vom Persischen Golf bis in den Norden des heutigen Irak schuf. Wesentlich zum Zusammenhalt trug das erste kodifizierte Gesetzeswerk (Codex Hammurabi) bei, das den Frauen und Leibeigenen mehr Rechte gewährte, und die Weiterentwicklung des sumerischen Erbes. Auf kulturellem Gebiet setzte sich Babylon mit dem großen Gilgamesch-Epos (3600 Verse) über Mythen und Götterwelt ein dichterisches Denkmal.

1531 fiel das Altbabylonische Reich den Hethitern zum Opfer. Sie wurden ihrerseits von den Kassiten verdrängt, denen mit den Churritern im Norden des Zweistromlands ein gefährlicher Rivale erwuchs. Ihr

1460–1320 bestehendes **Reich Mitanni** wurde jedoch ebenfalls ein Opfer der Hethiter, die in Vorderasien zur bestimmenden Macht aufstiegen. Ihre Einigung mit Ägyptens Pharao Ramses II.

1285 nach der unentschiedenen **Schlacht bei Kadesch** gab ihnen freie Hand von ihrem Kerngebiet in Kleinasien mit der Hauptstadt Hattusa (Bogazkale) bis nach Mesopotamien. Es war ein schon moderner anmutendes Reich als die orientalischen, der König hatte bei weitem nicht die gottähnliche Stellung, die Großen des Landes verfügten über Mitwirkungsrechte bei der Gestaltung der Politik. Das freilich schwächte die Hethiter gegenüber den aufkommenden kriegerischen Assyrern, die

1234–1198 unter König **Tukulti-Ninurta** Babylon eroberten, es allerdings bald wieder verloren, ehe sie es

1115–1078 unter **Tiglatpilesar I.** wieder besetzen konnten. Assyrien wurde zur Großmacht, die sich einem starken Druck semitischer Nomaden, vor allem der Aramäer, die von Süden her vorstießen, zu erwehren hatte. Ihr harter Militärstaat mußte immer wieder gegen Aufstände der Unterdrückten ankämpfen. In Palästina konnte sich das Judentum

um 1007–968 unter **König David** gegen assyrische Eroberungsversuche zunächst behaupten und auch die Philister abwehren. Jerusalem wurde der Mittelpunkt eines Staates, der auf dem Jahwe-Kult beruhte, der damals einzigen monotheistischen Religion, die noch heute existiert und auf die das Christentum zurückgeht. Ihre höchste Entfaltung erlebte sie unter dem Nachfolger Davids, dem

968–930 regierenden **Salomo.** Er mußte zwar einige Gebiete in Syrien und am Roten Meer abgeben, doch kulturell führte er das jüdische Reich auf einen Höhepunkt. In der Folgezeit zerfiel es in das nördliche Israel und das südliche Juda, als Klammer jedoch blieb der Glaube, den Propheten wie Hosea und Amos in Israel oder Jesaja und Jeremia in Juda verkündeten. Beide Landesteile wurden schließlich doch Opfer Assyriens, wo

883–859 Assurnasirpal II. herrschte, eine neue Residenz in Kalach bezog, die alte Eroberungspolitik wieder aufnahm und ein assyrisches Weltreich schuf, das von seinem Nachfolger Salamanassar III. (858–824) ausgebaut wurde. In diese Zeit fiel auch die Herrschaft der Königin Sammuramat (griechisch Semiramis), auf die die Legende von den prachtvollen »hängenden Gärten« in Babylon, einem der Weltwunder des Altertums, zurückging. Im folgenden Jahrhundert steigerte sich die assyrische Macht weiter unter

746–727 Tiglatpilesar III., dem Salamassar V. (727–722) folgte, der kurz vor seinem Tod Samaria eroberte und die Bevölkerung Israels deportieren ließ. Sein Sohn Sanherib (705–681) befahl

689 die **Zerstörung Babylons,** das gegen ihn gemeutert hatte, und regierte nun ausschließlich von der assyrischen Metropole Ninive am Oberlauf des Tigris aus. Bis Ägypten drangen seine Nachfolger (671) vor, überdehnten aber damit schließlich die Kräfte des Reiches, das

669–627 Assurbanipal noch einmal einen konnte, ehe 626 die Babylonier die assyrische Herrschaft abschüttelten und selbst noch einmal zur Großmacht aufstiegen. Das Ende des Assyrischen Reiches markierte

612 der **Fall Ninives** im Sturm der Meder und Babylonier, nachdem Assur schon 614 zerstört worden war.

605–562 regierte mit **Nebukadnezar II.** ein Herrscher, der Babylon zu neuer Weltgeltung führte und die Stadt so prachtvoll wieder aufbauen ließ, daß noch heute die Legende vom »Turm zu Babel« wegen seines riesigen Marduk-Tempels fortwirkt. Nebukadnezar belagerte Jerusalem anderthalb Jahre lang, eroberte es, ließ es samt jüdischem Tempel zerstören und führte das Volk

587 in die **babylonische Gefangenschaft,** aus der die Juden erst nach der Befreiung durch die Perser wieder zurück-

IN WEICHE TONTAFELN (unten), die dann gebrannt wurden, ritzten die Schriftkundigen der Sumerer ihre Bilder und Zeichen. Die daraus entstehende Keilschrift hielt sich bis in die Zeit der Perser, die die ganze Region tributpflichtig machten: Rechts ein Syrer, der Abgaben bringt, Relief am Palast des Dareios in Persepolis. Die Entzifferung der altpersischen Keilschrift gelang erstmals dem deutschen Gelehrten G. F. Grotefend 1802.

WELTGESCHICHTE

kehren durften. Diese griffen Babylon 539 an und gliederten das geschlagene mesopotamische Reich ihrem Staat an, der sich anschickte den gesamten Orient zu erobern. Die Perser waren ein seit 1600 in Vorderasien ansässiger indogermanischer Stamm, der nach langer Lehnsabhängigkeit von den Medern

559 – 529 unter **König Kyros II.** die Bindungen abschüttelte, 546 das Lydien des sagenhaft reichen Königs Krösus eroberte, die kleinasiatischen Griechenstädte tributpflichtig machte, Babylon überrannte und zur Führungsmacht Vorderasiens aufstieg. Kyros-Sohn Kambyses konnte

525 sogar **Ägypten erobern.** Anders als die orientalischen Reiche davor beließen die Perser aber den Unterworfenen Kultur und Selbstverwaltung und vermieden so aufreibende Kämpfe gegen Aufständische.

521 – 486 war **Dareios I. Großkönig.** Er griff nach Europa über, stieß dort jedoch auf den Widerstand der Griechen, die den Vormarsch

490 bei **Marathon** stoppten. Dareios wandte sich der Innenpolitik zu, gliederte sein Reich in 20 (später 28) Satrapien, ließ eine Heerstraße quer durch das Reich von seiner Residenz Susa in Südpersien bis an den Hellespont (Bosporus) bauen und rüstete ein stehendes Heer aus. Damit schuf er das Instrument das sein

485 – 465 regierender **Sohn Xerxes I.** zur Revanche gegen Griechenland zu nutzen gedachte. Sein Scheitern leitete den Abstieg der Persermacht ein.

Indien

Etwas später als am Nil bildete sich am Indus eine hochentwickelte Kultur, nach dem Hauptfundort am Unterlauf wird die

um 2000 blühende Zivilisation **Harappa-Kultur** genannt. Sie umfaßte das ganze Flußtal, wovon der andere bedeutende Fundort bei Mohendscho Daro zeugt. Bis zu hundert Städte mit mehrstöckigen Häusern und gut ausgebauter Kanalisation lassen sich nachweisen. Ihrer friedlichen Blüte machten

um 1500 die **Arja** (Arier = Edle), so ihre Eigenbezeichnung, ein Ende. Sie waren ein von Norwesten vordringender kriegerischer Nomadenstamm, der vereint die Induskultur vernichtete, aber getrennt in der Folgezeit unter Kleinkönigen siedelte und ein bis heute fortwirkendes Kastensystem entwickelte. Die heiligen Schriften der Arja waren die Weden, über die die nach den Kriegern zweite Kaste der Brahmanen (Priester) wachte. Eine religiöse Gegenbewegung löste der

seit 525 lehrende **Buddha** (560 – 480) aus, »der Erleuchtete«, der ursprünglich Siddharta Gautama hieß. Tief getroffen von Leid und Not der Menschen, entwickelte er eine Religion der Läuterung, Askese, Meditation und Güte mit dem Ziel der Erlösung durch Sieg über die Lebensgier (Aufgehen im »Nirwana«).

China

Noch ein Flußtal förderte früh die Entstehung höherer gesellschaftlicher Organisation: Am Hwangho, dem »Gelben Fluß«, kam es zu einem ersten chinesischen Staat, in dem nach der klassischen Chronologie

1766 – 1122 die **Schangdynastie** herrschte. Die »Söhne des Himmels«, als die die Herrscher verehrt wurden, beriefen Berater und Boten und schufen damit ein Beamtentum, das in der chinesischen Geschichte immer von besonderer Bedeutung war. Seine Effektivität gewann es durch frühe Entwicklung einer komplexen Schrift, die zur Exklusivität der Beamtenschaft beitrug. In der religiösen Vorstellungswelt dominierte der Ahnenkult, Shang-ti, der Ahnengeist der Dynastie, war die höchste Gottheit.

1122 verdrängte die **Tschudynastie** das alte Herrschergeschlecht und baute einen Lehnsstaat auf, in dem der König über das zentrale Gebiet herrschte, was mangels Erweiterungsmöglichkeit zur Schwächung der Königsmacht gegenüber den expandierenden Randfürstentümern führte. Seit 770 waren die Monarchen nur noch Repräsentanten des Staates, der nach einer Periode der »Streitenden Reiche« 249 an die Tschin-Dynastie fiel und geprägt war von einer

um 500 von **Konfuzius** (551 – 479) entwickelten religiösen Sozialordnung der »drei unumstößlichen Beziehungen«: Unterordnung des Sohnes unter den Vater, des Volkes unter den Herrscher und der Frau unter den Mann. Dieser Konfuzianismus erfuhr

um 300 eine Erweiterung durch den **Taoismus** des Philosophen Lao-tse, der das Ideal einer naturnahen, handlungsarmen Weltabkehr lehrte.

Griechenland

Die erste europäische Hochkultur entstand im griechischen Raum durch Mischung der ursprünglichen Bevölkerung mit in zwei Wellen vordringenden indogermanischen Stämmen. In der ersten, der

WELTGESCHICHTE

um 1500 v. Chr. ausgelösten **Ionischen Wanderung,** zogen Ionier und Achäer nach Griechenland, wo sie Einflüssen der Minoischen Kultur Kretas ausgesetzt waren. Sie war fast so alt wie die ägyptische und auch von dieser geprägt, aber wegen der weniger bedrohten Insellage bunter und lebensfroher. Während die Achäer etwa in Mykene sich dieses Vorbild anverwandelten und mit ihrer kriegerischen Tradition verschmolzen – riesige Burganlagen entstanden –, versank die kretische Kultur um 1400 plötzlich, zerstört von den Achäern oder durch eine Naturkatastrophe.

Zwischen 1100 und 900 kam es zur **Dorischen Wanderung,** bei der außer den Dorern die »Nordwestgriechen« nach Süden zogen und die Mykenische Kultur zerstörten. Peloponnes und Kreta wurden der Hauptsiedlungsraum der Dorer mit dem Zentrum Sparta. Ionisch besiedelt blieben die griechischen Gebiete in Westkleinasien, deren Inbesitznahme einige Jh. zuvor

im 8. Jh. vom **Dichter Homer** in der Ilias und der Odyssee über den Untergang Trojas beschrieben wurde. Trotz der Zersplitterung der griechischen Stämme in Kleinstaaten blieb ein Bewußtsein der Gemeinsamkeit erhalten und fand in ähnlichen Kulten Ausdruck und den seit

776 ausgetragenen **Olympischen Spielen** zum Beginn der jeweils vier Jahre dauernden Olympiaden, nach denen die Zeitrechnung vorgenommen wurde. Der griechische Stadtstaat, die Polis, praktizierte schon früh nach der bis auf Sparta fast überall rasch überwundenen monarchischen Phase ein politisches Modell, das mit ersten demokratischen Elementen die Verfassungen bis heute beeinflußt hat. Die Vollbürger, noch nicht Frauen, Fremde oder Unfreie, bestimmten in der Volksversammlung (Ekklesia) über Steuern und Bauten, Krieg und Frieden, Religion und Recht. Sie wählten oder bestimmten durch Losentscheid ihre Amtsträger, die nur befristete Macht erhielten, und hatten die Pflicht zum Militärdienst in der für die griechische Schlachtordnung typischen Phalanx. Beherrschende Stadtstaaten wurden Athen und Sparta.

683 wurde das Königtum in Athen abgeschafft. Jährlich gewählte Archonten, zunächst nur drei, später neun, regierten Stadt und Umland, und zogen nach Ende der Amtszeit in den Areopag (Rat der Alten) ein, das oberste Gericht, das seit

621 nach den **Gesetzen Drakons** Recht sprach. Deren Härte jedoch, die bis heute sprichwörtlich ist (»drakonisch«), führte zu Unruhen, so daß es

594 zu einer Abmilderung durch **Solon** kam, der ein Vierklassenbürgerrecht einführte. Immer bedroht durch politischen Umsturz, erlebte auch Athen Zeiten der Alleinherrschaft wie die

560 errichtete **Tyrannis des Peisistratos,** die einen wirtschaftlichen und kulturellen Aufschwung einleitete und erst

510 durch **Kleisthenes' Verfassungsreform** beseitigt wurde: Einführung eines Rates der Fünfhundert als Parlament und durchgängige Demokratisierung. Anders als Athen, entwickelte sich

seit 640 Sparta zum Flächenstaat durch Eroberung der Peloponnes, deren Bewohner als Heloten versklavt wurden. Die Spartiaten verstanden sich als herrschende Kriegerkaste, die sich ganz auf die militärischen Aufgaben konzentrieren sollte. Schon die Siebenjährigen wurden in harte Ausbildung genommen und blieben z.T. bis zum 60. Lebensjahr im Heeresdienst. Die Königsmacht schwand in diesem Militärstaat langsamer und wurde abgelöst durch gewählte Ephoren und den Ältestenrat (Gerusia) aus 28 Geronten. Das militärisch starke Sparta und das kulturell dominierende Athen führten

510–404 Griechenland auf den Höhepunkt. Der Kampf gegen das übermächtige persische Großreich machte ungeahnte Kräfte frei. Nachdem

490 bei **Marathon** der Eroberungszug von Dareios I. zum Stehen gebracht worden war, gelang es

480/79 durch den **Seesieg bei Salamis** und die **Landschlacht bei Plataä** auch den Revanchefeldzug des Perserkönigs Xerxes zum Scheitern zu bringen und die Griechenstädte in Kleinasien zu befreien. Zu Lande hatten die Spartaner ihre Macht demonstriert, zur See die attische Flotte. Nach dem Wegfall des gemeinsamen Feindes wuchs die Rivalität

BEI SALAMIS errang die attische Flotte mit ihren schlanken, rammspornbewehrten Schiffen 480 den entscheidenden Sieg im Perserkrieg (Vasenmalerei).

TROJAS UNTERGANG besang er: Homer, legendärer Dichter des 8. Jh. (Münzporträt).

WELTGESCHICHTE

der beiden Mächte. Athen schuf sich

477 mit dem **Attischen Seebund** eine Sicherung, unter deren Schutz ein beispielloser kultureller Aufstieg gelang sowie der endgültige Sieg über die Perser, die nach dem

465 erfochtenen **Doppelsieg am Eurymedon** des Atheners Kimon und einer weiteren persischen Niederlage auf Zypern

448 in den **Kalliasfrieden** (benannt nach dem athenischen Unterhändler) einwilligen mußten. Dieser endgültige Sieg kam zustande, obwohl die Griechen durch militärische Konflikte in Mittelgriechenland geschwächt waren und erst

451 ein **Waffenstillstand zwischen Athen und Sparta** auf fünf Jahre vereinbart werden konnte.

445 zu einem **Dreißigjährigen Frieden** ausgeweitet, hielt er zwar nur bis 431, ermöglichte jedoch dem attischen Staatsmann und

443–430 als »Strategen« wirkenden **Perikles** (um 500–429) politische Reformen für die unteren Schichten einzuleiten und eine kulturell sehr fruchtbare politische Stabilität herbeizuführen. Das perikleische Zeitalter brachte einen großzügigen Ausbau der Akropolis, die Vervollkommnung der attischen Tragödie (Sophokles, Euripides) und Geschichtsschreibung (Herodot, Thukydides), neue Impulse für die Philosophie (Anaxagoras, Protagoras), Blüte der Bildenden Kunst (Phidias). Die Demokratie aber, der sich Perikles verpflichtet wußte, litt unter der erdrückenden Größe dieses überlegenen Mannes. Als kurz vor seinem Tod der Konflikt mit Sparta

431–404 im **Peloponnesischen Krieg** wieder aufbrach, war Athen zwar gut vorbereitet, der Bruderkrieg aber sollte die Kräfte der ersten Demokratie der Weltgeschichte aufzehren. Zunächst siegreich, geriet Athen in Gefahr durch die persische Hilfe für Sparta und den Abfall von Bundesgenossen.

415–413 versuchte der Feldherr **Alkibiades** durch eine verhängnisvolle Expedition nach Sizilien die Entscheidung im Ringen um die Vorherrschaft in Griechenland zu erzwingen, scheiterte aber. Sparta setzte nach und konnte

404 nach **Belagerung Athens** die Kapitulation des Gegners erzwingen: Schleifung der Befestigungen, Abgabe der Flotte, Liquidierung des Seebunds. Die wirtschaftlichen Folgen waren verheerend, und wenn auch immer neue kulturelle Leistungen gelangen (Sokrates, Plato in der Philosophie, Aristophanes in der Dichtkunst, Praxiteles in der Bildenden Kunst), der politische Niedergang Griechenlands war auch durch den Sieger Sparta nicht aufzuhalten. Es mußte

401 dem Perser Kyros d. J. Hilfstruppen stellen, die dezimiert heimkehrten, beschrieben von Xenophon. Zum Schutz der Griechenstädte in Kleinasien wandte sich Sparta

399–394 in einem **Krieg gegen Persien**, der unentschieden ausging, aber Sparta schwächte, so daß sich Athen, Korinth, Theben und Argos

395–387 im **Korinthischen Krieg** zum Aufstand gegen die spartanische Vorherrschaft ermutigt sahen. Wieder siegte die Militärmaschine der Spartaner, doch um den Preis erneuter Schwächung. Athen konnte ungestraft

378 den **Attischen Seebund neubegründen**, und auch Theben machte wieder Front gegen Sparta.

371 Sieg des Epaminondas bei Leuktra über die Spartaner mit ungewöhnlicher Taktik, der »schiefen Schlachtordnung«. Damit war die Hegemonie Spartas gebrochen, aber auch die Kraft des griechischen Kernlandes. An der Peripherie wuchs die kommende Weltmacht heran: Makedonien, das

359–336 unter **Philipp II.** zum Schiedsrichter in Griechenland wurde. Stammesgeschichtlich zwar verwandt, standen die Makedonier aber der Kultur der Griechen zunächst fern, und erst Philipp, der als Jugendlicher eine Zeitlang in thebanischer Gefangenschaft gelebt hatte, öffnete sein Land dem griechischen Einfluß. Seinen Sohn und Thronfolger ließ er u.a. von dem wohl bedeutendsten griechischen Philosophen Aristoteles erziehen. Das Image des Barbaren aber blieb ihm. Der attische Redner Demosthenes hielt flammende Reden gegen ihn – seitdem heißt die polemische Rede auch »Philippika« – und die drohende makedonische Vorherrschaft. Das Bündnis aber, das er gegen Philipp zustande brachte, wurde

338 in der **Schlacht bei Chaironea** geschlagen. Griechenland verlor seine Selbständigkeit. Daran änderte auch nichts die Ermordung Philipps zwei Jahre später, denn

336 kam mit **Alexander, bald der Große genannt,** eine noch weit dominierendere Persönlichkeit an die Macht. Der hochgebildete, temperamentvolle, kühne und tatendurstige junge Mann (geboren 356) verband politischen Weitblick mit militärischem Genie und planerischer Umsicht. Ihm gelang die Umsetzung seiner Vision einer hellenischen Weltkultur durch Charisma und eine Dynamik, der kein Gegner gewachsen war. Zunächst freilich mußte er im Innern seine Herrschaft festigen, was ihm

335 durch **Sieg über die Illyrer** nördlich der Donau und durch Niederschlagung eines griechischen Aufstands gelang. Das anführende Theben eroberte er und ließ es zerstören.

334 begann Alexander seinen **Perserfeldzug**, der ihn nach der legendären Durchschlagung des Gordischen Knotens

333 bei Issos zum **Sieg über Dareios III.** führte. Ein persisches Friedensangebot lehnte der Eroberer ab, drang nach Ägypten vor, ließ sich dort zum Pharao krönen und gründete Alexandria. Inzwischen hatte Dareios ein neues Heer herangeführt, das

331 durch den **Reitersieg von Gaugamela** von Alexander vernichtet wurde. Der entflohene Großkönig wurde 330 Opfer eines Mordanschlags, Alexander zog in Babylon ein und wurde »König von Asien«. Die Zerstörung des weltbeherr-

KUNSTWERKE aus aller Welt wie diese skythische Schmiedearbeit brachten die griechischen Kauffahrer nach Athen.

KÜHNE VISIONEN führten Alexander den Großen (Münzporträt) aus der griechischen Enge durch Syrien, Ägypten, Persien und Baktrien bis nach Indien.

WELTGESCHICHTE

schenden persischen Großreichs wurde
330–325 mit der **Eroberung Ostirans** und einem Zug nach Indien vollendet. Alexander drang nach Baktrien (dem heutigen Afghanistan) und an den Indus vor, ließ eine Flotte unter Nearchos auf dem Seeweg nach Babylonien zurücksegeln und marschierte selbst auf dem Landweg dorthin. Zur Sicherung seiner Herrschaft ließ er
324 in Susa eine Massenhochzeit seiner Offiziere mit Perserinnen feiern und sich von den persischen Großen huldigen. Als Gott verehrt, ereilte
323 der Tod Alexander. Um seinen Erbe kam es
323–280 zu den sogenannten **Diadochenkämpfen** seiner Feldherren, die schließlich das Weltreich unter sich aufteilten: Ptolemäer in Ägypten (bis 30 v. Chr.), Seleukiden in Vorder- und Kleinasien (bis 64 v. Chr.), Antigoniden in Makedonien (bis 168 v. Chr.). Sie wurden Träger des Hellenismus, einer fruchtbaren kulturellen Verschmelzung griechischen und orientalischen Erbes.

Rom

Auch in Italien setzten, wenn auch etwas später als in Griechenland, indogermanische Einwanderer erste kulturelle Akzente. Die
um 1200 einwandernden Stämme nennt man nach ihrer Bestattungsart »**Verbrennende Italiker**«, zu denen die bei Rom siedelnden Latiner gehörten. Es folgten
seit etwa 1000 die »Bestattenden Italiker«, darunter die Umbrer, Samniten und Sabiner, denen noch
vor 800 die Etrusker nachzogen, die über See kamen und ein Mischvolk auch aus nichtindogermanischen Elementen waren. Sie brachten das griechische Erbe nach Italien, wo
im 8. Jh. griechische Kolonien, v.a. im Süden, entstanden. Zu etruskischer Staatsbildung aber kam es nicht, und die Kultur verschwand bald wieder, als Rom, ein etruskischer Name, zur Führungsmacht Italiens aufstieg. Später wurde die Gründung der Stadt legendär auf das Jahr 753 zurückverlegt.
Etwa 600–510 herrschten **etruskische Könige,** die Tarquinier, in Rom über die dort ansässigen Latiner und Sabiner. Auf den sieben Hügeln, zuerst auf dem Palatin, entstanden Dörfer, die zur späteren Welthauptstadt zusammenwuchsen.
Um 510 wurde das Königtum abgeschafft und die Republik begründet, freilich eine rein patrizisch (adlig) organisierte, die der Unterschicht, den Plebejern, keine oder kaum Mitwirkungsrechte einräumte. Die daraus resultierenden Konflikte führten immer wieder zu Unruhen und

um 450 zum **Zwölftafelgesetz,** dem ältesten erhalten gebliebenen römischen Gesetzeswerk, das die Rechtssicherheit förderte. Mit der
367/66 verfügten **Zulassung von Plebejern zum Staatsdienst** und der
287 anerkannten **Gesetzeskraft von Plebisziten** wurde die römische Republik vollendet: Regiert wurde der Staat von Magistraten (Beamten), die auf ein Jahr gewählt waren, an ihrer Spitze die beiden Konsuln, dann die Prätoren (Richter), Ädilen (Wirtschaftskontrolleure), Quästoren (Finanzverwalter), Zensoren (Kulturfunktionäre) und der Pontifex maximus (oberster Priester), der über die der griechischen Götterwelt nachgebildete römische Religion wachte. Oberstes Beschlußgremium war der 300köpfige (seit dem 1. Jh. 600köpfige) Senat aus ehemaligen Magistraten, obwohl die Volksversammlung z.B. über Krieg und Frieden zu befinden hatte. Gegen Magistrats- und Senatsbeschlüsse konnten 10 Volkstribunen ihr Veto einlegen.
Um 400 begann die **römische Expansion,** zunächst ins Umland, wo
396 die **etruskische Stadt Veji zerstört** wurde. Einen Rückschlag brachte
387 die **Eroberung Roms durch die Kelten** unter »Brennus« und die Niederlage der Römer an der Allia. Erfolgreich dagegen verlief
340–338 der **Latinerkrieg,** der Latium unter römische Herrschaft brachte, die
343–290 in **drei Samnitenkriegen** trotz der schweren Niederlage der Römer
321 in der **Schlacht bei den kaudinischen Pässen** auf Samniten, Sabiner und Umbrer ausgedehnt werden konnte. Das aber führte zu Konflikten mit den griechischen Kolonien im Süden und
282–272 zum **Krieg gegen Tarent,** das von König Pyrrhus von Epirus unterstützt wurde. Seine Erfolge aber, die er mit seinen Kampfelefanten errang, blieben die

WELTGESCHICHTE

seitdem sprichwörtlichen »Pyrrhussiege«, die keine Entscheidung herbeiführten. Nach dem Sieg Roms

275 in der **Schlacht von Benevent** und Problemen in Epirus, mußte Pyrrhus aufgeben und Roms Herrschaft auch in Unteritalien anerkennen. Das eigentliche Staatsgebiet der römischen Bürger (Cives Romani) blieb jedoch weiter klein, die Herrschaftsform in den anderen Gebieten reichte von militärischer Besetzung über Tributpflichtigkeit bis zu Bundesgenossenverträgen. Bei besonderen Verdiensten konnte Bundesgenossen das römische Bürgerrecht verliehen werden. Trotz des Verzichts zunächst auf Bildung eines Flächen- und Einheitsstaats, weckte der römische Machtzuwachs den Argwohn der Seemacht Karthago. Als Rom auch zur See zu rüsten begann, kam es

264 – 241 zum **Ersten Punischen Krieg,** der nach wechselvollem Verlauf mit einem römischen Erfolg endete: Gewinn Siziliens, das mit Ausnahme von Syrakus erste römische Provinz wurde,

238 Friedensschluß mit Karthago und Gewinn von Korsika und Sardinien als zweiter Provinz. Damit war an der Seeflanke zunächst Ruhe, so daß Rom nun nach Norden ausgriff und die Kelten aus der Po-Ebene vertrieb. Das geschwächte, aber nicht ausgeschaltete Karthago erholte sich inzwischen und rüstete gegen Rom.

218 – 201 führte sein Feldherr **Hannibal den Zweiten Punischen Krieg** gegen den Rivalen. Er zog aus Spanien mit einem Heer, das auch Elefanten mitführte, über die Alpen, schlug die Römer

217 am **Trasimenischen See** und konnte

216 bei **Cannae** in einer genialen Umfassungsschlacht das römische Heer fast völlig vernichten. »Hannibal ante portas!« (Hannibal vor den Toren) wurde zum geflügelten Schreckensruf. Doch der Punier nutzte seinen Sieg nicht konsequent aus und bekam zudem Nachschubprobleme, so daß der römische Feldherr Scipio den Krieg schließlich nach Afrika tragen und

202 bei **Zama** die Entscheidung zugunsten Roms herbeiführen konnte. Der Frieden im folgenden Jahr machte Rom zur Führungsmacht im gesamten westlichen Mittelmeer, da Karthago Spanien abtreten und hohe Reparationen zahlen mußte. Das römische Interesse wandte sich daher nach Osten, nach Griechenland, wo Makedonien die Vormacht war.

200 – 197 und **171 – 168** führte Rom **Krieg gegen Makedonien,** das

168 in der **Schlacht bei Pydna** entscheidend besiegt werden konnte und römische Provinz wurde. Noch einmal mußte sich Rom im Westen engagieren, als Karthago

149 – 146 im **Dritten Punischen Krieg** einen letzten Versuch machte, den verlorenen Rang als Großmacht wiederzugewinnen. Er endete mit der völligen Vernichtung der Stadt und der Versklavung der Bevölkerung durch Rom, das die Provinz Africa errichtete. Durch Erbe

133 in den **Besitz Westkleinasiens** (Provinz Asia) gekommen, drang Rom zunächst zögernd, dann aber, den Zerfall der hellenistischen Staatenwelt nutzend, zielstrebig weit in den Orient vor. Die enorme Ausdehnung der Macht, der Zustrom von Waren, Sklaven und Finanzmitteln aus den ausgebeuteten Provinzen und die Zunahme der Bevölkerung brachten soziale Verwerfungen, die

DREI KRIEGE mußte Rom gegen die Samniten (linke Seite: samnitische Soldaten) führen, ehe ganz Mittelitalien unter Kontrolle war. Vergeblich versuchte König Pyrrhus von Epirus (Münzporträt unten) die weitere römische Expansion nach Süden aufzuhalten, und auch Roms Griff nach Gallien gelang schließlich: Ruine eines Triumpfbaus des Augustus in La Turbie (Frankreich).

131

WELTGESCHICHTE

133 – 30 v. Chr. zu einer **Epoche der Unruhen und Bürgerkriege** führten. Die Kluft zwischen Arm und Reich wuchs, die politische Landschaft wurde zunehmend vom Gegensatz der Reformpartei der Popularen und den konservativen Optimaten geprägt. Konnten sich zunächst die Popularen behaupten, etwa

123 und 113 in den **Reformen der Brüder Tiberius und Gaius Gracchus,** so zeigte deren gewaltsamer Tod schon den kommenden gnadenlosen Kampf der Interessengruppen. Überdeckt wurde er nur vorübergehend von äußeren Bedrohungen, wie

113 – 101 durch **Kimbern und Teutonen,** die fünfmal gegen römische Heere siegreich blieben, ehe dem Anführer der Popularen, Gaius Marius, in Südgallien und Oberitalien entscheidende Siege gegen diese ersten Vorboten der Völkerwanderung glückten. Man zog die militärischen Konsequenzen aus der nur knapp abgewendeten Katastrophe, indem eine Berufsarmee aus Besitzlosen gebildet wurde, die nach Ende ihres Dienstes als Veteranen Landzuweisungen erhielten. Gleichzeitig gewährte man nach dem

91 – 89 aufgeflammten **Bundesgenossenkrieg** allen Bewohnern Italiens südlich des Po das volle Bürgerrecht, was das Soldatenreservoir vergrößerte. Schon

88 – 64 bewährte sich das in **drei Mithridatischen Kriegen** gegen König Mithridates von Pontus in Nordkleinasien, der einen letzten Aufstand gegen die römische Fremdherrschaft wagte. Die Kampfführung im 1. und 2. Krieg (88 – 84 und 83 – 81) war belastet durch Bürgerkrieg in Rom zwischen Marius und den Popularen gegen die Optimaten unter Sulla. Erst nach Marius' Tod 86 und Sullas Machtverzicht 79 konnte in einem dritten Waffengang

74 – 64 Mithridates besiegt werden. Das Seleukidenreich war untergegangen, Rom bildete drei neue Provinzen, darunter als bedeutendste Syrien. Dem führenden Mann der Optimaten, Gnaeus Pompeius (106 – 48), gelang auch die Niederschlagung eines

73 – 71 wütenden großen **Sklavenaufstands unter Spartacus** sowie

67 die **Ausschaltung der Piraten** im Mittelmeer. Seinen Machtzuwachs aber sah der Senat mit Sorgen und suchte nach Möglichkeiten der Zähmung des erfolgreichen Feldherrn, der sich daher

60 mit Crassus, dem mächtigsten Finanzier Roms, und dem aufsteigenden Gaius Julius Caesar (100 – 44) im **1. Triumvirat** (Dreimännerbündnis) zusammenschloß (56 erneuert) und

59 Caesars Konsulat durchsetzte. Nach Ende der Amtszeit erhielt dieser das Kommando in Gallien, das sich dem römischen Zugriff noch widersetzte. Caesar entwickelte sich dort zum genialen Feldherrn, dem

58 – 51 die **Eroberung von ganz Gallien** gelang, von ihm selbst geschildert im »Gallischen Krieg« (De bello gallico). Mit dieser Provinz gewann Rom ein wertvolles Glacis gegen die unruhigen Germanen. Caesar setzte auch nach England über und konnte

52 einen **gallischen Aufstand** unter Vercingetorix niederschlagen, ehe er nach einem Zerwürfnis mit Pompeius und einem Konflikt mit dem Senat den sprichwörtlich gewordenen Schritt über den Rubicon tat und mit seinen Legionen

49 auf Rom marschierte. Den flüchtigen Pompeius stellte er

48 bei Pharsalus in Thessalien, besiegte ihn (»veni, vidi, vici – ich kam, ich sah, ich siegte«) und verfolgte ihn bis Ägypten, wo der letzte Rivale (Crassus war 56 im Krieg gegen die Parther gefallen) ermordet wurde. Caesar setzte hier Kleopatra als Königin ein und kehrte als unangefochtener Alleinherrscher nach Rom zurück, wo er zum Diktator auf zehn Jahre, später auf Lebenszeit, erhoben wurde. In wenigen verbleibenden Jahren entfaltete er eine rege Reformtätigkeit – u.a. Rechts-, Verfassungs-, Kalenderreform – und sorgte für die Veteranen seiner Feldzüge. In der Furcht, monarchische Strukturen könnten sich durch die Dominanz Caesars entwickeln, fanden sich republikanische Opponenten im Senat zusammen, die

44 an den Iden des März (15.) Caesar ermordeten. Anführer der Verschwörung waren Brutus und Cassius, gegen die sich nun der testamentarisch zum Erben eingesetzte junge Neffe Octavianus (geboren 63) wandte, der sich

43 mit Lepidus und Marc Antonius im **2. Triumvirat** verbündete und die Caesar-Mörder

42 in der **Schlacht bei Philippi** (Ägäis) vernichtete. Das Reich wurde aufgeteilt: Octavian herrschte im Westen, Marc Antonius im Osten und Lepidus in Africa (bis 36). Bald schon traten Differenzen auf, als sich Antonius persönlich und politisch mit Kleopatra verband und sich aus dem Reichsverband zu lösen begann. Octavian griff an und siegte

31 in der **Seeschlacht bei Actium** (Griechenland), Antonius und Kleopatra nahmen sich das Leben. Was die Caesar-Mörder hatten verhindern wollen, bildete sich nun heraus, die Alleinherrschaft Octavians zunächst als Princeps (Erster der Bürger), seit

27 als Imperator und Caesar (Kaiser) mit dem Ehrennamen Augustus (der Erhabene). Über ein halbes Jahrtausend sollte die damit einsetzende Kaiserzeit währen, ihren erfolgreichen Beginn aber nur noch selten wiederholen können: Augustus leitete eine kulturell (v.a. Literatur: Horaz, Vergil, Ovid) und wirtschaftlich äußerst fruchtbare Friedensperiode ein (Pax Romana), sicherte die Grenzen, arrangierte sich im Osten mit den Parthern und erlitt nur im Germanien

9 n. Chr. die **Niederlage im Teutoburger Wald** gegen die Cherusker unter Arminius. Damit wurde der römische Drang nach Nordosten nachhaltig gebremst, so daß das spätere Deutschland nur bis zur Rhein-Neckar-Donau-Linie römisch geprägt wurde. Die Problematik des monarchischen Systems wurde schon bald unter den Nachfolgern des Augustus deutlich. Zunächst folgte

14 – 37 Tiberius, ein Stiefsohn, in dessen Regierungszeit

33 die **Kreuzigung Christi** fiel. Der jüdische Religionsstifter Jesus von Nazareth, geboren 8/7 v. Chr. – der Datierung auf das Jahr 0 liegt ein späterer Rechenfehler zugrunde – und unter dem Namen Christus (der Gesalbte) verehrt, predigte Nächstenliebe und Vergebung der Sünden, verkündete das nahe Reich Gottes, dessen Sohn er sei, und verpflichtete seine Anhänger (Jünger) zur Verbreitung seiner Lehre in alle Welt. Nach seiner Hinrichtung – nach christlicher Überzeugung stellvertretend für die sündige Welt – wegen angeblichen Hochverrats, verbreitete sich das Christentum rasch, v.a. durch die intensive Mission des Paulus von Tarsos (um 10 – 66/67) und als Antwort auf die wachsende Sittenlosigkeit Roms. Die Kaiser, zunächst

37 – 41 der größenwahnsinnige **Caligula,**

WELTGESCHICHTE

der sein Pferd zum Senator ernannte, dann

41 - 54 Claudius und schließlich

54 - 68 der unberechenbare Despot **Nero**, gingen mit schlechtem Beispiel voran. Nero ließ Rom in Brand stecken und ordnete eine gnadenlose Christenverfolgung an, der u.a. die Apostel Paulus und Petrus zum Opfer fielen. Mit ihm, der auch unter seinen »Freunden« und politischen Gegnern durch wahlloses Morden wütete, endete das Julisch-Claudische Kaiserhaus, dem nach einigen Wirren

69 im **Vierkaiserjahr** schließlich die Flavier mit

69 - 79 Vespasian folgten. Er ließ durch seinen Sohn Titus

70 einen jüdischen Aufstand niederschlagen und Jerusalem zerstören. Über die Kultur der Epoche wissen wir durch den

79 erfolgten **Ausbruch des Vesuvs** viele Details, weil die Lava die Städte Pompeji und Herculaneum verschüttete, die kaum versehrt ausgegraben werden konnten. Auch die flavische Herrschaft entartete

81 - 96 unter **Domitian**, der zwar so wichtige Maßnahmen wie den Bau des germanischen Limes und die Sicherung Britanniens traf, der aber durch seine Willkürherrschaft das monarchische Prinzip schwächte, so daß er schließlich ermordet wurde und der Senat das »Adoptionsprinzip« durchsetzte: Der Kaiser,

96 - 98 Nerva, bestimmte danach den Vornehmsten und Fähigsten zum Nachfolger. Nervas Wahl brachte

98 - 117 mit **Trajan** den ersten Kaiser aus der Provinz (Spanien) auf den Thron und Rom auf den Höhepunkt seiner Machtentfaltung: Ausdehnung bis Dakien (heutiges Rumänien) und ins Zweistromland. In dieses Zeitalter der »Silbernen Latinität« fiel das Wirken des Geschichtsschreibers Tacitus (um 55 - 120), dem wir die besten Nachrichten über das antike Germanien verdanken, und des Biographen Plutarch (um 46 - 125).

117 - 138 unter **Hadrian** setzte eine Konsolidierungsphase ein. Allerdings mußte

132 - 135 erneut ein **jüdischer Aufstand** unter Bar Kochba niedergerungen werden. In seiner Folge kam es zur Zerstreuung (Diaspora) der Juden in alle Welt, da ihnen Jerusalem verboten wurde. Ausgerechnet der

161 - 180 regierende **Mark Aurel**, der »Philosoph auf dem Kaiserthron«, mußte wieder vornehmlich militärisch agieren und

167 - 180 Krieg gegen die Markomannen führen. Die Schadensbegrenzung gelang, im Innern aber machte der Kaiser mit der Aufgabe des Adoptionsprinzips einen schweren Fehler: Der

177 in die Regierung aufgenommene Sohn **Commodus** erwies sich als haltloser Wüstling und wurde

192 von der Dynastie der **Severer** beseitigt. Durch Germanen im Norden und durch das Neupersische Reich der Sassaniden (226 - 651) im Osten bedroht, mußte Rom alle militärischen Reserven mobilisieren. Das Heer spielte in der Folgezeit bei der Erhebung – und beim Sturz – von Kaisern die Hauptrolle.

193 - 284 in der **Zeit der Soldatenkaiser**, regierten 50 Herrscher und Gegenherrscher, von denen nur einer eines natürlichen Todes starb. Nach den Severern, die bis

217 - Tod Caracallas - regierten, waren bedeutend v.a.

249 - 251 Decius und

253 - 260 Valerian, die sich um ein neues Reichsbewußtsein bemühten und deshalb

250 und 257 allgemeine Christenverfolgungen befahlen, indem sie die Verweigerung göttlicher Verehrung für den Herrscher (Kaiserkult) durch die Christen als Hochverrat kriminalisierten. Die Thronwirren schwächten das an allen Grenzen gefährdete Reich, das unter der wachsenden Steuerlast zur Finanzierung der endlosen Feldzüge ächzte. Stabilität kehrte erst

284 - 305 durch **Diokletian** wieder ein, der die Macht unter zwei Augusti (er selbst und Maximian) und zwei Caesares aufteilte (Tetrarchie), durch germanische Hilfstruppen die Grenzen festigte,

301 mit einem **Höchstpreisedikt** die Inflation bekämpfte und einen Beamtenstaat schuf. Er trat als einziger Kaiser freiwillig ab. In den Nachfolgekämpfen konnte sich seit

313 Konstantin, später der Große genannt, durchsetzen und

325 - 337 sogar wieder als **Alleinherrscher** regieren. Das unter Diokletian noch einmal blutig verfolgte Christentum tolerierte er nun, so daß es zur Staatsreligion aufsteigen konnte. Der Kaiser selbst, der

325 auf dem **Konzil von Nicäa** theologische Streitigkeiten in der Kirche (Dogmatisierung der Gottgleichheit Christi) beilegen half, ließ sich erst auf dem Sterbebett taufen. Zuvor hatte er

330 seine **Residenz nach Konstantinopel verlegt**. Die Führung der Kirche aber verblieb in Rom, dessen Bischof zum Primus inter pares (Erster unter Gleichen) wurde; das Papsttum entstand.

FREMDE SÖLDNER (linke Seite: Steinplastik eines gallischen Legionärs) nahm schon Caesar in seine Truppen auf. In der Spätzeit des Reiches bildeten sie sogar die Leibwache des Kaisers: Der Silberteller zeigt Theodosius mit zwei Söhnen und seiner germanischen Garde.

WELTGESCHICHTE

Die germanische Gefahr konnte noch durch Umarmung (Aufnahme in den Reichsverband, Übertragung von Verteidigungsaufgaben, Karrieremöglichkeiten im Staatsdienst) gebannt werden. Einige Germanenstämme wie die Westgoten nahmen das Christentum an, meist allerdings in der arianischen von Rom abgelehnten Form. Heidnische Restaurationsversuche wie der

361–363 unter **Julian Apostata** (der Abtrünnige) blieben erfolglos.

375 tauchte mit den **Hunnen** eine neue Gefahr für das Reich auf. Das nomadische Reitervolk unterwarf Südrußland und das Gebiet der Ostgoten und trat damit eine Völkerlawine los, die den Druck auf die Reichsgrenzen verstärkte.

378 siegten die Hunnen in der **Schlacht bei Adrianopel** über die Römer, Kaiser Valens fiel. Sein Nachfolger wurde

379–395 Theodosius I., der ein letztes Mal Gesamt- und Alleinherrscher war. Er verbot alle heidnischen Kulte und liquidierte nach 1170 Jahren die Olympischen Spiele. Unter seinen Söhnen wurde

395 eine **Reichsteilung** vorgenommen: Arcadius (Osten), Honorius (Westen). Vor allem im Westen barsten die Grenzen, Heermeister Stilicho mußte Britannien aufgeben und die Rheingrenze räumen, um die Westgoten zu stoppen. Dennoch kam es

410 zur **Eroberung Roms durch Alarich,** der bald danach starb, so daß die Westgoten nach Gallien abzogen und dort um Toulouse ein Reich gründeten. Die Burgunder beherrschten das Gebiet um Worms, die Franken ließen sich in Nordgallien nieder, und die Wandalen errichteten sogar ein Reich in Afrika. Bei ihrem Angriff kam

430 Kirchenvater Augustinus (geboren 354), Bischof von Hippo, ums Leben. Rom blieb gar nichts anderes übrig, als mit wechselnden Koalitionen, den jeweils gefährlichsten Gegner auszuschalten wie

436 beim **Sieg über die Burgunder** unter Aetius, der die Hunnen zur Hilfe geholt hatte (Grundlage des Nibelungenliedes). Sie wurden zur nächsten Bedrohung, konnten aber

451 auf den **Katalaunischen Feldern** in Gallien mit Hilfe der Westgoten besiegt werden. Als

453 mit **Attilas Tod** ihre Führungsfigur verlorenging, zerfiel auch ihr Reich. Andere Gefahren sollten das Ende des Weströmischen Reiches bringen.

455 wurde **Rom von den Wandalen unter Geiserich geplündert.** Der letzte weströmische Kaiser, Romulus »Augustulus«, der kleine Augustus, wurde

476 von seinem germanischen Heerführer **Odoaker** abgesetzt, den seine Söldner zum König ausriefen. Zwar existierte das Oströmische Reich in wechselnder Form noch fast tausend Jahre weiter, auch gelangen noch teilweise Rückeroberungen im Westen, doch Roms welthistorische Rolle war ausgespielt. Der Machtschwerpunkt wanderte nach Norden. Daher wird das Jahr 476 gern als Epochengrenze zum Mittelalter verwendet, wobei Fortwirken und Erneuerung natürlich eine viel breitere Übergangszone bilden. Die Periodisierung nach genauen Daten dient nur der Übersichtlichkeit.

MITTELALTER

Gemeint ist mit diesem Epochenbegriff v.a. die Entwicklung in Europa, wo sich Christentum, Germanentum und römisches Erbe verbanden und eine über alle antiken Horizonte hinausweisende Kultur schufen. Das Erstaunliche daran: Wissenschaftlich-technisch stagnierte sie, ja verlor sogar schon von den Griechen gewonnene Erkenntnisse, weswegen – zu Unrecht – oft vom »finsteren« Mittelalter gesprochen wurde. Heute werten wir diese Zeit anders, die ihre Orientierung nicht im Irdischen suchte, sondern sich eingebettet wußte in die Heilsgeschichte, die mit Jesus Christus begonnen hatte und sich mit ihm vollenden würde. Diese Endzeitgewißheit ließ Diesseitserrungenschaften nebensächlich erscheinen.

Die politische Entwicklung war gekennzeichnet durch die Germanisierung der römischen Welt. Das Frankenreich im Norden übernahm dabei eine Führungsrolle, befördert durch die Annahme des römisch-katholischen Glaubens. Er wurde zur Brücke zwischen der römisch-imperialen Tradition und der germanischen Rechts- und Gesellschaftsauffassung. Ganz überwunden wurde die Kluft freilich nie, wie sich im jahrhundertelangen Kampf zwischen Kaiser- und Papsttum zeigen sollte. Beide Institutionen, universale Kirche und kaiserliches Imperium, rieben sich dabei auf und bereiteten geistlich den Weg zur Reformation und politisch zum Nationalstaat und damit zur Neuzeit.

Frühmittelalter

Die zersplitterten fränkischen Stämme, die sich beiderseits des Rheins niedergelassen hatten, wurden

482–511 von **König Chlodwig** aus dem Geschlecht der Merowinger geeint durch rücksichtslose Beseitigung der Gaukönige und erst dadurch zu einer beachtlichen Macht.

486 liquidierte er die Reste der **Römerherrschaft** unter Syagrius in Nordgallien, ohne die gewachsene Kultur zu zerstören. Die Franken brachten ein neues Herrschafts- und Rechtssystem – kodifiziert in der Lex Salica, dem bekanntesten germanischen Volksrecht –, paßten sich aber sprachlich und in der Lebensführung den Gallo-Romanen an.

496 wurden die **Alemannen unterworfen** und damit das Reich weiter nach Süden vorgeschoben.

498 ließ sich Chlodwig taufen, und zwar katholisch von Bischof Remigius von Reims. Er ermöglichte so, im Gegensatz etwa zu den arianischen Ostgoten in Italien, eine fruchtbare Verschmelzung von römischen und germanischen Kulturelementen. Erst diese Verwurzelung verlieh dem Frankenreich seine Dauer.

507 wurden die **Westgoten geschlagen.** Sie wanderten z.T. nach Spanien ab, wo schon ein Westgotenreich bestand und noch 250 Jahre lang Bestand hatte. Das inzwischen schon fast ganz Gallien und das westliche Germanien umfassende Frankenreich teilten Chlodwigs Söhne unter sich auf. Sie konnten

531–534 die **Burgunder und Thüringer unterwerfen,** die Bajuwaren (Bayern) an sich binden und den Vormarsch der Slawen an Elbe und Saale zum Stehen bringen.

558–561 kam unter **Chlothar** noch einmal ein einheitliches Reich zustande, das dann aber erneut geteilt wurde und in das romanische Neustrien, das germanische Austrien, Burgund und das Herzogtum Aquitanien im Südwesten zerfiel. Und auch die Königsmacht sank, das sittenlose Treiben bei Hof, über das

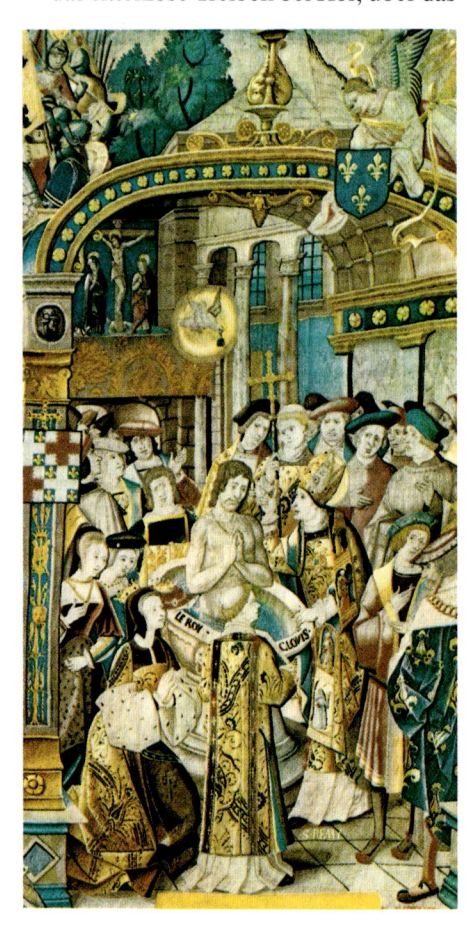

134

WELTGESCHICHTE

Gregor von Tours (539–594) in seiner »Historia Francorum« berichtet, ließ die Hausmeier, die obersten Staatsbeamten, zu den eigentlichen Herrschern aufsteigen.

Gegliedert war das Reich in Grafschaften, in denen der Graf den König vertrat und auch Recht sprach. Allerdings genossen Grundherrschaften Immunität. Ihre Bedeutung wuchs mit der Zeit durch Zuerwerb oder Schenkungen, die zur Grundherrschaft gehörenden Personen waren nach Freien, Halbfreien und Unfreien ständisch gegliedert. Die römische Stadtkultur dagegen verlor an Boden, da die germanische Wirtschaftsweise primär agrarisch ausgerichtet war. Militärisch herrschte Dienstpflicht für alle, die zum Heerbann des Königs befohlen wurden. Meist wurde aus den Männern bedrohter Grafschaften ein Heer gebildet, nur selten kam es zu landesweiter Mobilmachung. Die Kirche unterstand dem König, der Bischöfe bestellte und Synoden einberief. Die Grundherrschaften regelten ihre kirchlichen Angelegenheiten selbst (Eigenkirche).

Fast zeitgleich mit Chlodwig herrschte in Italien

493–526 Theoderich der Große über das Ostgotenreich. Er war vom oströmischen Kaiser mit der Bekämpfung Odoakers beauftragt worden, den er ermordete und beerbte. Kluge Zurückhaltung gegenüber den Unterworfenen und Beteiligung von Römern an der Staatsführung bescherten Italien eine hohe Blüte. Streng jedoch schottete Theoderich seine arianischen Ostgoten von den Katholiken ab (Eheverbot) und verhinderte so eine Entwicklung wie im Frankenreich. Der hochverehrte König ging als Dietrich von Bern in die Heldensagen ein.

529 gründete **Benedikt von Nursia** (um 480–547) das Kloster Montecassino und rief damit das das ganze Mittelalter prägende europäische Mönchtum ins Leben.

Trotz des Verlustes des gesamten Westteils ihres Reiches verstanden sich die oströmischen Kaiser weiter als Herrscher der Welt. Der

527–565 regierende **Justinian** zog daraus die Berechtigung zu Rückeroberungen.

534 wurde das **Wandalenreich** in Nordafrika von seinem Feldherrn Belisar **zerstört** und nach langen Kämpfen

552 das **Ostgotenreich** in Italien von Narses **vernichtet**. Der letzte Ostgotenkönig Teja fiel beim verzweifelten Endkampf am Vesuv. Beide Gebiete wurden wieder Provinzen – Italien ging allerdings bereits 568 wieder an die Langobarden verloren – des Reiches, das eine letzte Blütezeit erlebte: Kaiser Justinian ließ das römische Recht kodifizieren und

537 mit der **Hagia Sophia** einen der bis heute prächtigsten Sakralbauten errichten. Der absolutistische römische Staatsgedanke verband sich mit griechischer Kultur, christlichem Glauben und orientalischem Prunk. Wesentlich länger als im Westen hielten sich antike Kulturelemente und bildeten einen Schutzwall gegen den offensiven Islam, den Araber und später Türken nach Europa zu tragen suchten.

Sein Stifter, der

um 570 geborene Mohammed (gestorben 632) erlebte als etwa 40jähriger eine religiöse Erweckung, predigte Allah als alleinigen Gott und wanderte, als er in seiner Heimatstadt Mekka kein Verständnis fand,

622 in der sogenannten **Hedschra** nach Medina, von wo aus er die arabischen Stämme der Halbinsel einte. Mohammed beanspruchte für sich nur die Rolle des durchaus irdischen Propheten, dessen Erkenntnisse im Koran niedergelegt wurden. Sein radikaler Monotheismus – er lehnte die christliche Trinitätslehre ebenso ab wie den Dualismus Zarathustras – entwickelte erhebliche Anziehungskraft durch Übernahme christlicher wie jüdischer Elemente und Einbindung von Lebensregeln der Araber. Mohammeds Nachfolger, die Kalifen, lasen seinen Missionsauftrag militärisch und eroberten

635 Syrien,
638 Jerusalem,
642 Ägypten und
bis 651 das Perserreich.
674–678 und 717/18 belagerten sie vergeblich **Konstantinopel.** Dagegen gelang ihnen
711 die **Eroberung des Westgotenreichs** in Spanien, so daß nun das Frankenreich und damit Europa unmittelbar bedroht

KAISER JUSTINIAN (Mosaik oben) setzte alles daran, die an die Germanen verlorenen Westteile des Reiches zurückzugewinnen. In Nordafrika zerstörten seine Feldherren den Wandalenstaat, und auch die Ostgoten in Italien (links: Palast des Theoderich in Ravenna) mußten sich beugen. Außer Reichweite hingegen war das Frankenreich, dessen Herrscher Chlodwig durch Annahme des katholischen Glaubens (linke Seite: Taufe des Königs, Gobelin aus dem 16. Jh.) eine Verschmelzung römischer und germanischer Kultur ermöglichte.

WELTGESCHICHTE

war. Frankenherrscher waren zwar noch die Merowinger, doch hatten die Hausmeier aus dem Geschlecht der Karolinger sie längst entmachtet und das Reich von ihrem Hauptgebiet im Mosel-Maas-Gebiet wieder geeint. Es wurde

714–741 von **Karl Martell** regiert, der
732 bei **Tours und Poitiers** die Araber schlug.

Trotz der christlichen Herrscher war die Lehre Jesu keineswegs überall im Frankenreich fest verankert, v.a. rechts des Rheins gab es noch viel Widerstand. Hier suchten angelsächsische (England war um 450 von Angeln und Sachsen erobert worden) Mönche, besonders der

seit 722 in Hessen lehrende **Bonifatius**, missionarisch zu wirken. Der »Apostel der Deutschen« gründete

744 die **Benediktinerabtei Fulda,** zog weiter nach Norden, wo er

754 bei den Friesen den **Märtyrertod** erlitt. Hatte Karl Martell noch darauf verzichtet, auch formal die Herrscherwürde zu übernehmen, so ließ sich auf päpstlichen Rat hin

751 sein Nachfolger **Pippin III.** zum Frankenkönig wählen. Papst Stephan II. rief ihn

754 gegen die Langobarden zu Hilfe. Pippin besiegte sie in zwei Feldzügen, ließ sich vom Papst salben und machte der Kirche territoriale Zusagen in Italien (Pippinsche Schenkung), woraus der Kirchenstaat hervorging. Pippins Sohn, der

768–814 regierende **Karl der Große** (geboren 742) setzte die Politik der guten Beziehungen zum Heiligen Stuhl fort und empfahl sich ihm mit einer konsequenten Christianisierung seiner Untertanen. Das führte

772–804 zu den blutigen **Sachsenkriegen**, zu erzwungenen Massentaufen, Aufständen dagegen und

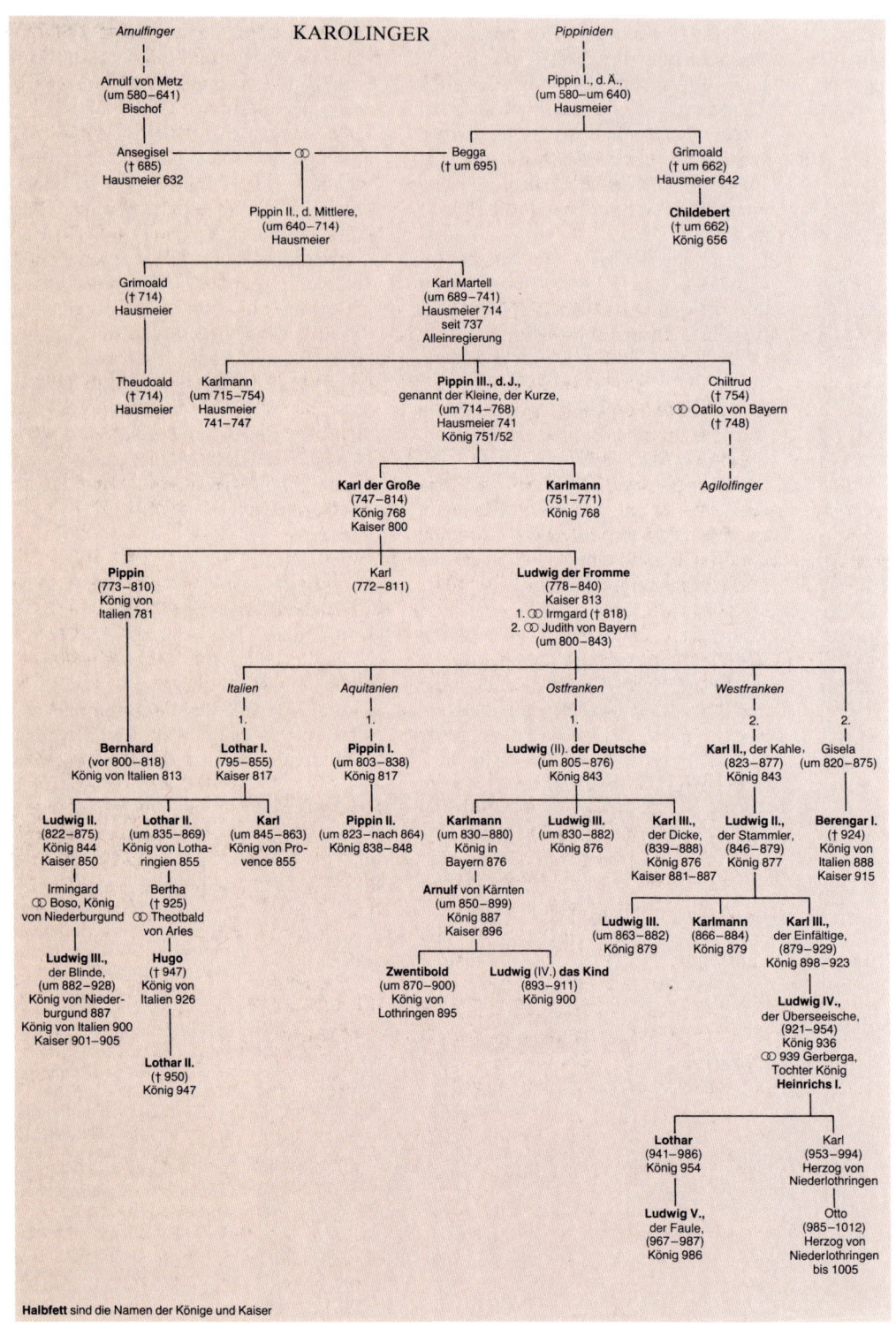

KAROLINGER

Arnulfinger
- **Arnulf von Metz** (um 580–641), Bischof
- **Ansegisel** († 685), Hausmeier 632 ⚭ **Begga** († um 695)

Pippiniden
- **Pippin I., d. Ä.,** (um 580–um 640), Hausmeier
- **Grimoald** († um 662), Hausmeier 642
- **Childebert** († um 662), König 656

Pippin II., d. Mittlere, (um 640–714), Hausmeier

- **Grimoald** († 714), Hausmeier
- **Karl Martell** (um 689–741), Hausmeier 714, seit 737 Alleinregierung

- **Theudoald** († 714), Hausmeier
- **Karlmann** (um 715–754), Hausmeier 741–747
- **Pippin III., d. J.,** genannt der Kleine, der Kurze, (um 714–768), Hausmeier 741, König 751/52
- **Chiltrud** († 754) ⚭ Oatilo von Bayern († 748) — *Agilolfinger*

- **Karl der Große** (747–814), König 768, Kaiser 800
- **Karlmann** (751–771), König 768

- **Pippin** (773–810), König von Italien 781
- **Karl** (772–811)
- **Ludwig der Fromme** (778–840), Kaiser 813
  1. ⚭ Irmgard († 818)
  2. ⚭ Judith von Bayern (um 800–843)

Italien (1.)
- **Bernhard** (vor 800–818), König von Italien 813

Aquitanien (1.)
- **Lothar I.** (795–855), Kaiser 817
- **Pippin I.** (um 803–838), König 817

Ostfranken (1.)
- **Ludwig (II.) der Deutsche** (um 805–876), König 843

Westfranken (2.)
- **Karl II., der Kahle** (823–877), König 843
- **Gisela** (um 820–875)

- **Ludwig II.** (822–875), König 844, Kaiser 850
- **Lothar II.** (um 835–869), König von Lotharingien 855
- **Karl** (um 845–863), König von Provence 855
- **Pippin II.** (um 823–nach 864), König 838–848
- **Karlmann** (um 830–880), König in Bayern 876
- **Ludwig III.** (um 830–882), König 876
- **Karl III., der Dicke** (839–888), König 876, Kaiser 881–887
- **Ludwig II., der Stammler** (846–879), König 877
- **Berengar I.** († 924), König von Italien 888, Kaiser 915

- Irmingard ⚭ Boso, König von Niederburgund
- Bertha († 925) ⚭ Theotbald von Arles
- **Arnulf** von Kärnten (um 850–899), König 887, Kaiser 896
- **Ludwig III.** (um 863–882), König 879
- **Karlmann** (866–884), König 879
- **Karl III., der Einfältige** (879–929), König 898–923

- **Ludwig III., der Blinde** (um 882–928), König von Niederburgund 887, König von Italien 900, Kaiser 901–905
- **Hugo** († 947), König von Italien 926
- **Zwentibold** (um 870–900), König von Lothringen 895
- **Ludwig (IV.) das Kind** (893–911), König 900
- **Ludwig IV., der Überseeische** (921–954), König 936 ⚭ 939 Gerberga, Tochter König Heinrichs I.

- **Lothar II.** († 950), König 947
- **Lothar** (941–986), König 954
- **Karl** (953–994), Herzog von Niederlothringen

- **Ludwig V., der Faule** (967–987), König 986
- **Otto** (985–1012), Herzog von Niederlothringen bis 1005

Halbfett sind die Namen der Könige und Kaiser

ERBE DES IMPERIUMS wurde Frankenkönig Karl der Große (Reliquiar aus dem 14. Jh.), der am Weihnachtstag des Jahres 800 in Rom die Kaiserkrone empfing. Er verstand den christlichen Missionsauftrag durchaus auch machtpolitisch, unterwarf im Namen des Kreuzes die Sachsen und machte Front gegen die heidnischen Sarazenen in Spanien.

WELTGESCHICHTE

782 zum brutalen **Strafgericht bei Verden**, wo 4500 sächsische Geiseln hingerichtet wurden. Unter schweren Verlusten konnte so Sachsen dem Frankenreich einverleibt werden, nachdem mit weniger Aufwand schon

774 das **Langobardenreich erobert** worden war. Mit der Absetzung des bayerischen Herzogs Tassilo kam

788 **Bayern wieder unter fränkische Herrschaft** und wurde zur Ostmark ausgestaltet, die die Grenze gegen die Awaren, ein asiatisches Nomadenvolk, sichern sollte. Den Höhepunkt karolingischer Macht erreichte Karl

800 am Weihnachtstag durch die **Kaiserkrönung**, die Papst Leo III. in Rom vollzog. Damit war sichtbar gemacht, daß der Frankenherrscher sich als weltliches Oberhaupt der Christenheit und Erbe des universalen Kaisertums der römischen Antike verstand.

812 folgte die **Anerkennung durch Byzanz** (Ostrom) und damit die Gleichstellung beider Kaiser. Karls Reich hatte die Stufe der germanischen Staaten auf römischem Reichsboden überwunden und war zu einem erneuerten Römischen Reich unter germanischer Führung geworden. Seine Grenzen wurden durch Marken (Spanische, Bretonische, Sorbische) unter Markgrafen gesichert. Sie wurden wie die Grafschaften durch Königsboten über des Herrschers Beschlüsse unterrichtet und beaufsichtigt. Zum Lohn für Dienst-, meist Militärdienstleistungen, erhielten die Vasallen Land, wurden »belehnt« vom König. Dieses Lehnswesen von oben nach unten – Schutz und Vergabe von Nutzungsrechten des Herrn gegen Dienst des Lehnsmannes – prägte die Wirtschaft des gesamten Mittelalters.

In der Gesetzgebung schuf Karl durch Kodifizierung des Volksrechts mehr Berechenbarkeit und regierte durch Verfügungen mit Gesetzeskraft, den sog. Kapitularien. Unterstützt wurde er dabei von Gelehrten, die er an seinen Hof in Aachen zog (Alkuin, Einhard u.a.). Sie sorgten für den Ausbau der Bildungseinrichtungen, Entwicklung der Baukunst und schufen das, was heute Karolingische Renaissance heißt. Schon

814 - 840 unter Karls Nachfolger **Ludwig dem Frommen** aber bröckelte bald die kulturelle wie die politische Macht. Normannen zogen plündernd die Flüsse hinauf, die Söhne des milden Kaisers empörten sich gegen ihn. Sie vereinbarten nach seinem Tod

843 im **Vertrag von Verdun** die Reichsteilung: Karl der Kahle erhielt das Westreich, Ludwig der Deutsche den Ostteil, Lothar I. Italien und Latharingien bis an die Nordsee. Nach Lothars Tod (855) teilten die verbliebenen Brüder den Besitz

870 im **Vertrag von Mersen**, korrigiert

880 im **Vertrag von Ribemont**, der zwischen dem späteren Frankreich und dem sich bildenden Deutschland eine relativ stabile Grenzlinie zog. Nach kurzer,

881 - 887 während nochmaliger **Reichseinheit unter Karl dem Dicken**, den der Adel zur Abdankung zwang, trennten sich die Wege von Ost und West endgültig. Die Macht der Könige sank in beiden von Normannen bzw. Ungarn bedrohten Gebieten. Im Osten starben die Karolinger

911 mit **Ludwig dem Kind** aus, im Westen erst 987.

Hochmittelalter

Einen Rückweg zum fränkischen Gesamtstaat konnte es nicht geben, dazu war das jeweilige Sonderbewußtsein schon zu ausgeprägt, die politischen Gegebenheiten waren zu unterschiedlich. Schon sprachlich hoben sich die ostfränkischen, vom Römertum wenig oder gar nicht berührten Stämme deutlich von den romanisierten Westfranken im einstigen Gallien ab. Das französische und das deutsche Volk traten in die Geschichte ein, das eine in einem römisch vorstrukturierten Einheitsstaat, das andere in überkommener stammesmäßiger Gruppierung. Als erster nichtkarolingischer König suchte im Osten

911 - 918 **Konrad I.**, Herzog von Franken, nach neuer Einheit seines Reiches. Er vermochte sich gegen die mächtigen Stammesherzöge nicht durchzusetzen, designierte aber den mächtigsten von ihnen zum Nachfolger:

919 - 936 lenkte Sachsenherzog **Heinrich I.** die deutschen Geschicke – erster Beleg für die Bezeichnung »Regnum Teutonicorum« – hundert Jahre nur nach der Unterwerfung seines Stammes durch Karl den Großen. Seinem Bemühen um Stärkung der Zentralgewalt kam äußere Bedrohung entgegen:

933 siegte ein deutsches Heer über die **Ungarn** an der Unstrut, so daß weitere Überfälle vorerst unterblieben. Heinrich leitete in den letzten Jahren eine Innenpolitik ein, die sein Sohn, der

936 - 973 regierende **Otto I. der Große** noch konsequenter verfolgte: Gegen die Regionalfürsten suchte er das Bündnis mit der Kirche und ihren nicht durch Erbfolge eigensüchtigen Amtsträgern. Mit ihrer Hilfe vermochte er sich auch gegen rebellierende Verwandte durchzusetzen und bei erneuter Ungarngefahr ein Heer zusammenziehen, das

955 **auf dem Lechfeld** den entscheidenden **Sieg über die Ungarn** erfocht und auch die unruhigen Slawen bis zur Oder befriedete. Nachdem Otto 951 ein erstes Mal nach Italien gezogen war, folgte er

961 einem **Hilferuf Papst Johannes' XII.**, der den Beschützer der Kirche

962 **zum Kaiser krönte**. Otto hatte damit die karolingische Krone nach Deutschland geholt, sie aber wieder an das Papsttum gebunden. Der kommende Konflikt zwischen weltlicher und geistlicher Macht war damit vorgezeichnet. Den Gewinn der Vormachtstellung in Europa erkaufte er mit einer später ebenfalls belastenden Verwicklung in die italienischen Wirren. Dennoch verdankte ihm Deutschland die Einheit durch eine Zentralgewalt, die über Partikularinteressen hinwegging. Das war die Voraussetzung auch für den kulturellen Aufschwung, der sich in Dombauten, Entwicklung einer deutschen Literatur, Blüte der Klöster (Fulda, Corvey, St. Gallen, Reichenau) manifestierte und sich unter den Nachfolgern

973 - 983 **Otto II.** und

983 - 1002 **Otto III.** zur **Ottonischen Renaissance** steigerte. Politisch jedoch vermochten die zu jungen Herrscher die Höhe nicht zu halten. Erst der

1002 - 1024 regierende **Heinrich II.** genoß wieder königliche Autorität, obwohl er lange und erfolglos im Osten Krieg führen mußte. Mit ihm erlosch das sächsische Kaiserhaus. Es folgten

1024 - 1125 **die Salier** zunächst mit Konrad II. und

1039 - 1056 mit **Heinrich III.** Er erwies sich als starker Herrscher, der souverän auch in kirchliche Belange hineinregierte und

1046 auf den **Synoden in Sutri und Rom** drei Päpste absetzte. Die Gegenkräfte aber wuchsen schon heran in Gestalt der cluniazensischen Kirchenreform, benannt nach dem 910 gegründeten Kloster Cluny. Sie wandte sich gegen die Verweltlichung des Klerus, die Vergabe von kirchlichen Ämtern gegen Geld (Simonie) und verlangte Askese und Abkehr vom feudalistischen System der Eigenkirche. Heinrich begrüßte die Reformbewegung, verkannte aber, daß sie zum Konflikt mit der weltlichen Macht führen mußte. Sein

1056 - 1106 herrschender Nachfolger **Heinrich IV.** bekam das sogleich zu spüren. Fünfjährig auf den Thron gekommen, mußte er auf seinen kirchlichen Vormund vertrauen und konnte daher dem

1059 erlassenen **Papstwahldekret** nicht entgegentreten. Nikolaus II. verfügte darin die Wahl der Päpste durch die Kardinäle und untersagte die Bestellung von Bischöfen durch weltliche Herrscher (Verbot der Laieninvestitur). Mit der Belehnung der Normannen mit süditalienischen Gebieten schuf der Papst sich zudem eine gegen das Reich gerichtete Stütze. Der

1073 - 1085 auf dem Stuhl Petri sitzende **Gregor VII.** nutzte diese vollendeten Tatsachen geschickt gegen den Kaiser. Als dieser ihn

1076 auf der **Wormser Reichssynode** abset-

WELTGESCHICHTE

zen ließ, bannte er Heinrich im Gegenzug, was der deutschen Fürstenopposition Auftrieb gab. Heinrich mußte sich schließlich beugen und

1077 den **Gang nach Canossa** antreten, damit ihn der Papst vom Bann löse. Das gelang, doch um den Preis des Gesichtsverlusts, was in den folgenden Kämpfen zwischen Kaiser- und Papsttum schwerwiegende Folgen haben sollte. Heinrich selbst konnte sich noch behaupten und

1084 die **Kaiserkrönung** durch einen Gegenpapst erreichen. Versuche der Fürsten, ihn durch Gegenkönige zu entmachten, scheiterten ebenso wie Revolten seiner Söhne.

Im Westfränkischen Reich hatten sich inzwischen seit dem 10. Jh. Normannen an der Seinemündung niedergelassen und waren schließlich mit diesem Gebiet belehnt worden. Ihr straff organisierter Staat verfolgte eine expansive Politik, schickte Eroberungsexpeditionen nach Unteritalien, und Normannen erreichten um 1000 sogar Nordamerika. Folgenreicher war

1066 die **Eroberung Englands** durch den Sieg der Normannen in der Schlacht bei Hastings.

1066-1087 war **Wilhelm der Eroberer** erster normannischer König von England, wo seine Landsleute die Oberschicht bildeten und viele französische Elemente in die angelsächsische Sprache und Kultur einbrachten.

Die cluniazensische Reform programmierte nicht nur den Bruch zwischen Kaiser und Papst, sondern war Zeichen einer neuen Religiosität. Sie schärfte das christliche Bewußtsein für die Bedrohung des Heiligen Landes durch die Seldschuken und für die Hilferufe aus Byzanz. Aufrufe zur Befreiung der orientalischen Christen führten daher

1096-1099 zum **1. Kreuzzug**, den Judenpogrome (»Gottesmörder«) begleiteten und der mit der Erstürmung Jerusalems durch Gottfried von Bouillon (um 1060-1100) erfolgreich abgeschlossen werden konnte. Die erhoffte Überwindung jedoch der seit 1054 andauernden Kirchenspaltung (Schisma) zwischen römischer und Ostkirche blieb aus.

Die Kreuzritter brachten einen neuen Schub griechischen Gedankenguts, durchsetzt mit arabischen Elementen, nach Europa, auch der Warenaustausch mit Vorderasien wurde wieder intensiviert. Geistliche Ritterorden wie die Templer, Johanniter und der Deutsche Orden entstanden und griffen auch in die deutsche Politik ein, die

1106-1125 von **Heinrich V.**, dem letzten Salier, bestimmt wurde. Er konnte

1122 im **Wormser Konkordat** den Investiturstreit beilegen durch den Kompromiß: Verzicht des Kaisers auf geistliche Investitur (Ring und Stab), aber Verleihung der weltlichen Rechte der Bischöfe (Regalien) nur durch ihn. In Deutschland gerieten die geistlichen Fürsten daher in Lehnsabhängigkeit vom Kaiser, der

1125-1137 Lothar von Supplinburg hieß. Für seine Regierungszeit bedeutsam wurde die Ostsiedlung, die ebenfalls religiös als Slawen-Mission überhöht wurde, obwohl Bevölkerungsdruck und massive wirtschaftliche Interessen dahintersteckten. In Ostholstein waren dabei die Schauenburger, in Brandenburg die Askanier und in Obersachsen die Wettiner führend, wobei sie teils friedlich siedelnd, oder gar von slawischen Fürsten gerufen, teils mit Waffengewalt vorgingen. Wer sich als Bauer zum Schritt in den Osten bereit fand, dem war der Status eines Freien zugesichert, was der Bewegung zusätzlichen Auftrieb gab. Neben dieser agrarischen Kolonisation stand die Handelsdurchdringung, die mit deutschen Stadtbildungen einherging und von Kaufleuten getragen wurde.

Zu den in den letzten Jahrzehnten aufgestiegenen Dynastien in Deutschland gehörte die der schwäbischen Staufer. Sie hatten schon 1125 mit der Übertragung der Krone gerechnet, kamen aber erst

1137-1152 mit **Konrad III.** zum Zuge gegen den mächtigen Welfen Heinrich den Stolzen, Herzog von Bayern und Sachsen, was eine lange Fehde zwischen den Häusern zur Folge hatte. Die Hauptwirkungszeit des Begründers des Zisterzienserordens, Bernhard von Clairvaux

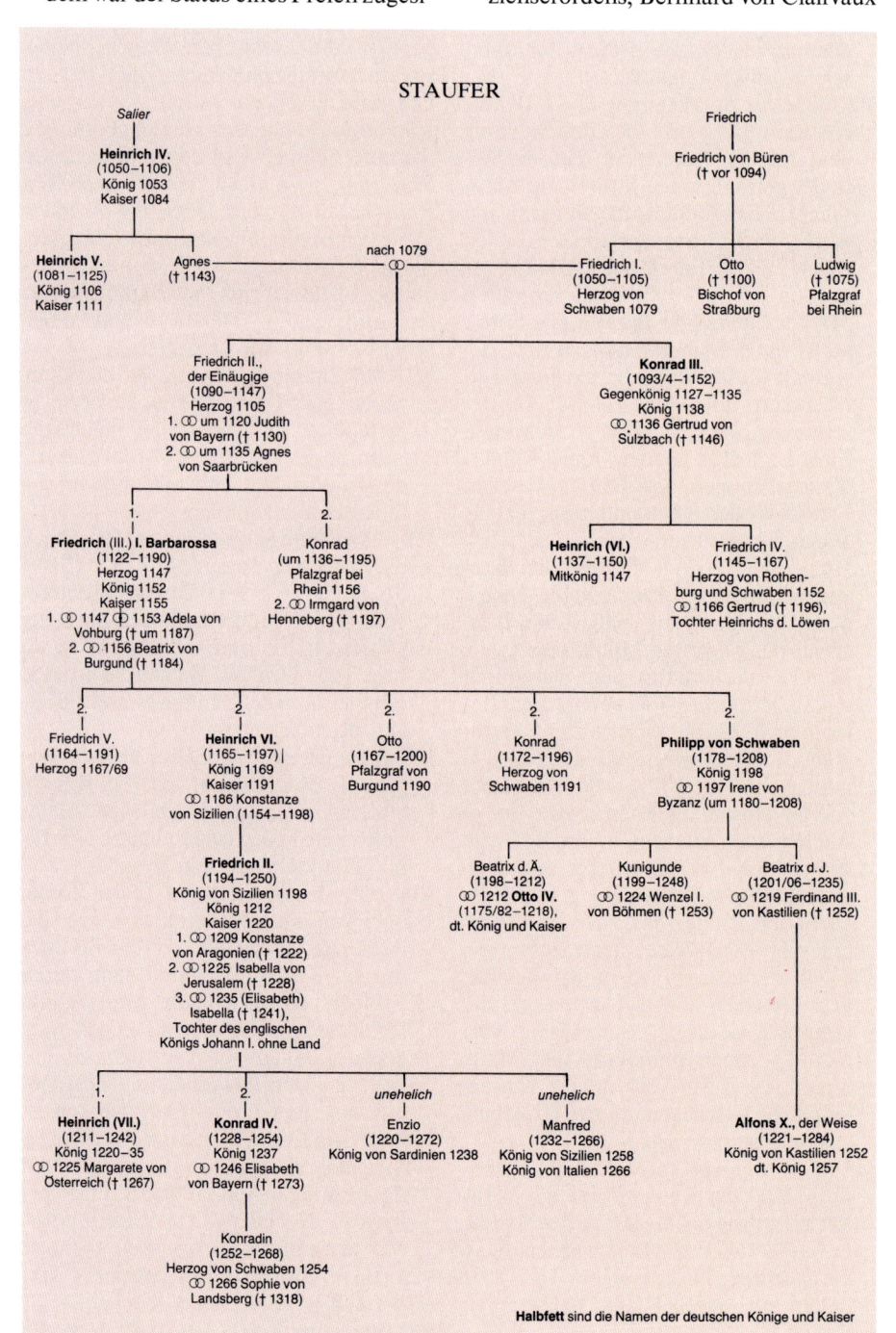

STAUFER

Salier
Heinrich IV. (1050-1106) König 1053 Kaiser 1084

Friedrich
Friedrich von Büren († vor 1094)

Heinrich V. (1081-1125) König 1106 Kaiser 1111 ⚭ Agnes († 1143) nach 1079 ⚭ Friedrich I. (1050-1105) Herzog von Schwaben 1079
Otto († 1100) Bischof von Straßburg
Ludwig († 1075) Pfalzgraf bei Rhein

Friedrich II., der Einäugige (1090-1147) Herzog 1105
1. ⚭ um 1120 Judith von Bayern († 1130)
2. ⚭ um 1135 Agnes von Saarbrücken

Konrad III. (1093/4-1152) Gegenkönig 1127-1135 König 1138 ⚭ 1136 Gertrud von Sulzbach († 1146)

1.
Friedrich (III.) I. Barbarossa (1122-1190) Herzog 1147 König 1152 Kaiser 1155
1. ⚭ 1147 ⚭ 1153 Adela von Vohburg († um 1187)
2. ⚭ 1156 Beatrix von Burgund († 1184)

2.
Konrad (um 1136-1195) Pfalzgraf bei Rhein 1156
2. ⚭ Irmgard von Henneberg († 1197)

Heinrich (VI.) (1137-1150) Mitkönig 1147

Friedrich IV. (1145-1167) Herzog von Rothenburg und Schwaben 1152 ⚭ 1166 Gertrud († 1196), Tochter Heinrichs d. Löwen

2.
Friedrich V. (1164-1191) Herzog 1167/69

2.
Heinrich VI. (1165-1197) König 1169 Kaiser 1191 ⚭ 1186 Konstanze von Sizilien (1154-1198)

2.
Otto (1167-1200) Pfalzgraf von Burgund 1190

2.
Konrad (1172-1196) Herzog von Schwaben 1191

2.
Philipp von Schwaben (1178-1208) König 1198 ⚭ 1197 Irene von Byzanz (um 1180-1208)

Friedrich II. (1194-1250) König von Sizilien 1198 König 1212 Kaiser 1220
1. ⚭ 1209 Konstanze von Aragonien († 1222)
2. ⚭ 1225 Isabella von Jerusalem († 1228)
3. ⚭ 1235 (Elisabeth) Isabella († 1241), Tochter des englischen Königs Johann I. ohne Land

Beatrix d. Ä. (1198-1212) ⚭ 1212 **Otto IV.** (1175/82-1218), dt. König und Kaiser

Kunigunde (1199-1248) ⚭ 1224 Wenzel I. von Böhmen († 1253)

Beatrix d. J. (1201/06-1235) ⚭ 1219 Ferdinand III. von Kastilien († 1252)

1.
Heinrich (VII.) (1211-1242) König 1220-35 ⚭ 1225 Margarete von Österreich († 1267)

2.
Konrad IV. (1228-1254) König 1237 ⚭ 1246 Elisabeth von Bayern († 1273)

unehelich
Enzio (1220-1272) König von Sardinien 1238

unehelich
Manfred (1232-1266) König von Sizilien 1258 König von Italien 1266

Alfons X., der Weise (1221-1284) König von Kastilien 1252 dt. König 1257

Konradin (1252-1268) Herzog von Schwaben 1254 ⚭ 1266 Sophie von Landsberg († 1318)

Halbfett sind die Namen der deutschen Könige und Kaiser

WELTGESCHICHTE

(um 1090–1153), fiel in diese Epoche. Der machtvolle Prediger initiierte

1147–1149 den gescheiterten **2. Kreuzzug**, an dem der Kaiser teilnahm. Sein Nachfolger war

1152–1190 Friedrich I. Barbarossa, der von seinen italienischen Untertanen den Beinamen wegen seines rötlich blonden Barts erhielt. Er wurde zum Idealbild des ritterlichen Herrschers, der trotz seiner vielen Kriegszüge dem Reich eine Zeit ruhiger, fruchtbarer Entwicklung bescherte. Vor allem gegen die unbotmäßigen lombardischen Städte, den Welfenherzog Heinrich den Löwen und gegen Papst Alexander III. richteten sich seine Kämpfe. Konnte er die Städte zunächst zähmen,

1162 Zerstörung Mailands, und auch den Welfenherzog Heinrich unterwerfen,

1180 Ächtung und Lehnsentzug, so mußte er nach der Niederlage von Legnano (1176) in der Lombardei nachgeben und sich schließlich auch mit dem Papst arrangieren und

1189 zum **3. Kreuzzug** aufbrechen, auf dem er im kleinasiatischen Fluß Saleph ertrank. Sein Sohn und

1190–1197 Nachfolger **Heinrich VI.** erweiterte die Macht des Kaisertums durch Eheschließung mit der normannischen Erbin Konstanze auf Unteritalien und Sizilien. Sein früher Tod aber leitete den Umschwung ein, da es

1198 zur **Doppelwahl** eines Nachfolgers kam: Philipp von Schwaben, Bruder Heinrichs, und Otto IV., Sohn Heinrichs des Löwen, der

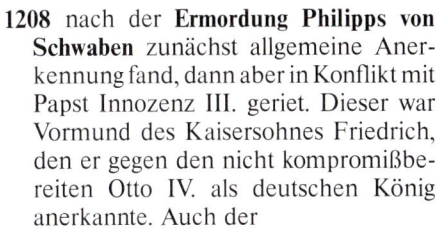

1208 nach der **Ermordung Philipps von Schwaben** zunächst allgemeine Anerkennung fand, dann aber in Konflikt mit Papst Innozenz III. geriet. Dieser war Vormund des Kaisersohnes Friedrich, den er gegen den nicht kompromißbereiten Otto IV. als deutschen König anerkannte. Auch der

1180–1223 in Frankreich regierende **Philipp II.** unterstützte Friedrich und schlug

1214 bei **Bouvines** (nahe Lille) ein welfisch-englisches Heer, so daß Otto IV. jeden Rückhalt verlor (gestorben 1218).

1212–1250 hatte **Friedrich II.** den deutschen und sizilischen Thron inne, wobei er sich freilich auf sein mittelmeerisches Reich konzentrierte und dort einen ersten säkularisierten modernen Beamtenstaat schuf. Deutschland dagegen überließ er weitgehend seinen Söhnen. Während in England

1215 König Johann ohne Land in der **Magna Charta** anerkannte, daß auch die Krone unter dem Recht stehe, und damit die Landlords stärkte, brachte Friedrichs Rückzug aus den deutschen Verhältnissen auch in Deutschland einen Machtzuwachs der Fürsten. Sie erhielten

1220 mit dem **Privileg für die geistlichen Fürsten** (Confoederatio) und

1232 mit dem **Statutum in favorem principum** (Statut zugunsten der weltlichen Fürsten) Kronrechte übertragen wie die territoriale Gerichtsbarkeit, Münzrecht, Burgenbau u.a., womit die politische Zersplitterung Deutschlands vorgezeichnet war. Dazu trug auch der

1227–1254 andauernde **Kampf der Staufer mit dem Papsttum** bei. Er begann mit dem Bannstrahl gegen den Kaiser wegen Verzögerung des zugesagten Kreuzzugs, ebbte nach der

1229 erfolgten **Krönung Friedrichs II. zum König von Jerusalem** nur vorübergehend ab und gipfelte

1245 in der **Absetzung des Kaisers** durch Papst Innozenz IV., der diese zwar nicht durchsetzen konnte, aber Friedrichs politischen Spielraum stark einengte. Seine Nachfolger, bis

1254 Konrad IV., der früh starb, und dessen Sohn, der

EINE NEUE DIMENSION erhielt der Konflikt mit dem Papsttum durch Kaiser Heinrich VI. (mittelalterliche Miniatur). Seine Heirat mit Konstanze, Erbin Siziliens und Unteritaliens, ließ die Macht der Staufer in den Augen der Kurie bedenklich wachsen.

WELTGESCHICHTE

1268 hingerichtete Konradin, konnten nicht mehr Fuß fassen. Sizilien ging an den vom Papst belehnten Karl von Anjou, einen Bruder des französischen Königs, verloren. Unübersehbar war der Machtschwerpunkt Europas nach Westen gewandert.

Bis heute faszinieren die Denkmäler der staufischen Kultur, die in der Baukunst den Übergang von der Romanik (Maria Laach, Dome von Mainz und Worms) zur Gotik (Elisabethkirche in Marburg, Kathedralen von Chartres und Paris) brachte. In der Dichtkunst entfalteten die französischen Troubadoure und die deutschen Minnesänger ein reiches Schaffen: Die Gedichte Walthers von der Vogelweide, das große Epos »Parzival« von Wolfram von Eschenbach, die Werke Hartmanns von Aue, Gottfrieds von Straßburg. Im »Sachsenspiegel« des Eike von Repgow wurde das Volksrecht aufgezeichnet, Bischof Otto von Freising verfaßte eine Weltchronik, erste Universitäten (Bologna, Paris) blühten, die Scholastiker suchten nach Vereinigung von Wissen und Glauben. Mit den Ordensgründungen des Franz von Assisi (1182–1226) und des Dominikus (um 1170–1221) kam es zu einer Rückbesinnung auf einfaches Leben und Liebe zur Schöpfung. Die Amtskirche schuf sich gegen allzu eifrige Reformer in dieser Zeit die »Glaubenspolizei« der Inquisition und leitete damit bereits wieder die Gegenbewegung ein.

Spätmittelalter

Mit dem Untergang der Staufer brach für das Deutsche Reich, genauer: das Heilige Römische Reich Deutscher Nation eine von

1254–1273 dauernde Krisenzeit, das **Interregnum,** an, eine Epoche ohne eigentlichen Herrscher. Schon zuvor hatten die Fürsten begonnen, die Königsmacht zu demontieren und mit wechselnden Koalitionen Könige und Gegenkönige gekürt: Heinrich Raspe (1246/47), Wilhelm von Holland (1247–1256), Richard von Cornwall (1257–1272), Alfons von Kastilien (1257–1274). In dieser Zeit kristallisierte sich das Kollegium aus sieben Kurfürsten heraus, die bei der Königswahl zu bestimmen hatten. Ihre und die Macht der anderen Fürsten wuchs auf Kosten der Krone, die lange niemand so recht haben wollte. Erst

1273–1291 hatte das Reich mit **Rudolf I.** wieder einen König, der sich aber mehr auf seine habsburgische Hausmacht am Oberrhein stützte als auf die inzwischen geschwundenen Krongüter. Er konnte die habsburgischen Erblande seit

1278 nach dem **Sieg über Ottokar von Böhmen** an der March erheblich ausdehnen, indem er Verwandte mit den gewonnenen Gebieten Österreich, Steiermark, Krain, Kärnten belehnte. Sie wurden zum Kernland der Habsburger, die zu den mächtigsten Territorialfürsten aufstiegen, auch wenn ihre schweizerischen Unternehmungen nicht gediehen.

1291 bildete sich die **Eidgenossenschaft** durch Bündnis der drei Schweizer Waldorte Uri, Unterwalden und das später für das Land namengebende Schwyz. Die daran anknüpfende Tell-Sage ist historisch nicht haltbar. Im Reich wechselten die Dynastien, v.a. Herrscher aus dem Haus der Luxemburger wie der

1308–1313 regierende **Heinrich VII.** festigten wieder die Königsmacht und erreichten wieder die Krönung zum Kaiser. Heinrichs Italienzug wurde zu einem Triumph, gefeiert vom Dichter Dante (1265–1321) und von den Ghibellinen (Anhänger der Staufer). Dennoch dominierte in dieser Zeit Frankreich,

1285–1314 regiert von **Philipp dem Schönen.** Er leitete eine offensive Außenpolitik ein und durchkreuzte päpstliche Gegenpläne

1309 durch **Gefangennahme des Papstes** und Festsetzung in Avignon. Diese **Babylonische Gefangenschaft der Kirche** sollte bis 1377 dauern und die weltliche Macht der Päpste endgültig brechen. Unter Philipps Nachfolgern aus dem

1328–1498 herrschenden **Haus Valois,** einer kapetingischen Nebenlinie, spitzte sich der Konflikt mit England zu wegen des ausgedehnten englischen Besitzes im Norden Frankreichs. Es kam

1339 zum **Hundertjährigen Krieg,** der sich in immer neuen Feldzügen bis 1453 hinziehen sollte. Dabei ging es auch um alte englische Ansprüche auf den französischen Thron, wie sie u.a. der fünfzig Jahre,

1327–1377, regierende **Edward III.** erhob. Beide Länder litten unter den Kriegskosten und -opfern schwer, zumal die

1349/50 ausbrechende **Pestepidemie,** die auch Deutschland heimsuchte, die Bevölkerung dezimierte. Auf der Suche nach Schuldigen am unbegriffenen Elend kam es zu Judenverfolgungen und zuerst in Italien zu einem geistigen Aufbruch, der die Renaissance ankündigte. Die für das Steueraufkommen wichtigen Mittelschichten gewannen an Bedeutung und konnten in England sogar ein eigenes Parlament durchsetzen. In Deutschland erreichte folgerichtig

um 1350 die Hanse ihren Höhepunkt, ein loser Verbund vorwiegend norddeutscher Städte zum Schutz von Handel und Verkehr unter Führung Lübecks. Ihre Flotte nutzte die Hanse auch zu militärischen Zwecken, etwa

1370 beim **Seesieg über Dänemark** unter Waldemar IV., der in den Stralsunder Frieden willigen und die Handelsprivilegien anerkennen mußte. Das Seeräuberunwesen in der Ostsee, gefördert etwa von Mecklenburg, wurde energisch bekämpft.

1401 wurde in Hamburg **Klaus Störtebecker hingerichtet.** Die Fürstenmacht war schon seit dem 12. Jh. in den Städten zurückgegangen, da die Kaufleute die Stadträte beherrschten und sich dank kaiserlicher Privilegien von den adligen Stadtherren befreien konnten. In den neugegründeten Städten des Ostens wurden von vornherein unabhängige Räte nach dem Prinzip »Stadtluft macht frei« und gemäß Stadtrecht aus dem Altreich gebildet. In Flandern und Oberita-

WELTGESCHICHTE

BEUGEN MUSSTEN SICH die Mailänder 1311 dem Ritterheer Heinrichs VII. (zeitgenössische Miniatur). Er wurde zum König der Langobarden und 1312 in Rom zum Kaiser gekrönt.

lien enstanden besonders reiche und mächtige Stadtkulturen, gefördert auch durch eine

1347–1378 unter **Karl IV.**, einem Luxemburger, wieder starke Zentralgewalt im Reich. Der Kaiser gründete

1348 die **erste deutsche Universität** in Prag, der eine ganze Gründungswelle folgte: Wien 1365, Heidelberg 1386, Köln 1388.

1356 wurde in der **Goldenen Bulle** endgültig die deutsche Königswahl geregelt. Sie sollte in Frankfurt durch drei geistliche und vier weltliche Kurfürsten mehrheitlich vorgenommen werden, Krönungsort Aachen (später ebenfalls Frankfurt).

Nach Europa drangen in dieser Zeit erstmals ausführlichere Nachrichten über den Fernen Osten durch den venezianischen Kaufmann und Entdecker Marco Polo (1254–1324), nachdem

1241 bei **Liegnitz** eine erste militärische Begegnung mit dem von Dschingis-Khan (1155–1227) gegründeten Mongolenreich stattgefunden und mit einer schweren Niederlage des deutsch-polnischen Ritterheers geendet hatte.

1280–1368 stand das **Mongolische Weltreich** mit dem Zentrum China auf dem Höhepunkt seiner Macht. In Westasien hatte sich mit dem Reich der Goldenen Horde ein Ableger gebildet, gegen den sich russisches Eigenbewußtsein entwickelte. Unter dem

1328–1341 herrschenden **Iwan I.**, Fürst von Moskau und Großfürst von Wladimir, begann die »Sammlung der russischen Erde«, durch die die Goldene Horde bis 1502 vollständig verdrängt wurde.

Den Westen lähmte weiter der Hundertjährige Krieg, der

1429 mit dem Erscheinen der **Jeanne d'Arc** (Johanna von Orléans) in eine neue Phase trat. Mit ihren – angeblich von Gott empfangenen – Weisungen gelang die Befreiung des belagerten Orléans und das Zurückdrängen der Engländer, so daß Karl VII. in Reims gekrönt werden konnte. Gefangengenommen und den Engländern ausgeliefert, wurde

1431 Johanna verbrannt (1920 heiliggesprochen). Zwei Jahrzehnte später waren die Engländer vom Kontinent vertrieben, nur Calais blieb ihnen. Vom Krieg profitierte v.a. Burgund, das seine Macht von den Alpen bis zur Nordsee auszudehnen vermochte, ehe

1477 Karl der Kühne (Herzog seit 1467) beim kriegerischen Versuch, Lothringen und die Champagne anzugliedern, fiel. Durch Heirat seiner Tochter mit Kaiser Maximilian I. fielen große Teile seines Herzogtums, die späteren Niederlande und Belgien, an das Reich. Auch Frankreich,

1461–1483 geführt von **Ludwig XI.**, profitierte und begann den Aufstieg zur europäischen Hegemonialmacht durch vermehrte Rüstung und wirtschaftliche Erfolge (u.a. Seidenindustrie in Lyon). England erlebte nach dem Rückzug vom Kontinent eine schwere innere Krise durch die

1455–1485 tobenden **Rosenkriege**, den Machtkampf der Häuser York (Wappen mit weißer Rose) und Lancaster (rote Rose). Die Erholung gelang erst unter den

1485–1603 herrschenden Tudors.

In Deutschland regierte

1410–1437 Sigismund, ein Sohn Karls IV. Ins Jahr seines Regierungsantritts fiel

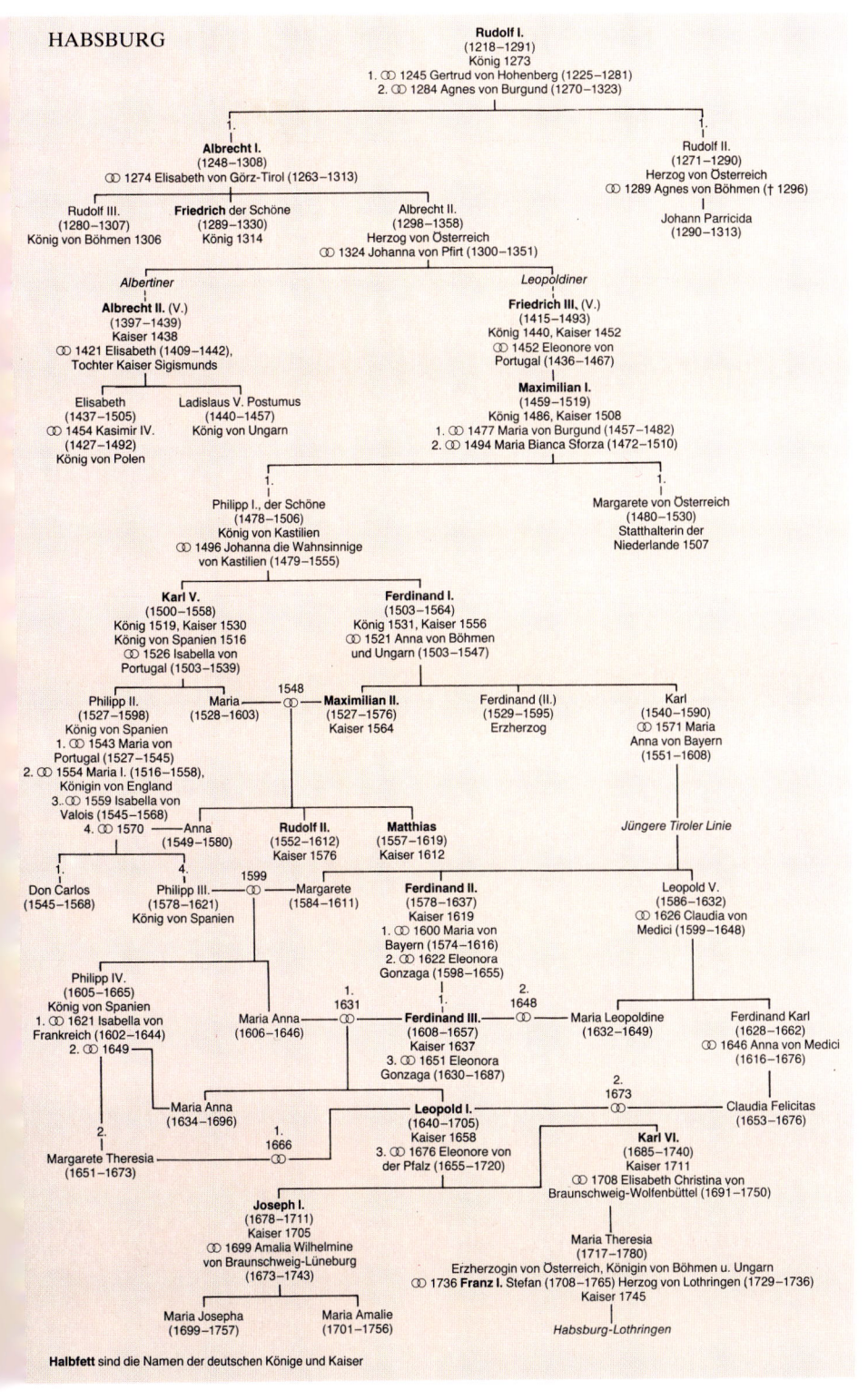

HABSBURG

Rudolf I. (1218–1291), König 1273
1. ⚭ 1245 Gertrud von Hohenberg (1225–1281)
2. ⚭ 1284 Agnes von Burgund (1270–1323)

Kinder aus 1. Ehe:
- **Albrecht I.** (1248–1308), ⚭ 1274 Elisabeth von Görz-Tirol (1263–1313)
- Rudolf II. (1271–1290), Herzog von Österreich, ⚭ 1289 Agnes von Böhmen († 1296)
  - Johann Parricida (1290–1313)

Kinder Albrechts I.:
- Rudolf III. (1280–1307), König von Böhmen 1306
- **Friedrich der Schöne** (1289–1330), König 1314
- Albrecht II. (1298–1358), Herzog von Österreich, ⚭ 1324 Johanna von Pfirt (1300–1351)

Albertiner:
- **Albrecht II. (V.)** (1397–1439), Kaiser 1438, ⚭ 1421 Elisabeth (1409–1442), Tochter Kaiser Sigismunds
  - Elisabeth (1437–1505), ⚭ 1454 Kasimir IV. (1427–1492), König von Polen
  - Ladislaus V. Postumus (1440–1457), König von Ungarn

Leopoldiner:
- **Friedrich III. (V.)** (1415–1493), König 1440, Kaiser 1452, ⚭ 1452 Eleonore von Portugal (1436–1467)
  - **Maximilian I.** (1459–1519), König 1486, Kaiser 1508
    1. ⚭ 1477 Maria von Burgund (1457–1482)
    2. ⚭ 1494 Maria Bianca Sforza (1472–1510)

Kinder Maximilians I. (1.):
- Philipp I., der Schöne (1478–1506), König von Kastilien, ⚭ 1496 Johanna die Wahnsinnige von Kastilien (1479–1555)
- Margarete von Österreich (1480–1530), Statthalterin der Niederlande 1507

Kinder Philipps I.:
- **Karl V.** (1500–1558), König 1519, Kaiser 1530, König von Spanien 1516, ⚭ 1526 Isabella von Portugal (1503–1539)
- **Ferdinand I.** (1503–1564), König 1531, Kaiser 1556, ⚭ 1521 Anna von Böhmen und Ungarn (1503–1547)

Kinder Karls V.:
- Philipp II. (1527–1598), König von Spanien
  1. ⚭ 1543 Maria von Portugal (1527–1545)
  2. ⚭ 1554 Maria I. (1516–1558), Königin von England
  3. ⚭ 1559 Isabella von Valois (1545–1568)
  4. ⚭ 1570 — Anna (1549–1580)
- Maria (1528–1603), ⚭ 1548

Kinder Ferdinands I.:
- **Maximilian II.** (1527–1576), Kaiser 1564 (⚭ Maria 1548)
- Ferdinand (II.) (1529–1595), Erzherzog
- Karl (1540–1590), ⚭ 1571 Maria Anna von Bayern (1551–1608)

Kinder Philipps II.:
- Don Carlos (1545–1568) (aus 1.)
- Philipp III. (1578–1621), König von Spanien (aus 4.), ⚭ 1599 Margarete (1584–1611)

Kinder Maximilians II.:
- **Rudolf II.** (1552–1612), Kaiser 1576
- **Matthias** (1557–1619), Kaiser 1612

Jüngere Tiroler Linie:
- **Ferdinand II.** (1578–1637), Kaiser 1619
  1. ⚭ 1600 Maria von Bayern (1574–1616)
  2. ⚭ 1622 Eleonora Gonzaga (1598–1655)
- Leopold V. (1586–1632), ⚭ 1626 Claudia von Medici (1599–1648)

Kinder Philipps III.:
- Philipp IV. (1605–1665), König von Spanien
  1. ⚭ 1621 Isabella von Frankreich (1602–1644)
  2. ⚭ 1649
- Maria Anna (1606–1646), ⚭ 1631

Kinder Ferdinands II.:
- **Ferdinand III.** (1608–1657), Kaiser 1637
  1. ⚭ 1631 Maria Anna
  2. ⚭ 1648 Maria Leopoldine (1632–1649)
  3. ⚭ 1651 Eleonora Gonzaga (1630–1687)

Kinder Leopolds V.:
- Ferdinand Karl (1628–1662), ⚭ 1646 Anna von Medici (1616–1676)

Kinder Philipps IV.:
- Maria Anna (1634–1696), ⚭ 2.
- Margarete Theresia (1651–1673), ⚭ 1. 1666

Kinder Ferdinands III.:
- **Leopold I.** (1640–1705), Kaiser 1658
  1. ⚭ 1666 Margarete Theresia
  3. ⚭ 1676 Eleonore von der Pfalz (1655–1720)
  2. ⚭ 1673 Claudia Felicitas (1653–1676)
- **Karl VI.** (1685–1740), Kaiser 1711, ⚭ 1708 Elisabeth Christina von Braunschweig-Wolfenbüttel (1691–1750)

Kinder Leopolds I.:
- **Joseph I.** (1678–1711), Kaiser 1705, ⚭ 1699 Amalia Wilhelmine von Braunschweig-Lüneburg (1673–1743)

Tochter Karls VI.:
- Maria Theresia (1717–1780), Erzherzogin von Österreich, Königin von Böhmen u. Ungarn, ⚭ 1736 Franz I. Stefan (1708–1765), Herzog von Lothringen (1729–1736), Kaiser 1745 → *Habsburg-Lothringen*

Töchter Josephs I.:
- Maria Josepha (1699–1757)
- Maria Amalie (1701–1756)

Halbfett sind die Namen der deutschen Könige und Kaiser

WELTGESCHICHTE

1410 die **Niederlage bei Tannenberg:** Der Deutsche Orden unterlag einem polnisch-litauischen Heer. Seine Blütezeit, die große Kulturleistungen im Osten erbracht hatte, neigte sich dem Ende zu. Später wurde sein Gebiet erbliches Herzogtum und kam schließlich an Brandenburg. Sigismund mühte sich um eine Überwindung des seit 1378 andauernden Schismas der Papstkirche auf dem

1414–1418 tagenden **Konstanzer Konzil,** auf dem auch der tschechische Reformator Jan Hus 1415 trotz kaiserlicher Zusicherung freien Geleits abgeurteilt und verbrannt wurde. Er hatte an die Lehren des englischen Theologen John Wiclif (gestorben 1384) angeknüpft und war zum Begründer der tschechischen Literatur geworden. Sein furchtbares Ende löste

1419–1436 die **Hussitenkriege** aus. Im deutschen Osten entstand

1415 durch die **Belehnung des Hohenzollern Friedrich VI. mit Brandenburg** eine neue Situation, die in den Aufstieg Preußens münden sollte.

1438/39 war mit **Albrecht II.** wieder ein Habsburger deutscher König. Er stand am Anfang einer langen Reihe von Herrschern aus diesem Hause (bis 1806). Ihm folgte

1440–1493 Friedrich III., dessen lange, aber schwache Regierung keine Stabilität im Reich und in den habsburgischen Erblanden brachte. Er war der letzte noch in Rom gekrönte Kaiser. Schon sein

1493–1519 herrschender Nachfolger **Maximilian I.** wurde ohne römische Weihen Kaiser. Er kämpfte v.a. gegen die Zerrüttung des Rechts durch das ausufernde Fehdewesen und grassierende Raubrittertum (Verkündung eines »Ewigen Landfriedens«). Obwohl er als »letzter Ritter« in die Geschichte einging, revolutionierte er das Landsknechtswesen, das den ritterlichen Kampf durch geballten Stoß reisiger Haufen ersetzte. Außenpolitik war bei ihm v.a. Heiratspolitik. Er selbst erwarb durch die Ehe mit Maria von Burgund weite Gebiete in den Niederlanden und konnte durch weitere Verbindungen seinem Enkel Karl V. Spanien und dessen Besitzungen in der Neuen Welt sichern. Die Zeichen für das Heraufkommen einer neuen Epoche der Weltgeschichte mehrten sich.

1453 eroberten die Türken Konstantinopel und vernichteten nach über tausend Jahren das Byzantinische Reich. Sie drangen weiter vor durch den Sieg bei Mohacs (1526), der ihnen für 150 Jahre die Herrschaft über Ungarn einbrachte. Der Sturm auf Wien allerdings scheiterte 1529.

In Italien hatte das Neue bereits konkrete Gestalt angenommen in der Renaissance (Wiedergeburt) antiker Denk- und Wertetraditionen. Dichter wie Petrarca (1304–1374) griffen auf griechische Denker wie Aristoteles oder römische Stilisten wie Cicero zurück. Lange vergessene Schriften über Philosophie, Poesie und Geschichte der Antike wurden gesammelt und neu herausgegeben. Das einst entwickelte Bild des Menschlichen (Humanum) wurde wieder maßgeblilch, der so aufkommende Humanismus erfaßte später auch Kirche und Gelehrsamkeit.

Faßbar wurde er zuerst in der Bildenden Kunst und in ihrer prunkvollen Entfaltung durch Päpste und Fürsten in Italien: den Medici in Florenz, Este in Ferrara, Sforza in Mailand, Borgia auf dem Heiligen Stuhl. Motor dieser Entwick-

WELTGESCHICHTE

lung war der enorme wirtschaftliche Aufschwung in den oberitalienischen Stadtrepubliken, der ein neues Machtbewußtsein schuf. Der florentinische Publizist Machiavelli (1469–1527) lieferte dafür die »Gebrauchsanweisung« in seiner Schrift »Il principe« (Der Fürst). Von Italien aus traten die neuen Ideen, Stile und Weltbilder ihren Siegeszug durch ganz Europa an.

ZEICHEN EINER NEUEN ZEIT: Nach dem Fall Konstantinopels 1453 (linke Seite: türkische Miniatur) drohte dem christlichen Abendland eine islamische Offensive, die mit letzter Kraft abgewehrt wurde. Vergeblich dagegen kämpften Azteken (unten: Cortés in Mexiko) und Inkas gegen die christlichen Eroberer, die erbarmungslos die indianischen Kulturen auslöschten.

NEUZEIT

Wie alle Periodisierung, so ist auch diese willkürlich. Es wurde nicht plötzlich Licht nach dem »finsteren Mittelalter«, doch revolutionäre Veränderungen, geistlich wie weltlich, legen eine epochale Grenzziehung um 1500 nahe.

Gewiß, bis ins 19. Jh. dominierte die feudale Agrarverfassung, bis ins 18. Jh. reichte der mittelalterliche Hexenwahn und das ptolemäische Weltbild der Erde als kosmischer Mittelpunkt und Scheibe spukt bis heute noch in vielen Köpfen. Andererseits nahm schon die Antike modernes, z.B. atomistisches, Gedankengut vorweg, organisierte etwa Friedrich II. sein sizilisches Reich nach kameralistischen Gesichtspunkten des 18. Jh.

Und doch: Wirkmächtiger wurde die dramatische Ausweitung des irdischen Horizonts durch Kolumbus und die Entdeckung Amerikas und die des himmlischen Horizonts durch Martin Luther und seine Reformation. Beide »Entdecker« waren noch unübersehbar Kinder des Mittelalters und erfaßten die Tragweite ihres Handelns kaum: Kolumbus glaubte bis ans Lebensende, die Westküste Indiens erreicht zu haben, und Luther wollte die Universalkirche retten, nicht spalten. Beide aber »schufen« neue Welten und damit das, was wir Neuzeit nennen.

Weltbild und Glauben im Umbruch

Schon seit Beginn des 15. Jh. machte sich ein europäischer Aufbruch bemerkbar, etwa in den Entdeckungsfahrten der Portugiesen. Initiator war Prinz **Heinrich der Seefahrer** (1394–1460), dem

1418/19 die **Entdeckung Madeiras** und
1427 die **Entdeckung der Azoren** ebenso zu danken war wie die Erforschung der afrikanischen Ostküste. Weiteren Auftrieb erhielten die Reisen durch den Fall Konstantinopels (1453), der den Landweg in den Orient und nach Indien verlegte. Den Seeweg dorthin suchte
1492 Christoph Kolumbus (1451–1506), dem dabei unwissentlich die **Entdeckung Amerikas** gelang. Daher tragen die Ureinwohner der Neuen Welt bis heute den Namen Indianer. Die neu entdeckten Länder drohten Streit zwischen Spanien und Portugal auszulösen. Aufgrund eines Schiedsspruchs von Papst Alexander VI. kam es daher
1494 zum **Vertrag von Tordesillas,** der die Neue Welt etwa am 46. Längengrad teilte (später auch den Fernen Osten am 130.), so daß danach Brasilien und Afrika portugiesisch, die anderen Gebiete spanisch kolonisiert wurden. Per Schiff tatsächlich ins gelobte Gewürzland fand
1497/98 Vasco da Gama (1468/69–1524), der das **Kap der Guten Hoffnung** umsegelte.
1519/22 schaffte eine Expedition des Portugiesen **Magalhaes** (um 1480–1521) die **erste Weltumsegelung** und damit den Beweis der Kugelgestalt der Erde. Zur gleichen Zeit wurde
1519/21 von Cortés (1485–1547) **das Aztekenreich in Mexiko zerstört.** Hier stießen die Spanier auf eine hochentwickelte Kultur, deren in europäischen Augen brutale religiöse Riten (Menschenopfer) als Vorwand für die Unterwerfung (Christianisierung) dienten. Der letzte Herrscher Montezuma II. starb 1520 in Gefangenschaft in der Hauptstadt Tenochtitlán. Das Kreuz voran trug
1531–1534 auch der Spanier **Pizarro** (um 1475–1541) bei der **Vernichtung der Inka-Kultur** in Peru. Sie war noch weiter entwickelt als die der Azteken und auch weniger barbarisch in Gebräuchen und Behandlung von Unterworfenen, ein ausgebautes Sozialsystem sorgte für Alte und Kranke. Hauptstadt des großen Reiches war Cuzco.

Es folgte eine Zeit der harten Kolonialherrschaft, der durch Ausbeutung, Mißhandlung, Hunger und Krankheiten ganze Völker zum Opfer fielen. Die fehlenden Arbeiter wurden in wachsender Zahl durch Negersklaven aus Afrika ersetzt, und erst im 19. Jh. konnten sie befreit werden. Ihre Nachkommen aber bilden überall weiterhin die verelendete Unterschicht.

Eine Neue Welt erschloß
1517 auch **Martin Luther** (1483–1546) mit seinem Thesenanschlag (oder Flugblatt) in Wittenberg. Er hatte als Augustinermönch lange mit der Frage gerungen: »Wie bekomme ich einen gnädigen Gott?« und die Antwort bei Paulus gefunden: »Nicht durch des Gesetzes Werke, allein durch den Glauben!« Er wandte sich daher v.a. gegen den schamlosen Ablaßhandel (Freikauf von Sünden), die auch dadurch geförderte Sittenlosigkeit des Klerus (man konnte sich ja Ablaß verschaffen), den weltlichen Machtanspruch der Kurie und des Papstes. Diese Attacke traf die Amtskirche an der empfindlichsten Stelle, aber dank des seit etwa 1450 durch Gutenberg verbreiteten Buchdrucks auch auf ungeheure Resonanz in der Öffentlichkeit. Statt Reformbereitschaft zu zeigen, forderte die Kirche die Rücknahme der Vorwürfe, doch
1518 verweigerte Luther den Widerruf vor Kardinal Cajetan, verbrannte die nachfolgende päpstliche Bannbulle öffentlich und wurde
1521 auf den **Reichstag zu Worms** geladen. Er blieb standhaft (»Hier stehe ich, ich kann nicht anders«), so daß die Reichsacht über ihn verhängt wurde. Doch sein Landesherr Friedrich der Weise ließ Luther in der Wartburg in Sicherheit bringen, wo er
1521/22 das Neue Testament (bis 1536 auch

143

WELTGESCHICHTE

das Alte) in ein unübertrefflich bildhaftes, vitales Deutsch, Grundlage unserer Schriftsprache, übersetzte.

Römisch-deutscher König und Kaiser in dieser Zeit war

1519 – 1556 Karl V., der sich in der antikmittelalterlichen Tradition sah und daher die drohende Spaltung der Kirche mit tiefer Sorge beobachtete. Er ließ sich auf das Neue gar nicht ein, sondern verurteilte es als Ketzerei, wie er die Türken als Glaubensfeinde bekämpfte. Bei seiner Wahl hatte er nur dank großzügiger »Spenden« des Handelshauses der Fugger Franz I. von Frankreich verdrängen können, der nun sein großer Gegner wurde.

1521 begann der **erste Krieg gegen Frankreich** um Oberitalien, das

1525 durch den Sieg in der **Schlacht bei Pavia** von Karl behauptet werden konnte. Aber auch im Innern des Reiches gärte es, Not und Rechtlosigkeit trieben die Bauern – v.a. in Schwaben und Franken – zum Aufstand. Luthers Lehre von der »Freiheit eines Christenmenschen«, die der Reformator rein religiös verstand, war das Fanal für den Kampf gegen die Adelswillkür. Luther machte entschieden Front gegen diese Auslegung, während radikalere Reformer wie Thomas Müntzer den

1525 losbrechenden **deutschen Bauernkrieg** unterstützten. Nach anfänglichen Erfolgen aber erlitten die ungeschulten Bauernheere unter Führern wie Florian Geyer und Götz von Berlichingen schwere Niederlagen. Der Aufstand wurde im Blut erstickt. Karl V. wandte sich wieder nach außen und konnte

1526 – 1529 im **zweiten Krieg gegen Franz I.** dessen Verzicht auf Italien erzwingen und

1529 die **Türken vor Wien** schlagen. Kompromisse mit den Lutheranern waren daher nicht mehr unumgänglich, so daß

1529 auf dem zweiten **Reichstag zu Speyer** die bisherige Praxis, den Landesherren die Handhabung der lutherischen Lehre zu überlassen, widerrufen wurde. Wegen ihres Protestes dagegen nannte man die evangelischen Stände daraufhin oft auch Protestanten, die

1530 auf dem **Reichstag zu Augsburg** durch Melanchton (1497 – 1560) die Augsburgische Konfession, Grundlage des Luthertums, darlegten.

1531 vereinigten sie sich im **Schmalkaldischen Bund** und konnten dank erneuter Türkengefahr das Zugeständnis freier Religionsausübung erkämpfen. Luther entfaltete eine rege Lehrtätigkeit und formte den evangelischen Gottesdienst, in dessen Zentrum er die Predigt und das Kirchenlied (Choral) stellte. Er selbst schrieb Lieder, die bis heute nichts von ihrer Wucht und Innigkeit verloren haben.

Auch anderenorts bröckelte die kirchliche Einheit:

1541 begann der Franzose **Johann Calvin** (1509 – 1564) seine Lehrtätigkeit in Genf. In noch radikalerer Abkehr vom Überkommenen entwickelte er seine Prädestinationslehre, nach der Erlösung und Verdammnis vorherbestimmt sind, irdischer Erfolg aber ein Zeichen für göttliche Gnade ist. Diese Lehre wurde zu einer Art Geburtsurkunde des Kapitalismus.

In England hingegen war der Sieg der Reformation Ergebnis einer Fehde zwischen Monarch und Papst, der einer Scheidung Heinrichs VIII. (König 1509 – 1547) nicht zustimmen wollte. Es kam daher

1534 zum **Bruch mit Rom** und zur Gründung einer eigenen englischen, der anglikanischen Kirche.

Im Mutterland der Reformation hatte sich der Konflikt zwischen Protestanten und Kaiser wieder zugespitzt, da Karl V. nach zwei weiteren Kriegen gegen Franz I. nun freie Hand hatte.

1546/47 tobte der **Schmalkaldische Krieg**, in dem der Kaiser siegreich blieb (Schlacht bei Mühlberg), doch schließlich nicht mehr erreichen konnte als den

1555 abgeschlossenen **Augsburger Religionsfrieden.** Er verschaffte den Protestanten die Gleichberechtigung und regelte die Konfession je nach Bekenntnis des Landesherrn (»Cuius regio, eius religio«).

1556 dankte Karl V. ab und starb zwei Jahre später. Er hatte ein Reich beherrscht, in dem »die Sonne nicht unterging«, doch der Stern des Kaisertums war trotz der überragenden Herrschergestalt gesunken. Es kam zur Reichsteilung: Spanien, Kolonien, Burgund, Niederlande, Mailand, Neapel an den Sohn Philipp II. (1556 – 1598), Reich und Kaiserwürde an den Bruder Ferdinand I. (1556 – 1564), der schon seit 1521 die deutschen Erblande der Habsburger regiert hatte.

Glaubenskämpfe

Die katholische Kirche hatte begreifen müssen, daß die Reformation nicht durch staatliche oder gar militärische Machtmittel rückgängig zu machen war.

1545–1563 suchte man daher auf dem **Konzil von Trient** nach einer Neuformulierung der katholischen Lehre gegen die Protestanten und nach einer inneren Erneuerung. Damit wurde die Gegenreformation eingeleitet, eine propagandistische und theologische Offensive, getragen u.a. vom

1534 gegründeten Jesuitenorden des Ignatius von Loyola. Die Basis der Bewegung lag in Spanien, wo der lange Kampf um Rückgewinnung (Reconquista) des Landes gegen die mohammedanischen Mauren die Kirchenbindung – unter Mithilfe der Inquisition – besonders gefestigt hatte. Dieses so katholische Spanien war Herr auch über die Niederlande, wo die Reformation in weiten Teilen der Bevölkerung Fuß gefaßt hatte. Der

1568 – 1581 ausgetragene **Kampf um die spanischen Niederlande** war damit vorgezeichnet und wurde entsprechend hart geführt. Der Statthalter Herzog Alba ließ die Anführer der Autonomiebewegung, die Grafen Egmont und Hoorn, sowie Tausende ihrer Anhänger hinrichten.

1579 bildete sich daher die **Utrechter Union** der sieben niederländischen Nordprovinzen, die sich

1581 unter **Wilhelm von Nassau-Oranien** von Spanien lossagten, das aber erst 1648 die Unabhängigkeit anerkannte.

Auch in Frankreich wurden die Protestanten (Hugenotten) als Störenfriede und Feinde der Krone verfolgt.

1572 ließ Königin Katharina von Medici in der **Bartholomäusnacht** (23./24.8.) ein Blutbad unter ihnen anrichten, bei dem 20 000 Hugenotten mit ihrem Anführer Admiral Coligny ermordet wurden. Erst

1589 – 1610 unter **Heinrich IV.**, dem ersten Bourbonen auf dem französischen Thron, setzte

1598 mit dem **Edikt von Nantes** eine gewisse Duldung ein.

Die Lösung von Rom war in England, nicht aber in Schottland durchgesetzt worden. Die

1558 – 1603 regierende **Elisabeth I.**, Tochter Heinrichs VIII. und der von ihrem Ehemann aufs Schafott gebrachten Anna Boleyn, bekam das in den Thronansprü-

LUTHERS LEHREN verstanden die Bauern ganz irdisch. Ihr Freiheitskampf aber endete blutig (kolorierter Holzschnitt).

WELTGESCHICHTE

chen der schottischen Königin Maria Stuart zu spüren, die sie inhaftieren ließ. Nach 19 Jahren übergab sie
- **1587 Maria Stuart dem Henker.** Dabei war Elisabeth selbst zunächst mit dem katholischen Spanien unter Philipp II. verbündet gewesen, ehe es wegen der Rivalität zur See und wegen kolonialer Vorstöße der Briten – z.B.
- **1584 Gründung der Kolonie Virginia,** so genannt nach der »jungfräulichen Königin«, durch Walter Raleigh – zum Konflikt und
- **1588** zur **Vernichtung der spanischen Armada** kam, womit der Niedergang der spanischen Seemacht und der Aufstieg der britischen begann.
- **1600** wurde die **Ostindische Kompanie** gegründet, die bald den Handel nach Nah- und Fernost beherrschte. Er ließ den Reichtum und die Bedeutung von Kleinadel und Bürgertum wachsen, während der Hochadel an Bedeutung verlor.

Neben Schottland war auch Irland katholisch geblieben, und Elisabeth rührte nicht direkt daran, um die Rechte der Krone nicht zu gefährden. Immerhin ließ sie Protestanten im Norden der Insel siedeln und legte damit den Grund für den bis heute schwelenden Nordirlandkrieg.

Kulturell steht für das Elisabethanische Zeitalter der Name **William Shakespeare** (1564–1616), dessen geniale Dramen die Theater der Welt bis auf den heutigen Tag prägen.

Nach relativ ruhigen Jahrzehnten verstärkten sich zu Beginn des 17. Jh. auch in Deutschland wieder die konfessionellen Spannungen unter dem Bemühen der herrschenden Habsburger, ihrer Territorial- und Reichsgewalt wieder mehr Gewicht zu verschaffen. Dagegen bildete sich
- **1608** die **protestantische Union,** und wiederum als Antwort
- **1609** die **Katholische Liga.** Um die Lage zu entspannen, gewährte Rudolph II. (1576–1612) den Böhmen Religionsfreiheit (»Majestätsbrief«). Doch der Nachfolger hielt sich nicht daran, sondern übte durch Gesandte katholischen Druck aus.
- **1618** wurden sie daher beim **Prager Fenstersturz** kurzerhand an die Luft gesetzt, was
- **1618–1648** den **Dreißigjährigen Krieg** auslöste. Dieser schier unendliche Waffengang, der das Reich zum Kriegsschauplatz machte und gründlich verwüstete, kostete fast ein Drittel der Deutschen das Leben. Zu unterscheiden sind mehrere Phasen:
- **1618–1623 Böhmisch-pfälzischer Krieg:** Mit dem entscheidenden Sieg
- **1620 am Weißen Berg** konnte die Liga unter dem Feldherrn Tilly die Oberhand gewinnen und die Rekatholisierung ganz Böhmens durchsetzen. Im
- **1625–1629** ausgetragenen **Dänisch-niedersächsischen Krieg** erhielt Tilly durch Wallenstein (1583–1634), den wohl bedeutendsten Heerführer der Zeit, Unterstützung. Er stellte ein eigenes Söldnerheer ins Feld und erkämpfte den Kaiserlichen die Vorherrschaft im Reich, bis
- **1630–1635** im **Schwedischen Krieg** König

DIE INQUISITION erhielt durch die Reformation Auftrieb. Im Schnellverfahren wurden »Ketzer« abgeurteilt (oben). Das vertiefte den Graben zwischen den Konfessionen, so daß sich der Konflikt, bei dem es natürlich auch um Machtpositionen ging, im Dreißigjährigen Krieg entlud. Erst nach fast völliger Verwüstung des Kriegsschauplatzes Deutschland einigten sich die erschöpften Parteien auf den Westfälischen Frieden und beeideten ihn im Rathaus von Münster (rechts).

WELTGESCHICHTE

Gustav II. Adolf zugunsten der Protestanten eingriff und

1632 in der **Schlacht bei Lützen** die Wende einleitete, wobei er allerdings selbst fiel. Wallenstein sah die Möglichkeit zum Arrangement mit den Schweden und streckte Verhandlungsfühler aus. Der Wiener Hof fühlte sich hintergangen und ließ

1634 Wallenstein ermorden. Daß hinter dem Ringen mehr als religiöse Fragen standen, zeigte

1635–1648 der **Französische Krieg**, als Kardinal Richelieu (1585–1642), Frankreichs leitender Minister seit 1624, sich mit den Schweden gegen Habsburg verbündete. Eine Entscheidung aber gelang nicht mehr, allgemeine Erschöpfung machte sich breit, von der der

1640–1688 regierende **Friedrich Wilhelm der Große Kurfürst** und sein aufstrebendes Brandenburg profitierten und die

1648 zum **Westfälischen Frieden** in Osnabrück führte: Bestätigung des Augsburger Religionsfriedens, zahlreiche territoriale Änderungen wie Gewinn Vorpommerns durch Schweden, Hinterpommerns durch Brandenburg; Metz, Toul und Verdun endgültig an Frankreich; Schweiz und Niederlande als selbständige Staaten anerkannt; Souveränität der deutschen Einzelstaaten, dadurch Zersplitterung des Reiches und Entmachtung der Zentralgewalt.

Während sich auf dem Kontinent die Mächte zerfleischten, geriet auch England in eine Krise. Der seit

1625 regierende **Karl I.**, Enkel Maria Stuarts, war wegen seiner Politik der Rekatholisierung in Konflikt mit den Anglikanern geraten und hatte viele Calvinisten (Puritaner) außer Landes getrieben. Auch das Parlament brachte er gegen sich auf und unterlag ihm im

1642–1646 ausgefochtenen **Bürgerkrieg.** Der mit seinen »Eisenseiten« in mehreren Schlachten (u.a. Marston Moor 1644, Naseby 1645) siegreiche Oliver Cromwell (1599–1658) ließ

1649 Karl I. hinrichten, schaffte die Monarchie ab und errichtete als Diktator (Lordprotektor)

1649–1660 eine **englische Republik.** Das Parlament wurde ausgeschaltet, das öffentliche Leben streng puritanisch reglementiert, einen irischen Aufstand schlug der fromme Herrscher brutal nieder, und schuf durch Siege zur See über Niederländer und Spanier die Grundlagen britischer Weltmacht. Den ihm angetragenen Königstitel lehnte er ab.

1660 wurde die **Monarchie wiederhergestellt** unter dem bis

1685 regierenden Karl II. Im Parlament kam es zur Bildung der beiden Fraktionen der königstreuen Tories (später Konservative) und der Whigs (später Liberale).

WELTGESCHICHTE

Absolutismus

Während sich in England der Parlamentarismus herausbildete, stand Frankreich für die Gegenbewegung hin zum Absolutismus, der

1643–1715 in der Herrschaft **Ludwigs XIV.**, des »Sonnenkönigs«, gipfelte. Vorbereitet hatten die Entwicklung Kardinal Richelieu unter Ludwig XIII. (1610–1643) und

1643–1661 Kardinal Mazarin, der bis zur Mündigkeit des Königs die Geschäfte führte und

1648–1653 die Fronde, ein Bündnis der Adelsopposition, ausschalten konnte. Ludwigs Herrschaft wurde in ganz Europa stilbildend: ausgeklügeltes Hofzeremoniell, Prachtbauten wie das Barockschloß Versailles, prunkvolle Feste und Entwicklung einer Galanterie-Kultur. Unterstützt von den Meisterwerken der französischen Klassik, insbesondere der Dramen (Corneille, Racine, Molière), wurde Französisch zur Sprache der Gebildeten und des Adels v.a. in Deutschland. Diese Blüte war auch einer neuen erfolgreichen Wirtschaftsdoktrin, dem Merkantilismus, zu danken, den Ludwigs Minister Jean-Baptiste Colbert (1619–1683) entwickelte: Ankurbelung des Exports von Manufakturwaren und des Imports von Rohstoffen zur Erzielung von Überschüssen und Belebung der eigenen Wirtschaft. Der Erfolg erlaubte auch vermehrte Rüstung und den von Vauban vorangetriebenen Festungsbau. Doch das weckte die außenpolitische Begehrlichkeit des Königs:

1672–1678 führte er **Krieg gegen Holland** und erzielte territoriale Erfolge im Frieden von Nimwegen;

1681 Besetzung Straßburgs und Annexion des Elsaß aufgrund spitzfindiger Ansprüche (Reunionen). Das Reich vermochte dem wegen wachsender Türkengefahr wenig entgegenzusetzen und erst nach dem

1683 erfochtenen **Sieg über die Türken vor Wien** wurden wieder Kräfte frei. Ludwig XIV. stärkte zunächst seine innere Position

1685 durch die **Aufhebung des Edikts von Nantes,** was die Hugenotten rechtlos stellte und außer Landes trieb. Viele siedelten später in Brandenburg, das so wichtiges Know-how gewann. Dieser Opposition ledig, setzte Ludwig seine Truppen unter den fähigen Feldherrn Turenne und Condé

1688–1697 im **Pfälzischen Erbfolgekrieg** ein, verwüstete die Pfalz (Zerstörung u.a. des Heidelberger Schlosses) und brachte eine große europäische Koalition gegen sich auf, angeführt von dem

1689 nach der **Glorious Revolution** zum englischen König gekrönten **Wilhelm III. von Oranien.** Er schlug die Franzosen

1692 bei **La Hogue** zur See entscheidend und dämpfte die Hegemonialbestrebungen Ludwigs XIV., der

1701–1714 im **Spanischen Erbfolgekrieg** noch einmal den großen Sieg anstrebte. Doch die militärischen Abenteuer hatten selbst die starke französische Wirtschaft überfordert und zudem die Gegner geeint: England, Habsburg, Preußen wiesen Ludwig XIV. in die Schranken. Er siegte zwar

1703 bei **Höchstädt** über die Kaiserlichen, wurde aber an gleicher Stelle im Jahr darauf vom britischen Strategen Marlborough und dem Prinzen Eugen (1663–1736), dem »edlen Ritter«, geschlagen. Der Prinz, der schon zuvor durch Siege über die Türken bei Mohacz (1687) und Zenta (1697) seinen Ruhm begründet hatte, wurde zur überragenden Feldherrenfigur. Nach weiteren Siegen wie

1709 bei **Malplaquet** kam es 1713/14 zu Friedensschlüssen, die u.a. Österreich den Besitz der spanischen Niederlande und Großbritannien Gewinne in Übersee brachten. Prinz Eugen nahm die Türkenkriege wieder auf und schob

1717 mit der **Eroberung Belgrads** die habsburgische Macht auch nach Südosten vor.

Fast unbemerkt war im Osten eine neue Großmacht herangewachsen: Rußland. In den 350 Jahren seit Iwan I. hatte es sich bis zum Pazifik ausgedehnt und war wegen dieser Ostorientierung in Europa wenig beachtet worden. Das änderte sich

1689–1725 mit Zar **Peter dem Großen,** der in Westeuropa gelernt hatte,

1703 mit **Petersburg** eine neue, nach westlichen Maßstäben entworfene Hauptstadt gründete und seinem Land einen harten Reformkurs verordnete. Auch militärisch hatte er vom Westen gelernt, was

1700–1721 im **Nordischen Krieg** deutlich wurde. Schweden nämlich, die nordische Vormacht, sah das russische Erstarken mit Sorge. Der

1697–1718 regierende **König Karl XII.** versuchte mit einem abenteuerlichen Kriegszug diese Entwicklung aufzuhalten, wurde aber

1709 bei **Poltawa** von den Russen geschlagen, die sich auch behaupteten, als die Türken den schwedischen Angriff unterstützten. Karelien und das nördliche Baltikum gerieten unter russische Herrschaft, Schweden hatte als Großmacht abgedankt.

Die Entwicklung hatte sich schon abgezeichnet, als der Große Kurfürst 1675 ein schwedisches Heer bei Fehrbellin besiegte und den Aufstieg Preußens, das ja kein Land des Reiches, aber mit Brandenburg in Personalunion verbunden war, unterstrich. Sein Sohn wurde

1701 als **Friedrich I.** König »in« Preußen, der

1713–1740 nachfolgende **Friedrich Wilhelm I.** ging als »Soldatenkönig« in die Geschichte ein. Er war der Schöpfer des effizienten preußischen Staates, der sich auf eine disziplinierte Armee und ein loyales Beamtentum stützte. Seine »langen Kerls« aber, angeworben mit oft fragwürdigen Methoden, setzte der friedfertige, spartanisch lebende König mit dem militärischen Beinamen nicht ein und hielt seinen hart erzogenen Sohn Friedrich (1730 mißglückter Fluchtversuch, Hinrichtung des Freundes Hans Hermann von Katte) im Testament – vergeblich – zur Bewahrung des Friedens an. Der 1712 geborene kunstsinnige Kronprinz, der

1740–1786 Preußen zur Großmacht führte und schon zu Lebzeiten als **Friedrich II. der Große** oder volkstümlich als »Der Alte Fritz« verehrt wurde, erwies sich als tatkräftiger, ja kühner Herrscher. Die geerbte Militärmaschine setzte er bedenkenlos

1740–1742 im **1. Schlesischen Krieg** ein und annektierte die österreichische Provinz aufgrund fadenscheiniger Erbansprüche.

1744/45 verteidigte er sie im **2. Schlesischen Krieg** (u.a. Sieg bei Hohenfriedberg) erfolgreich, da der Gegner

PRÄGENDE GESTALTEN des 18. Jh.: Türkenbezwinger Prinz Eugen, »der edle Ritter« (linke Seite oben); der strenge, aber friedfertige »Soldatenkönig« Friedrich Wilhelm I. »in« Preußen (oben); die kinderreiche Maria Theresia (linke Seite unten), Königin von Österreich und Ungarn und als Ehefrau Franz' I. deutsche Kaiserin.

147

WELTGESCHICHTE

1740–1748 in den **Österreichischen Erbfolgekrieg** verstrickt war. Er resultierte aus der Tatsache, daß in Österreich eine Frau, die

1740–1780 regierende **Maria Theresia,** auf den Thron gekommen war, die mancher leicht überspielen zu können glaubte. Die Mutter von 16 Kindern aber, verheiratet mit dem

1745–1765 als deutscher Kaiser amtierenden **Franz I.,** Herzog von Lothringen (seitdem Haus Habsburg-Lothringen), erwies sich als energische und weitschauende Politikerin, die nur in Friedrich II. ihren Meister fand. Als sie

1756–1763 im **Siebenjährigen Krieg,** gestützt auf ein Bündnis mit Frankreich und Rußland, Schlesien zurückzugewinnen versuchte, scheiterte sie am Feldherrengenie und politischen Glück des Gegners. Nach großen preußischen Siegen wie

1757 bei **Leuthen** durch Generäle wie Zieten oder Seydlitz und schweren Niederlagen wie

1759 bei **Kunersdorf** rettete

1762 der **Tod der Zarin Elisabeth** den Preußenkönig, da der nachfolgende Friedrich-Bewunderer Peter III. und seine

1762–1796 herrschende Frau **Katharina die Große,** die den Ehemann ermorden ließ, aus der gegnerischen Front ausscherten. Friedrich aber griff nie wieder zu den Waffen, sondern wandte seine ganze Aufmerksamkeit dem Wiederaufbau zu. Preußen, das

1772 bei der **1. Polnischen Teilung** Westpreußen gewann, wurde auch wirtschaftlich zu einer Großmacht und profitierte kulturell vom »aufgeklärten Absolutismus« des Königs. Er betrachtete sich als »ersten Diener des Staates«, gewährte Presse- und Konfessionsfreiheit und war mit seiner Tafelrunde im neuen Schloß Sanssouci in Potsdam, wo er zeitweilig den führenden französischen Philosophen Voltaire aufnahm, ein Vorbild für die Pflege von Kunst und Wissenschaft.

England hatte sich auf dem Kontinent auf seiten Preußens engagiert, um französische Kräfte zu binden und in Übersee leichteres Spiel zu haben.

1763 wurde **Kanada englisch,** dazu Louisiana östlich des Mississippi.

1757–1784 gewann England die **Kontrolle über Vorderindien.** Das seit 1550 dort herrschende Mogulreich zerfiel, die Ostindische Kompanie konnte Handelsstützpunkte u.a. in Bombay und Kalkutta errichten.

1788 wuchs das Empire durch **Gründung einer Strafkolonie in Australien.** Dahinter aber steckte ein Verlust: Nordamerika fiel weitgehend als Verbannungsort für Sträflinge aus, denn die Neuenglandstaaten hatten sich gegen die britische Ausbeutung aufgelehnt und

1773 bei der **Boston Tea Party** (Vernichtung von besteuertem Tee) den Kampf gegen das Mutterland begonnen. Nach ersten Gefechten mit britischen Truppen, kam es

1776 am 4. Juli zur **Unabhängigkeitserklärung** von 13 Kolonien, dem Kern der späteren Vereinigten Staaten. Seit 1778 von Frankreich unterstützt und gedrillt von General Steuben, einem ehemaligen preußischen Offizier, gelang den Rebellen nach schweren Schlappen

1781 der Sieg bei Yorktown, dem

1783 der Friede von Paris folgte. Die USA entstanden und gaben sich

1789 eine **Verfassung,** maßgeblich formuliert u.a. von James Madison, Benjamin Franklin und Alexander Hamilton, auf der Grundlage der Menschenrechte. Erster Präsident und Oberbefehlshaber der Streitkräfte war

1789–1797 George Washington (1732–1799), der mit seiner pflicht- und rechtsbewußten Amtsführung die Demokratie im Volk verankerte.

In der Neuen Welt hatte sich damit ein Modell durchgesetzt, das gedanklich im Europa der Aufklärung durch Philosophen wie Montesquieu, Rousseau, Voltaire und den Deutschen Immanuel Kant vorbereitet worden war. Politisch

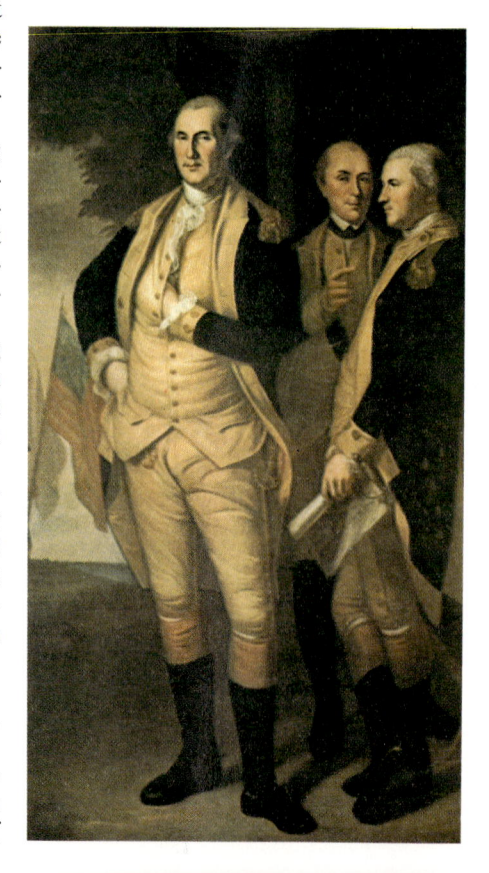

MIT WAFFENGEWALT brach sich das Neue Bahn. George Washington (oben) vertrieb die Briten aus den Neuenglandstaaten und wurde Begründer der USA. Napoleon wehrte als Erster Konsul den Angriff der Kronen auf das revolutionäre Frankreich ab (rechts: Kampf gegen russische Truppen am St. Gotthard 1799).

WELTGESCHICHTE

war es in Ansätzen im preußischen Rechtsstaat Friedrichs des Großen sichtbar geworden, doch der Durchbruch stand noch aus. Der Absolutismus entfaltete noch einmal eine Spätblüte.

Kulturell zeigte sich dies seit etwa 1730 im Wandel vom lebensprallen und sinnenfreudigen Barock, dem katholischen Konzept gegen die protestantische Strenge, zum verspielten, artifiziellen Rokoko. Aber auch das Neue kündigte sich bereits an, etwa in der beginnenden Klassik mit ihrem Rückgriff auf das Menschenbild der Antike und ihrer Betonung des Individuums (Deutschland) oder in der einsetzenden technischen Revolution mit Dampfmaschine und mechanischem Webstuhl (England).

NAPOLEONS EROBERUNGEN weckten das Nationalgefühl der Besiegten. Vor allem die Niederwerfung Preußens, gefeiert mit einer Parade durch das Brandenburger Tor am 27. Oktober 1806, wurde ein heilsamer Schock für die Deutschen. Das Trennende verblaßte angesichts der Fremdherrschaft.

Das bürgerliche Zeitalter

Träger von Kultur und Fortschritt waren längst nicht mehr Adel oder Klerus, sondern eine nach Einfluß und Wohlstand strebende Mittelschicht. Dem standen die feudalen Standesschranken und Privilegien entgegen, die bei wachsender Verschwendungssucht der Fürsten zu unerträglicher Steuerlast führten. Der Unmut entlud sich zuerst in Frankreich, wo das Ancien Régime, seit

1774 unter **Ludwig XVI.** die Staatsfinanzen zerrüttet hatte, so daß der König erstmals nach 1614

1789 die **Generalstände** einberufen mußte. Der Dritte Stand (Bourgeoisie), Opfer der Adelswillkür und als einziger steuerpflichtig, erklärte sich zur **Nationalversammlung** (Constituante), die durch Beitritt von Mitgliedern der anderen Stände das Gesetz des Handelns an sich riß, geführt von Männern wie Mirabeau, Sieyès, Lafayette. Am

14. Juli 1789 kam es zum **Sturm auf die Bastille,** das Stadtgefängnis von Paris, der den König zur Anerkennung der Nationalversammlung zwang. Sie verkündete am

26. August 1789 die **Menschenrechte,** die bis

1791 Frankreich zur konstitutionellen Monarchie machten. Im gesetzgebenden Einkammersystem blieb dem König nur noch ein aufschiebendes Veto. Er versuchte, sich ins Ausland abzusetzen, wurde aber gefaßt und mußte

1792 den **Krieg gegen Österreich** erklären, aus dem

1792–1797 der **1. Koalitionskrieg** wurde. Preußen hatte sich mit Österreich gegen das revolutionäre Frankreich verbündet, das nach der unentschiedenen Kanonade von Valmy (20.9.1792), die Goethe miterlebte, das linke Rheinufer gewann. In Paris beschleunigte sich unterdessen der revolutionäre Prozeß durch die radikalen republikanischen Clubs (Cordeliers, Jakobiner) um Männer wie Danton, Desmoulins, Marat, Robespierre und führte am

21. September 1792 zur **Abschaffung der Monarchie** und zum Prozeß gegen den König und am

21. Januar 1793 zur **Hinrichtung Ludwigs XVI.** (Bürger Capet) durch die Guillotine (Enthauptungsgerät). In Sorge vor einem Export der Revolution schlossen sich nun u.a. England, Spanien, Holland der antifranzösischen Koalition an und drängten die Franzosen zurück, beantwortet von Massenaushebungen (»Levée en masse«) in Frankreich. Dort hatte sich die

1793/94 andauernde **Schreckensherrschaft** (le terreur) des Wohlfahrtsausschusses unter Robespierre etabliert. Ihr fielen neben Tausenden anderen Danton, Königin Marie Antoinette (16.10.1793) und schließlich Robespierre selbst (28.7.1794, 8. Thermidor des Revolutionskalenders) zum Opfer.

1795–1797 regierte ein fünfköpfiges **Direktorium** und leitete eine Liberalisierung ein. Mit einem kühnen Feldzug gegen die Österreicher in Oberitalien konnte der junge General Napoleon Bonaparte (geboren 1769 im korsischen Ajaccio) die feindliche Koalition überrumpeln und

1797 im **Frieden von Campoformio** wieder das linke Rheinufer für Frankreich sichern. Sein folgender Schlag gegen die britische Position in Ägypten scheiterte zwar

1798 in der **Seeschlacht bei Abukir,** doch gelang Napoleon bei Rückkehr der Sturz des Direktoriums und am

9. November 1799 (18. Brumaire des Revolutionskalenders) die (Selbst-)Ernennung zum **1. Konsul** (auf 10 Jahre, später auf Lebenszeit). Er sah sich einer neuen Koalition, dieses Mal ohne Preußen, dafür aber mit Rußland,

1799–1802 im **2. Koalitionskrieg** gegenüber, siegte aber (u.a. bei Marengo, Hohenlinden) und erreichte einen vorteilhaften Frieden. Mit einer Rechts- (Code Civil) und Verwaltungsreform sicherte der Diktator den Zentralismus und mit dem

1803 verfügten **Reichsdeputationshauptschluß** seine linksrheinischen Gewinne: Er entschädigte die deutschen Fürsten durch die Enteignung (Säkularisation) geistlicher Herrschaften und Kleinstaaten. Nach Plebiszit wurde

1804–1814/15 Napoleon I. Kaiser der Franzosen und krönte sich selbst im Beisein des Papstes. Die dynamische Persönlichkeit des Korsen dominierte im folgenden Jahrzehnt in Europa, schuf Staaten, vernichtete andere und brachte mit den französischen Armeen die Gedanken der Revolution in alle Länder. Napoleons kühne Visionen eines Empire nach Vorbild des Römischen Rei-

149

WELTGESCHICHTE

ches, eines französischen Europas, aber hatten einen Zug ins Maßlose, Wahnhafte, an dem der Eroberer scheitern sollte.

1805 begann ein **3. Koalitionskrieg** gegen England, Schweden, Rußland und Österreich. Er brachte eine schwere Niederlage zur See gegen die Briten unter Nelson (gefallen) bei **Trafalgar,** aber einen Triumph zu Lande in der »Dreikaiserschlacht« bei Austerlitz, der die Gegner zum Frieden zwang. Das Heilige Römische Reich Deutscher Nation löste sich nach fast tausend Jahren 1806 auf, nachdem sich Kaiser Franz II. schon 1804 als Franz I. zum Kaiser von Österreich gemacht hatte.

1806 folgte die **Katastrophe Preußens,** das allein den Kampf gegen Napoleon aufgenommen hatte und nach der Niederlage von **Jena und Auerstedt** kapitulieren mußte. Napoleon kontrollierte nun mit dem zuvor gegründeten **Rheinbund** ganz Deutschland. Mit Rußland verband er sich nach dem

1807 geschlossenen **Frieden von Tilsit** in einem Bündnis. Den letzten Gegner, England, versuchte Napoleon durch eine **Kontinentalsperre** für britische Waren in die Knie zu zwingen, schadete dem Kontinent aber mehr. Während

1808 Reformen in Preußen, politisch unter Stein und Hardenberg (u.a. Bauernbefreiung), militärisch unter Scharnhorst und Gneisenau (u.a. allgemeine Wehrpflicht), begannen, stand Napoleon auf dem Gipfel seiner Macht, die er auf dem **Erfurter Fürstentag** (u.a. Begegnung mit Goethe) demonstrierte. Doch die Gegenkräfte meldeten sich bereits: Aufstände in Spanien, Preußen (Schill 1809 gefallen) und Tirol (Andreas Hofer 1810 erschossen). Und Rußland verweigerte sich der Kontinentalsperre. Nach dem

1809 gewonnenen **Krieg gegen Österreich** (Schlachten u.a. bei Aspern und Wagram) und der

1810 erzwungenen **Vermählung mit Marie Luise,** Tochter Kaiser Franz' I., entschloß sich Napoleon

1812 zum **Einfall in Rußland** mit der Grande Armée, deren 600 000 Mann zum großen Teil von deutschen Verbündeten gestellt wurden. Sie wurde nach Erreichen Moskaus, das die Russen in Brand steckten, von »General Winter« geschlagen. Die Unterworfenen erhoben sich

1813/14 in den **Befreiungskriegen** und besiegten Napoleon Mitte Oktober

1813 in der **Völkerschlacht bei Leipzig.** Napoleon dankte ab (30.3.1814), kam noch einmal von seinem Verbannungsort Elba zurück (»100-Tage-Herrschaft«) und wurde

1815 nach seiner **Niederlage bei Waterloo** auf die Atlantikinsel Sankt Helena verbannt, wo er 1821 starb.

1814/15 wurde auf dem **Wiener Kongreß** unter Führung des österreichischen Staatskanzlers Metternich (1773–1859) eine Neuordnung Europas entworfen: Sie leitete eine

1815–1848 andauernde Phase der **Restauration** ein durch Bestätigung des monarchischen »Legitimitätsprinzips«, Wiedereinsetzung der Bourbonen unter Ludwig XVIII. in Frankreich, Bildung der »Heiligen Allianz« der Herrscher Rußlands, Preußens und Österreichs, Ersetzung des Deutschen Reiches durch den von Preußen und Österreich dominierten Deutschen Bund mit Bundestag in Frankfurt. Scharfe Pressezensur (1819 Karlsbader Beschlüsse) und Unterdrückung von Gegenmeinung mit polizeistaatlichen Mitteln (»Demagogenverfolgung«) sorgten für politische Kirchhofsruhe. Ganz aber ließ sich die Opposition nicht mundtot machen:

1817 auf dem **Wartburgfest** (300 Jahrfeier der Reformation Luthers) und

1832 beim **Hambacher Fest** wurden unüberhörbar Forderungen nach liberalen und demokratischen Reformen laut. Doch noch blieb dies folgenlos. Viele Enttäuschte und in der beginnenden industriellen Revolution in Not geratene Menschen wanderten aus.

Der Freiheitsgedanke brach sich zunächst als antikoloniale Bewegung Bahn:

1821–1829 zog der **Freiheitskampf der Griechen** gegen die Türken viele europäische Freiwillige an (z.B. den englischen Dichter Lord Byron),

1810–1826 siegte die **Unabhängigkeitsbewegung in Lateinamerika** und warf die spanischen (Simon Bolívar) und portugiesischen Fesseln ab. Bis etwa 1850 wurde der Sklavenhandel abgeschafft (England 1807).

Unterdessen wuchs das soziale Elend in Europa, wo die technische Entwicklung die Lebens- und Arbeitsbedingungen umstürzte: Ausbeutung der in die Städte strömenden Arbeitssuchenden (Frühkapitalismus), Kinderarbeit, Proletarisierung der Bauern, Hungersnöte. Es kam zu Unruhen wie

1844 im **Schlesischen Weberaufstand.** Folgenreicher aber wurden die ideologischen Antworten wie die Entstehung

***NICHT IMMER EIN SEGEN** für alle war die Technik. So drängte die Erschließung Amerikas durch Eisenbahnen die einstigen Besitzer des Kontinents, die Indianer, vollends an den Rand (rechts: amerikanisches Gemälde). Das Zündnadelgewehr, das die preußische Armee zuerst einführte, brachte Tod und Verderben über die Gegner in den Kriegen 1866 und 1870/71 (rechte Seite).*

WELTGESCHICHTE

des Sozialismus und Kommunismus u.a. durch die Lehren der französischen Frühsozialisten und des Philosophen Karl Marx (1818–1883), der

1848 das Kommunistische Manifest zusammen mit Friedrich Engels (1820–1895) formulierte. Im gleichen Jahr erfaßte, ausgehend von Frankreich, wo die Monarchie stürzte, die **Märzrevolution** Deutschland, vertrieb den verhaßten Fürsten Metternich, zwang den bayerischen König Ludwig I. und den österreichischen Kaiser Ferdinand I. zur Abdankung; Nachfolger in Wien wurde

1848–1916 Franz Joseph I. Die Fürsten mußten Pressefreiheit gewähren, allgemeine Wahlen für eine in der Frankfurter Paulskirche tagende Nationalversammlung wurden abgehalten, Aufstände in der Pfalz und in Baden jedoch von preußischem Militär niedergeschlagen. Die Einigung Deutschlands aber scheiterte

1849 an der **Ablehnung der Kaiserkrone** durch den preußischen König Friedrich Wilhelm IV. (1840–1858).

In Frankreich war im Revolutionsjahr

1848 Louis Napoléon Präsident geworden, ein Neffe des legendären Kaisers. Er ließ sich diktatorische Vollmachten übertragen und

1852 als **Napoleon III.** zum Kaiser krönen. Er konnte gemeinsam mit England

1853–1856 im **Krimkrieg** zur Unterstützung der Türken gegen Rußland Frankreich außenpolitisch stärken und

1859 im **Einigungskrieg in Italien** Piemont-Sardinien zum Sieg über Österreich verhelfen. Die Entscheidungsschlacht bei Solferino erlebte auch der Schweizer Kaufmann Henri Dunant mit, der angesichts des Leids der Verwundeten die Idee zur

1863 verwirklichten **Genfer Konvention** entwickelte und das **Rote Kreuz** begründete.

Humanitäre Parolen, nämlich Befreiung der Sklaven, schrieben auch die amerikanischen Nordstaaten unter Präsident Lincoln (1809–1865) auf ihre Fahnen, als sie

1861–1865 die **Sezession der Südstaaten** mit dem Bürgerkrieg beantworteten. Er stellte die Einheit wieder her. Lincoln fiel einem Mordanschlag zum Opfer.

Im England, dessen Empire fast ein Viertel der Erde umfaßte, regierte

1837–1901 Königin Viktoria, seit 1840 verheiratet mit Prinz Albert von Sachsen-Coburg-Gotha (1819–1861), seit 1876 Kaiserin von Indien. Das »Viktorianische Zeitalter« war die Blütezeit des Imperialismus, Englands Wirtschaft dominierte, und die britische Flotte beherrschte die Meere. Im Fernen Osten trat mit dem bisher hermetisch abgeschotteten Japan seit Mitte des Jh. eine neue Macht auf. Frankreich baute sein Kolonialreich in Afrika und Indochina aus. Die »verspätete« deutsche Nation aber suchte noch nach dem gemeinsamen staatlichen Dach. Es wurde schließlich von Preußen errichtet, wo

1858–1888 Wilhelm I. regierte. Er sah sich erheblichen Problemen mit dem Abgeordnetenhaus (u.a. wegen der Heeresreform) gegenüber und berief

1862 Otto von Bismarck (geboren 1815) zum Ministerpräsidenten. Der hochkonservative Monarchist wußte, daß man dem Volk die demokratischen Freiheiten nur vorenthalten konnte, wenn es die Einheit erhielt. Sie aber war für ihn nur in der »kleindeutschen Lösung« gegen Österreich zu verwirklichen. Mit ihm verbündete sich Bismarck zunächst

1864 im **Krieg gegen Dänemark** zur Gewinnung Schleswig-Holsteins, dessen folgende gemeinsame Verwaltung aber den Gegensatz Wien-Berlin wieder aufbrechen ließ. Im unpopulären Bruderkrieg gewann Bismarck

1866 nach dem **Sieg bei Königgrätz** und dem den Militärs abgetrotzten maßvollen Frieden von Prag für Preußen Hannover, Schleswig-Holstein, Kurhessen, Nassau, Frankfurt und mit dem schonend behandelten Verlierer einen künftigen Bundesgenossen.

1867 bildete sich mit dem **Norddeutschen Bund** die Keimzelle und das politische Modell des kommenden Deutschen Reiches. Frankreichs Versuche, Preußens Aufstieg zu bremsen, führten nach dem Streit um die spanische Thronkandidatur eines Hohenzollern zur von Bismarck provozierten (Emser Depesche) Kriegserklärung Napoleons III. und

1870 zum **Deutsch-Französischen Krieg,** denn dem Feldzug Preußens unter Moltke (1800–1891) schlossen sich auch die süddeutschen Länder an. Nach großen Siegen (u.a. Sedan 2.9.1870) und Gefangennahme Napoleons wurde Frankreich Republik und Deutschland durch die am

WELTGESCHICHTE

- **18. Januar 1871** in Versailles erfolgte **Proklamation Wilhelms I. zum Deutschen Kaiser** ein unter preußischer Führung geeintes Kaiserreich.
- **1871–1890** war **Bismarck erster Reichskanzler.** Er sah nach dem Frieden mit Frankreich und der nur zögernd von ihm gebilligten Einverleibung von Elsaß-Lothringen Deutschland als »saturiert« an und verwandte seine ganze überragende Staatskunst zur Sicherung des Erreichten. Ein ausgeklügeltes Bündnissystem und die Rolle des »ehrlichen Maklers« auf dem
- **1878** abgehaltenen **Berliner Kongreß** der europäischen Mächte machten ihn zum führenden Politiker des Kontinents. Doch nicht nur die deutsche Nation war »verspätet«, auch die Verfassungskonstruktion war nicht mehr zeitgemäß. Die soziale Frage v.a. ließ sich nicht mehr von oben lösen: Die Arbeiterschaft, in der seit 1863 anwachsenden Sozialdemokratie politisch erstarkt, verlangte nach Mitwirkung. Bismarcks polizeistaatliche Antwort mit den
- **1878** erlassenen **Sozialistengesetzen** erwies sich als ebenso untauglich wie sein Versuch (1890 aufgehoben), den politischen Katholizismus in einem bis
- **1878** andauernden **Kulturkampf** auszuschalten. Hoffnungen auf liberale Reformen nährte Kronprinz Friedrich, doch
- **1888** wurde zum **Dreikaiserjahr**, denn Friedrich III. starb nur 99 Tage nach dem Vater Wilhelm I., so daß
- **1888–1918 Wilhelm II.** Kaiser war. Der »junge Herr« (Bismarck) kollidierte bald mit dem alten Reichsgründer, aus dessen Schatten er sich befreien wollte. Ein Streit über das Vortragsrecht von Ministern beim Monarchen lieferte
- **1890 (20.3.)** den Anlaß zur **Entlassung Bismarcks.** Dessen außenpolitisches Erbe aber überforderte das politische Geschick des Kaisers ebenso wie das der Nachfolger des Kanzlers: Caprivi (1890–1894), Fürst Hohenlohe (1894–1900), Bülow (1900–1909) und Bethmann Hollweg (1909–1917).
- **1890** wurde der **Rückversicherungsvertrag mit Rußland nicht erneuert**, was zur Annäherung Rußlands an Frankreich führte. Die kaiserliche »Weltpolitik« nutzten die Großmächte zwar
- **1900** im chinesischen **Boxeraufstand** bei dessen Niederschlagung (Entsendung deutscher Truppen unter »Weltmarschall« Waldersee), doch das Mißtrauen gegen den säbelrasselnden Neuling im Konzert der Mächte wuchs. Die forcierte Seerüstung (»Deutschlands Zukunft liegt auf dem Wasser«) provozierte England und trieb es
- **1904** in die **Entente Cordiale** mit Frankreich und
- **1907** in ein **russisch-englisches Bündnis.** Die selbst herbeigeführte »Einkreisung« war perfekt. Der verbliebene Dreibund mit Italien und Österreich (seit 1882) war eine morsche Stütze. Innenpolitisch hatte der Kaiser zunächst auf Reformen setzen wollen, schwenkte dann aber um: »Mit der Sozialdemokratie muß aufgeräumt werden, notfalls per Blutbad.« Doch bis
- **1912** wuchs die **SPD zur stärksten Partei** in Deutschland heran, und nur der
- **1914** ausbrechende **1. Weltkrieg** verhinderte die innere Explosion, der Druck entwich nach außen. Hier war im Vielvölkerstaat Österreich-Ungarn gefährlicher Zündstoff angesammelt worden, der sich am
- **28. Juni 1914** in der **Ermordung von Thronfolger Franz Ferdinand** und seiner Frau in Sarajevo durch serbische Nationalisten entlud. Nach Ultimaten und Gegenultimaten gerieten die europäischen Großmächte unter die Räder ihrer Bündnisverpflichtungen, die Mobilmachungen entwickelten eine verhängnisvolle Eigendynamik: am
- **1. August 1914 Kriegserklärung** Deutschlands an Rußland, am 3. an Frankreich, am 4. deutscher Einmarsch ins neutrale Belgien gemäß Schlieffen-Plan (Umfassung des Gegners durch großen Schwenk des rechten Flügels), daraufhin britische Kriegserklärung an Deutschland.

Die Umfassung mißlang, der deutsche Vormarsch im Westen kam an der Marne zum Stehen, der Stellungskrieg begann, der immer gefürchtete Zweifrontenkrieg war da. Zwar konnte die unmittelbare Gefahr im Osten durch den

- **Ende August 1914** errungenen **Sieg bei Tannenberg** und an den Masurischen Seen abgewandt werden, doch auch hier blieb eine Entscheidung vorerst aus. Vier Jahre tobte der Krieg zu Lande, zur See und erstmals in der Luft, die Technik (u.a. MGs, Panzer, Giftgas) hatte dem Menschen eine nie gekannte Zerstörungsmacht in die Hand gegeben.

TIEF DEMÜTIGEN mußte das geschlagene Frankreich, daß der Sieger sein neues Kaiserreich im Schloß von Versailles proklamierte (Gemälde von Anton von Werner). Dies und die Annexion Elsaß-Lothringens, gegen die Bismarck (rechts in weißer Uniform) vergeblich plädierte, trug den Keim zu neuem Konflikt der »Erbfeinde« in sich.

WELTGESCHICHTE

Den blutigsten Beleg dafür lieferte die
1916 unentschieden geführte **Schlacht um Verdun,** die 700 000 junge Deutsche und Franzosen das Leben kostete. Im Osten konnten die Mittelmächte durch die
1917 in Rußland ausbrechende **Oktoberrevolution** den angestrebten »Siegfrieden« erringen, im Westen neigte sich nach Anschluß Italiens an die Westmächte (1915) und
1917 Kriegseintritt der USA die Waage zugunsten der Alliierten. Am
9. November 1918 brachte die **Flucht des Kaisers** und die Ausrufung der Republik in Deutschland die entscheidenden Voraussetzungen für die am
11. November 1918 folgende **Waffenstreckung.** Die Monarchien waren verschwunden, die Vielvölkerstaaten Österreich-Ungarn, Rußland, Osmanisches Reich beschnitten oder aufgelöst, die 1815 geschaffene Welt lag in Trümmern.

ZEITGESCHICHTE

War das 19. Jh. ein englisches, gegen Ende schon überschattet vom aufkommenden Deutschland, so wurde das 20. ein – im bedrückendsten Sinn – deutsches. Es erscheint daher legitim, die Zeiten, deren Genossen wir sind, weitgehend aus der deutschen Perspektive zu skizzieren. Die ungeheure Beschleunigung des historischen Prozesses verlangt zudem eine Beschränkung auf die ganz großen Stationen, denn schon die bloße Aufzählung von Schlachten, Verträgen, Konflikten, Konferenzen würde ein undurchdringliches Datendickicht schaffen und den vorgesehenen Raum des weltgeschichtlichen Abrisses sprengen. – Der große Kampf war ausgekämpft, doch der
1919 geschlossene **Versailler Vertrag** verdiente nicht das Friedensprädikat. Er und die anderen Pariser Vorortverträge belasteten den politischen Neuanfang verhängnisvoll, ein weiterer Akt desselben Dramas, das 1914-18 Europa verwüstet hatte, war vorgezeichnet. Die ebenfalls
1919 gegründete **Weimarer Republik** in Deutschland wurde mit den Hypotheken (u.a. Reparationen, Gebietsabtretungen, Entwaffnung, Besetzung) ebensowenig fertig wie mit dem Trauma der Niederlage. Legenden wie die vom »Dolchstoß in den Rücken des im Felde unbesiegten Heeres« wurden nur zu gern geglaubt, Sündenbockstrategien wie der Antisemitismus hatten Konjunktur.
1923 zeigten die **galoppierende Inflation** und Umsturzversuche von rechts und links, daß die Siegermächte den Bogen überspannt hatten. Erleichterungen und amerikanische Kredite halfen der Republik vorübergehend aus der Krise und ließen die bemerkenswerte Kultur der »Goldenen Zwanziger Jahre« (Roaring Twenties) entstehen. Verträge wie der
1925 in **Locarno** von Außenminister Stresemann (1878-1929) erreichte zur Sicherung der Grenzen ließen die Hoffnung auf dauerhafte Aussöhnung keimen, doch die
1929 ausbrechende **Weltwirtschaftskrise** enthüllte die Brüchigkeit der Bindungen. Nicht nur die wirtschaftliche Not mit ihren Arbeitslosenheeren, auch die folgende politische Radikalisierung untergruben die ohnedies morschen Fundamente der jungen deutschen Demokratie.
1932 wurde die **NSDAP** des österreichischen Agitators Adolf Hitler (geboren 1889) stärkste Partei, gegen sie war nicht mehr zu regieren. Am
30. Januar 1933 ernannte Reichspräsident von Hindenburg (1847-1934) **Hitler zum Reichskanzler.** Der neue Regierungschef beseitigte in atemberaubendem Tempo die Republik, entledigte sich
1934 in der **Mordaktion der Röhm-Affäre** letzter Rivalen und errichtete seine totale Diktatur, die allerdings lange von breiter Zustimmung der Bevölkerung getragen wurde. Das »Dritte Reich« brachte ja nach den Notjahren wieder Arbeit – z.T. durch massive Rüstung –, und Hitler stärkte durch außenpolitische Erfolge wie
1936 bei **Rheinlandbesetzung** und **Olympischen Spielen** das nationale Selbstbewußtsein. Seine Risikopolitik wurde vom Westen, der in ihm ein »Bollwerk gegen den Bolschewismus« sah, lange toleriert (Appeasement). So konnte der Diktator schließlich sogar
1938 den **Anschluß Österreichs** erzwingen und das Sudetenland gewinnen (Münchener Abkommen). Oppositionelle Stimmen, sofern nicht längst durch KZ-Terror und Ausbürgerung mundtot, verstummten fast ganz, und selbst die am
9./10. November 1938 in der »**Kristallnacht**« gipfelnde Judenverfolgung weckte nur Abscheu, aber kaum Widerstand. Erst der immer offenere Kriegskurs, deutlich in der am
15. März 1939 erfolgenden **Besetzung der »Resttschechei«,** beendete die Komplizenschaft der Westmächte und gab Widerstandskreisen in Deutschland Auftrieb.

Nach dramatischer Kehrtwendung der deutschen Außenpolitik im Bündnis der Diktatoren Hitler und Stalin (23.8.1939) erhielt die deutsche Wehrmacht für den
1. September 1939 den Befehl zum **Überfall auf Polen.** Es wurde der Auftakt zum
1939-1945 tobenden **Zweiten Weltkrieg,** der in der deutschen Selbstüberschätzung dem Ersten glich und nach verblüffenden Blitzsiegen (1939 Polen, 1940 Norwegen, Dänemark, Frankreich, 1941 Jugoslawien und Griechenland) in die totale Niederlage mündete und 55 Millionen Menschenleben forderte. Hitler, der mit diesem Waffengang »Lebensraum« im Osten erobern wollte und in seiner wahnhaften Weltanschauung

STÜRZTE den Zarismus: Wladimir Iljitsch Lenin, Führer der Oktoberrevolution.

ENTFESSELTE den Zweiten Weltkrieg: Adolf Hitler, »Führer Großdeutschlands«.

WELTGESCHICHTE

darin zugleich den »Endkampf des Ariertums gegen das Judentum« sah, scheiterte seit

1941 im **Rußlandfeldzug** an den Weiten und Menschen des überfallenen Landes und wieder an dem im

Dezember 1941 erfolgenden **Kriegseintritt der USA** unter Präsident Roosevelt (wie Hitler 1933 – 1945 regierend). Zuerst verlor Deutschland das »Dach« im strategischen Luftkrieg der Angloamerikaner, dann den Boden unter den Füßen, als am

6. Juni 1944 die **Invasion** der Westmächte gelang, deren Materialüberlegenheit die Wehrmacht nichts mehr entgegenzusetzen hatte. Der Versuch einer Offiziersverschwörung, den Krieg durch Beseitigung Hitlers zu beenden, schlug am

20. Juli 1944 beim **Attentat Stauffenbergs** im Führerhauptquartier »Wolfsschanze« fehl. Am

8. Mai 1945 mußte die Wehrmacht die **Bedingungslose Kapitulation** unterzeichnen. Hitler hatte sich eine Woche zuvor durch Freitod der Verantwortung entzogen.

Die totale Niederlage entpuppte sich für viele erst jetzt auch als moralische: In Tötungsfabriken wie Auschwitz im deutsch besetzten Polen waren während des Krieges Millionen von Menschen, überwiegend Juden aus allen besetzten Ländern Europas, in Gaskammern ermordet worden, nachdem schon zuvor in Polen und Rußland etwa eine Million Menschen, Kinder wie Greise, Männer wie Frauen, deutschen Erschießungskommandos (Einsatzgruppen) zum Opfer gefallen waren.

Das weltweite Entsetzen angesichts der Bilder aus befreiten Konzentrationslagern prägte die Beschlüsse der im

Sommer 1945 tagenden **Potsdamer Konferenz** zur Neuordnung Deutschlands, das in vier Zonen der Siegermächte zerstückelt wurde und seine Ostgebiete verlor. Federführend dabei waren die USA und die Sowjetunion, die bisherigen Randmächte, die nun im beginnenden Atomzeitalter –

6. August 1945 Abwurf der ersten Atombombe auf Hiroshima zur Beendigung des Fernostkrieges – zu Supermächten heranwuchsen. Die beiden anderen Sieger, England und Frankreich, gehörten eher zu den Verlierern. Frankreich hatte durch die Niederlage 1940 sein koloniales Prestige eingebüßt, England die Kräfte seines Empires strapaziert. Beide mußten nun, z.T. nach blutigen Kämpfen (u.a. Indochina, Algerien, Kenia), ihre Kolonialreiche liquidieren.

Bald schon war unübersehbar, daß sich die Alliierten auseinandergesiegt hatten. Mit dem Verlust des Gegners schwand rapide das gegenseitige Vertrauen, zumal Stalin die von der Roten Armee befreiten Länder zügig bolschewisierte und sich an Absprachen nicht hielt. Der Westen antwortete

1946 durch die **Politik des Containment** (Eindämmung), die den **Kalten Krieg** einleitete, die Militärblöcke NATO und Warschauer Pakt entstehen ließ,

1949 zur **Bildung der beiden deutschen Staaten** führte und

1950 – 1953 im **Koreakrieg** noch einmal in eine heiße Phase trat. Auch nachdem am

5. März 1953 Stalins Tod eine gewisse Entspannung brachte, blieb der Ost-West-Konflikt weltpolitisch bestimmend. Ein Eiserner Vorhang teilte die Welt und Deutschland. Die Bundesrepublik und die DDR wurden in den jeweiligen Block fest eingebunden, die im Grundgesetz geforderte Wiedervereinigung rückte

1949 – 1963 in der **Ära Adenauer** unter dem ersten Bundeskanzler in weite Ferne. Seit

1961 schottete sich die DDR durch die **Berliner Mauer** und den Todesstreifen an der Grenze ab. Adenauers (1876 – 1967) konsequente Westintegration wurde begleitet vom »Wirtschaftswunder«, das die westdeutsche Demokratie festigte und durch die

1958 gegründete **Europäische Wirtschaftsgemeinschaft** (EWG, später ausgeweitet zur EG) abgesichert wurde. Der wachsende Wohlstand immobilisierte allerdings auch die Gesellschaft, die nicht einmal die Kraft zum Protest aufbrachte, als die USA, der wichtigste Verbündete,

1963 – 1975 im **Vietnamkrieg** ein kleines Volk zu vernichten drohte. Dagegen rebellierte v.a.

1968 die Jugend in der **Studentenrevolution,** nach der ein Teil des Protestpotentials in den Terrorismus absank, der die 70/80er Jahre in Atem hielt. Andere Mitstreiter fanden sich später wieder in der grünen Bewegung gegen Atomstaat und Umweltzerstörung und für den Frieden.

War Adenauer die Aussöhnung mit dem Frankreich de Gaulles (1890 – 1970) gelungen, so brachte erst die

1969 – 1982 regierende **sozialliberale Koalition** unter den Kanzlern Brandt (bis 1974) und Schmidt eine östliche Flankierung. Ihre Ostpolitik, erschwert durch die Konfrontation der Supermächte und immer neue Rüstungsrunden, wurde auch von der seit

1982 amtierenden **Regierung Kohl** fortgesetzt und nach der

1985 in der Sowjetunion einsetzenden **Wende unter Gorbatschow** als KP- und Staatschef (1990 Präsident) zum Erfolg geführt: Nach wochenlangen Protesten der Bevölkerung und einer ungeheuren Fluchtwelle aus der DDR kam es am

9. November 1989 zum **Einsturz der Mauer** in Berlin und zur Öffnung der Grenzen. Das SED-Regime brach zusammen. Bei sich auflösendem Ostblock und Sturz des Sozialismus in Mittel- und Osteuropa wurde die vier Jahrzehnte unbeantwortete Deutschlandfrage auf dem Verhandlungswege gelöst und am

3. Oktober 1990 die **Wiedervereinigung Deutschands erreicht.**

Das Ende der Konfrontation der Supermächte machte die Rechnung des irakischen Diktators Saddam Hussein zunichte, der mit einem Überfall auf Kuwait seine Hegemonie im Nahen Osten festigen wollte. Mit Billigung der Sowjetunion brachten die USA eine UN-Truppe zusammen, die

von Januar bis März 1991 im **Golfkrieg** die Iraker vertrieb und Saddams nächsten Opfern, den Kurden, zur Hilfe kam. Die UdSSR fiel als Machtfaktor endgültig aus, als es im

Herbst 1991 nach einem gescheiterten Putsch doktrinärer Kommunisten zum **Zerfall der Sowjetunion** kam. Der Wegfall dieses Ordnungsfaktors löste auf dem Balkan blutige Nationalitätenkonflikte aus, die

1991/92 zum **Auseinanderbrechen Jugoslawiens** führten. Im folgenden Bürgerkrieg Serbiens gegen die »abtrünnigen« Republiken konnte sich die EG nur zögernd zu gemeinsamem Handeln gegen Serbien entschließen. Ein schlechtes Omen für den

1993 verwirklichten **Binnenmarkt,** der ein gedeihliches politisches Klima in der Gemeinschaft braucht.

BÜRGERKRIEG im einstigen Jugoslawien: Sarajevo steht unter ständigem Beschuß der Serben.

Religion

Das Wort Religion (lateinisch religio = Gottesfurcht) wird begrifflich von den lateinischen Verben religere (sorgsam beachten) oder religare (wieder verbinden) abgeleitet, entsprechend wird darunter »das sorgfältige Beachten der Götter« beziehungsweise »die verbindende Versöhnung mit den Göttern« verstanden. Religiosität ist ein universelles menschliches Phänomen: Von den derzeit 5,24 Mrd. Menschen der Erde sind schätzungsweise 80 Prozent Anhänger irgendeiner der über 500 bekannten Religionsgemeinschaften und religösen Gruppierungen. Der Anteil der sogenannten Nicht-Religiösen und bewußten Atheisten beträgt mittlerweile 20 Prozent; vor 100 Jahren waren es erst rund 2 Prozent.

Mit 1,73 Mrd. Anhängern, das sind ein Drittel der Weltbevölkerung, ist das Christentum die größte der fünf Weltreligionen, zu denen noch Buddhismus, Hinduismus, der Islam und das Judentum gezählt werden. Das zahlenmäßig unbedeutende Judentum – nur 18 Millionen der Weltbevölkerung – zählt zu den Weltreligionen, die alle fünf zwei Merkmale aufweisen: einen universellen Geltungsanspruch und eine überregionale Verbreitung.

Überall auf der Erde und zu allen Zeiten versuchten die Religionsgemeinschaften, durch imposante Bauwerke der Superlative der Größe ihrer Götter Ausdruck zu verleihen. Im Wettstreit der unterschiedlichen Religionen entstanden immer größere und prunkvollere Sakralbauten.

Seit den Zeiten des Turmbaus zu Babel (Babylon) spielte dabei die Höhe der Gotteshäuser eine entscheidende Rolle. Bereits im Jahr 1280 errichteten fromme Engländer in Lincoln eine imposante Kathedrale von knapp 150 Metern. Heute steht eine für 700 Mio. Mark neuerbaute Moschee im marokkanischen Casablanca an der Spitze. Ihr Minarett-Turm bringt es auf die schwindelnde Höhe von 175 Metern.

Um nur zwei Meter kürzer ist die Kirchturmspitze einer Methodisten-Gemeinde in Chicago/Illinois. Dort thront auf einem 22 Stockwerke hohen Wolkenkratzer aus dem Jahr 1924 ein riesiges Christuskreuz. Den immer noch höchsten Kirchturm (161 Meter) nach herkömmlicher Bauart trägt seit dem Jahr 1890 das Ulmer Münster. Als bedeutendste Kirche der Welt gilt der 1612 vollendete Petersdom in Rom: Bei einer Höhe von 133 Metern ist er insgesamt 186 Meter lang und hat eine Grundfläche von über 15000 m². Weit übertroffen wird er allerdings vom größten hinduistischen Bauwerk, dem Menakschi-Tempel in Madurai/Indien (60 000 m²), und von der heute verfallenen islamischen Al-Malawija-Moschee in Samarra/Irak (38 000 m²). Auch die für 250 Mio. Dollar in die Steppe bei Yamassoukrou (Elfenbeinküste) gesetzte und 1990 vom Papst geweihte Kathedrale »Notre Dame de la Paix« ist mit 20 000 m² größer.

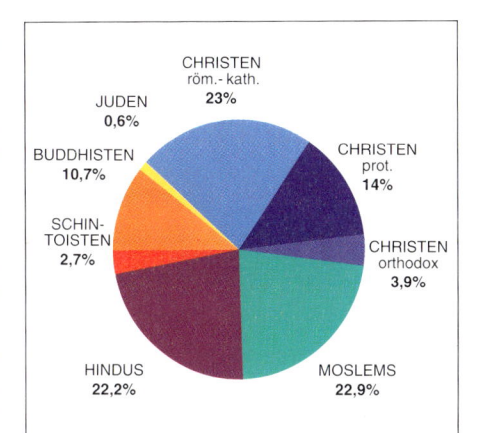

RELIGIONEN WELTWEIT
(Geschätzte Anhänger in Millionen)

Christen	1730
Katholiken	910
Orthodoxe	175
Protestanten	325
Anglikaner	5
Freikirchler, Sonstige	265
Moslems (Islam)	860
Hindus	670
Buddhisten	20
Konfuzianer	315
Schintoisten	65
Taoisten	35
Juden	18
Anders-Religiöse	130
Nicht-Religiöse, Atheisten	1100
Weltbevölkerung insgesamt	5243

Jugendreligionen, Sekten, Freikirchen

Die derzeit am schnellsten wachsenden Religionsgemeinschaften sind die sog. neuen Jugendreligionen, von denen die Sektenbeauftragten der etablierten Kirchen derzeit rund 100 in Europa ausgemacht haben. Der Begriff »Jugendreligion« oder auch »Psycho-Sekte«, von frommen Christen zur Abgrenzung und Stigmatisierung erfunden, bezeichnet religiöse Gruppierungen, die vor allem Jugendliche und junge Erwachsene mit teilweise aggressiven Werbemethoden für sich gewinnen, und die ihre Anhänger größtenteils in eine totale psychische Abhängigkeit bringen. In der Bundesrepublik haben diese meist nach den 60er Jahren entstandenen Gruppierungen schätzungsweise eine Anhängerschaft von einer halben Million.

Als Ausgangspunkt des Phänomens der Jugendreligionen gilt die Jesus-People-Bewegung der frühen 60er Jahre in den USA. Diese »Blumenkinder« mit dem Slogan der »flower-power« waren eine Art christlicher Erneuerungsbewegung der unterschiedlichsten kalifornischen Denominationen. Im Aufwind der Massenbewegung der Jesus-People gründete der US-Prediger David Berg, alias Mose David (MO), 1969 die Kinder Gottes (Children of God), die heute unter ihrem neuen Namen »Familie der Liebe« firmieren und weltweit schätzungsweise 10 000 Anhänger haben. Auf eine halbe Million Anhänger bringt es der gebürtige Koreaner San Myung Mun, der sich als »neuer Messias« und »Erfüller des Neuen Testaments« bezeichnet. Seine Vereinigungskirche ist in über 80 Ländern unter rund 50 verschiedenen Namen vertreten.

Auf 100 000 allein in der Bundesrepublik wird die Anhängerzahl des ehemaligen Hindu-Mönchs Maharischi Mahesch Jogi geschätzt. Die bereits 1958 im indischen Madras als »geistige Erweckung« gegründete Transzendentale Meditation (TM) vermochte im Sog des neuentdeckten Außerirdischen und der wiederentdeckten Innerlichkeit besonders junge Leute für das Mantra, eine stets geheimzuhaltende Sanskrit-Meditationssilbe (z.B. »om« oder »eink«), zu begeistern. In teuren Kursen sollen TM-Anhänger gar übernatürliche Fähigkeiten wie »Durch-die-Wand-Gehen«, »Schweben« oder gar »Fliegen« erlernen.

Unter vielerlei Namen tritt die seit 1970 verstärkt in der Bundesrepublik aktive Scientology-Kirche des Amerikaners Ron(ald) Hubbard (1911–1986) auf. Diese »Lehre vom Wissen« des ehemaligen Science-fiction-Schreibers Hubbard verspricht ihren

RELIGION

Anhängern die »totale Freiheit« mittels gewisser Dianetic-Praktiken (griech. dianoetikos = den Verstand betreffend).

Als eine der schillerndsten Jugendreligionen gilt die Mitte der 60er Jahre von dem Inder Swami Prabhupada Bhaktivedanta hervorgebrachte Hare-Krishna-Bewegung. In den farbenprächtigen Safran-Gewändern fallen ihre Anhänger, die sich vegetarisch ernähren und täglich mindestens 1728mal den »Hare-Krishna«-Mantra-Vers singen, überall auf. Die medienwirksamste »Psycho-Sekte« der 70er und 80er Jahre war die des indischen Gurus und Philosophieprofessors Bhagwan Shree Rajneesh (1931–1990). Die Bhagwan-Bewegung gilt als Mischlehre aus indischer Mystik und westlicher Psychologie. Bis zum Jahre 1985 pilgerten Tausende zivilisationsmüder Amerikaner und Westeuropäer, darunter viele Intellektuelle und Leute des Show-Business, ins sog. Sex-Kloster von Poona nahe Bombay. Dann folgten sie dem Bhagwan (»Erleuchteter«, »Gott«) auf seine »Sex-Ranch« Rajneeshpura im US-Staat Oregon, wohin sich Rajneesh Candra Mohan, so der Geburtsname des Gurus, vorübergehend begeben hatte. Die Bhagwan-Bewegung soll es nach Schätzungen zeitweise auf über 200 000 Anhänger gebracht haben, darunter rund 50 000 Deutsche.

Neben diesen Mode-Sekten der letzten drei bis vier Jahrzehnte können eine Reihe herkömmlicher »christlicher Sekten«, so der Sprachgebrauch der kath. und ev. Staatskirchen, unterschieden werden. Dazu gehören die Zeugen Jehovas (6 Mio. Anhänger schätzungsweise weltweit), die Mormonen (4 Mio. Anhänger), die Neuapostolische Kirche (1,5 Mio. Anhänger), die Christliche Wissenschaft (200 000 Anhänger) und die zahlreichen Freimaurer-Logen (Anhängerzahl unbekannt). Daneben gibt es noch, von den Staatskirchen weitgehend toleriert, zahllose sog. Freikirchen und freikirchliche Gemeinden. Dazu zählen die Baptisten (35 Mio. Anhänger weltweit geschätzt), die Pfingstbewegung (35 Mio. Anhänger), die Methodisten (22 Mio. Anhänger) oder etwa die Mennoniten (800 000 Anhänger).

In kein Begriffsschema paßt eine sich rasch ausbreitende neue Pseudo-Religion: die sog. New-Age-Bewegung. Sie hat weder einen Stifter noch zentrale Führerpersönlichkeiten, sondern sie zeichnet sich durch einen festen Glauben an ein »Neues Zeitalter« aus, das »neue vergeistigte Menschen« und »globalen Frieden« bringt. Nach dieser Lehre mit Elementen christlich-humanistischer Mystik und esoterisch-okkulter Praktiken leben wir in einer »Wende-Zeit«, in der das 2000jährige astrologische »Zeitalter des Fisches« in das des »Wassermanns« übergeht. Nach groben Schätzungen haben bereits 10 Mio. Anhänger weltweit ein verändertes Bewußtsein des »ganzheitlichen Denkens«.

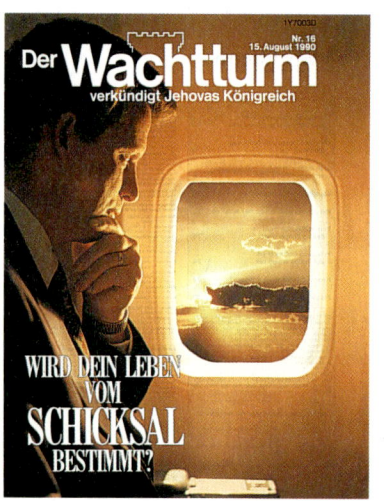

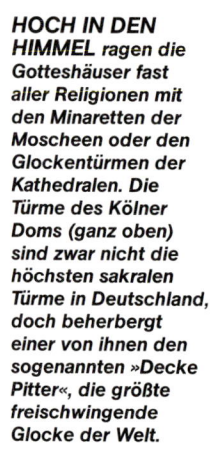

DIE HÖCHSTEN KIRCHEN UND SAKRALBAUTEN

	Ort	Name	Höhe in Metern
1.	Casablanca	Hassan-II-Moschee	175
2.	Chicago	First Methodist Church	173
3.	Ulm	Münster	161
4.	Köln	Dom	157
5.	Hamburg	Nikolaikirche	145
6.	Straßburg	Münster	142
7.	Riga	Petrikirche	140
8.	Wien	Stephansdom	137
9.	Linz	Mariendom	135
10.	Rom	St. Peter	133
11.	Landshut	St. Martin	133
12.	Hamburg	Michaeliskirche	132
13.	Salisbury	Dom	132
14.	Rostock	Petrikirche	127
15.	Lübeck	Marienkirche	124
16.	Antwerpen	Kathedrale	123
17.	Brügge	Liebfrauenkirche	122
18.	Hildesheim	Andreaskirche	118
19.	Freiburg	Münster	115
20.	Chartres	Kathedrale	114
21.	Berlin/Ost	Dom	110
22.	London	St. Paul	110
23.	Mailand	Dom	109
24.	Delft	Nieuwe Kerk	108
25.	Florenz	Dom	107

HOCH IN DEN HIMMEL ragen die Gotteshäuser fast aller Religionen mit den Minaretten der Moscheen oder den Glockentürmen der Kathedralen. Die Türme des Kölner Doms (ganz oben) sind zwar nicht die höchsten sakralen Türme in Deutschland, doch beherbergt einer von ihnen den sogenannten »Decke Pitter«, die größte freischwingende Glocke der Welt.

SEKTEN NUTZEN die wachsende Orientierungslosigkeit der Menschen. Ob Zeugen Jehovas (links Titel einer Nummer ihres Blattes »Der Wachtturm«) oder Gurus wie Baghwan Shree Rajneesh (1931–90) – Heilslehren aller Art haben Zulauf.

CHRISTENTUM

Die größte Weltreligion leitet ihren Namen von Jesus Christus ab (Jesus bedeutet »Erlöser«, hergeleitet vom Hebräischen vasha; Christus heißt »Gesalbter« vom Griechischen chrio). Nach der Bibel ist Jesus der Sohn der Jungfrau Maria, deren späterer Mann, Joseph von Nazareth, in der 27. Generation von König David abstammte. Die Geburt Jesu in Bethlehem wird heute 6 v. Chr. oder noch früher angesetzt. Die Abweichung beruht auf einem Fehler von Dionysius Exiguus, der im 6. Jh. die christliche Zeitrechnung einführte. Die Zeitrechnung der westlichen Welt beginnt mit der Geburtsstunde Jesu, entsprechend bedeutet das Jahresdatum 1991, daß wir im eintausendneunhunderteinundneunzigsten Jahr »nach Christi Geburt« (n. Chr.) leben.

RELIGION

Das Christentum breitete sich von Israel, dem Geburts- und Wirkungsland Jesu, über die heutige Türkei, Griechenland und Italien aus; heute ist es besonders in Europa, Nord- und Südamerika und Australien verbreitet. Auch auf den übrigen Kontinenten leben christliche Minderheiten, so in Asien, wo es beispielsweise allein in der Volksrepublik China 5 Mio. Christen gibt. Die Lehren des Christentums sind in der Bibel (siehe Kasten), insbesondere im Neuen Testament durch die Reden und Gleichnisse Jesu, festgelegt. Das erste Gebot Jesu lautet, Gott von ganzem Herzen zu lieben, sein zweites: »Du sollst deinen Nächsten lieben wie dich selbst« (Markus 12, 31). Haß wird völlig abgelehnt, ebenso Fleischeslust oder gar Ehebruch; Selbstlosigkeit und Mitleid sind die zentralen christlichen Tugenden.

Jesus ist der einzige Religionsstifter, der (im Alter von 33 Jahren) seine Heilsbotschaft mit einem Opfertod unterstrich. Er starb, nach eigenen Aussagen, stellvertretend für die Sünder, also alle Menschen, um sie nach Geist, Seele und Leib zu erlösen. Diese Erlösung bußwilliger Menschen zielt nicht nur auf ein Jenseits nach dem Tode, sondern auf eine sofortige Veränderung wie etwa Befreiung von Ängsten, Depressionen, Krankheiten, Süchten und sonstigen Nöten.

Jesus Christus wurde 30 n. Chr. – als Judäa zur Zeit des römischen Kaisers Tiberius dem Prokurator Pontius Pilatus unterstand – gekreuzigt; nach katholischer Zeitlehre am 7. April. Der Kreuzigung Jesu am Karfreitag folgte am Ostersonntag seine Auferstehung von den Toten und schließlich, am sog. Himmelfahrtstag, seine Rückkehr zu seinem Vater im Himmel. Zu Pfingsten, 50 Tage nach Ostern, kam der Heilige Geist über seine zurückgebliebenen Jünger – so berichtet das Neue Testament. Das nächste große Ereignis, auf das alle Christen warten, ist die Rückkehr Jesu, der »Jüngste Tag«, um schließlich ein »Reich« von Ewigkeit zu Ewigkeit zu errichten.

DIE ZEHN GEBOTE

(Dekalog) aus 5. Mose 5 nach neuerer und älterer Zählweise

	neu	alt
Ich bin der Herr, dein Gott...	1	1
Du sollst dir kein Bildnis machen...	2	
Du sollst Gottes Namen nicht mißbrauchen...	3	2
Du sollt den Feiertag (Sabbattag) heiligen...	4	3
Du sollst Vater und Mutter ehren...	5	4
Du sollst nicht töten.	6	5
Du sollst nicht ehebrechen.	7	6
Du sollst nicht stehlen.	8	7
Du sollst kein falsches Zeugnis reden.	9	8
Du sollst nicht begehren des Nächsten Haus...	10	9
Du sollst nicht begehren des Nächsten Weib.	10	10

»HAKENKREUZIGUNG« – Gegen die Vereinnahmung durch den Nationalsozialismus, wie sie dieser Entwurf einer Bischofskette und das Wappen dokumentieren, wandte sich die Bekennende Kirche im Kirchenkampf während des Dritten Reichs.

CHRISTLICHES ABC

Abendmahl, Abschiedsmahl Jesu am Vorabend seiner Gefangennahme, andere Bezeichnungen: Brotbrechen, Gedächtnismahl, Herrenmahl, Kommunion; 1. Korinther 11, 23.

Aberglaube, gegen Gott gerichteter Glaube, insbesondere Astrologie, Okkultismus und Spiritismus.

Antichrist, weltweit auftretender Massenverführer, andere Bezeichnung: Lügenchrist; Offenbarung 13–19.

Auferstehung, Überwindung des Todes durch Jesus (am Ostermorgen) und damit ewiges Leben für alle Gläubigen; 1. Korinther 15, 20f.

Beichte, öffentliches oder »stilles« Sündenbekenntnis; Johannes 20, 22f.

Bekehrung, Umkehr vom bisherigen Lebensweg und Hinwendung zu Gott, Abkehr von einer nichtchristlichen Religion und Bekenntnis Jesu.

Bekennende Kirche, leistete im Dritten Reich Widerstand gegen den Nationalsozialismus.

Bibel, siehe Kasten.

Bischof, ursprünglich »Aufseher« der Gemeinde; 1. Timotheus 3, 1f.

Buße, reumütige Sinnesänderung, oft als »Büßen« und »Bestrafen« mißverstanden; Matthäus 3.

Christenverfolgung, Maßnahmen eines Staates gegen Gläubige, z.B. im Römischen Reich und bis vor kurzem in Ostblockstaaten.

Diakonie, Versorgung Hilfebedürftiger durch den Diakon (gr. diákonos = Diener) oder die Diakonisse.

Endzeit, Zeit der Erwartung der unmittelbar bevorstehenden Wiederkunft Christi.

Ethik, christliche Lehre vom sittlichen Denken und Handeln.

Evangelium, »frohe Botschaft« von Christus sowie Bezeichnung für die Schrift eines der vier Evangelisten.

Exorzismus, Handlung, um Menschen aus dämonischen Gebundenheiten zu befreien, andere Bezeichnung: Teufelsaustreibung; Markus 1, 23f.

Fasten, Verzicht auf Nahrung bei gleichzeitiger Gebetshaltung; Jesaja 58.

Firmung, »Befestigung« kath. Jugendlicher durch Handauflegung eines Bischofs, vergleichbar der Konfirmation.

Freikirche, freie Gemeindeform im Gegensatz zu Staatskirchen.

Gebet, Zwiesprache mit Gott, als Mustergebet gilt das sog. Vaterunser; Matthäus 5, 5f.

Glaube, Zuversicht und ein Nichtzweifeln an Gott; Hebräer 11.

Heiliger Geist, Person Gottes wie Vater und Sohn, seit Pfingsten der »göttliche Tröster« jedes Christen; Apostelgeschichte 2.

Jünger, neutestamentlicher Begriff für die zwölf Schüler/Nachfolger Jesu, Markus 1, 16f; siehe Kasten.

Kirchentag, siehe Kasten.

Kirchensteuer, Zuschlag von 9% bzw. 8% zur Einkommen- oder Lohnsteuer, abgeleitet nach Artikel 140 GG in Verbindung mit Artikel 137 Weimarer Verfassung.

Konfirmation, feierliche Aufnahme ev. Jugendlicher in die Gemeinschaft der Erwachsenen (in der DDR früher sog. Jugendweihe).

Kreuzigung, Hinrichtung am Kreuz, speziell Jesu Opfertod am Karfreitag; Johannes 19, 17f.

Ökumene, das Gemeinsame aller Christen auf dieser Erde, ursprüngliche griechische Bedeutung: »bewohnter Erdkreis«.

Pietismus, Reformbewegung des 17./18. Jh. einer »biblischen Frömmigkeit« (lat. pietas = Frömmigkeit).

Prophet, Verkünder göttlicher Offenbarung; Johannes 4, 19.

Reformation, siehe eigenen Abschnitt.

Sakrament, kirchliche Handlung nach Christi Weisung, z.B. Firmung, Abendmahl oder Taufe.

Säkularisierung, Verweltlichung christlicher Glaubensinhalte.

RELIGION

DIE BÜCHER DER BIBEL

Die Bibel (griech. biblia = Bücher) enthält neben den 27 Büchern des Neuen Testaments das aus 39 Büchern bestehende Alte Testament. Im Jahr 382 n. Chr. beschloß die Synode von Rom den sog. Bibel-Kanon; er legt verbindlich fest, welche Schriften zur Bibel zählen. Der jüdische Propheten-Kanon reicht zurück bis ins Jahr 117 v. Chr. Die Lehren des Christentums sind im Neuen Testament, zunächst in altgriechischer Sprache, niedergelegt. Das älteste, vollständig erhaltene Manuskript stammt aus dem Jahre 350 n. Chr. Das Neue Testament besteht insgesamt aus vier Evangelien nach Matthäus, Markus, Lukas und Johannes, 21 Briefen (meist von Paulus) sowie der Apostelgeschichte des Lukas und der Offenbarung des Johannes. Jesus selbst hat keine Texte verfaßt; es werden ihm jedoch vier Passagen zugeschrieben, u.a. die »Bergpredigt« mit dem Gebet des »Vaterunser« aus dem Matthäus-Evangelium, Kapitel 5 bis 7. Das Alte Testament wird von Christen und Juden gleichermaßen anerkannt. Die erste vollständige Bibelübersetzung in die deutsche Umgangssprache stammt von Martin Luther aus dem Jahre 1534. Weltweit gibt es derzeit 1890 Bibelübersetzungen bei ca. 2800 Sprachen und Dialekten dieser Erde.

DAS ALTE TESTAMENT

Geschichtliche Bücher

1. Genesis (1 Mose)
2. Exodus (2 Mose)
3. Leviticus (3 Mose)
4. Numeri (4 Mose)
5. Deuteronomium (5 Mose)
6. Josua
7. Richter
8. Ruth
9. 1 Samuel (1 Könige)
10. 2 Samuel (2 Könige)
11. 1 Könige (3 Könige)
12. 2 Könige (4 Könige)
13. 1 Chronik
14. 2 Chronik
15. Esra
16. Nehemia
17. Esther

Lehrbücher

18. Psalmen
19. Hiob
20. Sprüche
21. Prediger
22. Hohelied Salomos

Prophetische Bücher

23. Prophet Jesaia
24. Prophet Jeremia
25. Klagelieder Jeremias
26. Prophet Hesekiel
27. Prophet Daniel
28. Prophet Hosea
29. Prophet Joel
30. Prophet Amos
31. Prophet Obadja
32. Prophet Jona
33. Prophet Micha
34. Prophet Nahum
35. Prophet Habakuk
36. Prophet Zephanja
37. Prophet Haggai
38. Prophet Sacharja
39. Prophet Maleachi

DAS NEUE TESTAMENT

Geschichtliche Bücher

1. Evangelium des Matthäus
2. Evangelium des Markus
3. Evangelium des Lukas
4. Evangelium des Johannes
5. Apostelgeschichte des Lukas

Lehrbücher

6. Brief des Paulus an die Römer
7. 1. Brief des Paulus an die Korinther
8. 2. Brief des Paulus an die Korinther
9. Brief des Paulus an die Galater
10. Brief des Paulus an die Epheser
11. Brief des Paulus an die Philipper
12. Brief des Paulus an die Kolosser
13. 1. Brief des Paulus an die Thessalonicher
14. 2. Brief des Paulus an die Thessalonicher
15. 1. Brief des Paulus an Timotheus
16. 2. Brief des Paulus an Timotheus
17. Brief des Paulus an Titus
18. Brief des Paulus an Philemon
19. 1. Brief des Petrus
20. 2. Brief des Petrus
21. 1. Brief des Johannes
22. 2. Brief des Johannes
23. 3. Brief des Johannes
24. Brief an die Hebräer
25. Brief des Jakobus
26. Brief des Judas

Prophetische Bücher

27. Offenbarung des Johannes

JÜNGER JESU

Jesus berief zwölf Jünger, enge Gefolgsmänner, die im Neuen Testament wie folgt aufgelistet sind:

1. Simon Petrus (Bruder des Andreas)
2. Andreas (Bruder des Petrus)
3. Jakobus, Sohn des Zebedäus (Bruder des Johannes)
4. Johannes, der Apostel (Bruder des Jakobus)
5. Philippus
6. Bartholomäus
7. Thomas
8. Matthäus
9. Jakobus, Sohn des Alphäus
10. Simon Kananäus (Matthäus, Markus) oder Simon Zelotes (Lukas, Apostelgeschichte)
11. Thaddäus (Matthäus, Markus) oder Judas, des Jakobus Sohn (Lukas, Apostelgeschichte)
12. Judas Ischarioth, später trat Matthias an die Stelle des Verräters

RELIGION

Seele, Gemütskomponente des Menschen neben Geist und Leib; 1. Thessalonicher 5, 23.

Seelsorge, »Aufbauhilfe« in seelischen Notsituationen.

Segen, Wort und Zeichen (lat. signum = »Kreuzeszeichen«) göttlichen Schutzes; 4. Mose 6, 24, Philipper 4, 7.

Sekte, von der großen Kirche losgelöste Glaubensgemeinschaft (lat. secare = abschneiden).

Sünde, Trennendes (»Sund«) zwischen Gott und Mensch; Römer 5, 12f.

Taufe, Aufnahmehandlung in die Gemeinde durch Eintauchen oder Besprengung mit Wasser, Kindertaufe in der ev. und der kath. Kirche, Erwachsenentaufe bei etlichen Freikirchen; Matthäus 28, 18f.

Theologie, wissenschaftliche Gotteslehre (griech. »Rede von Gott«).

Teufel, Widersacher Gottes, andere Bezeichnung: Satan, Lucifer (griech. diabolos = »Verleumder«); Matthäus 4, 1f.

Trinität, Dreifaltigkeit Gottes als Vater, als Sohn und als Heiliger Geist.

Wiedergeburt, geistliche und seelische Erneuerung; Johannes 3, 3.

Wiederkunft Christi, Rückkehr Jesu auf die Erde zur sog. Entrückung der Gläubigen und zur Errichtung seiner ewigen Weltherrschaft.

Zehn Gebote, siehe Kasten.

Zungensprache, durch den Heiligen Geist gewirkte fremdartige Sprache; Apostelgeschichte 2, 3.

Katholiken

Als Katholiken bezeichnet man jene Christen, die den »Bischof von Rom«, den Papst, als höchste Glaubensautorität anerkennen. Er gilt als alleiniger legitimer Nachfolger von Petrus, den Christus selbst zum Haupt der Kirche bestimmte (»Auf diesen Felsen will ich meine Kirche bauen«). Petrus besuchte Rom um 42 n. Chr. und starb dort als Märtyrer vermutlich im Jahr 67 n. Chr. Papst Johannes Paul II. ist der 269. Nachfolger des Apostels Petrus.

Die katholische Kirche leitet ihren Führungsanspruch davon ab, daß sie de jure den Auftrag, »alle Völker zu Jüngern zu machen«, direkt von Christus erhielt und de facto auch die meisten Mitglieder aufweist. Die katholische Kirche betrachtet sich als unfehlbarer Interpret sowohl des geschriebenen als auch des ungeschriebenen Wortes Gottes. Kirchliche Verwaltungsbehörde ist die römische Kurie, deren Arbeit in elf Sekretariaten und Kongregationen geleistet wird. Von den westlichen Kirchen unabhängig sind die orientalischen Kirchen, die den obersten Führungsanspruch des Heiligen Stuhls jedoch ebenfalls anerkennen. Zu diesen Kirchen gehören u.a. der byzantinische, der armenische und der koptische Ritus.

Das Dogma der Unbefleckten Empfängnis wurde am 8. Dezember 1854 festgelegt, die Unfehlbarkeit des Papstes beschloß das Ökumenische Konzil mit 547:2 Stimmen am 18. Juli 1870. Das 21. Konzil wurde von Papst Johannes XXIII. einberufen. Die Wahl der Päpste wird von der Kardinalsversammlung, derzeit 120 stimmberechtigte Kardinäle aus der ganzen Welt, vorgenommen.

Oberhaupt der Kirche ist momentan Papst Johannes Paul II., der als Karol Wojtyla am 18.5.1920 in Wadowice bei Krakau geboren wurde. Er stammt aus einer Eisenbahner-Familie und studierte zunächst Literatur und Philosophie, bis er sich unter dem Eindruck der Kriegswirren 1942 der Theologie zuwandte. Am 1.11.1942 erhielt er in Krakau die Priesterweihe, wo er 1958 Bischof, 1964 Erzbischof und schließlich Kardinal (am 26.6.1967 von Papst Paul VI. erhoben) wurde.

Nach dem plötzlichen Tod von Papst Johannes Paul I. wurde Wojtyla nach acht Wahlgängen am 16.10.1978 auf den Heiligen Stuhl in Rom berufen. Seine Berufung mit den Proklamationsworten »habemus papam« (Wir haben einen Papst) galt als Sensation, war er doch der erste Nichtitaliener seit dem Holländer Hadrian VI. im Jahre 1522/23, der mit

DIE AUSGIESSUNG des Heiligen Geistes zu Pfingsten ist ein immer wiederkehrendes Thema der christlichen Kunst wie hier auf der Ikone aus Nowgorod: Die zwölf Jünger Jesu mit Heiligenschein predigen in fremden »Zungen« das Evangelium.

KIRCHENTAG

Kirchentage sind mehrtägige Massentreffen (100 000 und mehr Teilnehmer) der Laienchristen. Erster Katholikentag im Jahr 1848 in Mainz, zunächst jährlich, jetzt meist alle zwei Jahre abgehalten; erster evangelischer Kirchentag 1949 in Hannover, seit 1959 im Zweijahresrhythmus.

Deutsche Ev. Kirchentage		Deutsche Katholikentage	
Jahr	Anzahl und Ort	Jahr	Anzahl und Ort
1949	1. Hannover	1848	1. Mainz
1977	17. Berlin (West)	1970	83. Trier
1979	18. Nürnberg	1974	84. Mönchengladbach
1981	19. Hamburg	1978	85. Freiburg i.B.
1983	20. Hannover	1980	86. Berlin (West)
1985	21. Düsseldorf	1982	87. Düsseldorf
1987	22. Frankfurt a. M.	1984	88. München
1989	23. Berlin (West)	1986	89. Aachen
1991	24. Ruhrgebiet	1990	90. Berlin (West)
1993	25. München	1992	91. Karlsruhe

RELIGION

JOHANNES PAUL II. ist seit über vier Jahrhunderten der erste Nichtitaliener und der erste Pole auf dem Stuhl Petri. Seit Beginn seines Pontifikats 1978 haben ihn Reisen in alle Teile der Welt geführt.

diesem höchsten katholischen Amt betraut wurde. Mitbestimmend für seinen überraschenden Wahlerfolg waren seine Jugendlichkeit und Vitalität sowie seine vorzüglichen Italienisch-Kenntnisse, die er sich bei einem längeren Studienaufenthalt in Rom erworben hatte.

Als auf den Papst am 13.5.1981 auf dem römischen Petersplatz ein Attentat verübt wurde, überlebte er den Anschlag vor allem wegen seiner durchtrainierten körperlichen Verfassung. Wojtyla gilt, wie keiner seiner Vorgänger in diesem Jh., als ein charismatischer Mann und als »Reise-Papst«, Spitzname »Eiliger Vater«. Auf über 50 Reisen – die erste führte ihn in die Dominikanische Republik, nach Mexiko und auf die Bahamas (1979) – vertrat er die Katholische Kirche in den entferntesten Winkeln des Erdballs.

DIÖZESEN

Die Katholische Kirche in der alten Bundesrepublik gliedert sich in 22 Diözesen, und zwar in die Erzbistümer Bamberg, Freiburg, Köln, München und Paderborn sowie in weitere 17 Bistümer. Auf dem Gebiet der ehemaligen DDR ist die Katholische Kirche mit den sechs »Jurisdiktionsbezirken« Berlin, Meißen, Görlitz, Schwerin, Magdeburg und Erfurt-Meiningen vertreten. Eine Neugliederung dieser Bezirke mit insgesamt 1,2 Mio. Katholiken steht bevor.

Diözesen	Katholiken in Mio. (abgerundet)
1. Aachen	1,2
2. Augsburg	1,5
3. Bamberg	0,8
4. Berlin (West)	0,2
5. Eichstätt	0,4
6. Essen	1,1
7. Freiburg	2,2
8. Fulda	0,4
9. Hildesheim	0,7
10. Köln	2,4
11. Limburg	0,7
12. Mainz	0,8
13. München und Freising	2,1
14. Münster	2,0
15. Osnabrück	0,8
16. Paderborn	1,8
17. Passau	0,5
18. Regensburg	1,3
19. Rottenburg-Stuttgart	2,0
20. Speyer	0,6
21. Trier	1,7
22. Würzburg	0,9

PÄPSTE IM 19./20. JH.

Päpste als Oberhaupt der Katholischen Kirche vereinigen acht amtliche Titel: »Bischof von Rom (1), Stellvertreter Jesu Christi (2), Nachfolger des Apostelfürsten (3), Oberhaupt der allgemeinen Kirche (4), Patriarch des Abendlands (5), Primas von Italien (6), Metropolit der Provinz Rom (7), Souverän des Stadtstaates Vatikan (8).« Durch die Wirren der Doppelwahl von Päpsten (u.a. 1130 Papst Anaklet II. und Innozenz II.) und der zeitweise konkurrierenden Papstreihen gibt es keine verbindliche Papstliste. Meist wird Papst Johannes Paul II. als Nummer 269 der mit dem Apostel Simon Petrus (Nr. 1) und dem Heiligen Linus (Nr. 2) beginnenden Papstreihe gezählt.

Name	Nr.	Geburtsname und Geburtsjahr	gewählt	gestorben
Pius VII.	256	Luigi Barnabà Chiaramonti (1740)	14.03.1800	20.08.1823
Leo XII.	257	Annibale della Genga (1760)	28.09.1823	10.02.1829
Pius VIII.	258	Francesco Xaviero Castiglioni (1761)	31.03.1829	30.11.1830
Gregor XVI.	259	Bartolommeo Alberto Cappelari (1765)	02.02.1831	01.06.1846
Pius IX.	260	Giovanni Masttai-Ferretti (1792)	16.06.1846	07.02.1878
Leo XIII.	261	Vincenzo Giocchino Pecci (1810)	20.02.1878	20.07.1903
Pius X.	262	Giuseppe Melchiorre Sarto (1835)	04.08.1903	20.08.1914
Benedikt XV.	263	Giacomo della Chiesa (1854)	03.09.1914	22.01.1922
Pius XI.	264	Achille Ratti (1857)	06.02.1922	10.02.1939
Pius XII.	265	Eugenio Pacelli (1876)	02.03.1939	09.10.1958
Johannes XXIII.	266	Angelo Giuseppe Roncalli (1881)	28.10.1958	03.06.1963
Paul VI.	267	Giovanni Battista Montini (1897)	21.06.1963	06.08.1978
Joh. Paul I.	268	Albino Luciani (1913)	26.08.1978	29.09.1978
Joh. Paul II.	269	Karol Wojtyla (1920)	16.10.1978	

RELIGION

Protestanten

Namentlich wird der Begriff »Protestant« von keiner Kirche außer der anglikanischen Kirche in Nordamerika (»Protestant Episcopal Church«) benutzt. Im deutschsprachigen Raum hat keine der Kirchen ihn je offiziell getragen; dennoch wird er generell für Anhänger der evangelischen Staatskirche angewandt.

Der Ursprung des Begriffs leitet sich vom »Protest« der evangelischen Stände auf dem Reichstag zu Speyer im Jahre 1529 her. Dort erklärte man, nicht mehr dem Papst in Rom, sondern nur noch Gott Rechenschaft schuldig zu sein. Zunächst völlig ungebräuchlich, verstand man unter Protestanten alle christlichen Kirchen, die aus der Reformation Martin Luthers, Ulrich Zwinglis und Johann Calvins hervorgegangen sind. Heute werden damit in der Hauptsache die 25,5 Mio. Anhänger der Evangelischen Kirche in Deutschland (EKD) bezeichnet.

Die EKD umfaßt 17 Gliedkirchen, die aus drei Gruppen bestehen: Lutherische, Unierte und Reformierte Kirchen. Die größte Gliedkirche (Hannover) hat 3,4 Millionen, die kleinste (Schaumburg-Lippe) 70 000 Mitglieder. Hinzu kommen die acht ev. Landeskirchen der früheren DDR mit 7,5 Mio. Protestanten.

LANDESKIRCHEN

Gliedkirchen in der alten Bundesrepublik	Protestanten in Mio.
1. Baden	1,3
2. Bayern	2,6
3. Berlin-Brandenburg	0,9
4. Braunschweig	0,5
5. Bremen	0,3
6. Hannover	3,4
7. Hessen und Nassau	2,1
8. Kurhessen-Waldeck	1,0
9. Lippe	0,2
10. Nordelbien	2,6
11. Nordwestdeutschland	0,2
12. Oldenburg	0,5
13. Pfalz	0,6
14. Rheinland	3,2
15. Schaumburg-Lippe	0,1
16. Westfalen	2,9
17. Württemberg	2,4

»EIN FESTE BURG ist unser Gott« – Martin Luther (1483 – 1546) scheute nicht den Kampf gegen Papst, Kaiser und Reich um seines Glaubens willen.

Reformation

Die Reformation (lateinisch Erneuerung, Wiederherstellung) im 16. Jh. war nicht nur für die christliche Kirche von überragender Bedeutung, sie beeinflußte die kulturelle, politische und später auch die wirtschaftliche Entwicklung Mitteleuropas maßgeblich. Ihr Anfang datiert vom 31. Oktober (Reformationstag) 1517, als Martin Luther seine zur Erneuerung auffordernden 95 Thesen in Wittenberg veröffentlichte. Der Reformator kämpfte insbesondere gegen den Ablaß, die »käufliche Seligkeit«, und bewirkte trotz kirchlicher und weltlicher Ächtung ein schnelles Ausbreiten evangelischer Reformationskirchen.

Die politische Tragweite der Reformation lag darin, daß sich innerhalb eines Jahrzehntes eine Reihe von Landesfürsten der Erneuerungsbewegung anschlossen, um insbesondere den lästigen Einfluß des Papstes in Rom abzuschütteln. Zwar konnte im Jahr 1547 der 16 Jahre zuvor geschlossene Verband reformierter Reichsstände, der sog. Schmalkaldische Bund, noch einmal zerschlagen werden, doch im Augsburger Religionsfrieden (1555) wurde allen Landesherren des Reiches das Recht freier Konfessionswahl zugesichert.

Die Reformation in der Schweiz vollzog sich weitgehend unabhängig von der deutschen. Ihr Reformator Ulrich Zwingli (1484 – 1531) konnte von Zürich aus eine noch konsequentere Abwendung vom Papsttum einleiten. In Österreich entwickelte sich die Reformation unter deutschem und schweizerischem Einfluß.

Den erfolgreichen Fortgang der Reformation sicherte Johann Calvin (1509 – 1564). Insbesondere der Calvinismus, gekennzeichnet durch Opferbereitschaft, Gemeinsinn und einen weitreichenden Geltungsanspruch (einschließlich Wirtschaft und Finanzen), übte auf die wirtschaftliche und soziale Entfaltung Europas und auch Nordamerikas bis heute einen nachhaltigen Einfluß aus.

Martin Luther (10.11.1483 Eisleben – 18.2.1546 ebenda), der Sohn eines Bergmanns, erkannte erst im Alter von 22 Jahren seine Berufung: Nachdem ein Blitz in seiner unmittelbaren Nähe eingeschlagen hatte (Luthers spontanes Gelübde: »Ich will ein Mönch werden!«), ging der Student in ein Augustiner-Kloster in Erfurt. Zwei Jahre später (1507) empfing Luther die Priesterweihe. Nach einer Rom-Reise (1512) im Auftrag seines Ordens verfaßte er vielerlei Schriften und veröffentlichte seine Theologie der »Gerechtigkeit Gottes aus Glauben«.

Diese Auffassung, die Luther nach intensivem Studium seiner persönlichen »bibli-

RELIGION

schen Schlüsselstelle« im Römerbrief (Kapitel 1, 16 + 17) entdeckte, sein sog. Turmerlebnis, stand im krassen Gegensatz zur damaligen »Lehre der Werksgerechtigkeit«. Als Luther im Herbst 1517 seine 95 Thesen an die Schloßkirche in Wittenberg schlug, war dies in erster Linie eine Reaktion auf die selbstgerechte Frömmigkeit guter Werke, die im sog. Ablaßhandel gipfelte. Der besonders von Luthers Widersacher Johann Tetzel (1465–1519) gepredigte Ablaßhandel versprach gegen entsprechende Bezahlung einen »guten Platz« im Himmel. (Spottvers: »Wenn der Taler im Kasten klingt, die Seele in den Himmel springt«.)

Weder die päpstliche Bannbulle (1520) noch die Ladung auf den Wormser Reichstag (1521) vermochten den unerschrockenen Begründer der Reformation zum Widerruf zu bewegen.

Den Folgen der gegen ihn verhängten Reichsacht entging Luther unbeschadet in der Zurückgezogenheit auf der Wartburg, wo ihm sein Gönner Friedrich III. der Weise (1463–1525) Schutz gewährte. Dort entstand im Jahre 1522 die unübertroffene Übersetzung des Neuen Testaments. Zwölf Jahre später vollendete Luther seine Übersetzung auch des Alten Testaments, die – nach vielen Revisionen – heute noch am weitesten verbreitete deutschsprachige Bibel.

Orthodoxe Christen

Sie nennt sich selbst die »rechtgläubige, katholische und apostolische Kirche«: Die Orthodoxe Kirche vereinigt jene Christen, die sämtliche Beschlüsse der ersten sieben Konzilien anerkennen und dieser Tradition verpflichtet sind. Ihr Ursprung lag im Auseinanderbrechen des Römischen Weltreiches in eine westliche bzw. lateinische Hälfte, konzentriert um Rom, und eine östliche bzw. griechische Hälfte um Konstantinopel.

Die Orthodoxe Kirche kennt kein Glaubensbekenntnis oder Dogma, ihre Würdenträger müssen unverheiratet sein, das Dogma der Unbefleckten Empfängnis wird nicht anerkannt. Obwohl es in den Kirchen sehr viele Ikonen gibt, gilt das Kruzifix als einziges Abbild Gottes. Fastentage sind häufig und werden streng eingehalten.

Die orthodoxen Linien – es gibt eine griechisch-orthodoxe, eine russisch-orthodoxe und eine rumänisch-orthodoxe – entwickelten sich weitgehend isoliert voneinander. Nach einer jahrhundertelangen Rivalität trafen sich erstmals 1987 der griechisch-orthodoxe Patriarch Dimitrios I. von Konstantinopel und das Oberhaupt der russisch-orthodoxen Kirche, Patriarch Pimen, zu versöhnlichen Gesprächen. In der Bundesrepublik leben etwa eine halbe Million orthodoxe Christen.

KIRCHENZUGEHÖRIGKEIT

Bevölkerung in Millionen	Protestanten	Katholiken	Juden	Andere, konfessionslos
Deutschland				
alte Bundesländer	25,5	25,5	0,03	5,3*
ehemalige DDR	7,6	1,2	0,0006	7,9
Österreich	0,5	6,7	0,01	0,4
Schweiz	2,9	3,1	0,02	0,2

* Darunter rund zwei Millionen Moslems.

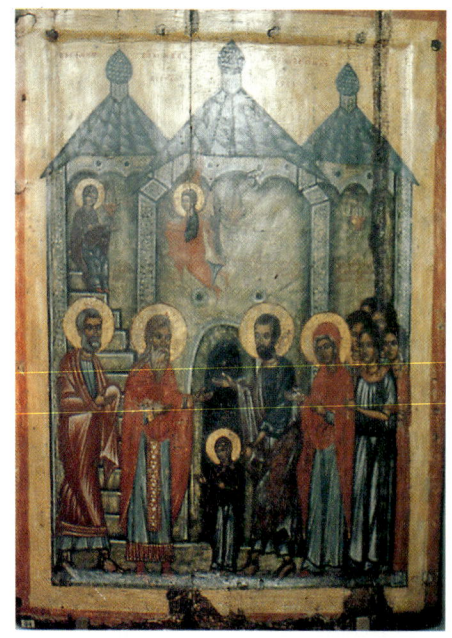

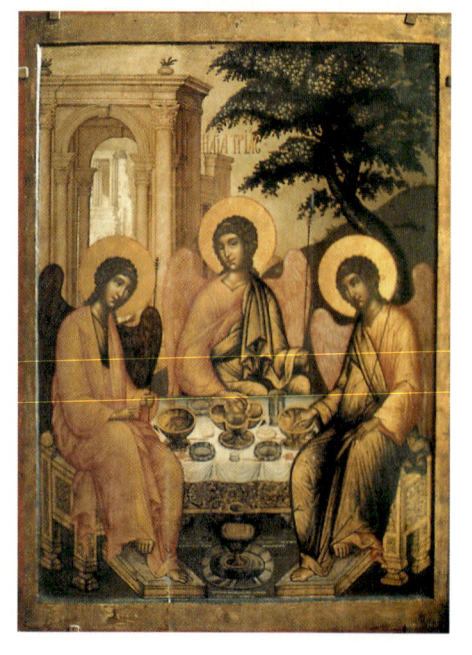

AUS BYZANZ übernahm Großfürst Wladimir (oben links mit seiner Großmutter Olga auf dem Hauptportal der Kiewer Wladimir-Kathedrale) im 10. Jh. das orthodoxe Christentum für Rußland und legte damit den Grund für die Europa-Ferne des späteren Riesenreichs. Hier entwickelte sich eine besondere Volksfrömmigkeit, die Ausdruck fand in der Ikonenmalerei (griech. eikón = Bild). Diese streng reglementierte Herstellung von Kultbildern erreichte im mittelalterlichen Rußland besondere Blüte: Es wurden Heilige und Heiligenleben dargestellt wie das des Heiligen Georg (oben rechts, 14. Jh.) oder biblische Geschichten (unten links: Der 12jährige Jesus im Tempel, Nowgoroder Schule Anfang des 14. Jh.) oder theologische Themen wie die Dreifaltigkeit (unten rechts, 16. Jh.). Die Bilder waren und sind Gegenstände der Verehrung, die Anbetung vor ihnen aber gilt nicht dem Bildnis selbst, sondern den dargestellten biblischen Urbildern.

RELIGION

LAUT RUFT DER MUEZZIN fünfmal täglich durch den Gebetsruf (Adhan) die Gebetszeiten vom Minarett der Moschee. Beim wachsenden Straßenlärm greift man vermehrt auf technische Hilfen wie Lautsprecher und Tonbänder zurück, obwohl der Islam ansonsten westlichen Errungenschaften skeptisch gegenübersteht.

ISLAM

Der Islam ist die zweitgrößte der Weltreligionen. Er betont kompromißlos den Monotheismus (Eingottlehre) und die strikte Einhaltung gewisser Glaubenspraktiken. Der heute besonders in West- und Südasien sowie in Nordafrika verbreitete Islam ist semitischer Herkunft und wurde im Jahre 622 n. Chr. in Jathrib, heute bekannt als Medina, in Saudi-Arabien von Mohammed begründet.

Mohammed (andere Schreibweise: Muhammad) lebte 575–632. Er gehörte dem Stamme der Koraisch an, war Karawanenführer und später Händler in Mekka. Erst 626 begann er öffentlich zu predigen. Bald nach seiner Auswanderung von Mekka nach Medina (Hedschra) im Jahre 622 richtete er seine Gebete auf den heidnischen Tempel in Mekka aus. Er betete nicht mehr zum Gott Israels, sondern zu Allah. Mohammed wurde neben seiner Tätigkeit als Schreiber des Koran und als Mittler göttlicher Offenbarungen Administrator, Feldherr, Richter und Gesetzgeber. Die ursprüngliche Bedeutung des arabischen Wortes Islam, nämlich »Kapitulieren«, deutet auf die Grundidee des Glaubens: Der Gläubige, der Moslem, akzeptiert eine »Kapitulation unter den Willen Allahs«.

Der Wille Allahs ist im Koran niedergelegt, der Offenbarungsschrift seines Propheten Mohammed. Die Hauptaussage des Islams steht in der Schahadah, dem Glaubensbekenntnis der Moslems: »Es gibt keinen Gott außer Allah, Mohammed ist sein Prophet«. Wesentliche Glaubensmerkmale sind Engel, Offenbarungsbücher (aus dem Judentum, Christentum und Hinduismus neben dem Koran), eine Reihe von Propheten und der Jüngste Tag, der Tag des Gerichts.

Zu den streng einzuhaltenden Glaubenspraktiken gehören das täglich fünfmalige Gebet (Salah), das Geben von Almosen (Sakat), das Fasten (Sijam) im Monat Ramadan, eine Pilgerreise (Hadsch) nach Mekka. Jeder strenggläubige männliche Moslem pilgert mindestens einmal im Leben zum »Haus Gottes in Mekka« und gelobt dort feierlich: »Labbaik Allahumma Labbaik« (»Hier bin ich zu Deinem Wunsche, oh Allah, Deinem Ruf folgend«). Salah, Sakat, Sijam und die Hadsch nennt man einschließlich des Glaubensbekenntnisses die »Fünf Grundpflichten«. Ramadan, der Fastenmonat, ist der neunte Monat des islamischen Mondkalenders.

Schiiten und Sunniten sind die beiden großen Gruppen des Islams, daneben gibt es Splittergruppen wie Sufiiten, Mutakallimun und Kharijiten. Die Mehrzahl der 860 Millionen Moslems sind Sunniten, aber die nur 40 Millionen Schiiten sind die einflußreichsten. Sie stellen 93 Prozent der Bevölkerung des Iran.

Die Schiiten haben großen Einfluß auf die Sunniten ausgeübt, obwohl beide Richtungen immer noch stark voneinander abweichen. Die Schiiten haben eine Reihe von extremen Sekten hervorgebracht, deren auffälligste die Ismailiten sind. Im zum Teil blutigem Streit um die rechtmäßige Nachfolge Mohammeds, der schon Mitte des 7. Jahrhunderts entbrannte, erkennen die Schiiten nur »die Partei« (Schia) von Mohammeds Schwiegersohn Ali und dessen Nachkommen als legitime Kalifen an. Im Gegensatz zu den Sunniten, die neben dem Koran nur Taten und Vorschriften des Propheten (Sunna »der Weg«) anerkennen, halten die Schiiten Analogieschlüsse für erlaubt. Sie glauben an die wiederkehrende Erscheinung eines Mahdi (Gesandter Gottes), während die Sunniten diesen erst in der Endzeit erwarten.

Trotz der unterschiedlichen Rassen, Kulturen und Länder (Ägypten, Arabien, Indien, Irak, Iran, Pakistan, Türkei u.a.), die der Islam umfaßt, zeichnet ihn eine gemeinsame Glaubensgrundlage und ein starkes Zusammengehörigkeitsgefühl aus. Mit dem Verlust wirtschaftlicher Macht, bedingt durch das Erstarken der westlichen Industrienationen im 19. und 20. Jh. ist die islamische Gemeinschaft nicht schwächer, sondern eher stärker geworden.

Der zunehmende politische Einfluß des Islam wurde besonders durch den 1989 verstorbenen Ajatollah Ruhollah Chomeini (Ajatollah = höchster geistlicher Titel der Schiiten, Ruhollah = »Geist Gottes«) begründet; sein Nachfolger, Ali Chamenei, blieb bisher in der nicht-islamischen Welt weitgehend unbekannt.

HINDUISMUS

Der Hinduismus ist die einzige der fünf Weltreligionen ohne Religionsstifter und auch der genaue Zeitpunkt der Entstehung ist weitgehend unbekannt. Sein Ursprung liegt vermutlich bei den frühen Indus- und Ganges-Gesellschaften um 3500 v. Chr. Es gibt praktisch keinen gemeinsamen Glauben aller Hindus, sondern lediglich ein weites Spektrum von Wissen (Gyan) und Hingabe (Bhakti). Das Kastensystem der Hindus, entstanden aus unterschiedlichen

RELIGION

Berufsständen (Brahmanen = Priester, Kschatrijas = Krieger, Waischjas = Bauern, Schudras = Knechte, Paria = Berufslose), hat sich erst recht viel später unter dem Einfluß von Nicht-Hindus verfestigt. Das göttliche Wissen (Vedas) wird den Hindus mittels einzelner Sanskritverse (Mantras) von sogenannten Weisen (Rischis oder Munis) vermittelt. Die Götter Brahma, Wischnu und Schiwa stellen die Begriffe Schöpfung, Bewahrung und Zerstörung dar. Man kann den Weg der Hingabe (Bhakti), des Wissens (Gyan) oder eine Mischung beider wählen, um die Vereinigung mit dem Nichts (Nirakar) oder dem Etwas (Sakar) zu erreichen.

Der Lebensstatus im nächsten Leben wird durch das eigene Handeln (Karma) bestimmt. Ist das Karma rechtschaffen, so findet nach dem Tod eine Vereinigung mit dem Göttlichen statt, der Lebens-Todes-Kreislauf wird durch eine ewige Freiheit (Mokscha) aufgehoben. Wer kein rechtschaffenes Leben führt, kann aus dem Zyklus der Seelenwanderung nicht herauskommen. Der Hindu kennt vier Lebensabschnitte: Ehelosigkeit (Brahmacharja), Haushalterschaft (Grahastha), Ruhestand (Vanprastha) und Verzicht (Sanjas). Hinduismus ist keine starre, organisierte Religion, vielmehr hat jeder Hindu eine absolute Freiheit der persönlichen Glaubensverwirklichung. Die individuelle Glaubensphilosophie muß lediglich in Harmonie mit den universellen Grundregeln menschlichen Zusammenlebens stehen, die eine alte Sanskrit-Weisheit zusammenfaßt: »Die ganze Welt ist eine große Familie.«

Die von Mahatma Gandhi proklamierte Gewaltlosigkeit (Ahimsa, wörtlich »Nicht-töten«) entspricht völlig dem hinduistischen Gedankenmuster. Daß es in den sozialen Klassen der Hindus ständig zu Spannungen kommt, ist eine andere Sache. Denn, so sagt ein bezeichnender Sanskrittext (Bhagwad-Gita), »jeder kann sein unmittelbares Handeln kontrollieren, nicht aber dessen Folgen« . Das derzeitige Interesse der Europäer und Amerikaner am Hindu-Gedankengut, zum Beispiel an der Hare-Krishna-Bewegung (siehe »Jugendreligionen und Sekten«) oder ähnlichen hinduistischen Erscheinungsformen, entstand Ende der 60er/Anfang der 70er Jahre und ist ohne historische Parallele.

BUDDHISMUS

Der Buddhismus ist aus dem Hinduismus hervorgegangen; seine Entstehung ist genau datiert und an eine Person geknüpft: an den indischen Prinzen Siddhartha (563 – 483 v. Chr.) aus der Adelsfamilie der Sakjas. Der Prinz nannte sich später Gautama Buddha, der »Erleuchtete«. Aufgewachsen in großem Reichtum und abgeschottet von dem außerhalb des Palastes herrschenden Elend, begegnete er 534 v. Chr. erstmals einem Alten, einem Asketen, einem Kranken und einem Toten. Daraufhin verließ er heimlich seine Familie und ging auf eine sechsjährige Wanderschaft. Nach 49 Tagen der Meditation unter einem Aschwatthabaum (Ficus religiosa) in Bodh Gaya erlangte er das Nirwana, die Erleuchtung. Bis zu seinem Tode im 80. Lebensjahr lehrte er in Bihar, westlich von Bengalen.

Die Lehre Buddhas war im wesentlichen eine Reformbewegung des frühen Hinduismus. Sie verkündet vier Weisheiten:
(1) Der Mensch leidet von einem Leben zum nächsten;
(2) die Ursachen des Leidens liegen in den Begierden;
(3) die Loslösung von allen Dingen, auch von sich selbst, befreit von Begierden;
(4) diese Loslösung ermöglicht den »edlen achtfachen Weg«: rechte Gesinnung, Anschauung und Meditation, rechtes Denken, Reden, Streben, Handeln und Vorleben.

Der Buddhismus vermittelt keinerlei Beziehungen zu Göttern. Er kennt ein göttliches Gericht ebensowenig wie eine messianische Hoffnung. Nur die unerbittliche Vergeltungskausalität guter und böser Taten (Karma) bestimmt eines jeden Schicksal.

Die vielen Mönche und Nonnen leben streng vegetarisch und praktizieren Ehelosigkeit und Gewaltlosigkeit. Nur sie haben – so der südliche Buddhismus (Hinajan, »Kleines Fahrzeug«) der indischen Tradition – die Hoffnung, das Nirwana zu erlangen. Im »Großen Fahrzeug« (Mahajana) der Chinesen, Koreaner und Japaner können auch Laien diese letzte Stufe erreichen, indem sie ihr Leben opfern.

Der Zen-Buddhismus, heute besonders in Japan vertreten, kennt die Erleuchtung (Zen heißt »Versenkung«) nur durch langanhaltende Meditation und psychische sowie physische Stimulierung. Der Buddhismus ist die einzige Religion, die einen noch heute existierenden Mönchsstaat hervorgebracht hat: das 1,2 Mio. km² große Tibet. Weltliches und geistliches Oberhaupt ist der Dalai Lama. Seit dem 22. Februar 1940 regiert der 14. Dalai Lama, dessen bürgerlicher Name Tanchu Dondup (Mönchsname: Tenzin Gyatso) lautet. Seit chinesische Rotarmisten im März 1959 versuchten, sich des Dalai Lama zu bemächtigen, lebt er im indischen Exil.

VIELE GESICHTER hat der Buddha im Volksglauben. Kennt man ihn meist als versunken Sitzenden, so gibt es aber auch Darstellungen des großen Ruhenden (links: Statue im thailändischen Ayutthaya) und des »Happy Buddha« (rechts Goldbüste aus Taipeh auf Formosa).

RELIGION

KEINE RELIGION im engeren Sinne ist der Konfuzianismus. Sein Schöpfer, der im 6./5. Jh. v. Chr. in China lehrende Philosoph Konfuzius (Bild: Eingang zum Grabmal), schuf eher ein System der öffentlichen Moral, das aber durch kultische Verehrung und Tradierung religiöse Züge gewann.

KONFUZIANISMUS

Der Namensgeber Konfuzius (551-479 v. Chr.) war kein Religionsstifter im engeren Sinne. Er verstand sich als Gelehrter und den von ihm geschaffenen Konfuzianismus als ethischen, moralischen und weltanschaulichen Denkansatz. Konfuzius, die latinisierte Form von K'ung-futse oder Meister K'ung, war Finanzbeamter der chinesischen Grafschaft Lu. Er wurde mit seiner Lehre über die sechs Künste – Zeremoniell, Musik, Baukunst, Wagenrennen, Geschichte, Arithmetik – zum ersten bedeutenden Philosophen Chinas.

Der Gelehrte Konfuzius betont in seiner Ethik menschliches Wohlwollen (Jen) und die Erkenntnis, daß Wahrheit immer durch die Fehlerhaftigkeit des eigenen Wissens relativiert wird. Er glaubte an den Altruismus (Selbstlosigkeit) und forderte eine kindliche Frömmigkeit. Er erkannte, daß sich Menschenmassen durch Vorbilder leiten ließen und beeinflußte die Herrscher seiner Epoche, solchen historischen Vorbildern nachzueifern, die ihrerseits als erfolgreiche Eroberer dem Wohl des Volkes gedient hatten. Der Konfuzianismus kennt das Gedenken der Großen der Vergangenheit und die Verehrung persönlicher Vorfahren. Die Fürbitte ist ihm fremd, jeder muß sein eigenes Geschick bestimmen.

Da der Konfuzianismus keinerlei Organisation kennt, weder Kirchen noch Priester, kann man ihn angemessen nur als religiöse Philosophie oder Sozialethik bezeichnen. Er hat über viele Jh. großen Einfluß auf die Kindererziehung in China gehabt. Man glaubte, bei konsequenter Anwendung des Konfuzianismus irgendwann eine moralisch gefestigte Generation von »gerechten Menschen« hervorbringen zu können.

Zu Beginn des 19. Jh. versuchten seine Anhänger, ihn zur Staatsreligion zu machen. Obwohl dies mißlang, ist ein großer Teil des konfuzianischen Gedankenguts in seinem heute von kommunistischer Ideologie überzogenen Einflußgebiet erhalten geblieben. Auch die Lehre Mao Tse-tungs, des großen chinesischen Revolutionsführers (1893-1976), war teilweise durch Elemente des Konfuzianismus geprägt.

SCHINTOISMUS

Der Schintoismus (Schinto jap. »Weg der Götter«) entwickelte sich vom 6. bis 7. Jh. n. Chr. in Japan als eine nationale Gegenbewegung zum Buddhismus des asiatischen Festlandes. Ursprünglich kannte er die Verehrung der Gottheiten in der Natur und einen ausgeprägten Ahnenkult. Das Volk suchte bei den Gottheiten Hilfe für körperliche und geistige Belange, wobei die Tugenden der Reinheit und Wahrheitsliebe betont wurden. Die bedeutendsten Schinto-Schreine sind bekannten nationalen Persönlichkeiten gewidmet. Daneben gibt es Kultstätten etwa für die Gottheiten der Berge und der Wälder.

Im 19. Jh. entstanden 13 Schinto-Bewegungen, deren finanzieller Unterhalt vollkommen von Privatpersonen getragen wird. Die Schinto-Gruppen weichen sowohl bei Glaubensinhalten als auch Glaubenspraktiken weit voneinander ab. Von diesen Splittergruppen hat die Tenri Kyo außerhalb Japans die größte Anhängerschaft.

Der Schintoismus unterlag großem Einfluß von Konfuzianismus, Taoismus und v.a. Buddhismus. Im Jahre 1868 wurde mit der Gründung eines Schinto-Ministeriums der Versuch unternommen, die Koexistenz mit dem Buddhismus ganz abzubauen; 1871 wurde der Schintoismus gar zur japanischen Staatsreligion erklärt. Damit wurde das geistliche Schinto-Oberhaupt, der Tenno (jap. »Himmelsherrscher«), zugleich Kaiser von Japan. Als göttliche Ahnen der bis zuletzt herrschenden japanischen Kaiserdynastie galten die Sonnengöttin Amaterasu und ihr Enkel Nimigi. Nach dem II. Weltkrieg wurde der Schinto-Staatskult zwar offiziell wieder abgeschafft, spielt aber im öffentlichen Leben Japans weiter eine zentrale Rolle.

TAOISMUS

Über den chinesischen Philosophen und Gründer des Taoismus, Laotse (Lao Zi, Lao Tzu) gibt es nur wenige, meist widersprüchliche historische Angaben: Nach gängigen Überlieferungen wurde er im 6., nach neueren Datierungsversuchen im 3. Jh. v. Chr. geboren. Laotse lehrte, daß Tao, der Weg des Absoluten und des »Nicht-Seins«, durch die drei Tugenden Enthaltsamkeit, Demut und Mitleid erlangt werden können. Der Taoismus zeichnet sich heute durch eine Vielzahl von Gottheiten aus, was im krassen Widerspruch zu den ursprünglichen Lehren seines Religionsstifters Laotse steht. Es werden zwei Richtungen, deren Einfluß allerdings ständig abnimmt, unterschieden: die Nördliche Schule aus dem 13. Jh., die das Leben des Menschen in den Mittelpunkt stellt, und die Südliche Schule, vermutlich aus dem 10. Jh., die die Natur des Menschen betont.

In jüngster Zeit haben insbesondere Laien eine Reihe von Tao-Gesellschaften gegründet; dabei verfolgen sie die Absicht, durch die Verehrung vieler Gottheiten, wie andere Religionen, eine Gesellschaft mit mehr Wohltätigkeit und besseren Moralvorstellungen zu erlangen. Zur Moral des Taoismus gehören Einfachheit, Geduld, Zuversicht und harmonisches Zusammenleben. Der Taoismus erlebte seinen Höhepunkt zur Zeit der T'ang Dynastie (618-906 n. Chr.) und wird seither hauptsächlich von den ungebildeten Bevölkerungsschichten praktiziert.

Der Taoismus vertritt eine Philosophie der Individualität und lehnt jegliche Reglementierung und Organisiertheit ab. Erst im 5. Jh. v. Chr., als Buddhismus und Taoismus sich gegenseitig stark beeinflußten, wurde die antikollektive Haltung gemildert. Die Vorbilder buddhistischer Priesterschaft und Tempelbauten wurden weitgehend übernommen; das bedeutendste Tao-Bauwerk ist der Tempel »Weiße Wolke« in Peking.

RELIGION

JUDENTUM

Die Juden leiten ihren Namen vom lateinischen Judaeus und vom hebräischen Jehudi ab. Das Wort Jude im eigentlichen Sinne bezeichnet die Nachkommen von Juda, dem vierten Sohn Jakobs. Der Stamm Juda und der seines Halbbruders Benjamin bildeten das Königreich Juda, das sich vom alten Königreich Israel der übrigen zehn Stämme trennte. Als die drei Stammväter (Patriarchen) im Judentum gelten Abraham, Isaak, und Jakob. Der Auszug der Israeliten aus Ägypten wird auf 1400 v. Chr. geschätzt.

Der streng monotheistische jüdische Glaube (Ein-Gott-Glaube) – der erste der Weltgeschichte, Mutter von Christentum und Islam – geht davon aus, daß Israel das auserwählte Volk des einen und einzigen Gottes ist: »Höre, Israel, der Ewige ist unser Gott, der Ewige ist einzig« (5. Mose 6,4). Die Juden halten sich an die Thora (Altes Testament, v.a. die 5 Bücher Mose) und an den Talmud, rabbinische Kommentare mit einer gewissen Weiterführung der Thora. Danach ist der Mensch nach dem Ebenbild Gottes geschaffen und von Natur aus gut. Er braucht keinen Mittler zwischen Gott und sich. Jesus gilt als bedeutender Jude, nicht aber als der Messias, auf dessen Ankunft und dessen göttliches Reich die Juden warten als Erfüllung ihrer Auserwähltheit.

Diese Erwählung wurde und wird von den Juden als Auftrag gegenüber der ganzen Welt begriffen, spornte zu außergewöhnlichen Leistungen an, führte aber auch zu ständigen Konflikten mit anderen Völkern und letztlich zum Antisemitismus. Der Begriff wurde zwar erst 1879 von Wilhelm Marr geprägt, beschreibt aber eine schon seit Jahrtausenden immer wieder aufbrechende Judenfeindschaft und setzte sich durch, obwohl die Juden durch Vermischung fast nirgends mehr als Semiten (Angehörige vorderasiatischer Steppenvölker) gelten können (im Gegensatz etwa zu den Arabern, auf die der Begriff jedoch nicht gemünzt ist).

Der hohe Selbstanspruch und die Unbeugsamkeit des Judentums lösten schon bald nach der Zeitenwende die Zerstreuung (Diaspora) in die ganze Welt aus. Im Jahre 70 brachen römische Truppen unter dem späteren Kaiser Titus den Widerstand der Juden gegen die Besatzung und zerstörten den Tempel in Jerusalem. Nur 60 Jahre später erstickten sie einen neuen jüdischen Aufstand unter Bar Kochba, vertrieben die führenden Familien und verkauften Tausende in die Sklaverei. Ein Übriges tat im 7. Jh. die islamische Eroberung, die das Judentum als Volkseinheit endgültig zerschlug.

Gemeinsamer Glaube und Ritus schützte die kleinen verstreuten jüdischen Gruppen vor dem Verlust der religiösen Identität, brachte aber, auch wegen ihrer Wehrlosigkeit, neue Anfeindungen und berufliche Einschränkungen.

Frei entfalten konnten sie sich v.a. im Handel und im Finanzwesen, da Christen Zinsnahme untersagt war. Das führte, oft auch wucherisch mißbraucht, zu als bedrohlich empfundenen Abhängigkeiten, gegen die immer wieder mit Gewaltaktionen (Pogromen) aufbegehrt wurde, christlich verbrämt als »Kampf gegen die Gottesmörder«. Vor allem im fanatisierten Klima der Kreuzzüge (11.–13. Jh.) zur Befreiung der heiligen Stätten in Palästina kam es zu schweren Ausschreitungen und Massakern. Es sollte bis zum 2. Vatikanischen Konzil in unseren Tagen dauern, bis die katholische Kirche ihr Verdikt gegen die Juden milderte, die nicht nur Jesus als Messias ablehnen, sondern auch für die Hinrichtung des Heilands verantwortlich gemacht wurden. Und auch Luther lastete den Juden diese Todsünde an, die allerdings durch die Taufe abgewaschen werden konnte.

Viele Juden sahen in dieser Lage das Heil allein in weiterer Anpassung an die Gastvölker (Assimilation), was v.a. im 18./19. Jh. durch zunehmende Emanzipation starke Impulse erhielt. Dagegen aber erstand ein neuer Gegner, in »wissenschaftlichem« Kleid daherkommend: der Rassenhaß. Er übertrug die Erkenntnisse der Biologie auf

LEBENDIG VERBRANNT wurden Juden in Köln 1475 wegen eines angeblichen Ritualmordes an einem christlichen Knaben (Holzschnitt aus der Schedelschen Weltchronik von 1493).

DIE VERNICHTUNG DES EUROPÄISCHEN JUDENTUMS

Die nationalsozialistische Judenverfolgung seit 1933 ist ohne Beispiel in der Geschichte. Sie war Folge des zum Rassismus gewandelten Antisemitismus und seiner wahnhaften Übersteigerung in der Weltanschauung Hitlers. Der deutsche Diktator sah nur eine Rettung für die kultivierte Welt, wenn es gelänge, den »ewig kulturzerstörerischen Juden« auszuschalten, und das verstand er durchaus wörtlich. Mochten ihm viele Antisemiten bei der Ablehnung der Juden folgen und sogar eine Austreibung aus Deutschland billigen, die völkermörderische Konsequenz, die Hitler schließlich zog, war selbst für eingefleischte Judenhasser unvorstellbar.

Dieser Vernichtungsprozeß vollzog sich in Stufen vom Ausschluß der Juden und »jüdisch versippter« Bürger aus dem Staatsdienst und dem öffentlichen Leben (»Arierparagraph«) über die Ausschaltung aus dem Wirtschaftsleben (»Arisierung«) und die Konzentration (»Ghettoisierung«) bis hin zur Ausstoßung aus dem Leben selbst (»Endlösung«). Dafür gab es weder einen verbindlichen Plan, noch eine speziell zuständige Person oder Stelle. Eine Bürokratie, die sonst die erstaunlichsten Ressorts gebar, führte sozusagen nebenamtlich einen Vernichtungskrieg gegen Millionen eigener und fremder Mitbürger, ohne die sonstigen Pflichten zu vernachlässigen.

Erstes Problem für die Juristen war die Definition, wer denn Jude sei oder als solcher zu gelten habe. Eine leichte Aufgabe auf den ersten Blick, genau besehen aber eine höchst verzwickte Frage. Man wollte ja die Juden aus rassischen Gründen eliminieren, gerade da aber versagten die Kriterien. Man konnte schlecht Nasenform oder Haarfarbe zum Maßstab machen, und das angeblich so verderbliche »jüdische Blut« bot laboranalytisch auch keine Anhaltspunkte. So kam es, daß man wieder auf die Religion zurückgriff, die doch rassebiologisch völlig irrelevant und obendrein dem Christentum so nahe verwandt ist.

Die Juristen leisteten ganze Arbeit, sortierten die »Mischlinge« nach Graden, klassifizierten erlaubte und nicht erlaubte Ehen, entwarfen den Straftatbestand der »Rassenschande«, setzten Stichtage fest, sperrten zahllose Berufe für Volljuden, einige auch für Mischlinge und schufen einen grotesken Katalog von Merkmalen und Verordnungen. Beinahe hätte er die Vernichtungsmaschine ins Stottern gebracht, denn die Mordkommandos im Krieg konnten natürlich keine »Ariernachweise« ihrer Opfer abwarten.

Diese Definitionsproblematik zeigt die wahnhaften Züge des Rassenprogramms. Dennoch stellte sich der Staatsapparat, Judikative wie Exekutive, vorbehaltlos in seinen Dienst und bereitete die nächste Stufe des Vernichtungsprozesses vor, so daß im Krieg die physische Ausrottung perfekt vorbereitet war: Zunächst erschossen Einsatzgruppen in Polen und Rußland fast eine Million Menschen, dann nahmen die stationären Tötungsfabriken in Auschwitz und anderswo die »Arbeit« auf. Aus ganz Europa rollten Deportationszüge in die Gaskammern. Insgesamt fielen 5,1 Millionen Juden der Mordmaschinerie zum Opfer.

RELIGION

das menschliche Zusammenleben und gab die Juden als »Rasse« aus, die »von Grund auf fremdartig und verdorben« sei: Durch natürliche Auslese seien verschiedene Rassen entstanden, unter denen eben auch »minderwertige« seien. Dem »kulturschöpferischen Arier«, als dessen reinste Ausprägung der nordisch-germanische Menschentyp galt, wurde der Jude als das böse, zerstörerische Prinzip gegenübergestellt.

Jetzt gab es für die Juden auch nicht mehr den Ausweg der Taufe. Theodor Herzl (1860–1904) entwickelte daher das Konzept des Zionismus: Heimkehr in das angestammte Palästina mit Hilfe der europäischen Mächte. Der Name stammt von der Burg Zion, dem späteren Jerusalem, das Mittelpunkt des religiösen und politischen Lebens im alten Israel war und es nach Willen der Zionisten wieder werden sollte. Herzl berief 1897 den ersten Zionistischen Weltkongreß nach Basel ein und propagierte den Landkauf in Palästina durch Juden und jüdische Organisationen. Er fand zunächst nur begrenzt Resonanz und in Palästina wachsenden arabischen Widerstand. Immerhin unterstützte die britische Regierung durch die sogenannte Balfour-Deklaration ihres Außenministers 1917 die zionistischen Pläne für eine »jüdische Heimstatt« in Palästina, so daß die Einwanderung allmählich zunahm und die Durchdringung des damals noch schwach besiedelten Landes gelang.

Erst die Verfolgung der Juden aber im nationalsozialistischen Deutschland und im deutsch besetzten Europa im 2. Weltkrieg, der ein Drittel des europäischen Judentums zum Opfer fiel (s. Kasten), zerstörte endgültig die assimilatorischen Hoffnungen. Inzwischen hatte jedoch der arabische Kampf gegen die jüdische Siedlung Wirkung erzielt und in London zu einem Umdenken geführt. Die britische Mandatsmacht gab trotz der tödlichen Bedrohung nur tropfenweise Quoten für die Einwanderung von Juden frei, doch fanden immer wieder größere und kleinere Gruppen auch illegal den Weg ins »gelobte Land«. Nach Kriegsende war daher ein großer Teil des Judentums wieder in Palästina versammelt und pochte auf sein Heimatrecht. Die Vereinten Nationen trugen dem 1947 Rechnung durch einen Teilungsplan, der von den Juden akzeptiert wurde, den aber die Araber mit bewaffnetem Kampf beantworteten. In diesem ersten israelisch-arabischen Krieg siegten die Juden, konnten ihren Siedlungsbereich deutlich ausdehnen und riefen im Mai 1948 einen eigenen Staat aus, dessen innere Klammer die Religion der Väter war und ist.

In Deutschland und weiten Teilen Europas aber, vor allem im Osten, ist das Judentum weitgehend vernichtet und damit eine reiche, auch für die Gastvölker höchst fruchtbare Kultur. In der alten Bundesrepublik leben heute nur noch annähernd 30 000 Juden (s. Tabelle) in 65 Gemeinden.

JÜDISCHE LANDESVERBÄNDE/GROSSGEMEINDEN
(abgerundete Mitgliederzahlen)

1.	Hamburg/Schleswig-Holstein	1340
2.	Niedersachsen	40
3.	Bremen	130
4.	Nordrhein	2650
5.	Köln	1330
6.	Westfalen	725
7.	Hessen	1630
8.	Frankfurt am Main	890
9.	Rheinland-Pfalz	400
10.	Baden	1225
11.	Württemberg-Hohenzollern	690
12.	Bayern	5540
13.	Saarland	245
14.	Berlin (West)	6200

»WENN ICH DEIN VERGESSE, JERUSALEM...« – Unerfüllt blieb im Unabhängigkeitskrieg 1948 die ewige jüdische Sehnsucht nach den Heiligen Stätten. Erst seit dem Sechstagekrieg von 1967 erklingen wieder Gesänge und Gebete an der Klagemauer, einem Rest des Tempels Salomos von 930 v. Chr.

Philosophie

Das Wort Philosophie stammt aus dem Griechischen und bedeutet soviel wie »Liebe zur Weisheit«, wobei nach griechischem Denken »Weisheit« allein den Göttern vorbehalten war. Der Mensch könne sich ihr nur nähern, sie eben »lieben« und liebend zu verstehen suchen. Die Philosophie ist dem Bedürfnis des denkenden Menschen entsprungen, über sich selbst und sein Dasein in dieser Welt Klarheit zu gewinnen. Ihr Gegenstand sind daher sowohl religiöse wie wissenschaftliche Fragestellungen, wobei sie dogmatische Fesseln sprengt und die Muster des Erkennens zu entschlüsseln sucht.

Philosophie ist keine Fachwissenschaft wie die anderen. Sie hat keinen abfragbaren Katalog von Fachwissen anzubieten, keinen Kanon gültiger Erkenntnisse. Man kann sie allenfalls in dem Sinne »erlernen«, als man ihre Geschichte studiert, die zahllosen Entwürfe von Welt- und Seinserklärungen und indem man einige Techniken des Nachdenkens und Schlußfolgerns anwendet, die sich methodisch bewährt haben.

Doch selbst dabei ist Einheitlichkeit nicht gegeben, und eine Definition des Begriffs Philosophie verbindlich über die allgemeine Wortbedeutung hinaus scheitert an der Weite des Nachdenkfeldes und der Unerschöpflichkeit des Fragens. Es weist allerdings gemeinsame Merkmale auf wie die Voraussetzungslosigkeit, mit der auch allgemein akzeptierte Überzeugungen in Frage gestellt werden.

Auch die Summe aller in der Geschichte der Philosophie vorgetragenen Systeme ist nicht »die Philosophie«, es wird immer neue Denkansätze und Positionen geben, mit denen sich auch die Methodik verändert. »Die Philosophie ist ein Plural; ihre innere Pluralität ist ihre Stärke.« (H. Schnädelbach, 1990).

Zudem ist die Philosophie eine Wissenschaft, die zuerst stets über sich selbst reflektiert und sich selbst zum Gegenstand hat. Jedes von ihr entwickelte Gedankengebäude trägt einen hohen Grad an Geschichtlichkeit, ist abhängig von den Zeitumständen, nationalen und individuellen Besonderheiten, wird gespeist aus langen Denktraditionen. Dennoch ist die überzeitliche Geltung vieler Entwürfe unbestritten, die sich wesensmäßig unterscheiden von Ideologien oder gar vorwissenschaftlicher Philosophie des sogenannten gesunden Menschenverstandes.

Das Arbeitsgebiet der Philosophie läßt sich grob umreißen durch die Abgrenzung von der Religion einerseits und von den Naturwissenschaften andererseits. Von der Religion unterscheidet sie sich, weil ihre Suche nach den Gründen und Prinzipien von Denken und Sein nicht an Glauben und Dogmen gebunden ist; von den Naturwissenschaften trennt sie, daß sie es nicht bloß mit Fakten zu tun hat, sondern auch weitgehend spekulativ arbeitet und vor dem Umgang mit Fakten erst nach deren Möglichkeit überhaupt fragt.

Daß sie mit beiden, Naturwissenschaften und Religion, aber auch eng verwandt ist, belegt die große Zahl von Philosophen, die zugleich Theologen oder Wissenschaftler waren, und die kleinere Gruppe derer, die sogar, wie etwa Blaise Pascal oder Roger Bacon, beides waren. Die Philosophie entstand, als sich das Denken aus den religiösen Fesseln befreite und sich von autoritativer Überlieferung emanzipierte, als sich Denker unabhängig von theologischen Rücksichten auf die Wahrheitssuche machten. Die Naturwissenschaften dagegen sind zumeist Ableger der Philosophie, die sich von der Physik bis zur Soziologie nach und nach selbständig machten – im 20. Jh. als letzte die Psychologie.

Es entwickelten sich außerdem Fach-Philosophien wie Natur-, Kultur-, Geschichts-, Religions-, Kunst-, Sprach-, Rechts-Philosophie, Philosophie der Mathematik, Technik, Wirtschaft. Mißbraucht allerdings wird der Begriff spätestens dann, wenn Unternehmer von ihrer Geschäfts- oder Verkehrsbetriebe von ihrer Tarif-Philosophie sprechen. Dahinter steckt der Hang zu großen Worten, die triviales Tun veredeln, ihm philosophische Weihen verleihen sollen.

Weder die Abgabe ganzer Forschungsbereiche noch der gedankenlose Mißbrauch haben die Philosophie beschädigen können. Sie beschäftigt sich heute v.a. mit philosophischer Anthropologie (Wissenschaft vom Menschen), Ontologie (Seinslehre), Wissenschafts- und Staatstheorie sowie mit logischen Systemen. Alle diese Gebiete aber lassen sich den drei klassischen Aufgabenbereichen zuordnen: Ethik, Metaphysik und Erkenntnistheorie. Bei solcher Gliederung kommen allerdings manche nicht unwesentlichen Arbeitsgebiete des Philosophierens zu kurz wie beispielsweise die Logik, die zunehmend formalisierte Wissenschaft vom exakten Analysieren und Schließen, doch sie ermöglicht die kurze Vorstellung einiger weniger der bedeutendsten philosophischen Werke.

Ethik

Die Wissenschaft vom sittlichen Handeln des Menschen heißt seit der griechischen Antike Ethik. Die Denker haben die verschiedenartigsten Forderungen für ideales menschliches Verhalten aufgestellt, im großen und ganzen aber gehören alle nur zwei gegensätzlichen Denkrichtungen an. Die eine, idealistische, geht davon aus, daß gutes oder böses Tun nur nach einem Maßstab bewertet werden kann, der von jenseits unserer Erfahrungswelt stammt – von Gott, irgendeiner Macht des Guten, dem Menschen jedenfalls entzogen; die andere, utilitaristische, nennt eine Tat gut oder böse je nach ihren Folgen. Beide Formen kommen auch vermischt vor, doch überwiegt immer der eine oder andere Aspekt.

In Plato hatte die idealistische Richtung schon früh einen bedeutenden Vertreter. Seine Werke entstanden im 4. vorchristlichen Jh. in Athen in Form von Dialogen, in denen Platos Lehrer Sokrates philosophische Probleme mit Freunden und Gegnern erörtert. Diese sokratische Methode der »Mäeutik« (wörtlich »Hebammenkunst«), zielt darauf ab, dem Kontrahenten nach und nach seine Ansichten zu entlocken. Der Lehrer selbst trifft dabei nur selten Festellungen, sondern beschränkt sich auf das, was in der Werbesprache heute »soft sell« heißt – sanftes Verkaufen. Er stellt dem Dialogpartner Fragen, die diesem letztlich nur noch die Wahl lassen, die von Sokrates angesteuerte Meinung zu teilen oder aber sich lächerlich zu machen. Es sind vor allem die drei Dialoge »Protagoras«, »Gorgias« und »Phaidon«, in denen Plato das Gebäude seiner im Kern idealistischen Ethik errichtet. Das Gute kommt danach laut Sokrates aus dem Reich der »Ideen« oder »Urbilder«, aus der Welt des Bleibenden, des eigentlichen Seins, von der die unsere nur das vergängliche Abbild ist. Gut ist danach nur der, dessen Handeln im Einklang steht mit der

Idee des »Einen-Guten-Schönen«, die als Abbild in den Tugenden unserer Welt gegenwärtig ist. Platos Ideenlehre, verändert und bereichert durch seinen Schüler Aristoteles und spätere Denker wie Plotin, beeinflußte die christliche Ethik, deren »Gewissen« das ist, was Sokrates in den Dialogen den »Dämon« nennt, eine innere Stimme, die aus dem Reich der Ideen zu uns spricht. In der »Apologie des Sokrates« beschreibt Plato, wie sie Menschen vom bösen Tun abhält.

Aristoteles ist mit seiner »Nikomachischen Ethik« ebenfalls ein Repräsentant der idealistischen Richtung und lehrt einen letztlich göttlichen Ursprung des Guten. Doch seine Tugendlehre legt wesentlich mehr Wert auf die diesseitigen, praktischen Fragen als auf ihre metaphysische (übernatürliche) Ableitung. Glück entspringt nach Aristoteles ethisch gutem Handeln, das er in der Einhaltung der »rechten Mitte« verankert. Tugend ist Einschlagen des »goldenen Mittelwegs« zwischen zwei Lastern: Großzügigkeit beispielsweise liegt zwischen Verschwendungssucht und Geiz.

In der modernen Philosophie ist Immanuel Kant der bedeutendste Vertreter idealistischer Ethik, dabei wie Aristoteles ganz auf die praktische Seite konzentriert. »Das moralische Gesetz in mir«, wie es bei ihm heißt, ist in etwa vergleichbar mit dem sokratischen »Dämon«. Im Zentrum der kantischen Ethik steht der »kategorische Imperativ«, nach dem die »Maxime« des Willens bei jeder Tat »zugleich als Prinzip einer allgemeinen Gesetzgebung« taugen müsse. Mit anderen Worten: In welcher moralischen Verfassung wäre die Welt, wenn jeder in dem Sinn handelte wie du in diesem oder jenem konkreten Fall?

Damit geht es Kant nicht um die momentanen Folgen einer Tat oder um irdisches Wohlergehen, sondern um die Anerkennung des Sittengesetzes der »praktischen Vernunft«, wie er das moralische Vermögen des Menschen nennt. In der »Kritik der praktischen Vernunft« und in der »Metaphysik der Sitten« hat er seine ethischen Grundforderungen formuliert.

Die Utilitaristen (von lateinisch utilis = nützlich) genannten Gegner der idealistischen Ethik beurteilen menschliches Tun hingegen nur nach dem Nutzen. Als ersten Utilitaristen der westlichen Philosophie kann man den Griechen Epikur bezeichnen, der um 300 v. Chr. in Athen lehrte, daß das Ziel menschlichen Lebens Lust sei. Darunter verstand er allerdings nur die Abwesenheit von Leid und nicht den hemmungslosen Sinnengenuß, wie ihm später unterstellt wurde und was in der Charakterisierung »Epikuräer« bis heute mitschwingt. Epikur forderte im Gegenteil Mäßigung und Unterordnung der Triebe unter den Verstand. Höchstes Gut war ihm die »Ataraxie«, die Gemütsruhe.

Insgesamt hat die utilitaristische Schule in der Neuzeit mehr Anhänger gefunden als die idealistische. Jeremy Bentham, englischer Philosoph des ausgehenden 18. Jh., beruft sich z.B. ausdrücklich auf Epikur in seinem Werk über »Prinzipien der Moral und Gesetzgebung«. In Leid und Lust erkennt er die Haupttriebkräfte menschlichen Tuns und stellt fest, daß allein »das größte Glück der größten Zahl Maßstab für gut und böse« sein könne. In seiner Nachfolge steht sein Landsmann John Stuart Mill, der im vorigen Jh. den Utilitarismus vor allem vom gesellschaftlichen Nutzen her begründete und gegen den Egoismus-Vorwurf in Schutz nahm. Der Utilitarismus wurde damit zur Doktrin der Nationalökonomie und stand Pate bei der Entwicklung einer wohlfahrtsstaatlichen Sozialpolitik.

Metaphysik

Der Begriff Metaphysik stammt vom Titel einer Abhandlung des Aristoteles und bedeutete ursprünglich wohl nur, daß er diese Schrift nach der »Physik« abgefaßt habe. Metaphysik im heutigen Verständnis ist die

GEFANGEN IN DER SCHATTENWELT

Grundlage sowohl seiner Ethik wie seiner Metaphysik und Erkenntnistheorie ist bei Plato die Ideenlehre. Er hat sie in einem Dialog des Sokrates mit einem Schüler in der »Politeia« anhand des Höhlengleichnisses erläutert. Hier ein – leicht gekürzter – Auszug in der Übersetzung des deutschen Philosophen Friedrich Schleiermacher, dazu eine Skizze, die das Gleichnis von wahrgenommener und »eigentlicher« Wirklichkeit illustriert:

– Sieh Menschen wie in einer unterirdischen, höhlenartigen Wohnung. In dieser seien sie von Kindheit an gefesselt an Hals und Schenkeln, so daß sie auf demselben Fleck bleiben und auch nur nach vorne hin sehen, den Kopf aber herumzudrehen der Fessel wegen nicht vermögend sind. Licht aber haben sie von einem Feuer, welches von oben und von ferne her hinter ihnen brennt. Zwischen dem Feuer und den Gefangenen geht obenher ein Weg, längs diesem sieh eine Mauer aufgeführt.
– Ich sehe, sagte er (der Schüler).
– Sieh nun längs der Mauer Leute allerlei Geräte tragen, die über die Mauer herüberragen.
– Ein gar wunderliches Bild, sprach er, stellst du dar und wunderliche Gefangene.
– Uns ganz ähnliche, entgegnete ich. Denn zuerst, meinst du wohl, daß dergleichen Menschen von sich selbst und voneinander je etwas anderes gesehen haben als die Schatten, welche das Feuer auf die ihnen gegenüberstehende Wand der Höhle wirft?
– Wie sollten sie, sprach er, wenn sie gezwungen sind, zeitlebens den Kopf unbeweglich zu halten!
– Und von dem Vorübergetragenen nicht eben dieses?
– Was sonst?
– Wenn sie nun miteinander reden könnten, glaubst du nicht, daß sie auch pflegen würden, dieses Vorhandene zu benennen, was sie sähen?
– Notwendig.
– Auf keine Weise also können diese irgend etwas anderes für das Wahre halten als die Schatten jener Geräte?
– Ganz unmöglich.

PHILOSOPHIE

BURIDANS ESEL

Ist all unser Tun vorherbestimmt (prädestiniert, determiniert) oder gestalten wir unser Schicksal selbst? Die Frage nach dem freien Willen des Menschen, mithin nach seiner Verantwortung gehört zu den Urproblemen allen Philosophierens. Wenn, nach Plato, die Ideen ewig und unwandelbar sind und uns unser Weg von ihnen in die Welt und wieder zu ihnen zurückführt, dann ist in diesem statischen Modell kein Platz für Willkür, ja nicht einmal für den Zufall.

Verantwortungsethiker, und alle Theologen müssen das schon um des Begriffs der Sünde willen sein, verzweifeln in diesem Dilemma: Der Allmächtige, Allgütige und Allweise, Herr über alle Zukunft, kann doch nicht überrascht werden durch Willensakte seiner Geschöpfe. Woher kommt dann die Schuld der Menschen, die Christus am Kreuz gesühnt hat zu unserer Erlösung?

Dieser Widerspruch löste unter den Philosophen des Mittelalters lebhafte Kontroversen aus, zusammenfaßbar im Gleichnis von »Buridans Esel«: Zwischen zwei gleich großen, gleichwertigen und gleich weit entfernten Heuhaufen kann er sich nicht entscheiden und verhungert.

Im Werk des Johannes Buridan (um 1300–1366) nicht nachweisbar, diente das Bild den Befürwortern eines freien Willens als Argument: Ein Mensch wäre, wie die Erfahrung lehrt, in dieser Lage nicht verhungert, weil er sich frei entscheiden kann. Die Gegner nutzten es umgekehrt: Weil sich der Mensch wie Buridans Grautier zwischen zwei gleich großen Gütern nicht entscheiden könne, sei der freie Wille eine Utopie.

Ihnen schloß sich im 19. Jh. Schopenhauer an, der empfahl: »Wir sollen die Begebenheiten, wie sie eintreten, mit eben dem Auge betrachten, wie das Gedruckte, welches wir lesen, wohl wissend, daß es da stand, ehe wir es lasen.«

DAS UNBEWEISBARE BEWEISEN

Im Mittelalter geriet die Metaphysik in den Sog der Theologie, versuchte sich aber zu behaupten, indem sie ihre Spekulation in den Dienst der Religion stellte. Am deutlichsten wurde das in den Bemühungen, dem in Christus geoffenbarten Gott eine logische Fundierung durch die sogenannten Gottesbeweise zu geben. Sie lassen sich in drei Kategorien fassen:

- Der *kosmologische Gottesbeweis*, wie ihn schon Aristoteles geführt hat, schließt vom Dasein der Welt auf Gott als letzte Ursache, von der Schöpfung auf den Schöpfer.
- Der *teleologische Gottesbeweis* (auch Finalitätsbeweis) beruht auf der Annahme einer zweckmäßig geordneten und zielgerichteten Welt, die einen Zweck- und Zielsetzer notwendig fordere. Auch dieser Beweis hat antike Vorläufer (Sokrates, Plato und die Stoiker) und wurde später von Popularphilosophen zur Begründung einer allgegenwärtigen Harmonie verallgemeinert.
- Der *ontologische Gottesbeweis*, wie ihn vor allem Anselm von Canterbury formuliert, folgert die Existenz eines höchsten Wesens aus dem Begriff: Wenn Gott das höchste Sein ist, das wir uns denken können, muß er außer in unserem Geist auch in Wirklichkeit existieren, weil er sonst eben nicht das höchste denkbare Wesen sei. Die Haltlosigkeit dieser Spekulationen hat im 18. Jh. Kant schlüssig bewiesen und vor allen den ontologischen Beweis kritisiert: »Hundert wirkliche Taler enthalten nicht das mindeste mehr als hundert mögliche«, nämlich dem Begriffe nach, der ein und derselbe bleibt, ob die Taler existieren oder nicht. Aus dem Begriffe läßt sich das Dasein eines Gegenstands nicht »ausklauben«, sondern muß gesondert erwiesen werden.

Dabei hat Kant selbst eine Art Gottesbeweis angetreten, obschon völlig anderer Art, nämlich als Forderung aus dem Sittengesetz heraus: Das höchste Gut, die Übereinstimmung von Glückseligkeit und Glückwürdigkeit, ist nur möglich, sofern ein höchstes moralisches Wesen angenommen wird. Gott ist damit nicht bewiesen, aber gefordert, ein »Postulat der praktischen Vernunft«.

---

philosophische Erörterung von Fragen nach dem Urgrund alles Seienden, ist der Versuch, Sein und Sinn von Welt und Leben zu ergründen. Die Metaphysik bildet damit die Nahtstelle zur Religion und steht am Anfang allen Philosophierens. Noch ehe der aristotelische Begriff aufkam, schon im 6. Jh. v. Chr., beschäftigten sich griechische Philosophen mit den Geheimnissen der Weltentstehung.

Diesen Vorsokratikern ging es vor allem um die Frage nach den, wie sie meinten, vier Elementen, aus denen das Universum erbaut sei. Empedokles, der der Sage nach seine Unsterblichkeit durch einen Sprung in den Vulkanschlot des Ätna zu beweisen suchte, erklärte alles Werden und Vergehen als Anziehung und Abstoßung, Liebe und Haß der vier Grundelemente Erde, Luft, Feuer und Wasser. Andere dagegen ordneten die Elemente hierarchisch: So sah Thales von Milet, einer der »Sieben Weisen«, im Wasser, Heraklit im Feuer den Urgrund der Welt. Für Anaximander hingegen hing ihre Existenz vom ewigen Gleichgewicht aller vier ab.

Es ist für die ganze Geschichte der Metaphysik kennzeichnend, daß das Streben nach der Wahrheit der Welt immer zugleich ein Streben über die Welt hinaus ist. Bei Plato sind die wirklichen Dinge nur Abbilder der Ideen, in deren himmlischen Reich die menschliche Seele einst weilte; die Erinnerung an diese Ideen ermöglicht es dem Geist, die Welt zu erkennen, weckt aber auch die Sehnsucht, wieder hinaufzukommen zu den Ideen und deren Inbegriff, dem »Schönen« oder dem »Guten«. An die Stelle dieses Inbegriffs setzt Aristoteles einen unpersönlich gedachten Gott, ein Wesen, zu dem alles strebt und das selber nach nichts mehr strebt: den »unbewegten Beweger«. Dieser Gott ist der Gipfelpunkt eines Weltsystems, in dem alles in Form des Begriffs seinen vernünftig bestimmbaren Platz hat.

Betont Aristoteles also eher das Systematische eines metaphysischen Ganzen, so nimmt Plotin im 3. nachchristlichen Jh. wieder Gedanken Platos auf: Auch er kennt zwar eine Stufenleiter der aus Gott hervorgekommenen Wesen, legt den Akzent aber auf das (auch ethisch gedachte) Hinaufsteigen der Seele zu Gott. Er ist bei Plotin kein Gegenstand mehr, sondern jenes »Absolute«, mit dem die Seele eins wird, indem sie zugleich ganz aus sich heraus und in sich hinein geht: eine »dialektische« Bewegung, die charakteristisch auch für die neuzeitliche Metaphysik ist.

Nach dem Aufkommen des Christentums mußte die Metaphysik ihre Aufgaben darin sehen, die Selbständigkeit des philosophischen Denkens mit den Ansprüchen der Offenbarung in Einklang zu bringen. In den großen scholastischen Systemen, etwa dem des Thomas von Aquin im 13. Jh., gelang ihr das in der Weise, daß sie die Existenz eines sich offenbarenden Gottes auch für die Vernunft für einsichtig erklärte und im übrigen sagte, daß die Prinzipien der göttlichen Weltordnung und der Schöpfung Gegenstand einer Philosophie seien, auch wenn diese sich damit in den Dienst der Theologie stelle.

Die Emanzipation von der Theologie vollzog, beginnend mit Descartes, die neuzeitliche Metaphysik. Indem sie behauptete, wahr sei nur, was einsichtig sei, stellte sie die Subjektivität ins Zentrum. Sie hielt zwar daran fest, daß das Subjekt göttlicher Stützung bedürfe, und stellte auch, etwa bei Spinoza, immer wieder einen Gott an

PHILOSOPHIE

die Spitze ihrer Systeme; doch wurde dieser Gott, weil Geist und damit erkennbar, mehr und mehr selber als ein Subjekt gedacht. Bei Fichte, Ende des 18. Jh., heißt das Grundprinzip der Philosophie ausdrücklich das »absolute Ich«. Bei Hegel, der alle Traditionen noch einmal zusammennimmt, wird die Metaphysik zum Versuch, die Struktur der Welt gleichsam als die Entwicklung des Gedankens zu denken, dessen reales Werden die Welt und ihre Geschichte darstellt.

Damit bricht die Metaphysik-Debatte im Grunde ab. Feuerbach und Marx vertreten nunmehr die Auffassung, daß die Metaphysik Probleme behandle, die nicht in Gedanken, sondern in der Wirklichkeit gelöst werden müßten. Nachklänge der Metaphysik finden sich etwa bei Karl Jaspers, der, im Sinne Kants, ein »Umgreifendes« zwar für wirklich, aber für unerkennbar und nur in »Chiffren« aufleuchtend erklärt, und bei Heidegger, für den jede Geschichte, also auch die der Metaphysik, ein »Geschick« ist, dem wir uns zu beugen haben und das begreifen und sich aneignen zu wollen, der Grundfehler der Metaphysik gewesen sei. In diesem Sinne ist jedoch auch für Heidegger Metaphysik eine Sache der Vergangenheit. Neuerdings haben die naturwissenschaftlichen Grenzerkenntnisse etwa in der Kosmologie wieder eine noch unsichere metaphysische Diskussion in Gang gebracht.

Erkenntnistheorie

Die Bezeichnung für die Wissenschaft von den Grundlagen menschlichen Erkennens ist relativ jung (erste Hälfte 19. Jh.), die Fragerichtung so alt wie die Philosophie. Es geht der Erkenntnistheorie um Gegenstand, Ursprung und Wesen der Erkenntnis, um ihre Strukturen und Gesetzlichkeiten, ihre Voraussetzungen und Methoden, Möglichkeiten und Grenzen. Probleme der Wahrheit und Gültigkeit wissenschaftlicher Aussagen und wissenschaftstheoretische Fragen gehören ebenso in ihr Gebiet wie die Untersuchung des Verhältnisses von Theorie und Praxis. Uneingestanden oder eingestanden enthält jede Erkenntnistheorie einen Zirkelschluß, da sie ja immer voraussetzt, was sie eigentlich beweisen will: Der Theoretiker erfährt über das Wesen der Erkenntnis nur das, was ihm eben diese Erkenntnis liefert. Schon in der Antike sagt Parmenides: »Dasselbe ist Denken und Sein« und stellt damit das Verhältnis von Subjekt und Objekt ins Zentrum seiner Philosophie. Das wahre Sein wird als unvergänglich und unteilbar dargestellt. Was die Sinne von ihm wahrnehmen, ist bloßer Schein, nur das Denken kann seiner habhaft werden. Platos Ideenlehre setzt diese Denkrichtung fort und erklärt alle materiellen Dinge der Welt als Nachbildungen der ewigen unwandelbaren Ideen. Sie sind nur in einem

TITEL DER ERSTAUSGABE der wohl folgenreichsten philosophischen Abhandlung der Neuzeit: Kants erkenntnistheoretisches Hauptwerk »Kritik (damals noch mit C) der reinen Vernunft« von 1781.

ANTE, POST ODER IN?

Der Universalienstreit der mittelalterlichen Philosophen hatte seine Wurzeln im noch weniger ausgeprägten Unterschied der Erkenntnistheorien Platos und seines Schülers Aristoteles: Es ging um die Bedeutung von Allgemeinbegriffen (Universalien) wie »Mensch« oder »Gott« und die Frage, ob sie so wirklich wie oder gar »wirklicher« seien (»realia«) als die Dinge oder ob wir sie als bloße Begriffe (»nomina«) zur Ordnung der Welt nutzen. Dabei entwickelten sich drei Standpunkte, zusammengefaßt in lateinischen Fundamentalsätzen:

- »Universalia sunt realia ante rem« – die Allgemeinbegriffe sind das Wirkliche vor dem Einzelding: Diese Position vertraten u.a. die Realisten Anselm von Canterbury und Johannes Scotus Eriugena. Nach ihrer Auffassung existieren in Gottes Geist die Universalien vor den Dingen, die nur ihre Erscheinungen sind.
- »Universalia sunt nomina post rem« – die Allgemeinbegriffe sind bloße Worte nach dem Einzelding. Diese als Nominalismus bezeichnete Gegenposition lehrten u.a. Roscelin und Wilhelm von Ockham, nach denen die Universalien lediglich Ähnliches zusammenfassen. Rationalismus und Empirismus nahmen diesen Gedanken später auf.
- »Universalia sunt realia in rebus« – die Allgemeinbegriffe sind das Wirkliche (das Wesen) in den Dingen. Abälard und Thomas von Aquin versuchten in der Nachfolge von Aristoteles zwischen den radikalen Positionen zu vermitteln.

Akt der Wiedererinnerung (Anamnesis) anschaubar. Aristoteles verweist dann wieder stärker auf die sinnlich gegebene Realität, in der sich Erkennen bewähren muß durch Herausfiltern des Allgemeinen aus der Mannigfaltigkeit. Für Aristoteles entsteht so Wahrheit als Übereinstimmung von Denken und Sein.

Die antiken Theorien beeinflußten die scholastische Erkenntnistheorie des Mittelalters, in deren Mittelpunkt der Universalienstreit stand (siehe Kasten »Ante, post oder in«). Er vertiefte den Graben zwischen der idealistischen Schule in der Nachfolge Platos und der empiristischen, die erst noch ihrem Höhepunkt zustrebte. Zunächst setzte Descartes mit seinem Rationalismus die Debatte im idealistischen Sinne fort. Seine an der Mathematik orientierte Erkenntnistheorie setzt vier Regeln für den Gewinn von Klarheit: Nur was klar und ohne Zweifel ist, darf als wahr anerkannt werden; Probleme sind in möglichst viele Teilprobleme zu zerlegen und dann einzeln zu lösen; Erkennen muß bei den einfachsten Gegenständen beginnen; das Erkannte ist systematisch zu einer Übersicht zu ordnen. Nach Descartes besteht Erkennen also in reiner Verstandestätigkeit. Den wohl folgenreichsten Impuls idealistischer Erkenntnistheorie setzte wieder Immanuel Kant mit seinem Hauptwerk »Kritik der reinen Vernunft« (1781): Zwar geht er von einer Welt der »Dinge an sich« aus, über die wir jedoch nichts auszusagen vermögen, da wir sie nur so wahrnehmen, wie sie uns die »Formen der reinen Anschauung« (Raum und Zeit) und die Kategorien des Verstandes liefern. Dieser Erkenntnisapparat aber ist »a priori« (vor jeder Erfahrung) vorgegeben. Hegel wandelt dies ab, indem er Subjekt und Objekt als durch einander vermittelt darstellt, und der Neopositivismus versucht, orientiert am Methodenideal der Naturwissenschaften, den Brückschlag zum Empirismus, indem er das Erkennen rational durch Hypothesen begründet, um es später empirisch zu verifizieren.

Der reine Empirismus wird von Francis Bacon im 16./17. Jh. begründet und von David Hume, George Berkeley und John Locke fortgeführt. Locke kann als der Hauptvertreter gelten: In seinem »Essay über den menschlichen Verstand« nennt er das Erkenntnisvermögen bei der Geburt eine »tabula rasa«, ein unbeschriebenes Blatt sozusagen, auf das im Verlauf des Lebens die Erfahrung ihren Text schreibt. Er unterteilt sie in Sinneseindrücke und innere Wahrnehmungen (Reflexionen), aus denen sich unsere Erkenntnis zusammensetze. Alles Wissen ist danach Erfahrung und ihre geistige Verarbeitung. Diese Theorie hatte großen Einfluß auf alle materialistischen Strömungen und förderte die Wissenschaften, namentlich Psychologie und Pädagogik.

PHILOSOPHIE

KLEINES A B C DER ISMEN

Philosophen haben schon immer Jünger um sich geschart, Schulen gebildet und sich von anderen abgegrenzt. Dadurch entstanden die verschiedensten Denktraditionen, Theorien und Ismen. Eine kleine Auswahl soll die Vielfalt andeuten und zeigen, daß selbst in gegensätzlichen Entwürfen Bedenkenswertes erdacht wurde. Die Definitionen sind bewußt radikal komprimiert:

Agnostizismus, erkenntnistheoretischer Standpunkt, nach dem über die Erfahrung Hinausgehendes, Metaphysisches nicht erkannt werden kann.

Atheismus, Verneinung der Existenz von Göttern oder Gottes oder überhaupt eines metaphysischen Urgrunds der Welt.

Atomismus, Auffassung, nach der das Universum aus selbständigen, kleinsten, unteilbaren (griech. atomos) Teilchen aufgebaut ist.

Deismus, Vernunftglaube an Gott oder eine natürliche, philosophische Religion.

Determinismus, Annahme ursächlicher Vorbestimmtheit aller Willenshandlungen im Gegensatz zur Behauptung der Willensfreiheit.

Dialektischer Materialismus, Grundlage der Ideologie des Marxismus, nach der allein die Produktionsverhältnisse des materiellen Lebens den menschlichen Lebensprozeß und die Geschichte bestimmen.

Dogmatismus, metaphysische Denkweise, die sich an überlieferten Lehrsätzen orientiert, ohne sie kritisch zu prüfen.

Dualismus, Zweiheitslehre, nach der die Welt von zwei einander entgegengesetzten Prinzipien beherrscht wird: z.B. gut und böse, Gott und Teufel, Geist und Materie.

Empiriokritizismus, reine Erfahrungsphilosophie, die auf alle metaphysischen und apriorischen Elemente verzichtet.

Eudämonismus, Richtung der Ethik, die allein Glückseligkeit als Ziel menschlichen Handelns sieht.

Evolutionismus, Theorie, die Welt und Leben als immerwährende Entwicklung zum Höheren begreift.

Existenzialismus, Ablehnung objektiver Werte, Forderung nach Setzung individueller Werte, da in der Welt kein über die individuelle Existenz hinausweisender Sinn vorhanden ist.

Hedonismus, Lehre, die die Lust als einziges ethisches Ziel, als höchstes Gut hinstellt.

Humanismus, zum einen Rückbesinnung auf das antike Ideal freien Menschentums, zum anderen jede Lehre, die den Menschen ins Zentrum aller Sinnsuche stellt.

Idealismus, erkenntnistheoretisch die Lehre, daß Erkenntnis vom erkennenden Subjekt ausgeht, metaphysisch die Annahme, daß wahre Realität nur dem Ideellen zukomme, ethisch die Überzeugung vom überragenden Wert des Sittlichen.

Illusionismus, idealistische Erkenntnistheorie, die Welt und Werte als Täuschung ansieht.

Individualismus, ethische Haltung mit dem Individuum als Wertmittelpunkt.

Instrumentalismus, Auffassung vom Denken als reinem Mittel zur besseren Beherrschung der Wirklichkeit, nicht ihrer Widerspiegelung.

Konszientialismus, Lehre, daß es nur im Bewußtsein Wirkliches gibt, alles Sein Bewußtsein ist.

Kritizismus, Methode zur Untersuchung der Möglichkeit von Vernunfterkenntnis im Gegensatz zur Selbstgewißheit des Dogmatismus und im Unterschied zum bloß negativen Skeptizismus.

Materialismus, Theorie, die die unabhängige Existenz des Geistigen verneint und nur die Existenz einer einzigen Substanz, der Materie, anerkennt; ethisch die Absolutsetzung physischen Wohlergehens.

Mechanismus, Zurückführung aller Naturvorgänge (auch seelischer) auf Mechanik.

Monismus, metaphysisch die Erklärung des Seins aus einem einzigen Prinzip, erkenntnistheoretisch der Versuch, den Dualismus von Subjekt und Objekt, von Sein und Bewußtsein, Erscheinung und Ding an sich zu überwinden.

Naturalismus, Überzeugung, alle Phänomene mit natürlichen Kategorien erfassen zu können.

Nominalismus, Lehre, daß die Allgemeinbegriffe keine Entsprechung in der Wirklichkeit weder innerhalb noch außerhalb des Verstandes, sondern nur Wortbedeutung haben (siehe Kasten: »Ante, post oder in?«).

Okkasionalismus, Theorie, nach der zur Überwindung des Dualismus Seele-Körper bei jedem Willensakt (also gelegentlich, lateinisch occasionalis) göttliche Vermittlung erforderlich ist.

Optimismus, Überzeugung vom Sieg des Guten im Leben und in dieser Welt als der besten aller möglichen.

Panlogismus, Anschauung, nach der nur das Vernünftige wirklich und damit alles Wirkliche vernünftig ist.

Pantheismus, Allgottheitslehre, in der Gott und Welt als eins gesehen werden.

ATOMISMUS: Was die Griechen für buchstäblich unteilbar hielten, das Atom als Grundbaustein der Materie, erwies sich als komplexes, fragiles Gebilde. Das 1958 erbaute Atomium in Brüssel (Bild) wurde dem Atommodell der modernen Physik nachgebildet.

PHILOSOPHIE

Personalismus, Lehre, daß alles Wirkliche personaler Natur, alles Leben Bewußtsein verschiedenen Grades ist.

Pessimismus, Überzeugung vom Sieg des Bösen im Leben und in dieser Welt als der schlechtesten aller möglichen.

Phänomenalismus, erkenntnistheoretischer Standpunkt, nach dem menschliches Erkennen auf Erscheinungen beschränkt ist.

Positivismus, Theorie, daß alle Erkenntnis auf Wahrnehmung beruht, Metaphysik mithin unmöglich ist.

Pragmatismus, Methode der Wahrheits- und Wertprüfung allein anhand der praktischen Konsequenzen einer Theorie oder Handlung.

Rationalismus, erkenntnistheoretische Haltung, die das Gewinnen von Erkenntnissen nur durch Denken für möglich hält.

Realismus, metaphysisch die Auffassung von der Wirklichkeit der Allgemeinbegriffe, erkenntnistheoretisch die Annahme einer selbständigen Wirklichkeit, die im Erkennen erkannt wird.

Relativismus, geistige Haltung, die alles Absolute, Unbedingte ablehnt.

Rigorismus, das Handeln bzw. Werten von Handlungen nach festen Normen mit strenger Sanktionierung selbst kleiner Abweichungen.

Sensualismus, Theorie, die alles Erkennen aus Sinneseindrücken, Empfindungen ableiten will.

Skeptizismus, Haltung, die von der Ungewißheit aller Erkenntnisse ausgeht, an denen auch nur der geringste Zweifel denkbar ist.

Solipsismus, Annahme, daß nur das Ich wirklich, alles andere Sein also Bewußtsein ist.

Spiritualismus, Denkrichtung, nach der alles Sein im Geistigen wurzelt.

Subjektivismus, Meinung, daß alles Erkennen nur für den Erkennenden von Bedeutung ist.

Theismus, Annahme eines persönlichen überweltlichen Gottes als Schöpfer und Erhalter der Welt.

Transzendentalismus, Methode der Prüfung der Möglichkeiten und Grenzen menschlicher Erkenntnis.

Universalismus, metaphysische Haltung, im Ganzen, im Universum das einzig Wirkliche zu sehen, ethisch die Verknüpfung sittlichen Handelns mit dem Wohl der Menschheit.

Vitalismus, naturphilosophische Lehre, die die Lebensvorgänge nicht materiell, sondern nur unter Mitwirkung besonderer Lebenskräfte nichtphysikalischer Natur für erklärlich hält.

Voluntarismus, metaphysische Annahme, daß der Wille Urgrund aller Dinge ist.

Zynismus, Haltung, die den radikalen Zweifel an allen Wahrheiten, Werten und Normen fordert.

»WEISER IST ES, Unrecht zu erdulden, als Unrecht zu tun.« – Moralischer Rigorismus brachte Sokrates in Konflikt mit den Herrschenden.

EPOCHEN DER PHILOSOPHIE

Geschichte der Philosophie ist Geschichte der Philosophen. Der folgende Abriß nennt daher kurz in chronologischer Reihenfolge die wichtigsten Vertreter der einzelnen Epochen mit Lebensdaten und einer ganz knappen Charakteristik des Werks.

Vorsokratiker

Thales von Milet (um 624 – 545 v. Chr.). Gilt als erster Vertreter der abendländischen Philosophie; sah im »Element« Wasser den Urstoff. Begründer des Monismus.

Anaximander (um 610 – 547). Setzte die Suche des Zeitgenossen Thales nach einer Ursubstanz fort und nahm an, daß sie nicht notwendigerweise bekannten Substanzen ähneln müsse.

Anaximenes (um 588 – 524). Sah Luft als die Ursubstanz an.

Pythagoras (um 580 – 500). Lehrte den Dualismus von Körper und Seele.

Parmenides (um 540 – 480). Erster Vertreter eines ausgeprägten Idealismus. Gehörte der Philosophenschule von Elea in Unteritalien an.

Heraklit (um 540 – 480). Lehrte den ewigen Wandel der Dinge vom Urfeuer herab und wieder hinauf. Ihm wird (wohl fälschlich) der Kernsatz zugeschrieben: »Pantha rhei« – Alles fließt.

Anaxagoras (um 500 – 428). Nahm eine unbestimmte Zahl von Ursubstanzen an.

Zeno von Elea (um 495 – 430). Suchte die Unmöglichkeit der Vielheit, Bewegung und Teilbarkeit und damit die Einheit und Unveränderlichkeit des Seins zu beweisen.

Empedokles (um 490 – 430). Nahm vier Ursubstanzen an: Feuer, Wasser, Erde, Luft sowie zwei Urkräfte: Liebe und Haß, die Werden und Vergehen durch Mischung oder Trennung (Anziehung oder Abstoßung) der Elemente bewirken.

Protagoras (um 480 – 410). Früher Vertreter des Relativismus und Humanismus, nach dem der »Mensch Maß aller Dinge« sei.

Griechische Klassik

Sokrates (um 470 – 399). Entwickelte die nach ihm benannte Methode der Wahrheitssuche; Lehrer Platos, durch dessen Schriften seine idealistische Philosophie überliefert ist. Wegen angeblicher Einführung neuer Götter und Verführung der Jugend zum Giftselbstmord gezwungen.

Demokrit (um 460 – 360). Begründer des Atomismus. Vertrat in der Ethik einen eudämonistischen Standpunkt.

Antisthenes (um 455 – 360). Wohl Gründer der philosophischen Schule der Kyniker, die Autarkie (Selbstgenügsamkeit), Bedürfnislosigkeit und Disziplin lehrte.

Plato (427 – 347). Gründer der Akademie in Athen. Entwickelte die idealistische Philosophie seines Lehrers Sokrates (siehe Einführung und Kasten: »Gefangen in der Schattenwelt«). Sah im Philosophen den idealen Staatslenker (siehe Kasten: »Philosoph auf dem Kaiserthron«). Beeinflußte wie sein Schüler Aristoteles die Philosophie bis heute.

Aristoteles (384 – 322). Schüler Platos, dessen Ideenlehre er empiristisch weiterentwickelte. Stützte seine Welterklärung auf vier tragende Prinzipien: die einander bedingenden Form und Materie, die Bewegung und das Ziel aller Bewegung und Veränderung. Begründete eine Denktradition, auf die Mittelalter wie Moderne zurückgriffen.

»JEDE SEELE IST UNSTERBLICH«, lehrte Plato, sie komme aus der Welt der Ideen, des wahren Seins und kehre dorthin zurück.

173

PHILOSOPHIE

DER PHILOSOPH ERKLÄRT die Mechanik des Himmels: Aristoteles in einer Miniatur des 14. Jh. zu seiner »Physik«.

Hellenismus

Pyrrhon von Elis (um 360–270). Begründer des Skeptizismus, hielt die Gewinnung gesicherter Erkenntnis für unmöglich.

Epikur (341–270). Lehrte einen atomistischen Materialismus und die Sterblichkeit der Seele, in der Ethik die »Ataraxie«, die Ruhe der Seele durch gelassene Hinnahme des Notwendigen und Natürlichen.

Zeno von Kition (um 336–264). Begründer der Philosophenschule der Stoa in Athen. Vertrat eine pantheistische und evolutionistische Weltanschauung; lehrte die Pflicht zur »stoischen« Hinnahme des Schicksals (siehe Kasten: Philosoph auf dem Kaiserthron«).

Plotin (205–270 n. Chr.). Hauptlehrer des Neuplatonismus, einer Verbindung der Ideenlehre Platos mit orientalisch-mystischen Elementen, nach der der Mensch nur durch Loslösung von der sinnlichen Welt (»Katharsis«) zur Vollendung gelangen kann.

PHILOSOPH AUF DEM KAISERTHRON

Dichter oder Denker gehören selten zu den Mächtigen der Welt. Einmal aber regierte ein Philosoph, wie von Plato gefordert, sogar ein Weltreich. Marc Aurel, 138 n. Chr. zum Mitkaiser erhoben und seit 161 Alleinherrscher im Römischen Reich, bekannte sich zu den Lehren der Stoa und begegnete allen Widerwärtigkeiten auch mit »stoischer« Gelassenheit und Weisheit. Wahlspruch: »Hüte dich, daß du nicht verkaiserst!« Doch: Kriege, Mißernten, Epidemien, Korruption machten ausgerechnet die Zeit seiner Herrschaft zum Wendepunkt römischer Macht und Gesittung, und ausgerechnet er stürzte durch einen Mißgriff das Reich in schwerste Krisen: Marc Aurel ernannte seinen Sohn Commodus, einen haltlosen Wüstling, zum Mitkaiser. Kurz vor dem Tod (180) schrieb Marc Aurel über das Sterben:

Mensch, du bist Bürger gewesen in diesem großen Staat: Was macht es da aus, ob fünf Jahre oder hundert? Was ist es da schlimm, wenn dich aus dem Staat nicht ein Tyrann oder ein ungerechter Richter hinausweist, sondern die Allnatur, die dich einst in ihn hineingeführt hat? Es ist gerade, wie wenn der Praetor einen Schauspieler, den er in Dienst genommen hat, von seiner Pflicht zu spielen entbindet. – Aber ich habe nicht meine fünf Akte gespielt, sondern nur drei! – Gut, aber im Leben bedeuten drei Akte das ganze Drama. Denn wann es zu Ende ist, das bestimmt jener, der dich einst hat ins Dasein treten lassen, wie er jetzt dein Ende beschlossen hat. Du aber bist unschuldig an beidem. Scheide darum in Frieden. Denn auch er, der dich abberuft, ist voll Frieden.

PHILOSOPHIE

ALBRECHT DÜRER schuf 1526 diesen Kupferstich von Erasmus von Rotterdam, dem wohl bedeutendsten Humanisten der beginnenden Neuzeit. Seine griechische Ausgabe des Neuen Testaments (1516) wurde zur Grundlage von Luthers Bibelübersetzung.

Augustinus (354–430). Christlicher Theologe (Kirchenvater) und Philosoph, dessen Thesen über die Prädestination (Vorherbestimmtheit) des menschlichen Schicksals und dessen Gnadenlehre das mittelalterliche Denken entscheidend prägten. Folgenreich auch seine Überwindung des zyklischen Geschichtsbilds der Antike durch sein heilsgeschichtliches Modell.

Mittelalter

Avicenna (980–1037). Arabischer Wissenschaftler, Position zwischen Neuplatonismus und Aristoteles, dessen Werk er zu einer Renaissance und zur eigentlichen Wirkung verhalf.

Anselm von Canterbury (1033–1109). Theologe und »Vater der scholastischen Philosophie«, dem es um wissenschaftliche Untermauerung der Theologie u.a. durch Gottesbeweise ging (siehe Kasten: »Das Unbeweisbare beweisen«).

Peter Abälard (1079–1142). Führender französischer Philosoph der Frühscholastik, der trotz seiner gemäßigten Haltung im Universalienstreit (siehe Kasten: »Ante, post oder in?«) als Nominalist von der Kirche angefeindet wurde.

Averroes (1126–1198). Arabischer Wissenschaftler aus Spanien; schrieb den für das Mittelalter maßgeblichen Aristoteles-Kommentar.

Albertus Magnus (um 1200–1280). Theologe, Naturforscher und Philosoph. Verdienste v.a. um die Neuerschließung und Verbreitung aristotelischer, arabischer und jüdischer Schriften.

Roger Bacon (1214–1294). Naturwissenschaftler, Theologe und Philosoph, der sich an Aristoteles orientierte trotz seiner grundsätzlich empiristischen Haltung.

Bonaventura (1221–1274). Italienischer Kardinal, Vertreter der Hochscholastik; lehrte Askese als Weg zur Erkenntnis Gottes.

Thomas von Aquin (1225–1274). Führender Philosoph der Scholastik, Kirchenlehrer, Schüler des Albertus Magnus. Suchte nach einer Synthese des Aristotelismus mit dem christlichen Glauben, erklärte den Glauben als über-, nicht widervernünftig. Die durch das »natürliche Licht« erkannten Wahrheiten der Welt sind Vorstufen der durch das »übernatürliche Licht« geoffenbarten, nicht beweisbaren Glaubenswahrheiten.

Renaissance und Übergang zur Moderne

Erasmus von Rotterdam (1466–1536). Christlicher Humanist im Sinne einer Versöhnung von Antike und Christentum; beförderte entscheidend die Ausbreitung humanistischen Denkens.

Niccolò Machiavelli (1469–1527). Italienischer Staatstheoretiker; stellte in seinem Hauptwerk »Der Fürst« (1513) unter Bruch mit der Tradition christlich-metaphysischer Staatstheorie den Staat und dessen Führer als übergesetzliche Gewalten dar.

Thomas Morus (1478–1535). Englischer Politiker und Theologe; vertrat in seinem Hauptwerk »Utopia« (1516) den Rückgriff auf griechische Denkweise und forderte soziale Reformen. Verweigerte den Suprematseid auf König Heinrich VIII. und wurde hingerichtet.

Francis Bacon (1561–1626). Englischer Politiker und Naturwissenschaftler; Begründer des Empirismus, versuchte mit seiner induktiven Methode (Ableitung der allgemeinen Begriffe aus der Mannigfaltigkeit der Welt) die Überwindung der deduktiven Logik des Aristoteles.

Thomas Hobbes (1588–1679). Englischer Materialist, Staatsphilosoph des Absolutismus, der den Naturzustand des Menschen als Kampf aller gegen alle begriff (»homo homini lupus« – der Mensch ist dem Menschen ein Wolf), der nur durch den starken Staat und seinen absoluten Herrscher zu bändigen sei.

René Descartes (1596–1650). Französischer Naturwissenschaftler und Rationalist, Philosoph des methodischen Zweifelns, der

DER KIRCHENVATER SCHREIBT seine Auslegungen der Heiligen Schrift: Augustinus (linkes Bild) in einer Miniatur des 15. Jh.

ABÄLARD UND HÉLOISE – das berühmteste Liebespaar des Mittelalters (Miniatur). Der Philosoph heiratete seine Schülerin gegen den Willen der Verwandten und wurde zur Strafe entmannt.

letztlich nur das »cogito ergo sum« (ich denke, also bin ich) als über jeden Zweifel erhaben übriglasse. Seine Unterscheidung zweier Substanzen: »Res extensa« (Ausdehnung, Dingwelt) und »Res cogitans« (Geist, Innenwelt) legte den Grund zum idealistischen Subjekt-Objekt-Dualismus.

Blaise Pascal (1623–1662). Französischer Mathematiker und Philosoph, der davon ausging, daß sich Verstand und Sinne gegenseitig täuschen; suchte einen Weg zwischen Dogmatismus und Rationalismus und sah im Erkenntnisprozeß auch Intuition am Werk.

Baruch de Spinoza (1632–1677). Niederländischer Rationalist, der das Denkgebäude

PHILOSOPHIE

des Descartes ausbaute, seinen Dualismus aber ablehnte; großer Einfluß auf den deutschen Idealismus.
John Locke (1632 – 1704). Englischer Empirist und Dualist. Interpretierte das menschliche Erkenntnisvermögen als Tafel, auf die die Erfahrung ihre Informationen schreibe.

18. Jahrhundert

Gottfried Wilhelm Leibniz (1646 – 1716). Deutscher Universalgelehrter. Stellte die sogenannte Monadenlehre auf, nach der die Welt aus unendlich vielen individuellen (unteilbaren, äußeren mechanischen Einwirkungen unzugänglichen) seelischen Kraftzentren, eben den Monaden besteht, die jedoch untereinander in Wechselwirkung stehen und durch göttlich »prästabilierte Harmonie« verbunden sind. Gott, die Urmonade, hat die Welt als beste aller möglichen Welten geschaffen.
Charles de Montesquieu (1689 – 1755). Französischer Staatstheoretiker, dessen Lehre von der Teilung der Gewalten (Legislative/Gesetzgebung, Exekutive/Regierung, Judikative/Rechtsprechung) die Französische Revolution vorbereitete und großen Einfluß auf die modernen demokratischen Verfassungen gewann; Hauptwerk: »Vom Geist der Gesetze« (1748).
Voltaire (1694 – 1778). Schriftsteller, führender Repräsentant der französischen Aufklärung; humanistische Ethik, Kampf für Toleranz und Menschenwürde.
David Hume (1711 – 1776). Schottischer Empirist, für den Erfahrungsassoziationen Grundlagen aller Erkenntnisse sind, deren Richtigkeit indes niemals nachgeprüft werden kann.
Jean-Jacques Rousseau (1712 – 1778). Französischer Kulturphilosoph und Pädagoge; forderte die Rückkehr zu den Tugenden Freiheit und Unschuld des menschlichen Naturzustands, um die entstandene Ungleichheit unter den Menschen wieder aufzuheben. Wegbereiter der Französischen Revolution; Hauptwerk »Der Gesellschaftsvertrag« (1762).
Adam Smith (1723 – 1790). Englischer Begründer der Nationalökonomie. Sein Hauptwerk »Der Wohlstand der Völker« (1776) lehrt wirtschaftlichen und individuellen Liberalismus.
Immanuel Kant (1724 – 1804). Deutscher Begründer der modernen Erkenntnistheorie und des Transzendentalismus. Kants kritische Philosophie, für die er in seinem Hauptwerk »Kritik der reinen Vernunft« (1781) den Grund legte, untersucht die Möglichkeiten und Grenzen menschlicher Erkenntnis; Kernpunkt seiner Ethik ist der »kategorische Imperativ«, der verallgemeinerbare Prinzipien für das sittliche Handeln fordert (siehe auch Einführung und Kasten).
Jeremy Bentham (1748 – 1832). Englischer Utilitarist; sah wie Kant die Parallelität der

Der kategorische Imperativ

»Zwei Dinge erfüllen das Gemüt mit immer neuer und zunehmender Bewunderung und Ehrfurcht, je öfter und anhaltender sich das Nachdenken damit beschäftigt: der bestirnte Himmel über mir und das moralische Gesetz in mir.« So schreibt Kant in seinem ethischen Hauptwerk, der »Kritik der praktischen Vernunft«. Die Unendlichkeit des Alls lasse uns zur Bedeutungslosigkeit schrumpfen, als moralische Wesen aber werden wir über Tierwelt, Erdkreis, ja über alle sichtbaren Himmel herausgehoben. Kant sucht daher nach einem absolut sicheren, vom Wechsel der menschlichen Neigungen und von historischen Zufälligkeiten unabhängigen Sittengesetz und findet es im »kategorischen Imperativ«:

»Handle so, daß die Maxime deines Willens jederzeit zugleich als Prinzip einer allgemeinen Gesetzgebung gelten könne.«

Das ist keine gebildete Umformung des Sprichworts »Was du nicht willst, das man dir tu, das füg auch keinem andern zu«. Denn es sind – etwa aus Pflicht – durchaus zuweilen Handlungen kategorisch geboten, deren Opfer man selbst nicht sein möchte. Maxime steht in diesem Zusammenhang für das Wesen, das subjektive Prinzip des Wollens, das bei allem Tun gewissenhaft zu prüfen ist.

Interessen von Individuen und Gesellschaft, hielt aber die Furcht vor den Konsequenzen bösen Tuns für die eigentliche Triebkraft guten Tuns.
Johann Gottlieb Fichte (1762 – 1814). Vertreter des deutschen Idealismus; stellte ins Zentrum seiner »Wissenschaftslehre« (zuerst 1794) das Ich, das schöpferisch sich selbst setzt und durch Pflichterfüllung nach Vervollkommnung strebt.

19. Jahrhundert

Friedrich Schleiermacher (1768 – 1834). Deutscher Religionsphilosoph, der den Glauben im »Gefühl der schlechthinnigen Abhängigkeit von Gott« begründet sieht.
Georg Wilhelm Friedrich Hegel (1770 – 1831). Hauptvertreter des deutschen Idealismus; erklärte die Entwicklung der Welt als Selbstbewußtwerdung des Weltgeistes, da Denken und Sein eins seien; entwickelte den schon von Fichte vorgeprägten dialektischen Dreischritt, nach dem sich Gegensätze, These und Antithese, in einer Synthese zu neuer These zusammenfinden.
Friedrich von Schelling (1775 – 1854). Deutscher Idealist; entwickelte eine spekulative Natur- und Identitätsphilosophie, nach der das Absolute in der intellektuellen Anschauung faßbar wird.
Arthur Schopenhauer (1788 – 1860). Deutscher Philosoph eines metaphysischen Voluntarismus, der die »Welt als Wille und Vorstellung« interpretiert; Exponent des Pessimismus, der Leben als Leiden definiert.
Auguste Comte (1798 – 1857). Französischer Begründer des Positivismus; lehnte jede Metaphysik ab, sah Göttlichkeit und Menschlichkeit als eins an, nannte die Nächstenliebe höchste Pflicht und hielt alles für wissenschaftlich erklärbar.
Ludwig Feuerbach (1804 – 1872). Deutscher Sensualist, der in den Mittelpunkt seiner Lehre den Menschen stellt; seine Kritik an Hegel beeinflußte Marx und seinen historischen Materialismus entscheidend.
John Stuart Mill (1806 – 1873). Englischer Utilitarist, der Benthams Lustprinzip relativierte; Hauptwerk: »Über die Freiheit« (1859).
Søren Kierkegaard (1813 – 1855). Dänischer Religionsphilosoph, dessen Thesen den modernen (atheistischen) Existenzialismus vorbereiteten: Das menschliche Leben gilt als Versuch einer Synthese von Unendlichkeit und Endlichkeit, geprägt von Angst und Verzweiflung, die nur durch die Gnade Gottes überwunden werden können.
Karl Marx (1818 – 1883). Deutscher Philosoph, auf dessen Lehren sich zahlreiche Ideologien wie Leninismus oder Maoismus berufen; sieht die Geschichte als Geschichte von Klassenkämpfen, prophezeit den Sieg des Proletariats und die Vollendung der Geschichte in der kommunistischen klassenlosen Gesellschaft; Hauptwerk »Das Kapital« (1867).
Herbert Spencer (1920 – 1903). Vertreter des englischen Evolutionismus, nach dessen »synthetischer Philosophie« alles Sein in immerwährendem Entwicklungsprozeß steht.
William James (1842 – 1910). Amerikanischer Begründer des Pragmatismus; betont den ganzheitlich-personalistischen Charakter des Seelenlebens, sieht die Welt in ständigem Werden.
Friedrich Nietzsche (1844 – 1900). Deutscher Dichter und Philosoph; sieht im »Willen zur Macht« (postum 1901/06) die Trieb-

PHILOSOPHIE

kraft allen Lebens, kritisiert das Christentum, das das Schwache hätschele, während Ziel und Sinn aller Entwicklung der »Übermensch« sei.

20. Jahrhundert

Edmund Husserl (1858–1938). Deutscher Erkenntnistheoretiker, der mit seinem System der Phänomenologie Empirismus und Psychologismus zu überwinden sucht; alle Erkenntnisse ergeben sich danach aus »apodiktischen Wesenseinsichten«.

Henri Bergson (1859–1941). Französischer Theoretiker, der mit den Grundbegriffen »durée« (Dauer) und »élan vital« (Lebenskraft) eine »Schöpferische Entwicklung« (1907) der Welt konstatiert, deren Zukunft allein von den heutigen Entscheidungen abhänge.

John Dewey (1859–1952). Amerikanischer Begründer des Instrumentalismus aus dem Pragmatismus. Fordert zur Sicherung des Fortschritts Denkschulung und Einordnung des einzelnen in die Gemeinschaft.

George Santayana (1863–1952). Spanisch-amerikanischer kritischer Realist, nach dem die Welt Materie in Bewegung ist und Vernunft ein Ergebnis dieser Bewegung.

Benedetto Croce (1866–1952). Führender italienischer Philosoph unseres Jh.; vertritt im Sinne Hegels den Vorrang des Geistigen und begründete einen Neoidealismus.

Bertrand Russell (1872–1970). Britischer Mathematiker und Logiker, der eine skeptische Erkenntnistheorie entwickelte: Alle Dinge bestehen nur aus wahrgenommenen Sinnesdaten, sind also nur logische Konstruktionen.

Karl Jaspers (1883–1969). Deutscher Mitbegründer der Existenzphilosophie, die den Menschen zur Bejahung seiner Freiheit und zur Annahme seiner geschichtlichen Situation anhalten will.

Ernst Bloch (1885–1977). Deutscher Philosoph, der in seinem Denken von Marx und älteren Sozialutopien herkommt; der Titel seines Hauptwerks drückt am knappsten seine Grundhaltung aus: »Das Prinzip Hoffnung« (1954–59).

Ludwig Wittgenstein (1889–1951). Österreichischer analytischer (sprachkritischer) Philosoph; in Aussagen gefaßte Erkenntnisse gelten ihm als Abbild der konkreten, atomistisch von einander unabhängigen Tatsachen; bedeutend auch als Sprachphilosoph.

Martin Heidegger (1889–1976). Deutscher Existenzialphilosoph, der in Weiterentwicklung der Phänomenologie Husserls lehrt, daß das Dasein seine Ganzheit, seinen Sinn nur erreicht, wenn es sich als »Sein-zum-Tode« annimmt; Hauptwerk »Sein und Zeit« (1927).

Karl Popper (geboren 1902). Österreichisch-britischer Wissenschaftslogiker und Philosoph, Begründer des kritischen Rationalismus, der die Unbeweisbarkeit wissenschaftlicher Gesetze annimmt, von denen bestenfalls gesagt werden könne, daß sie bisher alle Versuche der Falsifizierung durch Gegenbeweise überstanden haben.

Jean Paul Sartre (1905–1980). Französischer Schriftsteller und Existentialist; sieht das Individuum zu absoluter Freiheit verurteilt, worauf er seine Ethik des »engagement« und der politischen Verantwortung gründet; Hauptwerk »Das Sein und das Nichts« (1934).

Jürgen Habermas (geboren 1929). Deutscher Soziologe und Philosoph, dem es erkenntnistheoretisch und methodologisch um die praktisch-aufklärerische Umsetzung sozialwissenschaftlicher Theorien geht; Hauptwerk »Theorie des kommunikativen Handelns« (1981).

DIE »BLONDE BESTIE«, den moralisch ungebundenen »Übermenschen«, lehrte Friedrich Nietzsche. Er wurde mit seiner von Schopenhauer (unteres Bild) beeinflußten Lehre zum Vorläufer der Lebens- und Existenzphilosophie.

»PHÄNOMENOLOGIE DES GEISTES« nannte Hegel sein 1807 erschienenes Hauptwerk, das bis heute kontrovers diskutiert wird.

DER INS DASEIN »GEWORFENE« Mensch ist Thema der Philosophie Martin Heideggers, dessen Werk viel von seiner Wirkung einer faszinierend-bildhaften Sprache verdankt.

Literatur

Ob wissenschaftliche Abhandlung, Gedicht, Brief, Glosse, Zeitungsartikel oder Roman – mit Literatur im weitesten Sinne bezeichnen wir die Gesamtheit schriftlicher Zeugnisse noch ganz im Wortsinn des lateinischen Begriffs »litteratura«, der mit »Buchstabenschrift« zu übersetzen ist. Die Verengung der Bedeutung auf das schöngeistige (belletristische) Schrifttum, die Sprachkunstwerke, die Poesie ist eine spätere Entwicklung, die in Deutschland erst im 19. Jh. abgeschlossen war. Beide Bedeutungen existieren heute nebeneinander, in unserem Zusammenhang interessiert die poetische.

Im Gegensatz zur Gebrauchsliteratur wird die »hohe« Literatur auch als Dichtung bezeichnet und meint Sprachschöpfungen, die eigene Wirklichkeiten setzen und hohen ästhetischen Ansprüchen genügen. Diese wandeln sich mit den literarischen Stilen, doch gehören zu den Anforderungen an Dichtung immer Originalität und »dichte« Darstellung von menschen- und weltbewegenden Fragen in »angemessener« Sprache und wirkungsvoller Gestaltung, die dem Werk überzeitliche Geltung sichert. Oberflächliche oder bloß große Vorbilder nachahmende, also epigonale Texte gehören in den Bereich der Trivialliteratur, die in Massen konsumiert und bald vergessen wird.

Das Schöpfertum des Dichters hebt seine Werke von sonstigen sprachlichen Äußerungen ab, die lediglich kommunikativen Zwecken dienen. Während Alltagssprache festgelegten Konventionen folgt, die Verständigung erst ermöglichen, bricht Dichtung auf vielfältige Weise mit diesen Konventionen und verwendet Sprache eigengesetzlich. Sie gewinnt so neue Wirkungen, deckt rhythmisch-musikalische Qualitäten der Sprache auf und spürt verschütteten Bedeutungen nach. Das heißt nicht, daß der Dichter von der Realität absieht, er sieht nur genauer und anders hin, verwandelt das Material so, daß es neue Erkenntnisse freigibt.

EHRFURCHT vor dem geschriebenen Wort führte den mittelalterlichen Buchkünstlern den Pinsel. Da die Texte, die sie illustrierten, fast ausschließlich sakraler Natur waren, verstanden sie ihre Arbeit immer auch als Gottesdienst (Miniatur aus einem Evangeliar des 9. Jh.).

SCHATZKAMMERN des Geistes: Die Bibliotheken der Klöster hüten auch heute noch unschätzbare bibliophile Kostbarkeiten. In den Regalen und Vitrinen des barocken Saals in St. Gallen werden mittelalterliche Handschriften und wertvolle Erstdrucke aufbewahrt.

Literaturwissenschaft

Literatur in diesem Sinne ist Forschungsobjekt der Literaturwissenschaftler, die meist auf bestimmte Literaturen spezialisiert sind: auf deutsche (Germanisten), englische (Anglisten), osteuropäische (Slawisten) usw. Sie untersuchen die Strukturen literarischer Texte, bemühen sich um ihre Typisierung nach Themen, Formen oder Motiven und um Methoden der Ausdeutung (Interpretation), erforschen die Regeln des Sprachschaffens und entwickeln in Stilistik, Poetik, Ästhetik und anderen Disziplinen Kriterien zur Beurteilung von Literatur und ihren Wirkungen. Allgemein verbindliche und auf alle Zeit gültige (Wert-)Maßstäbe kann die Literaturwissenschaft nicht gewinnen, sondern muß sich mit Annäherungen begnügen und den Wandel der Literatur mit eigener Wandlungsfähigkeit begleiten. Das hat die Debatte nie verstummen lassen, ob denn wissenschaftliches Erfassen von Literatur überhaupt möglich sei. Noch 1948 nannte Ernst Robert Curtius (1886–1956) die Literaturwissenschaft ein Phantom. Dahinter stand allerdings ein unangemessen verengter Wissenschaftsbegriff etwa im Sinne des englischen »science«, das fast ausschließlich die exakten Naturwissenschaften meint.

Doch auch wenn man den Begriff weiter faßt, ist nicht zu übersehen, daß das Instrumentarium der Literaturwissenschaftler grob ist und etwa der zeitgenössischen Literatur gegenüber oft versagt. In Deutschland sprach man daher lange lieber von Literaturgeschichte, weil man sich bei der Beschreibung der historischen Entwicklung auf einigermaßen sicherem wissenschaftlichem Boden wußte. Die Gegenbewegung setzte nach dem Ersten Weltkrieg ein: Die Forschung beschäftigte sich nun vermehrt mit Textkritik und Interpretation, sah das Sprachkunstwerk in erster Linie als gegenwärtig Wirkendes, da literarische Bedeutung nicht zeitbedingt sein könne.

LITERATUR

Ganz ohne Rückgriff auf die Geschichte jedoch, auch die der Verfasser von Dichtung, also auf das Biographische, kommt Literaturwissenschaft nicht aus. Die Ergebnisse etwa der Editionsphilologie, die sich um Klärung der Entstehung von Texten und ihre Reinigung von Überlieferungsfehlern bemüht, muß jeder Interpret berücksichtigen. Es hat sich daher bewährt, das Feld der Literaturwissenschaft zu teilen in einen Bereich, der den Gegenstand in seiner Eigengesetzlichkeit bestimmt (Stilistik), einen, der Wesen, Formen und Arten der Dichtung untersucht (Poetik), und einen historisch ausgerichteten, eben die Literaturgeschichte.

Literaturbetrachtung nutzt natürlich auch die Erkenntnisse und Methoden anderer Wissenschaften wie Psychologie und Soziologie zum besseren Verständnis von Dichtung. So untersucht die Literatursoziologie die ökonomischen und sozialen Voraussetzungen bei der Entstehung von Literatur und bei ihrer Rezeption im Publikum. Und hier wird deutlich, daß Literaturwissenschaft auch politisch ge- und mißbraucht werden kann. Im 3. Reich etwa hatte sie der Verwurzelung der Literatur im »Volkstum« nachzuspüren und »Entartetes« zu brandmarken, in der DDR verordnete man über sie Normen für einen »sozialistischen Realismus«, an denen sich die Zensur orientierte.

Erste Ansätze der Literaturbetrachtung finden sich bereits in der Antike. Insbesondere die »Poetik« des Aristoteles und die »Ars poetica« (Dichtkunst) des römischen Lyrikers Horaz wirkten dabei stilbildend. In ihrer Tradition wurden immer wieder Regelwerke für das Verfassen dichterischer Texte geschaffen, und bis ins 18. Jh. dominierte die Anschauung, daß Dichtkunst eine erlernbare Technik sei, die lediglich die Kenntnis bestimmter vorgeschriebener Muster und Formen voraussetze. Diese normative Betrachtungsweise wich dann einem beschreibenden Verstehen von Literatur in der Erkenntnis des nicht steuerbaren dichterischen Schaffensprozesses. Erst in letzter Zeit zeigen sich wieder handwerkliche Tendenzen, sichtbar in Begriffen wie beispielsweise »Liedermacher«.

Der neue deskriptive Zugang äußerte sich in historischen Darstellungen der Literatur wie z.B. in der epochemachenden »Geschichte der poetischen Nationalliteratur der Deutschen« (1835 – 42) von G. G. Gervinus (1805 – 71). Es folgten in unserem Jh. Literaturgeschichten unter bestimmten Blickwinkeln wie W. Diltheys (1833 – 1911) geistesgeschichtlich orientierte Schrift »Das Erlebnis der Dichtung« (1906) oder die mythisierende Biographienreihe von F. Gundolf (1880 – 1931). Daneben gab es stammeskundliche, problem- und formgeschichtliche, gattungsbegriffliche und marxistische Ansätze.

Gattungen

Geblieben von der normativen Poetik ist eine bis heute übliche Einteilung der »schönen« Literatur in drei Hauptgattungen, wobei die Grenzen – zumal in der heutigen Literatur – fließend sind:

Dramatik: Das dem Gattungsbegriff zugrunde liegende griechische Wort »drama« bedeutet Handlung, und neben dem Dialog ist denn auch die Handlung das wesentliche Element dieser Form der Dichtkunst. Sie ist als die »persönlich handelnde« im Sinne Goethes die erste der poetischen »Naturformen«, weil aus der Natur des Menschen herzuleiten. Ihre Produkte sind dazu bestimmt, vor den Augen eines Publikums dargestellt zu werden, Ort wie Vorgang heißen Theater. Als in diesem Sinn theatralisch und damit dramatisch kann jedes Geschehen gelten, das mit Leidenschaft und Spannung erfüllt ist.

Nach dem Ausgang, den die Dramen oder – zu deutsch – Schauspiele nehmen, teilt man sie grob ein in Tragödien (Trauerspiele), in denen der Held scheitert, und in Komödien (Lustspiele), die eine humorvolle Lösung von Konflikten bieten. Daneben gibt es Mischformen wie die Tragikomödie, in der sich tragische und heitere Elemente verbinden, und derbere Formen etwa der Komödie wie Posse oder Schwank. Sie leben von Situationskomik und einfachen Handlungsmustern, auf Charakterzeichnung legen sie weniger Wert.

Schon seit der Spätantike bevorzugten die Autoren den Aufbau ihrer Stücke nach Akten, in neuerer Zeit meist fünf an der Zahl, die wiederum in Szenen oder Auftritte unterteilt wurden. Es gab aber schon früh Versuche, das Schema zu überwinden, zu anderen Aktzahlen zu kommen oder diese Gliederung ganz aufzugeben, und in neuester Zeit kommen vermehrt Einakter oder lose Bilderfolgen zur Aufführung, wie sie etwa das Brechtsche »epische Theater« kennt (s. Kasten).

Das in der griechischen Antike entstandene Drama sah sich, anders als Epik und Lyrik, von Anfang an technischen Begrenzungen gegenüber. Sie ergeben sich aus der Aufführbarkeit der Handlung, Zwängen der Dauer, nicht beliebig auszuweitender Personenzahl und der inneren Logik des dialogischen Verfahrens. Es prägt den Charakter des Schauspiels als Kampf gegensätzlicher Mächte, der eine stufenweise Entwicklung verlangt und Exposition wie Ausblick nur gesprächsweise leistet.

LITERATUR

THEATER DES WISSENSCHAFTLICHEN ZEITALTERS

In der Epik spricht man von der »Selbständigkeit der Teile« und meint damit die Verständlichkeit von Episoden, Betrachtungen oder Gesprächen etwa in Romanen auch ohne den Kontext. Diese Qualität versuchte Bertolt Brecht (1898–1956) auch für das Drama zu gewinnen, als er 1931 sein Konzept eines »epischen Theaters« entwickelte.

Er forderte eine argumentierend-erzählende Dramenform, die das sozial bedeutsame Verhalten des »veränderlichen und verändernden Menschen« zur Diskussion stellt, vom Zuschauer Entscheidungen verlangt und seine Aktivität weckt, statt ihm eine unkritische Illusion zu vermitteln und damit die Haltung eines passiven Genießers zu erlauben. Die dafür erforderliche Distanz zu den Vorgängen auf der Bühne soll durch »Literarisierung« geschaffen werden: Schrifttafeln und -projektionen mit Szenentiteln oder Parolen, Einfügung von Songs in die Handlung u.a.

Dabei müssen Text, Musik und Dekoration ihre Selbständigkeit bewahren, um parallel wirken zu können. Als wichtigstes Stilmittel dieser Kunstform propagierte Brecht die schauspielerische Technik der Verfremdung (»V-Effekt«), die ein Darsteller erreicht, wenn er »das, was er zu zeigen hat, mit dem deutlichen Gestus des Zeigens versieht«. Er fällt damit sozusagen aus der Rolle, kommentiert sein schauspielerisches Tun und weckt die Kräfte des kritischen Hinsehens beim Zuschauer.

Die Szenen im »epischen Theater« stehen gereiht und gleichberechtigt nebeneinander. Sie sind nicht auf einen dramatischen Schluß hin ausgerichtet, sondern auf den Gang der Handlung. Zwar verfolgte Brecht als Marxist mit dieser Technik durchaus auch agitatorische Zwecke, doch blieb er nicht bei einem banalen »sozialistischen Realismus« stehen. Er wollte ein »Theater des wissenschaftlichen Zeitalters« (Foto: Szenenbild aus »Mutter Courage und ihre Kinder«, Inszenierung der Bühnen der Stadt Köln, 1964).

Epik: Als zweite der »Naturformen der Poesie« wird im Anschluß an die Einteilung Goethes die Epik bezeichnet. Sie ist die Gattung des »Epos«, was im Griechischen soviel hieß wie »Wort, Rede, Erzählung«, aber auch »Lied, Gesang« bedeuten konnte. Dies zeigt schon die Verschlingung und Verknüpfung der Epik mit den anderen beiden Hauptgattungen und die reichen Möglichkeiten des Epikers bei der Behandlung seines Stoffes. Er hat in Handlungs- und Bilderführung viel größere Freiheiten als etwa der Dramatiker, kann bei Einzelheiten verweilen, Gleichnisse ausspinnen, Gedanken, Episoden und Betrachtungen einfügen und den Dichter hinter seinen Personen sichtbar machen. Daraus ergab sich die typische epische Breite, die u.a. von Schiller zu den Gesetzmäßigkeiten der Epik gezählt wurde.

Der Epik werden alle Formen der Erzählung in Versen und in Prosa zugeordnet. Ihre wichtigsten Prinzipien sind die Vergegenwärtigung und zeitliche Addition von Geschehen, wobei das Erzählte vergangen sein und als solches vorgestellt werden muß (selbst im utopischen Roman). Die Stationen in der zeitlichen Abfolge (Sukzession) stehen dem Autor daher für die gewünschte Komposition in Rückblende oder Vorgriff frei zur Verfügung. Aus seiner Allwissenheit ergeben sich die verschiedenen Formen der Er- oder Ich-Erzählung, die wechselbare Perspektive des Erzählers und seine Distanz zum Stoff.

Im klassischen Epos, etwa beim »Urvater« aller Epik, dem griechischen Sänger Homer, oder beim römischen Dichter Vergil, sind Autor und Erzähler identisch. In der modernen Epik ist das eher die Ausnahme; der Autor schlüpft in seine Hauptperson oder spricht gar aus mehreren Figuren zu seinem Leser (Hörer), der zuweilen sogar in die Geschichte verwickelt wird. Entsprechend vielfältig haben sich die epi-

LITERATUR

schen Formen ausgebildet (s. Kasten).
Lyrik: Als dritte »Naturform« oder Hauptgattung der Dichtung gilt die Lyrik, die gebundene Rede in den verschiedensten Gedichtarten. Der Begriff geht zurück auf das griechische Wort »lyra« (Leier) und bezeichnete ursprünglich die zu diesem Instrument vorgetragenen Gesänge. Daraus entwickelte sich ein großer Formenreichtum von der streng gegliederten Strophe mit geregeltem Versmaß und Reim (s. Kasten) bis hin zu freien, kaum noch als Bindung empfundenen Rhythmen.

Der Rhythmus ist denn auch das Gestaltungsprinzip aller Lyrik, ob, wie in den meisten Fällen, einem festen Metrum folgend oder in wechselndem Takt schwingend. Dabei gibt es traditionsreiche Formen wie das Sonett aus zwei vierzeiligen und zwei dreizeiligen gereimten Strophen wie nur von einzelnen Dichtern verwendete Formen. Die Stilmittel, mit denen die Lyrik wie keine andere Gattung poetische Erfahrung in sprachliches Eigenleben umzusetzen sucht, wandeln sich je nach Erlebnis oder Motiv.

Häufig entsprechen den einzelnen Grundhaltungen auch bestimmte Grundformen: Für die Erlebnislyrik, seelische Stimmungen (Freude, Leid) umfassend wie Gemeinschaftserleben (Liebe, Freundschaft), wird oft das Lied als adäquater Ausdruck gewählt; die weniger ich- oder naturbezogene religiöse Lyrik bevorzugt dagegen den Hymnus. Von dort zur Gedankenlyrik, die von der geistigen Meditation bis zum philosophischen Ideengedicht reicht, ist der Schritt nicht weit. Die Ode, klassische Form der artifiziellen Kunstdichtung, schließt sich an. Aus ihr und dem Lied entwickelten sich schon früh die Sproßformen des Klagelieds (Elegie), des getragenen Gesangs (Sonett) und des lehrhaften Spruchs (Epigramm). Eine lyrisch-dramatische Mischform ist die Ballade.

Zwar greifen auch heute Autoren zu traditionellen Formen, doch ist die moderne Lyrik geprägt von experimentellen Texten, Montagen, grafischen Momenten und musikalischen Mustern. Das Gattungsschema wird vielfach durchbrochen, um eine als immer komplexer erfahrene Welt dichterisch befragen zu können.

Else Lasker-Schüler

ABSCHIED

Aber du kamst nie mit dem Abend –
Ich saß im Sternenmantel.

…Wenn es an mein Herz pochte,
war es mein eigenes Herz.

Das hängt nun an jedem Türpfosten,
Auch an deiner Tür;

Zwischen Farren verlöschende Feuerrose
Im Bann der Girlande

Ich färbte dir den Himmel brombeer
Mit meinem Herzblut

Aber du kamst nie mit dem Abend –
…Ich stand in goldenen Schuhen.

FORMEN DES ERZÄHLENS

Nach der Gattungseinteilung des Aristoteles zählte man bis ins 18. Jh. nur das Epos (also die breite Verserzählung) zur Epik. Erst auf der Grundlage erneuter Reflexion über das Wesen des Epischen, wie sie v.a. die Klassik leistet, konnte sich eine Gliederung in epische Groß- und Kleinformen durchsetzen:

Epos, Großform der erzählenden Dichtung in Versen und gehobener Sprache, meist monumental in epischer Breite angelegt als Götter-, Helden- oder Volksepos, gekennzeichnet durch Leitmotive, Formeln und mythisch-geschichtlichen Inhalt.

Roman, unterhaltende Prosaerzählung, hervorgegangen aus den Prosafassungen mittelalterlicher Epen, figurenreich, ausgreifende Darstellung, viele Sonderformen: Entwicklungs-, Abenteuer-, Schelmen-, Schäfer-, Familien-, Bildungs- oder Erziehungs-, Gesellschafts-, Kriminal-, Staatsroman, psychologischer, utopischer Roman u.a.

Saga, nordische, v.a. isländische Form des Epos in gehobener, doch schlichter Alltagsprosa zwischen dem 12. und 14. Jh., durch knappe Darstellung und Konzentration auf die entscheidenden Punkte eines Geschehens; Übergangsform zu den Kleinformen der Epik.

In den Bereich der Kurz-Epik gehören:

Anekdote (griechisch »Unveröffentlichtes«), pointierte, meist auf komische Wirkung abzielende und personenbezogene Geschichte.

Fabel (lateinisch »fabula« = Erzählung, Sage), lehrhafte Geschichte in Prosa- oder Versform, erzielt ihre moralische Wirkung durch Darstellung menschlicher Schwächen in nichtmenschlichem Gewand (Tier, Pflanze oder Ding).

Idylle (griechisch »Bildchen«), halblyrische Erzählung (überwiegend) in Versen, die in friedvoll-preisenden Bildern das einfache (Hirten-)Leben schildert und Naturverbundenheit propagiert, seit dem 19. Jh. kaum noch oder parodierend-ironisch verwendet.

Kurzgeschichte, vom angloamerikanischen Begriff short story übernommene Bezeichnung für eine bestimmte Art moderner Kurzprosa; von der Novelle unterschieden durch nüchterne, gedrängte Darstellung und gewöhnlich offenen Schluß bis hin zu surrealistischen Effekten.

Legende (lateinisch »das zu Lesende«), populäre religiöse Vers- oder Prosaerzählung aus dem Leben von Heiligen oder über Wunder in belehrender oder erbaulicher Absicht, in abgewandelter Form, oft ironisch gebrochen, auch im 19./20. Jh. verwendet.

Märchen, ursprünglich mündlich weitergegebene Kurzerzählung in Prosa phantastisch-wunderbaren Inhalts, in sich jedoch schlüssig, bei den Volksmärchen verschiedene Arten wie Zauber-, Tier-, Schicksals-, Schwank-, Neck- oder Schreckmärchen; daneben in Schriftform das Kunstmärchen konkreter Autoren mit ins Wunderbare entrückter psychologisch-philosophischer Fragestellung (linke Seite: Illustration zu »Hänsel und Gretel«).

Novelle (italienisch »kleine Neuigkeit«), Prosaerzählung geringen Umfangs, ausgerichtet auf ein »unerhörtes Ereignis« (in der Novellentheorie als »Falke« der Geschichte bezeichnet), oft eingebunden in einen Zyklus, der von einer Rahmenhandlung zusammengehalten wird.

Parabel, zu einer Kurzerzählung ausgebauter Vergleich, Urform u.a. das biblische Gleichnis zur Belehrung anhand eines analogen Beispiels.

Romanze, halblyrische Verserzählung spanischer Herkunft, meist volkstümliche Sagenstoffe verarbeitend, seit dem 18. Jh. auch in Deutschland.

Sage, wegen der ursprünglich nur mündlichen Weitergabe so bezeichnete kurze, schlichte Erzählungen über Helden, Herrscher, Riesen, Hexen u.a., im Gegensatz zum Märchen jedoch mit gewissem Anspruch auf realen Hintergrund.

DAS LIED DER LIEBE *und Sehnsucht singen die Lyriker zu allen Zeiten. Das »Herz« spielt die Hauptrolle, beim bedeutendsten mittelhochdeutschen Dichter Walther von der Vogelweide (oben: Buchillustration aus der Großen Heidelberger Liederhandschrift) ebenso wie bei der Expressionistin Else Lasker-Schüler in den zweizeiligen Seufzer-Strophen der Verlassenen.*

LITERATUR

WIE SPRECH ICH AUCH SO SCHÖN? – VOM REIM

Der Reim ist in der Antike noch unbekannt, er begegnet erst im lateinischen Mittelalter und als Stabreim in der germanischen Dichtung. Vor allem der Endreim spielte in der Literaturgeschichte lange eine beherrschende Rolle, und Goethe hat mit ihm im zweiten Teil des »Faust« die Vereinigung von Faust und Helena als lyrische Vermählung gestaltet. Staunend vernimmt Helena auf Fausts Burg erstmals gereimte Rede (Foto: Helena [Kirsten Dene] und Faust [Martin Lüttge], Inszenierung des Württembergischen Staatstheaters 1977):

Helena: Vielfache Wunder seh ich, hör ich an.
Erstaunen trifft mich, fragen möcht ich viel.
Doch wünscht ich Unterricht, warum die Rede
Des Manns mir seltsam klang, seltsam und freundlich:
Ein Ton scheint sich dem andern zu bequemen,
Und hat ein Wort zum Ohre sich gesellt,
Ein andres kommt, dem ersten liebzukosen.
Faust: Gefällt dir schon die Sprechart unsrer Völker,
O so gewiß entzückt auch der Gesang,
Befriedigt Ohr und Sinn im tiefsten Grunde.
Doch ist am sichersten, wir übens gleich:
Die Wechselrede lockt es, rufts hervor.
Helena: So sage denn: wie sprech ich auch so schön?
Faust: Das ist gar leicht: es muß von Herzen gehn!
Und wenn die Brust von Sehnsucht überfließt,
Man sieht sich um und fragt –
Helena: Wer mitgenießt.
Faust: Nun schaut der Geist nicht vorwärts, nicht zurück;
Die Gegenwart allein –
Helena: Ist unser Glück.
Faust: Schatz ist sie, Hochgewinn, Besitz und Pfand;
Bestätigung, wer gibt sie?
Helena: Meine Hand!

Außer dieser einfachen Form des Endreims gibt es noch eine Reihe anderer Formen des Gleichklangs von Wörtern. Man unterscheidet nach Klang, Silbenzahl, Position u.a.:
Reine Reime: völliger Gleichklang der Vokale (Pfand/Hand).
Halbreime: Differenz der dem Vokal folgenden Konsonanten (Assonanz: Ruhm/lud) oder nur annähernde Übereinstimmung der Vokale (schön/gehn).
Tote (rührende) Reime: identische Lautung (späht/spät, hart/harrt).
Stumpfe (männliche) Reime: nur eine reimtragende Endsilbe (Raum/Baum).
Klingende (weibliche) Reime: mehrsilbige Reime mit klingender Endsilbe (sagen/wagen).
Gleitende Reime: drei- oder mehrsilbiger Gleichklang (sonnige/wonnige).
Reiche Reime: Reim auf zwei oder mehr Vollsilben (Klarheit/Wahrheit).
Doppelreime: Gleichklang von Wortpaaren (Sterne sehn/gerne stehn).
Schüttelreime: Doppelreim durch Austausch des Anlauts der Reimwörter (Doppelmord/Moppel dort).
Binnenreim: Reimwörter innerhalb eines Verses.
Schlagreim: Binnenreim, bei dem die Reimwörter im Vers unmittelbar aufeinander folgen.
Pausenreim: Binnenreim des ersten auf das letzte Vers- oder Strophenwort.
Stabreim: Gleichklang des Anlauts zweier oder mehr sinntragender Wörter innerhalb eines Verses (Das wolle Wotan weihen).
Nach der Reihenfolge der Reime werden beim Endreim folgende Schemata unterschieden (Verse mit gleichen Buchstaben reimen sich): *Paarreim:* aa, *Dreireim:* aaa, *Reimhäufung:* aaaa, *Kreuzreim:* abab, *Schweifreim:* aab aab, *umschließender Reim:* abba, *Kornreim:* abcd abcd, *Zwischenreim:* aab ccb, *Terzine:* aba bcb.

DEUTSCHSPRACHIGE LITERATUR

Als Goethe 1827 den Begriff »Weltliteratur« prägte, hatte er damit auch einen Appell im Sinn: Die Sprachkunst ist anders als ihre bildnerischen und musikalischen Schwestern dem Wesen nach national; um so mehr ist sie auf Kulturaustausch angewiesen, will sie Provinzialisierung vermeiden und fremdenfeindlichen Affekten vorbeugen. Wenn hier dennoch ein Abriß nur der deutschen Literatur (bis Mitte des 20. Jh.) gegeben wird, dann wegen ihrer allgemeinen Zugänglichkeit und weil sie hierzulande zum Katalog des üblichen Bildungsguts gehört. Die andere »Weltliteratur« folgt in einer Liste der Autoren und ihrer Hauptwerke.

Alt- und mittelhochdeutsche Literatur

Von »deutscher« Literatur konnte erst die Rede sein nach Trennung der beiden Teile des Frankenreichs in den westlichen »französischen« und östlichen »deutschen« (9. Jh.). Das Wort »deutsch« (von »thiot« = Volk) kam auch erst in dieser Zeit auf, und Literatur in dieser Sprache setzte mit der Christianisierung ein. Der Nachhall der mündlichen Dichtung der Germanen war nur noch schwach vernehmbar etwa in den »Merseburger Zaubersprüchen« oder dem »Hildebrandslied« (aufgezeichnet im 9./10. Jh.). Der darin herrschende Stabreim spiegelt sich zwar auch im »Heliand« (um 830) oder im »Wessobrunner Gebet« (9. Jh.), doch standen Form und dichterische Absicht völlig im Zeichen der christlichen Verkündigung.

So war die althochdeutsche Literatur fast gänzlich Zweckprosa im Dienst der kirchlichen Lehre oder Übersetzungsliteratur aus dem Lateinischen. Diese begann mit der Übertragung von Einzelwörtern (Glossen) und von Wörterbüchern (Glossaren) wie dem »Abrogans« (um 750). Es folgten die sog. Interlinearversionen, wörtliche Übersetzungen »zwischen den Zeilen«, dann freiere und eigenschöpferische Übernahmen wie »Isidor« (vor 800) oder »Tatian« (um 830). Erster namentlich bekannter Autor war Otfried von Weißenburg, dessen »Evangelienharmonie« (um

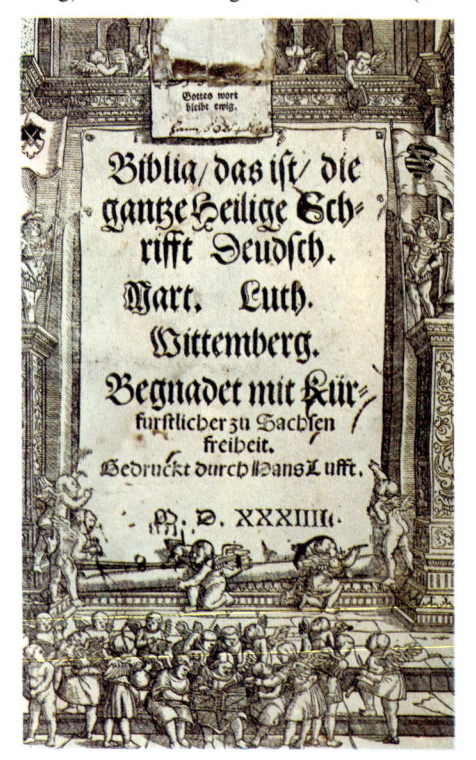

DIE HEILIGE SCHRIFT in der Übersetzung von Martin Luther bildete das Muster der neuhochdeutschen Schriftsprache. Elemente des Dialekts der Heimat des Reformators (Sachsen) mischten sich darin mit der damals üblichen Kanzleisprache, aber auch oberdeutsches Wortgut nahm Luther auf, um möglichst weit verstanden zu werden.

LITERATUR

870) der deutschen Literatur u.a. den Endreim erschloß.
Nach diesen Anfängen verstummte die deutsche Dichtung für lange Zeit, das Lateinische dominierte erneut selbst in heimischen Werken wie den Schuldialogen der Hrotsvit (Roswita) von Gandersheim (Mitte 10. Jh.) oder dem Ritterroman »Ruodlieb« (um 1050). Erst die religiöse Erneuerung durch die Klosterreform von Cluny brachte eine Rückbesinnung auf die Volkssprache in der Predigt und der frühmittelhochdeutschen geistlichen Literatur (»Ezzolied«, 1063; »Annolied«, Ende 11. Jh.).
Sie drang allmählich in den höfischen Bereich vor und bot zunehmend auch weltliche Stoffe aus Sage und Geschichte, freilich noch lange geistlich verbrämt: »Alexanderlied« (um 1120), »Rolandslied« (um 1145), »Kaiserchronik« (um 1150), »Herzog Ernst« (Spielmannsepos, um 1180). Im Jh. der Staufer (1150–1250) erblühte daraus die eigentliche höfische Dichtung in Epik und Lyrik (Minnesang), die sich von kirchlichen Bindungen emanzipierte und die Ideale des Rittertums pries. Die bedeutenden Epen Hartmanns von Aue (Ende 12./Anfang 13. Jh.) »Erec« (um 1185) und »Iwein« (um 1200) zeigten an ihren Helden, daß Übermaß in Abenteuer oder Liebe die Tugend verfehlt und nur »mâze« Glück zu bescheren vermag.
Der zweite große Epiker, Wolfram von Eschenbach (1180/90–um 1220), durchbrach aber bereits wieder die Welt des schönen höfischen Scheins. Seine Hauptfigur »Parzival« (um 1210) findet zu sich selbst nicht durch die größten Heldentaten und galantesten Abenteuer, sondern erst im mythischen Reich des Grals nur durch die unerforschliche Gnade Gottes. Und der letzte höfische Sänger, Gottfried von Straßburg (Ende 12./Anfang 13. Jh.), sieht in seinem Epos »Tristan und Isolt« (um 1210) die höfische Kultur bereits als Gegenspieler der persönlichen Liebe im »kreis der edlen herzen« und verkündet die Liebe bis in den Tod, die den Verlust der gesellschaftlichen »ere« nicht scheut. Hierher gehört auch die neubelebte Heldendichtung, wie sie im »Nibelungenlied« von einem unbekannten Dichter zusammengefaßt wurde: Hinter der glanzvollen

DIE ENTWICKLUNG DER DEUTSCHEN SPRACHE

Wie viele Sprachen von Island bis Indien geht das Deutsche auf eine gemeinsame Grundsprache, das Indogermanische, zurück. Diese nicht überlieferte Ursprache läßt sich durch Sprachvergleiche erschließen; sie wurde in Abwandlungen bis zum 4. Jh. v. Chr. von einem Hirten- und Ackerbauvolk gesprochen, das zwischen Rhein und Kaspischem Meer mit Kern in der Ukraine siedelte. Von dort wanderten immer wieder Stämme in einzelnen Schüben nach Westen und Süden ab und entwickelten in den neuen Heimaten Ableger der ererbten Sprache.

Auch das heutige Deutsch bildete sich in einem solchen Prozeß, der alle Bereiche der Sprache betraf: Beugung der Wörter (Flexion), Wortbildung und -bedeutung, Satzbau, Lautsystem. Zunächst entstand die ur- oder gemeingermanische Sprache, die gemeinsame Vorform aller germanischen Sprachen im Nord- und Nordwestraum durch Festlegung der früher wandernden Betonung der Wörter auf die erste Silbe und die damit verbundene erste oder germanische Lautverschiebung besonders der Verschlußlaute u.a. zu Reibelauten. Diese Entwicklung war noch vor der Begegnung mit den Römern um 500 v. Chr. abgeschlossen; die Stammsilbenbetonung ist Kennzeichen aller germanischen Sprachen.

Vom Gemeingermanischen kennen wir nur einzelne Wörter; erst für das Althochdeutsche gibt es ausreichend schriftliche Zeugnisse (v.a. seit dem 8. Jh. n. Chr.). Von den anderen germanischen Sprachen unterschied sich das aus dem Westgermanischen gewachsene Althochdeutsche durch die zweite oder hochdeutsche Lautverschiebung, die von Süden her das Konsonantensystem veränderte; der Norden des Sprachgebiets wurde dagegen Wiege der Neubewertung der Vokale. Hochdeutsch bedeutet daher für die damalige Zeit nicht eine Einheitssprache, sondern einen Sammelbegriff für die Dialekte der höher gelegenen deutschen Regionen (Rhein-, Main- und Ostfränkisch, Bairisch und Alemannisch).

Das gilt auch noch für das folgende Mittelhochdeutsche (seit ca. 1050), gekennzeichnet v.a. durch Abschwächung oder Verlust von End- und Nebensilben. Der Übergang zum Neuhochdeutschen war fließend; seit etwa 1350 setzte die Entwicklung hörbar ein durch die sog. Diphtongierung (Aufspaltung langer Vokale in Doppelvokale: »mîn nûwes hûs« wird »mein neues Haus«) und die Gegenbewegung der Monophtongierung (»guët« zu »gut« u.a.). Wieder aber verlief diese Entwicklung im Nieder- und Oberdeutschen uneinheitlich.

Die Erfindung des Buchdrucks und die religiöse Revolution in Gestalt der »deutschen« Reformation (15./16. Jh.) förderten dann die Bildung eines überregional verständlichen Deutschs. Luthers Bibelübersetzung (1522/34) auf der Basis der sächsischen Kanzleisprache wurde zum Motor dieser Entwicklung. Die kulturelle Zersplitterung aber war auch damit nur allmählich zu überwinden, und bis es zur heutigen Einheit in Rechtschreibung, Formenlehre und Aussprache kommen konnte, mußte erst der politische Prozeß weitergedeihen und mit der industriellen Revolution eine ungekannte Mobilität der Gesellschaft einsetzen.

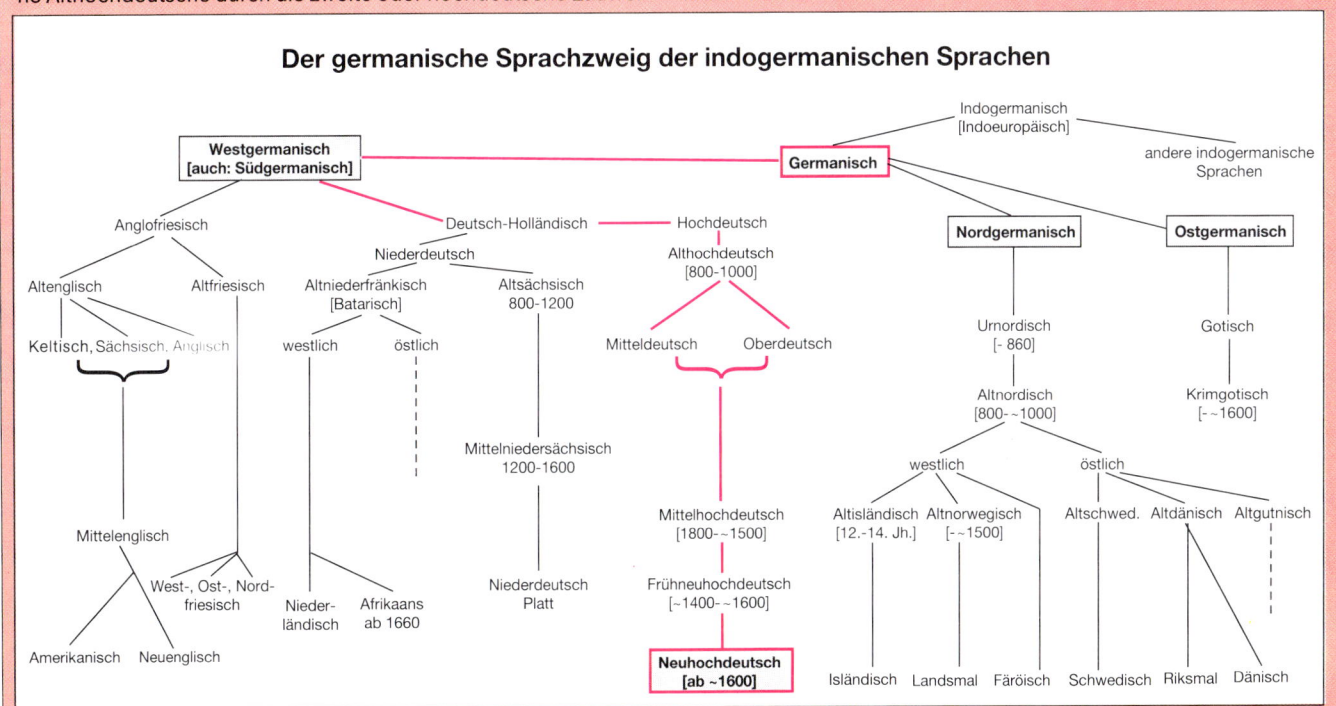

Der germanische Sprachzweig der indogermanischen Sprachen

- Indogermanisch [Indoeuropäisch]
  - andere indogermanische Sprachen
  - Germanisch
    - Westgermanisch [auch: Südgermanisch]
      - Anglofriesisch
        - Altenglisch
          - Keltisch, Sächsisch, Anglisch
          - Mittelenglisch
            - West-, Ost-, Nordfriesisch
            - Amerikanisch
            - Neuenglisch
        - Altfriesisch
          - Niederländisch
          - Afrikaans ab 1660
      - Deutsch-Holländisch
        - Niederdeutsch
          - Altniederfränkisch [Batarisch]
            - westlich
            - östlich
          - Altsächsisch 800-1200
            - Mittelniedersächsisch 1200-1600
            - Niederdeutsch Platt
      - Hochdeutsch
        - Althochdeutsch [800-1000]
          - Mitteldeutsch
          - Oberdeutsch
            - Mittelhochdeutsch [1800-~1500]
            - Frühneuhochdeutsch [~1400-~1600]
            - **Neuhochdeutsch [ab ~1600]**
    - Nordgermanisch
      - Urnordisch [- 860]
        - Altnordisch [800-~1000]
          - westlich
            - Altisländisch [12.-14. Jh.]
              - Isländisch
            - Altnorwegisch [-~1500]
              - Landsmal
              - Färöisch
              - Riksmal
          - östlich
            - Altschwed.
              - Schwedisch
            - Altdänisch
              - Dänisch
            - Altgutnisch
    - Ostgermanisch
      - Gotisch
      - Krimgotisch [-~1600]

183

LITERATUR

Fassade des Burgunderhofes werden Intrigen gesponnen, toben Machtkämpfe, erscheint die Fratze von Neid und Mißgunst. Dem fällt der Held Siegfried zum Opfer, doch die Tat seines Mörders Hagen weckt die Furien der Rache. Am Hof des Hunnenkönigs Etzel (Attila), der Siegfrieds Witwe Kriemhild geheiratet hat, gehen die burgundischen Recken in einem Inferno aus Flammen und Blut unter.

Vollkommener Ausdruck der höfischen Gesellschaft war der Minnesang, die lyrische Verehrung der »hohen Frau« (Herrin). Minne war also nicht gleich Liebe, sondern ritterliche Achtung und Erhebung. Erst mit dem größten Lyriker des Mittelalters, mit Walther von der Vogelweide (um 1170–1230), kam ein persönlicherer Ton in die Gedichte. In seinen »Mädchenliedern« besang er auch »unstandesgemäße« Geliebte und die körperliche Liebe, die »niedere Minne« (»Under der linden/an der heide,/dâ unser zweier bette was...«). Und Walther brachte einen ersten Höhepunkt der Spruchdichtung über religiöse, moralische und politische Fragen.

14. bis 16. Jahrhundert

Die politische Zerrissenheit der nachstaufischen Zeit löste auch einen kulturellen Niedergang aus, der Minnesang verkam zu adliger Kavaliersdichtung, ritterliche Lebensformen wurden in Spottversen und Parodien als überlebt dargestellt. Nur vereinzelt wurden echte Töne laut wie etwa beim Lyriker Oswald von Wolkenstein (um 1377–1445). Die Not der Zeit ließ Legenden und religiöse Lyrik aufleben und förderte die Rückschau auf die glanzvolle Vergangenheit in Weiterdichtungen der großen Epen oder Sammlungen von Heldensagen.

Schon Mitte/Ende des 13. Jh. aber hatte sich Neues angebahnt in den kleineren Verserzählungen wie dem »Meier Helmbrecht« von Wernher dem Gartenaere, der das Aufbegehren gegen Standesschranken schildert und den Verfall der Kultur realistisch zeichnet. Dieser Verfall wurde in der späteren Zeit sichtbar auch in der Dichtung, selbst im Zerbrechen der strengen Formen, woraus aber auch neue Stärke erwuchs: Das Spätmittelalter entdeckte die Prosa, die die Mystiker Mechthild von Magdeburg (gestorben 1294), Meister Eckhart (um 1260–1328) oder Johannes Tauler (um 1300–1361) mit Leben erfüllten und die einen ersten Gipfel erreichte in Johannes von Tepls (um 1350–1414) »Ackermann aus Böhmen« (um 1400): Der Bauer hadert mit dem Tod, der ihm seine junge Frau genommen hat. Der Tod pocht auf seine Macht. Gott entscheidet: »Jeder Mensch ist dem Tode das Leben, den Leib der Erde, die Seele mir zu geben verpflichtet.«

Die zweite Neuschöpfung dieser Epoche, die Entwicklung des geistlichen Dramas, ist eine gemeinsame Leistung von Kirche und aufstrebendem städtischem Bürgertum. Weihnachts-, Passions-, Oster- und Fronleichnamsspiele entstanden aus der mimischen Ausschmückung kirchlicher Liturgie, nachdem schon im 13. Jh. die Eroberung der lateinischen Spieltexte durch die Volkssprache begonnen hatte. Die Spiele wurden aus der Kirche auf den Marktplatz verlegt, Massen von Laienspielern wirkten mit, die Spieldauer wuchs auf mehrere Tage.

Die gelehrte Gegenbewegung gegen diese Adaptation gesunkenen Kulturguts bestand im Rückgriff auf die Antike nach italienischem Vorbild. Die Humanisten ver-

---

SÄNGERKRIEG AUF DER WARTBURG

Ein Reflex der großen Zeit des Minnesangs und der höfischen Epik ist der sagenhafte Sängerkrieg am Hof des Landgrafen Hermann I. von Thüringen auf der Wartburg etwa 1205/06. Um 1260/70 entstanden, zeigt die in Strophenform abgefaßte Darstellung zweier (oder mehr) unbekannter Verfasser sowohl formal wie in der bewundernden Rückschau den Niedergang der deutschen Literatur nach der Stauferzeit:

Im ersten Teil fordert der Minnesänger Heinrich von Ofterdingen seine Kollegen zum Wettstreit heraus. Sie sollen versuchen, sein Preislied auf den Fürsten von Österreich durch das Lob eines anderen Fürsten zu überbieten. Wer unterliegt, soll dem Henker verfallen. Gegen ihn stellt sich der »Tugendhafte Schreiber« mit dem Lob des Landgrafen Hermann und wird darin von Wolfram von Eschenbach und Reinmar von Zweter unterstützt. Auch Walther von der Vogelweide tritt gegen Heinrich an, der schließlich unterliegt, jedoch auf Fürsprache des Landgrafen sein Leben behält.

Der zweite Teil schildert ein »Rätselspiel«: Wolfram von Eschenbach ringt darin mit dem Zauberer Klingsor (eine Gestalt aus dem »Parsival«), der dem Dichter mystische Rätselfragen vorlegt. Wolfram kann sie alle lösen und überwindet den Magier mit seiner Frömmigkeit. – Richard Wagner hat den Stoff 1845 in seiner Oper »Tannhäuser und der Sängerkrieg auf der Wartburg« wieder aufgegriffen.

DOKUMENT DER EMPFINDSAMKEIT – *Klopstocks Bibelepos »Der Messias«, das in Hexametern (Verse mit sechs betonten Silben und jeweils zwei unbetonten dazwischen) pietistisches Gedankengut dichterisch formte.*

LITERATUR

HEIMTÜCKISCHER MORD
löste die Tragödie der Burgunder im Nibelungenlied aus: Hagen tötet Siegfried, der aus einer Quelle trinkt, mit einem Schuß in den Rücken (Buchillustration aus dem 15. Jh., ganz links).

UM LEBEN UND TOD
ging es beim legendären Wettstreit der mittelhochdeutschen Dichter auf der Wartburg (Foto) im 12. Jh., wo gut vierhundert Jahre später Luthers Bibelübersetzung entstand.

SHAKESPEARES VORBILD
beschwor Lessing (unten) in seiner Theorie des Schauspiels, der »Hamburgischen Dramaturgie«.

gegenwärtigten das antike Menschenbild und erhoben Stil, Rhetorik und Ästhetik der »Alten« zum Vorbild, was v.a. im Drama wirksam wurde. Die Reformation überlagerte bald die Entwicklung, profitierte aber auch von ihr, am sichtbarsten in Luthers Bibelübersetzung aus dem Urtext, die ohne die humanistischen Vorleistungen undenkbar gewesen wäre. Die Wucht der lutherischen Sprache, in den Chorälen des Reformators (»Aus tiefer Not schrei ich zu dir«, »Ein feste Burg ist unser Gott« u.a.) zu inniger Vollendung gebracht, hat die deutsche Dichtung bis zu Nietzsche und Brecht tiefgreifend beeinflußt.

Der religiöse Umsturz aber absorbierte zunächst die dichterischen Kräfte und ließ statt dessen eine polemische Schriftkultur blühen, beispielhaft bei Ulrich von Hutten (1488–1523), dem »ersten Journalisten«, und seinem antirömischen »Vadiscus« (1520) oder Thomas Murner (1475–1537) und seiner Schrift »Von dem großen Lutherischen Narren« (1522). Daneben fanden sich nur wenige Autoren von ähnlichem Rang wie Luther: Hans Sachs (1494–1576) mit den Fastnachtsspielen oder Johann Fischart (1546–1590, »Das Glückhaft Schiff von Zürich«, 1576).

Vom Barock zur Aufklärung

Die nächste Epoche der deutschen Literatur, der Barock, eine aus der Kunstgeschichte entlehnte Bezeichnung, war geprägt von der Gegenreformation mit ihrer prallen Diesseitigkeit und vom 30jährigen Krieg (1618–48), der Deutschland von Grund auf verwüstete. Beides schlug sich nieder in den poetischen Werken des Zeitalters, deren Regeln Martin Opitz (1597–1639) in seinem »Buch von der deutschen Poeterey« (1624) vorgab und die gepflegt wurden in bürgerlichen Literaturzirkeln wie der »Fruchtbringenden Gesellschaft« oder den »Pegnitzschäfern«.

Das Schmückende, Formvollendete, Mythologisierende, in monumentalen Staatsromanen wie denen des Herzogs Anton Ulrich von Braunschweig (1633–1714), in zierlichen Schäferromanen wie Philip von Zesens (1619–89) »Adriatische Rosemunde« (1645), in Allegorien, schwülstiger Lyrik u.a. – die Not, die beten lehrt, in schlicht-innigen Kirchenliedern wie denen von Paul Gerhardt (1607–76, »O Haupt voll Blut und Wunden«, »Die güldne Sonne« u.a.), Angelus Silesius (1624–77) oder Friedrich Spee (1591–1635), in den ersten großen deutschen Tragödien (u.a. »Cardenio und Celinde«, 1657) des Andreas Gryphius (1616–64) oder in Romanen wie »Der Abentheuerliche Simplicissimus« (1669) von J.J. von Grimmelshausen (1622–76).

Im 18. Jh. begann ein Dualismus in der deutschen Literatur, ein Kampf zwischen Barock- und Aufklärungstradition, der im Grunde bis heute nicht entschieden ist. Rokoko, ein harmonisierter und verfeinerter Barock, sowie Aufklärung, Empfindsamkeit und ihr ungebärdiger Ableger Sturm und Drang lebten nebeneinander, gegeneinander, aber auch miteinander. So war Christoph Martin Wieland (1733–1813) Aufklärer (u.a. der Roman »Die Abderiten«, 1774) und zugleich der wohl bedeutendste Rokoko-Dichter (u.a. der Bildungsroman »Die Geschichte des Agathon«, 1767).

Die Normen der frühaufklärerischen Literatur setzte Johann Christoph Gottsched (1700–66) mit seinem »Versuch einer Critischen Dichtkunst vor die Deutschen« (1730), doch löste er mit seiner starren Orientierung an französischen Vorbildern einen heftigen literarischen Streit aus. Seine Kontrahenten waren die Schweizer J.J. Bodmer (1698–1783) und J.J. Breitinger (1701–76) sowie v.a. der radikale Aufklärer Gotthold Ephraim Lessing (1729–81), der gegen das gekünstelte Verfahren das Vorbild des englischen Dramatikers Shakespeare aufrief. Lessing selbst schrieb daran orientierte stilbildende Dramen (Theorie formuliert in der »Hamburgischen Dramaturgie«, 1769) wie das Lustspiel »Minna von Barnhelm« (1767) oder das virtuose bürgerliche Trauerspiel »Miss Sara Sampson« (1755).

Wo das Licht der Vernunft so hell erstrahlte, da konnte die Stimme des Herzens nicht schweigen: In der Strömung der sog. Empfindsamkeit brach sich eine Gefühlskultur Bahn, die religiös im Pietismus vorbereitet war. Ihr hoher Priester, verehrt vom Dichterkreis des Göttinger Hains, wurde Friedrich Gottlieb Klopstock (1724–1803), dessen »Oden« (1771) und vor allem dessen Bibel-Epos »Der Messias« (1748) die religiöse Anbindung deutlich werden ließen. Daneben zu nennen sind allenfalls noch die »Idyllen« (1756) von Salomon Geßner (1730–88) und die Prosaschriften, darunter die »Fabeln« (1746/48) von Christian Fürchtegott Gellert (1715–69).

Er lehrte Poesie und Beredsamkeit in Leipzig, wo der junge Johann Wolfgang Goethe (1749–1832) Mitte der 60er Jahre studierte. Eigentlich sollte er sich der Juristerei widmen, doch es zog ihn zu Gellert und zur Dichtkunst. Frucht der Ausflüge wurde u.a. Goethes Briefroman »Die Leiden des jungen Werthers« (1774), der das ganze junge Europa erschütterte. Mit seinem »Weltschmerz« noch in der Empfindsamkeit wurzelnd, gab Werther mit dem »Sturm und Drang« seiner Leidenschaft dem Lebensgefühl der neuen Generation gültigen Ausdruck (auch wenn der Name der Literaturepoche dem Titel eines Dramas von F.M. Klinger entlehnt wurde).

Der Sturm und Drang war jugendliche Protestdichtung und erstrebte in der Nachfolge des französischen Philosophen Rousseau eine »natürliche« Gesellschafts-

LITERATUR

DIE HANDSCHRIFT DES GENIES zeigte sich schon im Werk des 25jährigen Goethe: Der Briefroman »Die Leiden des jungen Werthers« erschütterte eine ganze Epoche.

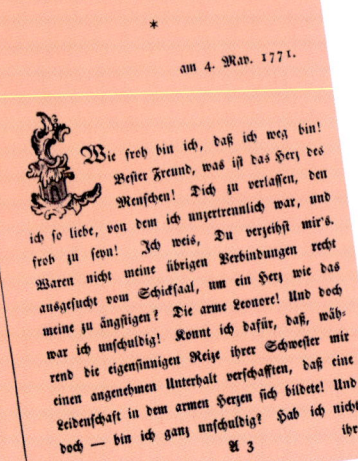

KONGENIALER PARTNER Goethes wurde der Dramatiker und Lyriker Schiller (zeitgenössisches Gemälde).

ordnung für »natürliche« Menschen. Idealfigur war das »Originalgenie«, das sich – literarisch wie gesellschaftlich – über Konventionen und Gesetze hinwegsetzt. Bedeutend an diesem Stil aber blieb nur, was Größeres vorbereitete und von Großen geschrieben wurde: Neben dem Werther Goethes frühe Dramen und Lyrik (darunter Kraftstücke wie »An Schwager Kronos« oder »Prometheus«, Liebesgedichte wie »Mailied«, »An den Mond« u.a.) und die Frühwerke Friedrich Schillers (1759 – 1805), v.a. das Drama »Die Räuber« (1781), dessen Motto »in Tirannos« (gegen die Unterdrücker) zum Programm der Stürmer und Dränger gehörte.

Klassik und Romantik

Während andere im Protest verharrten oder aber verstummten, entwickelten die beiden Weimarer Dichter Goethe und Schiller eine fruchtbare Freundschaft und fanden zurück zu gebändigter Form, die wir klassisch nennen sowohl im Sinne von mustergültig, unübertroffen als auch hinsichtlich des bewußten Rückgriffs auf Vorbilder im klassischen Altertum. Dieser Rückgriff war vorbereitet worden durch die Wiederentdeckung des alten Griechenlands, seiner »edlen Einfalt und stillen Größe« u.a. durch J.J. Winckelmann (1717 – 68) und schlug sich nieder etwa in der Verfassung von Goethes Drama »Iphigenie« (1787) oder seinem Bildungsroman »Wilhelm Meisters Lehrjahre« (1795/96) und in theoretischen Schriften (u.a. »Ästhetische Erziehung des Menschen«, 1795), Balladen (u.a. »Die Bürgschaft«, 1797) und späten Dramen Schillers (u.a. »Wallenstein-Trilogie«, 1800; »Maria Stuart«, 1801; »Wilhelm Tell«, 1802/04). Wie der »Tell« jedoch hat auch Goethes Spätwerk schon Übergangscharakter: Ob der Roman »Die Wahlverwandtschaften« (1809), die Lyrik im »West-östlichen Divan« (1819) oder das wohl bedeutendste

KULTURHAUPTSTADT Deutschlands, ja Europas war für einige Jahrzehnte um 1800 das vergleichsweise winzige Weimar, Wahlheimat Goethes, Schillers und von ihnen angezogener bedeutender Künstler und Dichter (Bild: Weimarer Schloß im 18. Jh.).

LITERATUR

deutsche Drama, der »Faust« (Teil II 1832) – die Romantiker reklamierten Goethe nicht ganz zu unrecht für sich. Sie erkannten sich wieder im Phantastischen, im »deutschen« Faust-Stoff, im Exotischen des »Divan« und auch in der Erlebnislyrik des jungen Goethe. Der Dichterfürst selbst konnte nur mit wenigem aus ihrer Produktion etwas anfangen und wies sogar einen ihm so nahen Dramatiker wie Heinrich von Kleist (1777–1811) ab, der ihm seinen »Zerbrochenen Krug« (1808) »auf den Knien meines Herzens« darbringen wollte.

Nein, Romantik war bei aller Nähe Abschied vom Formideal und von den Themen der Klassik. Es ging nun um »Universalpoesie« nach dem Vers des bedeutenden Lyrikers Joseph von Eichendorff (1788–1857): »Schläft ein Lied in allen Dingen ...«. Zu den bedeutendsten Vertretern dieser dem Volkstümlichen, Mythischen, dem Seelendrama zugewandten Literaturströmung gehörten: Novalis (1772–1801, »Hymnen an die Nacht«, 1800), Clemens von Brentano (1778–1842), als Lyriker, E.T.A. Hoffmann (1776–1822, »Nachtstücke«, 1817), Achim von Arnim (1781–1831, »Des Knaben Wunderhorn«, Liedersammlung zusammen mit Brentano 1805/06), Ludwig Tieck (1773–1853, bedeutend als Shakespeare-Übersetzer). Eine Zwischenstellung nahmen ein: Jean Paul (1763–1825) mit seinen skurrilen Romanen (u.a. »Flegeljahre«, 1805/06) und der Seher und rhapsodische Sänger Friedrich Hölderlin (1770–1843).

Das bürgerliche Zeitalter

Die folgende Generation stand im Schatten der Klassiker und Romantiker, sah sich selbst als »Die Epigonen«, so 1836 der Romantitel von Karl Immermann (1796–1840), obwohl Lyriker wie Eduard Mörike (1804–75), Heinrich Heine (1797–1856, »Deutschland ein Wintermärchen«, 1844) oder Annette von Droste-Hülshoff (1797–1848), Novellisten wie Adalbert Stifter (1805–68), Conrad Ferdinand Meyer (1825–1898, auch bedeutender Lyriker) oder Gottfried Keller (1819–90, »Das Sinngedicht«, 1882) und Dramatiker wie Georg Büchner (1813–37, »Dantons Tod«, 1835) oder Friedrich Hebbel (1813–63, »Herodes und Mariamne«, 1849) nur Beispiele sind für die großen Leistungen der Nachromantik, die zuweilen und zu unrecht unter dem Etikett »Realismus« zusammengefaßt wird.

In Deutschland scheiterten die Revolutionen, auch literarisch blieben sie zunächst aus. Immerhin erklangen zur Jahrhundertmitte neue, kritische Töne, zunächst verhalten in den frühen Novellen Theodor Storms (1817–1888, »Immensee«, 1851), der persönliches Glück gegen Standesdünkel einforderte, oder den ersten Romanen Wilhelm Raabes (1831–1910, »Der Hungerpastor«, 1864). Der Romancier Theodor Fontane (1819–98, »Effi Briest«, 1888; »Der Stechlin«, postum 1899) schlug schon härtere Töne an bei der Kritik an den rigiden Normen der wilhelminischen Gesellschaft, deren Doppelmoral er entlarvte, wie auch Storm in seiner letzten Erzählung »Der Schimmelreiter« (1888) Egoismus und Borniertheit geißelte. Ein Beben aber löste 1892 die Sozialanklage aus, die Gerhart Hauptmann (1862–1946) in seinem Drama »Die Weber« formulierte, dem Hauptwerk des deutschen Naturalismus.

Das Beben verebbte zunächst fast folgenlos, und auch der Autor selbst wandte sich neoromantischen Themen zu. Die literarischen Strömungen dieser Endzeit vor dem 1. Weltkrieg sind schwer zu bündeln: Jugendstil, Impressionismus, Dekadenz sind Schlagworte, die immer nur einen Teil der Werke treffen. Gemeinsam aber war allen ein symbolistischer Grundzug, wie er beim jungen Hugo von Hofmannsthal (1874–1929, Drama »Der Tor und der Tod«, 1900) und v.a. bei Rainer Maria Rilke (1875–1926, »Die Aufzeichnungen des Malte Laurids Brigge«, 1910) festzustellen ist. Diese beiden auch waren es, die über die Zäsur des großen Sterbens hinweg eine gewisse Kontinuität bewahrten. Ihre Werke in der Spätzeit (u.a. Rilke: »Duineser Elegien«, Gedichte 1923; Hofmannsthal: »Der Schwierige«, Drama 1921) ragten richtungweisend aus großer Tradition in eine lange orientierungslose Gegenwartsliteratur.

20. Jahrhundert

Der Krieg hatte den Expressionismus heraufgeführt und Stile und Formen revolutioniert. »Menschheitsdämmerung« (1920) hieß denn auch die bekannteste Sammlung expressionistischer Lyrik, in der freilich etwa mit Georg Trakl (1887–1914), Georg Heym (1887–1912), Franz Werfel (1890–1945), Else Lasker-Schüler (1869–1945), August Stramm (1874–1915) Dichter versammelt waren, die oft nicht mehr gemeinsam hatten als den »expressionistischen Schrei«. In der Epik wurde Franz Kafka (1883–1924, »Der Prozeß«, postum 1925; »Das Schloß«, postum 1926), der Erzähler der Weglosigkeit, zum Neuerer mit bis heute tiefreichender Wirkung.

In gewissem Sinne gehörten auch die Lyriker Stefan George (1868–1933, »Der Stern des Bundes«, 1914) und Gottfried Benn (1886–1956, »Morgue«, 1912) hierher, doch wies v.a. das Werk Benns (»Statische Gedichte«, 1948) weit darüber hinaus. Dies galt in der Dramatik ebenso für Bertolt Brecht (s. Kasten »Theater des wissenschaftlichen Zeitalters«) und in der Epik für Thomas Mann (1875–1955), dessen Erstling »Die Buddenbrooks« (1901) stärker an die Tradition gebunden war. Mit weiteren Werken wie »Der Zauberberg«

GEGENÜBERGESTELLT seinem großen Vorläufer und Gegenpol Schiller ist oben der Dramatiker Bertolt Brecht, der mit dem epischen Theater eine moderne Form des Schauspiels schuf. – Auch der Lyriker Heinrich Heine (darunter) rieb sich an den Klassikern und fand einen unverwechselbaren romantisch-ironischen Ton.

LITERATUR

HINTER DEN FASSADEN bröckelt die gutbürgerliche Welt der »Buddenbrooks« – Thomas Manns Roman-Erstling erregte 1901 erhebliches Aufsehen.

WORT OHNE HEIMAT – EXILLITERATUR

Daß autoritäre oder gar totalitäre Regime die Opposition mundtot machen durch Terror und Vertreibung, ist nichts Neues. Bemerkenswert allerdings ist, wie oft davon Literaten betroffen waren und sind, die den Herrschenden offenbar schon immer besonders gefährlich erschienen. Die Nationalsozialisten machten da keine Ausnahme, und viele Autoren, die nicht gleich bei der Machtergreifung Hitlers Deutschland verlassen hatten, packten spätestens nach der Bücherverbrennung im Mai 1933 die Koffer. Unter Exilliteratur im engeren Sinne versteht man heute die in der Emigration enstandenen Werke der deutschen Dichtung im 20. Jh.

Die Situation der exilierten deutschen Schriftsteller war zumeist gekennzeichnet durch einschneidende Veränderungen: Lösung vom bisherigen Lebensbereich, völliger Wandel der Lebensumstände, politische, sprachliche und – schwerste Bürde – literarische Heimatlosigkeit durch Verlust der muttersprachlichen Zielgruppe. Das trug zur verstärkten Politisierung ihrer Produktion bei, die auch nach der Rückkehr kaum zurückgenommen wurde und bis heute Merkmal moderner deutscher Literatur ist. Bei der Vielzahl der Persönlichkeiten und der Vielfalt ihrer Werke kann freilich von einer einheitlichen, geschlossenen Exilliteratur nicht gesprochen werden, zumal auch sozial die Bandbreite vom komfortablen Emigrantendasein eines Nobelpreisträgers wie Thomas Mann bis zu regelrechten Hungerexistenzen reichte.

Es entstanden diverse Emigrantenverlage und -zeitschriften wie etwa das »Pariser Tageblatt« (1933 – 40) oder der New Yorker »Aufbau«, der noch heute existiert. Neben politischen Aufsätzen erschienen literarische Arbeiten, die sich mit der Situation im Exil beschäftigten oder mit dem verhaßten Regime in der Heimat (Brecht, Becher, Lasker-Schüler, Nelly Sachs, Anna Seghers, Zuckmayer u.a.). Aber auch wichtige Werke ohne konkreten Gegenwartsbezug stammen aus dem Exil. Ihren hohen Stellenwert gewannen sie auch dank der eher provinziellen Produktion der in Deutschland verbliebenen Schriftsteller. Die Exilliteratur überbrückte so die geistfeindliche Zeit des 3. Reiches und sicherte die Kontinuität und den Anschluß an die internationalen künstlerischen Strömungen.

(1922), »Lotte in Weimar« (1939), »Doktor Faustus« (1947), die z.T. im Exil erscheinen mußten, verstärkte er noch diese Bindung und rettete die vom Nationalsozialismus 1933 aus Deutschland vertriebene deutsche Literatur vor der Entwurzelung.

Leiser erklangen die Stimmen anderer bedeutender Romanciers wie Robert Musil (1880 – 1942, »Der Mann ohne Eigenschaften«, Fragment, seit 1930), Hermann Broch (1886 – 1951, »Der Tod des Vergil«, 1947) oder Hermann Hesse (1877 – 1962, »Das Glasperlenspiel«, 1943), doch auch sie haben den Neuanfang nach 1945 ermöglicht, wie es aus dem Exil heraus Brecht im Theatralischen gelang (»Mutter Courage und ihre Kinder«, 1941; »Leben des Galilei«, 1938). Schwer dagegen tat sich die Lyrik nach der Finsternis des 2. Weltkriegs und des Holocaust. »Nach Auschwitz Gedichte schreiben?« – das konnte sich der Philosoph Th.W. Adorno (1903 – 69) kaum vorstellen. Und doch gelang es, obschon fast nur als Echo des Untergangs, der war und der droht. Paul Celans (1920 – 70) »Todesfuge« steht als Beispiel dafür.

NICHTDEUTSCHSPRACHIGE WELTLITERATUR

Die folgende chronologisch geordnete Liste der bedeutendsten Dichter der nichtdeutschsprachigen Literaturen (beschränkt auf europäische Sprachen) kann nicht mehr bieten als eine grobe Auswahl von Namen (ohne Nationalitätsangabe), Lebensdaten und wenigen Hauptwerken. Es sind keine lebenden Autoren aufgenommen, die zeitliche Einordnung erfolgt nach der Hauptwirkungszeit:

Antike

Homer (8. Jh. v. Chr.): Epen: Ilias, Odyssee.
Aischylos (526/25 – 456/55): Dramen: Perser, Orestie (Agamemnon, Die Totenspende, Eumeniden), Der gefesselte Prometheus.
Sophokles (497/96 – 406): Dramen: Antigone, Elektra, König Ödipus, Philoktet.
Euripides (um 485 – 407/06): Dramen: Medea, Andromache, Elektra, Iphigenie, Phönikerinnen, Orest.
Aristophanes (um 445 – um 385): Komödien: Die Wolken, Die Wespen, Die Vögel, Die Frösche.
Menander (342/41 – 291/290): Komödien: Der Menschenfeind, Das Schiedsgericht.
Vergil (70 – 19 v. Chr.): Hirtengedichte: Eclogae, Bucolica, Georgica; Epos: Äneis.
Catull (um 84 – um 54 v. Chr.): Erlebnislyrik.
Horaz (65 – 8 v. Chr.): Satiren: Sermones, Iambi; Gedichte: Carmina, Oden.
Ovid (43 v. Chr. – 18 n. Chr.): Epos: Metamorphosen; Klagelieder: Amores, Tristia.

Mittelalter

Anonym: Rolandslied (12. Jh.), Edda (Sammlung altnordischer Sagas, entstanden um 1240).
Chrétien de Troyes (um 1135 – 90): Epen: Lancelot oder Der Karrenritter, Perceval der Waliser oder Die Erzählung vom Gral.
Dante Alighieri (1265 – 1321): Die Göttliche Komödie (100 Gesänge, 3 Teile: Inferno, Purgatorio, Paradiso).
Petrarca, Francesco (1304 – 74): Il canzoniere (Liederbuch).
Boccaccio, Giovanni (1313 – 75): Novellensammlung: Decamerone; Versroman: Fiametta.
Chaucer, Geoffrey (um 1340 – 1400): Versnovellen: The Canterbury tales (Canterbursyche Erzählungen).
Villon, François (um 1431 – 63): Das große Testament (Gedicht von 2023 Versen).

16. bis 18. Jahrhundert

Rabelais, François (um 1494 – 1553): Gargantua und Pantagruel (Romanzyklus).
Tasso, Torquato (1544 – 95): Epen: Rinaldo, Das befreite Jerusalem; Aminta (Schäferspiel).
Cervantes Saavedra, Miguel de (1547 – 1616): Romane: Galathea, Don Quijote de la Mancha; Exemplarische Novellen.
Vega Carpio, Lope de (1562 – 1635): Romane: Dorothea, Arkadien; Dramen: Die Jüdin von Toledo, Der Ritter vom Mirakel, Die schlaue Susanna.
Marlowe, Christopher (1564 – 93): Dramen: Eduard II., Doctor Faust, Der Jude von Malta.
Shakespeare, William (1564 – 1616): Dramen: Der Widerspenstigen Zähmung, Romeo und Julia, Richard III., Ein Som-

LITERATUR

SCHÖPFER der italienischen Literatursprache wurde Dante Alighieri mit der »Göttlichen Komödie«. Darin berichtet der Dichter in Form der Terzine (s. Kasten »Vom Reim«) über seine Reise durch das Jenseits.

»ENGLANDS DANTE« könnte man wegen seiner ebenso nachhaltigen Wirkung William Shakespeare nennen. Über das Leben des vor allem als Dramatiker bedeutenden Dichters ist wenig bekannt, seine Stücke aber stehen auf den Spielplänen in aller Welt.

mernachtstraum, Der Kaufmann von Venedig, Viel Lärm um Nichts, Hamlet, König Lear, Othello, Wie es euch gefällt, Julius Cäsar, Was ihr wollt, Macbeth, Antonius und Cleopatra, Ein Wintermärchen; Sonette.

Calderón de la Barca, Pedro (1600–81): Dramen: Der standhafte Prinz, Das Leben ist Traum, Der wundertätige Magus, Der Richter von Zalamea, Die Tochter der Luft, Das Schisma von England.

Corneille, Pierre (1606–84): Dramen: Der Cid, Horace, Polyeucte, Rodogune, Der Lügner, Oedipe, Suréna.

Milton, John (1608–74): Paradise lost (Das verlorene Paradies, Versepos).

Molière (1622–73): Dramen (meist Komödien): Der Arzt wider Willen, Der Misanthrop, Der Geizige, Tartuffe, Der Bürger als Edelmann, Der eingebildete Kranke, Die Schule der Frauen, Don Juan, Amphitryon.

Racine, Jean (1639–99): Dramen: Die feindlichen Brüder, Alexander der Große, Andromache, Berenice, Phädra.

Defoe, Daniel (1659–1731): Romane: Das Leben und die seltsamen Abenteuer des Robinson Crusoe, Moll Flanders, Roxana.

Swift, Jonathan (1667–1745): Gullivers sämtliche Reisen (vierteiliger Roman), Tagebuch in Briefen.

Lesage, Alain René (1668–1747): Der hinkende Teufel, Gil Blas von Santillana (komische Romane).

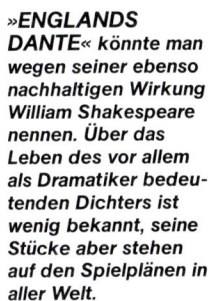

Young, Edward (1683–1765): Klagen oder Nachtgedanken über Leben, Tod und Unsterblichkeit (Lehrgedicht).

Pope, Alexander (1688–1744): Der Lockenraub (komisch-heroisches Epos).

Voltaire (1694–1778): Dramen: Oedipus, Herodes und Mariamne; Roman: Candide oder Die beste Welt; Epos: Das Mädchen von Orleans.

Goldoni, Carlo (1707–93): Komödien: Das Kaffeehaus, Der Diener zweier Herren, Die vier Grobiane.

Fielding, Henry (1707–54): Tom Jones oder die Geschichte eines Findelkinds (Roman).

Rousseau, Jean-Jacques (1712–78): Romane: Die neue Heloise oder Briefe zweier Liebenden, Emil oder Über die Erziehung; Bekenntnisse.

Diderot, Denis (1713–84): Romane: Die indiskreten Kleinode, Die Nonne; Schauspiele: Der natürliche Sohn, Der Hausvater.

Sterne, Laurence (1713–68): Romane: Das Leben und die Ansichten Tristram Shandys, Yoricks empfindsame Reise durch Frankreich und Italien.

Goldsmith, Oliver (1728–74): Der Vikar von Wakefield (Familienroman).

19. Jahrhundert

Scott, Walter (1771–1832): Historische Romane: Waverley, Ivanhoe, Kenilworth, Das Herz vom Midlothian.

Stendhal (1783–1842): Romane: Rot und Schwarz, Die Kartause von Parma, Lucien Leuwen.

Manzoni, Alessandro (1785–1873): Der Graf von Carmagnola (Trauerspiel); Die Verlobten (Roman); Ode auf den Tod Napoleons.

Byron, George Gordon Noël Lord (1788–1824): Ritter Harolds Pilgerfahrt (Epos); Der Korsar (Erzählung); Dramen: Manfred, Cain; Himmel und Erde (Mysterium).

Cooper, James Fenimore (1789–1851): Lederstrumpf-Erzählungen und -Romane, Der rote Freibeuter (Roman).

Balzac, Honoré de (1799–1850): Romane: Die Couans, Menschliche Komödie (91 Romane und Erzählungen), Eugénie Grandet, Glanz und Elend der Kurtisanen, Tolldreiste Geschichten.

Puschkin, Alexander (1799–1837): Eugen Onegin (Versroman), Boris Godunow (Tragödie), Die Hauptmannstochter (Roman), Pique Dame (Novelle).

Hugo, Victor (1802–85): Dramen: Hernani oder die kastilianische Ehre, Der König amüsiert sich, Lukrezia Borgia; Roma-

LITERATUR

ne: Der Glöckner von Notre Dame, Die Elenden, Der lachende Mann, 1793; Oden, Gedichte, Balladen.

Nerval, Gérard de (1808–55): Erzählungen: Sylvia, Aurelia oder Der Traum und das Leben; Sonette, Gedichte.

Poe, Edgar Allan (1809–49): Der Rabe (Gedichte), Der Doppelmord in der Rue Morgue (Kriminalerzählung), Der Untergang des Hauses Usher (Schauererzählung).

Gogol, Nikolai (1809–52): Der Revisor (Komödie); Die toten Seelen (Roman); Erzählungen: Arabesken, Die Aufzeichnungen eines Wahnsinnigen, Der Mantel.

Thackeray, William (1811–63): Romane: Jahrmarkt der Eitelkeit, Geschichte des Henry Esmond, Die Virginier.

Dickens, Charles (1812–70): Die Pickwickier (humoristische Aufzeichnungen); Romane: Oliver Twist, Der Raritätenladen, David Copperfield, Harte Zeiten, Große Erwartungen.

Gontscharow, Iwan (1812–91): Oblomow (Roman).

Lermontow, Michail (1814–41): Ein Held unserer Zeit (Roman).

Turgenjew, Iwan (1818–83): Romane: Väter und Söhne, Am Vorabend, Neuland; Novellen: Erste Liebe, Frühlingswogen, Klara Militsch.

Whitman, Walt (1819–92): Grashalme (Gedichte).

Melville, Herman (1819–91): Moby Dick oder Der weiße Wal (Roman); Billy Budd (tragische Erzählung).

Baudelaire, Charles (1821–67): Die Blumen des Bösen (Gedichte).

Dostojewski, Fjodor (1821–81): Romane: Die Brüder Karamasow, Schuld und Sühne, Der Idiot, Die Dämonen, Der Spieler, Aufzeichnungen aus einem Totenhaus.

Ibsen, Henrik (1828–1906): Dramen: Peer Gynt, Nora oder Ein Puppenhaus, Gespenster, Ein Volksfeind, Die Wildente, Rosmersholm, Hedda Gabler, Baumeister Solness.

Tolstoi, Leo (1828–1910): Romane: Krieg und Frieden, Anna Karenina, Auferstehung; Dramen, Erzählungen.

Twain, Mark (1835–1910): Romane: Abenteuer und Fahrten des Huckleberry Finn, Die Abenteuer Tom Sawyers.

Zolà, Émile (1840–1902): Romane: Die Rougon-Macquart (Zyklus), Nana, Germinal; Erzählungen; Dramen.

James, Henry (1843–1916): Romane: Bildnis einer Dame, Der Amerikaner, Die Gesandten.

Strindberg, August (1849–1912): Der Sohn einer Magd (Romanzyklus), Das rote Zimmer (Roman); Dramen: Fräulein Julie, Nach Damaskus, Gespenstersonate, Der Vater.

Wilde, Oscar (1854–1900): Komödien: Lady Windermeres Fächer, Eine Frau ohne Bedeutung, Ein idealer Gatte, Ernst sein!; Das Bildnis des Dorian Gray (Roman).

Rimbaud, Arthur (1854–91): Das trunkene Schiff (Gedichte).

20. Jahrhundert

Hamsun, Knut (1859–1952): Romane: Hunger, Mysterien, Victoria, Pan, Segen der Erde, August Weltumsegler, Landstreicher; Auf überwachsenen Pfaden (Bekenntnis).

Tschechow, Anton (1860–1904): Der Tod des Beamten (Erzählung); Dramen: Die Möwe, Onkel Wanja, Drei Schwestern.

Pirandello, Luigi (1867–1936): Dramen: Sechs Personen suchen einen Autor, Heinrich der Vierte.

Gorki, Maxim (1868–1936): Nachtasyl (Schauspiel); Die Mutter (Roman); Unter fremden Menschen (Autobiographie).

Gide, André (1869–1951): Erzählerisches: Die Falschmünzer, Die Verliese des Vatikan; Dramen: Der schlecht gefesselte Prometheus, Die Schule der Frauen.

Proust, Marcel (1871–1922): Auf der Suche nach der verlorenen Zeit (Romanzyklus).

Woolf, Virginia (1882–1941): Romane: Die Fahrt zum Leuchtturm, Orlando, Jakobs Zimmer.

Joyce, James (1882–1941): Romane: Ulysses, Finnegans Wake.

Pound, Ezra (1885–1972): Gedichte: Cantos, Masken; Wie lesen (Essays).

Eliot, T.S. (1888–1965): Das wüste Land (Gedichtzyklus); Dramen: Mord im Dom, Der Familientag, Die Cocktailparty, Ein verdienter Staatsmann.

O'Neill, Eugene (1888–1953): Dramen: Der Eismann kommt, Eines langen Tages Reise in die Nacht, Trauer muß Elektra tragen.

Pasternak, Boris (1890–1960): Doktor Schiwago (Roman).

Faulkner, William (1897–1962): Romane: Requiem für eine Nonne, Licht im August, Absalom, Absalom!, Schall und Wahn, Griff in den Staub.

García Lorca, Federico (1898–1936): Dramen: In seinem Garten liebt Dom Perlimplin Belisa, Bluthochzeit, Bernarda Albas Haus, Yerma.

Hemingway, Ernest (1899–1961): Romane: In einem andern Land, Wem die Stunde schlägt; Der alte Mann und das Meer (Novelle).

Sartre, Jean Paul (1905–80): Der Ekel (Roman); Dramen: Die Fliegen, Die ehrbare Dirne, Das Spiel ist aus, Die Eingeschlossenen; Die Wörter (Autobiographie).

Beckett, Samuel (1906–89): Stücke: Warten auf Godot, Endspiel, Das letzte Band, Was Wo; Romane: Malone stirbt, Der Namenlose.

PATRIARCH der russischen Literatur: Leo Tolstois (ganz oben) Romane fesseln noch heute eine riesige Lesergemeinde. – Mit den Dramen des irischen Dichters Samuel Beckett dagegen haben viele Theaterbesucher Schwierigkeiten, auch wenn das Stück »Warten auf Godot«, eine Parabel für das vergebliche Hoffen (auf Gott), längst zu den modernen Klassikern gehört (Szenenbild).

BILDENDE KUNST

Bildende Kunst

Für Architektur, Bildnerei und Malerei hat sich der Sammelbegriff Bildende Kunst (oder Künste) eingebürgert, der den Gegensatz zu den »nicht-(ab-)bildenden Künsten« Musik und Literatur beschreiben soll. Heute wirkt diese Abgrenzung gewollt, wird aber aus praktischen und historischen Erwägungen beibehalten. Gemeinsam ist den drei Künsten im Unterschied zu den beiden anderen der Umgang mit konkretem Stoff, dem Material der Kunst, das sie formen, dem sie Gestalt geben und das sie »in den Raum« stellen.

Von den anderen Künsten unterscheidet sich die Bildende Kunst durch ihre sichtbaren körperhaften Schöpfungen. Sie dienen in den Anfängen religiösen Bedürfnissen, sind Beschwörung der Gottheit, Jagdzauber oder Opfer und weisen damit über das Irdische hinaus. Dieser Bezug zu einer »höheren«, freilich nicht notwendig metaphysischen Wirklichkeit gehört zu allen Zeiten zum Kunstwerk, auch wenn viele moderne Künstler diesen Anspruch ablehnen und es mit Bertolt Brecht halten: »Eine neue Kunst wird endlich ihren Gebrauchswert nennen und angeben müssen, wozu sie gebraucht werden will. Und man wird einem Maler hoffentlich nicht gestatten, Bilder zu malen, damit sie gerührt angeglotzt werden.«
»Gebrauchswert« und Bildende Kunst

DIE ANBETUNG des »Ewigweiblichen«, ein Thema der Kunst von den Anfängen her: Die »Rosenhagmadonna« (um 1448) von Stephan Lochner, des wohl bedeutendsten spätgotischen Malers der Kölner Schule, wählt die religiöse Überhöhung in der Verehrung der reinen Muttergottes.

DAS GEHEIMNIS der weiblichen Schönheit umkreist der moderne spanische Maler Pablo Picasso in vielen seiner Werke: Die »Frauenbüste« (1937) bedient sich doppelter Perspektive und zeigt die Figur frontal und im Profil; der Schwere des Körpers entgegen wirkt der seelenvolle Blick.

sind aber nie Gegensätze gewesen, im Gegenteil: Schon früh wird sie auch im profanen Bereich als Schmuck und Propagandamittel für Fürsten und andere Mächtige genutzt, besonders sinnfällig in Prachtbauten wie Pyramiden und Palästen. Das setzt sich – plastisch wie malerisch – fort in der Porträtkunst, die Dauer verleihen soll und aus der Sorge des Menschen um seinen Nachruhm geboren ist. Was in Stein gehauen oder auf die Leinwand »gebannt« ist, überdauert den Tod und zeugt noch nach Jahrhunderten von Künstler wie Dar-

BILDENDE KUNST

gestelltem. Und auch damit erfüllt das Kunstwerk einen »über-irdischen« Zweck, wie denn das Formen des Ungeordneten immer zu einer neuen Wirklichkeit führt, die wir »höher« nennen, denn sie fügt dem Vorgefundenen eine neue Qualität hinzu. Dabei spielt der Unterschied zwischen »großer« und alltäglicher Kunst, zwischen einem bunten Teppich und einem Rembrandt erst in zweiter Linie eine Rolle. Entscheidend ist die »anthropozentrische« Anverwandlung von Wirklichkeit: Mittelpunkt, Maß und Fundament allen künstlerischen Schaffens wird der Mensch, seine geistige und körperliche Existenz, sein Verhältnis zur Umwelt. Ihre Themen findet die Bildende Kunst in Gesellschaft wie Natur, Krieg und Liebe, Anmut und Kampf, Herrschaft und Erbarmen.

Damit verbunden ist eine Abwendung vom nur Symbolischen der sakral bestimmten Kunst hin zum Gegenständlichen, zur »realistischen« Wiedergabe von Objekten. Die Kunst nimmt die Welt als Erscheinung, aus der heraus sie sich geistig und bildlich zueignen macht, was sie sichtbar und greifbar in ihr erkennt. Dabei ist »Nachahmung«, bloßes »Abschildern« der Welt höchstens eine erste Stufe, wesentlich wird die Nutzung der Außenwelt als Reservoir von Formen und Farben, die künstlerisch Eigenleben gewinnen.

Die gegenstandslose Kunst, der nächste Schritt, bringt nur scheinbar einen Bruch: Ihre Produkte bilden nur eine andere, mit der sicht- und greifbaren vielfach vernetzte Realität ab und deuten sie. Ihre »abstrakten« Kunstwerke entlarven die Künstlichkeit der Trennung von Ding- und Gedankenwelt, suchen die Brücke zwischen Subjekt und Objekt. Sie zeigen in der »Verwirklichung« von Ideen, daß dadurch auch wieder nur Dinge entstehen, daß alles, »was zur Welt kommt«, Welt werden muß und allenfalls durch Perspektivenwechsel neue Ein-Sichten über sie ermöglicht.

Die längst vorhandenen Einsichten besser nutzen, ist Programm einer anderen Strömung moderner Kunst. Sie hat sich dem Kampf gegen Hunger und Krieg, für Frieden und – vieldeutiges Wort – menschenwürdiges Dasein gewidmet. Sie versteht das eingangs zitierte Brecht-Wort agitatorisch und setzt sich daher keinen formalen Zwängen aus. Stil ist nicht mehr Ziel, sondern was dem Ziel dient, der Momentaneffekt etwa des »Happenings« oder sonstiger »Aktionen« wird bewußt gegen die musealen Ewigkeitswerte der herkömmlichen Kunstbetrachtung gesetzt.

Neue Kunstvorstellungen und Ausdrucksformen stehen nie plötzlich als etwas von Grund auf Neues da. Die Tradition wirkt weiter und sei es nur im Protest gegen sie. Die bis in modernste Verästelungen spür- und sichtbaren nationalen oder ethnischen Akzente belegen diese Verwurzelung. Hinzu kommt, daß Kunst besonders empfind-

HIMMELAN STREBEN Türme und Schiffe des romanischen Limburger Doms. Die mittelalterlichen Gotteshäuser belegen die tiefe Frömmigkeit der damaligen Menschen, für die Kunst nur zum Lob des Höchsten denkbar war.

EMPOR SCHWEBEN will scheinbar das Dach der Kapelle von Ronchamp (rechte Seite), die der französische Architekt Le Corbusier 1952–55 baute. Die Grenzen zwischen Baukunst und Skulptur werden fließend.

ZEICHEN SETZEN für das Wirken der Gottheit auf Erden sollen die Großsteine (Menhire) in Carnac (Bretagne), aufgestellt von vorgeschichtlichen Künstlern vor 4000 Jahren.

lich reagiert auf Zeitströmungen, soziale oder politische Umwälzungen und neue angemessene Formen zu ihrem Ausdruck sucht. Daneben ist sie beeinflußt durch Auftraggeber (z.B. Staat oder Kirche), deren Anforderungen sie genügen muß, ohne sich selbst untreu zu werden.

Jeder Stil entwickelt sich aus einer »Mode«, die zunächst nur von einem begrenzten Kreis anerkannt wird. Erst wenn sie weiter ausgreift, weithin Zustimmung findet und Prägungen von gewisser Dauer leistet, sprechen wir von Stil- oder Kunstepochen, für die sich eine feste Nomenklatur durchgesetzt hat (s. Abschnitt »Epochen der Kunstgeschichte«). Sie gelten mit gewissen Nuancen für alle drei Bildenden Künste, die aber ihres unterschiedlichen Auftrags und der verschiedenen technischen Möglichkeiten wegen natürlich Sonderentwicklungen durchgemacht und besondere Merkmale ausgebildet haben.

BILDENDE KUNST

Architektur

Spätestens seit der Mensch nicht nur natürliche Schlupfwinkel und Höhlen zum Ruhen und zur Aufzucht seiner Nachkommen auswählte, sondern selbst Heimstätten baute und gestaltete, kann von Architektur oder Baukunst gesprochen werden. Früheste Funde nämlich belegen, daß nicht nur funktionale Gründe wie günstige Lage oder nahrungsreiche Umgebung für die Wahl der Bauplätze allein maßgeblich sind. Und auch die Einrichtung der steinzeitlichen »Wohnungen« geht immer über pures Nützlichkeitsdenken hinaus.

So finden sich nur selten einzelne Baustellen, sondern meist ganze Siedlungen, wie sie die Natur nicht zur Verfügung stellen könnte. Das weist auf die Ausbildung des Gruppenbewußtseins als Motor der Bautätigkeit hin, und die Gruppe wiederum hält gemeinsamer Glaube zusammen. Inmitten der Dörfer oder an herausragender Stelle lassen sich Heiligtümer nachweisen, oft besonders große und prächtige Varianten der gewöhnlichen Behausungen, nur ohne deren Versorgungseinrichtungen.

Während das religiöse Motiv die Entwicklung zu immer kunstvollerer und aufwendigerer Baugestaltung vorantreibt, fördert die soziale Komponente – zu der auch das militärische Zweckdenken gehört – das städtebauliche und technische Moment. Grenzen nämlich setzen der Baukunst das Material, das sie zur Verfügung hat, und das statische Know-how. Dominiert zunächst der defensive mauermassive Zentralbau, so kommen später die offeneren Formen des Pfeiler- und Stützbaus auf, die eine flexiblere Raumgestaltung erlauben und auch bei monumentalen Bauten Leichtigkeit und Anmut wahren.

Dahinter verbergen sich anfangs noch wenig theoretische Überlegungen, man schöpft aus Erfahrungen, die von Baumeistergeneration zu Baumeistergeneration weitergegeben werden. So entstehen ohne exakte Berechnungen mehrstöckige Aquädukte, gelingen noch heute staunenerregende Kuppelbauten, werden himmelstürmende Spitzbogenkonstruktionen möglich, überspannen kühn geschwungene Brücken breite Ströme (der gewöhnliche Hausbau profitiert davon freilich nur wenig).

Das Staunen aber weckt in der Renaissance den Forschergeist, der auch theoretisch wissen will, warum die Wunderwerke nicht einstürzen und ob weitere Verbesserungen möglich seien. Die nun entstehenden Entwürfe zeigen ein wachsendes planerisches Element, sowohl statisch-mathematisch wie ökonomisch. Zum Lob des Höchsten und auch zur Verherrlichung des Herrschers spielten Kalkulationen eine untergeordnete Rolle. Nun, da sich auch das Bürgertum repräsentativ verwirklichen will, wird technisch wie wirtschaftlich gerechnet, und im 18. Jh. ist dann die Trennung zwischen dem bisher in einer Person vereinten Künstler-Baumeister und dem Konstrukteur-Ingenieur vollzogen. Gerade aber vom Techniker gehen im 19. Jh. neue Impulse aus, während der Architekt oft in traditionellen Mustern verharrt. Neue Materialien nämlich erlauben bisher nicht gekannte Konstruktionen; das Stahlskelett des Eiffel-Turms ist nur ein Beispiel. Zudem verlangt die Industrialisierung nach neuen Funktionsbauten, die – in Kontrast wie Anpassung – auch den Stil des Wohnens und Repräsentierens beeinflussen.

Eine ähnliche Entwicklung macht seit der Renaissance der Städtebau durch. Auch hier zeigt sich mit Aufkommen einer neuen Bauherrenschicht ein wachsender planerischer Akzent bis hin zu Reißbrettanlagen ganzer Städte. Sind sie zunächst noch auf Schlösser und Herrensitze ausgerichtet, so dominieren im 19. Jh. wirtschaftliche Überlegungen. Produktionszentren und Verkehrsknoten prägen die Bauplanungen. Im späteren 20. Jh. schwingt in den entwickelten Industriestaaten das Pendel zurück, geht die Tendenz zur Trennung von Wohn- und Arbeitswelt.

Die Baukunst, geboren aus dem Drang des Menschen, seine Unbehaustheit, Einsamkeit und Verlorenheit zu überwinden, kann als »Mutter aller Künste« gelten (s. Kasten »Die Sieben Weltwunder«). Sie hat ihre »Töchter« entsprechend häuslich erzogen: Malerei – vom farbigen Anstrich bis zu kunstvollen Deckengemälden – wie Bildhauerei – vom Ornament bis zur Skulptur – hatten und haben vielfach dienende Funk-

BILDENDE KUNST

GRAZILER »GIGANT«, so der ursprüngliche Titel der als »David« bekannt gewordenen Marmor-Statue (1501–04) von Michelangelo. Die fast viereinhalb Meter hohe Skulptur steht heute in der Galleria dell'-Accademia in Florenz.

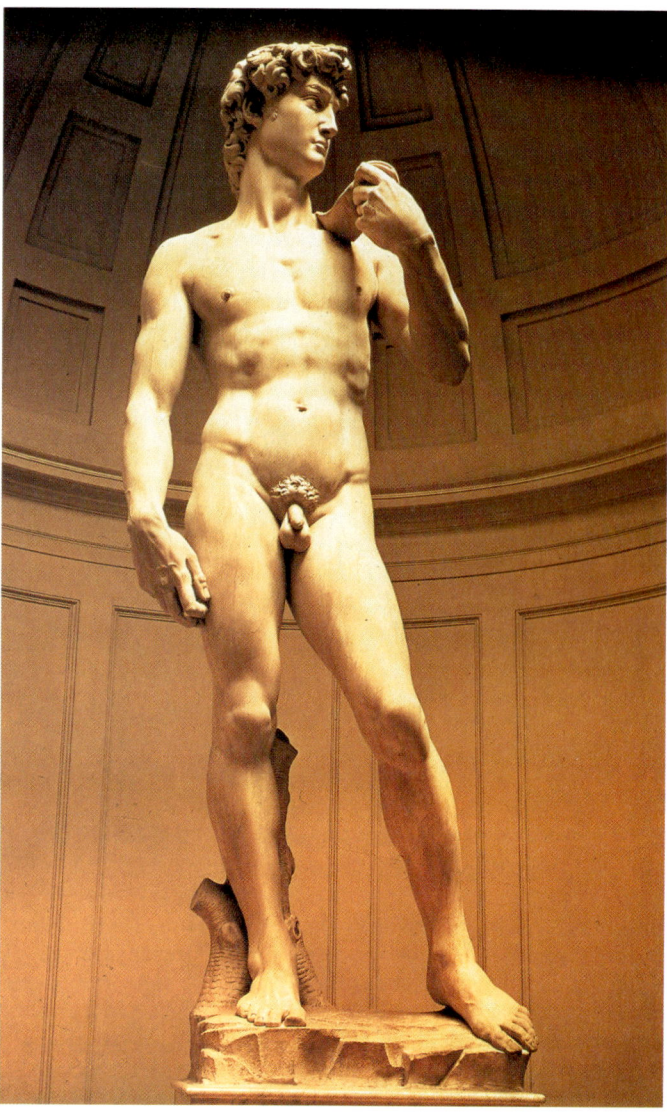

KLOBIGER »KRIEGER« mit Schild – Die Bronzeplastik (1953/54), ein Halbtorso des englischen Bildhauers Henry Moore, wird in der Kunsthalle in Mannheim gezeigt.

tion, schmücken Gebäude und Zimmer, unterstützen Linienführung und Raumarrangement, lassen die funktionalen Zwänge vergessen.

Bildnerei

Dem zufällig vorgefundenen Material Form geben oder ihm Form entlocken ist Aufgabe der Bildnerei, der körperbildenden Kunst: Aus gestaltbarem Stoff entstehen die Plastiken des Modellierers, aus hartem Material die Skulpturen des Bildhauers. Früheste gebräuchliche Werkstoffe zum Modellieren sind Ton und Lehm. Sie sind leicht zu finden und allein mit den Händen zu einem Gebilde zu kneten, haben Aufforderungscharakter und lösen damit den Impuls zum plastischen Gestalten aus.

Gegenstandslos plastisch sind daher die ersten Produkte der Bildnerei, die Formung zu Abbildern bekannter Gegenstände ist erst der nächste, naheliegende Schritt. Dagegen sperren sich allerdings die harten Materialien, die zunächst auch unbehauen zu den sakralen Zwecken aller frühen Kunst verwendet werden: Menhire, Findlinge der Hünengräber, frühe Stelen und Obelisken sind naturbelassen und nur künstlerisch arrangiert aufgrund ihrer Form und Größe. Sie setzen Zeichen, bilden aber noch nicht ab. Sie sind älter als jede zu einem Bildwerk gestaltete Skulptur. Ziel aller klassischen Bildhauerkunst ist es dann, die gesehene Form der greifbaren nachzubilden. Das Betasten eines Körpers und der Umgang mit ihm ist mehr als Sehen. Die Augen allein vermögen ja nur Flächen zu sehen und allenfalls ein räum-

DIE SIEBEN WELTWUNDER DER ANTIKE

Die Zahl Sieben galt im klassischen Altertum als vollkommen oder gar heilig. Bei der Aufzählung der bedeutendsten Werke von Menschenhand griff im 2. Jh. v. Chr. Antipater von Sidon auf diese Zahl zurück und überlieferte uns eine Liste der damaligen »Sieben Weltwunder«, die vermutlich auf ältere zurückgriff und später vielfach abgewandelt wurde. Es sind vor allem Bauten und in zwei Fällen Statuen, die zu den Weltwundern gezählt wurden, da v.a. Größe den antiken Menschen beeindruckte:

1. Die um 2600 v. Chr. erbauten **Pyramiden** von Gise, die mit Seitenlängen von bis zu 230 m und Höhen von bis zu 146 m die gewaltigsten Bauwerke des Altertums waren.
2. Die **»Hängenden Gärten«** der babylonischen Königin Semiramis (Schammuramat). Von dieser um 626 v. Chr. errichteten vermutlich terrassenförmigen Parkanlage auf Gewölbebogen ist nichts erhalten. Sie gehörte zum Palast Nebukadnezars II. in Babylon.
3. Der **Tempel der Artemis** (Artemision) in Ephesus, der um 650 v. Chr. erstmals und nach einem Brand 356 v. Chr. erneut errichtet wurde. Das Heiligtum maß 72 mal 133 m und umfaßte eine Ringhalle von 116 ionischen Säulen. 263 n. Chr. wurde es von den Goten zerstört.
4. Das Kultbild des **Zeus von Olympia**, eine vom athenischen Bildhauer Phidias um 430 v. Chr. geschaffene 12 m hohe Sitzstatue des Göttervaters. Haare, Mantel und Sandalen waren aus Gold, die Hautflächen der Hände aus Elfenbein, der Thronsessel aus Ebenholz gefertigt; im 5. Jh. n. Chr. zerstört.
5. Das **Mausoleum von Halikarnassos**, ein fast 50 m hohes Grabmal mit einer Säulenhalle, das sich der persische Provinzfürst Mausollos um die Mitte des 5. Jh. v. Chr. erbauen ließ; im 12. Jh. n. Chr. vermutlich durch ein Erdbeben zerstört.
6. Der **Koloß von Rhodos**, eine 35 m hohe Bronzestatue des Gottes Helios (Sonne), die die Einwohner der Insel Rhodos um 300 v. Chr. mitten in der Hauptstadt errichten ließen zum Dank für eine glücklich überstandene Belagerung; bei einem Erdbeben 224/23 v. Chr. eingestürzt.
7. Der um 280 v. Chr. erbaute **Leuchtturm von Pharos** auf einer Insel vor der Hafeneinfahrt von Alexandria: Auf einem Grundriß von 30 mal 30 m erreichte der aus weißem Marmor errichtete Turm eine Höhe von 113 m und diente zunächst nur als Tagzeichen. Seit dem 1. Jh. n. Chr. nachts befeuert, stürzte er 1326 bei einem Erdbeben ein.

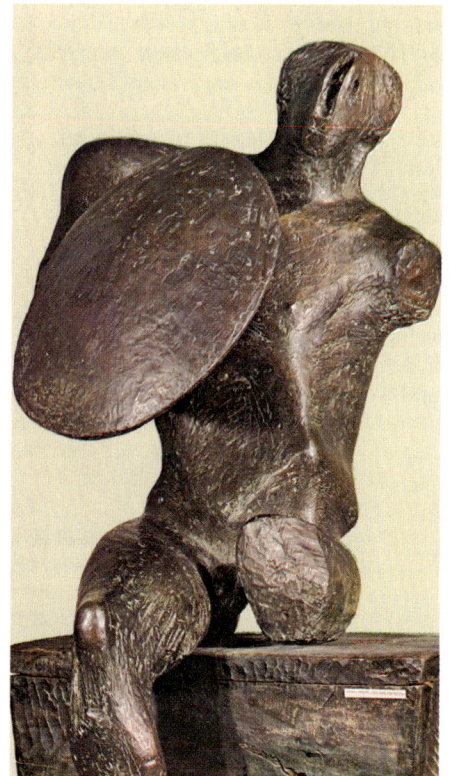

BILDENDE KUNST

liches Gefühl zu erwecken; körperhaftes Erkennen, Be-Greifen geschieht nur aus Erfahrung. Die Griechen erkennen die Fülle der plastischen Möglichkeiten der menschlichen Figur und erheben sie zum einzigen Thema ihrer Kunst.

Ausgehend von seiner künstlerischen Vorstellung wählt der Bildner sein Material. Vorstellung und Werkstoff können dabei so dicht beieinanderliegen, daß die Idee gleich in einem bestimmten Stoff gedacht wird. Stein, Holz, Elfenbein, Bronze, Wachs und Gips gelten als traditionelle Gestaltungsmittel. Ihre Farbe und Struktur sind für den optischen Effekt, die statischen Eigenschaften für den Aufbau bedeutend. Kein Stoff, das zeigt die moderne Bildnerei, ist kunst-»unwürdig«, im Abfall noch findet sich Ideenmaterial: Ein frühes Beispiel ist Picassos Stierkopf aus einem alten Fahrradsattel und einem Lenker. Dabei nutzt der Künstler auch moderne Techniken wie Schweißen, Kleben, Schmelzen, Beleuchten und läßt sich vom Material inspirieren. So sind Kunst und Kunststoff eine fruchtbare Verbindung eingegangen.

Die traditionellen Techniken der Bildnerei sind das Modellieren und Hauen (Schnitzen). Beim ersteren kneten die Hände die plastische Form, wobei Modellierhölzer Hilfe leisten. Die Tonplastik wird durch Brennen haltbar gemacht oder in Metall gegossen. Die gebrannte Plastik heißt Terrakotta. Ist das Modellieren eine »aufbauende« Technik, so erzielt das Bildhauen und -schnitzen die gewünschte Form durch Materialwegnahme z.B. aus einem Steinblock oder einem Balken. Sprengt ein Schlag aus dem Block mehr weg als beabsichtigt, ist eine Korrektur nicht möglich. Das zufällig Entstandene muß in die Komposition eingearbeitet werden. Die Kenntnis der natürlichen Wachstumsformen von Holz und Stein (v.a. auch bei Marmor) ist daher für den Bildhauer unabdingbar, führt ihm Hammer und Meißel.

Vollplastik und Relief sind die historischen Formen der Skulptur. Das Relief ist eine an die Fläche gebundene Darstellung, bei der die plastische Wirkung zurücktritt zugunsten szenischer Bildinhalte. Darin ist es der Malerei verwandt. Bedeutend für die freistehende Vollplastik ist ihre Beziehung zur natürlichen oder architektonisch gestalteten Umgebung. Hilfsmittel sind Sockel, Postament, Konsole, Nische oder Baldachin. Ein monumentales Bildwerk wird in der Regel schon bei der Planung in die Gesamtarchitektur einbezogen oder als Bauplastik dekorativ in die Wand eingefügt. Es gibt aber auch das selbständige, repräsentative Denkmal, wie es sich v.a. im 19. Jh. entwickelt und im 20. Jh. in nichtgegenständliche Freiplastiken mündet. Die moderne Objektkunst löst sich dann ganz von der Menschendarstellung.

Malerei

Im allgemeinen verbindet man mit dem Begriff »malen« farbige Vorstellungen. Hier jedoch sollen darunter alle Formen der flächigen künstlerischen Darstellung – also auch Zeichnung und Grafik – verstanden werden. Die Malerei reicht wie die anderen Bildenden Künste weit in vorgeschichtliche Zeit zurück, eindrucksvoll repräsentiert in den Höhlenmalereien von Altamira (s. Beginn Kapitel Weltgeschichte). Und wie die anderen Künste ist sie kultischen Ursprungs: Vom Schmuck des Opfertiers zum Bild als Beschwörung der Jagdbeute ist es nur ein Schritt.

Die räumliche Darstellung ist dabei zunächst nebensächlich: Nicht nur fehlt lange jede perspektivische Umsetzung, selbst die Proportionen interessieren nur in zweiter Linie; winzige Menschen neben gewaltigen Tieren oder umgekehrt – entscheidend ist die Absicht des Kultbildes. Und die Farbigkeit als Schmuckelement. Über sie wissen wir freilich nur wenig, weil Farben meist rasch verblassen und nur durch günstige Zufälle (Wandgemälde in Pharaonengräbern u.a.) in einigen Fällen erhalten sind oder rekonstruiert werden können.

Das geht so weit, daß noch die deutsche Klassik bei ihrem Rückgriff auf die griechische Antike eine fast farbenfreie Kunstwelt vor Augen hat, wenn sie von der »edlen Einfalt und stillen Größe« der Bauten und Skulpturen der Alten spricht. Von Gemälden nämlich weiß sie kaum etwas, kennt nur die einfarbige Grafik der Vasenmalerei und ahnt nicht die Farbenpracht, die einst die heute weißen Giebel der Tempel und die Gewänder der Götter und Göttinnen geschmückt hat.

Daß vielfältige Farben schon früh bekannt sind, zeigen die altägyptischen Grabmalereien. Auch in dem 79 n. Chr. verschütteten und seit etwa 1860 systematisch wieder ausgegrabenen Pompeji findet man Beispiele. Die dort entdeckten Mosaike lassen ahnen, wie bunt ausgestaltet profane wie sakrale Räume gewesen sein müssen. Malen aber ist noch eine abgeleitete Kunst, nicht weit vom Kunsthandwerk entfernt. Und das bleibt so in der sakralen Kunst des Mittelalters, wie es noch heute die Ikonen zeigen: Szenisches, schmuckvolles, oft vergoldetes Nebeneinander ohne Tiefe.

Erst mit der Eroberung der Perspektive und neuen Techniken (s. Kasten) emanzipiert sich die Malerei bis hin zur Umkehrung der Rollen: Bau eigener Räume zur Ausstellung von Gemälden. Die Maler entwickeln in der Neuzeit eine Art Kartographie: Umsetzung der Raumwelt in die Ebene und erschließen damit der Bildenden Kunst das dramatische Element. Können selbst Figurenensembles nur begrenzt Handlung darstellen, so konkurriert etwa ein Gemälde wie Altdorfers »Alexanderschlacht« (1529) erfolgreich selbst mit packendsten Schauspielen.

Und Malerei lernt nicht nur von der Wirklichkeit, sondern lehrt – mit einem gewissen Verzögerungseffekt – auch sehen. Wer sich je in die impressionistische Kunst vertieft hat, wird die Welt mit anderen Augen anschauen, und die Belebung der Natur durch die expressionistische Sicht prägt die Optik nicht nur von Lyrikern: Die Wolkenfetzen über den Deichen wären ohne die Bilder von Emil Nolde für die meisten von bloß meteorologischem Interesse. In Design und Raumgestaltung machen sich heute schon Lehren aus der abstrakten Kunst bemerkbar.

Eine besondere Sicht bewahrt oder wieder erschlossen hat sich die Zeichenkunst (Grafik, Stich, Schnitt), die ursprünglich als Vorstufe der Malerei, später als Planungsmethode (Skizze, Entwurf) von Gemälden, Plastiken und Bauten anzusehen ist. Sie entwickelt sich seit der Renaissance aus Buchillustrationen, Umriß- und Perspektivestudien zu einem selbständigen Ausdrucksmittel. In der Konzentration auf Linienführung, Kontur und Komposition kann sie Momente herausarbeiten, die in farbiger Bearbeitung zurücktreten oder gar verloren gehen, wie ja auch die Schwarzweißfotografie nicht von der farbigen hat verdrängt werden können.

FEINSTE FÜHRUNG der Linien zeichnet das grafische Werk des deutschen Malers Albrecht Dürer aus. Der Kupferstich »Ritter, Tod und Teufel« (1513) gehört zu den bekanntesten Werken des von humanistischem Geist geprägten Künstlers.

BILDENDE KUNST

BILDENDE KUNST

DRAMATISCHE KRAFT kann Malerei entwickeln. Eines der beeindruckendsten Beispiele für die erzählerische Wucht großer malerischer Kompositionen ist Albrecht Altdorfers »Alexanderschlacht« (1529), die Himmel und Erde in Aufruhr zeigt.

PERFEKTE TECHNIK verrät die altägyptische Wandmalerei, deren Farben sich dank trockenem Klima und günstigem Untergrund bis heute erhalten haben.

KUNSTGESCHICHTE IN EPOCHEN

Stichwortartig soll im folgenden ein Überblick über die Entwicklung der abendländischen Bildenden Kunst gegeben werden durch kurze Charakteristik der Stile und – seit dem Mittelalter – Nennung der wichtigsten Vertreter mit einem Hauptwerk. Ein Name wird nur einmal erwähnt, auch wenn das Werk des Künstlers, was v.a. für die moderne Kunst gilt, mehreren Richtungen zuzuordnen ist.

Vorgeschichte

Bis zu 30 000 Jahre alte Funde: Höhlenmalereien in Nordwestspanien (Altamira), Südfrankreich (Font des Gaume), Süditalien (Levanzo), Nordafrika (Hoggar). Ritzzeichnungen, mineralische Farben und Kohlen, die mit Finger oder Pflanzenstengel aufgetragen werden, fast immer ohne Hintergrund, v.a. Ansichten im Profil; Jagd- und Tierszenen zur Beförderung des Jagdglücks, geschmückte Keramikgefäße, Beschwörung der Fruchtbarkeit durch Darstellung weiblicher Figuren mit üppigen Formen (Venus von Willendorf, Wachau), heilige Zeichen, Großsteingräber.

Altorientalische Kunst

Seit 6000 v.Chr.: Auf Putz gemalte Bilder in Catal Hüyük (Anatolien). – In *Ägypten* reiche Götterdarstellungen in den Gräbern der Könige und der Vornehmen seit 3000 v. Chr., Bau monumentaler Mausoleen in Form der Pyramiden (Sakkara, Gise u.a.), deren Grabkammern eine enge Verbindung zwischen Schrift und Kunst zeigen; Herrscherdarstellungen (z.B. Kopf der Königin Nofretete), Reliefs und Malereien zur Verherrlichung der Taten der Könige und Feldherrn. Figurendarstellung in der ägyptischen Kunst: Kopf, Leib, Beine in Seitenansicht, Auge, Brust, Schulter in Vorderansicht, streng geometrischer Aufbau der Skulpturen. – In *Mesopotamien* sumerische, babylonische und assyrische Plastiken und Mosaiken von großer stilistischer Ähnlichkeit; monumentale phantastische Tierdarstellungen, reiche Götterwelt, hochentwickelte Architektur (»Turmbau zu Babel« = großer Marduk-Tempel). – Auf *Kreta* vor 1500 v. Chr. pflanzliche lebendige Vasenbemalung, kleine Skulpturen, vielfältiger Schmuck, bunte Ausgestaltung der Paläste (v.a. Knossos).

TECHNIKEN VORMODERNER MALEREI

Bei der heutigen Vielfalt der Malmittel und der Möglichkeiten der Fixierung und Konservierung von Farbe vergißt man leicht die technischen Probleme der früheren Malerei: Eine der Hauptschwierigkeiten ist die Herstellung einer dauerhaften Verbindung von Malgrund und Malmasse. Unter den günstigen klimatischen Bedingungen kann sich der altägyptische Wandmaler damit begnügen, in Wasser eingeschlämmte Erdfarben auf trockenen Kalkmörtel aufzutragen (Seccomalerei).

Bei starken Schwankungen der Luftfeuchtigkeit besitzt zunächst allein die Freskomalerei auf feuchtem Verputz Beständigkeit: Die Bindung der Farbmasse erfolgt durch denselben chemischen Vorgang wie das Abbinden des abgelagerten Löschkalks. Meist wird nach dem ersten Arbeitsgang, »al fresco«, ein zweiter, »al secco«, vorgenommen. Diese anspruchsvolle Malweise, deren Anfänge in der griechischen und römischen Malerei liegen, wird erst im 19. Jh. durch die Entwicklung der Silikatfarben überwunden.

Der Übergang von der Wand- zur Tafelmalerei, die grundsätzlich jede Art des Malens außerhalb einer Wand umfaßt, bilden antike »Einsatzfresken« auf transportablen Tontafeln. Holz als naturgewachsener, »arbeitender« Malgrund ist dagegen von jeher ein unzuverlässiger Bildträger. Eine Lösung stellt die Gewebespannung dar, aus der sich die Leinwandmalerei entwickelt hat. Das Bild kann nun durch das Loslösen vom Keilrahmen zu einer Rolle verpackt werden. Die Farbmasse und damit die Malverfahren der Tafelmalerei lassen sich unter dem Gesichtspunkt der zur Verfügung stehenden Arbeitszeit systematisieren:

Die Aquarellmalerei läßt in ihrer reinen Form keinerlei Korrekturen durch Übermalung zu, im Gegensatz zur – antiken – Enkaustik (Wachsmalerei), deren Farbmasse durch immer neues Erhitzen zeitlich unbegrenzt bearbeitet werden kann. Dazwischen liegen die Übergänge von Tempera zu Öltempera und Ölfarbe, die gekennzeichnet sind durch die zunehmende Möglichkeit einer lasierenden und deckenden Verwendung (dadurch Erhöhung der Leuchtkraft und Tiefe). Dies ermöglicht einen Malvorgang in verschiedenen Arbeitsgängen: Der Untermalung (Grisaillemalerei) folgt die eigentliche Farbgebung, die sich wiederum aus mehreren Schichten zusammensetzen kann. Unmittelbarer Farbauftrag erfolgt dagegen bei der Malweise »alla prima«.

Ein Malverfahren ohne die Verwendung der traditionellen Malgeräte Pinsel und Spachtel ist die Pastellmalerei; in Stiftform gepreßte Farbpulver werden auf den Malgrund gerieben, entsprechend dem ältesten Malverfahren, der Tönung von Höhlenwänden durch farbige Erden und Kohlenstoffe.

Griechisch-römische Antike

1100 – 700 v. Chr. *Geometrische Epoche:* Höhepunkt der Gefäßkeramik; Vasenbemalung in abstrakten geometrischen Mustern; kleinfigurige Skulpturen aus Ton, Bronze, Marmor und Elfenbein.

700 – 500 v. Chr. *Archaische Epoche:* Angeregt durch die ägyptische und kretische Kunst großfigurige Menschendarstellungen aus Stein, streng axial aufgebaut, meist in Schrittstellung, typisches Merkmal der Physiognomie das »Archaische Lächeln«.

500 – 330 v. Chr. *Klassische Epoche:* Bedeutende Tempelbauten im massiven dorischen, eleganteren ionischen oder verspielten korinthischen Stil (Akropolis in Athen u.a.); Blüte der Bildhauerei (Phidias, Praxiteles) durch bewegter werdende Plastiken mit verschobener Körperachse und Differenzierung von Stand- und Spielbein, Berücksichtigung perspektivischer Momente.

Seit 330 v. Chr. *Hellenistische Epoche:* Weitere Lockerung der dogmatischen Formen in Richtung naturalistischer Bewegtheit (Laokoongruppe), Aufnahme orientalischer Anregungen.

Bis ca. 400 n. Chr. *römische Kunst:* Über die Etrusker griechisch, später durch die Eroberungszüge im Osten hellenistisch geprägt; römischer Beitrag v.a. ingenieurkünstlerische Leistungen, Monumentalbauten Kolosseum 72 – 80 n. Chr., Caracalla-Thermen 212, Pantheon 218 – 225, kunstvolle Wasserleitungen (Aquädukte) u.a.

Mittelalter

Schon seit dem 3. Jh. bedeutende Zeugnisse *christlicher Kunst,* Kirchenbauten in der architektonischen Nachfolge der römischen Baukunst (Basilika): Rom, S. Maria Maggiore (432 – 440), Istanbul (Konstantinopel), Hagia Sophia (532 – 537); in Malerei und Bildhauerei dagegen Abkehr von den antik-heidnischen Vorbildern durch Betonung christlicher Symbolik. Abwanderung des Kulturschwerpunkts nach Norden.

Seit dem 9. Jh. Aufkommen der *Romanik* (bis um 1200): Münster in Essen (1039 – 1058). Massige nüchterne Zweckbauten mit Rundbogen, Säule, Pfeiler, Tonnen- und Kreuzgratgewölbe: Dom in Speyer (1030 – 1061). Erzählende illustrierende

BILDENDE KUNST

Mittel in Malerei und Plastik, die fest eingebunden sind in den Kirchenraum.
Etwa 1125–1450 *Gotik:* Verschlankung der Bauweise, emporstrebende Kirchenschiffe, Kathedralen in zunehmend verfeinerter Spitzbogenkonstruktion, Strebepfeiler, kunstvolle Rosetten, farbige Glasfenster, gegliederte Gewölbe, aufwendige Bauplastik und Malerei zu Themen aus der Heiligen Schrift; Kölner Dom (1248–1322, erst 1880 nach dem ursprünglichem Plan vollendet).

Giotto di Bondone (1266–1337), italienischer Maler und Baumeister – »Auferweckung des Lazarus«.

Jan van Eyck (1390–1441), niederländischer Maler – »Madonna des Kanzlers Nicholas Rolin«.

Renaissance

Etwa 1435–1600: Erneuerung antik-klassischer Kunsttradition, von Italien ausgehend; neben den bisherigen religiösen Themen Aufkommen weltlich-mythologischer oder historischer Inhalte; Übertragung kirchenbaulicher Techniken und – antikisierender – Stile auf den Palastbau; Emanzipation der Plastik vom Bauornament zum Denkmal und zur Porträtbüste; in der Malerei Entdeckung der Perspektive und der Räumlichkeit der Körper; Mündung der Säkularisierung (Verweltlichung) der Kunst in den Manierismus.

Andrea Mantegna (1431–1506), italienischer Maler und Kupferstecher – »Beweinung Christi«.

Sandro Botticelli (1445–1510), italienischer Maler – »Geburt der Venus«.

Tilman Riemenschneider (1460–1531), deutscher Bildschnitzer – Rothenburger Heiligblutaltar.

Albrecht Dürer (1471–1528), deutscher Maler – »Ritter, Tod und Teufel«.

Lucas Cranach der Ältere (1472–1553), deutscher Maler – »Der Jungbrunnen«.

Michelangelo Buonarotti (1475–1564), italienischer Bildhauer, Maler und Baumeister – »David« (Statue).

Tizian (eigentlich Tiziano Vecellio, 1477?–1576), italienischer Maler – »Himmlische und irdische Liebe«.

Raffael (eigentlich Raffaello Santi, 1483–1520), italienischer Maler und Baumeister – »Madonna de Cardellino«.

Corregio (eigentlich Antonio Allegri, 1489–1534), italienischer Maler – »Danae«.

Hans Holbein der Jüngere (1497–1543), deutscher Maler – »Heinrich VIII.«.

Tintoretto (eigentlich Iacopo Robusti, 1518–1594), italienischer Maler – »Susanna im Bade«.

Pieter Bruegel der Ältere, genannt »Bauernbruegel« (1525–1569), flämischer Maler – »Heimkehr der Jäger«.

Veronese (eigentlich Paolo Caliari, 1528–1588), italienischer Maler – »Die Auffindung des Moses«.

Barock und Rokoko

Um 1600–1780: Kunst als Propagandamittel der Gegenreformation; reich gegliederte, nach außen gebuchtete Fassaden und Innenräume bei Kirchen, Palästen und Schlössern, großzügige Klosteranlagen und Platzgestaltungen; höchst lebendig dargestellte Plastiken, eingefügt ins architektonische Gesamtbild; in der Malerei vielfältige Stilelemente von Theatralik, Pathetik und Illusionismus bis zu Realismus und Strenge; Ausklingen der Epoche im verspielten Rokoko mit seinem überladenen, dekorativen Stil.

El Greco (eigentlich Domenico Theotocopuli, 1541–1614), spanischer Maler – »Entkleidung Christi«.

Peter Paul Rubens (1577–1640), niederländischer Maler – »Raub der Töchter des Leukippos«.

Jusepe de Ribera (1591–1652), spanischer Maler – »Der Klumpfuß«.

Giovanni Lorenzo (1598–1680), italienischer Architekt und Bildhauer – Grabmal Papst Urbans VIII.

Diego Velázquez (1599–1660), spanischer Maler – »Venus mit dem Spiegel«.

Anthonis van Dyck (1599–1641), flämischer Maler – »König Karl I.«.

Claude Lorrain (1600–1682), französischer Maler – »Seehafen bei Aufgang der Sonne«.

Rembrandt Harmensz van Rijn (1606–1669), niederländischer Maler – »Nachtwache«.

Jan Vermeer van Delft (1632–1675), niederländischer Maler – »Ansicht von Delft«.

Johann Bernhard Fischer von Erlach (1656–1723), österreichischer Baumeister – Schloß Schönbrunn.

Antoine Watteau (1684–1721), französischer Maler – »Einschiffung nach Kythera«.

Johann Balthasar Neumann (1687–1753), deutscher Baumeister – Wallfahrtskirche Vierzehnheiligen.

Giovanni Battista Tiepolo (1696–1770), italienischer Maler – »Raub der Helena«.

19. Jahrhundert

Die nach der Jahrhundertwende bedeutsam werdenden Stile kündigen sich schon im ausgehenden 18. Jh. an: Wandel des Selbstverständnisses der Künste durch Machtverlust der Kirche, Abkehr vom Religiösen und Hinwendung zum persönlichen Ausdruck, Adaptierung der antiken, dann der nationalen Vergangenheit in Mythos und Volkskunst.

Etwa 1750–1850 *Klassizismus:* Wiederentdeckung der gebändigten antiken Formen, Heroismus, wuchtiger Bauwillen im Gefolge des politischen Aufbruchs in der Französischen Revolution (Empire), allerdings eher Nach- als Neuschöpfung, Betonung bürgerlicher Werte in Malerei und Plastik.

Benjamin West (1738–1820), amerikanisch-britischer Maler – »William Penns Vertrag mit den Indianern«.

Jacques Louis David (1748–1825), französischer Maler – »Der ermordete Marat«.

Johann Heinrich Wilhelm Tischbein

BILDENDE KUNST

INDUSTRIELLE REVOLUTION auch in der Kunst: Noch wenige Jahrzehnte vorher wäre es undenkbar gewesen, daß ein Maler in die Niederungen der Arbeitswelt eintauchte – »Eisenwalzwerk« (1875) von Adolph von Menzel.

AUFGELÖST in Farben und Formen hat der Maler Franz Marc sein Motiv »Ställe« (1913). Das Bild der Pferde in den Boxen erhält dadurch Bewegung und Anmut.

(1751–1829), deutscher Maler – »Goethe in der Campagna«.

Bertel Thorvaldsen (1770–1844), dänischer Bildhauer – »Ganymed mit dem Adler«.

Johann Gottfried Schadow (1764–1850), deutscher Bildhauer – Standbild Luthers in Wittenberg.

Jean Auguste Dominique Ingres (1780–1867), französischer Maler – »Madame Devançay«.

Karl Friedrich Schinkel (1781–1841), deutscher Baumeister – Schauspielhaus am ehemaligen Gendarmenmarkt in Berlin.

Leo von Klenze (1784–1864), deutscher Baumeister – Glyptothek König Ludwigs I. in München.

Etwa 1790–1830 *Romantik:* Europäische Stilrichtung v.a. in der Malerei mit Verbindung zur Literatur; Betonung der Individualität, daher große Formenvielfalt; erwachendes Naturgefühl in der Landschaftsmalerei, ausdrucksvolle Porträts, Karikaturen, dramatische Szenen.

Francisco José de Goya y Lucientes (1746–1828), spanischer Maler – »Die Erschießung der Aufständischen vom 3. Mai 1808«.

Caspar David Friedrich (1774–1840), deutscher Maler – »Abtei im Eichenwald«.

Joseph Mallord William Turner (1775–1851), englischer Maler – »Regen, Dampf und Geschwindigkeit«.

John Constable (1776–1837), englischer Maler – »Scheune im Kornfeld«.

Eugène Delacroix (1798–1863), französischer Maler – »Die Frauen von Algier in ihrem Gemach«.

Ludwig Richter (1803–1884), deutscher Maler – »Kinderleben«.

Honoré Daumier (1808–1879), französischer Maler und Karikaturist – »Crispin und Scapin«.

Um 1840 bis 1870 umstrittene Epochenbezeichnung *Realismus:* Einfach lesbare Bilder, z.T. mit sozialkritischer Tendenz, Verzicht auf jegliche Abstraktion und Symbolik, klare Zeichnung bis hin zum Reportage-Realismus.

Jean Baptiste Camille Corot (1796–1875), französischer Maler – »Das Kolosseum«.

Jean-François Millet (1814–1875), französischer Maler – »Ährenleserinnen«.

Adolph von Menzel (1815–1905, 1898 geadelt), deutscher Maler – »Eisenwalzwerk«.

Gustave Courbet (1819–1877), französischer Maler – »Die Dorfmädchen«.

Um 1870 bis zur Jahrhundertwende *Impressionismus:* Stilrichtung v.a. der französischen Malerei; Auflösung der gegenständlichen Welt in Lichtphänomene, Wiedergabe von Momenteindrücken, Bildaufbau aus der Farbe heraus bis hin zur Brechung der Konturen in Punkte (Pointillismus), fließende Übergänge zum Expressionismus.

Édouard Manet (1823–1883), französischer Maler – »Bootsfahrt«.

Camille Pissaro (1830–1903), französischer Maler – »Kleine Brücke in Pontoise«.

Edgar Degas (1834–1917), französischer Maler – »Konzert-Café«.

Alfred Sisley (1839–1899), französischer Maler – »Überschwemmung in Port-Marly«.

Paul Cézanne (1839–1906), französischer Maler – »Der Knabe mit der roten Weste«.

Claude Monet (1840–1926), französischer Maler – »Felder im Frühling«.

Pierre Auguste Renoir (1841–1919), französischer Maler – »Das Frühstück der Ruderer«.

Paul Gauguin (1848–1903), französischer Maler – »Tahitische Frauen«.

Auguste Rodin (1849–1917), französischer Bildhauer – »Die Bürger von Calais«.

Vincent van Gogh (1853–1890), niederländischer Maler – »Nachtcafé«.

Georges Seurat (1859–1891), französischer Maler – »Der Zirkus«.

Henri de Toulouse-Lautrec (1864–1901), französischer Maler und Grafiker – »Moulin-Rouge«.

20. Jahrhundert

Umbruchsituation der Bildenden Kunst (z.B. van Gogh zwischen Impressionismus und Expressionismus), keine einheitliche Entwicklung mehr, Entstehung einer Vielzahl von Kunstströmungen, Vermischung von bisher getrennten Bereichen (Malerei und Bildhauerei); neue Formen künstlerischen Ausdrucks; Suche nach problemorientierten künstlerischen Lösungen: neben l'art pour l'art (Kunst um ihrer selbst willen) zunehmende Politisierung; starker Einfluß der Technik.

Seit etwa 1900 *Expressionismus:* Ausdruck persönlicher Empfindungen im Angesicht einer als rätselhaft oder gar feindselig empfundenen Außenwelt, Nutzung der Farberfahrungen des Impressionismus, starke Kontrastierung, Einflüsse der Psychologie.

Edvard Munch (1863–1944), norwegischer Maler – »Der Schrei«.

Wassily Kandinsky (1866–1944), russischer Maler – »Improvisation ohne Titel«.

Emil Nolde (1867–1956), deutscher Maler – »Mohn und rote Abendwolken«.

Henri Matisse (1869–1954), französischer Maler – »Die Traurigkeit des Königs«.

Ernst Barlach (1870–1938), deutscher Bildhauer – »Lesender Mann im Wind«.

Paul Klee (1879–1940), deutscher Maler – »Die Zwitschermaschine«.

Ernst Ludwig Kirchner (1880–1938), deutscher Maler und Bildhauer – »Tänzerinnen«.

Franz Marc (1880–1916), deutscher Maler – »Ställe«.

Max Beckmann (1884–1950), deutscher Maler – »Die Nacht«.

Karl Schmidt-Rottluff (1884–1976), deutscher Maler – »Nächtliche Häuser«.

August Macke (1887–1914), deutscher Maler – »Großes helles Schaufenster«.

Seit 1908 aufkommender *Kubismus:* Bewußte Abkehr vom Raum-Illusionismus durch Betonung der Zweidimensionalität des Bildträgers, Zerlegung des Raums und der Figuren in facettenartige Teile (Kugel, Kegel, Kubus, Zylinder) und Anordnung in der Fläche durch Summierung von Teilansichten.

Pablo Picasso (1881–1973), spanischer Maler – »Les Demoiselles d'Avignon«.

Georges Braque (1882–1963), französischer Maler – »Häuser in l'Estaque«.

Jean Metzinger (1883–1956), französischer Maler – »Gitarrenspielerin«.

Juan Gris (1887–1927), spanischer Maler – »Das Frühstück«.

Seit etwa 1913 *Konstruktivismus:* Versuch, mit formal und rational kontrollierbaren Elementen – Kreis, Quadrat, Kreuz, Dreieck, Primärfarben (Rot, Gelb, Blau)

BILDENDE KUNST

DAS LICHT wird in den Bildern von August Macke zum Medium für die Farbbotschaft. »*Großes helles Schaufenster*« *(1912)* heißt dieses Gemälde, das den Betrachter in dieselbe Lage versetzt wie die Frau vor den Auslagen.

und Nichtfarben (Schwarz, Weiß, Grau) - harmonische Strukturen aufzubauen; reine visuell-ästhetische Realität, frei von subjektiven und emotionalen Momenten; praktische Anwendung in der Architektur und Produktgestaltung u.a. von deutschen »Bauhaus«-Künstlern.

- **Piet Mondrian** (1872-1944), niederländischer Maler - »Der graue Baum«.
- **Constantin Brancusi** (1896-1957), rumänischer Bildhauer - »Die schlafende Muse«.
- **Walter Gropius** (1883-1969), deutscher Architekt - Faguswerke in Alfeld.
- **El Lissitzky** (eigentlich Eliezer Markowitsch L., 1890-1941), russischer Maler - »Proun«.

Um 1915 beginnende Strömung des *Dadaismus:* Revolutionäre, literarisch-künstlerische Bewegung mit der Forderung nach Aufhebung des krassen Gegensatzes zwischen der idealisierenden Welt der traditionellen Kunst und der Realität durch problemorientierte, wirklichkeitsnahe Kunst oder genauer: Antikunst; Experimentierfreudigkeit, Entwicklung neuer Techniken durch Einbindung von Fotografie, Film, Musik, Montage.

- **Hans Arp** (1887-1966), deutscher Maler und Bildhauer - »Konfiguration« (Holzrelief).
- **Kurt Schwitters** (1887-1948), deutscher Maler - »Merzbild«.
- **Marcel Duchamp** (1887-1967), französischer Maler - »Fontäne«.
- **Marcel Janco** (1895-1984), rumänischer Maler - »Helle Morgensonne«.
- **Man Ray** (1890-1976), amerikanischer Objektkünstler - »Die Tänzerin«.

Anfang der 20er Jahre Entwicklung des *Surrealismus:* Hervorgegangen aus dem Dadaismus; Visionen und Träume als ebenso gültige Formen des Begreifens von Wirklichkeit wie das Denken; Verschmelzung von Ding- und Traumwelt im »Überwirklichen«; Entdeckung des Zufallsmoments beim Gestalten (»automatische Malweise«).

- **Marc Chagall** (1887-1985), russischer Maler - »Der grüne Violinist«.
- **Max Ernst** (1891-1976), deutsch-französischer Maler und Bildhauer - »Die ganze Stadt«.
- **Joan Miró** (1893-1983), spanischer Maler - »Karneval der Harlekine«.
- **René Magritte** (1898-1967), belgischer Maler und Grafiker - »Das doppelte Geheimnis«.
- **Alberto Giacometti** (1901-1966), schweizerischer Bildhauer - »Der Wagen«.
- **Salvador Dalí** (1904-1989), spanischer Maler - »Brennende Giraffe«.

1920/30 als Gegenbewegung zu den Abstrakten die *Neue Sachlichkeit:* Realistische, emotionslos wirkende Malweise, satirische Kritik an der Gesellschaft; Entindividualisierung durch Typisierung; klare Bildstruktur.

- **Otto Dix** (1891-1969), deutscher Maler - »Die sieben Todsünden«.
- **George Grosz** (1893-1959), deutscher Maler - »Das Gesicht der herrschenden Klasse«.
- **Christian Schad** (1894-1982), deutscher Maler- »Die Freundinnen«.

Seit den 30er Jahren bilden sich zahlreiche neue Bewegungen, über deren kunsthistorische Dauer noch wenig aussagbar ist. Sie sollen hier daher summarisch unter Nennung nur weniger Hauptvertreter aufgeführt werden: Die um 1930 einsetzende *Kinetische Kunst* versucht Zeit und Veränderung ins bisher statische Kunstwerk einzubringen; bekannt u.a. die Mobiles von Alexander Calder (1898-1976). Nach Kriegsende 1945 werden unter dem Begriff *Informelle Kunst,* Tachismus, Action painting und Art brut zusammengefaßt; sie zeichnen sich aus durch Ablehnung jeglicher Kompositionsregel und setzen auf spontane Zeichen und Farbimpulse; wichtig u.a. Hans Hartung (1904-1989) und Wols (eigentlich Wolfgang Schulze, 1913-1951).

Minimal Art und *Op Art* folgen zu Beginn der 50er Jahre. Sie reduzieren den Gegenstand auf sein »Wesen« (Würfel, Gitter u.a.) und die geometrische Einbindung in die (Farb-)Umwelt, dabei optische Täuschungen und Flimmereffekte; bedeutend u.a. der Schweizer Max Bill (geb. 1908). Die *Aktionskunst* setzt ein 1958 mit »Happenings«, die das Publikum in den schöpferischen Prozeß einbeziehen und aus den gewohnten Denkbahnen herausreißen sollen; bis in die 80er Jahre fortgeführt u.a. durch Joseph Beuys (1921-1986). Als besonders wirkungsvoll erweist sich die *Pop Art* (seit etwa 1960), die banale Gegenstände des Massenkonsums verfremdet, ballt, montiert und bewußt macht; populär sind v.a. die Amerikaner Andy Warhol (1927-1987) und Roy Lichtenstein (geb. 1923).

Um 1965 wird die *Concept Art* zu einer wichtigen Strömung, eine Kunstrichtung, die auf materielle Realisation verzichtet und statt dessen Skizzen und Pläne anbietet. Gegen diese und andere angeblich »künstlichen« Künste wendet sich seit Ende der 60er Jahre die sogenannte *Land Art,* die Natur und Kultur bewußt machen will durch Eingriffe in »heile« Angebote; weithin bekannt der Verpackungskünstler Christo (eigentlich C. Javacheff, geb. 1935). Und auch der *Fotorealismus* der 70er Jahre begreift sich als Protest gegen die »Spekulationskunst« und als Aufforderung, die bei weitem nicht ausgeschöpfte Wirklichkeit »wahr«-zunehmen.

MUSIK

Musik

Lexikalische Definitionen von Musik zeigen in ihrer Schachtelung, welch komplexes Phänomen sie zu beschreiben suchen: »Unter Musik versteht man die Kunst, Töne, die von der menschlichen Stimme, von Instrumenten oder von zufällig vorhandenen Gegebenheiten erzeugt werden, nach einem geistigen Bauplan so zum Klingen zu bringen, daß sich damit zugleich ein kommunikativer Vorgang von sozialer Bedeutsamkeit ereignet.« Entscheidend also ist die absichtsvolle Organisation von Schall, nicht minder aber die Rezeption des Klangkunstwerks durch ein Publikum.

ALLES GEHT BESSER mit Musik – eine uralte Erfahrung. Die Miniatur zum Epos »Georgica« von Vergil stammt aus dem 5. Jh. und stellt das Landleben als Idylle dar: Hirt und Herde lauschen dem Lied der Jugend und des ewigen Frühlings, das der Flötenspieler angestimmt hat.

Wie fast alle kulturellen Äußerungen hat auch die Musik sakrale Wurzeln. Mit rhythmischen Klängen suchte der Mensch die Götter günstig zu stimmen, böse Geister zu vertreiben und gemeinschaftliche Kraft zu beschwören. Mit Musik wurden und werden Weihehandlungen ausgestaltet, Musik regelt die kultischen Tänze, Musik begleitet den Heilzauber der Medizinmänner. Und noch die Musik des großen Johann Sebastian Bach (1685–1750) ist bei aller künstlerischen Verfeinerung in erster Linie Gottes-Dienst.

Diese dienende Funktion ist bis heute erhalten geblieben bis hin zur therapeutischen Verwendung in der modernen Medizin oder zur Verkaufsförderung in Supermärkten. Wenn wir jedoch heute von Musik sprechen, meinen wir gewöhnlich die Klangkunst um ihrer selbst willen, die wie das Sprachkunstwerk etwas zu sagen und wie die Bildende Kunst etwas zu zeigen hat. Nur läßt sich für die Sprache der Musik keine allgemeinverbindliche Bedeutungslehre aufstellen, und ihre Wirkung ist vom Komponisten und seiner Absicht ebenso abhängig wie vom Hörer, seiner Vorbildung, Musikalität und seiner ganz persönlichen momentanen Gestimmtheit.

Dennoch »verstehen« wir Musik, stellen

MUSIK

bei uns und anderen ähnliche Reaktionen fest und genießen Musik gern in Gemeinschaft. Jeder mag diesen Genuß anders beschreiben, doch bestimmte Tonfolgen (Melodien), Akkorde (Harmonien) und ihre zeitliche Ordnung (Rhythmus) bringen offenbar ähnliche Saiten in jedem zum Schwingen. Es haben sich daher im Verlauf der Geschichte zwar wechselnde »Moden«, aber auch gewisse Normen herausgebildet, deren Weiterentwicklung im Verein mit der fortschreitenden Technik die Musikgeschichte ausmacht.

MUSIK-EPOCHEN

Die Einteilung der Musikgeschichte in Epochen macht noch mehr Probleme als die Periodisierung der Literatur oder der Bildenden Kunst. Eben weil sich Inhalte allenfalls in der Vokalmusik oder beim Musiktheater ausmachen lassen, sind musikalische Figuren schwerer zu fassen als Giebel- oder Gedichtformen. Da von einer säkularisierten Musik, die sich von den religiösen Anfängen und kirchlichen Bindungen emanzipiert hat, erst seit wenigen Jh. gesprochen werden kann, haben sich für diese Periode der neuzeitlichen Musik die kunsthistorischen Begriffe durchgesetzt. Die vorangegangene Entwicklung läßt sich summarisch darstellen:

Vorzeit und Antike

Am Anfang der Musikentwicklung standen sicher Gesang und rhythmisches Schlagen von Hohlkörpern. Sie traten ganz in den Dienst der Magie und des Kultes, und erst in den frühen Hochkulturen in Ägypten und Mesopotamien finden wir vielfältigere Instrumente und den Einsatz der Musik etwa zur Aufheiterung des Pharaos oder zur Belustigung bei Festen. Weiter emanzipierte sich die Musik in Griechenland und im alten Rom, deren Instrumente schon als Vorläufer vieler unserer heutigen zu erkennen sind. Es entwickelten sich Melodie und geregelter Rhythmus (Metrum) und damit die Unterhaltungsmusik.

Besonders bedeutsam für die abendländische Musik wurden die griechische und - freilich weit schwächer - die jüdische. Auf beiden baute die spätere christliche Musiktheorie und -praxis auf. Dabei spielten die griechischen Tonarten und die mit ihnen verbundenen philosophischen Deutungsversuche eine große Rolle.

Mehrstimmige Musik im heutigen Sinn aber hat es bei den Griechen vermutlich noch nicht gegeben. Das belegt das früheste uns erhalten gebliebene musikalische Dokument, die erste pythische Ode des Dichters Pindar (5. Jh. v. Chr.). Mit einer ausgeklügelten Notation wurde die Melodie des Gesangs festgehalten (für Instrumentalmusik gab es eine eigene Notenschrift), der den hohen Stand griechischer Musik erkennen läßt.

Mittelalter

Alle Zeugnisse frühchristlicher Musik erwähnen drei Elemente: die Übernahme der Psalmgesänge aus dem Judentum, die chorische Einstimmigkeit (Canticus) des Gemeindegesangs und den Wechselgesang (Antiphon) zwischen verschiedenen Gruppen: Zu Psalm und Canticus trat später der Hymnus, und aus diesen Quellen entwickelte sich eine Vielfalt einstimmiger Musik, die um 600 durch Papst Gregor I. geordnet wurde; daher die Bezeichnung Gregorianischer Gesang, der ohne Instrumentenbegleitung (a capella) nach tradierten Mustern vorgetragen wurde. Noch heute vermitteln gregorianische Melodien, die vielfältige nationale Abwandlungen erfuhren, eine Ahnung von der Bedingungslosigkeit des Glaubens und der Innigkeit der Heilserwartung.

Der kirchenmusikalische Einfluß ist auch in den weltlichen Liedern der Troubadours und Minnesänger des Hochmittelalters spürbar, die ihrerseits auf die Kirchenmusik zurückwirkten. Die Bereicherung wurde spürbar bei den ersten Versuchen mit mehrstimmigem (polyphonem) Gesang um 1100 in Frankreich. Es entstand die erste Komponistenschule, die »Ars antiqua« an der neuerbauten Kathedrale Notre Dame in Paris, doch setzten kirchliche Richtlinien noch lange einer Weiterentwicklung der polyphonen Musik enge Grenzen. Erst die »Ars nova« konnte Taktmaß und Einbau instrumentaler Elemente erreichen. Nach 1400 kam es durch die Einführung der »tonalen Beantwortung« (Fuge, Kanon) zur Schule der Niederländer, die einen weiteren Höhepunkt der abendländischen Musikentwicklung darstellt, wobei nationale Einflüsse wie Chanson (Frankreich), Madrigal (Italien) oder Lied (Deutschland) sich vermischten. Durch den um 1500 aufkommenden Notendruck erhielt die Vielstimmigkeit weiteren Auftrieb, da die Verfügbarkeit von Kompositionen rapide wuchs und grenzüberschreitenden Austausch ermöglichte. Es bildete sich die Chromatik, die Kunst der Halbtonschritte, und bereicherte die Palette der Klangfarben.

Die weltlich fortgeschrittene Musik machte sich das evangelische Kirchenlied der Reformation zunutze, das eine neue Innerlichkeit ausdrückte. Die wuchtigen Texte Luthers inspirierten viele Komponisten und bereiteten den Weg für große, vielstimmige Chöre, denen im weltlichen Bereich das Musiktheater, die sich entwickelnde Oper entsprach. Orgel und Blechinstrumente kündeten ein neues Musikzeitalter an.

Barock

Als der architektonische und der malerische Barock seine ganze Pracht entfaltete, blühte auch eine neue Musik auf. Seit Ende des 16. Jh. setzte sich eine stärkere Betonung des Melodischen mit gleichzeitigem Abbau der gelehrten Kontrapunktik durch. Einer der frühesten Vertreter der neuen Musik war Giulio Caccini, Sänger und Lautist am Hof der Medici in Florenz. Sein Gesangwerk »Le nuove musiche« (1602), eine Sammlung von einstimmigen Kanzonen und Madrigalen mit Generalbaßbegleitung, wurde grundlegend für den neuen Stil.

Der Generalbaß auch »bezifferter Baß« oder »Basso continuo« genannt, ist eine Art Kurzschrift zur Begleitung eines Stückes für die ausführenden Musiker. Notiert wird nur die Grundlinie, die harmonischen Fortschreitungen werden zur Erleichterung durch Ziffern erläutert. Da die Begleitung eines Stückes so weitgehend dem Interpreten überlassen bleibt, gibt es eigentlich in der Generalbaßzeit keinen Werkcharakter. In der weiteren Entwicklung aber wurden die Spielräume für die Ausführungen wieder enger. Caccini er-

---

MUSIKWELTSPRACHE

Noten erfassen nur Tonhöhe und -dauer, zur Bestimmung von Lautstärke und Tempo bedarf es weiterer Hinweise. Dazu verwendet man seit dem Barock italienische Begriffe und ihre Abkürzungen:

Lautstärke:
- **p** = piano = leise
- **mp** = mezzopiano = ziemlich leise
- **pp** = pianissimo = sehr leise
- **ppp** = pianpianissimo = äußerst leise
- **f** = forte = laut
- **mf** = mezzoforte = ziemlich laut
- **ff** = fortissimo = sehr laut
- **fff** = forte fortissimo = äußerst kräftig
- **cresc.** = crescendo = stärker werdend
- **dim.** = diminuendo = schwächer werdend

Tempo (mit Schlagzahl pro Minute):
- **grave** = schwer (40)
- **largo** = breit (44)
- **lento** = langsam (52)
- **adagio** = ruhig (58)
- **andante** = gehend (66)
- **moderato** = gemäßigt (88)
- **allegretto** = ein wenig schnell (104)
- **allegro** = schnell (132)
- **vivace** = lebhaft (160)
- **presto** = eilig (184)

Dazu kommen noch Verstärkungen wie prestissimo (=äußerst geschwind) oder Nuancierungen wie poco (=ein wenig), molto (= sehr), assai (= ziemlich), non troppo (= nicht zu sehr) u.a. Vorübergehende Abweichungen vom Grundmaß werden u.a. angegeben durch:
- **ritardando** = verzögernd
- **rallentando** = verlangsamend
- **meno allegro** = weniger schnell
- **accelerando** = beschleunigend
- **stringendo** = treibend
- **più allegro** = schneller

Zusätze wie poco a poco (= nach und nach) oder sempre (= ständig) dienen der Präzisierung.

MUSIK

PRIESTER UND VIRTUOSE: Antonio Vivaldi bereicherte die Barockmusik durch die Einführung von Konzerten für Solisten. Zu den über 770 bekannten Werken des berühmten Geigers zählen allein 46 Opern und 344 Solokonzerte.

»LOBE DEN HERRN« steht als Motto unausgesprochen über dem gesamten musikalischen Schaffen Johann Sebastian Bachs. Trotz dieser traditionellen Auffassung der Musik als Dienerin des »Wortes« wurde das Werk des Thomaskantors in seiner kompositorischen Vollendung wegweisend für viele Tonsetzer bis in unser Jahrhundert und sein Schöpfer zu einem »Luther« der Musik.

reichte durch seine einstimmigen Vokalkompositionen mit Generalbaßbegleitung eine ausdrucksvollere Verbindung von Melodie und Text, als dies im polyphonen Gesang möglich war. Er bereitete damit den Weg für den ersten großen Barockmusiker, für den Venezianer Monteverdi.

Neben der eher kompositionstechnischen Errungenschaft des Generalbasses entwickelte sich eine neue Gattung der Instrumentalmusik: Im Concerto stehen sich zwei Gruppen gegenüber, von denen eine solistisch besetzt ist und als »Concertino« bezeichnet wird, während die andere das »Tutti« oder »Ripieno« bildet. Durch das abwechselnde Spiel der Gruppen entsteht die »Terrassendynamik«, so genannt wegen des schroffen Wechsels von laut und leise ohne an- und abschwellende Übergänge. Das Konzert, auch als »Concerto grosso« bezeichnet, bedient sich vorwiegend herkömmlicher Musikformen wie der Kirchen- oder Kammersonate und der Suite (Folge von Tänzen wie Sarabande, Allemande, Gigue u.a.). Die bekanntesten Werke dieser Art stammen von Arcangelo Corelli.

Die italienische Vorherrschaft, die durch Antonio Vivaldi und seine Solokonzerte (Concertino nur aus einem einzigen Instrument) gefestigt wurde, manifestiert sich bis heute in den italienischen Bezeichnungen etwa für Tempo und Lautstärke in der Notation (s. Kasten). Gegen Ende der Barockzeit jedoch wanderte der musikalische Schwerpunkt Europas nach Norden. In den Instrumentalwerken von Bach, der einige Konzerte Vivaldis bearbeitet hat, ist dessen Einfluß zwar unverkennbar, doch setzte der Thomaskantor kräftige neue Akzente. Händel, der Deutsche in London, variierte v.a. die Besetzung bei den Concerti grossi und entwickelte eine ungekannte Klangfülle.

War der Ausgangspunkt der Generalbaßmusik auch mit einer Absage an die Kontrapunktik der vorangegangenen Jh. verbunden, so wurden doch nicht alle polyphonen Formen vernachlässigt. Besonders in den nordischen Ländern und im Bereich der Kirchenmusik erhielten sich die gelehrten Traditionen und wurden so komplizierte Formen wie Ricercar und die daraus entstehende Fuge weiterentwickelt. Die Gleichzeitigkeit divergierender Momente – am Melodischen orientierte gefällige Opern wie kunstvolle polyphone Kompositionen – prägten den musikalischen Barock, der nach dem empfindsamen Zwischenspiel des Rokoko in die Wiener Klassik mündete.

Seine herausragenden Vertreter in Kurzporträts und chronologischer Reihenfolge:

Claudio Monteverdi (1567–1643). Seit 1613 Kapellmeister von San Marco in Venedig. Bedeutend u.a. seine in acht Büchern erschienenen Madrigale sowie die Opern »L'Orfeo« (1607, neubearbeitet von Hindemith 1960) und »Die Krönung der Poppea« (1643).

Heinrich Schütz (1585–1672). Lehrjahre in Italien, 1617 Hofkapellmeister in Dresden. Hauptvertreter der evangelischen Kirchenmusik und Begründer des deutschen musikalischen Barock. Fast ausschließlich geistliche Vokalmusik (z.T. in deutscher Sprache), u.a. »Psalmen Davids« (1628), »Symphoniae sacrae« (1629 und 1650), »Zwölf geistliche Gesänge« (1657).

Arcangelo Corelli (1653–1713). Italienischer Geiger und Komponist. Deutschland-Aufenthalt, Konzertmeister von Königin Christine in Rom. Schöpfer des Concerto grosso, außerdem Kirchen- und Kammersonaten.

Antonio Vivaldi (1675–1741). Kapellmeister am Ospedale della Pietà in Venedig, Violinvirtuose. Begründer des Solokonzerts. Sinfonien, Kammermusik, Oratorien (u.a. »Juditha triumphans«, 1716), Kantaten.

Georg Philipp Telemann (1681–1767). Seit 1721 Direktor der Kirchenmusik an den fünf Hamburger Hauptkirchen, Leiter der Oper. Bereitete mit seinem umfangreichen Werk den klassischen Stil vor. Passionen, Oratorien (»Der Tag des Gerichts«, 1762), geistliche und weltliche Kantaten (»Kapitänsmusiken«), Orchestersuiten u.a.

Johann Sebastian Bach (1685–1750). Sächsischer Organist und Komponist. 1708 Konzertmeister in Weimar, 1717 Kammermusikdirektor in Köthen, 1723 Thomaskantor in Leipzig. Bedeutendster Tonsetzer des Barock mit weitreichendem Einfluß bis in die moderne Musik. Kantaten, Orgelkompositionen, Klavier- und Kammermusik (6 »Brandenburgische Konzerte«, 1721), Violinkonzerte, Suiten, Motetten, Johannespassion (1724), Matthäus-

MUSIK

passion (1729), Weihnachtsoratorium (1734), h-Moll-Messe (1749), Kunst der Fuge (1750).
Georg Friedrich Händel (1685–1759). Deutscher Komponist aus Halle. Lehrzeit in Hamburg und Italien (Bekanntschaft mit Corelli). 1710/12 Übersiedlung nach London (1727 britischer Staatsbürger). Opern »Almira« (1705), »Agrippina« (1709), »Rinaldo« (1711), »Orlando« (1733); Oratorien »Saul« (1739), »Messias« (1742), »Jephta« (1752); Orchesterwerke »Wassermusik« (1717), Concerti grossi, Orgelkonzerte u.a.

Klassik

Klassische Musik meint heute meist die »ernste« oder E-Musik im Unterschied zur Unterhaltungs- oder U-Musik. Stilistisch aber wird damit eine Epoche bezeichnet, die wie in der Dichtung die Musik auf einen ersten weltlichen Höhepunkt führte und für die die drei Namen Haydn, Mozart und Beethoven stehen. Sie alle stammten zwar nicht aus Wien, doch machten sie durch ihr Wirken die österreichische Hauptstadt zum Mittelpunkt der damaligen Musikwelt. Ihre Epoche wird daher genauer als Wiener Klassik bezeichnet.
Kennzeichen war die nun fast völlige Emanzipation der Musik von kirchlichen Bindungen und die Ausbildung eines reichen Musiklebens durch regelmäßige Konzerte in den Schlössern des Adels und den Villen des wohlhabenden Bürgertums. Alle musikalischen Gattungen – wie in der Instrumentalmusik Sonate, Sinfonie, Konzert, Quartett u.a., aber auch in der Vokalmusik und Oper – sind von den Meistern der Wiener Klassik zur Vollendung und zu einem gewissen Abschluß gebracht worden. Die hier entwickelten Formen wurden von den nachfolgenden Komponisten als Vorbild angesehen. In dieser Periode der Musikgeschichte erreicht die Tonkunst endgültig ihre Gleichberechtigung mit den anderen Künsten und verlagert wie die Literatur ihren Schwerpunkt in den deutschsprachigen Raum. Die großen Wiener Tonsetzer in Kurzporträts:
Joseph Haydn (1732–1809). Komponist aus Niederösterreich. 1761 Kapellmeister beim Fürsten von Esterházy in Eisenstadt und Wien. 1791/92 und 1794/95 Triumphe in London. 107 Sinfonien, 68 Streichquartette (darunter »Kaiserquartett« mit der Melodie der Kaiserhymne, später Melodie des Deutschlandlieds), Trios, Divertimenti, Klaviersonaten, 5 Orgelkonzerte, 13 italienische Opern, 14 Messen (darunter »Theresienmesse«, 1799), Oratorien wie »Die Schöpfung« (1798) und »Die Jahreszeiten« (1801).
Wolfgang Amadeus Mozart (1756–1791). Komponist und Klaviervirtuose aus Salzburg. Ausgebildet vom Vater Leopold (1719–1787), weite Konzertreisen als »Wunderkind«, erste Kompositionen als 8jähriger. 1769 Konzertmeister in Salzburg, 1769–73 Reisen nach Italien, seit 1780 freier Künstler in Wien, Freundschaft mit Haydn. Rund 50 Sinfonien, Konzerte für Klavier, Violine, Bläser u.a., Messen, Kantaten, Requiem (1791, unvollendet), Singspiele wie »Die Entführung aus dem Serail« (1782), Opern u.a. »Die Hochzeit des Figaro« (1786), »Don Giovanni« (1787), »Così fan tutte« (1790), »Die Zauberflöte« (1791). Entwicklung neuer Klangmittel. Noch heute meist gespielter Komponist.
Ludwig van Beethoven (1770–1827). Geboren in Bonn, 1782 endgültige Übersiedlung nach Wien, Begegnungen mit Mozart, Studium u.a. bei Haydn, Pianist (letztes öffentliches Konzert 1815 nach Verlust des Gehörs). Durch wuchtige Klangfülle und fast expressionistische Melodik hinführend schon zur Romantik. Oper »Fidelio« (1805), 9 Sinfonien (bedeutend v.a. »Die Neunte« mit Schlußchor aus Schillers Ode »An die Freude«, 1822–24), 16 Streichquartette, Trios für Klavier, Violine u.a., 32 Klaviersonaten, 5 Klavier- und 1 Violinkonzert, Lieder, Chorwerke (v.a. »Missa solemnis«, 1818–23), Schauspielmusik u.a. zu Goethes »Egmont« (1809/10).

Romantik

Die Abgrenzung dieser Epoche macht besondere Schwierigkeiten. Im allgemeinen versteht man darunter die Zeit von etwa 1820 bis 1900, also einen erheblich weiteren Rahmen als in Literatur oder Bildender Kunst, wobei eine klassiknahe Frühzeit bis etwa 1850 und eine Hoch- und Spätromantik unterschieden werden.
Der romantische Komponist wollte in ganz anderem Maße als bisher sein subjektives Empfinden gestalten; in der Darstellung phantastischer, märchenhafter, abenteuerlicher und mythologischer Inhalte suchte er Parallelen zur Weite des Innenlebens. Die klassische Synthese aus persönlichem Erlebnis und objektiver Gesetzmäßigkeit erschien ihm überlebt.
Wie in der Literatur korrespondierte diesem Durchbruch der Individualität ein kollektives Bedürfnis nach Gemeinschaft in der Geschichte. Die rückwärtsgewandte Suche nach dem »Goldenen Zeitalter« führte die Musiker an neue Quellen wie die Volksmusik, ließ sie vergessene Meister neuentdecken (u.a. Bach) und brachte durch die Verwurzelung im Volkstum eine bislang unbekannte Nationalisierung mit sich.
Technische Fortschritte gaben den romantischen Komponisten neue oder verbesserte Instrumente in die Hand, so daß sich neue Klangwelten erschlossen. Der Siegeszug etwa des Hammerklaviers wirkte sich jetzt erst vollkommen aus. Wichtiger aber blieb die Entwicklung auf dem Gebiet der musikalischen Formen. Neben den Großformen der Klassik wie Sinfonie, Sonate oder Instrumentalkonzert, die nicht mehr in der herkömmlichen Strenge durchgeführt wurden, waren es vor allem die kleinen Formen wie Intermezzo, Impromptu, Moment musical, Nocturne, Kunstlied, die das Gesicht der Epoche prägten, nicht zuletzt durch die Erweiterung der Harmonik, die dann später – zu Beginn des 20. Jh. – die Grenzen der Tonalität überschritten. Die Sinfonische Dichtung und die Programmsinfonie wurden durch Einbeziehung literarischer Elemente zu einem neuen Typ der Orchesterkomposition.
Die schöpferische Synthese zwischen Wort und Ton war eines der wichtigsten Anliegen der Romantik. Es blühte die Liedkomposition, die musikalische Interpretation dichterischer Werke. Die Entwicklung der Chormusik, besonders des Männerchores, nahm sowohl die Richtung zu größter Schlichtheit wie zur gefühligen Liedertafelei. Und ins Monumentale wies auch das Schlagwort vom Gesamtkunstwerk, der Integration aller künstlerischen Elemente.
Wichtige Musik-Romantiker in Kurzporträts, chronologisch geordnet:
Carl Maria von Weber (1786–1826). Pianist und Komponist aus Eutin. Schüler u.a. Haydns. Kapellmeister in Breslau, Prag, Dresden. Internationaler Durchbruch mit der Oper »Der Freischütz« (1821), weitere Opern »Abu Hassan« (1811), »Eryanthe« (1823), »Oberon« (1826); Bühnenmusiken, Männerchöre, Klavier- und Kammermusik.
Franz Schubert (1797–1828). Österreichischer Komponist. Musiklehrer, Freundeskreis der Schubertianer. Noch stark der Klassik verbunden, doch weit wirkende Neuerungen v.a. durch die rund 630 Lieder nach bedeutenden zeitgenössischen Texten u.a. von Goethe (»Heidenröslein«, »Erlkönig«), Schiller, Heine (»Der Doppelgänger«), Uhland, Claudius, Müller (Zyklen »Die schöne Müllerin«, 1823, »Die Winterreise«, 1827). Außerdem Kammermusik (Streichquartett »Der Tod und das Mädchen«, »Forellenquintett«, 1819, u.a.), Klaviersonaten (»Wandererphantasie«, 1822, u.a.), Tänze, Kirchenmusik, 9 Sinfonien (u.a. Nr. 8 »Unvollendete«, 1822), Singspiele, Schauspielmusik zu »Rosamunde«.

»VATER UND SOHN«: Die lebhafte Musik Joseph Haydns (links) bereitete den Weg für einen noch größeren. Wolfgang Amadeus Mozart bezauberte schon als Wunderkind am Klavier die Musikwelt, und die Nachwelt verehrt ihn als einen der bedeutendsten Komponisten. Wieviel er Haydn dankte, war dem Jüngeren stets bewußt, ihre geistige Verwandschaft spricht aus zahlreichen Werken der beiden österreichischen Meister.

MUSIK

Frédéric Chopin (1810–1849). Französischer Pianist und Klavier-Komponist aus Polen. »Wunderkind«, 1831 Übersiedlung nach Paris. Klavierkonzerte (u.a. e-Moll op. 11, 1830), Stücke für Klavier und Violoncello. Einfluß polnischer Volksmusik spürbar in 16 Polonaisen, 60 Mazurken, 22 Walzern; außerdem Sonaten, Nocturnes, Etüden, Balladen, Préludes, Impromptus, Scherzi, Variationen.

Robert Schumann (1810–1856). Komponist aus Zwickau. Jurastudium, Pianist, Musikkritiker, 1844 Kapellmeister in Dresden, 1850 in Düsseldorf, Tod in geistiger Umnachtung. Zunächst v.a. Klaviermusik, u.a. »Kinderszenen« (1838), Sechs Fugen über den Namen BACH (1845), »Album für die Jugend« (1848), außerdem 4 Sinfonien, Streichquartette, Klaviertrios, Oratorium »Das Paradies und die Peri« (1943), Bühnenmusik »Manfred« (1852), Oper »Genoveva« (1850), »Szenen aus Goethes Faust« (1855).

Richard Wagner (1813–1883). Opernkomponist aus Leipzig. Kapellmeister in Magdeburg, Riga, Dresden. 1849 wegen Beteiligung an der Revolution Flucht nach Zürich, 1864 Berufung durch König Ludwig II. nach München, 1872 Bau eines eigenen Festspielhauses in Bayreuth. Bemühung um das Gesamtkunstwerk (Text und Musik) in den Opern »Der fliegende Holländer« (1843), »Tannhäuser« (1845), »Lohengrin« (1850), »Der Ring des Nibelungen« (1853, 1876 vollendet), »Tristan und Isolde« (1865), »Die Meistersinger« (1868), »Parsifal« (1882).

Giuseppe Verdi (1813–1901). Italienischer Opernkomponist. Stark vom Text bestimmter Stil, hochmelodiös und -dramatisch. Durchbruch mit der Oper »Nabucco« (1842), weitere Opern »Ernani« (1844), »Macbeth« (1847), »Rigoletto« (1851), »Der Troubadour« (1853), »La Traviata« (1853), »Die sizilianische Vesper« (1855), »Ein Maskenball« (1859), »Don Carlos« (1867), »Aida« (1871 zur Eröffnung des Suezkanals), »Othello« (1887), »Falstaff« (1893).

Johannes Brahms (1833–1897). Deutscher Pianist und Komponist. »Wunderkind«, Studium in Hamburg, Freundschaft mit Schumann, seit 1862 in Wien. Wieder größere Nähe zur Klassik. 4 Sinfonien, Haydnvariationen, Ouvertüren, 2 Klavierkonzerte, 1 Violinkonzert, »Doppelkonzert« für Violine und Cello (1887), Klavier- und Chorwerke (»Ein Deutsches Requiem«, 1866/68), über 200 Lieder.

Peter Tschaikowski (1840–1893). Russischer Komponist. Lehrer am Moskauer Konservatorium. An der deutschen Romantik orientierter Stil mit eigenwilliger, von der russischen Musik beeinflußter Rhythmik. 7 Sinfonien (darunter Nr. 6 »Pathétique«, 1893), Ballette (u.a. »Schwanensee«, 1877, »Dornröschen«, 1890, »Der Nußknacker«, 1892), Opern »Eugen Onegin« (1879), »Pique Dame« (1890), Konzerte, Klavier- und Kammermusik, Lieder.

Giacomo Puccini (1858–1924). Opernkomponist aus Lucca. Effektvolle Instrumentierung, Vorliebe für exotische Elemente. »Manon Lescaut« (1893), »La Bohème« (1896), »Tosca« (1900), »Madame Butterfly« (1904), »Das Mädchen aus dem goldenen Westen« (1910), »Turandot« (postum 1926, unvollendet).

Gustav Mahler (1860–1911). Österreichischer Komponist. Dirigent u.a. in Kassel, Leipzig, Budapest, Hamburg, Wien, New York. Düster-dämonische Klänge, expressiver Stil. Lieder mit farbiger Instrumentierung (u.a. »Kindertotenlieder« nach Rükkert, 1901–04), 10 Sinfonien mit Chören und diversen Solostimmen, darunter »Das Lied von der Erde« (1907/08) für Tenor- und Altstimme und Orchester.

Richard Strauss (1864–1949). Komponist aus München. Dirigent in München, Weimar, Berlin und Wien. Schon in die Moderne reichender Spätromantiker. Kühne, kontrastreiche Harmonik, vielfältige Rhythmik. Sinfonische Dichtungen »Don Juan« (1888), »Till Eulenspiegels lustige Streiche« (1895), »Eine Alpensinfonie« (1915); 15 Opern, u.a. »Salome« (1905), »Elektra« (1909), »Der Rosenkavalier« (1911), »Ariadne auf Naxos« (1912), »Die Frau ohne Schatten« (1919), »Arabella« (1933), »Daphne« (1938), außerdem Lieder, Kammermusik, Ballette.

MUSIK

ZWÖLFTONMUSIK

Als um die Jahrhundertwende das diatonische System der Dur- und Moll-Tonarten zunehmend außer Kraft gesetzt wurde, bewegten sich die Neuerer zunächst noch innerhalb der vorgegebenen Tonalität. Richard Strauss machte in seinem progressiven Frühwerk dann den ersten Schritt in Richtung kühnerer chromatischer Klangballungen und schrieb im »Zarathustra« sogar schon ein Zwölftonthema. Doch erst Arnold Schönberg suchte in den 20er Jahren eine neue Bindung und erkannte, daß es zwecklos sei, weiterhin sieben Töne als natürlich und fünf Halbtöne als zufällig zu behandeln, und daß künftig Musik auf der Gleichberechtigung aller zwölf Töne der chromatischen Skala gründen müsse.

Gemeinsam ist den verschiedenen Systemen der Zwölftonmusik die endgültige Anerkennung der gleichschwebend temperierten Stimmung als alleiniger physikalischer Grundlage (was von Gegnern wie Hindemith als Beweis für ihre »Unnatur« gewertet wurde) unter Aufhebung der traditionellen Gegensätze von horizontalen (Melodik) und vertikalen (Harmonik) Beziehungen. 1924 erschienen Schönbergs Klavierstück op. 23 und die Klaviersuite op. 25 als erste Werke in der »Technik der Komposition mit zwölf nur aufeinander bezogenen Tönen« (rechts: Szenenbild aus »Moses und Aaron«).

Nach dieser Technik stellt der Komponist zunächst die Reihe auf, die dann, einem verschlüsselten, jedoch allgegenwärtigen Leitmotiv vergleichbar, gewissermaßen »thematische« Funktion erfüllt. Abwechslung bei der Reihenauswahl garantieren mehrere hundert Mio. mögliche Verbindungen zwischen den zwölf Tönen, Abwechslung bei der Komposition mit der ausgewählten Reihe bringen die Heranziehung der gleichberechtigten Varianten ihrer Umkehrung (Spiegelbild), ihres Krebses (rückläufige Bewegung), ihrer Krebsumkehr sowie deren Transposition (Übertragung) auf die elf anderen Stufen.

Nach 1945 hatte sich die Zwölftonmusik durchgesetzt und den Boden für die Entwicklung der seriellen Musik bereitet, in der auch die bisher nicht reihenmäßig erfaßten Elemente des Rhythmus, der Dynamik und der Klangfarbe durchorganisiert wurden.

Moderne

Die musikalische Entwicklung seit Beginn unseres Jh. ging in so viele verschiedene Richtungen, daß eine einheitliche Stilbezeichnung nicht möglich ist. Man spricht daher allgemein von »Neuer Musik« oder Moderne. Sie entstand in der Auseinandersetzung mit der Spätromantik teils als Gegenreaktion, teils durch Verfeinerung der romantischen Möglichkeiten. Dabei lösten sich die Komponisten schließlich – freilich unterschiedlich radikal – aus tonalen Zwängen, brachen das Taktschema auf, integrierten Geräusche.

Nach einer »impressionistischen«, klangmalerischen Übergangsphase gingen einige den Weg zur Zwölftonmusik (s. Kasten), andere griffen auf folkloristische Elemente zurück (z.B. Fünftontechnik oder Pentatonik), entdeckten die Kirchentonarten neu oder wandten sich der aleatorischen Musik (Zufallskompositionen) zu. Nach 1945 kam zudem die Musique concrète auf, die mit Mitteln der Tonaufzeichnung und ihrer technischen Verfremdung arbeitete. In diese Richtung ging auch die zunehmende Nutzung der Elektronik.

Hinzu kamen zunehmende Einflüsse außereuropäischer Musik, die zeitweise das kultische Moment wiederbelebten durch ekstatische Elemente, wie sie auch Beat und andere Formen der populären oder Popmusik kennen. Und man suchte wieder nach einem Zusammenrücken der Künste durch Einbau von Sprache, Theatereffekten, bildnerischen Aktionen. Die enorme Beschleunigung des technischen Prozesses und der historischen Entwicklung findet heute ihr Echo in einer Musik, die Schritt zu halten sucht und offen ist für Experiment wie Tradition.

Wichtige »Neutöner« in chronologisch geordneten Kurzporträts:

Claude Debussy (1862–1918). Französischer Komponist. Mittelstellung zwischen Romantik und Neuer Musik des 20. Jh. durch Entwicklung eines impressionistischen Stils (fließende, durchsichtige Klangfarblichkeit). Oper »Pelléas und Melisande« (1902), Mysterienspiel »Das Martyrium des heiligen Sebastian« (1911), Orchesterwerke »Prélude à l'après-midi d'un faune« (1894), »La mer« (1905), »Images« (1912).

Arnold Schönberg (1874–1951). Komponist aus Wien. Unterrichtstätigkeit u.a. in Berlin an der Akademie der Künste. 1933 Emigration in die USA, Professor in Los Angeles. Entwicklung der Zwölftonmusik, tonartfreie Arbeiten u.a. »Buch der hängenden Gärten« (1908/09), Klavierstücke, Kammersymphonie für 15 Soloinstrumente (1906), Chorwerke, Lieder (»Gurrelieder«), Variationen, Suiten, Opern »Von Heute auf Morgen« (1928/29) und »Moses und Aaron« (1930/32, unvollendet), »Ein Überlebender aus Warschau« (1947).

Igor Strawinski (1882–1971). Amerikanischer Komponist russischer Herkunft. Seit 1914 im Ausland (1945 US-Bürger). Frühwerk mit Elementen russischer Volks- und Kirchenmusik: Ballette »Der Feuervogel« (1910), »Petruschka« (1911), »Le sacre du printemps« (1913); Rückgriff auf neoklassizistische Stilmittel seit 1920: Ballette »Pulcinella« (1920), »Les noces« (1923), Oratorium »Oedipus rex« (1927), »Psalmensinfonie« (1930), Oper »The Rake's Progress« (1951). Danach Experimente mit serieller Musik: »Cantata« (1952), Ballett »Agon« (1957), »Elegy for J.F.K.« (1964, auf den ermordeten Präsidenten Kennedy).

Paul Hindemith (1895–1963). Deutscher Komponist. 1915 Konzertmeister in Frankfurt, 1927–37 Dozent in Berlin, 1938 Emigration (Schweiz). Mitbegründer der Donaueschinger Kammermusikfeste. Abkehr von der Dur-Moll-Harmonik bei Wahrung der Tonalität. Opern »Cardillac« (1926), »Mathis der Maler« (1934/35); Orchesterwerke, Klaviermusik, Lieder (u.a. nach Trakl und Rilke), Lehrwerke.

Oliver Messiaen (geb. 1908). Ornithologe, Organist und Komponist aus Avignon. 1942–78 Dozent am Conservatoire in Paris. Mitbegründer der seriellen Musik (in allen Details vororganisierte Werke). »Préludes« für Klavier (1929), »Die Geburt des Herrn« für Orgel (1935), »Quartett auf das Ende der Zeit« (1940), »Turangalîla-Sinfonie« (1944–48), Klavierkonzert mit Vogelstimmen »Exotische Vögel« (1957), Oper »Der Heilige Franz von Assisi« (1974–83).

Hans Werner Henze (geb. 1926). Deutscher Komponist. Tätigkeit in Konstanz und Wiesbaden, 1953 Übersiedlung nach Italien. Balette »Jack Pudding« (1951), »Der Idiot« (1952), »Orpheus« (1979); Opern mit eingängiger Melodik »König Hirsch« (1952–55), »Der Prinz von Homburg« (1960), »Die englische Katze« (1983), »Das verratene Meer« (1990); Kantaten, Orchesterwerke; sozialistisches Engagement u.a. im Oratorium »Das Floß der Medusa« (1968, Che Guevara gewidmet) und »We come to the River« (1976).

Penderecki, Krzysztof (geb. 1933). Polnischer Komponist. Dozent für Komposition in Krakau, 1966–68 in Essen. Experimentelle Orchesterwerke unter Einbeziehung von Geräuschen »Emanationen« (1959), »Fluorescences« (1962), Vokalwerk »Lukaspassion« (1966), Oratorium »Dies irae« (1967), Opern »Die Teufel von Loudun« (1969) und »Paradise lost« (1978), Violinkonzert (1983).

MUSIK

MODERNES SINFONIEORCHESTER (CA. 100 MUSIKER)

VON HOCH NACH TIEF angeordnet sind die Streicher des Sinfonieorchesters: links vom Dirigenten die 1. Geigen, dann im Uhrzeigersinn die 2. Geigen, Bratschen und Celli; die unüberseh- und hörbaren Kontrabässe stehen hinter den Bläsern. Die sind gestaffelt: vorn die Flöten und Oboen, dahinter Klarinetten und Fagotte, dann das »Blech« und links davon die Schlaginstrumente. Aus dieser Vielfalt einen Klangkörper zu formen: ist die Kunst der Dirigenten.

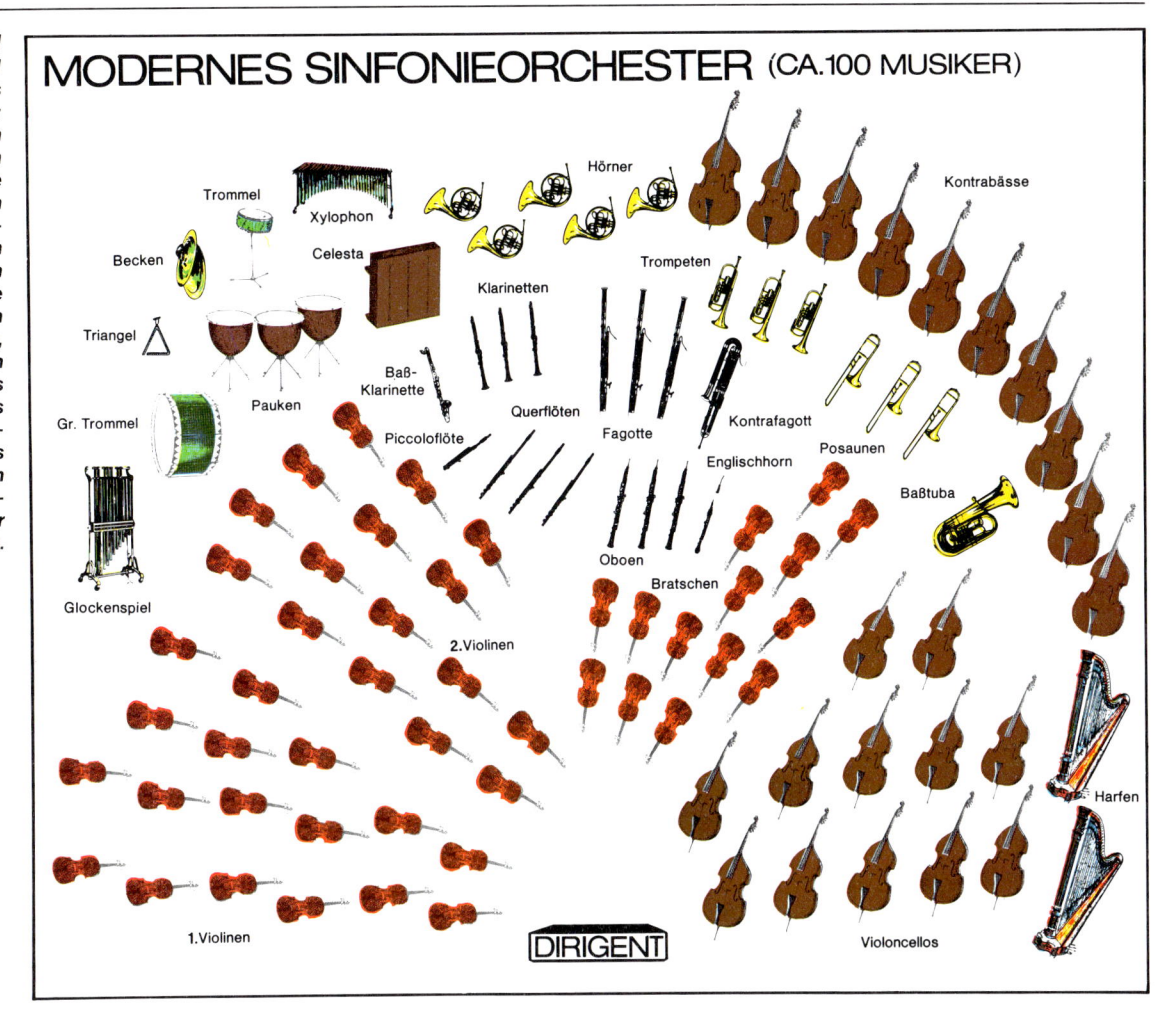

MUSIKINSTRUMENTE

Im allgemeinen Sprachgebrauch und in der Praxis der Orchester werden gewöhnlich drei Arten von Musikinstrumenten unterschieden: Holz- bzw. Blechblasinstrumente, Streichinstrumente und Schlaginstrumente. Diese Einteilung ist jedoch ungenau, da nach ihr nicht alle bekannten Instrumente einer Gruppe zuzuordnen sind. Deshalb hat sich in der Musikwissenschaft eine Systematik durchgesetzt, die die Instrumente nach der Art der Tonerzeugung unterscheidet in Idiophone (Selbstklinger), Membranophone (Fell-/Hautklinger), Chordophone (Saitenklinger), Aerophone (Luftklinger) und Elektrophone (elektrische Klinger).

Idiophone

Celesta, Glockenspiel aus Stahlplatten, die mit einer Klaviatur angeschlagen werden, weicher Klang, Ende 19. Jh. aufgekommen, Verwendung v.a. in der impressionistischen Musik.

Gong oder Tamtam, mit (Filz-)Schlegel angeschlagene (Bronze-)Blechscheibe aus dem Fernen Osten, in europäischen Orchestern seit Ende 18. Jh. verwendet.

Triangel, zu einem gleichseitigen Dreieck gebogener Stahlstab, stammt aus der Militärmusik der Türkei, von wo es im 17. Jh. nach Mitteleuropa kam, erster Orchesternachweis 1774.

Vibraphon, abgestimmte Stahlstäbe mit Resonanzröhren, die durch elektrisch rotierende Scheiben geöffnet und geschlossen werden, wodurch der Vibratoeffekt entsteht; aus den USA zu Beginn des 20. Jh.

Xylophon, abgestimmte Stäbe aus Palisanderholz, uraltes Instrument aus Südostasien, frühester Nachweis für europäische Orchesterverwendung 1873.

Membranophone

Handtrommel, per Hand anzuschlagende Trommel in bestimmter Tonhöhe, überwiegend aus Lateinamerika und Afrika stammend, Typen u.a. Bongos, Congas, Tom-Toms.

Pauke (Kesseltrommel), mit einer (Fell-)Membran bespannter Kessel aus Kupfer oder Messing (früher Holz), auf gewünschte Tonhöhe gestimmt (bei modernen Pauken mittels Pedal). Herkunftsgebiet Orient, im Mittelalter nach Europa gebracht, frühester Orchesternachweis in Monteverdis »Orfeo«.

Chordophone

Balalaika, dreisaitiges Zupfinstrument mit dreieckigem Klangkörper, aus der Ukraine stammende Abart der Laute, heutige Form (in 6 Größen) aus dem vorigen Jh.

Cembalo, Flügelförmiges Instrument mit Klaviatur, im 14. Jh. aus dem Psalterium, einer Brettzither, entwickelt, Anriß der Saiten durch Federkiele, Leder oder Kunststoff, ältestes erhaltenes Instrument von 1521; in der 2. Hälfte des 18. Jh. vom Hammerklavier weitgehend verdrängt.

Gitarre, sechssaitiges Zupfinstrument, Weiterentwicklung der Laute, wohl durch die Mauren im Frühmittelalter nach Europa gebracht, älteste gedruckte Noten 1546, heutige Form seit ca. 1750, frühester Konzertnachweis 1808.

Harfe, Zupfinstrument mit 47 Saiten, im 8. Jh. aus dem Orient nach Europa gekommen, früheste Orchesterverwendung um 1600, erster Konzertnachweis bei Händel 1738, heutige Form seit Ende 18. Jh.

Klavier (Pianoforte), Fortentwicklung des 1698 von Cristofori (1665–1732) erfundenen Hammerklaviers, Saitenanschlag durch filzbespannte Hämmerchen, erste Noten 1732, frühester Konzertnachweis 1776, heutige Konstruktion seit Anfang 19. Jh.; Name Pianoforte wegen der Anschlagsweise, die im Unterschied zum Cembalo und ähnlichen Instrumenten durch stärkeren oder schwä-

MUSIK

cheren Tastendruck leise (piano) bis laute (forte) Töne stufenlos ermöglicht, Nebenform: Flügel.

Kontrabaß, viersaitiges großes Streich- und Zupfinstrument, mit Stift auf dem Boden abgestützt und gewöhnlich im Stehen zu spielen, im 16. Jh. in Italien als Großgeige entwickelt, erster Orchestergebrauch ca. 1600, frühester Konzertnachweis 1770.

Laute, sehr altes, sechssaitiges Instrument mit gewölbtem Klanghohlkörper aus Holz, schon in den frühesten Hochkulturen nachweisbar, »Mutter« aller gestrichenen oder gezupften Saiteninstrumente, früheste gedruckte Noten 1507.

Violine (Geige), Viola (Bratsche), (Violon-) Cello, viersaitige Streich- und Zupfinstrumente nach Größe und Stimmung abgestuft: Geige Sopran-, Bratsche Alt- und Cello Tenorlage, erstes Violinkonzert 1709, frühester Konzertnachweis für Bratsche bei Telemann 1722, erstes Konzert für Cello 1701.

Aerophone

Akkordeon, Ziehharmonika mit Klaviatur (Griffbrett) auf der einen Seite und Knopftasten für die Begleitakkorde (Bässe) auf der anderen, zu jedem Ton in jedem Register zwei Metallzungen, von denen die eine durch Druckluft und die andere durch Saugluft beim Ziehen und Zusammenpressen des Balgs zum Schwingen gebracht wird; um 1820 in Deutschland entwickelt.

Dudelsack (Sackpfeife), ursprünglich asiatisches Hirteninstrument aus vorhistorischer Zeit, bestehend aus einem Ledersack, der durch ein Mundrohr gefüllt und nach Bedarf ausgepreßt wird, mit Melodiepfeife und auf Grundton sowie Quinte gestimmte Bordunpfeifen, die eine Dauerbegleitung liefern, Nationalinstrument in Schottland, erster Konzertnachweis 1755.

Fagott, Holzblasinstrument mit etwa 260 cm langer geknickter Röhre und geschwungenem Metallansatzröhrchen, auf das ein Doppelrohrblatt (Prinzip Oboe) aufgesteckt wird, vertritt die Baßlage der Holzbläser, aus dem Orient über Griechenland nach Europa gekommen, erster Konzertnachweis bei Vivaldi um 1730, heutige Form und technische Ausstattung seit Anfang des 19. Jh.

Flöten, Holzblasinstrumente nach dem Prinzip der Schneidekante, schon aus prähistorischer Zeit bekannt, zahlreiche verschiedene Formen, Größen und damit Tonlagen; der heutigen Art ähnelnde Blockflöte erstmals 1388 belegt, die heutige Konzertquerflöte existiert seit 1832, Panflöte als Volksinstrument seit Jahrtausenden bekannt, Piccoloflöte Anfang 18. Jh. aufgekommen; früheste Konzertverwendung von Quer- und Piccoloflöte bei Vivaldi.

Horn, uraltes Blechblasinstrument, als Drehventilhorn erst seit 1832 üblich, erste Hornkonzerte um 1720 bei Bach, Vivaldi, Telemann, früheste Orchesterverwendung um 1640.

Klarinette, 1720 von J.C. Denner aus der Chalumeau (mittelalterliches Einrohrblattinstrument) entwickelt, modernere Form seit 1810, mit heutiger Konzertausstattung seit 1839, um 1740 erste Konzerte, seit 1726 Orchestereinsatz.

Mundharmonika, Metallzungeninstrument, Tonerzeugung wie beim Akkordeon durch Blas- und Saugluft an den je zwei Zungen pro Öffnung, wobei allerdings beim Blasen ein anderer Ton als beim Saugen entsteht; etwa 1820 in Deutschland erfunden.

Oboe, Rohrblattinstrument der Sopranlage mit leicht näselndem Klang, Name von französisch »hautbois« (lautes oder hohes Holz), Geschichte wie Fagott, erstes Oboenkonzert 1708, Altversion wird als Englischhorn bezeichnet.

Orgel, schon im Altertum (Wasserorgel »Hydraulis«) im Prinzip bekanntes und beliebtes Großinstrument in Form einer kunstvoll arrangierten Ansammlung gestimmter Pfeifen, die durch Wind (früher Blasebalg, heute elektrisches Gebläse) über Tastaturen (mehrere Manuale und eine Pedalklaviatur) zum Klingen gebracht werden, Klangfarbe durch vielfältige Register regelbar; in Mitteleuropa seit dem 9. Jh. v.a. als Kirchenmusikinstrument verwendet.

Posaune, gestrecktes Blechblasinstrument mit Kesselmundstück, Name von lateinisch »bucina« (Signalhorn), bestehend aus zwei ineinander verschiebbaren Teilen: Hauptrohr mit Schalltrichter sowie Außenzug, mit dem die Schallsäule stufenlos zu verlängern (tiefere Töne) und verkürzen (höhere Lagen) ist; in der heutigen Form seit etwa 1500.

Saxophon, mit der Klarinette verwandtes Rohrblattinstrument, statt geradem Holzrohr jedoch S-förmig gebogenes weitmensuriertes Metallrohr in verschiedener Größe (Stimmung von Baß bis Sopran), 1840 von Adolph Sax erfunden, Orchesterverwendung seit 1844, erstes Saxophonkonzert von Debussy 1903 (»Rhapsody«).

Trompete, Blechblasinstrument mit Kesselmundstück, enger mensuriert und gestreckter als das Horn, schon seit der Antike als Tempel- und Militärmusikinstrument bekannt, mit den Kreuzrittern im Mittelalter nach Europa gekommen, ursprünglich ohne Klappen, seit 1830 Drehventiltrompete (Jazztrompeten mit Pumpventilen), verschiedene Größen (Stimmungen).

Elektrophone

Hammondorgel, 1934 vom Amerikaner L. Hammond konstruiertes mechanisch-elektronisches Tasteninstrument, Tonerzeugung durch 91 gleichzeitig von einem Elektromotor angetriebene Zahnräder, die in einer gleich großen Zahl von Spulen Wechselspannungen erzeugen, deren Frequenz der Dreh- und Anzahl der Zähne entspricht, durch Tastendruck Verstärkung des Spulenstroms, über Lautsprecher hörbar gemacht, Zumischung von Akkorden möglich.

Keyboard, in Jazz, Pop, Beat und Rock übliche Bezeichnung für Tasteninstrumente wie elektronisch verstärkte Klaviere, Orgeln u.a., die nach dem Prinzip des Synthesizers Rhythmen, Begleitakkorde, Geräusche speichern können, große Modulationsmöglichkeiten und Wahl der Klangfarbe über Register.

Synthesizer, elektronische Tongeneratoren, die alle nur erdenklichen Geräusche, Töne und Klänge mit Hilfe von Mischern, Filtern, Impulsgebern, Modulatoren u.a. erzeugen, simulieren, kombinieren und speichern können; Mitte der 60er Jahre von R.A. Moog entwickelt, heute angewandt u.a. beim Keyboard.

SCHIER UNERSCHÖPFLICH sind die Möglichkeiten der Klangmischungen, die ein modernes Keyboard bietet. Rhythmuseinheiten können zugeschaltet, Bässe unterlegt, Geräusche eingebracht und Instrumente imitiert werden. Die Tastatur entspricht der von Klavieren.

REGISTER

Aachen 137, 141
Abälard, Peter 171, 175
Abbevillium 123
Abbuchungsauftrag 44
Abendland 39
Abendmahl 157
Abendzeitung (AZ) 27
Aberglaube 157
Abgaben 42
Abgeordneter 6, 8–10, 19
-, Bundestags- 8–10
Abidjan 72
Abitur 15, 17
Abnehmer 47
Abonnement 29
Abonnent 27, 31
Abraham 126, 166
Abrüstung 22f
Abrüstungsverträge 20, 23
Absatz 47, 49–51, 53
-chance 50
-menge 50
-weg 51
Abschreibung 54
Absolutismus 147–149, 175
Abu Dhabi 118
Abuja 100
Abukir 149
Abu Simbel 125
Abwertung 53
Abydos 124
a capella 202
Accra 75
Achäer 128
Achämeniden 125
Acheulium 123
Actium 132
Adamstown 78
Adam und Eva 123
Ad Dauha 88
Addis Abeba 61
Aden 85
Adenauer, Konrad 33, 35, 154
Adhan 163
Adile 130
Adorno, Th. W. 188
Adrianopel 134
Adriatisches Meer 59
Adschman 118
AEG 32
Aerophone 207f
Aetius 134
Afghanistan 22, 58, 130
Afrika 60f, 64, 66–68, 72, 75, 78, 87–89, 91–97, 99f, 104f, 108f, 112–115, 117, 120f, 123, 131, 134f, 151, 163, 197, 207
-, Nordost- 72, 112
-, Nordwest- 95, 120
-, Nord- 92, 115, 135, 163, 197
-, Ost- 88f, 93, 104, 109, 113, 117
-, Südost- 93, 96, 109
-, Südwest- 97
-, Süd- 66, 91, 105, 112
-, West- 64, 67, 72, 75, 78, 88, 92, 94f, 100, 108, 114, 115
-, Zentral- 68, 75, 87, 89, 99, 115, 121
AG 48, 51f
Ägäis 77, 132
Agaña 119
Agnostizismus 172
Agra 80
Ägypten 58f, 124–127, 129f, 132, 135, 149, 163, 166, 197, 202
Ahnenkult 165
Aischylos 188
Ajaccio 149
Ajatollah 163
Akkord 202
Akkordeon 208
Akropolis 129, 197
Aktien 45–47, 51f
-emission 52
-gesellschaft s. AG
-gesetz 51
-index 47
-, Inhaber- 51
-, Namens- 51
-, vinkulierte 51
-, Stamm- 51f
-, Vorzugs- 51
Aktionär 48, 52
Al Manama 63
Alarich 134
Alba, Hz. 144
Albanien 22, 59
Albert v. Sachsen-Coburg-Gotha 151
Albrecht II., dt. Kg. 142
Alemannen 134
Ålesund 100
Alexander III., d. gr., Kg. v. Maked. 124, 126, 129
Alexander III., Pp. 139
Alexander VI., Pp. 143
Alexandria 116, 129, 194
Alfons, Kg. v. Kast. 140
Algerien 59, 61, 154
Algier 59

Alkibiades 129
Alkuin 137
Allah 135, 163
Allgemeiner Deutscher Frauenverein 18
Allia 130
Alliierte 20, 27, 33
Alofi 98
Alpen 124, 131, 141
Altamira 122, 197
Altdorfer, Albrecht 195–197
Alter Fritz s. Friedrich II., d. Gr.
Ältestenrat 6
Altsteinzeit 122f
Al-Malawija-Moschee 155
Amarna 125
Amenemhet 125
Amenophis I. 125
Amenophis III. 125
Amenophis IV. s. Echnaton
Amerika 21, 65f, 68f, 72–74, 78f, 87, 89, 96, 99, 102, 112, 117, 119, 123, 138, 143, 148, 150, 157, 207
-, Mittel- 69, 73, 78f, 96, 99, 102, 119
-, Nord- 21, 87, 119, 138, 148, 157
-, Süd- 65f, 68, 72, 74, 79, 89, 102, 112, 117, 150, 157, 207
Amman 85
Amnesty International 2–4
Amos 126
Amsterdam 99
Amun 126
Anamnesis 171
Anatolien 197
Anaxagoras 129, 173
Anaximander 170, 173
Anaximenes 173
Andamanensee 114
Andorra 60
Andorra la Vella 60
Andruck 31
Anekdote 181
Anfrage 7, 49
Angebot 41, 45, 49f, 52
Angeln 136
Angestellter 12, 18
Anglikanische Kirche 144
Angola 60
Anguilla 77
Ankara 116
Anlageverhalten 47
Anleger 47
Anleihe 45
Anselm v. Canterbury 170f, 175
Anstalt des Öffentlichen Rechts 32
Antananarivo 93
Antarktis 61, 68, 74
Antenne 37
Anthropologie 168
-, philosophische 168
Antichrist 157
Anti-Folter-Ausschuß 2
Antigoniden 130
Antigua und Barbuda 60
Antike 104, 116, 124, 168, 171, 175, 179, 182, 188, 194f, 197, 202
-, griechisch-römische 197
-, Archaische Epoche 197
-, Geometrische Epoche 197
-, Hellenistische Epoche 197
-, Klassische Epoche 197
Antillen 61, 63, 71, 74, 77, 90, 105
Antipater v. Sidon 194
Antisemitismus 166
Antisthenes 173
Anton Ulrich v. Braunschweig, Hz. 185
Anzahl 45
Anzeige 28
Anzeigenmarkt 38
Apartheid 112
Apennin 105
Apia 98, 121
Apolima 105
Äquädukt 104, 193, 197
Äquator 88
Äquatorialguinea 60
Aquitanien 134
Araber 98
Arabische Halbinsel 85, 88, 91, 101, 106, 118
Aramäer 126
Arbeiter 12
Arbeitgeber 12
-organisation 12
Arbeitnehmer 12, 30
Arbeitsabfolge 12
Arbeitslosenquote 53
Arbeitslosigkeit 53
Arbeitsmarkt 12
Arbeitsteilung 39, 56
Arcadius 134
Ardennen 64
Areopag 128
Argentinien 61
Argos 129

Arier 166f
-paragraph 166
Arisierung 166
Aristophanes 129, 188
Aristoteles 129, 142, 169–171, 174f, 179, 181
-Kommentar 175
Aristotelismus 175
Arja 127
Arkwright, Richard 40
Armada 145
Ärmelkanal 22, 64
Arminius 132
Arnim, Achim v. 187
Arp, Hans 200
Artillerie 20
Aruba 99
Ascension 77
Aschwatthabaum 164
Asien 6, 109, 113f, 116, 118, 120, 123–132, 138, 141, 163, 207
-, Inner- 123
-, Klein- 43, 126, 128–132
-, Nord- 109
-, Ost- 90, 113
-, Süd- 80, 98, 101, 123, 163
-, Südost- 69, 81, 86, 91, 94, 103, 106, 109, 114, 116, 118, 120, 124, 126f, 130, 138, 207
-, Vorder- 81f, 85, 106, 113, 118, 124, 126f, 130, 138
-, West- 141, 163
-, Zentral- 65, 97
Askanier 138
Aspern 150
Assessor 14
Associated Press (ap) 24
Assur 126
Assurbanipal 126
Assurnasirpal II. 126
Assyrien 126
Asunción 102
Ataraxie 169, 174
Atheismus 97, 110, 172
Athen 76, 128, 129, 168f, 174, 197
Äthiopien 30, 61
Atlantik 22, 60f, 64, 66, 77f, 82, 88, 92, 100, 103, 123
-, Süd- 77, 100
Atoll 95, 119
Atom 22, 154, 172
-bombe 154
-rüstung 22
Atomismus 172f
Atomium 172
Aton 125
Attila 134
Attischer Seebund 129
Auerstedt 150
Auferstehung 157
Aufklärung 2, 185f
Auflage 26–30
Aufrüstung 22
Auftrag 50
Augsburg 144
Augsburger Religionsfriede 144, 146, 161
Augstein, Rudolf 27
Augustinus, B. v. Hippo 134, 175
Augustus 131f
Aunjetitzer-Kultur 124
Aurignacium 123
Ausbildungsförderung 15
Ausgießung 159
Auslandspresse 27f
Außenhandel 56
Außenminister 21
Aussiedler 4
Austerlitz 150
Australien 62, 123, 148, 157
-, Golf v. 63, 65
Australopithecus 123
Austrien 134
Auszeichnungen (journalistische) 30
Auszubildender s. Lehrling
AutoBild 25
Autokratie 5
Automatisierung 40
Autor 30
Avarua 98
Averroes 175
Avicenna 175
Avignon 140, 206
Awaren 137
Ayutthaya 164
Azoren 103, 143
Azteken 143
Babylon 126f, 129, 155, 194
Babylonien 130
Bach, Johann Sebastian 201, 203
Bacon, Francis 171, 175
Bacon, Roger 168, 175
Baden 151
Badische Neueste Nachrichten 27
Bagdad 81, 91
Bahamas 63, 160
Bahrein 63
Bairiki 89

Bajuwaren 134
Baktrien 129f
Balalaika 207
Balfour-Deklaration 167
Balkan 76
Ballade 186
Baltikum 147
Balzac, Honoré de 189
Bamako 94
Bamberg 70
-, Kaiserpfalz 70
Bandar Seri Begawan 67
Bangkok 114
Bangladesh 63
Bangui 121
Banjul 75
Bank 42, 44f, 52, 54f, 57
-, Bundes- 44, 55
-, Geschäfts- 54
-, Hypotheken- 44
-note 44, 54
-, Noten- 55, 57
-, Universal- 54
-, Zentralnoten- 44
Banken der Welt (Übersicht) 45
Bantam 62
Bantu 66, 88
Baptisten 156
Bar Kochba 133, 166
Baratierifall 61
Barbados 63
Barbanonne 64
Barentsee 109
Barlach, Ernst 199
Barock 143, 185f, 198, 202–204
Barschel, Uwe 27
Bartholomäusnacht 144
Basel 167
Basilika 197
Basse-Terre 74, 105
Bau 193, 198
-, Funktions- 193
-, Haus- 193
-kunst s. Architektur
-, Kuppel- 193
-meister 193
-ornament 198
-, Palast- 198
-plastik 198
-, Pfeiler- 193
-, Städte- 193
-, Stütz- 193
-, Zentral- 193
Baudelaire, Charles 190
Bauernkrieg 144
Bauer, Heinrich 27
Bauhaus 200
Bayern 25, 137f
BBC 32
Beat 206
Becher 188
Beckett, Samuel 190
Beckmann, Max 199
Beethoven, Ludwig van 204
Befreiungskriege 150
Behörde 9
Behringstraße 109
Beichte 157
Beirut 92
Beisitzer 14
Bekehrung 157
Bekennende Kirche 157
Beklagter 14
Belau 61
Belgien 21, 64, 141, 152
Belgrad 86, 147
Belisar 135
Belize 64
Benedikt v. Nursia 135
Benevent 131
Bengalen 63, 65, 164
-, Golf v. 63, 65
Benin 64f, 114
-, Bucht v. 64, 114
Benn, Gottfried 187
Bentham, Jeremy 169, 176
Berber 61
Berg, David 155
Berghoff, Dagmar 34
Bergpredigt 158
Bergson, Henri 177
Berichterstattung 25, 27
Berkeley, George 171
Berlin 5, 13, 24f, 27, 32, 37, 70, 151, 199, 205f
Berliner Kongreß 152
Berliner Lokalanzeiger 24
Berliner Mauer 154
Bermuda-Inseln 77
Bern 107
Bernhard v. Clairvaux 138f
Bernstein, Carl 25
Bertelsmann-Gruppe 27
Berufsausbildung 16f
Berufserfahrung 17
Berufsgrundbildungsjahr 16
Berufsvorbereitungsjahr 17
Besatzungsmächte 3, 5
Beschaffung 49
Bestandsgarantie 33
Betrieb 48–51

-, Groß- 48
-, Handels- 48
-, Industrie- 48, 50
-, Klein- 48
-, Mittel- 48
-, privatwirtschaftlicher 48
Betriebsbezeichnung 48
Betriebsmittel 49
Beurse, van d. 45
Beuys, Joseph 200
Bevölkerungsschicht 1
Bhagwan-Bewegung 156
Bhagwan Shree Rajneesh 156
Bhakti 163
Bhutan 65
Bibel 125, 157f, 175, 182, 198
-, Kanon 158
Bihar 164
Bikini-Atoll 95
Bildhauerei 193, 197, 199
Bildnerei 191, 194f
Bildpunkt 32
Bildschirmtext 25, 32
Bildungssystem 1, 15
Bildungswesen 15f
Bild-Zeitung 25–27
Bill, Max 200
Binnenvereisung 70
Bioko 60
Birma 64f
Bischof 157
Bisho 112
Bismarck, Otto v. 40, 151f
Bison 122
Bissau 78
Bläser 207
Blei 24
Bloch, Ernst 177
Block 22
Blumenkinder 155
Blut und Gold 111
Boccaccio, Giovanni 188
Bodh Gaya 164
Bodmer, J. J. 185
Bogotá 89
Böhmen 145
Boleyn, Anna 144
Bolivar, Simon 150
Bolivien 65
Bologna 140
Bolschewismus 153
Bombay 148,156
Bonaventura 175
Bonifatius 136
Bonn 6, 25f, 204
Bonner Wasserwerk 6
Bophuthatswana 112
Borgia 142
Borneo 67, 94
-, Nord- 94
Börse 45–47, 51f, 57
-, Devisen- 57
-, Effekten- 45
-, Fonds- 45
-, Produkt- 45
-, Waren- 45
Börsenbarometer 47
Börsenkürzel 47
Börsensitzung 46
Börsensprache 47
Boston Tea Party 148
Botswana 66
Botticelli, Sandro 198
Bourbonen 144, 150
Bourgeoisie 149
Bouvet Insel 100
Bouvines 139
Boxeraufstand 152
Brahma 164
Brahmanen 127, 164
Brahms, Johannes 205
Brancusi, Constantin 200
Brandenburg 138, 142, 146f
Brandenburger Tor 148
Brandt, Willy 21
Braque, Georges 199
Brasilia 66
Brasilien 66f
Brazzaville 89
BRD s. Deutschland
Brecht, Bertolt 180, 187f, 191
Breitbandverteilnetz 36
Breitinger, J. J. 185
Bremen 45
Brennus 130
Brentano, Clemens v. 117
Breschnew-Doktrin 22
Breslau 204
Bretagne 124, 192
Bridgetown 63
Brigade 20
Britannien 134
Briten 148, 150
Britische Inseln 77
Broch, Hermann 188
Bronze 194f
Bronzezeit 39, 123
Brücke 193
Bruegel d. Ä., Pieter 198
Brügge 45
Brunei 67
Brüssel 64, 172

209

REGISTER

Bruttosozialprodukt 52–54
Brutus 132
Buchara 110
Budapest 117, 205
Buddenbrooks 188
Buddha, Gautama 127, 164
Buddhismus 155, 164
-, Zen- 164
Buenos Aires 61
Bujumbura 68
Bukarest 104
Bulgarien 21, 22, 67
Bund 4f, 7f,12,15, 41-43, 53f
Bundesbeamter 8
Bundesbehörde 7
Bundesfinanzhof 13
Bundesgerichtshof (BGH) 12f
Bundesinstitut für Berufsbildung 15
Bundeskanzler 3, 7f, 20, 35
Bundeskriminalamt 7
Bundesland 4, 7f, 12, 15, 25, 33, 41-43, 53f
Bundesminister 8, 20
Bundesorgan 8, 12
Bundespräsident 8
Bundesrat 4, 6-9
Bundesrechnungshof 7
Bundesregierung 7f, 20f, 44
Bundesrepublik Deutschland s. Deutschland
Bundesstaat 4f
Bundestag 4, 6-9, 19
Bundestagsausschuß 6
Bundestagspräsident 6f
Bundestagsvorstand 6
Bundesverband Deutscher Zeitungsverleger 25
Bundesversammlung 8
Bundeswehr 7, 20-22
Bund-Länder-Kommission für Bildungsplanung (BLK) 15
Burckhardt, Jacob 122
Burda, Franz 27
Burda-Verlag 27
Bürger 6, 9f, 12, 42
Bürgerliches Gesetzbuch (BGB) 12, 17f
Burg Gutenberg 93
Burgund 141, 144
Burgunder 134
Burg Zion 167
Buridans Esel 170
Buridan, Johannes 170
Burkina Faso 67
Burundi 68
Buße 157
Bußgeldbescheid 13
Byron, George Gordon Nol 189
Byzanz 137 f, 142, 162
BZ am Mittag 24
Caccini, Giulio 202
Caesar, Gaius Julius 132f
Cai Lun 24
Cajetan 143
Calais 141
Calder, Alexander 200
Calderón de la Barca, Pedro 189
Caligula 132f
Calvinismus 161
Calvinisten 146
Calvin, Johann 144, 161
Canberra 62
Cannae 131
Canossa 138
Canticus 202
Caprivi 152
Caracalla 133, 197
-Thermen 197
Caracas 118
Carnac 192
Carretera Panamericana 72, 88
Casablanca 155
Cassius 132
Castries 105
Catal Hüyük 197
Catull 188
Cayenne 74
Cayman-Inseln 77
CDU 4, 26
Celans, Paul 188
Celesta 207
Ceuta 111
Ceylon 94, 111
Cézanne, Paul 199
Chagall, Marc 200
Chagos Islands 78
Chaironea 129
Champagne 141
Chancengleichheit 16
Chanson 202
Charlotte Amalie 119
Chartres 140
Chaucer, Geoffrey 188
Cheops 124
Chephren 124
Cherusker 137
Chicago 45, 118, 155
Chile 68, 88
China 24, 68f, 78, 103, 113, 127, 141, 157, 165
-, Republik s. Taiwan

Chlodwig 134f
Chlotar 134
Chomeini 163
Chopin, Frédéric 205
Choral 144
Chordophone 207f
Chrétien de Troyes 188
Christentum 132, 134, 155-157, 162, 170, 175
Christenverfolgung 133, 157
Christianisierung 143
Christmas Islands 62
Christo 200
Chromatik 202
Churriter 126
Cicero 142
Ciskei 112
Cives Romani 131
Clarke, Arthur C. 37
Claudius 133
Cluny 137, 183
Coatopeque-See 72
Cockburn 77
Code Civil 149
Colbert 147
Coligny 144
Colombo 111
Columbia-Universität 30
Comino 95
Commodus 133, 174
Commonwealth 60, 62-64, 66, 71, 75, 88, 95, 105, 109, 112
Computer 25, 31
Comte, Auguste 176
Conakry 78
Concerto 203
Condé 147
Confoederatio 139
Constable, John 199
Cook-Inseln 98
Cooper, James Fenimore 189
Corbusier, Le 192
Cordeliers 149
Corelli, Arcangelo 203f
Corneille, Pierre 189
Corot, Jean Baptiste Camille 199
Corregio 168
Cortés 143
Corvey 137
Costa Rica 69
Côte d'Ivoire s. Elfenbeinküste
Courbet, Gustave 199
Cranach d. Ä., Lucas 198
Crassus 132
Croce, Benedetto 177
Cro-Magnon-Mensch 123
Cromwell, Oliver 146
CSU 4
Cuba s. Kuba
Curaçao 99
Curriculum 15
Curtius, Ernst Robert 178
Cuzco 143
Cypern s. Zypern
Dacca 63
Dadaismus 200
Daimler Benz AG 48
Dakar 108
Dalai Lama 164
Dalmatien 85
Dali, Salvador 200
Damaskus 113
Dampfmaschine 39f
Dänemark 21, 70, 140, 151, 154
Dante Alighieri 140, 188f
Danton 149
Dareios I. 127f
Dareios III. 126, 129
-, Palast des 126
Daressalam 113
Darlehen 42
Darwin, Charles 123
Daumier, Honoré 199
David, Jacques Louis 198
David, Kg. 126, 156
David-Statue 194, 198
DAX-Index 47
DDR 5, 12, 18, 20f, 71, 154, 161, 179, 199
Debatte 6
Debussy, Claude 206
Decius 133
Decke Pitter 156
Defoe, Daniel 189
Degas 199
Deismus 172
Dekadenz 187
Delacroix, Eugène 199
Delft, Jan Vermeer van 198
Delta 59
Demokratie 3, 5, 23
Demokrit 173
Demosthenes 129
Den Haag 99
Departement 4
Depositenschein 44
Der Spiegel 25-28
Der Wachtturm 156
Descartes, René 170f, 175f
Desmoulins 149
Determinismus 172

Deutsche Bundesbank 54
Deutsche Demokratische Republik s. DDR
Deutsche Künstlerhilfe 15
Deutsche Mark s. DM
Deutsche Presse-Agentur (dpa) 25, 27
Deutsche Sprache (Übersicht) 183
Deutscher Bund 150
Deutscher Depeschen-Dienst (ddp) 27
Deutscher Journalistenverband 25, 30
Deutscher Musikrat 15
Deutscher Presserat 25
Deutsches Reich 18, 151
Deutsch-Französischer Krieg 151
Deutschland 3-6, 8, 13, 15, 19-22, 27, 30, 33f, 54, 56f, 70f, 93, 123f 137, 139-141, 145, 149, 151, 153f, 156, 188, 202, 208
-funk 34
-lied 70
-, Ost- 22
-, Süd- 13
Devisen 42, 56f
Dewey, John 177
d'Hontsches Höchstzahlverfahren 9
Diadochenkämpfe 130
Diakonie 128
Dianetic-Praktiken 156
Diaspora 133, 166
Dickens, Charles 190
Diderot, Denis 189
Diego Garcia 78
Dienstgrad 20
Dienstleistung 41f, 45, 49, 53, 56f
Die stem van Suid-Afrika 112
Dietrich v. Bern 135
Die Welt 26
Die Zeit 25
Diktator 5
Diltheys, W. 179
Dimitrios I. v. Konstantinopel 162
Diokletian 133
Dionysius Exiguus 156
Diözesen (Übersicht) 160
Dirigent 207
Diskont 55
-politik 55
-, Re- 55
-satz 55
Dividende 51f
Division 20
Dix, Otto 200
Djoser 124
DM 57
Dodoma 113
Dogmatismus 172
Dominica 71
Dominikanische Republik 71, 160
Dominikus 140
Domitian 133
Dorer 128
Dorische Wanderung 128
Dostojewski, Fjodor 190
Dow Jones-Gruppe 27
Dow Jones-Index 47
Drakon 128
Drama 179f, 186, 190
Dramatik 179
Dreikaiserjahr 152
Dreikaiserschlacht 150
Dreißigjähriger Krieg 39, 145f
-, Böhmisch-pfälzischer Krieg 145
-, Dänisch-niedersächsischer Krieg 145
-, Französischer Krieg 146
-, Schwedischer Krieg 145f
Dresden 203-205
Drittes Reich 24, 33, 153, 157, 179, 188
Droste-Hülshoff, Annette v. 187
Druck 24
-buchstaben 24
-industrie 30
-maschine 30
-, moderne 30
-platte 31
-, Rotations- 24
-, Vierfarben- 24
-vorlage 31
Druckerei 31
Dschibuti 72
Dschingis-Khan 141
Dubai 118
Dublin 82
Duchamp, Marcel 200
Dudelsack 208
Duff-Inseln 105
Duisburg 45
Dunant, Henri 151
Dur 206
Dürer, Albrecht 175, 195, 198

Düsseldorf 26, 123, 205
Dyck, Anthonis van 198
Dynastie 124-127, 133, 138, 140
Dzaoudi 74
Ebenholz 194
Echnaton 125
ECU 57
Ecuador 72
Edikt v. Nantes 144, 147
Editionsphilologie 179
EDV 31
Edward III., Kg. v. Engld. 140
Efate 117
Effektenverkehr 45
EG 154
Egmont 187
Egon-Erwin-Kisch-Preis 30
Eheschließung 18
Eichendorff, Joseph v. 187
Eidgenossenschaft 140
Eiffel-Turm 193
Eigentum 39
-, Gemein- 39
-, Grund- 39
-, Privat- 39
-, Sonder- 39
Eike v. Repgow 140
Einbürgerung 4
Eindeichung 99
Einfuhr 53
Einheit 3
Einheitsstaat 4
Einigungsvertrag 4f, 18f
Einkauf 49
Einkaufsgenossenschaft 48
Einlage 51
Einspruch 12f
Eins Plus 34
Einzugsermächtigung 44
Eisen 40
Eisenstadt 204
Eisenzeit 39, 123f
Eisleben 161
Eismeer 70
Ekklesia 128
El Alain 120
Elba 150
Elbe 134
Elea 173
Elegie 181
Elektromotor 40
Elektronenstrahl 32
Elektrophone 207f
Elfenbein 194
Elfenbeinküste 72, 155
Elisabeth I., Kgn. v. Engld. 144f
Elisabeth, Ksn. v. Rußld. 148
Ellice Island 116
Elliot, T. S. 190
El Salvador 72f
Elsaß 147
Elsaß-Lothringen 152
Empedokles 170, 173
Empfänger 32
Empfangsteil 37
Empiriokritizismus 172
Empirismus 171, 177
Emser Depesche 151
Endzeit 157
Engels, Friedrich 151
Engholm, Björn 26
England 32, 39, 73, 124, 132, 136, 138-141, 144, 146-151, 154
Eniwetok-Atoll 95
Enquete-Kommission 8
Entente Cordiale 152
Entmilitarisierung 20
Epaminondas 129
Ephesus 116, 194
Ephoren 128
Epigramm 181
Epik 179-181, 183f
Epikur 169, 174
Epirus 131
Epos 181
Erasmus v. Rotterdam 175
Erbschaft 43
Erdbeben 194
Erde 37, 143
Erfurt 161
Erfurter Fürstentag 150
Erkenntnistheorie 168f, 171f, 176f
-, idealistische 172
-, moderne 176
-, scholastische 171
-, skeptische 177
Ernst, Max 200
Er Riad 106
Erster Weltkrieg 152f, 187
Erststimme 10
Ertrag 43, 49-52
Erwachsenenbildung 15
Erzeugnis 50
Eschborn (Taunus) 32
Eskimo 70
Essen 206
Essener Münster 197
Este 142
Etat 7
Ethik 157, 168f, 172, 177
-, Nikomachische 169

Etrusker 130
Eudämonismus 172
Eugen v. Savoyen, d. edle Ritter 147
Euphrat 126
Euripides 129, y188
Eurocheque 44
Europa 4, 20, 22f, 27, 29, 39f, 64, 70, 73f, 76f, 83, 86, 93, 97, 99-101, 103-107, 109, 111, 115, 117, 123f, 127, 134f, 138, 147, 143, 147, 149f, 153, 157, 207f
-, Mittel- 39, 70, 93, 101, 103, 107, 115, 117, 124, 207
-, Nord- 70, 73, 100, 106, 124
-, Nordwest- 77
-, Ost- 4, 23, 109
-, Süd- 76, 83, 97, 105
-, Südost- 86, 104
-, Südwest- 103, 111
-, West- 64, 74, 99
Europäischer Währungsverbund 57
Europäisches Nordmeer 100
Eurovision 32
Eurymedon 129
Eutin 204
Evangelium 157-159
Evolutionismus 172, 176
Evolutionstheorie 123
EWG 154
EWS 57
Exekutive 4, 6, 8, 25, 176
Existenzialismus 172, 176
Existenzphilosophie 177
Exorzismus 157
Export 56f
-Sortiment, deutsches 57
Express 26
Expressionismus 187, 199
Eyck, Jan van 198
Fabel 181
Fabrik 40
Fachhochschulreife 16
Fagott 208
Falkland-Inseln 61, 77
Färöer 70
Fasten 157
Faulkner, William 190
Faust 182, 187
Favela 66
FAZ-Index 47
Fehrbellin 147
Ferdinand I., dt. Ks. 144
Ferdinand I., Ks. v. Österr. 151
Fernando Po 60
Ferner Osten 151, 207
Fernschreiber 27
Fernschreibnetz 24
Fernsehen 24, 32, 34, 36-38
-, Kabel- 32, 36f
-, Satelliten- 36f
-, Sender s. Rundfunk
Fernsehturm 37
Ferrara 142
Fertigung 41, 48, 50
-, Einzel- 50
-, Massen- 50
-, Reihen- 50
Feudalsystem 39
Feuerbach, Ludwig 171, 176
Fichte, Johann Gottlieb 171, 176
Fidschi 73f
Fielding, Henry 189
Film 32, 35
-, Lichtton- 32
-, Zeichentrick- 35
Finanzamt 43
Finanzausgleich 43
Finanzierung 51f
-, Eigen- 51f
-, Fremd- 51f
Finanzpolitik 53
Finnland 73
Firmung 157
Fischart, Johann 185
Fischer v. Erlach, Johann Bernhard 198
Fjord 100
Flandern 140
Flavier 161
Flensburger Tageblatt 26
Flevoland 99
Flick 8
Florenz 142, 194, 202
Flößerei 107
Flöte 208
Flying Fish Cove 62
Fontane, Theodor 187
Font de Gaume 197
Forbes 25
Ford-Werke 40, 49
Formosa 113, 164
Forschung 17
Fort-de-France 74
Fotograf 30
Fotorealismus 200
Fraktion 6
Franchising-Vertriebssystem 48
Franken 134-138, 144
Frankfurt 24, 26, 30, 45f, 55, 141, 150f

REGISTER

Frankfurter Allgemeine Zeitung (FAZ) 25f, 31
Frankfurter Neue Presse 26
Frankfurter Rundschau 26
Frankfurter Zeitung 24
Franklin, Benjamin 148
Frankreich 4, 21, 24, 27, 31, 74f, 123f, 131, 137, 140f, 144, 146–152, 154, 197, 202
Franz Ferdinand, Ehz. v. Österr. 152
Franz I., dt. Ks. 147f, 150
Franz II., dt. Ks. 150
Franz I., Kg. v. Frkr. 144
Franz Joseph I., Ks. v. Österr. 151
Franz v. Assisi 140
Französische Revolution 176, 198
Französisch-Guayana 74
Französisch-Polynesien 74
Frauenbewegung 17, 19, 30
-, deutsche 19, 30
Frauenministerium 19
Freetown 108
Freiheit 24f, 32
-, Informations- 25
-, Meinungs- 24f
-, Presse- 24f, 32
Freiheit der Presse (Stiftung) 30
Freiheitsstatue 118
Freikirche 155–157
Freimakler 46
Freimaurer 156
Frequenz 32, 36
-, terrestrische 36
Fresko 197
Friede v. Campoformio 149
Friede v. Tilsit 150
Friedrich, Caspar David 199
Friedrich I. Barbarossa, dt. Ks. 139
Friedrich II., dt. Ks. 139, 143
Friedrich III., dt. Ks. 142, 152
Friedrich I., Kg. i. Pr. 147
Friedrich II., d. Gr. 147f
Friedrich d. Weise 143, 162
Friedrich VI. v. Hohenzollern, Mgf. v. Brdbg. 142
Friedrich Wilhelm, d. Gr. Kurfürst v. Brdbg. 146f
Friedrich Wilhelm I., Kg. i. Pr. 147
Friedrich Wilhelm IV., Kg. v. Pr. 151
Friesen 136
Fristenlösung 18
Fronde 143
Fruchtbarkeitsfest 84
Fudschaira 118
Fuge 202f
Fugger 144
Fulda 136f
Funafuti 104
Funchal 103
Fünfprozentklausel 10
Funk 24, 31, 37
-, -stelle 37
Fürst v. Esterhazy 204
Gaborone 66
Gabun 75
Gaius Gracchus 132
Gaius Marius 132
Gallien 131f, 134, 137
Gallische Kriege 132
Gambia 75
Gandhi, Mahatma 164
Ganges 80
Gannett-Gruppe 27
García Lorca, Federico 190
Gas 48
Gaugamela 129
Gauguin, Paul 199
Gaulle, Charles de 154
Gebet 157
Gebietskörperschaft 41f, 44, 54
Gegenpapst 138
Gegenreformation 198
Geiserich 134
Gelber Fluß s. Hwangho
Gelbes Meer 69
Geld 41, 43f, 54f
-, Buch- 44
-, Giral- 44
-, Hart- 44
-markt 44
-menge 54
-politik 54f
-strom 41
-verkehr 44
Gellert, Christian Fürchtegott 185
Gemälde 150, 152, 195, 200
Gemeinde 41–44, 54
Gemeinwesen 42
Gendarmenmarkt 199
Genf 22, 26, 54
Genfer Konvention 151
Genfer Protokoll 23
Gensfleisch, Johannes
s. Gutenberg

George, Stefan 187
Georgetown 77, 79
Gerhardt, Paul 185
Gericht 3, 8–14, 18, 33, 35
-, Amts- 12f
-, Arbeits- 12
-, Bundespatent- 13
-, Bundesverfassungs- 3, 8–10, 12, 18, 33
-, Bundesverwaltungs- 13
-, Finanz- 13
-, Land- 12f
-, Oberlandes- 12
-, Schwur- 13
-, Sozial- 12f
-, Straf- 12
-, Verfassungs- 13, 35
-, Zivil- 12, 14
Gerichtsbarkeit 12
-, Arbeits- 12
-, Finanz- 12
-, ordentliche 12
-, Sozial- 12
-, Verwaltungs- 12
Gerichtshof 8
Gerichtsvollzieher 13f
Germanen 124, 133–135
Germanien 39, 134
Gerusia 128
Gervinius, G. G. 179
Gesang 140, 184, 202f
-, Gemeinde- 202
-, Gregorianischer 202
-, Minne- 140, 184, 202
-, polyphoner 203
-, Psalm- 202
-, Wechsel- 202
Geschäftsführer 48
Geschäftswert 13
Gesellschaft 1, 3, 5, 19, 24, 47, 51f
-, patriarchalische 19
Gesetz 2–8, 10–16, 18, 20, 24f, 32, 34, 42, 51, 53f
-, Aktien- 51
-, Arbeitsförderungs- 12
-, Arbeitsgerichts- 12
-, Beamten- 20
-, Berufsausbildungs- 16
-, Betriebsverfassungs- 12
-, Bundes- 34
-blatt 3
-, Bundesausbildungs- förderung- (Bafög) 16, 24
-, Bundesbank- 54
-entwurf 7
-gebung 3, 6–8
-, ausschließliche 7
-, konkurrierende 7
-, Länder- 7
-, Rahmen- 7
-, Gleichberechtigungs- 18
-, Grund- 2–6, 10, 15, 20, 25, 32
-, Haushalts- 7
-, Landespresse- 25
-, Natur- 11
-, Preußisches Vereins- 18
-, Reichspresse- 24
-, Soldaten- 20
-, Sozialgerichts- 12
-, Stabilitäts- 53
-, Überleitungs- 5
Gesetz der Massenproduktion 50
Gesetz des freien Marktes 45
Gesetzesvorlage 6
Gestaltungsmittel 195
Gewalt 3–5, 8f
-, gesetzgebende 3f
-, rechtsprechende 3f
-, Staats- 5
-, Vierte 25f
-, vollziehende 3f
Gewaltenteilung 3f
Gewerkschaft 12, 19, 33
Gewicht 44f
Gewinn 47, 49, 51–53
Gewölbe 194, 197f
-, Kreuzgrat- 197
Geyer, Florian 144
Geßner, Salomon 185
Ghana 75
Ghibellinen 140
Giacometti, Alberto 200
Gibraltar 77
Gide, André 190
Gilbertinseln 89
Gilgamesch-Epos 126
Giotto di Bondone 198
Gipfeltreffen 23
Gips 195
Giroverkehr 45
Gise 124, 194, 197
Gitarre 207
Glacis 132
Glasfenster 198
Glaube 157
Glaubenskämpfe 144–146
Gläubiger 13f
Gleichberechtigung 17–19
Gletscher 100

Glorius Revolution 147
Glossar 182
Glosse 182
GmbH 48
Gnaeus Pompeius 132
Gneisenau 150
Gobelin 135
Goethe, Johann Wolfgang 150, 179f, 182, 185–187
Gogh, Vincent van 199
Gogol, Nikolai 190
Gold 194
Goldene Bulle 141
Goldene Horde 141
Goldene Zwanziger Jahre 153
Goldenes Zeitalter 204
Goldoni, Carlo 189
Goldsmith, Oliver 189
Golf v. Aden 72, 85
Golf v. Akaba 82, 85
Golfkrieg 91
Golfkrise 46
Gong 207
Gontscharow, Iwan 190
Gorbatschow, Michail 22f, 154
Gordischer Knoten 129
Gorki, Maxim 190
Gotha 70
Goten 134f, 194
Gotik 140, 198
Gottesbeweis 170
-, kosmologischer 170
-, ontologischer 170
-, teleologischer 170
Gottfried v. Bouillon 138
Gottfried v. Straßburg 140, 183
Gottsched, Johann Christoph 185
Götz v. Berlichingen 144
Goya y Lucientes, Francisco José 199
Gozo 95
Grafik 195
Grafiker 31
Greco, El 198
Gregor I., Pp. 202
Gregor VII., Pp. 137
Gregor v. Tours 135
Gremium 19,33
Grenada 75
Grenadines 105
Griechen 126f, 129, 134, 150, 172, 195, 202
Griechenland 21, 76f, 124, 127–132, 154 157, 186, 202
Grimmelshausen, J. J. 185
Gris, Juan 199
Grönland 70
Gropius, Walter 200
Großbritannien 21, 27, 77f, 147
Große Heidelberger Liederhandschrift 181
Großer Brockhaus 24
Großhändler 47
Großreich v. Akkad 126
Grossist 29
Grosz, George 200
Grundbuch 13, 14
Grundfreiheit 2
Grundordnung 3
-, freiheitlich-demokratische 3
-, totalitäre 3
Grüne 19
Gruner + Jahr-Verlag 27
Gruner, Richard 27
Gryphius, Andreas 185
Guadalcanal 105
Guadeloupe 74
Guantnamo 119
Guatemala 78
-, Ciudad de 78
Guinea 72, 75, 78, 100, 106
-, Golf v. 72, 75, 100, 106
Guinea-Bissau 78f
Gundolf, F. 179
Günz-Kaltzeit 123
Gußform 24
Güter 39, 41f, 44f, 47–49, 53f, 56
-, Investitions- 53
-, Konsum- 47f
-, Luxus- 39
-, Massen- 39
Guthaben 54
Gutenberg, Johannes 24f
Guyana 79
Gyan 164
Gymnasium 15–17
-, Abend- 15
-, Aufbau- 17
-, Fach- 17
Habermas, Jürgen 177
Habsburger 141–142, 144–148
-, Übersicht 141
Hachette-Gruppe 27
Hadrian VI., Pp. 159
Hadsch 163
Hagia Sophia 135, 197
Haiti 79
Hakenkreuzigung 157

Halbfabrikat 49
Halbnomade 92
Halbton 206
Halle 204
Hallstatt-Kultur 124
Hambacher Fest 150
Hamburg 25, 27, 44f, 140, 204f
Hamburger Abendblatt 26
Hamburger Morgenpost 26
Hamilton 77
Hamilton, Alexander 148
Hamilton-Island 77
Hammerklavier 204, 207
Hammond, L. 208
Hammondorgel 208
Hammurabi 126
-, Codex 126
Hamsun, Knut 190
Handel 41, 43, 46–48, 50f, 53, 56f
-, Börsen- 46
-, Einzel- 47f
-, Facheinzel- 51
-, Groß- 47f, 51
-, variabler 46
-, Welt- 56
Handelsblatt 26
Handelskette 48
Handelsspanne 47
Handelsweg 47
Händel, Georg Friedrich 203f
Handtrommel 207
Handwerkskammer 15
Hängende Gärten 126, 194
Hannibal 131
Hannover 26f, 161
Hannoversche Allgemeine 26
Hanoi 120
Hanse 47
Hänsel und Gretel 181
Harappa-Kultur 127
Harare 109
Hardenberg 150
Hare 9
Hare-Krishna 156
Harfe 207
Hartung, Hans 200
Hastings 138
Hatikvah 82
Hatschepsut 125
Hattusa 126
Hauptmann, Gerhart 187
Hauptschulabschluß 17
Hauptstadt 5
Haushalt 41
-, öffentlicher 41
-, privater 41
Haushaltsausschuß 8
Haushaltsberatung 7
Haushaltsmittel 9
Haushaltsplan 7
Havanna 90
Haydn, Joseph 204f
Hebbel, Friedrich 187
Hedonismus 172
Hedschra 135
Heer 20
-, Feld- 20
-, Territorial- 20
Hegel, Georg Wilhelm Friedrich 171, 176f
Heidegger, Martin 171, 177
Heidelberg 123, 141, 147
Heilige Schrift s. Bibel
Heiliger Geist 157, 159
Heiliger Georg 162
Heiliger Stuhl 142
Heiliges Land s. Israel
Heiliges Römisches Reich Deutscher Nation 140, 150
Heine, Heinrich 187
Heinrich II., dt. Ks. 137
Heinrich II., d. Heilige, dt. Ks. 70
Heinrich III., dt. Ks. 137
Heinrich IV., dt. Ks. 137f
Heinrich V., dt. Ks. 138
Heinrich VI., dt. Ks. 139
Heinrich VII., dt. Ks. 140f
Heinrich VII., Kg. v. Engld. 175
Heinrich VIII., Kg. v. Engld. 144
Heinrich IV., Kg. v. Frkr. 144
Heinrich d. Löwe 139
Heinrich d. Seefahrer 143
Heinrich d. Stolze 138
Heinrich Raspe 140
Heinrich v. Ofterdingen 184
Hellenismus 130, 174f
Héloise 175
Heloten 128
Helsinki 22f, 73
Hemingway, Ernest 190
Henze, Hans Werner 206
Heraklit 170, 173
Herculaneum 133
Hermann I. v. Thür. 184
Herodot 129
Heroismus 197
Hersteller 41, 47f
Hertz, Heinrich 32
Herzl, Theodor 167
Hessen 10, 136

Hesse, Hermann 188
Hethiter 125f
heute Journal 34
heute-Sendung 35
Hexameter 184
Heym, Georg 187
High Definition TV (HDTV) 32, 37
Hildebrandt, Dieter 34
Hilfsstoff 49
Himalaja 65
Himmelfahrtstag 157
Hindemith, Paul 206
Hinduismus 155, 163f
Hiroshima 154
Historia Francorum 135
Hitler, Adolf 30, 32, 153f, 166, 188
-, Tagebücher 30
Hobbes, Thomas 175
Hochschule 15–17
-, Fach- 17
-, Gesamt- 17
-, Kunst- 17
-, Pädagogische 17
-, Technische 17
-, Verwaltungsfach- 17
Hochschulreife 17
Hochschulzulassung 15
Höchstädt 147
Hofer, Andreas 150
Hoffmann, E. T. A. 187
Hofmannsthal, Hugo v. 187
Hoggar 197
Hohenfriedberg 147
Hohenlinden 149
Hohenlohe 152
Hohenzollern 142, 151
Hokkaido 84
Holbein d. J., Hans 198
Holland 147, 149
Hollweg, Bethmann 152
Holocaust 188
Holozän 123
Holstein 138
Holz 195
Holzschnitt 144, 166
Homeland 112
Homer 128, 180, 188
Hominide 123
Homo Heidelbergensis 123
Homo sapiens 123
Hondo 84
Honduras 79
Hongkong 78
Honiara 105
Honorius 134
Hoorn 144
Horaz 132, 179, 188
Horn 208
HörZu 24f, 27
Hosea 166
Hrosvit v. Gandersheim 183
Hubbard, Ronald 155
Hugenotten 144, 147
Hugo, Victor 189f
Humanismus 142, 172f
Hume, David 171, 176
Hundertjähriger Krieg 140f
Hunderttageherrschaft 150
Hünengrab 124, 194
Hunnen 134
Hus, Jan 142
Husserl, Edmund 177
Hussitenkriege 142
Hutten, Ulrich v. 185
Hwangho 127
Hyksos 125
Iberische Halbinsel 77, 104, 111
Ibsen, Henrik 190
Idealismus 172f, 176
Ideenlehre 169
Iden des März 132
Idiophone 207
Idylle 181
IG Medien 25, 30
IG Metall 18, 30
Ignatius v. Loyola 144
Iguaçu 66
Ikone 159, 162, 195
Ile de la Cité 74
Ilias 128
Illusionismus 172, 198
Illustrierte 26–29
Illyrer 129
Imhotep 124
Immermann, Karl 187
Imperialismus 151
Import 56f
Impressionismus 187, 199
Indianer 72, 143, 150
Indien 39, 56, 65, 80f, 86, 127, 129f, 143, 148, 151, 155
-, Hinter- 65, 86
-, Vorder- 148
Indikation 18
-, ethische 18
-, eugenische 18
-, medizinische 18
-, soziale 18
Indischer Ozean 74, 78, 93–96, 101, 108f, 113

211

REGISTER

Individualismus 172
Indochina 151, 154
Indonesien 81
Indus 127, 130
-Kultur 127
Industrialisierung 40, 47, 193
Industrielle Revolution 17, 199
Industrie 40, 50, 54, 56, 141
-, Automobil- 50, 56
-, Investitionsgüter- 54
-, Konsumgüter- 54
-roboter 40
-, Seiden- 141
-, Textil- 40
Industrie- und Handelskammer 15
INF 22 f
Inflation 57, 153
Ingres, Jean Auguste Dominique 199
Inkas 143
Innozenz III., Pp. 139
Innozenz IV., Pp. 139
Inquisition 144 f
Instrumentalismus 172, 177
Intendant 33, 35
Interglazial 123
Internationale Arbeitsorganisation 2
Internationale Funkausstellung 25, 37
Interregnum 140
Interventionspunkt 57
Inventur 49
Investition 51, 54
Investitur 138
Ionier 128
Ionische Wanderung 128
Ionischer Stil 197
Irak 23, 81, 91, 126, 155, 163
Iran 82, 130, 163
Irland 82, 145
Isaak 166
Isla de la Juventud 90
Islam 155, 163
Island 21
Israel 82 f, 126, 157, 167
Israeliten 125, 166
Issos 129
Italien 21, 83, 93, 117, 130, 132, 134 – 144, 149, 151 – 153, 157, 173, 197 f, 202, 204, 206, 208
Italiker 130
-, Bestattende 130
-, Verbrennende 130
Iwan I. 141, 147
Jahr, John 27
Jahwe-Kult 126
Jakarta 81
Jakob 166
Jakobiner 149
Jamaika 84
James, Henry 190
Jamestown 77
James, William 176
Janco, Marcel 200
Jan Mayen 100
Japan 46, 84, 151, 164 f
Japanisches Meer 90, 109
Jaspers, Karl 171, 177
Jaunde 87
Java 81
Java-Mensch 123
Jeanne d'Arc 141
Jemen 85
-, Nord- 85
-, Süd- 85
Jena 150
Jeremia 126
Jerusalem 82, 126, 133, 135, 138, 167
Jesaja 126
Jesus Christus 132, 134, 156 f, 170
-Kreuzigung 132, 157
Jesus-People 155
Johann XII., Pp. 137
Johann ohne Land, Kg. v. Engld. 139
Johannes Paul I., Pp. 159
Johannes Paul II., Pp. 159 f
Johannes XXIII., Pp. 159
Johannes Scotus Eriugena 171
Johannes v. Tepls 184
Joseph v. Nazareth 156
Josia v. Juda 125
Journalist 25, 30
Journalistenverband 33
Joyce, James 190
Juda 126, 166
Judäa 126
Juden 126, 138, 140, 153, 155, 166 f, 202
-pogrom 138
-tum 126, 155, 166 f, 202
-verfolgung 140, 153, 166
Judikative 4, 25, 176
Jugendreligionen 155, 156
Jugendstil 181
Jugoslawien 86, 154
Julian Aposta 134
Jünger 157
Jungferninseln 78, 119

Jungfrau Maria 156
Jungsteinzeit 123
Juristische Person 14
Justinian 135
Jütland 70
Kabelnetz 36 f
Kabul 58
Kadesch 125 f
Kafka, Franz 187
Kairo 58 f
Kaiserkrönung 137 f
Kalahari 66
Kalif 135
Kalkutta 148
Kalliasfrieden 129
Kalter Krieg 20, 22 f, 154
Kambodscha 86 f
Kambyses 125, 127
Kamel 92
Kamerun 87
Kampala 117
Kampfgas 23
Kanada 21 f, 87 f, 148
Kanonade v. Valmy 149
Kandinsky, Wassily 199
Kanon 202
Kant, Immanuel 148, 169 – 171, 176
Kanzlerdemokratie 8
Kap der Guten Hoffnung 143
Kap Verde 88
Kapital 42, 44, 48 – 50, 52
-bedarf 50
-gesellschaft 48
-markt 44, 48
Kapitalismus 144
Kapitulation 20
Kapverdische Inseln 88
Karasee 109
Karawane 120
Karelien 147
Karfreitag 157
Karibik 60, 63, 71, 74 f, 77 – 79, 84, 90, 105, 115
-, Inseln über dem Wind 63
-, Westindische Inseln 60, 63
-, Windward Islands 71
Karibisches Meer 64
Karl IV., dt. Ks. 41
Karl V., dt. Ks. 142, 144
Karl VII., dt. Ks. 141
Karl I., Kg. v. GB 146
Karl II., Kg. v. GB 146
Karl XII., Kg. v. Schweden 147
Karl III., d. Dicke, Ks. 137
Karl I., d. Gr., Ks. 136 f
Karl II., d. Kahle, Kg. 137
Karl d. Kühne 141
Karl Martell 136
Karl v. Anjou 140
Karlsbader Beschlüsse 150
Karlsruhe 9, 12 f, 44
Kärnten 140
Karolinen-Gruppe 63
Karolinger 136 f
-, Übersicht 136
Karthago 131
Kaschmir 101
Kassel 12, 26, 205
Kassiten 125
Katalaunische Felder 134
Katar 88
Kategorischer Imperativ 169, 176
Katharina II., d. Große 148
Katharina v. Medici 144
Katharsis 174
Kathedrale 156, 202
Katholiken 159 f
Katholische Liga 145
Katmandu 98
Kauf 41, 44, 47
-leute 44
-mann 47
Käufer 45
Keilschrift 126
Keller, Gottfried 187
Kelten 124, 130, 134
Kenia 88, 154
Keyboard 208
KG 48
Kharijiten 163
Khartum 112
Kierkegaard, Sören 176
Kießling 8
Kiew 162
Kigali 104
Kikuyu 88
Kimbern 124, 132
Kimon 129
Kingston 62, 84
Kingstown 105
Kinshasa 121
Kirchenlied 202
Kirchentag 157, 159
-, (Übersicht) 159
Kirch-Gruppe 36
Kirchner, Ernst Ludwig 199
Kiribati 88 f
Kisch, Egon Erwin 30
Kiuschu 84
Klage 11

Klagemauer 167
Kläger 14
Klarinette 208
Klassenstufe 16
Klassenverband 16
Klassik 173, 181, 186 f, 195, 204
-, griechische 173
Klassizismus 198
Klavier 207
Klee, Paul 199
Kleisthenes 128
Kleist, Heinrich v. 187
Klenze, Leo v. 199
Friedrich Gottlieb 184 f
Kloster 87, 97, 135, 137, 178, 183
-reform 183
Knossos 197
Know-how 50
Koalition 4
Koalitionskriege 149 f
Kohl, Helmut 154
Kokos-Inseln 62
Kollegialprinzip 8
Kolleg 17
Köln 26, 29, 141, 166
Kölner Dom 156, 198
Kölner Stadt-Anzeiger 26
Kölnische Rundschau 26
Kolonia 96
Kolonialbesitz 39
Kolosseum 97
Koloß v. Rhodos 194
Kolumbien 88 f
Kolumbus, Christoph 143
Kommune 15
Kommunikation 24
Kommunikationsmittel 51
Kommunikationstechnik 33
Kommunistisches Manifest 151
Komödie 179
Komoren 74, 89
Konfirmation 157
Konfuzianismus 127, 165
Konfuzius 127, 165
Kongo 89
Königgrätz 151
Königsmarsch 111
Konjunktur 52 – 54
-abschwung (Rezession) 53
-aufschwung (Expansion) 52
-ausgleichsrücklage 54
-forschung 52
gespaltene 53
-, Hoch- (Boom) 52 – 54
-phasen 52
-politik 53
-tiefstand (Depression) 52, 54
-verlauf 52 f
-wellen 53
Konkurrenz 48, 50
Konkurs 14
Konrad I., dt. Kg. 137
Konrad II., dt. Ks. 137
Konrad III., dt. Kg. 138
Konrad IV., dt. Kg. 139
Konradin 139
Konstantin d. Gr. 133
Konstantinopel 39, 133, 135, 142 f
Konstanz 206
Konstanze 139
Konstanzer Konzil 142
Konstruktivismus 199 f
Konsument 38, 41, 43, 47, 50
Konsumverhalten 38, 48
Konszientialismus 172
Kontinentalsperre 150
Konto 44 f, 54
-, Giro- 44, 54
-, Spar- 44

-, Zins- 50
Köthen 203
Krain 140
Krakau 159, 206
Kredit 41 f, 44, 50 f, 54 f
-, Export- 42
-institut s. Bank
-karte 44
-, Konsumenten- 42, 55
-, Lombard- 55
-versorgung 54
Kreta 128, 197
Kreuzritter 138
Kreuzzug 138 f, 167
Kriegsdienst 20
Krimkrieg 151
Kristallnacht 153
Kritik der reinen Vernunft 171, 176
Kritizismus 172
Krösus 127
Kruzifix 162
Kschatrijas 164
KSZE 22 f
Kuala Lumpur 94
Kuba 90 f, 119
Kubismus 199
Kulturhoheit 15, 33, 35
Kultusminister 15
Kultusministerkonferenz (KMK) 15
Kunde 54
Kunersdorf 148
Kunst 191 – 201
-, ägyptische 197
-, Aktions- 200
-, altorientalische 197
-, Anti- 200
-, Bau- s. Architektur
-, Bildende 17, 191 – 201
-, Bildhauer- 194 f
-, christliche 197
-, Concept Art 200
-, gegenstandslose 192
-geschichte 197 – 200
-, Epochen 192, 197 – 200
-handwerk 197
-, impressionistische 195
-, Informelle 200
-, Kinetische 200
-, Klang- 201
-, kretische 197
-, Land Art 200
-, Minimal Art 200
-, moderne 192
-, Objekt- 195
-, Op Art 200
-, Pop Art 200
-, Porträt- 191
-, römische 197
-, sakrale 195
-, Sprach- 197
-, traditionelle 200
-, Volks- 198
-, Zeichen- 195
Kupferstich 175, 195
Kuratorium Junger Deutscher Film 15
Kurhessen 151
Kurie 139
Kurs 45 – 47, 52, 56 f
-, Börsen- 47
-einflüsse 46
-, Einheits- 46
-entwicklung 47
-, Kassa- 46
-makler 45 f
-, Pari- 52
-verlust 52
-, Wechsel- 56 f
-wert 52
Kurzgeschichte 181
Kusaie 96
Küste 69 f, 73 f, 76, 78 f, 82, 84, 86 f, 89, 92 f, 95 – 97, 99 f, 102 – 104, 106, 109, 111 – 113, 115 – 121
-, adriatische 86
-, Atlantik- 74, 78, 87, 89, 95, 103, 111 f, 117 – 121
-, karibische 69, 78 f, 89, 96, 99, 102, 118 f
-, Mittelmeer- 74, 76, 82, 92, 95, 97, 111, 113, 115 f
-, Nord- 100
-, Nordmeer- 100
-, Nordpolar- 109
-, Nordsee- 70, 99 f
-, ostasiatische 109
-, Ostsee- 70, 73, 103, 106, 109
-, Pazifik- 69, 73, 78 f, 89, 96, 99, 102, 109, 119
-, Polarmeer- 87
-, Schwarzmeer- 104, 109, 116
Kuwait 91
Kuwait City 91
KVAE 23
Kvar 86
Kwajalein-Atoll 95
Kykladen 77
Kyniker 173
Kyros I., d. J. 129
Kyros II., d. Gr. 127

KZ s. Konzentrationslager
La Concorde 75
Lafayette 149
Lagos 100
La Hogue 147
Laieninvestitur 137
Lancaster 141
Länderparlament 8
Landeskirchen (Übersicht) 161
Landesliste 10
Langobarden 135 – 137, 141
Laos 91
Lao-tse 127, 165
Laserstrahl 31
Lasker-Schüler, Elke 181, 187 f
Lotharingien 137
Latiner 130
La Turbie 131
Laufzeit 55
Laute 208
Lautsprecher 32
Lechfeld 137
Legalitätsprinzip 12
Legende 181
Legislative 4, 7, 25, 176
Legislaturperiode 4, 6, 8
Legnano 139
Lehm 194
Lehnswesen 137
Lehre 17
Lehrling 16
Leibniz, Gottfried Wilhelm 176
Leipzig 150, 203, 205
Leistung 44, 48 f
Leistungsstrom 56
Leistungsstufe 16
Leitzins 55
Leninismus 176
Lenin, Wladimir Iljitsch 153
Leo III., Pp. 137
Lepidus 132
Lermontow, Michail 190
Lesage, Alain René 189
Leser 31
Lesotho 91 f
Lessing, Gotthold Ephraim 185
Leuchtturm v. Pharos 194
Leuktra 129
Leuthen 148
Levanzo 197
Lex Salica 134
Libanon 92
Liberalismus 176
Libreville 75
Lichtenstein, Roy 200
Lichtgeschwindigkeit 37
Liechtenstein 93
Lied 202, 204
-komposition 204
Lieferzeit 50
Liegenschaft 13
Liegnitz 141
Lilongwe 93
Lima 95
Limburger Dom 192
Limes 133
Lincoln 155
Lincoln, Abraham 151
Lissitzky, El 200
Listenvereinigung 10
Literatur 178 – 190
-, althochdeutsche 182 – 184
-, aufklärerische 185
-, deutschsprachige 182 – 188
-, Exil- 188
-, Gattungen 179 – 181
-geschichte 178 f, 182
-, hohe 178
-, mittelhochdeutsche 182 – 185
-, nichtdeutschsprachige 188 – 190
-, poetische 178
-, schöngeistige 178
-soziologie 179
-, Trivial- 178
-, Welt- 182
-wissenschaft 178 f
Live-Übertragung 32
Lizenz 24, 27, 32, 35 f
-presse 24
Locarno 153
Lochner, Stephan 191
Locke, John 171, 176
Lombardei 139
Lombardpolitik 55
Lomé 114
London 24, 45, 77, 203 f
Longyearbyen 100
Lorenzo, Giovanni 198
Lorrain, Claude 198
Los Angeles 206
Löschkalk 194
Lothar I., Ks. 137
Lothar III., v. Supplinburg, dt. Ks. 138
Lothringen 141, 148
Louisana 149
Luanda 60
Lübeck 140
Lucca 205
Ludwig I., Kg. v. Bay. 151, 199

212

REGISTER

Ludwig XI., Kg. v. Frkr. 141
Ludwig XIII., Kg. v. Frkr. 147
Ludwig XIV., Kg. v. Frkr. 147
Ludwig XVI., Kg. v. Frkr. 149
Ludwig XVIII., Kg. v. Frkr. 150
Ludwig d. Deutsche 137
Ludwig d. Fromme 137
Ludwig d. Kind 137
Luftwaffe 20
Lumire 32
Lüneburger Heide 124
Lusaka 105
Lustspiel 185
Lutherische Unierte 161
Luther, Martin 143 f, 150, 158, 161 f, 167, 175, 182, 199, 202
Lützen 146
Luxemburg 21
Lydien 127
Lydier 43
Lyon 141
Lyrik 179, 181, 183, 186
Maas 136
Macao 103
Machiavelli, Niccol 143, 175
Macht 3
Macke, August 200
Madagaskar 93
Madeira 103, 143
Madison, James 148
Madras 155
Madrigal 202 f
Madurai 155
Mäeutik 168
Magalhaes 143
Magazin 25–29
-, Nachrichten- 25, 27
-, Wirtschafts- 25
Magdalenium 122 f
Magdeburg 205
Magistrat 130
Magna Charta Libertatum 2, 139
Magnetophon 32
Magnus, Albertus 175
Magritte, René 200
Maharischi Mahesch Jogi 155
Mahdi 163
Mahé 108
Mahler, Gustav 205
Mahnbescheid 13
Mahnverfahren 14
Mailand 139, 141 f, 144
Mainpost 27
Mainz 24, 35 f, 140
Mainzelmännchen 35
Majestätsbrief 145
Majuro 95
Makedonien 129–131
Malabo 60
Malaiischer Archipel 81
Malakka 94, 109
Malawi 93 f
Malaysia 94
Malé 94
Malediven 94
Malerei 68, 122 f, 128, 162, 191, 193, 195–199
-, Aquarell- 197
-, französische 199
-, Fresko- 197
-, Grab- 195
-, Grisaille- 197
-, Höhlen- 122 f, 197
-, Ikonen- 162
-, Leinwand- 197
-, Pastell- 197
-, Secco- 197
-, Tafel- 197
-, Vasen- 68, 128
-, vormoderne 197
-, Wachs- 197
-, Wand- 197
Mali 94 f
Malplaquet 147
Malta 95
Managua 99
Mandat 10, 19
-, Überhang- 10
Manet, Edouard 199
Manierismus 198
Manila 103
Mantegna, Andrea 198
Manzoni, Alessandro 189
Maoismus 176
Mao Tse-tung 165
Maputo 96
Marat 149
Marathon 127 f
Marburg 26, 140
Marc Antonius 132
Marc Aurel 133, 174
Marc, Franz 199
March 140
Märchen 181
Marconi, Guglielmo 32
Marco Polo 141
Marduk-Tempel 126, 197
Marengo 149
Marge 44
Maria Laach 140
Maria Stuart 145 f
Maria Theresia, Ksn. 147 f

Maria v. Burgund 142
Marianen 119
Marie Antoinette 149
Marie Luise 150
Marine 20
Marius 132
Marke 48
Marketing 50
Markgraf 137
Markomanen 133
Markt 50, 56
-forschung 50
Marlborough 147
Marlowe, Christopher 188
Marmor 194
Marokko 95, 111, 120
Marr, Wilhelm 166
Marsch 99
Marseillaise 75
Marshallinseln 95
Marston Moor 146
Martinique 89
Marx, Karl 151, 171, 176
Märzrevolution 151
Maseru 91
Maskat 101
Maß 45
Massenkommunikation 24
Masurische Seen 152
Materialismus 172, 174, 176
-, atomistischer 174
-, dialektischer 172
-, historischer 176
Materie 172
Matisse, Henri 199
Mauer bei Heidelberg 123
Mauren 141
Mauretanien 95
Mauritius 95
Mausoleum 124, 194, 197
-, v. Halikarnassos 194
Mausollos 194
Maximian 133
Maximilian I., dt. Ks. 141 f
Maxwell, Robert 27
Mayotte 74, 89
Mazarin 143
Mazurka 205
Mbabane 112
Mechanismus 172
Mechthild v. Magdeburg 184
Mecklenburg 140
Meder 126 f
Medici 142, 202
Medien 24–38
-, audiovisuelle 32–38
-, Chronologie 24 f
-konzern 36
-kritiker 30
-, Massen- 24, 38
-, Print- 24–31, 38
-staatsvertrag 33
-werbung 38
-, Zahlen (Übersicht) 38
Medina 135, 163
Medizinmann 115
Megalithbau 124
Megiddo 125
Mekka 135, 163
Melanchton 144
Melilla 111
Melmopan 64
Melodie 202
Melodik 206
Melville, Herman 190
Membranophone 207
Menakschi-Tempel 155
Menander 188
Menes, Kg. v. Äg. 124
Menhir 124, 192, 194
Mennoniten 156
Menschenrechtsausschuß 2
Menschenrechtsdeklaration 2
Menschenrechtskommission 2
Menschenwürde 4
Menzel, Adolph 199
Merkantilismus 147
Merowinger 134, 136
Mersen 137
Mesolithikum 123
Mesopotamien
s. Zweistromland
Messiaen, Oliver 206
Metallwert 44
Metaphysik 168–171, 173
Methodisten 155 f
Metrum 202
Metternich 150 f
Metz 146
Metzinger, Jean 199
Mexiko 96, 143, 160
Mexiko City 96
Meyer, Conrad Ferdinand 187
Michelangelo Buonarotti 194, 198
Michigan-See 118
Midway 119
MIG 22
Mikroelektronik 40
Mikrofon 32
Mikronesien 96

Militär 1, 20 f
-ausschuß 22
Millet, Jean-François 199
Mill, John Stuart 169, 176
Milton, John 189
Mina Al Ahmadi 91
Minarett 58, 155 f, 163
Mindel-Kaltzeit 123
Mindestreservepolitik 54
Ming-Zeit 68
Miniatur 139, 143, 174 f, 178
Ministerium 8
Minoische Kultur 128
Mirabeau 149
Mir, Joan 200
Mississippi 148
Mithradates 132
Mithridatische Kriege 132
Mitanni 126
Mittelalter 44, 68, 93, 134–143, 170 f, 175, 182, 184, 188, 195, 197, 202, 207 f
-, Früh- 134–137, 207
-, Hoch- 137–140, 202
-, Spät- 140–143, 184
Mittelmeer 59, 92, 95, 121, 124, 132
Mittelsteinzeit 123
Mittelstreckenrakete 23
Mittlere Reife
s. Realschulabschluß
Miyajima 84
Mißtrauensvotum 8
Mmabatho 112
Mobilmachung 20
Moçambique 96 f
Moderne 175 f, 206
Mogadischu 109
Mogul 80
Mogulreich 148
Mohacs 142, 147
Mohammed 135, 163
Mohammed-Ali-Moschee 58
Mohendscho Daro 127
Molière 147
Moll 206
Molongio 62
Moltke 151
Molukken 81
Monaco 5
Monaco-Ville 97
Monadenlehre 176
Monarch 5
Monatsorder 46
Mondrian, Piet 200
Monet, Claude 199
Mongolen 141
Mongolische Volksrepublik 97
Mongolisches Weltreich 141
Monismus 172 f
Monokratie 3, 5
Monopol 50
Monotheismus 125
Monrovia 92
Montecassino 135
Monteverdi, Claudio 203
Montesquieu, Charles de 4, 148, 176
Montezuma II. 143
Montserrat 77
Moore, Henry 194
Moral 11
Mörike, Eduard 187
Moroni 89
Morus, Thomas 175
Mosaik 135, 195, 197
Moschee 83, 155 f, 163
Mosel 136
Moskau 109, 141, 150
Moustium 123
Mozart, Wolfgang Amadeus 101, 204
Muezzin 163
Mühlberg 144
München 26 f, 44, 199, 205
Münchener Abkommen 153
Münchner Merkur 27
Munch, Edvard 199
Mundharmonika 208
Münster 145
Münzen 44
-, Kurant- 44
-, Scheide- 44
Münzhoheit 44
Münzstätte 44
Murdoch, Rupert 27
Murner, Thomas 185
Musik 201–208
-, abendländische 202
-, Chor- 204
-, Ernste 202
-Epochen 202–206
-, frühchristliche 202
-, geschichte 202–206
-, Halbton- 202
-Instrument 202, 207 f
-, Blech- 202
-, Blechblas- 207 f
-, Hirten- 208
-, Holz- 207
-, Holzblas- 208
-, Metallzungen- 208

-, Rohrblatt- 208
-, Schlag- 207
-, Streich- 208
-, Tasten- 208
-, Zupf- 207 f
-, Instrumental- 202–204
-, Kirchen- 203
-, polyphone 202
-, Pop- 206
-praxis 202
-, säkularisierte 202
-, serielle 206
-theater 202
-theorie 202
-, Unterhaltungs- 202, 204
-, Vokal- 202–204
-Weltsprache (Übersicht) 202
-, Zwölfton- 206
Musil, Robert 188
Mutakallimun 163
Mutual Balanced Forces
Reductions (MBFR) 23
Myanmar s. Birma
Mykene 128
Mykenische Kultur 128
Mykerinos 124
Nachfrage 41, 45, 50–53, 55
Nachrichten 24, 27, 30 f, 34
-agentur 24, 27, 30
-technik 24
Nachschlagewerk 29
Naher Osten 82, 85, 92, 126 f
Nairobi 88
Namibia 97 f
Nannen, Henri 30
Napoleon I. Bonaparte 148–150
Napoleon III., Louis 151
Napoleonischer Krieg 40
Narses 135
Naseby 146
Nassau 63, 151
Naßfeldmax 90
Nationale Volksarmee (NVA) 21
Nationalökonomie 41
Nationalsozialismus 3, 5, 157, 188
Nationalversammlung 1 f, 19, 149
-, französische 1 f
NATO 20-23, 154
-, Struktur 22
Naturalismus 172
Nauru 98
N'Djamena 115
Neandertaler 123
Neapel 144
Nearchos 130
Nebukadnezar II. 126, 194
Necho 125
Nelson 150
Nennwert 44
Neoidealismus 177
Neolithikum 123
Nepal 98
Nero 133
Nerva 133
Nerval, Gérard de 190
Neu-Dehli 80
Neue Heimat 8
Neue Osnabrücker Zeitung 26
Neue Sachlichkeit 200
Neuenglandstaaten 148
Neufundland 74
Neuguinea 102
Neukaledonien 74
Neumann, Johann Balthasar 198
Neuplatonismus 174 f
Neuseeland 98 f
Neustrien 134
Neuzeit 175
Nevis 105
New-Age-Bewegung 156
New Providence Island 63
New York 24, 30, 118, 205
New Yorker Aktienbörse 47
Niamey 99
Nibelungenlied 134, 185
Nicaragua 99
Niederlande 21, 39, 99, 141, 144, 146, 159
Niehl 40
Niemeyer 9
Nietzsche, Friedrich 176 f
Niger 99 f
Nigeria 100
Nightingale-Gruppe 77
Nikosia 121
Nil 59, 61, 124–127
-, Blauer 61
Nimwegen 147
Ninive 126
Nirwana 127, 164
Niue 98
Nixon, Richard 25 f
Njassasee 93
Njazidja 89
Nofretete 125, 197
Nolde, Emil 195, 199
Nomade 126
Nominalismus 171 f

Nordatlantikrat 21
Nordatlantikvertrag 21
Norddeutscher Bund 151
Nordirland 77
Nordirlandkrieg 145
Nordischer Krieg 147
Nordrhein-Westfalen 19
Nordsee 77, 137, 141
Norfolk-Insel 62
Normannen 137 f
Normen 1 f, 8 f, 12
-kontrolle 8 f, 12
-, moralische 2
-, Rechts- 2
Norwegen 21, 100 f, 154
Notar 13
Note 202
Notre Dame 202
Notre Dame de la Paix 155
Novalis 187
Novelle 181
Nowgorod 159, 162
NSDAP 153
Nuakschott 95
Nubien 125
Nukualofa 114
Nürnberg 29
Nürnberger Gesetze 166
Obelisk 194
Oberster Gerichtshof 7
Obervolta s. Burkina Faso
Obligation 45
Oboe 208
Ochotskisches Meer 84, 109
Octavianus 132
Ode 202
Oder 137
Odoaker 134 f
Odyssee 128
Offenburg 27
Offenmarktpolitik 55
Öffentlicher Dienst 7
Offizir 20
Offset-Druckerei 27
Offset-Verfahren 31
oHG 48
Okkasionalismus 172
Oktoberrevolution 153
Ökumene 157
Öl 46, 57
Ölfarbe 197
Oman 82, 101
-, Golf v. 82
Ontologie 168
Oper 184, 203 f
Opitz, Martin 185
Opposition 4, 7
Optimaten 132
Optimismus 172
Oranjestad 99
Orden 136, 138, 140, 142–144
-, Augustiner 143
-, Benediktiner 136
-, Deutscher 138, 142
-, Franziskaner 140
-, Jesuiten- 144
-, Johanniter 138
-, Templer 138
-, Zisterzienser 138
Ordnung 9, 11–13, 20
-, Finanzpolitik- 13
-, Gesellschafts- 20
-, innere 9
-, öffentliche 12
-, Rechts- 11
-, Sozial- 11
-, Verwaltungsgerichts- 13
Ordnungssystem 11
Ordnungswidrigkeit 13
Oregon 156
Orgel 202, 208
Orient 123, 131, 143
Orientierungsstufe 15, 17
Ornament 197
Orthodoxe Kirche 162
Osaka 84
Osmanisches Reich 153
Osnabrück 146
Ostchinesisches Meer 69, 84
Ostern 157
Österreich 93, 101, 140, 147–153, 161, 204
Österreichischer Erbfolgekrieg 148
Ostindische Kompanie 145, 148
Ostmark 137
Ostsee 140
Oswald v. Wolkenstein 184
Otfried v. Weißenburg 182
Ottawa 87
Otto I., d. Gr. 137
Otto II. 137
Otto III. 137
Otto IV. 139
Otto v. Freising 140
Ottokar v. Böhmen 140
Ouagadougou 67
Ovid 132, 188
Ozeanien 95 f

213

REGISTER

O'Neill, Eugene 190
Pago Pago 119
Pagodenstil 84
Pakistan 101 f, 163
Paläolithikum 123
Palästina 83, 126, 167
Palatin 130
Palau s. Belau
Panama 102, 119
-, Kanalzone 102, 119
Panlogismus 172
Pantha rhei 173
Pantheismus 172
Pantheon 197
Panzer 20, 23
Papéete 74
Papier 24, 31
-, Alt- 31
-, Foto- 31
-herstellung 31
-recycling 31
-, Zahlen 31
Päpste (Übersicht) 160
Papua-Neuguina 102
Parabel 181
Parabolspiegel 37
Paragraph 218, 18 f
Paraguay 102
Paramaribo 112
Paria 164
Paris 23, 74, 140, 149, 202, 206
Parlament 4 f, 7-10, 19
Parlamentarischer Rat 3, 5
Parlamentarismus 149
Parlamentssitz 5
Parmenides 171, 173
Partei 6, 9 f, 19
Parteien 14
Parteienproporz 33
Parther 132
Pascal, Blaise 168, 175
Pasternak, Boris 190
Patentamt 13
Pathetik 198
Patrizier 45
Pauke 207
Paulus v. Tarsos 132 f, 143
Pavia 144
Pax Romana 132
Pazifik 63, 69, 72-74, 78, 89, 98, 100, 102, 105, 114, 116 f, 119, 147
-, Nord- 119
-, Süd- 78, 98, 100, 114
-, Südwest- 63, 73 f, 89, 102, 117
-, West- 98
Peisistratos 128
Peking 69, 165
Peking-Mensch 123
Peloponnes 128
Peloponnesischer Krieg 129
Pemba 113
Penderecki, Krysztof 206
Perikles 129
Persepolis 126
Perser 126 f, 129, 135
Persien 127, 129
Persischer Golf 63, 81 f, 88, 91, 106, 118, 126
Personalismus 173
Perspektive 192, 195
Peru 102, 143
Pessimismus 173
Pest 140
Peter I., d. Gr. 147
Peter I.-Insel 100
Peter III., Ks. v. Rußland 148
Petersburg 147
Petersdom 155
Petitionsausschuß 7 f
Petrarca, Francesco 142, 188
Petrus 133, 159
Pfahlbau-Kultur 124
Pfalz 147, 151
Pfälzischer Erbfolgekrieg 147
Pfandbrief 14
Pfandsiegel 14
Pfändung 14
Pfefferschote 111
Pfingstbewegung 156
Pfingsten 157
Phänomenalismus 173
Phänomenologie 177
Pharao 124, 129, 202
Pharsalus 132
Phidias 129, 194, 197
Philipp II. Augustus, Kg. v. Frkr. 139
Philipp IV., d. Schöne, Kg. v. Frkr. 140
Philipp II., Kg. v. Maked. 129
Philipp II., Kg. v. Span. 144 f
Philipp v. Schwaben 139
Philippi 132
Philippika 129
Philippinen 103
Philippsburg 27
Phnom Penh 86
Phönixinseln 89
Picasso, Pablo 191, 195, 199
Piemont 151
Pietismus 157,165

Pimen 162
Pindar 202
Pionier 20
Pipeline 91
Pippin III. 136
Pippinsche Schenkung 136
Pirandello, Luigi 190
Piraten 132
Pissaro, Camille 199
Pitcairn 78
Pizarro 143
Pjongjang 90
Plastik 133, 194 f, 197 f
-, Bronze- 194
-, gebrannte 195
-, Stein- 133
-, Ton- 195
-, Voll- 195
Plataä 128
Plato 129, 168-172, 174
Plebejer 130
Plebiszit 130
Plenarsaal 5 f
Plenum 6-8
Plotin 169 f, 174
Pluralität 168
Plutarch 133
Plymouth 77
Po 131 f
-Ebene 131
Poe, Edgar Allan 190
Poetik 179
-, normative 179
Pogrom 167
Pohnpei 96
Pointillismus 199
Poitiers 136
Polen 22, 103, 153 f, 166, 205
Polis 95
Politeia 169
Polnische Teilung 148
Polonaise 205
Poltawa 147
Pommern 146
Pompeji 133, 195
Ponta Delgada 103
Pontifex maximus 130
Pontifikat 160
Pontius Pilatus 157
Pontus 132
Poona 156
Pope, Alexander 189
Popper, Karl 177
Populare 132
Port-au-Prince 79
Port-Louis 95
Port Moresby 102
Port of Spain 115
Porto-Novo 64
Port Stanley 77
Portugal 21, 39, 103 f, 143
Port Vila 117
Posaune 208
Positivismus 173
Post 29, 36
Postglazial 123
Potsdam 148
Potsdamer Abkommen 20
Potsdamer Konferenz 154
Pound, Ezra 190
PR 50 f
Präambel 3
Prädestination 175
Prag 30, 115, 141, 151, 204
Prager Fenstersturz 145
Pragmatismus 173, 176 f
Praia 88
Prätor 130
Praxiteles 129, 197
Preis 41, 43, 46 f, 50-53
-, Einkaufs- 47
-politik 50
-, Verkaufs- 47
Presse 24-27, 29
-agenturen (Übersicht) 27
-landschaft 27
-, Regenbogen- 26
Pretoria 112
Preußen 142, 147 f, 150 f
Preußen Hannover 151
Preßburg 115
Primat 123
Princeps 132
Principe 106
Privatwirtschaft 18
Produkt 41, 43, 48-51, 56
-, Lebenszyklus 51
Produktion 49 f
Produktionsanlage 50
Produktionsfaktor 47, 48 f
Produktionskapazität 50
Produktionsvielfalt 47
Produktivität 48 f
Produzent 41, 47, 56
Programm 32, 34-36
-, Fernseh- 36
-gestaltung 36
-, Hörfunk- 32, 36
-, Satelliten- 32, 34 f

Propagandaministerium 32
Prophet 126, 157
Proportionsverfahren 9 f
Prosa 184
Protagoras 129, 173
Protestanten 161
Protestantische Union 145
Proust, Marcel 190
Prozellan 68
Prozeß 13 f
-gebühr 13
-kosten 13
Prozeßrechner 40
Psalm 202
Psammetich I. 125
Psychologie 179, 199
Psychologismus 177
Ptolemäer 126, 130
Public Relation s. PR
Puccini, Giacomo 205
Puerto Rico 119
Pulitzer, Joseph 30
Pulitzerpreis 30
Punier 131
Punische Kriege 131
Puschkin, Alexander 189
Pydna 131
Pyramide 124, 194, 197
Pyrenäen 60
Pyrrhon v. Elis 174
Pyrrhus v. Epirus 130 f
Pyrrhussieg 131
Pythagoras 173
Qualität 45
Quartett 204
Quästor 130
Quito 71
Quotenregelung 19
Raabe, Wilhelm 187
Rabat 95
Rabelais, François 188
Racine, Jean 189
Radio 32, 34, 38
-frequenz 32
-sender s. Rundfunk
-station 32
-wellen 32
Raffael 198
Rajneesh Candra Mohan 156
Rajneeshpura 156
Raketenabwehrsystem 22
Raleigh, Walter 145
Ralikgruppe 95
Ramadan 163
Ramapithecus 123
Ramses II. 125 f
Rangun 64 f
Ranke, Leopold v. 123
Rarotonga 98
Ras Al Chaima 118
Rasse 2
Rassendiskriminierung 2
Ratakgruppe 95
Rate 51
Rationalisierung 49
Rationalismus 171, 173, 177
Ravenna 135
Ray, Man 200
Reagan, Ronald 23
Realismus 173, 187, 198 f
-, sozialistischer 179
Realschulabschluß 15-17
Recht 1-5, 7, 9, 11-14, 18-20, 35, 48, 52, 149
-, Abgaben- 11
-, Arbeits- 11 f, 14
-, Armen- 13
-, Asyl- 4
-, Bank- 11
-, Bezugs- 52
-, Börsen- 11
-, Budget- 7
-, bürgerliches 7, 11, 14
-, demokratisches 2
-, englisches
s. Magna Charta Libertatum
-, Erb- 11
-, Erfinder- 11
-, Familien- 11
-, Finanz- 11
-, Gesellschafts- 11, 14
-, Gesetzes- 14
-, Gewohnheits- 14
-, Grund- 4 f
-, Handels- 11, 14
-, individuelles 2
-, Kirchen- 11
-, kollektives 2
-, Menschen- 1-3, 14, 149
-, Nachlaß- 14
-, Natur- 11
-, öffentliches 11, 13 f
-, Polizei- 14
-, privates 14
-, Privat- 11
-, Prozeß- 11, 14
-, Sachen- 11
-, Schuld- 11
-, soziales 2
-, Sozialversicherungs- 14
-, Sozial- 11
-sprechung 12

-, Staats- 11
-, Steuer- 14, 48
-, Straf- 7, 11 f, 14
-, Übertragungs- 35
-, Urheber- 11, 14
-, Verfassungs- 11, 14
-, Verwaltungs- 14
-, Völker- 3, 5, 11, 14, 20
-, Vormundschafts- 14
-, Wahl- 9, 18 f
-, Wertpapier- 11
-, Wettbewerbs- 14
Rechtsfrieden 11
Rechtspfleger 14
Rechtsquelle 14
Rechtsstaat 4 f, 13
Rechtstitel 13
Rechtsverordnung 14
Rechtswesen 1
Reconquista 144
Redakteur 30 f
Redaktion 27, 31
Reef-Inseln 105
Referendar 14
Reformation 39, 144 f, 157, 161 f, 185, 202
Reformationstag 161
Reformierte Kirche 161
Regierung 7
Regierungsamt 9
Regierungsprogramm 7
Regierungssitz 5
Reichenau 137
Reichsdeputationshauptschluß 149
Reichskanzler 152 f
Reichsmark 24
Reichs-Rundfunk-Gesellschaft mbH 32
Reichstagsgebäude 5
Reime (Übersicht) 182
Reims 141
Reisanbau 90
Reißbrettanlage 193
Relief 195
Religion 11
Religionen (Übersicht) 155
Reliquiar 136
Rembrandt Harmensz van Rijn 198
Remigius v. Reims 134
Renaissance 137, 140, 142, 175 f, 193, 195, 198
-, Karolingische 137
-, Ottonische 137
Renoir, Pierre Auguste 199
Rentabilität 48 f
Rente 42
Reportage 30
Reporter 25, 30 f
Ressort 31
Ressortprinzip 8
Restauration 150
Réunion 74
Reuter 24
Revision 12
Rhein 134, 140, 149
Rheinbund 150
Rheinischer Merkur 24
Rhein-Main-Gebiet 26
Rhône-Kultur 124
Rhythmus 202
RIAS Berlin 34
Ribemont 137
Ribera, Jusepe de 198
Richard v. Cornwall 140
Richelieu 146 f
Richter 14
Richter, Ludwig 199
Riemenschneider, Tilman 198
Riga 205
Rigorismus 173
Rilke, Rainer Maria 187
Rimbaud, Arthur 190
Ringhalle 194
Rio de Janeiro 66
Ritus 159
-, armenischer 159
-, byzantinischer 159
-, koptischer 159
Ritzzeichnung 197
Road Town 78
Robespierre 149
Rodin, Auguste 199
Rodrigues 95
Röhm-Affäre 153
Rohstoff 49, 57
Rokoko 149, 185, 198, 203
Rom 83, 117, 124, 130-134, 136 f, 141 f, 144, 155, 159, 161 f, 197, 202
Roman 181, 185, 190
Romanik 140, 186 f, 197
Romantik 190, 204 f
Romanze 181
Römer 104, 126, 130
Ronchamp 192
Roosevelt 154
Roscelin 171
Roseau 71

Rosenkriege 141
Rote Armee 22
Rote Khmer 87
Rotes Kreuz 151
Rotes Meer 59, 61, 82, 85, 106, 112, 126
Rotuma 73
Rousseau, Jean-Jacques 148, 176, 185, 189
Ruanda 104
Rubens, Peter Paul 198
Rubicon 132
Rudolf I. v. Habsburg, dt. Kg. 140
Rudolph II., dt. Ks. 145
Ruhrgebiet 26, 40
Rumänien 22, 104, 133
Rundbogen 197
Rundfunk 30, 32-38
-anstalten (Übersicht) 34
-, 3Sat 32, 35
-, ARD 32-34, 36-38
-, Adressen (Übersicht) 34
-, Bayerischer B (BR) 32, 34
-, Hessischer (HR) 34
-, Norddeutscher B (NDR) 34
-, Nordwestdeutscher (NWDR) 32
-, öffentlich-rechtliche 36, 38
-, Österreichischer B (ORF) 32, 35
-, private 30, 33, 36, 38
-, Radio Bremen (RB) 34
-, Radio Luxemburg 32
-, Radio Schleswig-Holstein (RSH) 32
-, RTL plus 32, 36
-, Saarländischer B (SR) 34
-, Schweizer Fernsehen (SRG) 32, 34 f
-, Sender Freies Berlin (SFB) 32
-, Süddeutscher B (SDR) 34
-, Südwestfunk (SWF) 34
-, Westdeutscher B (WDR) 33 f
-, ZDF 32-38
-, Adresse 35
-, Musikkanal 35
-gebühr 35
-organisation 32
-rat 33
Russel, Bertrand 177
Rüstungskontrolle 23
Rüstungskontrollverträge 20
Rütli-Schwur 107
Rußland 134, 147-154, 162, 166
-feldzug 154
Saale 134
Saarland 32
Sabiner 130
Sachsen 136-138, 182
-kriege 136
Sachs, Hans 185
Sachs, Nelly 188
Sachverständiger 14
Saga 181
Sage 181
Saherib 95
Saint Christopher 105
Saint-Denis 74
Saint George's 75
Saint John's 60
Saint Kitts and Nevis 105
Saint Lucia 105
Saint-Pierre 74
Saint Thomas 119
Saint Vincent 105
Saipan 119
Sakkara 124, 197
Sakralbauten (Übersicht) 156
Sakrament 157
Säkularisierung 149, 157, 198
Salah 163
Salamanassar III. 126
Salamis 128
Saleph 139
Salier 137 f
Salisbury 109
Salomo 126, 167
Salomonen 105
SALT 21
Salvador s. El Salvador
Salzburg 101, 204
Salzkammergut 124
Samaria 126
Samarra 155
Sambia 105
Sammuramat 126
Samniten 130
-kriege 130
Samoa 74, 98, 105, 116, 119, 121
-, American- 119
-, West- 74, 98, 105, 121
-gruppe 121
San José 69
San Marino 105 f
San Myung Mun 155
San Salvador 73
Sana 85
Sankt Gallen 137, 178